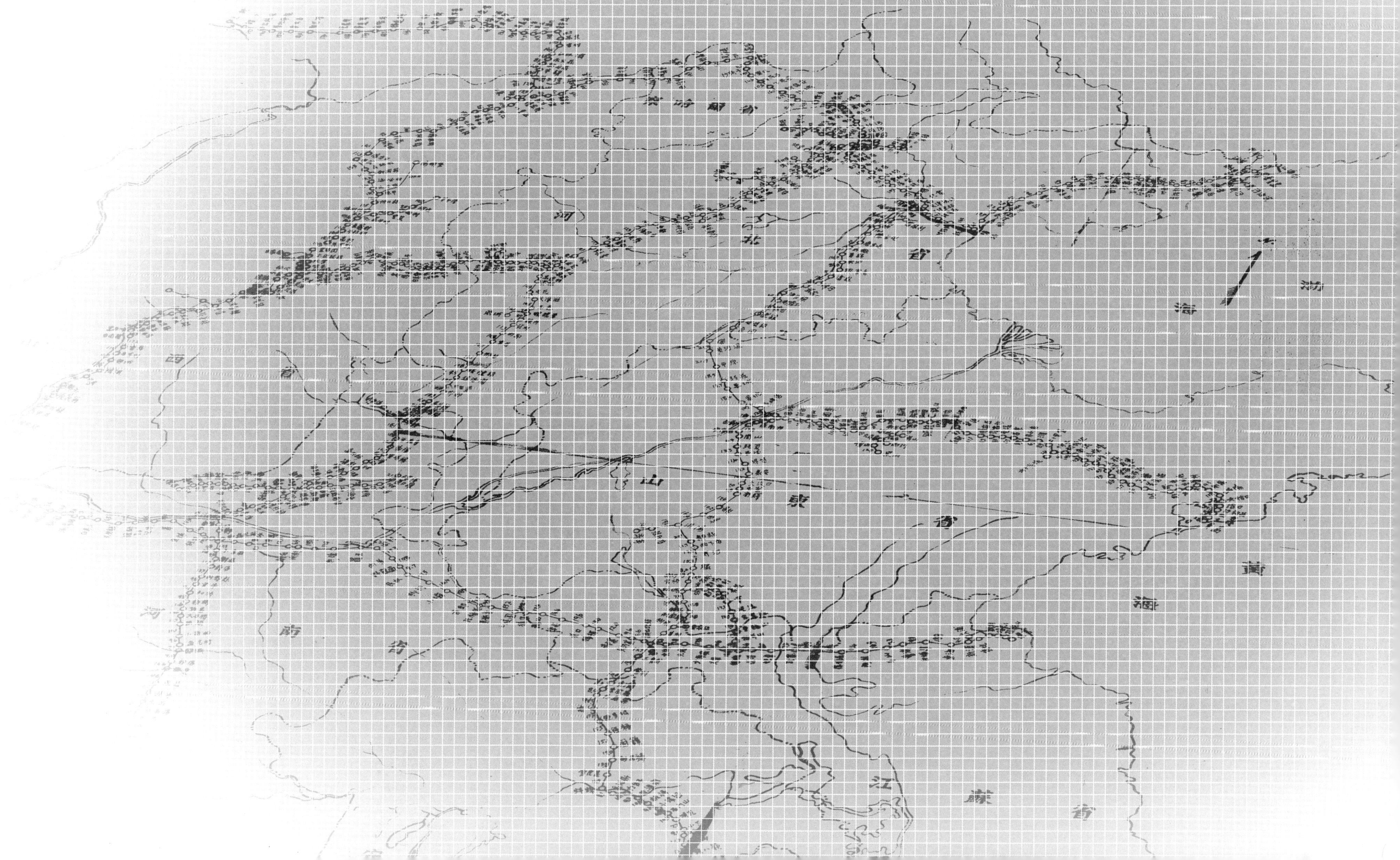

山東省
江蘇省
渤海
黃海

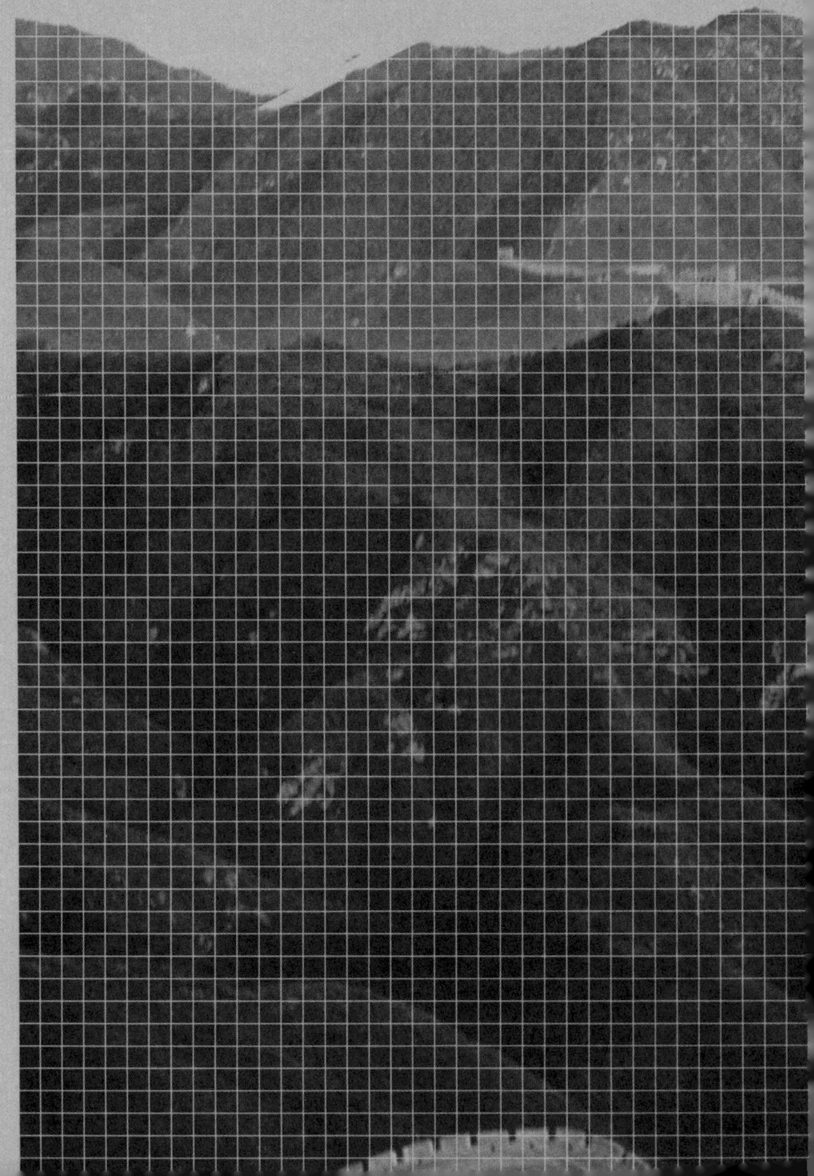

天津古籍出版社

香港中文大學中國文化研究所史料叢刊 [九]

戰前及淪陷期間華北經濟調查 [上]

Economic Surveys of Northern China Before and During Japanese Occupation

鄭會欣 主編

圖書在版編目（CIP）數據

戰前及淪陷期間華北經濟調查 / 鄭會欣主編. --天津 : 天津古籍出版社, 2010.4
ISBN 978-7-80696-793-5

Ⅰ. ①戰… Ⅱ. ①鄭… Ⅲ. ①地區經濟－調查研究－史料－華北地區－民國 Ⅳ. ①F129.6

中國版本圖書館CIP數據核字(2010)第064381號

戰前及淪陷期間華北經濟調查

鄭會欣/主編

出版人/劉文君

*

天津古籍出版社出版

(天津市西康路35號　郵編300051)

http://www.tjabc.net

E—mail:tjgj@tjabc.net

天津市悟色印刷科技有限公司製作

天津市豪邁印務有限公司印刷

全國新華書店發行

開本889×1194毫米　1/8　印張81

2010年4月第1版　2010年4月第1次印刷

ISBN 978-7-80696-793-5

定價：1800.00圓（全二册）

前　言

資料的發現

數年前，我所供職的香港中文大學中國文化研究所全面裝修，所有辦公室都要騰空修繕。在搬遷過程中，於所參考圖書室的角落中發現了兩箱文件，經回憶，這可能是原所長鄭德坤教授退休時留下來的東西。

鄭德坤教授(1907—2001)是中國第一代考古學家，早年畢業於燕京大學，後獲美國哈佛大學博士學位，曾任華西協和大學博物館館長，多次主持對四川地區的考古發掘。1974年自英國劍橋大學榮休後，受香港中文大學創校校長李卓敏教授的禮聘來港，出任香港中文大學藝術系講座教授，並相繼擔任香港中文大學副校長、文學院院長，後任香港中文大學中國文化研究所所長，其間曾創辦考古藝術研究中心，1986年因病離任。由於年代久遠，鄭教授離任時未曾交代這兩箱資料的來源，他的辦公室後來改為資料室，誰也不知道這兩個箱子是甚麼時候存放的、甚麼人交存的，當然更不清楚箱子裏這些資料的內容了。於是我受前任所長陳方正博士的委託，對這兩箱資料進行了初步的整理。

這兩箱文件都是用紙箱包裝的，其中第一箱資料大多為印刷品，包括《主計法規彙編》、錢穆勘正之《無錫縣志》、譚熙鴻主編的《十年來之中國經濟》中有關各項工業之抽印本，包括顧毓瑔撰寫之《十年來之工業試驗》、《長期抗戰中的幾個工業問題》等，另外還有一套已拆散且被蟲蛀的書籍(應為年鑒，但沒有書名)。此外還有少量應該是中央工業試驗所的檔案，如“本所服務五年以上人員名單”、“顧所長就任本所十年紀念特刊”、“戰時實業計劃”、“戰後接收東北的有關電力調查及報告”等等。

第二箱資料比較零亂，包括剪報、呈文、書信、抄件、圖紙等各種形式的文件，中英文資料皆有，時間涵蓋於戰前、戰時及戰後三個階段。從內容上來看，則涉及對英國工業的調查、戰時水路運輸、全國水利建設、中國工業化問題、利用外資問題、手工業改良等各個方面，其中有一些似乎是《十年來之中國經濟》一書的手稿。

但是在第二箱資料當中卻有一部篇幅甚大的資料匯編，經認真閱讀，發現它的價值十分珍貴，這就是抗戰勝利後由河北平津敵偽產業處理局經濟資料室在接收敵偽機關各種調查資料的基礎上，整理和編撰而成的一部資料匯編，題目就叫《戰前及淪陷期間華北經濟調查》。

戰前與戰時日本情報部門對華北經濟的調查

要想弄清這份資料的來源，首先還需要從日本戰前和戰時對華北的資源調查說起。

九一八事變後，日本帝國主義侵佔了整個東北，其後又將侵略的目標轉向華北。在向華北進行軍事、經濟、文化等方面入侵的同時，日本政府、軍部及滿鐵等情報部門和朝野各個機構亦開始對華北的經濟資源進行大規模的搜集和調查。1933年關東軍入侵華北之後，滿鐵即加强在關內的經濟侵略，其中一項重要內容就是加緊進行對華北的經濟調查，在天津、青島常設“駐在員”，並將其視為滿鐵“華北工作的觸覺”。當年11—12月間，滿鐵經濟調查會即完成了《設立對華經濟調查機關計劃案》，計劃在天津、青島和上海設立三個

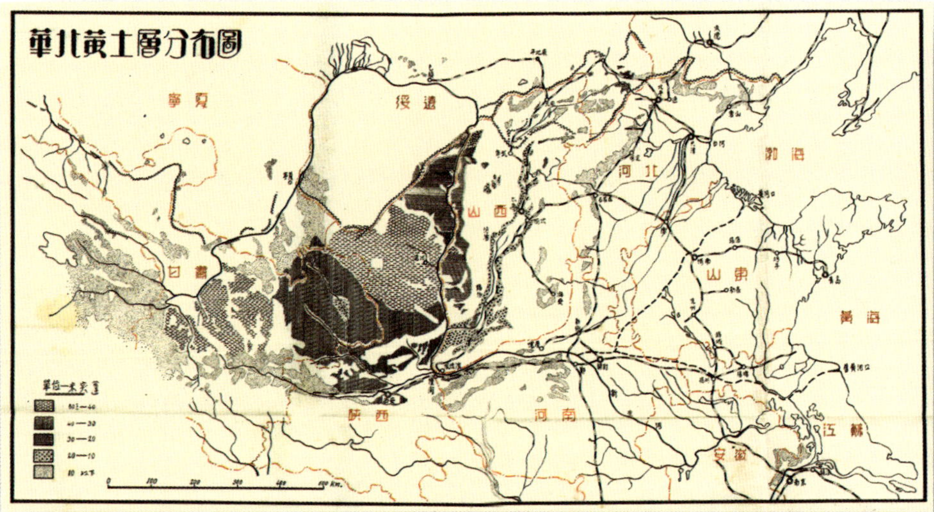

滿鐵經濟調查分會，並在其下再於北平、山海關或灤州、張家口、太原、濟南、芝罘、南京、漢口、香港、廣東等地設立若干個辦事處。其中涉及華北的經濟調查對象，包括對開灤煤礦、井陘煤礦、山西礦業、山東煤礦、中立地區(冀東)的各種工業，華北的各種經濟資源(如棉花、麻、羊毛、麪粉、煙草、木材、麻藥等)的供求關係，滿洲對華北的貿易(主要是關税問題)、交通以及各國的權益，渤海灣的走私貿易等各方面內容。1934年5月間，滿鐵又向天津、青島分會派遣5名駐在員，並配備若干人員輔助調查，從而完成了對渤海灣化學工業貸款以及各種礦業、交通、貿易的調查，共提交37種立案調查報告[①]。1935年7月，滿鐵又在關東軍的支持下成立“北支經濟調查班”，這個新成立的機構直接接受天津駐屯軍的指揮，其目的就是收集華北各省(包括河北、河南、山東、山西、察哈爾、綏遠六省)經濟開發及日中經濟提攜相關的基礎資料。其下再細分為甲、乙、丙三個小組(日本人稱之為“囑託班”)，分別對華北的金融、財政以及貿易、政治、產業、交通各方面進行調查，其中乙組的編製最為龐大，由滿鐵調查會派遣115名調查人員，分為礦業、工業、鐵道、港灣、經濟等五個方面進行資料和情報的收集。其中礦山班自1935年12月至1936年12月分別對河北、山東、察哈爾、山西、綏遠等各省的159個礦產地進行了大規模的調查，後來在此基礎上完成並出版了《北支礦業調查報告》(五册)[②]。為了實施規模如此龐大的調查，該機構1935年度的預算為256,501日圓，1936年升至664,810日圓。僅以礦業為例，調查人員即對華北地區26種礦類、159座礦山進行了調查。總計完成的調查報告多達85册[③]。

七七蘆溝橋事變爆發後不久，華北即告全面淪陷。在八年淪陷期間，日本當局正式成立“華北開發株式會社”，不斷加強對華北經濟的全面掠奪。該會社除了制定一系列

---

① 参見臧運祜：《七七事變前的日本對華政策》，北京：社會科学文獻出版社，2000年，第201頁。
② 富澤芳亞：《支那駐屯軍司令部乙囑託班の華北礦山調查》，載本莊比佐子編：《戰前期華北實態調查の目録と解題》，東京：財團法人東京文庫，2009年，第79頁。
③ 中村隆英：《戰時日本の華北經濟支配》，東京：山川出版社，1983年，第28—31頁。

統制經濟的方針政策、加緊掠奪華北經濟資源外，另一個任務就是組織各種機構，對於華北地區的經濟情報資料繼續進行調查和統計，其目的當然是“凡對擴充我國生産力有用的重要資源，都應促進其開發及其取得”。如果説戰前日本情報機構對華北經濟和資源的調查是在半隱蔽狀態下進行的，那麼此刻的調查就完全是公開的了。大量的事實説明，日本侵略者對華北經濟進行大規模調查的目的，就是要將整個華北地區劃入其蓄謀已久的所謂“日滿華經濟圈”內，成為日本帝國的殖民地，並將其建成永久的以戰爭需要為主的國防資源的“兵站”和基地①。

到了抗戰後期，隨著日本帝國主義在太平洋和中國戰場上的敗退，其經濟實力日益衰落，因此對於華北經濟資源的調查和統計亦相對放緩，没有前期那樣仔細和周密了。

有關戰前與戰時日本對華北經濟侵略的研究現狀

關於戰前與戰時日本對華北的經濟侵略一直是國內外學者關注的重點，特别是最近20多年以來，衆多學者經過不懈的努力，認真收集資料，深入進行研究，取得豐碩的成果。

20世紀90年代，中國抗日戰争史學會和中國人民抗日戰争紀念館曾聯合編輯了一部大型史料《日本對華北經濟的掠奪和統制》②，書中引用的文件除了日文有關資料外，中文部分主要依據的是原國民政府行政院河北平津區敵僞産業處理局所收藏的大量檔案。該書以豐富的資料全面地揭示了1935—1945年間日本帝國主義對華北地區實施經濟侵略的重要政策、領導機構、日本的國策會社與大財閥如何制定調查華北資源的計劃，以及他們又是如何對華北地區的財富進行瘋狂掠奪和開採的內幕。

20世紀80年代中期，中央檔案館、中國第二歷史檔案館和吉林省社會科學院通力合作，分别整理和編輯各單位所收藏的珍貴檔案。其後十多年中陸續出版了一套多達20卷的《日本帝國主義侵華檔案資料匯編》(筆者當時在中國第二歷史檔案館任職，曾參加過有關編輯會議)，其中第15卷《華北經濟掠奪》就是專門介紹日本帝國主義在侵華戰争期間對華北地區所進行的經濟侵略，內容包括日本決策機關制定的經濟掠奪計劃，具體的措施和手段，日本對華北資源的掠奪狀況以及由此而為中國人民所帶來的巨大災難③。該書引用的資料主要來自中國第二歷史檔案館典藏的國民政府檔案和吉林省社會科學院所收藏的滿鐵歷史檔案，其中日文資料佔據相當大的比重。另外，中央檔案館、中國第二歷史檔案館與河北省檔案館也曾合作編輯了一套十卷本的檔案資料《日本侵略華北罪行》④，但其中並無經濟侵略的專卷。

除了上述資料匯編外，近年來中國內地的學者亦曾撰寫出一批研究日本戰時對華北地區經濟侵略的專著⑤，有的學者本身就是上述大型資料書的編輯者，他們的研究正是在佔有大量資料的基礎上完成的，因此更加具有學術價值。譬如參與編撰《日本對華北經濟的掠奪和統制》的兩位主要學者居之芬(主編)和張利民(編委)即在佔有衆多資料的基礎上主編了一部專著《日本在華

① 轉引自居之芬、張利民主編：《日本在華北經濟統制掠奪史》，天津：天津古籍出版社，1997年，第72—73頁。中村隆英《戰時日本の華北經濟支配》一書編製的55份圖表即根據當時日本在華北收集的經濟情報所成。

② 居之芬主編：《日本對華北經濟的掠奪和統制》，北京：北京出版社，1995年，第1095頁。

③ 解學詩常務主編、曹必宏編：《華北經濟掠奪》，北京：中華書局，2004年，第1154頁。

④《日本侵略華北罪行》，石家莊：河北人民出版社，2005年。

⑤ 譬如王士花博士就先後出版了兩部專著，《“開發”與掠奪——抗日戰争時期日本在華北華中淪陷區的經濟統制》，北京：中國社會科學出版社，1998年；《日僞統治時期的華北農村》，北京：社會科學文獻出版社，2008年。

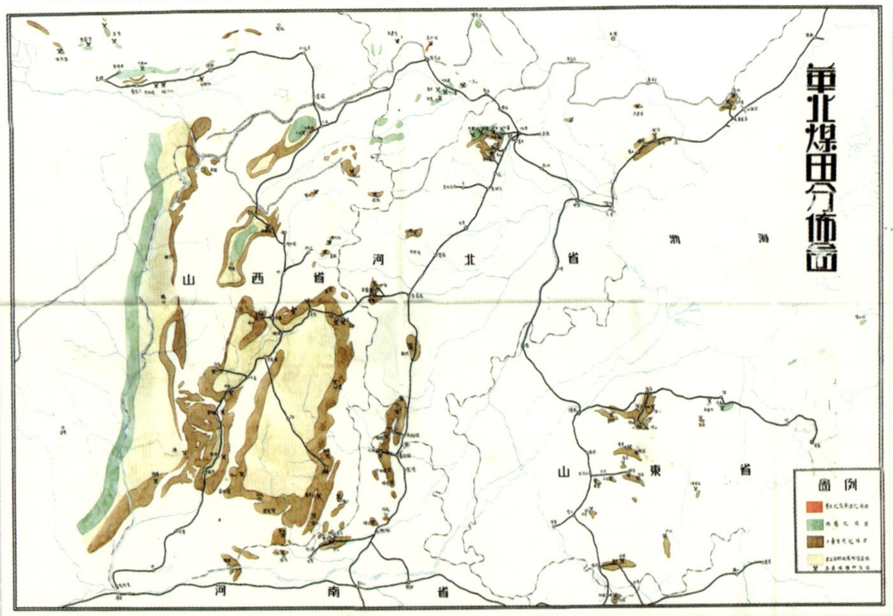

北經濟掠奪史》，除了引用前述資料外，他們還查閱了民國時天津市政府、天津海關及偽天津特別市政府的檔案，對日本在華北淪陷區的經濟統制和經濟掠奪予以系統的研究①。《日本帝國主義侵華檔案資料選編》的常務主編、著名的中日關係史專家解學詩教授撰寫的《滿鐵與華北經濟》②，則充分運用日偽檔案資料，特別是滿鐵資料進行研究。該書以南滿鐵路株式會社為切入點，全面揭示日本以掠奪煤、鐵、鹽、棉四大資源為重點的經濟侵略政策，以及這一政策對於華北經濟和社會所造成的巨大破壞。

相對而言，日本學者對這一問題的研究開展得比較早，多年來亦有一系列著作問世③，有學者關注興亞院在戰爭時期對中國所作的經濟調查，為此曾專門召開學術研討會，並將其論文編輯出版④，近年來也有中國內地學者前往日本留學畢業後任教，並以日文出版專著⑤。總之，有關日本戰前及戰時對華北經濟的侵略早已成為衆多學者關注的重點，目前的研究仍然在深入進行之中。

《戰前及淪陷期間華北經濟調查》的編撰經過及其特點

抗戰勝利後，國民政府立即委派衆多軍事長官前往各地受降，並由陸軍總司令部下

---

① 居之芬、張利民主編：《日本在華北經濟統制掠奪史》，天津：天津古籍出版社，1997年，第449頁。

② 解學詩：《滿鐵與華北經濟》，北京：社會科學文獻出版社，2007年。

③ 如淺田喬二編：《日本帝國主義下の中國》，東京：樂游書房，1981年(此書中譯本為《中國淪陷區的經濟掠奪》，上海：復旦大學出版社，1997年)；中村隆英：《戰時日本の華北經濟支配》，東京：山川出版社，1983年。

④ 本莊比佐子、內山雅生、久保亨編：《興亞院と戰時中國調查》，東京：岩波書店，2002年；本莊比佐子編：《戰前期華北實態調查の目録と解題》，東京：財團法人東京文庫，2009年。

⑤ 范力：《中日〈戰爭交流〉研究——戰時期の華北經濟を中心に》，東京：汲古書院，2002年。

成立辦理受降的黨政接收計劃委員會，再於各省市之下設立相應的接收委員會，中央各部會亦分區特派專員組織辦公處，主持接收。因為當時沒有一個統一的領導機構，各機關自行接收，情況極為混亂，譬如僅上海一地，參與接收的單位就有60多個。待到1945年10月行政院正式成立收復區全國性事業接收委員會之後，方將所有接收大權歸於行政院負責，並將全國分為京滬、平津、武漢、廣東等四個大區，每區設立敵偽產業處理局，代行政院接管敵偽產業，統籌處理接收物資。國民政府還規定處理局為全國性事業接收委員會的中心機關，直屬行政院，所有已接收的敵偽產業，必須報經處理局作出決定後方得處理，而各處理局所作出的決定，該區各機關均須遵照辦理[①]。

行政院河北平津區敵偽產業處理局於1945年12月1日正式成立，局本部最初設於北平東交民巷，其上級機關為行政院收復區全國性事業接收委員會，同時亦接受國民政府軍事委員會委員長北平行營的監督指導。後因北平方面事務逐漸減少，而天津方面事務增多，該局即遷往天津，與原天津辦公處合併，北平則另行成立辦公處，處理當地事宜。此外，該局還在唐山、太原、石門(今石家莊)、張家口等地設立有辦事處。

河北平津區敵偽產業處理局局長最初由資源委員會副主任委員孫越崎兼任，副局長為顧毓瑔、張之奇，後張之奇、張楚相繼出任局長。該局設有二處、四組、八委及一所、一室，其工作範圍，除了對敵偽產業進行清算、審覈及估價之外，主要是接收敵偽金融機關的金銀、外匯、證券以及工礦企業的設備、房産以及漢奸的房屋與財産等[②]。另外該局還有一項重要的工作，那就是注意接收敵偽各機關戰前及戰時對華北地區各項經濟資源所進行的調查和統計。

1946年5月1日，河北平津區敵偽產業處理局設立經濟資料室，專門負責“蒐集、整理及編纂華北之一切經濟資料，協助各有關部門處理事宜”[③]，設主任、副主任各一人，其下設立工業、礦冶、農田水利、經濟及總務五股，並設專員五至十人，科員、辦事員十至十五人，“承主任之命，辦理各股事宜”。由於勝利之初中央與地方接收機關衆多，譬如天津市有26個、北平市有29個，其中北平僅中央機關就包括教育部、經濟部、社會部、農林部、交通部、衛生署、蒙藏委員會等特派員辦公處、最高法院北平辦事處、財政金融特派員辦公處、糧政特派員辦公處以及中央調查統計局、中央銀行、中央信託局等13個單位[④]。其間原敵偽各部門所搜集和編輯的統計資料，多被上述機關各自接收，但均無暇整理，因此該局資料室成立的最初四個月，主要是向各機關徵集和借閱這些敵偽調查統計資料。其後三個多月，資料室的工作開始對上述資料進行整理歸納，再加以分類，並在其基礎上編輯成一份詳細的資料統計，題目即定為《戰前及淪陷期間華北經濟調查》。

上述華北地區主要包括河北、山東、山西、察哈爾、綏遠五省以及北平、天津、青島等特別市在內(有的統計資料還包括河南、江蘇兩省北部以及鄭州、開封和徐州等城市)，時間主要涵蓋淪陷時期(大多資料缺乏抗戰後期的統計)，也有些資料包含戰前部分調查內容。

本調查實際上是大量的資料之匯集，實際上則是抗戰勝利初期國民政府接收敵偽各種情報機關戰前與戰時對華北地區人文地理及財政經濟各方面調查資料後整理的資料匯編。初步閱讀之下，這個調查資料至少具有以下幾個特點。

---

① 參見林桶法：《戰後中國的變局——以國民黨為中心的探討》，台北：台灣商務印書館，2003年，第18—21頁。

② 參見天津市檔案館：《天津市檔案館指南》，北京：中國檔案出版社，1996年，第164—173頁。

③《河北平津區敵偽產業處理局經濟資料室組織規程》，天津市檔案館藏行政院河北平津區敵偽產業處理局檔案：J19-1-2298。

④ 林桶法：《戰後中國的變局——以國民黨為中心的探討》，台北：台灣商務印書館，2008年，第28頁。

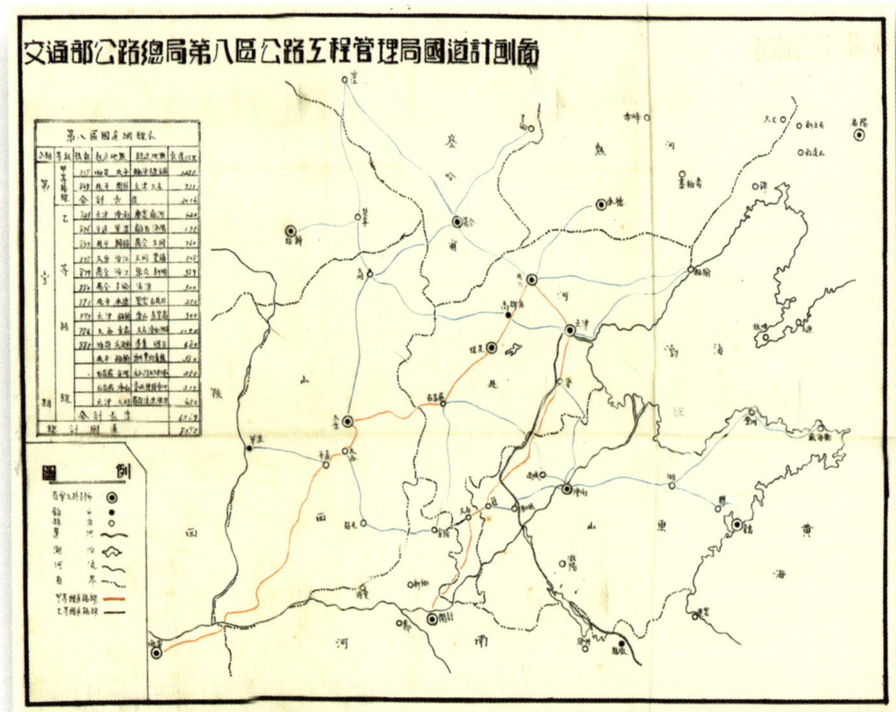

其一，該調查所收集的各項統計數據相當詳盡具體，雖然編者自稱“此次工作因時間倉卒，人員缺乏，尤其所有資料均係臨時借閱，且不易尋得，故照原計劃之內容，未克充分實現”，但從其收集並編輯與繪製的近千幅圖表來看，内容還是相當全面的。雖然以往曾出版過一些有關日本對華北淪陷區掠奪的資料，但像這樣數量龐大、項目全面的統計圖表則未曾發現，因而對於我們了解和研究戰前與戰時華北地區的經濟與社會狀況是非常重要的資料。

其二，編者工作認真負責，在短短的幾個月時間中從各接收單位收集大量資料，再經過排比分類，重新編製，抄寫的文字清晰娟秀，繪製的圖表更是明朗整潔。我曾邀請部分學者及出版界的專家翻閲這部資料，包括北京大學歷史地理學者唐曉峰教授、香港中文大學歷史系主任梁元生教授、日本信州大學人文學部久保亨教授、台灣輔仁大學歷史系林桶法教授以及香港商務印書館總編輯張倩儀小姐、香港中文大學出版社編輯部主任謝偉強先生等，凡是看過的人，均認同該資料的全面與細致，更加佩服的是當年編者的敬業精神及其工作態度。以往我們一提到接收大員，腦海中馬上出現的就是“五子登科”、貪污腐敗的情形，可是又有誰知道，在他們當中還有這樣一些如此敬業認真的工作人員呢?

其三，最重要的是，這個資料實屬海内外孤本。據編製該調查報告的河北平津區敵偽産業處理局經濟資料室(於1946年5月1日成立，1947年1月31日撤銷)説明，該調查完成後原本計劃印刷出版，没想到此時内戰已經爆發，經費極為緊張，不要説没有錢印刷，就連油印都無法辦到。然而參與編製資料的同事“因感資料之難得，各同仁每有收穫，極為珍視”，為了不讓自己的心血付之東流，同時更為了給後人建設華北提供一份翔實可靠的資料，在其機構結束前的不長時間裏，依靠手寫，終將其調查報告整理完成，但因資源有限，最後僅能繕寫二份。而這份調查報告如今竟出現在我所看到的這箱資料中，其中有一份是完整的，還有一份缺第一至第四章，完整的那部分相對來説保存尚好，殘缺的那部分已經出現蟲蛀的痕跡。這也就是説，存世的兩份《戰前及淪陷期間華北經濟調查》有一份半在這個箱中，因此其價值之重要可想而知。

《戰前及淪陷期間華北經濟調查》簡介

該調查係根據接收整理敵偽檔案及調查資料所編製出的統計資料，除了“總論”是用很短的文字説明其編輯經過外，主要調查内容分為八章。整份調查報告全文共620頁，除了在各章、節之前有少部分文字説明外，其餘絕大部分都是地圖和統計表册，大約有近千幅(有的一頁多表)。調查報告的表現形式分為章、節、項、目等四個層次，有的目之下再細分表，分類相當細致。文字與圖表均用A3紙(42×28cm)繕寫而成，調查報告文字清秀整齊，圖表繪製清晰。有的圖表之後注有引用資料來源，但絕大部分没有注明，除了少量地圖可能直接採用日本機關的資料，絕大多數圖表均為對接收資料重新加以整理分類而成。因為篇幅關係，這裏只能對各章目録所反映的内容簡單加以介紹。

第一章為“華北土地”。這一章比較簡單，分為三節，分别為“地勢”、“土壤”（包括華北地質略圖、華北土壤分布圖和華北黄土層分布圖)、“山川”(華北山脈河流圖)。

第二章為“華北氣象”。本章分三節，其中“氣温”包括華北各地平均氣温、最高與最低氣温之比較；“雨量”包括華北各地全年雨量、四季平均降雨量、單日最大降雨量、降雨日數、曇天日數、平均雲量、快晴日數及平均濕度的比較；“風季”部分則含各地平均風速、最多風向等資料。

第三章為“華北人口”。本章除了概説一節外，主要是華北各省以及各大城市的人口調查統計資料，包括面積與人口密度、各省人口與男女比例、主要都市人口(包括日僑及其他國籍人數)、人口累年增減趨勢以及年齡統計、職業分類、教育分類、總人口與從事農業人口、華北總面積對耕地面積及每農户每農業人口耕地面積、各行業勞動者人口之比較，還有華北人口出生及自然增長率以及五大都市人口出生與死亡統計等等。

第四章為“華北礦産”。本章附有大量圖表，約佔全書的三分之一，係該調查的重點。全章共有六節，節之下再細分項、目、表等。第一節為華北礦業概況。第二節介紹華北煤田，第一項“天然條件”，包括煤層構造特徵、煤田分布狀態(附華北煤田地質層序與煤田分布圖)、煤田分類(附煤田地質構造模式圖)、煤質(附各主要煤礦産煤灰分分析表)、煤田藏量；第二項“華北煤礦概覽”，第一目“煤礦圖”，附各主要煤礦礦區地形圖、各黏結性煤田煤柱圖及1943年出煤概覽圖，第二目“各煤礦概覽”，包括各主要煤礦的資本額、勞工數、地理沿革、自然條件、工作狀況(含設備、通風、抽水、選洗、勞務、産量及出售等各種數據)。第三節金屬礦概況，主要介紹鐵、鋁、鎢、錳、金、鉛等礦藏，並附有較為詳細的華北金屬礦概覽表，包括各礦的沿革、資本額、勞工數、産量、銷售狀況以及自然條件和工作狀況。第四節非金屬礦，主要介紹礬土頁岩、螢石、雲母、石膏，並附有華北非金屬礦概覽表。第五節統計的主要是華北鹽産，包括海鹽(長盧鹽與青島鹽)、井鹽和土鹽。第六節為華北鹽田概覽表。

第五章為“華北農田水利”。從該章節、項的標題即可看出其内容的豐富性。第一節“農産資源”，包括華北土地利用狀況、農産物總産量、棉産情況、水稻産量、甘薯及馬鈴薯耕種面積與産量。第二節“華北之農田水利”，分為戰前既設淤灌設施及灌溉面積、戰前及淪陷期間淤灌工程計劃、敵偽及華人經營農場的灌溉情況、華北各地灌溉井設施等。第三節“畜産資源”，除了對華北家畜、家禽的總量有一統計外，還對華北五省單一農户飼養的家畜、家禽數有所調查。第四節“水産資源”，包括河北省水産業一覽表和山東省漁業統計表。第五節“林産資源”，内分華北林産概況、華北木材需給狀況和察綏及晉北三十年造林計劃。除此之外，本章還附有一些統計地圖，包括棉花、煙草、麻等重要經濟作物的分布及面積圖、水利建設施工計劃以及天津附近産稻地帶分布圖等。

第六章為“華北工業”。本章第一節“動力”中第一項火力發電中分别

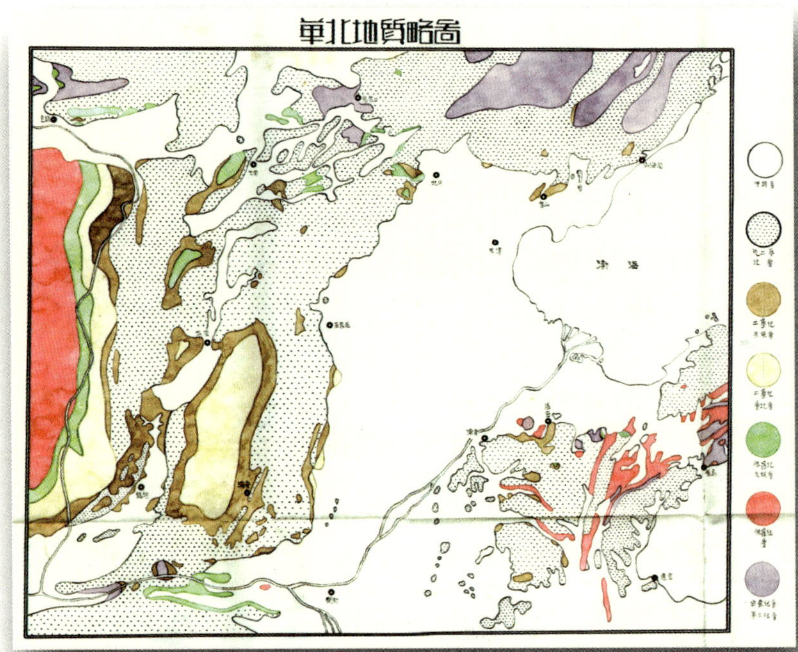

對戰前及淪陷期間華北火力發電的情形有所統計，同時還介紹了日本對華北及蒙疆五年發電變壓及輸電計劃；第二項主要介紹日本制定的華北十年水力火力發電計劃，包括具體的方案及其相關的計劃資料。第二節“主要工業”，分為鋼鐵冶煉、機械、化學和紡織工業等四大類，其下再對相關工業予以細分。第三節“工廠統計表”，包括華北各地區、各行業工廠數量、資本、勞工人數、產額等統計，日資及日華合資企業的各項統計資料，以及華北主要工業(機械工業類)一覽表(包括廠名、地點、資本額、產品、主要設備、員工人數等統計資料)。

第七章為“華北交通”。本章包括鐵路、公路、內河航運及港灣、電信電話和郵政等五節，各節下又都附有相關項與目，對於戰前與戰時華北地區交通運輸的重要內容進行了詳細的調查統計。譬如鐵路部分就包括鐵路幹線及里程、客貨車運輸能力、鐵路及車站的各項設施、機車與客車數量等資料，公路部分則主要介紹華北地區省道與國道的運輸情形、戰前與戰時各省長途汽車概況及客貨運輸數量等，水路方面偏重於對華北地區各主要河流、港口及運輸狀況的調查。

第八章為“經濟”。這部分也是本調查的重點之一，共分七節，內容涉及戰前與戰時華北地區的財政、金融、物價、內外貿易、物資統制以及勞工生活等各個方面。第一節“財政”，下分財務機關變遷、日偽奪取海關與修訂關税、徵收與擴大統税、田賦徵實等項目。第二節“貨幣與金融”，其中貨幣主要介紹戰前與戰時華北各地的貨幣狀況，而金融部分則對於金融機構、金融統制、吸收游資、證券交易所、存放款利率的調整、銀行號放款以及華北票據交易所、證券市場和匯兑統制分別列表，逐一加以介紹。第三節“物價”，除了附有各地物價指數表外，主要還分析物價騰漲的原因，並對日偽統治時期的物價對策予以介紹。第四節“投資”，附有多幅華北開發會社及其屬下部門的投資情形，以及華北工廠(分為華資與日華合資兩大類)投資數額及其分布情形。第五節“貿易”，主要介紹日本對華北的貿易與物資的統制政策，此外還分別對華北與海外各國、日本、偽滿洲國、偽蒙疆政府、關東洲以及國內其他地區的貿易情形與統制狀況，並加以列表説明。第六節“產業開發計劃”，介紹的是日偽第二次產業開發目標以及為達到此目標所需要的資金、鋼材、電力及勞工人數等統計資料。第七節“勞工”，分為三項：淪陷期間華北勞工生活、華北勞工的移動狀況和華北的勞動統制。

本資料的出版經過

正如前文所述，日本為了對華北經濟進行侵略和掠奪，特別成立相應機構，對華北的經濟與社會進行全面的調查。關於這部分資料，除了當年日本興亞院所作的調查以及吉林省社會科學院收藏的滿鐵資料外，很重要的部分是抗戰勝利後由河北平津區敵偽產業處理局接收的日本各情報機關(亦應包括興亞院和滿鐵在內)所作的調查。雖然目前已經出版了數種相關的論著和資料匯編，但像《戰前及淪陷期間華北經濟調查》這樣全面、系統、大量的統計圖表則從未發見；雖然日本情報機關當年對華北地區進行經濟調查的目的是為了進一步掠奪中國的資源，但這些資料的編製卻為我們了解20世紀三四十年代華北地區的社會經濟、礦產資源提供了一個非常重要的參考，因而極有必要將其公開出版。

據我了解，原河北平津區敵偽產業處理局的檔案目前大部分由北京市檔案館和天津市檔案館收藏，據北京市檔案館全宗指南介紹，該館藏有河北平津區敵偽產業處理局(全宗號J213)檔案10,473卷，與此機構相關聯的還有河北平津區敵偽產業處理局北平辦公處(全宗號J214)有檔案745卷，河北平津區敵偽產業清查委員會(全宗號J217)有檔案692卷，以及河北平津區敵偽產業處理局事業單位監理委員會北平辦事處(J206)的檔案(1,457卷)。相較而言，天津市檔案館保管該局(全宗號J19)的檔案數量更大，共有53,028卷，據該館利用部負責人透露，最近又從天津市公安局接收了一萬多卷檔案，然而這兩個檔案館均未見這份《戰前及淪陷期間華北經濟調查》；我曾向張利民教授(《日本對華北經濟的掠奪和統制》編委、天津市社會科學院歷史研究所所長)了解過相關情形，據他反映，他在收集和編輯該書的過程中没有見過這份資料；我亦向典藏民國時期檔案的中國第二歷史檔案館和天津市檔案館查詢，情況亦都一樣，由此更可説明這批資料的重要。

至於這部調查到底是通過甚麼人、甚麼途徑流失到香港中文大學中國文化研究所的，由於時代久遠，主要當事人已經去世，目前尚難以推斷。不過從該資料在一起有不少是顧毓瑔任職中央工業實驗所時期的文件以及他個人的一些文件來看，有可能是經其手轉出內地的，因為顧曾出任過河北平津敵偽產業處理局的副局長，而且因局長孫越崎經常在東北公幹，該局事務常由顧主持。當然這祇是一個推測，並無其他事實能够證明，但不管怎麼説，這批資料都是國家的檔案，並非個人的著作，而且時間已經超過60年，公布和出版不但不會涉及任何知識産權，相反卻對後人研究20世紀三四十年代的華北地區社會經濟極為有益。

鑒於以上情形，我即向香港中文大學中國文化研究所領導建議，計劃將這部調查統計資料影印出版；而這些原始資料又都屬於流散在外的民國時期歷史檔案，因而應當歸還給國家檔案局永久保存。在得到所領導的認同後，我即將這一設想告知國家檔案局局長楊冬權以及北京、天津等地檔案館的負責人，並得到了他們的大力支持。2009年8月，我趁前往內地開會之際，先後訪問了北京和天津市檔案館，一方面查閱相關檔案，同時洽談有關出版的細節。在他們的積極配合下，查閱到有關平津敵偽產業處理局，特別是該局資料室的一些資料。其後我應邀又相繼參加了天津社會科學院主辦的“明清以來區域發展與現代化進程”國際學術研討會和南開大學中國社會史研究中心主辦的“斷裂與連續：金元以來的華北社會文化”國際學術研討會，並在會上對這部資料的發現經過及其內容作了簡單的介紹，得到與會學者的極大興趣，並一再希望這部資料能够盡快出版。與會的天津古籍出版社一位編輯亦立即與我聯繫，介紹我會

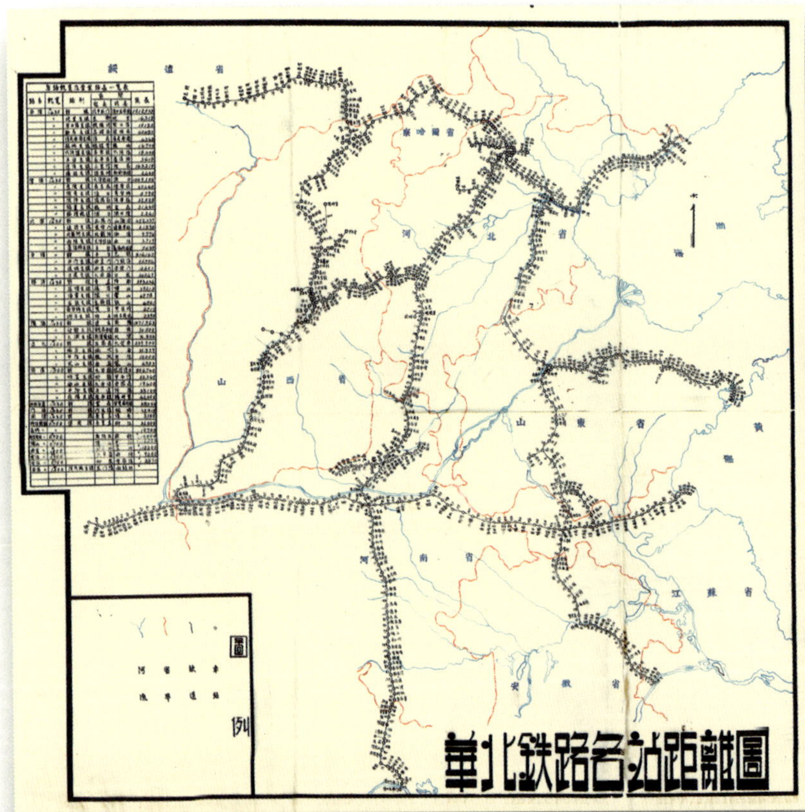

後與該社劉文君社長見面，他們表示對該資料的出版極具興趣，並保證一定會高速度、高質量地完成出版。經過雙方的協商，香港中文大學中國文化研究所同意將這一珍貴的資料列於“香港中文大學中國文化研究所史料叢刊”之一，交由天津古籍出版社按原件的規格、次序影印出版；香港中文大學還同意，待本資料正式出版後，即將其轉贈天津市檔案館永久保存。

還有一點需要説明的是，由於年代久遠，這部資料的紙質已經相當脆薄，有些部分甚至出現蟲蛀和霉爛的現象，雖然天津市檔案館技術部門已經對其進行認真的保護和相關的技術處理，但仍有個别數字模糊或脱落的情形，這也請讀者閲讀時予以注意。

以上就是本資料書出版的大致經過。作為該資料的發現者，我以為本書的出版既可以補充前述《日本對華北經濟的掠奪和統制》等資料書之不足，有助於全面了解當年日本帝國主義對華北地區經濟上的掠奪和侵略，同時還可以為我們提供華北地區20世紀三四十年代人文地理和財政經濟方面的重要資料，其實這些資料即便是對於今天的國家建設，仍然可以提供非常重要的參考依據。

最後需要特别指出的是，在天津市檔案館珍藏的檔案中，我們查到了該局經濟資料室人員的名單，他們是：主任杜春晏，副主任徐楷，專員馬增禮、薛代強、王守廉、王士敏、李岡、安重、張常祺、孔柯嘉，科員劉文琳、金曾武、張德元、鄭汝鉅，辦事員邵慶祥、王普厚、陳健鈞、許文業、劉安湄、姚秉貞[①]。儘管我們目前尚無辦法確定他們所承擔的具體工作，但本書的出版卻足以告慰曾從事這一資料收集、整理和編輯的所有工作人員，他們當年的工作没有白費，後人亦將會永遠感念他們為此所付出的辛勤勞動。

鄭會欣

2010年3月寫於香港中文大學中國文化研究所

---

① 天津市檔案館藏行政院河北平津區敵僞産業處理局檔案：J19-1-209。

編印說明

孤本文獻《戰前及淪陷期間華北經濟調查》原稿為手寫稿，此次影印，除了以下幾處略作調整，他處均遵從原稿。

一、原稿有總目録及部分章節内容前的分章目録，影印時去掉章節内容前的分章目録，參照總目録、分章目録和内文，統一編寫了總目録。

二、原稿内文個別章節標題不完整，影印時參照總目録和分章目録做了補充。

三、原稿第四章“華北礦産”中，出現了“礦”、“鑛”二字，影印時總目録和頁眉中統一用“礦”字。

四、原稿第五章第二節第一項第三目為“白河事變前既有灌溉施設地區灌溉面積狀況”，參照上下文，應為“白河事變前既有灌溉設施地區灌溉面積狀況”，總目録和内文亦作相應調整。

五、為了方便讀者閲讀、使用文獻，第五章第一節第三目“華北五省主要農産物耕種面積表”“華北五省主要農産物生産量表”及第七章第三節第五項“各地運輸狀況”，均做折頁印裝。

六、本書“上”包括第一章至第五章第一節，“下”包括第五章第二節至第八章。

總目録

第一章 華北土地

第一節 地勢

華北地形之特徵，西部高，東部低平，北部陰山山脈橫亙，毗連蒙古高原臺地，東臨渤海黃海，西部於黃河上流崑崙山脈之東，由若干支脈，略按東西方向並行，形成山岳地帶，其中之一脈東延為秦嶺，其餘脈與淮山山脈相連成為黃河流域長江流域之天然境界，亦即華北南部之界限。

華北西部山岳地帶之東緣，為縱貫南北之大斷層崖，以此劃出華北平原，利喜多芬氏所著之東亞地體構造論內，稱該斷層崖為興安構造線（Kingan Linie）該線北起興安嶺之東麓，經過山西臺地之東側，經河南南至雲貴高臺之東邊。

由於此種南北之大構造線，華北之地勢，可分東西二部，西部為1.000米乃至2.000米之廣大高臺性山地，南帶秦嶺山脈，北界陰山山脈中貫太行山脈，秦嶺、太行、陰山等脈連結，按東北西南方向而走，其西部山地，為許多地溝狀之盆地，由山西之北部，經太原、潼關，與陝西之渭水盆地相接連，該各盆地之一部，有因河川及風季之關係埋沒為平地者，其西部山地之東，成為一大陷沒地帶，因黃河淮河及山西、山東、河南等處山地所流出之小河川甚多，形成一種複合扇狀地帶，此即華北之大平原也，該地頗近水平，土地肥沃為一農耕地帶。

総 論

本室成立於三十五年五月一號結束於三十六年一月三十一號為期共九閱月

初期約四閱月為搜集資料期間因華北敵偽各經濟研究機構被我各不同機構所接收，多未加整理，故僅能向各機構勉為借到部分參考資料，難以窺其全貌

第二期約三閱月為整理編輯時期敵人偽領華北約八載對於經濟資料之統計工作僅屬於初步故鮮有完備之統計報告本室僅就搜得之資料對華北經濟建設作簡畧之統計，初述土地氣象，人口，繼以礦産，鹽産，農産，林産，畜産等資源次及工業，交通與一般金融經濟畧示對華北經濟建設之鳥瞰

第三期約兩閱月為繕寫時期因限於經費既不克印刷，亦未能油印僅繕寫兩份

此次工作因時間倉卒人員缺乏，尤其所有資料均係臨時借閱且不易尋得故照原計劃之内容未克充分實現深為遺憾，因感資料之難得，各同仁每有所獲，極為珍視，於是每照規定之内容額外列入總觀全部似嫌有過與不及之感，但為資料得來不易，勉為所願是為誌

河北平津區敵偽産業處理局

經濟資料室

三六，一，卅一

華北位置面積圖

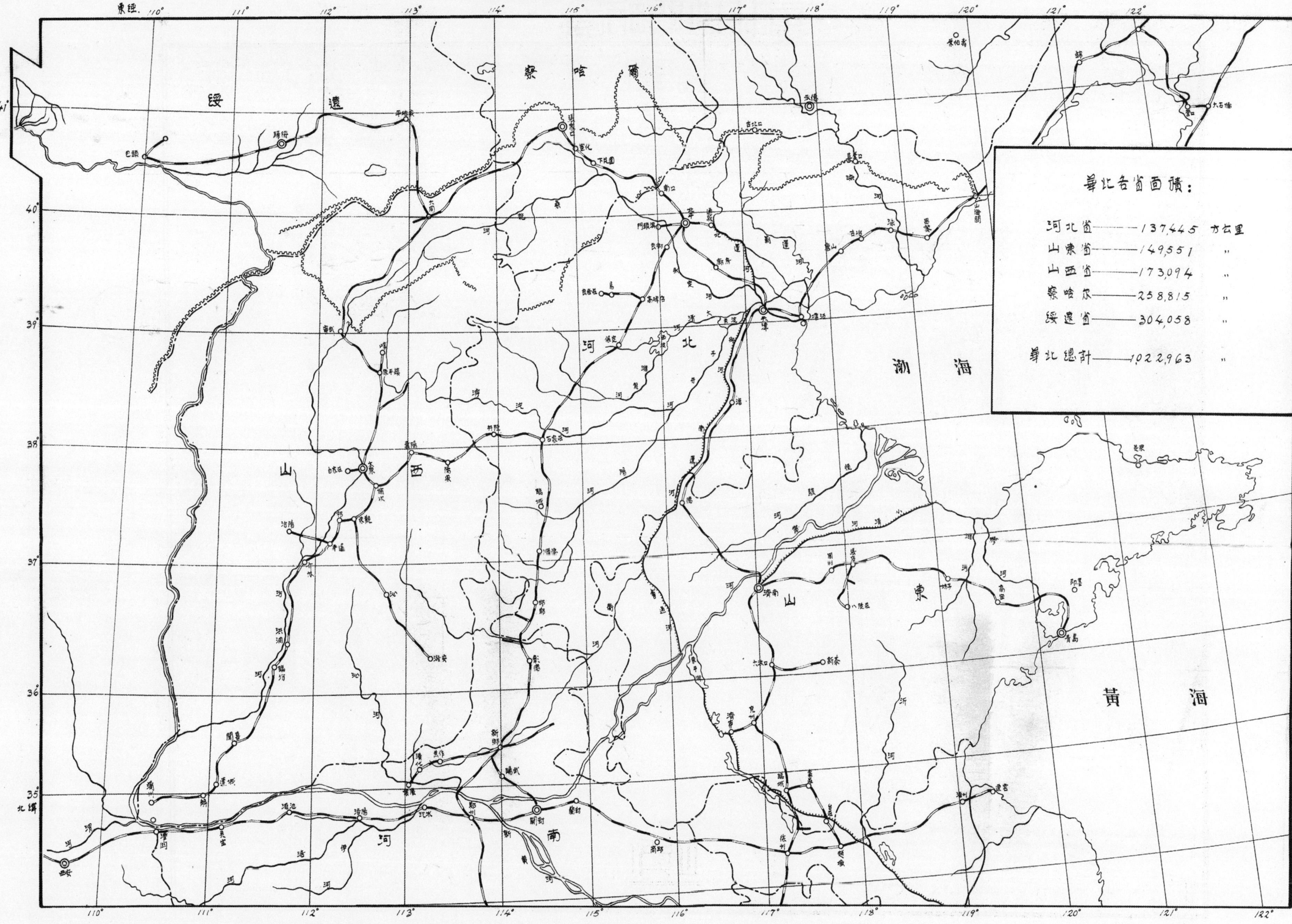
華北各省面積：
河北省——137,445 方公里
山東省——149,551 〃
山西省——173,094 〃
察哈爾——258,815 〃
綏遠省——304,058 〃
華北總計——1,022,963 〃
綏遠
察哈爾
河北
山西
山東
河南
渤海
黃海

第二節 土壤

第一項

華北地質略圖

第二節
第二項

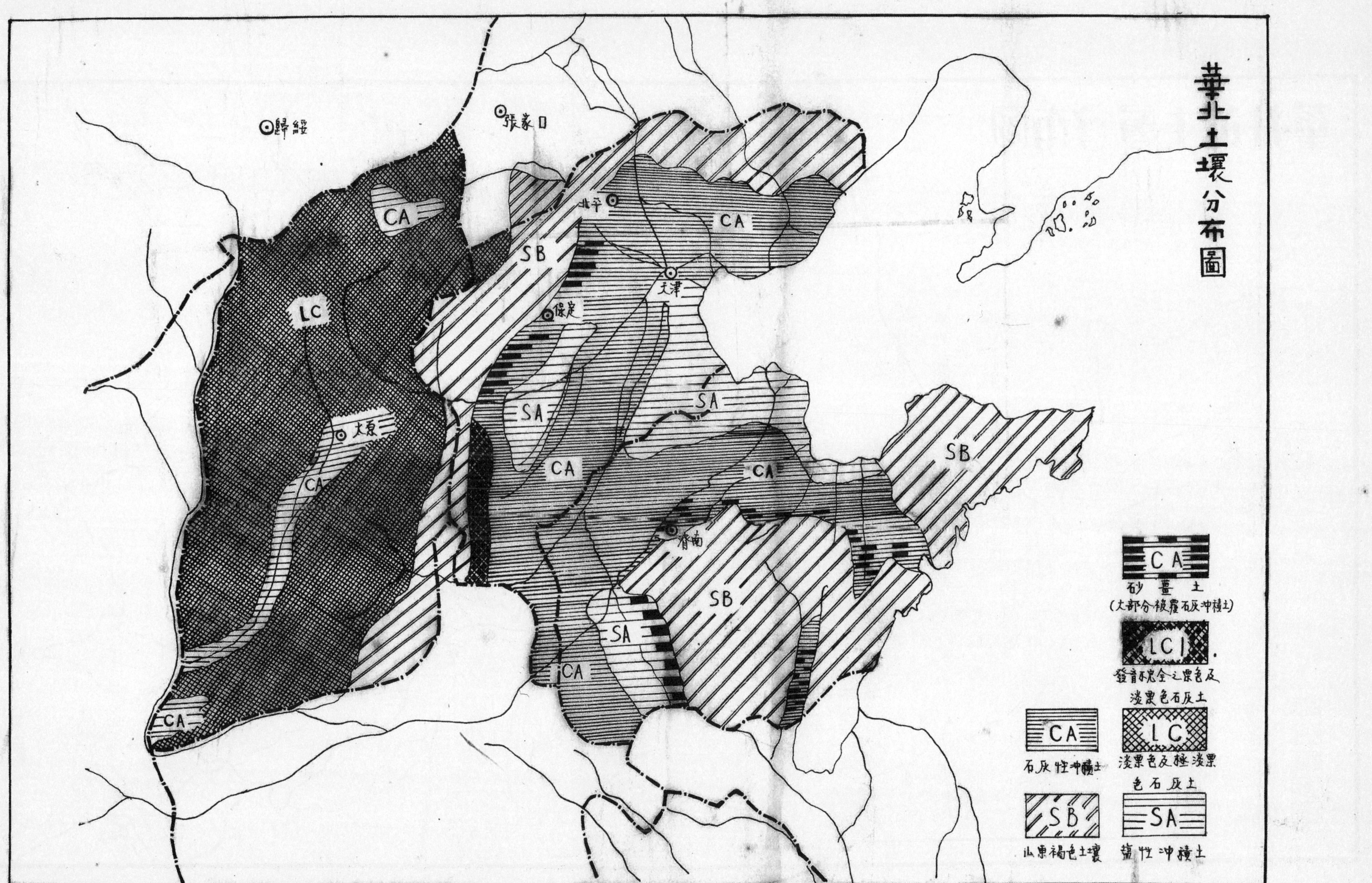
華北土壤分布圖
歸綏
張家口
北平
天津
保定
太原
濟南
CA
LC
SB
SA
CA
砂薑土
(大部分被覆石灰沖積土)
LC1
發育不完全之栗色及淺栗色石灰土
CA
石灰性沖積土
LC
淺栗色及極淺栗色石灰土
SB
山東褐色土壤
SA
鹽性沖積土

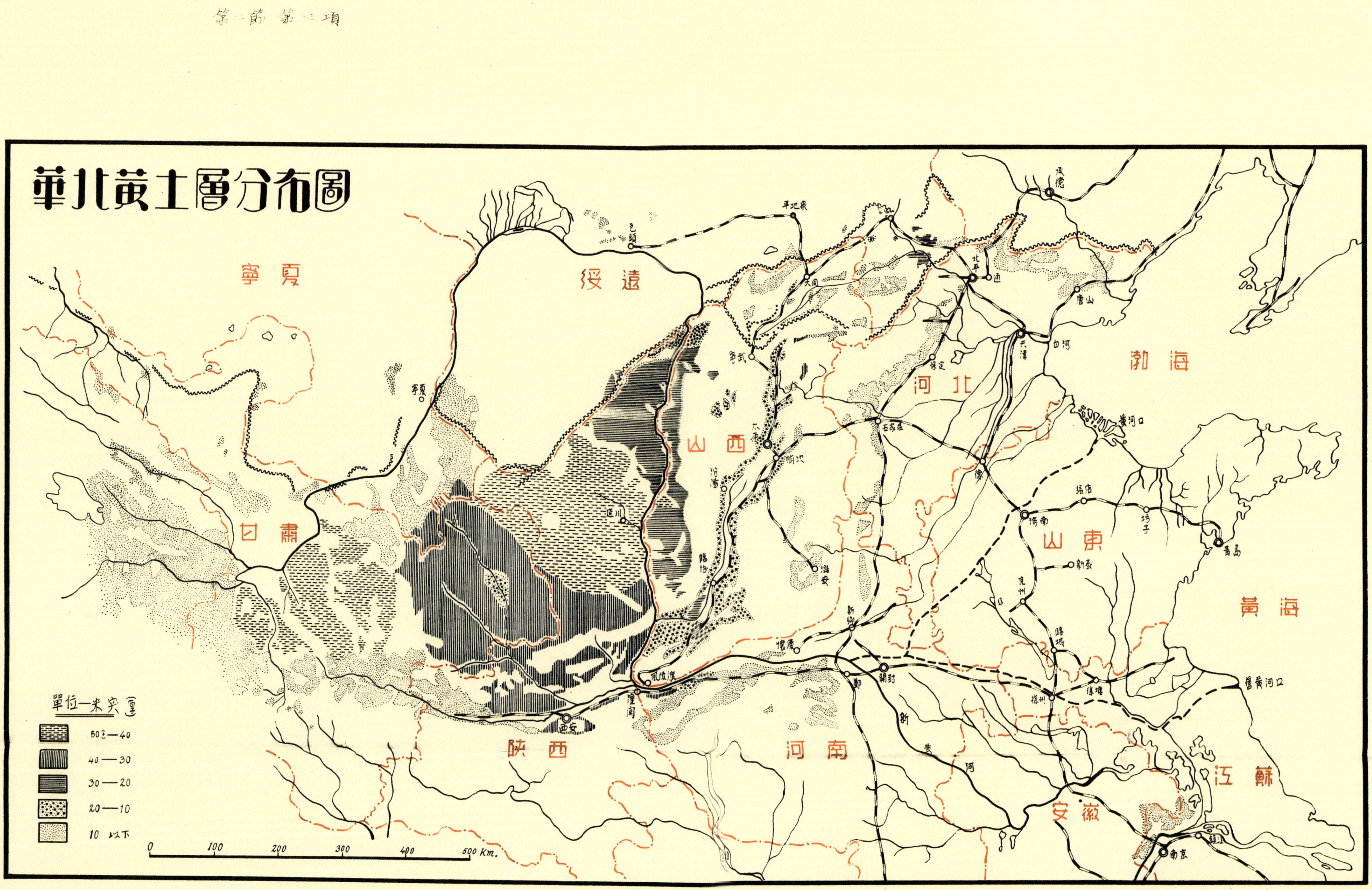
第二節 第二項
華北黃土層分布圖
寧夏
綏遠
甘肅
山西
河北
山東
河南
陝西
安徽
江蘇
渤海
黃海
北平
天津
承德
唐山
石家莊
濟南
青島
開封
鄭
西安
潼關
南京
單位一米突 厚
50以—40
40—30
30—20
20—10
10 以下
0
100
200
300
400
500 Km.

第三節　山川

華北山脈河流圖

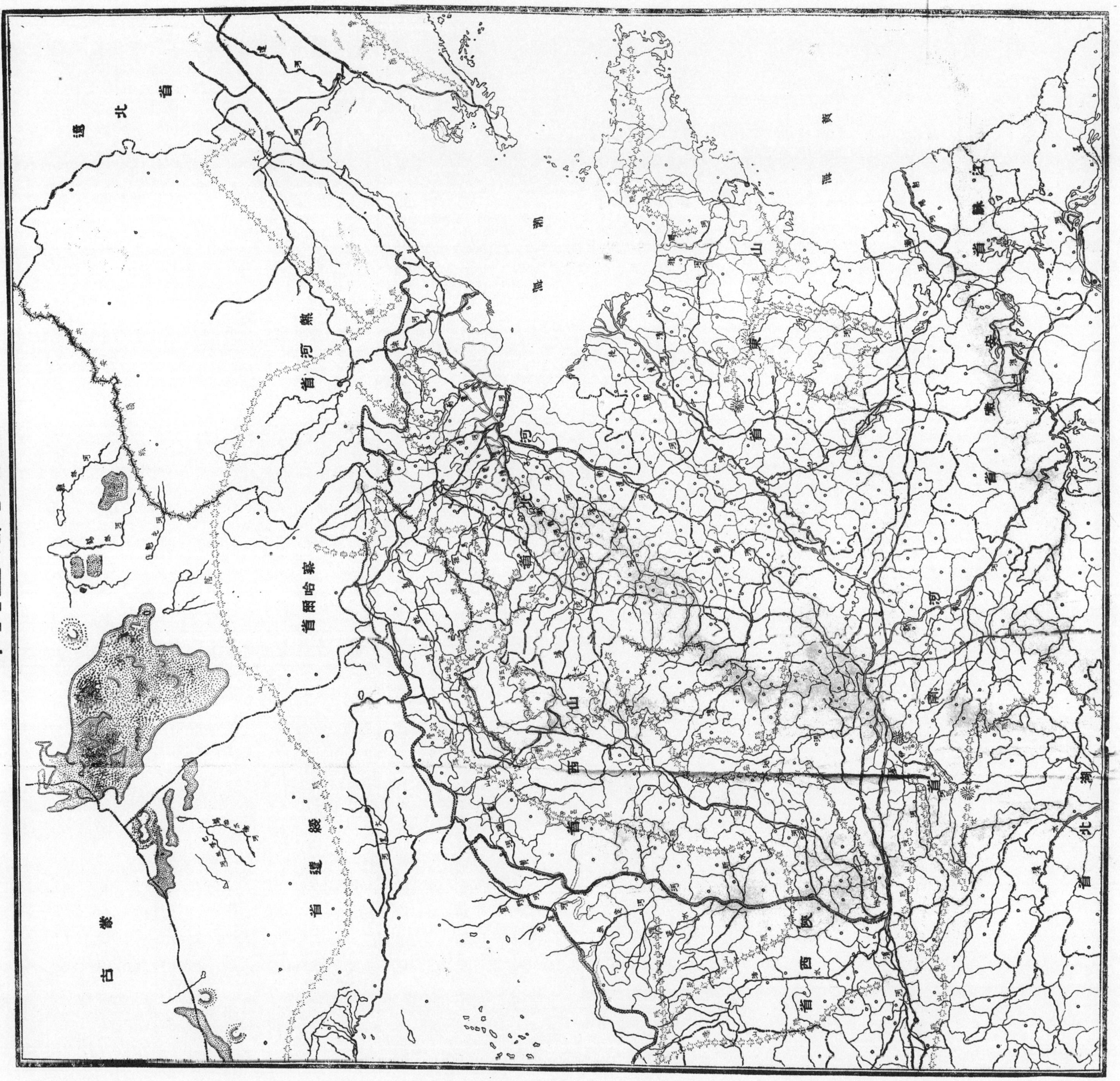

第二章　華北氣象

第一節　氣温

第一項　華北之氣温

我國幅員廣大，南北氣候懸殊，若以海南島與河北省兩地相比，跨北緯十九度至三十七度之間，一月之氣候平均由十八度至冰點下四度，其温度相差為二十度，植物之生育期間亦因之長短各異，按所謂中央亞細亞草原沙漠地帶之蒙古、新疆、察哈爾、綏遠、寧夏、甘肅等地，冬季佔全年之大半，夏季期間僅為兩月上下，植物之生育不出百日，稍南之華北平原，為二百日，而揚子江各流域，平均可達三百日之多。

第二項　華北各地平均氣温之比較

地名＼月分	1	2	3	4	5	6	7	8	9	10	11	12	年	統計年
秦皇島	(-)6.1	(-)3.3	1.4	9.1	15.6	20.4	23.8	24.3	19.4	12.7	3.6	(-)4.1	9.7	1909—1916
天津	(-)4.2	(-)1.8	4.8	13.1	19.5	24.3	26.2	25.8	20.9	14.0	4.7	(-)2.2	12.1	1929—1933
芝罘	(-)1.6	(-)0.8	3.8	10.6	16.7	21.3	24.3	25.0	20.8	15.6	9.6	1.1	12.0	
瓆瑘島	(-)1.0	0.6	3.1	8.3	13.8	18.3	22.0	24.5	21.4	15.6	8.9	1.9	11.5	1924—1935
青島	(-)1.2	0.1	4.3	10.0	15.5	19.8	23.4	25.0	21.3	15.7	8.3	1.4	12.0	1898—1933
濟南	(-)1.7	1.5	8.3	15.8	22.6	27.0	28.2	26.5	22.3	16.4	8.3	1.1	14.7	1919—1936
徐州	(-)1.0	2.1	8.4	13.9	20.7	26.0	28.9	27.3	22.1	15.6	8.8	2.0	14.6	1926—1935
北平	(-)4.4	(-)2.6	4.5	12.9	20.2	24.4	26.5	25.0	20.0	12.3	2.9	(-)2.0	11.6	1929—1933
通縣	(-)6.0	4.1	2.9	13.7	22.1	26.2	28.2	27.1	22.9	16.4	5.2	(-)3.2	12.6	1935—1936
保定	(-)5.1	(-)1.1	6.0	13.6	20.8	24.9	26.9	24.8	20.6	12.8	4.3	(-)2.0	12.2	1929—1933
大名	(-)1.8	(-)1.0	6.1	14.3	21.2	26.0	28.6	26.1	21.4	14.2	7.1	0.7	13.6	1929—1933
開封	(-)1.2	2.0	7.5	14.3	21.2	25.8	27.0	25.8	21.4	14.7	9.0	3.3	14.4	1932—1934
太原	(-)7.3	(-)2.5	5.0	12.2	19.2	23.0	25.4	23.0	17.9	10.3	1.8	(-)4.3	10.3	1926—1933
平定	(-)5.7	(-)1.9	4.8	8.4	17.7	21.8	25.7	26.1	20.8	14.0	5.4	(-)0.9	12.6	1921—1925
大同	(-)9.0	(-)4.4	1.8	9.0	14.8	20.8	22.9	21.4	15.4	9.6	0.7	(-)3.6	8.3	1920—1922
張家口	(-)10.1	(-)9.7	(-)1.2	10.2	14.9	21.4	23.2	21.8	16.7	9.4	(-)0.5	(-)8.8	7.3	1929—1933
綏遠	(-)11.9	(-)7.1	1.1	8.7	15.5	21.0	24.2	21.8	15.8	9.7	(-)1.1	(-)10.2	7.3	1929—1938

第三項　華北各地每日平均最高氣温之比較

地名＼月分	1	2	3	4	5	6	7	8	9	10	11	12	年	統計年
秦皇島	(-)1.0	1.1	6.7	13.5	20.7	24.6	28.2	28.3	25.0	18.5	9.8	1.8	14.7	1928—1935
天津	0.8	3.7	10.7	20.0	26.9	31.1	32.1	30.7	26.4	19.9	8.9	2.5	17.9	1929—1933
芝罘	1.4	2.8	8.7	16.6	22.3	26.6	29.2	29.0	25.0	19.6	12.1	4.5	16.5	1906—1934
瓆瑘島	1.0	1.7	5.8	11.2	16.9	21.2	24.8	27.2	24.3	18.9	16.6	4.8	14.1	1928—1936
青島	1.8	3.7	8.3	14.5	19.8	23.6	26.9	28.6	25.1	19.6	12.3	4.7	15.7	1929—1933
濟南	3.0	6.3	13.7	21.5	28.5	32.7	33.1	31.2	27.7	22.1	13.7	5.6	19.9	1919—1936
徐州	3.6	6.8	15.2	20.2	26.9	32.6	34.3	32.4	28.5	22.6	13.1	6.8	20.3	1929—1933
北平	2.9	7.0	15.8	24.9	30.9	32.9	35.0	30.1	28.4	22.9	14.2	6.4	21.1	1929—1933
通縣	(-)0.7	2.6	8.1	18.9	27.6	31.3	32.2	31.5	26.6	21.3	9.6	1.4	17.6	1935—1936
保定	1.4	5.6	13.0	20.7	28.5	32.1	31.0	30.0	27.5	20.7	11.7	3.8	18.8	1929—1934
開封	3.4	7.2	14.1	20.6	27.7	32.6	33.4	30.9	27.7	22.9	15.2	6.3	20.2	1932—1936
太原	(-)10.8	3.7	10.9	15.7	26.1	29.2	31.8	28.1	24.3	17.1	9.1	2.1	16.4	1929—1934
平定	3.3	3.0	7.6	10.9	23.2	24.0	28.1	29.3	27.5	20.8	13.1	4.6	16.3	1920—1922
張家口	(-)3.4	(-)1.4	7.0	16.7	24.0	28.3	29.1	26.8	23.5	16.8	5.0	(-)2.0	14.2	1929—1936
綏遠	(-)4.9	(-)0.8	6.2	15.9	22.0	27.8	29.6	27.9	22.9	14.9	3.9	(-)2.8	13.9	1929—1936

第四項　華北各地每日平均最低氣温之比較

地名＼月分	1	2	3	4	5	6	7	8	9	10	11	12	年	統計年
秦皇島	(-)11.1	(-)8.7	(-)2.1	5.7	12.2	17.1	21.6	20.6	14.7	6.9	(-)1.0	(-)7.0	5.7	1928—1935
天津	(-)8.7	(-)6.4	(-)0.5	7.0	13.5	19.0	22.6	22.1	16.5	8.9	0.2	(-)7.3	7.8	1929—1933
芝罘	(-)4.9	(-)4.0	(-)0.5	7.1	12.9	17.7	21.7	22.4	17.9	12.0	4.7	(-)1.6	8.8	1929—1933
瓆瑘島	(-)4.3	(-)3.4	0.3	5.6	10.9	15.7	19.6	22.0	18.6	12.9	5.8	(-)0.4	8.6	1928—1936
青島	(-)5.1	(-)3.3	1.4	6.8	12.1	16.8	21.6	22.6	17.9	12.5	4.7	(-)2.0	8.8	1929—1933
濟南	(-)5.8	(-)2.9	2.2	10.0	16.5	21.2	23.3	22.1	16.8	10.5	3.4	(-)3.4	9.5	1119—1936
徐州	(-)6.2	(-)3.9	0.8	6.8	12.2	17.8	21.7	21.1	15.0	8.5	0.7	(-)3.0	7.6	1929—1933
北京	(-)12.5	(-)10.4	(-)4.9	2.6	9.8	15.3	19.4	19.3	17.8	5.7	(-)3.8	(-)10.6	4.0	1930—1933
通縣	(-)13.4	(-)10.0	(-)4.8	4.8	12.2	17.9	20.8	20.4	14.9	6.7	(-)3.6	(-)10.2	4.6	1935—1936
保定	(-)10.8	(-)7.3	(-)0.9	6.8	13.6	18.8	22.2	20.7	14.6	6.1	[illegible]	(-)6.6	6.3	1929—1935
開封	(-)5.1	(-)2.4	1.8	8.8	15.2	20.0	23.2	21.7	16.4	9.4	2.4	(-)1.4	7.2	1932—1936
太原	(-)13.5	(-)9.5	(-)3.3	5.3	11.2	15.9	19.8	17.7	11.4	2.9	(-)4.8	(-)9.0	3.5	1929—1933
平定	(-)9.7	(-)4.4	3.1	6.0	15.5	21.2	23.7	24.8	21.2	12.8	3.3	(-)0.5	9.8	1920—1922
張家口	(-)15.4	(-)15.4	(-)6.7	1.7	9.7	14.0	17.7	16.1	8.2	1.6	(-)6.4	(-)13.1	1.0	1929—1933
綏遠	(-)17.9	(-)15.2	(-)6.7	0.7	9.7	13.7	17.6	15.9	7.9	1.6	(-)8.5	(-)16.6	0.0	1929—1933

第二節　雨量

第一項　華北之雨量

華北雨量以夏季七月為最多，比諸十二月以及一、二、三各月之雨量，增大六十倍左右，質言之華北雨量之集中，皆在七月，與其他各月顯然懸殊。若上海、漢口、重慶、福州各地，夏秋兩季雨量之平衡，更有天壤之別。

查華北每年平均雨量雖少於華南各地，但對夏季農產物之雨水，堪稱調和，由於冬季氣候乾燥，春季降雨量少，旱災為患，華北農產物因之大受影響。

第二項　華北各地雨量之比較（單位粍）

地名＼月分	1	2	3	4	5	6	7	8	9	10	11	12	年	統計年
秦皇島	3.1	2.8	14.9	17.2	63.5	68.6	177.9	193.9	68.3	20.1	12.2	3.1	645.6	1908—1933
天津	4.3	2.9	7.1	16.2	27.0	59.8	180.4	147.8	47.6	15.2	10.6	4.0	524.9	1891—1931
芝罘	14.6	10.3	16.7	25.8	37.8	55.8	166.4	156.1	62.5	28.0	27.6	20.0	621.6	1886—1933
璞瑯島	8.7	9.8	19.0	38.2	43.9	75.3	159.7	152.3	80.4	29.9	30.9	17.7	665.8	1886—1933
青島	9.4	8.6	18.9	31.4	43.9	89.2	147.6	152.2	86.1	36.9	20.9	16.7	661.6	1899—1933
濟南	8.4	7.6	10.3	20.3	35.0	74.3	203.5	175.6	57.5	19.2	6.4	13.1	641.2	1916—1936
徐州	18.0	19.3	25.6	58.4	38.9	86.9	117.2	142.4	87.7	33.3	20.7	32.6	681.0	1926—1936
北平	4.1	4.2	9.0	16.2	33.1	82.6	235.4	146.8	57.1	17.7	8.8	2.2	637.2	1841—1933
通縣	1.4	11.8	12.0	14.8	20.0	64.6	142.6	68.5	73.3	4.8	8.5	2.9	425.2	1935—1936
保定	12.7	3.1	5.6	6.3	23.9	88.9	157.2	135.2	25.3	9.4	10.0	5.9	471.5	1913—1933
大名	10.6	14.7	9.3	18.9	26.1	75.0	132.4	138.3	83.7	15.7	8.8	7.4	540.9	1907—1933
開封	8.2	7.0	14.1	29.1	90.7	60.5	215.5	78.0	100.0	12.4	22.6	19.3	657.4	1932—1936
太原	5.6	3.3	12.3	14.6	24.3	43.9	107.0	94.1	51.1	16.7	5.4	4.6	382.9	1916—1933
平定	2.6	3.3	6.0	29.2	27.7	35.5	115.2	116.4	48.4	13.9	6.8	9.2	414.2	1920—1932
大同	0.6	4.4	7.4	15.1	35.3	41.0	99.5	91.9	32.3	18.3	2.9	2.0	350.7	1920—1926
張家口	2.4	2.8	4.5	5.5	31.1	42.8	118.9	78.6	40.0	13.2	3.6	2.5	345.9	1919—1931
綏遠	0.4	4.5	3.5	7.0	23.3	59.0	75.9	121.0	63.5	20.7	3.8	2.1	384.7	1920—1925

第三項　華北四季平均降雨量（單位粍）

季節	月分	雨量
春季	三月至五月	81
夏季	六月至八月	384
秋季	九月至十一月	82
冬季	十二月至二月	45

第四項　華北各地一日最大降雨量（單位粍）

地名＼月分	1	2	3	4	5	6	7	8	9	10	11	12	年	統計年
秦皇島	2.0	4.0	16.3	19.6	65.3	41.4	113.2	166.8	65.0	17.5	6.4	11.7		1929—1933
天津	16.3	12.6	34.9	20.2	48.3	78.6	121.2	124.3	58.6	31.9	28.8	8.8		1897—1915
芝罘	10.7	14.1	13.2	30.0	73.5	40.0	89.0	45.7	49.6	22.6	25.4	38.1		1927—1933
璞瑯島	11.7	17.3	21.8	46.5	67.3	71.5	64.7	132.6	129.6	22.1	19.3	29.4		
青島	11.3	8.2	22.5	48.7	31.7	93.8	66.7	101.2	151.2	18.3	31.4	20.4		1908—1915
濟南	16.4	15.8	10.4	67.4	36.0	53.5	127.0	124.6	42.8	39.8	36.0	24.4		1919—1936
徐州	14.7	18.2	25.0	46.4	85.4	87.4	87.2	103.6	112.6	45.0	10.7	25.1		1929—1933
北平	1.1	10.0	5.4	26.2	33.2	75.4	166.2	73.2	78.8	32.7	8.4	7.7		1930—1933
保定	2.0	15.0	9.0	6.7	19.8	71.0	89.0	74.5	28.0	20.8	8.4	11.2		1929—1933
大名	24.0	44.0	49.0	54.0	55.0			122.0				69.0		
太原	3.6	4.3	14.0	9.8	20.5	35.5	54.8	67.0	36.0	11.4	0.7	3.9		1929—1933

第五項　華北各地降雨日數（≧0.1粍）

地名＼月分	1	2	3	4	5	6	7	8	9	10	11	12	年	統計年
秦皇島	2.2	2.0	4.1	4.5	7.0	10.3	13.3	13.7	6.2	3.7	3.4	2.6	70.0	1909—1933
天津	1.2	1.3	2.3	2.4	4.7	5.6	9.6	8.5	5.2	2.4	1.7	1.2	46.1	1891—1933
芝罘	4.5	2.7	3.4	4.0	4.6	5.3	9.4	9.6	5.4	4.1	4.4	5.6	63.0	1887—1933
璞瑯島	1.5	1.4	2.7	4.3	4.2	5.6	7.8	7.9	5.1	3.6	3.5	2.7	50.3	〃
青島	5.1	3.4	4.8	7.1	8.0	9.6	14.1	11.9	8.6	4.9	4.5	4.9	86.9	1898—1933
濟南	1.9	2.5	3.2	3.8	4.6	7.2	12.6	10.8	6.0	2.7	2.1	3.1	60.5	1921—1933
徐州	4.5	4.1	4.2	5.7	5.2	6.6	8.9	9.5	4.4	2.5	2.9	5.0	63.5	1916—1933
北平	2.7	3.1	3.5	3.8	5.6	8.5	13.4	10.7	6.8	3.9	2.2	1.6	65.8	1875—1933
通縣	2.0	6.0	3.0	3.0	6.0	9.0	10.0	2.0	1.0	3.0	3.0	1.0	54.0	1935—1936
保定	1.8	1.2	1.2	2.4	6.0	7.8	8.0	9.6	3.2	1.6	1.0	2.4	46.2	1929—1933
大名	2.1	1.9	2.1	3.3	3.6	4.9	7.7	9.4	4.7	2.2	1.9	1.9	45.7	1908—1933
開封	2.4	1.7	1.4	4.0	5.7	4.0	8.6	7.1	4.0	2.9	10.4	2.4	56.6	1922—1933
蒲州	1.8	1.0	2.7	4.7	6.3	4.3	8.3	6.0	4.5	2.8	1.8	1.4	45.5	1921—1925
太原	1.8	1.9	2.4	3.2	4.7	7.0	10.2	8.3	6.1	2.8	1.6	2.0	52.0	1916—1933
平定	1.0	1.0	0.7	2.3	4.0	4.0	9.3	10.3	2.7	1.5	0.7	0.3	37.8	1922—1925
大同	1.0	1.4	1.5	1.3	3.4	5.3	6.6	5.5	3.5	1.7	0.5	0.2	31.9	1919—1925
張家口	0.7	3.2	2.3	1.8	6.0	8.4	10.1	9.4	6.3	3.0	1.3	0.8	53.3	1919—1925
綏遠	0.4	1.7	1.3	1.2	4.2	4.8	6.6	8.8	4.2	2.2	1.0	0.4	36.8	1920—1925

第六項　華北各地之曇天日數（雲量八以上）

地名＼月分	1	2	3	4	5	6	7	8	9	10	11	12	年	統計年
秦皇島	0.7	2.4	3.7	4.7	5.3	5.9	8.6	9.1	3.0	1.6	2.0	2.5		1929—1935
天津	3.6	3.7	4.8	5.8	4.6	6.9	7.9	7.2	4.0	3.2	2.9	2.8		1905—1933
芝罘	8.0	5.7	6.6	6.8	7.7	8.4	8.7	9.3	8.6	5.4	6.4	9.8		1905—1933
青島	6.2	7.2	8.9	9.9	10.7	13.1	17.6	11.6	8.1	5.0	5.2	6.9		1916—1933
濟南	8.7	8.5	10.2	9.2	11.1	10.2	8.8	7.1	8.3	7.6	7.4	8.4		1919—1936
北平	7.0	9.0	8.5	9.0	12.0	10.0	10.0	11.0	8.0	4.0	7.0	9.0		1930—1933
通縣	6.0	7.0	7.0	10.0	6.0	11.0	8.0	10.0	7.0	5.0	7.0	4.0		1935—1936
保定	4.6	6.1	4.4	9.3	5.3	8.4	10.6	10.1	6.0	3.7	4.4	6.7		1929—1935
太原	6.0	7.0	7.0	8.0	5.5	7.0	7.0	6.0	7.0	6.0	4.5	7.0		1929—1933
張家口	—	2.0	4.5	7.0	5.0	4.3	6.0	2.5	3.7	2.0	2.5	2.0		1917—1936
綏遠	0.5	0.5	3.0	6.5	4.0	5.5	4.0	2.0	4.0	2.0	88.0	4.0		1935—1936

第七項　華北各地平均雲量（0—10）

地名＼月分	1	2	3	4	5	6	7	8	9	10	11	12	年	統計年
秦皇島	1.8	2.2	2.9	4.8	3.6	5.1	5.3	5.2	2.9	2.5	2.5	2.5	3.4	1929—1935
天津	2.9	3.0	3.9	4.2	4.0	5.0	5.3	5.0	3.8	2.7	2.8	2.5	3.8	1905—1933
芝罘	4.2	4.9	4.4	4.7	4.5	4.6	5.1	5.3	3.7	3.8	4.0	4.9	4.5	1928—1933
瑛瑘島	4.7	4.3	4.5	5.2	4.8	5.6	6.0	6.2	6.2	4.7	4.7	5.2	5.0	1928—1935
青島	4.3	4.5	5.1	5.4	5.6	5.5	6.8	6.0	5.1	4.0	3.7	4.1	5.0	1903—1933
濟南	3.9	4.3	4.6	5.1	4.8	5.2	6.9	5.8	4.3	3.2	3.2	3.9	4.5	1921—1932
徐州	6.0	5.3	5.5	7.2	7.3	6.8	6.9	7.1	5.9	5.8	4.6	6.4	6.2	1929—1933
北平	2.6	4.0	4.2	5.8	5.2	6.2	6.2	6.2	4.3	3.1	3.3	4.0	4.6	1930—1933
通縣	3.0	3.3	2.9	4.5	3.5	5.6	3.2	4.6	4.0	2.5	3.1	3.1	3.6	1935—1936
保定	3.6	4.0	3.8	5.2	4.7	5.7	5.6	5.8	3.6	2.4	2.9	4.3	4.3	1929—1933
開封	3.5	4.5	4.5	5.2	5.3	4.5	4.5	3.9	4.1	4.7	3.0	4.5	4.4	1932—1933
太原	2.0	2.7	2.3	2.5	2.7	3.2	3.9	3.9	2.4	1.9	1.3	2.1	2.6	1929—1933
張家口	1.7	3.6	3.6	4.2	4.8	5.0	6.4	4.6	5.0	3.5	4.6	3.2	4.1	1935—1936
綏遠	2.5	5.3	4.1	5.2	5.5	5.9	4.2	4.9	4.7	3.6	4.5	2.4	4.4	1935—1936

第八項　華北各地快晴日數（雲量二以下）

地名＼月分	1	2	3	4	5	6	7	8	9	10	11	12	年	統計年
秦皇島	22.9	19.1	16.9	13.0	12.9	9.9	7.6	9.4	18.9	22.0	20.3	22.3		1929—1935
天津	15.6	14.2	12.9	9.9	10.2	6.9	6.0	6.9	12.0	16.9	16.3	17.4		1905—1933
芝罘	9.1	8.8	9.9	8.5	8.2	5.7	4.3	5.3	8.6	11.1	9.6	7.7		1905—1933
青島	11.1	8.2	7.3	5.7	4.6	3.3	2.1	3.6	7.9	11.6	11.7	10.8		1916—1933
濟南	18.5	15.0	16.0	9.5	14.0	7.0	6.0	8.5	12.0	16.0	19.5	12.5		1932—1933
徐州	6.8	7.5	6.8	5.5	5.0	5.0	3.0	4.0	8.5	10.5	12.0	9.0		1930—1933
北平	20.0	13.0	14.0	8.0	8.5	5.0	6.0	6.0	14.0	20.0	18.0	15.0		1930—1933
保定	16.6	14.6	13.1	8.7	11.1	7.4	7.7	8.3	14.3	18.4	17.3	15.0		1929—1935
太原	22.0	18.0	21.0	18.0	19.0	15.0	12.0	14.0	18.0	21.0	25.0	20.0		1929—1933
張家口	24.5	16.5	20.0	13.0	11.0	11.0	9.0	7.5	11.5	19.0	19.5	17.0		1917—1936
綏遠	18.0	8.0	14.5	9.5	9.5	5.5	5.5	7.0	5.6	8.0	5.0	9.5		1935—1936

第九項　華北各地平均濕度（%）

地名＼月分	1	2	3	4	5	6	7	8	9	10	11	12	年	統計年
秦皇島	70.0	71.0	69.2	65.0	69.6	78.3	84.1	80.0	69.4	65.0	63.0	66.8	70.9	1910—1925
天津	59.4	56.6	55.1	52.1	54.3	62.4	74.9	76.5	68.7	64.1	60.9	57.9	61.9	1905—1926 1929—1930
芝罘	71.9	70.8	65.2	62.6	69.0	72.9	82.9	83.2	74.7	68.9	68.4	70.1	71.7	1905—1932
瑛瑘島	73.7	71.9	74.8	76.2	79.6	87.0	93.1	85.9	74.6	64.0	66.3	72.0	76.6	1928—1934
青島	69.0	68.2	69.0	70.8	73.8	82.2	89.2	83.7	72.8	65.6	63.8	65.4	72.8	1903—1933
濟南	55.1	52.5	47.6	47.4	51.7	53.8	69.5	75.8	61.9	53.5	54.5	53.1	56.4	1921—1933
徐州	82.0	77.0	66.0	69.7	64.7	61.5	71.8	73.4	64.0	63.7	67.8	76.7	69.9	1926—1931
北平	60.9	60.3	55.2	50.2	53.3	60.9	75.5	76.8	68.6	60.3	60.7	60.3	61.8	1930—1933
通縣	49.4	57.0	47.5	39.6	40.5	57.4	65.0	63.2	60.8	53.4	53.4	48.9	43.0	1935—1936
保定	61.0	56.1	48.1	45.6	51.9	58.3	74.2	80.4	68.5	59.1	58.1	69.6	60.9	1929—1933
開封	78.0	75.7	55.8	65.0	61.2	60.0	76.3	84.0	76.6	66.0	64.0	86.0	70.5	1935—1936
太原	50.3	56.1	48.3	55.2	51.0	52.9	65.0	67.2	59.5	57.3	55.4	63.2	56.8	1929—1933
張家口	47.5	54.7	51.3	43.9	46.4	55.6	67.1	69.6	60.6	51.2	55.5	48.2	54.3	1922—1936
綏遠	67.1	63.0	53.8	50.9	46.9	47.0	67.2	63.6	59.8	57.9	73.4	84.4	61.3	1935—1936

第三節　風季

第一項　華北之風季

風季能支配整個氣候，我國幅員遼闊，因氣候不同，農作物所受之影響，亦各特殊，按東部亞細亞，東南亞細亞及南部亞細亞地方，為世界最主要之產米地區，人口密度亦佔世界第一位，我國為亞細亞生產地重要之一環，如華北之黃河流域，及中部揚子江流域，占全國面積之大部，擁有全國半數以上之人口，尤以江浙一帶及湖廣低地，更為我國之重要經濟流域，所謂江浙不熟天下饑，湖廣熟天下足，至其他如南部西江流域，以廣東之三角洲，亦最豐沃，所以然者，蓋均以風季有重要之關聯也，縱觀我國風季方向之平均統計，夏季以南方之海洋風為著，冬季即為北方之大陸風，其概括之平均方向，冬季以北方多西北風，中部多北風，南方多東北風，夏季各地皆以南風或東南風為最多，由上述風之變動，可知我國之氣候，大別為東北或西北風，以及西南或東南風之二種，至於蒙古及西伯利亞等地，冬季因受環海氣候之關係，因而異常寒冷，夏季之暑熱更劇烈，前述所謂冬季之東北及西北風影響華北甚大，氣候乾燥異常，非但雨量不多而往往北部之砂塵(黃砂)滿天遍野，農作物受害匪淺，其最遠可波及到揚子江流域，北部所及，則以渤海灣東北各地為甚，並時有越朝鮮而遠達日本之九洲一帶。

第二項　華北各地平均風速度(米/秒)

地名＼月分	1	2	3	4	5	6	7	8	9	10	11	12	年	統計年
秦皇島	2.8	2.8	3.6	4.4	3.1	2.0	1.8	1.8	1.8	2.5	2.7	2.6	2.7	1931—1936
天津	2.8	3.0	3.6	3.9	3.7	3.3	2.6	2.2	2.6	2.7	3.0	2.4	3.0	1905—1931
芝罘	5.0	4.4	4.4	4.3	3.8	3.1	2.8	2.6	3.4	4.5	4.9	5.0	4.0	1920—1932
璞瑯島	3.0	2.9	2.9	2.7	2.5	2.2	2.2	2.1	2.6	2.8	3.2	3.1	2.7	1928—1936
青島	5.3	5.2	5.7	5.7	5.5	5.2	4.9	4.3	4.3	4.8	5.3	5.5	5.1	1916—1933
濟南	2.5	2.9	3.6	4.0	3.5	3.3	2.4	1.8	2.1	2.6	2.8	2.6	2.8	1919—1936
徐州	2.7	3.3	4.4	4.3	3.8	3.1	2.8	2.6	3.4	4.5	4.9	5.0	3.7	1920—1932
北平	3.3	3.5	4.1	4.4	3.8	2.9	2.4	2.0	2.4	2.7	3.2	3.3	3.2	1914—1919
保定	0.6	1.2	1.8	2.1	1.7	1.6	0.9	0.6	0.7	0.7	0.9	0.7	1.1	1929—1933
開封	2.1	2.7	3.1	3.1	2.9	2.6	2.5	2.1	2.1	2.0	2.2	1.9	2.4	1932—1936
太原	1.6	1.7	2.5	4.1	1.8	1.7	1.4	1.0	1.4	1.1	1.4	1.1	1.7	1929—1933
張家口	2.1	2.2	2.6	2.0	2.1	2.6	2.0	1.8	1.5	1.6	1.3	1.3	1.9	1929—1933
綏遠	2.7	2.8	3.4	3.4	2.9	3.3	2.0	2.0	3.9	4.8	3.1	3.2	3.1	1935—1936

第三項　華北各地最多風向

地名＼月分	1	2	3	4	5	6	7	8	9	10	11	12		統計年
秦皇島	NE	NE	NE	SW	SW	SW	SW	NE	SW	NE	NE	NE		1908—1933
天津	NNW	NW	N	NW	SW	SW	SW	SW	W	NW	NW	NW		1906—1933
芝罘	NW	NW	NW	NW	NW	SE	SE	NW	NW	NW	NW	NW		1920—1933
璞瑯島	NW	NW	NW	SW	SW	SW	SW	NE	NW	NW	NW	NW		1920—1933
青島	NW	NW	SE	SE	SE	SE	SE	SE	N	N	NW	NW		1898—1933
濟南	SE	SE	SE	SW	SW	SE	SE	NE	SE	SW	SE	SE		1915—1932
徐州	E	E	E	ESE	SE	E	E	E	E	NEE	E.SW	NE		1926—1936
北平	NW	SSW	SSW	NW	SSW	S	SSW	SSW	N	NW	NW	NW		1914—1919
保定	NE	NE	NE	NE	SW	NE	NE	NE	NE	NE	NE	NE		1929—1933
大名	S	NNE	SE	S	S	S	SE	SE	E	S	S	NE		1920—1933
開封	NW	NE	SW	S	SW	SE	NE	NE	SE	SW	NE	NNE		1926—1933
太原	NW	NW	NW	NW	NW	NW	NW	NW	NW	NW	NW	NW		1924—1933
大同	NE	NE	NE	NE	NW	NE	SE	NE	NE	NE	NE	NE		1925—1933
張家口	NNW	NNW	NNW	NNW	NNW	NNW	SSE	NNW	SSE	NNW	NNE	NE		1935—1936
綏遠	ENE	ENE	ENE	ENE	NNW	ENE	SSW	SW	ENE	ENE	ENE	SSE		1935—1936

附雨量風季圖三張

第三章 華北人口

第一節 概說

我國人口，過去十年來，雖屢經各主管部門及中外專家之調查統計，但其確實性，究竟誰屬，殊難斷定。推緣其故，不外因我國幅員遼闊，交通未能普遍發達，內戰頻仍，外患接踵，加以戶口制度不善，國民教育不足，在在皆影響戶籍調查之進行。華北為全國之一部，當然不能例外。至於淪陷期間，敵人對華北之人口，亦並無有系統之調查，是故今日以言華北人口，因統計材料之缺乏，不能必其數字及分類之詳切也。

第二節 華北人口之各種統計

第一項 華北面積及人口密度

省名	面積(平方公里)	人口	每平方公里平均人口
河北省	153.682	29.953.526	186.38
山東省	179.269	37.140.286	212.13
山西省	155.935	11.971.424	74.40
察哈爾省	278.957	2.102.788	7.30
綏遠省	291.432	1.899.822	6.80
合計	1.059.275	83.067.845	97.40

第二項 華北各省人口與男女比率

省名	人口	男	女	對女子100之男子比數
河北省	29.953.526	16.187.610	13.765.916	117.59
山東省	37.140.286	19.999.758	17.140.528	116.68
山西省	11.971.424	6.852.983	5.118.441	133.89
察哈爾省	2.102.788	1.184.196	918.592	128.91
綏遠省	1.899.822	1.165.548	734.274	158.73
合計	85.067.845	45.390.094	37.677.751	131.16

第三項 華北各主要都市人口之比較(附日僑及其他國籍人數)

地名	人口	年度	日僑	年度	其他國籍	年度
河北省						
北平	1.725.493	民國29年	67.437	民國29年	1.526	民國28年
天津	1.259.314	〃	51.374	〃	1.075	〃27〃
保定	102.915	〃	1.949	〃		
滄縣	30.000	〃	709	〃		
石門	80.000	〃	13.238	〃		
塘沽	34.104	〃	2.184	〃	30	〃25〃
唐山	85.100	〃	2.663	〃	66	〃
山海關	34.074	〃	2.248	〃	26	〃
秦皇島	39.896	〃	992	〃	50	〃
丰台	2.900	〃	1.496	〃		
通縣	4.228	〃	376	〃	10	〃
古北口	6.581	〃	291	〃	2	〃
計	3.385.525		144.959		9.385	
山東省						
青島	552.009	〃29〃	30.960	〃29〃	1.677	〃29〃
濟南	505.034	〃	18.028	〃	228	〃
芝罘	165.760	〃25〃	1.411	〃25〃	2.781	〃28〃
威海衛	21.164	〃	141	〃	236	〃29〃
龍口	9.253	〃	307	〃	7	〃
坊子	6.212	〃	759	〃	4	〃
膠縣	38.000	〃27〃	110	〃27〃		
濰縣	122.107	〃	291	〃	11	〃
張店	11.049	〃	1.127	〃	3	〃
周村	69.500	〃25〃		〃	12	〃
洪山	3.535	〃	155	〃		
博山	53.481	〃	280	〃		
青州	49.000	〃	269	〃	19	〃
德縣	37.000	〃27〃	1.163	〃		
棗莊	35.000	〃	1.031	〃		
泰安	41.000	〃				
計	1.719.104		56.032		4.938	
山西省						
太原	114.833	〃29〃	13.251	〃29〃		
臨汾	5.000	〃28〃	5.888	〃		
運城	9.183	〃	1.106	〃		
計	129.015		20.285			
察綏						
張家口	90.515	〃25〃	10.506	〃29〃	186	〃25〃
大同	89.000	〃	9.006	〃	3	〃
厚和	100.000	〃	1.129	〃		
包頭	60.000	〃	2.327	〃		
計	339.510		25.968		189	

備考：

1. 日僑已於光復後全部遣送回國
2. 各都市之人口中不包括外籍者
3. 參考資料

(1) 民國二十八年華北經濟年報(日文版)

(2) 華北蒙疆年鑑(日文版)

(3) 民國二十九年支那統計月報(七月號日文版)

第四項　華北四大都市人口累年增減趨勢

都市名	年度	人口	指數	日僑	指數
北平	民國24年	1.570.662	100	2.339	100
	25	1.539.808	98	4.478	191
	26	1.504.716	96	4.535	194
	27	1.604.011	102	26.375	1.126
	28 6月	1.665.734	106	36.787	1.573
	28 12月	1.704.000	108	46.019	1.969
	29	1.714.390	109	56.268	2.406
天津	民國24年	1.068.002	100	7.713	100
	25	1.072.838	100	11.289	146
	26	1.162.239	109	12.341	160
	27	1.269.816	119	24.731	450
	28 6月	1.233.613	116	42.971	557
	28 12月	1.283.908	120	40.179	521
	29	1.321.937	124	46.662	605
青島	民國24年	474.163	100	15.587	100
	25	551.430	116	16.636	107
	26	381.364	80	16.521	106
	27	429.274	71	20.530	132
	28 6月	490.960	104	24.860	160
	28 12月	500.172	105	28.683	184
	29	510.362	108	30.015	193
濟南	民國24年	435.529	100	1.834	100
	25	438.130	100	2.012	110
	26	不詳		2.015	110
	27	419.265	96	10.540	573
	28 6月	432.317	99	11.064	663
	28 12月	483.369	111	13.905	758
	29	491.136	113	15.808	863

備考：

1. 為明瞭日僑以前在華北活動情形起見特置一欄藉資參考但於光復後已全部遣送回國
2. 資料根據滿鐵經濟調查部編纂華北經濟統計季報第八號
3. 因調查機關不同與第三項所列數字頗有出入

第五項　華北主要都市人口年齡統計

1.

項別／年齡別	北平				天津			
	合計	佔總人口百分比	男	女	合計	佔總人口百分比	男	女
總計	1.722.314	100.00	1.031.073	691.239	1.543.074	100.00	910.814	632.260
1～4	74.852	4.33	38.917	35.935	100.554	7.16	58.290	52.264
5～9	77.950	4.51	45.830	32.120	145.177	9.99	17.661	67.876
10～14	129.441	7.49	75.975	53.466	123.743	8.01	71.791	51.946
15～17	172.206	9.96	103.917	68.389	205.015	13.28	117.904	87.111
20～24	202.596	4.72	117.502	85.054	126.885	8.22	75.836	51.054
25～29	193.552	11.20	113.950	79.572	128.720	8.34	30.466	48.254
30～34	192.130	11.12	130.196	61.934	135.899	8.80	84.007	51.892
35～39	160.580	9.29	98.870	61.710	129.559	8.39	79.201	50.358
40～44	139.453	8.07	78.882	60.571	111.413	7.22	66.049	45.364
45～49	111.117	6.72	63.841	47.276	95.089	6.16	57.183	37.906
50～54	92.332	5.34	56.675	35.657	28.314	5.07	49.375	28.759
55～59	26.976	4.48	45.714	31.262	60.050	3.89	37.192	22.856
60～64	47.800	2.76	28.984	18.816	41.705	2.70	25.674	6.051
65～69	28.993	1.67	18.006	10.987	25.966	1.68	15.565	10.401
70～74	12.937	0.74	7.785	5.152	14.698	0.95	8.642	6.056
75～79	6.048	0.35	3.753	2.295	5.361	0.37	3.577	2.284
80～84	2.520	0.14	1.664	850	2.308	0.14	1.234	1.074
85～89	713	0.04	487	226	1.198	0.07	724	474
90～94	142	—	78	64	524	—	262	262
95以上	14	—	7	7	396	—	200	196

2.

項別／年齡別	青島				石家家			
	合計	佔總人口百分比	男	女	合計	佔總人口百分比	男	女
總計	2.073.664	100.00	1.133.605	940.059	217.258	100.00	73.646	143.612
1～4	133.101	6.41	76.452	56.644	16.756	618	5.881	10.395
5～9	113.776	5.48	66.729	47.049	16.603	6.13	5.512	10.441
10～14	139.965	6.65	84.255	53.710	19.556	7.64	6.310	13.146
15～19	154.341	7.44	88.861	65.480	20.136	8.20	7.105	13.031
20～24	182.092	8.78	108.907	73.185	24.648	10.23	7.428	17.126
25～29	203.885	9.83	110.396	93.489	15.894	9.77	1.442	14.452
30～34	232.804	11.02	111.786	121.023	23.702	12.47	9.244	14.658
35～39	188.183	7.47	99.055	89.128	20.884	10.98	8.995	11.885
40～44	182.238	8.76	102.722	79.516	16.684	8.57	5.625	10.959
45～49	160.849	7.75	87.901	72.943	12.817	6.07	4.747	8.070
50～54	123.959	5.97	70.207	53.752	10.986	5.09	3.989	6.997
55～59	94.176	4.54	49.605	44.571	7.865	4.05	3.309	4.556
60～64	61.967	2.98	34.548	27.119	5.565	2.31	2.126	3.439
65～69	50.376	2.42	22.773	27.603	3.400	1.32	1.101	2.299
70～74	32.059	1.54	10.528	21.531	1.552	0.64	615	937
75～79	13.342	0.69	5.195	8.147	749	0.25	232	517
80～84	6.545	0.31	2.551	3.994	207	0.05	54	163
85～89	1.675	0.08	676	997	54	0.62	27	27
90～94	328	—	158	170	4	—	4	—
95以上	—	—	—	—	—	—	—	—

3.

年齡別＼項別	濟南 合計	濟南 佔總人口百分比	濟南 男	濟南 女	太原 合計	太原 佔總人口百分比	太原 男	太原 女
總計	602.837	100.00	354.884	247.953	143.679	100.00	93.465	50.214
1～4	37.368	6.16	21.008	16.360	6.371	4.43	3.098	3.273
5～9	41.021	6.75	23.732	17.289	6.253	4.36	3.622	2.631
10～14	48.474	7.98	29.746	18.728	6.715	4.67	3.357	3.358
15～19	62.732	10.33	42.924	19.808	9.452	6.58	4.822	4.630
20～24	75.595	12.45	44.311	31.284	19.544	13.61	12.029	7.515
25～29	72.922	12.02	41.392	31.580	17.645	12.29	11.511	6.134
30～34	50.634	8.34	29.276	21.358	19.265	13.41	12.381	6.879
35～39	46.881	7.72	27.792	19.089	12.233	8.52	9.476	2.757
40～44	44.629	7.35	26.504	18.125	11.210	7.80	8.804	2.406
45～49	38.816	6.39	23.387	15.429	11.035	7.68	7.898	3.137
50～54	32.626	5.37	18.883	13.743	8.672	6.04	5.638	8.034
55～59	21.303	3.51	11.698	9.605	6.819	4.75	4.869	1.950
60～64	9.597	2.40	3.205	6.392	4.775	3.33	3.475	1.300
65～69	10.090	1.66	5.591	4.499	2.561	1.78	1.577	984
70～74	4.853	0.80	2.797	2.056	736	0.51	574	162
75～79	2.637	0.43	1.512	1.125	214	0.14	172	42
80～84	1.315	0.22	799	516	68	0.04	46	22
85～89	539	0.08	276	263	86	0.06	80	—
90～94	178	0.03	86	92	25	0.02	23	—
95以上	27	0.00	15	12	—	—	—	—

4.

年齡別＼項別	唐山 合計	唐山 佔總人口百分比	唐山 男	唐山 女	保定 合計	保定 佔總人口百分比	保定 男	保定 女
總計	143.794	100.00	86.168	59.626	135.826	100.00	73.201	62.625
1～4	10.375	7.22	5.291	5.084	8.686	6.39	4.193	4.493
5～9	10.991	7.65	5.809	5.182	8.395	6.18	4.411	3.984
10～14	13.146	9.15	7.892	5.254	9.333	6.87	4.736	4.597
15～19	13.031	9.07	7.571	5.460	10.028	7.38	5.022	5.006
20～24	17.100	11.92	8.970	8.130	11.540	8.49	6.044	5.496
25～29	14.352	10.06	8.848	5.504	12.859	9.46	6.886	5.973
30～34	14.658	10.20	8.852	5.806	13.501	9.93	6.471	7.030
35～39	11.885	8.27	7.564	4.321	13.335	9.81	6.786	6.549
40～44	10.961	7.63	6.676	4.285	13.345	9.82	7.732	5.613
45～49	8.070	5.61	4.768	3.302	10.831	7.87	6.273	4.561
50～54	6.997	4.37	3.928	3.069	8.289	6.10	5.273	3.015
55～59	4.556	3.17	2.821	1.735	5.381	3.96	3.093	2.288
60～64	3.439	2.39	2.223	1.216	4.442	3.27	2.660	1.782
65～69	2.599	1.60	1.857	742	2.739	2.01	1.530	1.209
70～74	937	0.65	662	275	1.533	1.12	1.053	480
75～79	517	0.35	344	173	1.039	0.76	736	313
80～84	153	0.10	78	75	409	0.03	216	193
85～89	27	0.01	14	13	106	0.00	71	35
90～94	—	—	—	—	32	0.00	14	18
95以上	—	—	—	—	—	—	—	—

第六項　華北主要都市人口增加計劃

都市名	現在總人口(萬人)	年限	未來增加計劃總數(萬人)
北平	178	25年内	250
天津	140	30年内	300
青島	56	30年内	100
濟南	51	20年内	70
石家莊	7	30年内	50
太原	10	30年内	50

備考

1.根據日本興亞院華北連絡部民國二十九年調查計劃

2.天津人口包括塘沽、青島人口包括即墨膠縣

第七項　華北人口職業分類統計

職業類别	人口(萬人)	百分率
農業	8.646	78.8
水產業	44	0.4
鑛業	66	0.6
工業	680	6.2
商業	895	8.1
交通業	145	1.3
公務員及自由業	270	2.5
其他	235	2.1
合計	10.991	100.0

備考.

1.人口職業分類統計向極缺少,此表係根據日本華北連絡部所編之華北勞動問題概說中十一月所推計者,原編者當時將華北一少部份之日本人亦加入其内因數目無從考察難於删減,惟有採用其原文

2.調查範圍包括河北、山西、山東、河南北部、江蘇北部、安徽北部及察綏兩省

3.調查時期民國二十九年底

4.各省及各市分别統計請參照下項

第八項　華北各省人口職業分類統計

職業分類	山東省 人口	山東省 %	河北省 人口	河北省 %	山西省 人口	山西省 %	察綏 人口	察綏 %	河南北部 人口	河南北部 %	江蘇北部 人口	江蘇北部 %	安徽北部 人口	安徽北部 %
農業	3.051人	82.0	2.182	72.4	840	79.8	451	86.3	995	53.2	740	79.7	399	75.6
水產量	26	0.7	12	0.4	—	—	—	—	—	—	6	0.6	—	—
鑛業	14	0.4	28	0.9	9	0.9	6	1.1	5	0.4	3	0.3	1	0.2
工業	201	5.4	262	8.7	61	5.8	26	4.7	50	4.2	43	4.8	35	6.7
商業	252	6.8	295	9.8	86	8.2	455	8.2	86	7.2	80	8.6	50	9.6
交通業	37	1.0	37	1.9	15	1.4	7	1.3	12	1.0	10	1.1	7	1.3
公務員及自由業	76	2.0	96	3.2	26	2.5	10	1.8	25	2.1	20	2.2	17	3.2
其他	65	1.7	80	2.7	15	1.4	9	1.6	23	1.4	25	2.7	18	3.4
合計	3.722	100.0	3.012	100.0	1.052	100.0	5.545	100.0	1.196	100.0	929	100.0	5.255	100.0

第九項　華北主要都市人口職業統計

1.

項目＼人口數＼市別	北平 共計	北平 男	北平 女	北平 各項職業人口數佔總人口百分比	天津 共計	天津 男	天津 女	天津 各項職業人口數佔總人口百分比
總計	1.733.567	1.094.353	689.234	100	1.540.370	909.960	632.260	100
農業	176.401	120.406	55.995	10.2	13.286	12.768	517	1.1
鑛業	2.745	2.467	278	1.6	92	92	0	00.1
工業	169.899	138.437	31.262	9.8	232.162	196.319	35.843	15.0
商業	258.697	229.894	28.803	15.7	236.516	232.129	4.387	15.3
教育 職教員	21.432	17.541	3.891	1.2	2.246	1.669	577	0.1
教育 學生	141.014	70.996	70.020	8.2	82.865	50.112	32.743	5.4
交通運輸	44.986	44.045	941	2.6	80.800	80.428	372	5.2
公務員	26.862	25.580	1.282	1.6	10.430	10.188	242	0.7
自由職業	75.899	59.532	16.367	2.2	17.884	15.816	2.068	1.2
人事服務	109.291	54.939	54.352	6.3	54.383	37.348	16.924	3.5
無業	706.339	280.496	425.873	40.9	809.577	271.042	538.537	52.5

2.

項目＼人口數＼市別	青島 共計	青島 男	青島 女	青島 各項職業人口數佔總人口百分比	石家莊 共計	石家莊 男	石家莊 女	石家莊 各項職業人口數佔總人口百分比
總計	2.704.425	1.764.289	940.136	100	178.869	94.251	79.616	100
農業	1.126.444	643.313	483.129	53.5	81.516	38.138	43.378	44.3
鑛業	5.097	3.967	1.130	1.2	1.257	760	497	0.7
工業	115.226	65.212	50.014	5.5	20.313	11.442	8.811	11.1
商業	136.614	103.765	32.849	6.5	30.751	19.798	10.953	16.7
教育 教職員	2.606	1.982	624	0.7	461	304	157	0.3
教育 學生	152.696	95.264	57.432	7.3	3.859	1.625	2.207	4.8
交通運輸	24.725	23.773	952	1.2	10.298	7.090	3.208	5.6
公務員	14.595	13.123	1.472	0.7	5.495	3.921	1.574	3.0
自由職業	69.597	11.622	57.915	3.3	6.753	4.002	2.751	3.7
人事服務	76.157	20.696	55.457	3.6	10.820	7.716	3.104	5.9
無業	380.668	181.570	199.098	18.1	7.304	4.428	2.876	4.0

3.

項別 \ 人口數 \ 市別	唐山 (32.6) 共計	男	女	各項職業人口數佔總人口百分比	保定 (32.6) 共計	男	女	各項職業人口數佔總人口百分比
總計	141.812	98.868	67.944	100	135.842	76.133	69.709	100
農業	10.027	9.876	151	7.1	36.977	19.802	17.075	27.2
鑛業	12.508	12.508		8.9	141	139		0.1
工業	9.918	9.039	879	1.0	7.371	5.987	1.384	5.4
商業	19.682	19.618	64	14.0	20.895	18.212	2.683	15.4
教育 教職員	372	252	120	0.3	518	350	168	0.4
教育 學生	12.024	7.996	4.028	8.5	10.081	6.359	3.724	7.4
交通運輸	4.942	4.815	127	3.5	2.021	1.797	224	1.5
公務員	4.341	4.309	32	3.1	5.810	5.006	754	4.3
自由職業	2.409	2.160	249	1.7	8.068	5.646	2.422	4.9
人事服務	34.156	4.529	29.627	24.2	4.836	1.767	3.069	3.6
無職	31.433	8.766	27.667	21.6	39.124	17.018	28.196	28.8

4.

項別 \ 人口數 \ 市別	濟南 (32.12) 共計	男	女	各項職業人口數佔總人口百分比	太原 (32.12) 共計	男	女	各項職業人口數佔總人口百分比
總計	817.230	359.897	257.393	100	143.565	93.345	50.170	100
農業	102.816	58.860	43.956	16.9	5.368	4.415	953	0
鑛業	5.085	3.865	1.220	0.8	484	478	6	0
工業	103.176	63.340	39.836	15.3	19.062	14.587	4.470	1.3
商業	121,609	93.189	28.120	20.0	25.457	23.387	2.070	1.8
教育 教職員								
教育 學生					31.516	17.817	13.699	2.2
交通運輸	25.231	21.040	4.191	4.2	4.386	4.294	92	.3
公務員	17.202	14.886	2.916	2.9	3.009	2.744	265	.2
自由職業	28.960	17.791	11.769	4.8	11.330	7.730	1.600	.8
人事服務	71.316	20.421	50.895	11.7	8.384	7.295	1.039	.6
無職	137.718	64.173	73.545	22.7	33,241	7545	25.690	2.3
失業	3.517	2.612	905	0.6	1.328	1.048	280	.1

第十項 華北人口教育分類統計

(1) 初等教育

省市別 \ 種類	戰前 校數	戰前 學生數	戰前 教職員數	淪陷期間 校數	淪陷期間 學生數	淪陷期間 教職員數
北平特別市	172	26.820	1.323	293	77.343	2.307
天津特別市	(包括於	河北省內)		313	74.821	2.309
青島特別市	121	21.763	790	341	45.392	1.418
河北省	28.503	1.152.603	72.803	14.268	869.637	28.291
山東省	33.358	1.233.789	48.707	12.787	558.950	20.876
山西省	23.145	796.434	30.679	5.588	205.513	7.251
河南省	18.156	824.119	32.279	1.531	77.206	3.244
計	103.455	4.055.528	186.581	35.121	1.908.862	65.696

(2) 中等教育

省市別 \ 種類 \ 學生數		戰前 學校及學生數 中學	師範	職業	總數	淪陷期間 學校及學生數 中學	師範	職業	總數
北京特別市	校數	70(1)	2(5)	3(3)	75	60	1	38	89
	學生	19.980	775	543	21.298	23.413	222	1.980	25.615
天津特別市						29	3	5	37
						10.419	207	1.571	12,197
青島特別市		8	(3)	1(1)	9	10	1	0	11
		2.103	114	39	2.256	4.029	215		4.244
河北省		70(7)	154(3)	8(4)	233	34	24	19	77
		19.363	12.202	2.074	33.639	9.604	2.593	1.579	13.776
山東省		69(2)	75(25)	8(4)	152	20	7	2	27
		15.905	9.372	2.074	27.251	5.055	1.960	2.193	9.208
山西省		51(13)	25(4)	7(1)	83	2	7	1	10
		0.797	1.783	698	13.278	270	1.053	126	1.449
河南省		85(4)	97(22)	25(3)	207	5	3	2	10
		17.592	1.773	1.959	21.324	761	377	214	1.352
計		353(37)	353(62)	52(13)	758	150	46	67	263
		85.740	26.019	7.387	19.146	53.551	6.627	7.663	67.841

備考：

1. 戰前者為民國二十一年之調查
2. 淪陷期間者為民國三十二年十一月之調查
3. 河北省者在戰前包括隴海路以南，淪陷期間隴海路以南則不在內
4. 根據民國三十二年北平日本大使館文化課之調查

(3) 大學及專科教育

校名	院系數	畢業年限	學生數	計	備考
北京大學	農.醫.理.工.文.法	四年	男 1.853 女 501	2.354	以下係官公立
師範大學	數.理.文	四年	男 662 女 609	1.271	
北京外國語專科學校	商.外交	三年	男 223 女 51	274	
北京藝術專科學校	繪畫.彫塑.圖案	三年	男 99 女 108	207	
北京市立體育專科學校	本科 師範科	三年 二年	男 54	54	
河北省立師範專科學校	文.理.工藝	二年	男 80 女 31	111	
山東省立日語專科學校	專科 師範 實務	三年 二年 一年	288	288	
山西省立桐旭醫院專科學校	醫學部	四年	145	145	
中國大學	文.理.法	四年	男 1.366 女 1.327	2.693	私立
輔仁大学	文.理.教.美專	四年	男 1.346 女 1.975	3.321	私立
天津工商學院	工.商	四年	492	492	私立
合計				12.210	

第十一項 華北總人口與從事農業人口之比較

省名	總人口	農業人口	農業人口對總人口之百分率
河北省	28.467(十人)	20.963	73.6
山東省	37.214	30.775	82.9
山西省	11.611	9.745	83.9
察哈爾省	1.876	1.607	85.7
綏遠省	1.947	1.299	66.7
合計	81.115	64.389	79.4

備考：根據民國二十四年度申報年鑑

第十二項 華北總面積對耕地面積及每農戶每農業人口耕地面積比較

省別	總面積(畝)	耕地面積	總面積對耕地面積百分比	每農戶耕地面積	每農業人口耕地面積
河北省	26.721.860	20.662.000	45.22	24.5	4.93
山東省	250.182.000	103.432.000	44.23	18.7	3.60
山西省	263.416.320	60.560.000	22.99	32.3	6.21
河南省	276.065.332	22.691.000	40.82	22.3	4.28
察哈爾省	43.250.760	39.998.000	9.50	129.4	24.88
綏遠省	494.888.940	44.452.000	8.92	179.8	34.23
計	1.354.525.412	291.795.000	28.62	67.83	13.02

備考：

根據日本興亞院華北連絡部編華北勞動問題概說三十三頁

第十三項 華北各行勞動者人口比較

職業類別	人數	摘要
交通運輸業	78.560	
鹽業	15.250	
鑛業	113.000	
土木建築業	157.000	
紡織業	61.515	
其他工業	126.000	
海員	200.000	
普通日傭勞動者	150.000	
特殊部門勞動者	200.000	
洋車夫	180.000	分佈狀況請參照下列附表
合計	1.281.325	

備考：1. 根據日本興亞院華北連絡部政務局民國二十九年之調查
2. 包括察綏二省
3. 未經調查者尚多
4. 附華北四大都市人力車夫之統計

市別	人數
北平市	55.000
天津市	45.000
濟南市	20.000
青島市	20.000
其他	40.000
合計	180.000

第十四項　華北人口之出生死亡及自然增加率

調查者姓名	年度	調查地	調查人數	出生率	死亡率	自然增加	生殖指數
甘培爾	民國2-6	北平公理會	1.217	26.5	13.0	13.5	203.8
巴克	〃	華北鹽山	687	58.4	37.1	21.3	157.3
喬啓明	〃	河南鄭縣	1.327	20.3	19.6	0.7	103.6
〃	〃	河南睢縣	2.170	125.5	19.4	16.1	183.0
〃	〃	河南永城	1.590	54.7	35.8	18.9	152.8
〃	〃	山西猗氏	5.118	25.6	19.9	5.7	128.6
〃	15	山西清源	920	37.6	15.1	22.1	246.3
〃	16	〃	9.03	15.5	11.9	9.6	180.7
〃	17	〃	920	21.5	11.9	3.6	130.2
計			14.852	31.0	20.5	10.5	151.2

備考：

1. 根據陳正謨氏著中國人口之研究
2. 生殖指數 ＝ 出生率÷死亡率×100

第十五項　華北五大都市人口出生死亡統計

(1) 北平市人口出生死亡統計

年／月＼項目	出生 總計	出生 男	出生 女	出生 百分比 女100對男數	死亡 總計	死亡 男	死亡 女	死亡 百分比 女100對男數
25年	25.070	13.119	11.957	109.8	29.740	16.052	13.688	117.3
26	22.129	11.669	10.460	111.6	31.727	17.078	14.877	114.8
27	25.174	13.334	11.840	112.6	28.518	15.152	13.366	113.3
28	23.253	12.278	10.975	111.9	28.472	15.740	13.732	114.6
29	23.606	12.414	11.132	112.1	29.583	15.716	12.867	122.1
30	20.152	10.557	9.595	110.0	24.028	13.039	10.989	118.7
31	24.450	12.892	11.558	111.5	24.542	12.592	11.950	115.3
1月	797	466	331	122.7	693	354	339	104.4
2	958	505	453	111.4	912	468	444	105.4
3	2.088	1.085	1.003	118.1	1.980	1.008	972	103.7
4	2.067	1.115	952	117.1	2.025	11.22	903	124.2
5	2.012	1.069	943	113.3	2.338	1.189	1.149	103.4
6	1.923	1.031	892	115.5	2.414	1.248	1.166	107.0
7	2.224	1.169	1.055	110.8	2.398	1.215	1.183	102.7
8	2.428	1.283	1.145	112.6	2.363	1.171	1.192	92.2
9	2.457	1.272	1.185	107.3	2.745	1.361	1.384	98.3
10	2.346	1.235	1.111	111.1	2.742	1.405	1.337	105.1
11	2.604	1.329	1.273	104.2	2.087	1.055	1.032	102.2
12	2.606	1.393	1.213	114.8	1.845	996	849	117.3
32	21.321	11.063	10.264	107.8	26.727	14.083	12.644	111.4
1	2.625	1.397	1.228	115.7	2.256	1.268	988	128.4
2	2.188	1.133	1.055	107.5	2.096	1.212	878	138.7
3	2.118	1.087	1.031	105.4	2.201	1.227	974	126.0
4	1.850	958	892	107.4	2.968	1.707	1.201	147.1
5	1.604	788	816	96.5	2.346	1.375	971	141.6
6	1.406	752	654	115.0	2.880	1.575	1.305	120.7
7	1.729	907	822	111.3	2.680	1.421	1.259	112.8
8	1.741	959	782	122.6	2.311	1.244	1.067	116.6
9	1.633	776	857	90.5	1.615	166	1.449	11.5
10	1.509	812	697	116.5	2.338	1.227	1.111	110.4
11	1.415	737	678	108.7	1.417	757	660	114.7
12	1.507	735	752	150.4	1.619	838	781	107.3
33								
1	1.439	783	654	120.2	1.161	626	535	117.0
2	1.214	625	589	106.1	1.363	758	605	125.3
3	1.214	622	592	105.1	1.611	844	717	124.6
4	1.140	576	564	102.1	1.404	797	607	131.3
5	844	458	386	118.7	1.360	736	624	117.9

(2) 天津市人口出生死亡統計

項目 / 年月	出生				死亡			
	總計	男	女	百分比 女100對男數	總計	男	女	百分比 女100對男數
31年	9300	4.942	4.358	113.4	10.763	5.475	5.288	103.5
1月	971	493	478	103.1	895	468	427	109.6
2	446	263	183	143.7	677	345	332	103.9
3	766	418	348	120.2	818	437	381	114.7
4	549	315	234	119.3	842	431	411	104.9
5	785	429	356	120.5	1.110	574	536	107.1
6	787	404	383	105.5	1.133	574	559	102.7
7	917	506	411	123.1	1.121	535	636	84.1
8	1.160	618	542	114.0	1.156	570	586	97.3
9	825	417	408	102.2	900	447	453	98.7
10	664	323	341	95.0	685	349	336	103.7
11	594	328	266	123.3	575	319	256	124.6
12	806	428	378	113.2	801	426	375	113.6
32								
1	1.281	718	563	127.5	1.235	661	574	106.5
2	783	390	393	99.2	1.000	607	453	134.0
3	980	504	476	105.9	1.131	638	493	129.4
4	639	329	310	106.1	1.110	655	455	143.9
5	664	325	279	116.5	1.193	653	540	122.8
6	582	323	259	124.7	1.550	866	684	126.6
7	688	376	312	120.5	1.427	735	692	106.2
8	786	625	361	117.7	1.691	819	872	93.9
9	641	359	282	127.3	1.553	797	756	105.4
10	964	527	437	120.6	1.512	803	709	113.3
11	832	435	447	97.3	1.220	681	539	126.3
12	688	378	310	121.9	1.168	658	510	134.3
33								
1	588	289	249	121.9	883	525	358	146.6
2	553	313	240	130.4	1.252	713	539	132.3
3	735	409	326	125.5	1.231	678	553	122.6

(3) 青島市人口出生死亡統計

項目 / 年月	出生				死亡			
	總計	男	女	百分比 女100對男數	總計	男	女	百分比 女100対男數
31年	2.612	1.435	1.177	121.9	6.161	3.339	2.822	118.3
1月	98	59	39	159.4	386	221	165	133.9
2	56	36	20	180.0	344	193	151	127.8
3	102	56	46	121.7	412	224	193	116.1
4	130	72	58	124.1	427	218	209	104.3
5	100	60	40	150.0	374	191	183	104.4
6	54	32	22	145.5	458	270	188	143.6
7	80	39	41	95.1	393	302	291	103.8
8	79	47	32	196.8	581	311	270	115.2
9	191	112	79	141.7	524	266	258	103.1
10	151	75	76	98.6	453	251	212	124.3
11	859	471	388	121.3	860	482	378	127.5
12	714	376	338	111.2	744	410	334	122.8
32 1	810	430	380	113.1	814	428	386	110.9
2	866	429	437	98.2	982	508	474	107.2
3	672	329	343	95.9	921	478	443	107.9
4	2.666	873	1.783	49.0	1.142	606	536	113.0
5	944	479	465	103.0	1.055	620	435	142.5
6	1.061	553	508	108.9	1.211	645	566	113.9
7	1.072	569	503	113.1	1.261	691	570	121.2
8	1.466	622	844	73.7	1.356	831	525	158.3
9	2.473	1.061	1.412	75.1	2.314	1.333	981	135.8
10	208	99	109	90.8	301	167	134	124.6
11	195	93	102	91.2	217	119	98	111.2
12	166	99	67	147.8	215	109	106	102.8
33								
1	141	68	73	93.2	231	133	98	135.7
2	80	49	31	158.1	240	144	96	150.0
3	91	53	38	139.5	305	166	139	119.4
4	127	60	67	89.6	281	131	150	87.3

(4) 濟南市人口出生死亡統計

年月＼項目	出生				死亡			
	總計	男	女	百分比 女100對男數	總計	男	女	百分比 女100對男數
31年	2.615	1.415	1.200	117.9	2.280	1.052	1.228	85.7
1月	69	40	29	137.9	114	47	67	70.1
2	112	69	43	160.5	351	123	228	53.9
3	213	116	97	119.5	259	112	147	76.2
4	421	208	213	97.6	217	107	110	97.3
5	170	84	86	97.7	167	88	79	111.4
6	139	69	70	98.6	169	68	101	17.3
7	225	121	104	116.3	264	142	122	116.4
8	250	141	109	129.3	289	142	147	96.6
9.	66	32	34	14.1	17	7	10	70.0
10	191	104	87	119.5	86	39	47	82.9
11	221	148	73	175.3	130	66	64	103.1
12	558	303	255	118.8	217	117	100	104.7
32	2.526	1.361	1.165	116.8	2.281	1.137	1.144	99.4
1	466	234	232	100.9	194	87	107	81.3
2	160	82	78	105.1	131	64	67	95.5
3	260	154	106	145.3	160	83	77	107.8
4	197	101	96	105.3	130	70	61	114.7
5	261	139	122	113.9	186	90	96	93.8
6	183	112	71	157.7	233	131	102	128.4
7	27	18	9	200.0	164	86	84	95.2
8	165	86	79	108.9	308	152	156	97.4
9	87	55	32	171.9	261	124	137	90.5
10	127	59	68	80.7	147	78	69	113.0
11	204	118	86	137.2	164	81	83	97.6
12	389	203	186	109.1	212	87	125	92.4

(5) 太原市人口出生死亡統計

年月＼項目	出生				死亡			
	總計	男	女	百分比 女100對男數	總計	男	女	百分比 女100對男數
28年	268	158	110	143	890	535	355	150
29	548	268	280	95	1.568	923	645	152
30	649	368	281	130	6.605	885	720	122
31	881	469	412	113	1.468	804	664	121
1月	30	14	16	87	140	86	54	157
2	56	28	28	100	152	79	73	105
3	69	39	30	130	167	93	74	125
4	76	39	37	105	138	80	58	137
5	69	44	25	176	124	60	64	93
6	70	39	31	125	163	78	85	91
7	101	61	40	152	130	68	62	109
8	98	44	54	81	102	88	44	154
9	58	31	27	114	90	43	47	91
10	80	48	32	150	83	46	37	124
11	81	37	44	34	19	46	33	139
12	93	45	48	98	100	67	33	203
32	981	541	440	122	1.807	1.037	770	134
1	71	38	33	115	157	86	71	121
2	48	31	17	182	134	83	81	112
3	69	45	24	187	134	88	46	119
4	105	54	51	105	111	65	46	141
5	84	42	42	100	151	97	60	161
6	73	41	32	128	204	132	72	185
7	85	43	42	102	216	120	96	127
8	95	50	45	111	147	75	72	104
9	88	49	39	125	179	85	94	126
10	85	50	35	142	123	66	57	115
11	94	47	47	100	110	57	53	101
12	84	51	33	154	135	83	52	159
33								
1	71	37	34	108	152	85	67	126
2	10	6	4	150	161	92	69	133
3	200	109	91	119	330	204	126	161
4	184	112	72	155	339	200	139	143

附民國三十五年內政部戶政司全國人口調查統計表

省名	人口	省名	人口	省名	人口
江蘇省	36.469.321	福建省	11.489.322	嫩江省	2.093.500
浙江省	21.157.009	廣東省	31.819.490	黑龍江省	2.468.844
安徽省	21.928.667	廣西省	14.927.438	合江省	1.927.873
江西省	13.431.153	雲南省	9.309.412	興安省	331.956
湖北省	21.391.810	貴州省	10.568.981	台灣省	6.077.478
湖南省	28.217.612	綏遠省	2.238.278	西藏	3.722.061
四川省	47.500.587	寧夏省	721.516	南京	653.794
西康省	1.748.458	新疆省	3.730.051	上海	3.726.759
河北省	28.644.437	察哈爾省	203.595	北平	1.725.493
山東省	38.321.988	熱河省	5.900.000	天津	1.321.937
山西省	11.160.126	遼寧省	12.460.000	青島	590.374
河南省	31.805.621	遼北省	3.990.000	重慶	1.269.503
陝西省	9.856.055	安東省	3.213.894	哈爾濱	637.530
甘肅省	6.528.726	吉林省	7.012.128	合計	467.904.991
青海省	1.384.958	松江省	4.285.057		

備考：

一、根據內政部戶政司民國三十五年七月之調查又據該司負責人談稱年來我國人口之趨勢尚稱平穩既不激增亦無過分衰落

二、北平及天津兩市根據最近華北人口統計所改書者

三、遼寧省人口數字在發表時遺落一零筆者代為加添

第四章　華北鑛產

第一節

華北鑛業概況

關於華北地下資源.若按其經濟重要性區別之則一為煤炭.二為金屬鑛.三為非金屬礦.煤炭理應劃歸非金屬礦.但以其經濟價值佔華北鑛業最重要地位.因此須另闢專項.俾供研究該項資源專家之參考.至於其他各項則以位屬次要.又以總冊篇幅有限.祇可敍述其概要狀況.

華北礦廠事業單位數目在淪陷時期有調查報告可資參證者畧計如次：

煤礦：（大規模並用新法開採）………………19

（小規模間有土法開採）………………57 以上

金屬鑛：

鉄鑛（龍烟,利國,金嶺鎮,保晋,灤縣,武安,寧武,東山,定襄）………9

金鑛（招遠）…………1

鉛鑛（興和）…………1

錳鑛（宣化）…………1

鎢鑛（密雲）…………1

鋁（淄川）…………1

非金屬礦

礬土（古冶,唐山,博山,張店等處）…………1

螢石（黄縣等處）…………………1

雲母（平地泉等處）…………………1

石膏（太原等處）…………………1

附註：尚有數事業單位,敵方於太平洋戰爭發動後停辦.

第二節

華北煤田概况

煤炭為華北大宗地下資源.其經濟價值超過鉄鑛石三四十倍以上及石灰岩,礬土頁岩,石膏等非金屬鑛資源百倍以上.蘊藏量佔全國百分之七十.其中以山西一省藏量、即佔全國百分之四十八.而北部大同一帶藏量之豐尤為世所罕見.可謂得天獨厚.玆將煤田天然條件分別簡叙於後:

第一項　天然條件

第一目　煤層構造特徵

華北煤田基於地質構造上具有下列各項顯著象徵.

一.　煤層生成時期:

古生代二疊紀藏量最豐.

中生代侏羅紀藏量較少.

二.　煤層傾斜度:

大抵均甚緩和.自數度至十數度不等.

三.　地質構造:

大抵簡單絕少斷層.與其他複雜之地質構造.煤層上下岩盤均為堅固之砂岩,頁岩及石灰岩所構成.

四.　其　他:

古生代煤層下有奧陶紀石灰岩洞內儲有多量水源故盆地狀構造或地溝狀構造之煤田井下.因此.時有發生大量湧水情事

第二目　煤田分布狀態

一.　垂直的分布

由華北煤層生成時代區別而言.則有古生代二疊紀之太原統煤層及山西統煤層、中生代侏羅紀之大同統煤層及大青山統煤層、新生代第三紀之褐炭層與第四紀之亜炭層.関於同一煤田內.含有如太原統與山西統之二時代煤層者.則所在多有.若僅屬一時代或包含三個時代之煤層.則尚屬稀少.而古生代煤田之下底.常有厚達數百公尺之奧陶紀大石灰岩積層.其上則帶有赤紫色及綠色等之雜色頁岩,砂岩佈在礫石之下.更上則有大青山統.係數百公尺之砂岩,頁岩積層.又侏羅紀煤層係於厚達數百公尺之雜色水成岩堆集後.始行產生.由此更上則堆集有白堊紀之凝灰岩與熔岩,集塊岩等.玆將華北煤田地質層序列表如次:

華北煤田地質層序表

煤田名 時代	名構	開灤	北平西山	大青山	大青山東及南部	大同	寧武	太原西山	汾臨	沁高部	井陘	臨城	磁縣、武安、六河溝	焦作、大柣	柳泉	中興	大汶口	新泰、蒙陰	萊蕪	淄川、博山、章邱
第四紀		○	○	○		○	○	○	○	○	○	○	○	○	○	○	○	○	○	○
新第三紀			○			○			○		○	○	○		○	○	○	○	○	○
古第三紀			○																	
白堊紀	酸性火成岩		○																	
	基性．中性火成岩		○	○	○	○														
上部侏羅紀	大青山統		○	○	○		○													
中部侏羅紀	雲崗統		○	○	○	○	○													
下部侏羅紀	大同統		○	○	○	○	○													
三疊紀	石千峰統		○		○		○	○	○	○	○	○	○			○	○	○	○	○
上部二疊紀	石盒子統　懷仁統	○	○		○	○	○	○	○	○	○	○	○	○	○	○	○	○	○	○
中部二疊紀	山西統	○	○		○	○	○	○	○	○	○	○	○	○	○	○	○	○	○	○
下部二疊紀	太原統	○	○		○	○	○	○	○	○	○	○	○	○	○	○	○	○	○	○
上部石炭紀	×				○	○	○	○	○	○	○	○	○	○	○	○	○	○	○	○
中部石炭紀	本溪統	○	○																	
下部石炭紀	×				○	○		○	○	○	○	○	○	○	○	○	○	○	○	○
泥盆紀	×																			
志留利亞紀	×																			
上部奧陶紀	×																			
中下部奧陶紀 上中奧陶紀	繫舟石灰岩	○	○			○	○	○	○	○	○	○	○	○	○	○	○	○	○	○
下部寒武紀	饅頭統	○	○			○			○	○	○	○	○	○	○	○	○	○	○	○
上部震旦紀	南口統	○	○													○				
下部震旦紀	霍山統	○	○						○		○					○				
先震旦紀	泰山系	○	○	○	○	○					○			○		○				
	五台系		○								○					○			○	

二.　<u>水平的分布：</u>

關於華北煤田之水平分布狀態.簡敘如下：

1.　於古生代系統內有構成面積廣泛之大煤田地域二處.一為大沁高原煤田.一為大黃河煤田.他如河北山東大平原下層.是否伏有鉅大煤田.則尚屬疑問.至於其他各煤田.則夾煤層四週為古代岩層所包圍.而各各形成孤立狀態.

2.　屬於太原統厚達一公尺以上之煤層.其厚度自北向南依次遞減.例如北方大同煤田.幾達二〇公尺之厚.而南方焦作煤田.則厚度尚不達一公尺.與此恰相反者.則山西統內之太原西山,井陘,太行山脈東南麓一帶及山東省南部煤田.最厚達五公尺.迨自正太線向北.則厚度急遽銳減.至大同,北平西山,開灤一帶.則厚度已等於零.此項地質狀態之形成.良由當煤層生成期間受同時海陸分布狀態之影響.以致一度生成之岩層.經侵蝕作用而被消滅.今將華北煤田分布圖附於次頁.以供參考需用.

第三目　　煤田分類

關於華北煤田由其地質構造特性.可區別為下列五類（閱附圖）.

一.　平原性盆狀煤田如中興,淄川,博山等處.
二.　高地性盆狀煤田如沁高原,寧武,大同,大青山,北平西山等處.
三.　單斜狀煤田如臨城,磁縣,六河溝,焦作,大汶口,新泰等處.
四.　地溝狀煤田如渾源,井陘,沂州南部煤田等處.
五.　殘蝕性煤田如臨汾煤田等處.

第四目　　煤　質

關於華北各煤礦產煤品質.除工業分析統計,液化試驗及低溫乾餾試驗結果已詳華北各煤礦概覽第三表附表B外.如燃料比,粘結性,含硫量,灰分等項.依次敘述

一.　<u>燃料比</u>

根據地質專家翁文灝,金開英二氏之煤質分類標準規定.茲區別華北煤炭如次：

<u>附註1</u>

$$燃料比 = \frac{固定炭}{水分+揮發分}$$

<u>附註2</u>

本表係按金氏分類.惟翁氏分類標準一併附列.以供參證

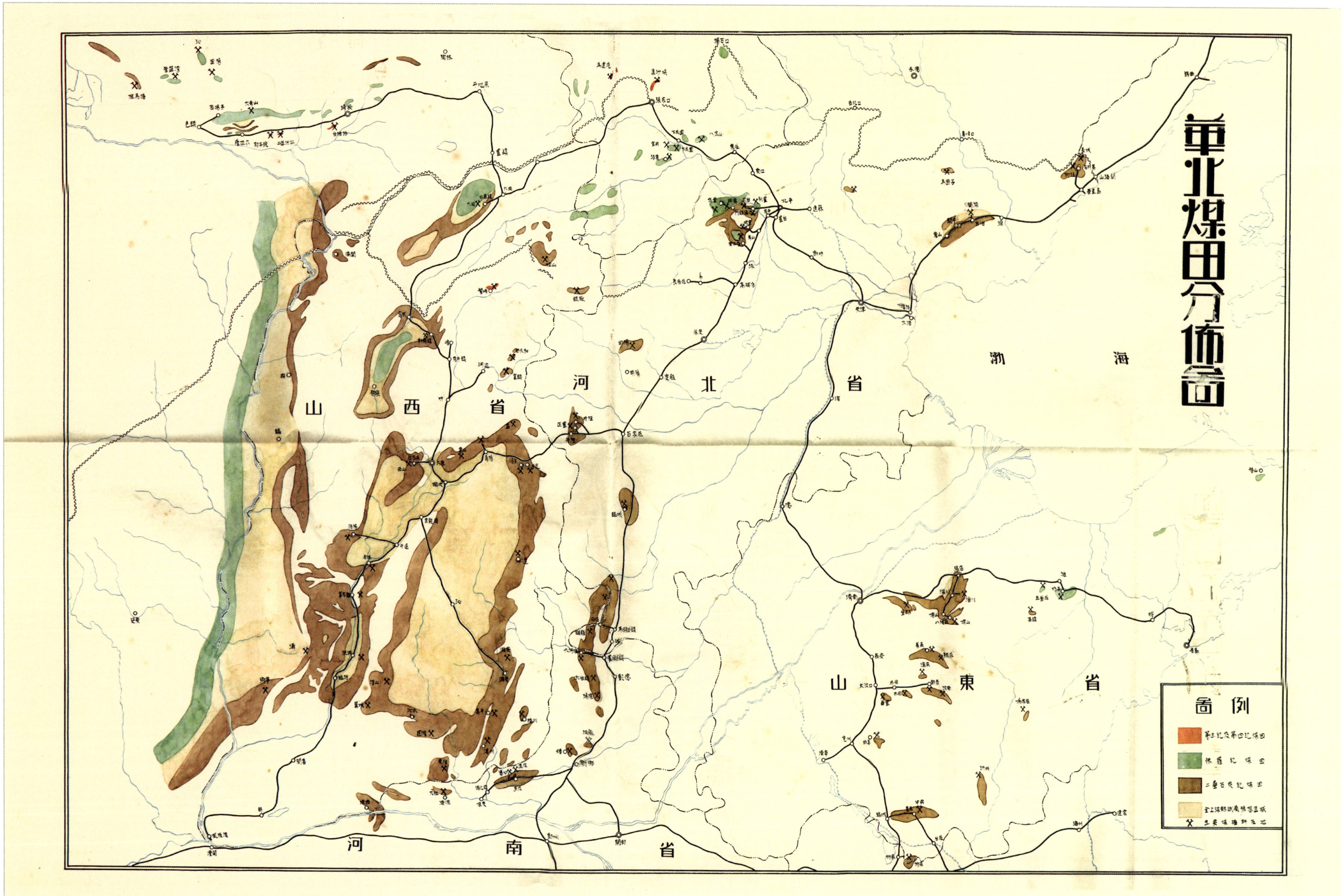
華北煤田分佈圖
山西省
河北省
山東省
河南省
渤海
圖例
第三紀及第四紀煤田
侏羅紀煤田
二疊石炭紀煤田
主要煤礦所在地

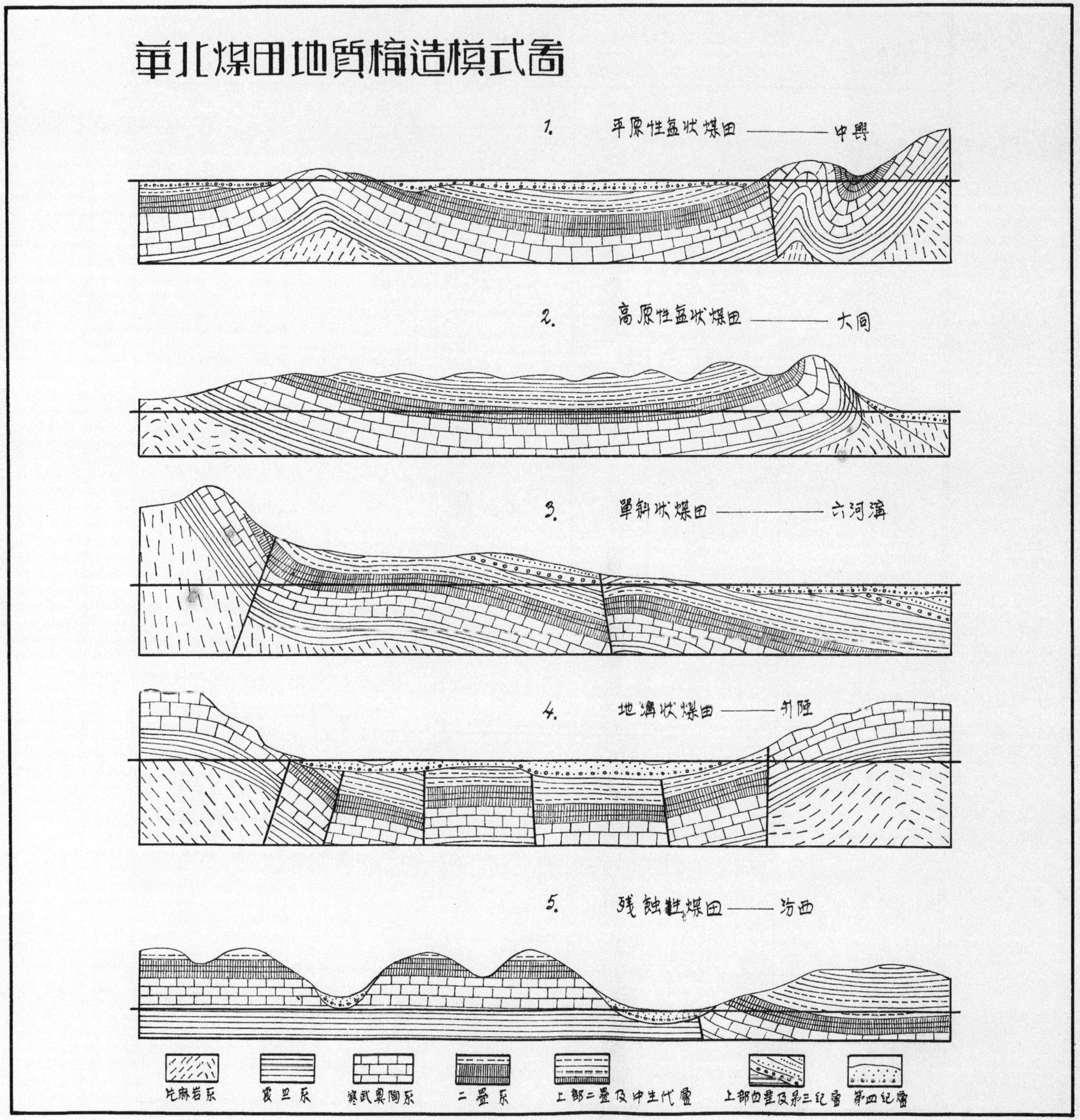
華北煤田地質構造模式圖
1. 平原性盆狀煤田——中興
2. 高原性盆狀煤田——大同
3. 單斜狀煤田——六河溝
4. 地塹狀煤田——井陘
5. 殘蝕性煤田——汾西
片麻岩系
震旦系
寒武奧陶系
二疊系
上部二疊及中生代層
上部白堊及第三紀層
第四紀層

煤炭類別	金氏石炭比		翁氏燃料比	產地
	分類標準	分類符号	分類標準	
褐炭	0.00-0.80	C	0.00-0.90	蔚縣廳陵煤田
褐炭質烟煤	0.80-1.25	BC	0.90-1.30	靈山;赤柴(2層);華豐(4層);渾源;花園(興華礦);大青山(2号井).
低度烟煤	1.25-1.85	BL	1.30-1.70	開灤(5,7,11趙各莊6,唐家莊9層);赤柴(1,3,4層);華豐(5,7層);新泰萊蕪;沂州義棠集;大同侏羅紀A,D層;石炭紀昭和井);朔縣岱嶽鎮附近石炭紀;花園及宝興大青山(1号井)
中度烟煤	1.85-3.00	BM	1.70-3.00	開灤(8,9,10,12,14,唐山5,林西,11層);井陘;正豐(1,2,3層);磁縣(大煤1,小煤);博山(大煅石,礦子煤;中興(大槽,小槽);六河溝(復興井,和順井大煤);軒崗鎮;富家灘;大同侏羅紀(B,C E層)
高度烟煤	3.00-4.10	BH	3.00-4.00	正豐(4,5層);磁縣(大煤之層);淄川(3,4,小4,7,8,小8行);博山(小煅石,黄煤,油性煤,小煤,大煤)
無烟質烟煤	4.10-4.90	AB	4.00-6.00	柳江(5層);淄川(5,9行);博山(固煤,夾矸煤,羅柱煤);章邱;太原西山(上3尺,上9尺,上18尺,下3尺層);太原東山;潞各安
低度無烟煤	4.90-7.00	AL	6.00-8.00	门頭溝(上窯);柳江(2,3層);長城(2,3層);淄川(10行G,10行H);邁心;太原西山(中13尺,下15尺,下8尺層);陽泉;壽陽
中度無烟煤	7.00-9.70	AM	8.00-10.00	门頭溝;利豐;大台;長城(4層);中興(變質煤);焦作(王封井).
高度無烟煤	9.70-12.00	AH	10.00-12.00	原昌中興(大社村)

查新生代第三紀煤層悉屬褐炭.中生代煤層為低度,中度,高度烟煤.少量褐炭質烟煤及各種無烟煤.古生代煤層為褐炭質烟煤(渾源,五台,臨城煤田之一部)至高度無烟煤(大社煤田)不等.

二. 粘結性

關於煉製焦炭上具有必要條件之强粘結性及膨脹性煤炭,於中生代煤層内幾屬絶無,僅有.然於古生代煤層中則頗佔多數.例如開灤,中興,井陘,六河溝等現在開工中之著名煤礦即屬此類.將來較有希望者.則為新泰,大同,寧武,臨汾等煤田.(參閱華北各煤礦概覽第三表附表B).

三. 含硫量

含有硫黄量之華北煤炭以古生代太原統内所含之成分為最多.古代稱為臭煤.山西統内煤炭則燃燒時並不發生臭味.故有香砟之稱.(參閱華北各煤礦概覽第三表附表B).

四 灰分

華北煤炭所含灰分.低者自百分之三左右至高者百分之二十三四.其間雖有種種變化.大概自百分之六七至百分之二十.例如中興,華豐,六河溝,大同侏羅紀煤田等灰分較低.而開灤,大同二疊紀煤田等則灰分較高.今將華北各著名煤礦産煤之灰分分析表列後:

煤礦名	分析平均數	灰成分							耐火度	$\frac{SiO_2+Al_2O_3}{Fe_2O_3+MgO+CaO}$
		SiO_2%	Al_2O_3%	Fe_2O_3%	TiO_2%	CaO%	MgO%	Na_2O+K_2O		
陽泉煤	19	40.26	42.32	5.14	-	3.20	0.88	1.86	1550°	8.95
焦作煤	16	40.99	31.96	5.22	1.47	8.03	1.36	1.75	1560°	5.40
長城煤	4	45.18	28.85	6.72	0.72	13.71	2.82	1.91	1488°	3.18
太原西山煤	12	44.70	36.97	6.97	1.21	5.11	0.95	2.09	1590°	6.26
太原東山煤	1	50.40	45.06	2.44	1.54	0.46	-	-	1730°	32.91
壽陽煤	1	52.72	38.73	2.96	1.54	2.31	0.42	-	1690°	16.07
磁縣煤	1	51.20	44.08	2.67	1.33	0.68	0.29	-	1750°	26.17
六河溝煤	2	42.91	39.13	4.27	1.74	5.66	1.02	-	1510°	7.49
井陘煤	7	42.42	29.78	15.09	0.87	3.65	0.06	0.75	1460°	3.84
正豐煤	8	41.46	29.72	19.95	0.92	4.39	0.04	0.65	1400°	2.92
中興煤	5	44.99	36.59	8.09	1.29	5.60	0.72	-	1510°	5.66
開灤煤	6	45.65	39.48	6.85	0.90	4.36	1.52	1.51	1640°	6.68
華豐煤	8	47.14	13.57	16.58	1.32	18.95	1.24	1.18	1150°	1.65
赤柴煤	6	46.68	32.38	6.04	1.82	11.42	1.79	1.35	1380°	4.10
柳泉煤	12	47.95	28.92	10.54	1.55	8.72	0.80	1.41	1490°	3.83
大同侏羅紀	5	45.01	21.26	15.19	-	5.72	1.70	1.29	1290°	2.93
大同石炭紀	8	36.44	37.83	8.97	-	7.41	0.64	0.77	1490°	4.36

第五目　煤田藏量

根據一九三四年統計.華北主要煤田各種煤炭蘊藏量爲一三九,三八二,000,000噸.茲將華北各省煤炭藏量列表於次(單位:百萬噸).

省名＼煤類	烟煤	無烟煤	其他	共計
河北	2,088	981	2	3,071
河南	1,994	4,630	-	6,624
山東	1,613	26	-	1,639
山西	87,985	36,471	2,671	127,127
察哈爾	487	17	-	504
綏遠	337	58	22	417
合計	94,504	42,183	2,695	139,382

附註:　大同煤田包含於山西省内

第二項　華北煤礦概覽

關於淪陷時期内華北各煤礦之概況.今將截至民國三十二年三月止之敵方調查結果.分别按其性質編成華北各煤礦概覽表五及附表十四.一併列於總論之後.並於概覽表前面附以敵方(華北開發調查局民國三十三年)繪製之華北各主要煤礦礦區地形圖計二十四頁.各粘結性煤田煤柱圖計十四頁.與民國三十二年度出煤狀況一覽圖計一頁.以便閱者參證.

附註1:

查華北各煤礦概覽表内編列之礦名.大抵根據於當時有調查報告資料.至於因調查資料缺乏而致情形不明之礦.暫行從畧.

附註2:

查華北各主要(粘結性)煤田煤柱圖内所載之統計數字.间有(主要如藏量等項)與民國三十二年之統計表(即概覽表)内所載者.頗有出入.諒係調查年代不同關係所致.編者爲忠實存真起見.一併編入.以供專家之研討.

第一目　煤礦圖

一、各主要煤礦礦區地形圖

計　開

1. 開灤總礦區	2. 唐山礦區	3. 林西礦區	4. 唐家莊礦區
5. 趙各莊礦區	6. 馬家溝礦區	7. 秦皇島港口礦區	8. 中興礦區
9. 井陘礦區	10. 正豐礦區	11. 六河溝礦區	12. 焦作礦區
13 陽泉礦區	14. 壽陽礦區	15. 富家灘礦區	16. 西山礦區
17. 磁縣礦區	18. 利豐礦區	19. 坨里礦區	20. 花園礦區
21. 博淄章邱煤田	22. 新泰礦區	23. 華豐礦區	24. 赤柴礦區

二、各粘結性煤田煤柱圖

計　開

1. 開灤；　2. 中興；　3. 井陘，正豐；　4. 磁縣；　5. 華豐；　6. 赤柴；
7. 新泰；　8. 六河溝；　9. 博山（黑山區域）；　10. 萊蕪；　11. 富家灘；　12. 軒崗鎮；
13. 大青山；　14. 大同.

第二目　各煤礦概覽表

一、　第一表……………………名稱，資本額，勞工數
二、　第二表……………………沿革，位置，交通.
三、　第三表……………………自然條件
　　附表A.……………………地形及地質
　　〃 B.……………………煤質
四、　第四表……………………工作狀況
　　附表A.……………………採掘，支柱及充填概況
　　〃 B.……………………通風
　　〃 C.……………………保安
　　〃 D.……………………井口機件設備
　　〃 E.……………………搬運

第三節　金屬礦概况

關於華北金屬礦資源,當以鉄礦石最為重要,其次則為輕金屬礦及鎢礦.惟以時間短促,參考資料商借困難關係,僅能述其梗概,茲將華北各金屬礦各項統計,列成簡表附於總論後面以供參考.(另附華北金屬及非金屬礦資源圖一頁)

第一項　鉄礦

華北主要鉄礦山當以察北之龍烟,山東之金嶺鎮,山西之寧武三地最為馳名.至於河南之武安,山東之利國,河北之司家營等地,則屬次要,其他各地,則以藏量少,品質低及交通不便關係,未加開採,自太平洋战爭事發生後,敵方為應緊急軍需起見,乃在各處羅掘鉄礦資源,以資增産,然規模甚小,又以時間短促,資料尚未商借到手,敘述均極簡略.

第二項　鋁礦

鋁為輕金屬,自礬土頁岩内提煉而成.淪陷期間敵方在張店,博山等處,設廠提煉,規模相當宏大.惟以時間短促,資料尚未商借到手,故略去.

第三項　鎢礦

鎢礦日人稱為重石,産地在河北密雲縣等處.淪陷期間經敵方開採、但礦質低劣,成績不佳.民國三十三年度處理精礦,僅達五八〇噸.後以動力缺乏,停止工作.

華北金属及非金属鑛資源圖
綏遠省
察哈爾省
熱河省
河北省
山西省
山東省
河南省
陝西省
渤海
圖例
華北各省鉄鑛藏量（單位千噸）
1. 河北省 42,179.
2. 山東省 14,340.
3. 山西省 不詳
4. 綏遠省 700.
5. 察哈爾省 91,645.
共計 148,864.

第四項 錳鑛

錳鑛產地為察哈爾省宣化縣品質為二養化錳（MnO_2）其埋藏量約為36,000,000噸左右.民國二十八年敵方設立華北錳鑛開發株式會社民國二十九年產量為3,623噸.大部向日本輸出.

第五項 金鑛

金鑛重要產地.當以山東省招遠縣最為豐富.其埋藏量為12,945,000噸左右.含金成分每噸為80克.民國二十九年以前.歸華北產金株式會社經營.以後為偽中國聯合準備銀行收買.民國二十六年產量為60,000噸.大部運往偽滿及日本提煉.太平洋战事發動後停工.

第六項 鉛鑛

鉛鑛產地為察哈爾省興和縣水磨口.藏量為175萬噸.含鉛成分為百分之三十.原為土法經營.自民國十五年以後.該鑛聘請日方技師改用西法開採.添設精煉工廠.後因處於战爭關係.暫行停業.民國二十八年以後由日方復業.資本金為三十萬元.平均年度量為1,000噸.

第七項 華北金屬鑛概覽表

第一目　第一表……………………沿革.位置.交通.名稱.資本額.職工數.年產量及銷售狀況

第二目　第二表……………………自然條件（地形及地質.鑛床特徵.鑛質等）

第三目　第三表……………………工作狀況（開採方法.井口設備.抽水.搬運.動力.熔炉設備.工廠設備等）

第四節 非金屬礦概況

華北主要非金屬礦資源.為礬土頁岩.螢石.雲母.石膏等.然以其經濟價值除礬土頁岩外.均屬輕微.又以時間短促.資料缺乏.僅能述其概要而已.

第一項　礬土頁岩

礬土頁岩用途.可供提煉鋁質及製造耐火材料.產地以山東之淄川,博山及河北之唐山,古冶一帶最為重要.淪陷期間.敵方在該處設立華北礬土株式會社開採此項資源.河北一帶產量.民國二十九年為 190,000 噸.多數運往日本以供煉鋁之用.

第二項　螢石

螢石產地為山東黃縣.至民國三十二年為日方利尼公司經營.民國二十九年產量為7,000噸.全數運往日本.三十年為 9,000 噸.運往日本方面則為7,000噸.主要用途為煉鉄.

第三項　雲母

雲母產地為綏遠集寧縣.民國三十二年以後.為日方東亞雲母株式會社經營.資本金為五十萬元.民國二十九年產量為九十九噸.三十年為五零五噸.二十九年運往日本方面為六十噸

第四項　石膏

石膏產地為山西太原縣.民國三十年以後.為日方淺野石灰岩會社及大倉石灰岩会社共同出資一百萬元.成立太原石膏會社.以土法開採經營.民國三十三年產量為二十五萬噸.其藏量為3,500萬噸.

第五項　非金屬礦概覽表

第一目

第一表……………沿革,位置,交通,資本額,勞工數,年產量及銷售狀況

第二目

第二表……………自然條件

第三目

第三表……………工作狀況

第五節　華北鹽產概況

鹽產分為三類.一為海鹽.二為井鹽.三為土鹽.產量以海鹽為最多.井鹽次之.土鹽更次之.淪陷期間敵方在漢沽,塘沽,青島一帶大量增產以作軍需化學之用.

第一項　海盐

海盐主要産地為長蘆之豊財,蘆台二場,及山東之青島與膠州灣沿海一帶.

第一目　長蘆盐

長蘆盐為河北省渤海灣一帶産盐之總稱.製法為天日製盐法.海岸線一帶平坦廣曠,空氣高温乾燥,尤以五六月間雨量稀少為製盐最盛時期,乃遠東最適宜之産盐場.淪陷期間敵方創設華北盐業股份有限公司,由中日合辦,資本金為 250 萬元.

第二目　青島盐

青島盐場昔時均依煎熬法製盐.迨德人租借膠州灣後,即行採用天日製盐法.淪陷期間敵方設立山東盐業株式会社經營.

第二項　井盐

井盐産地為山西南部中條山解池,安邑兩縣,總稱為河東盐場,均為私人經營.事變時停業,以後漸行恢復.但産量較事變前不過四分之一.

第三項　土盐

土盐係由含有鹹性土壤在乾燥氣候吹乾之盐分中製出.在華北各地均有産區.製法與海盐同様,用天日製盐法與煎熬法.

第六節　華北盐田概覽表

本表包含盐場與盐田名稱,位置,投資者,資本額,盐田面積,生産量及銷售量等項.

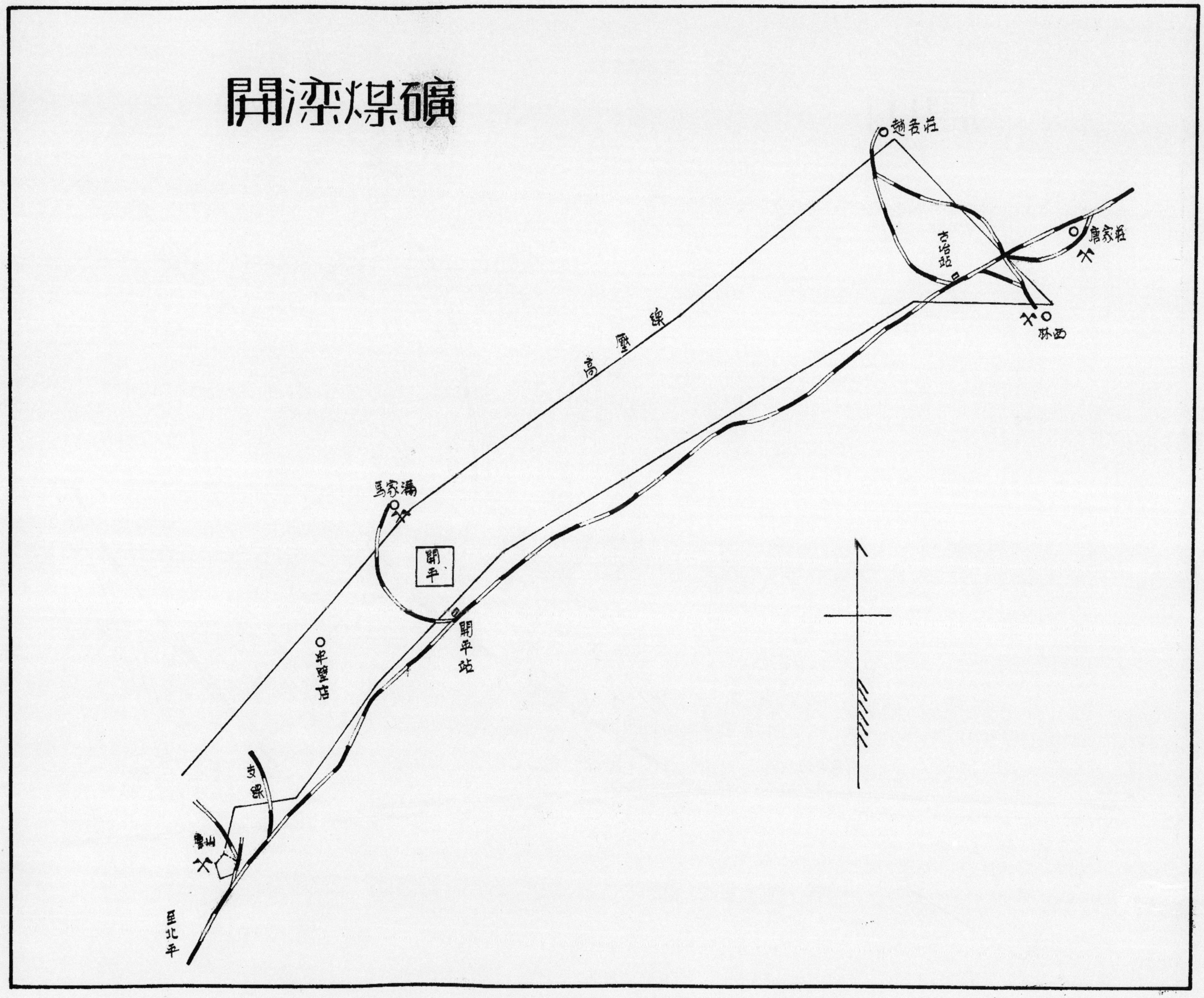
開滦煤礦
趙各莊
唐家莊
古冶站
林西
高壓線
馬家溝
開平
開平站
半壁店
支線
唐山
至北平

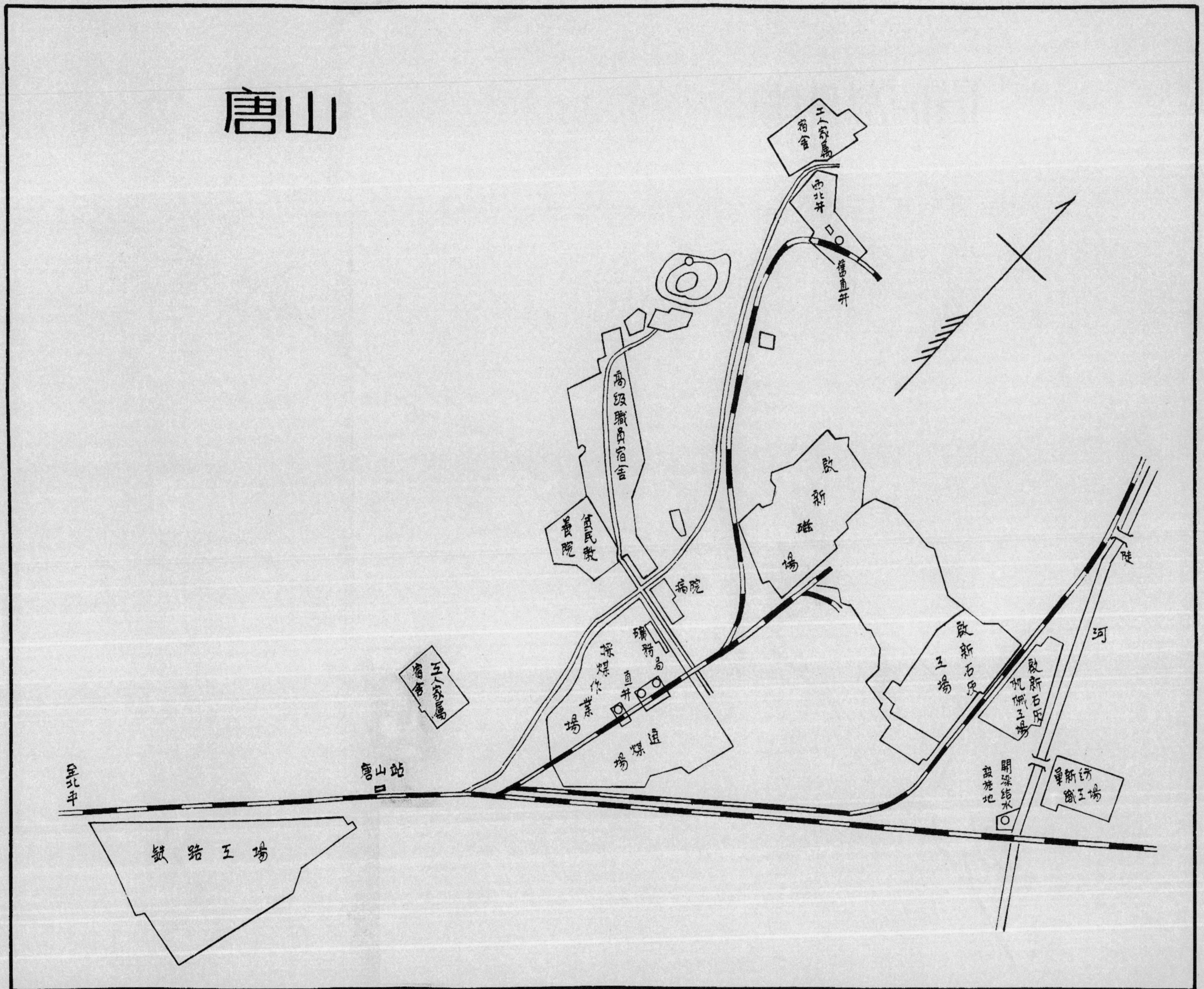
唐山
工人家屬宿舍
西北井
舊直井
高級職員宿舍
貧民教養院
病院
礦務局
採煤作業場
直井
選煤場
啟新磁場
啟新石灰工場
啟新石灰機械工場
華新紡織工場
開灤給水設施地
河
唐山站
至北平
鐵路工場

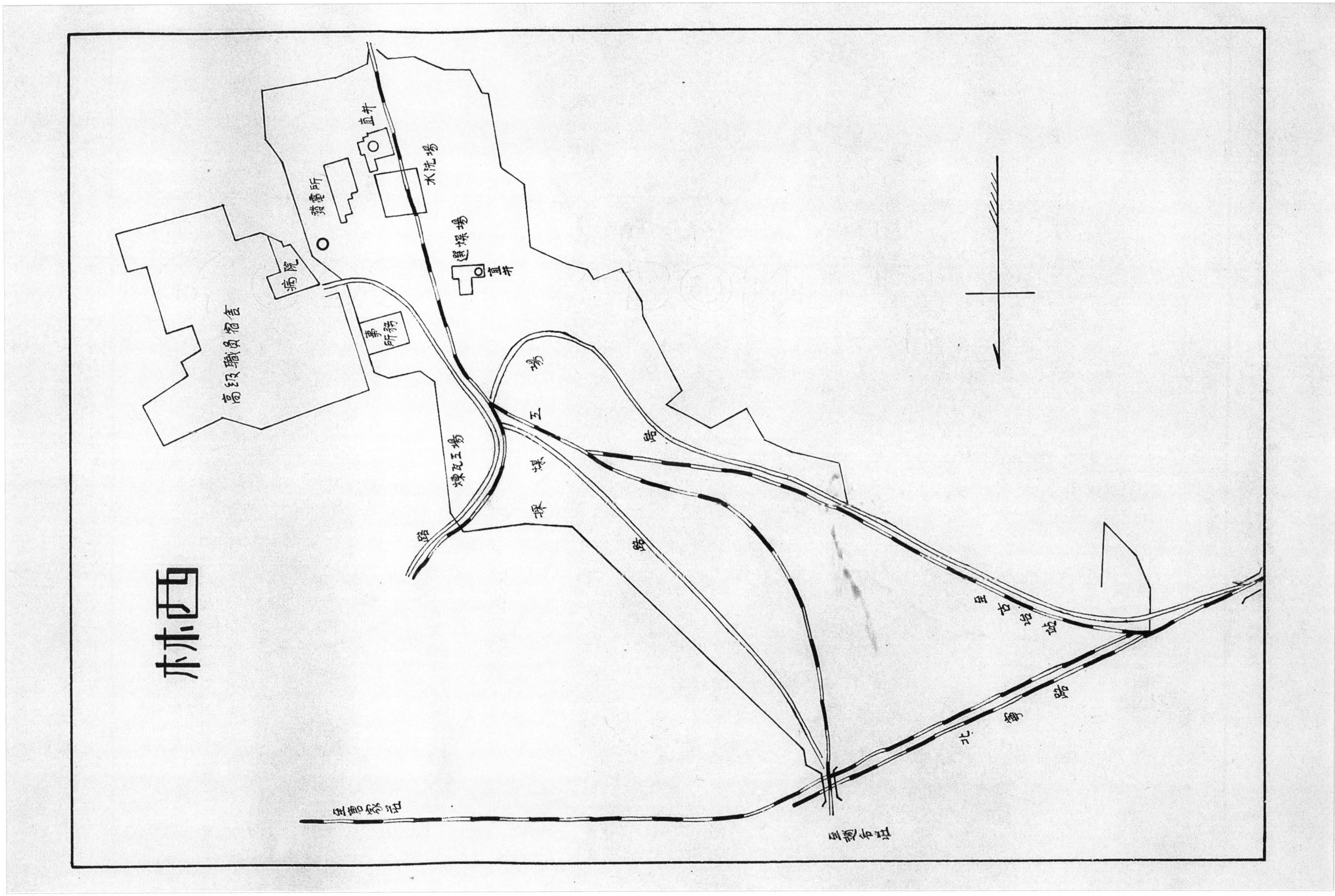
林西
直井
水沈場
發電所
選煤場
直井
病院
事務所
高級職員宿舍
煉瓦工場
煤場
至古冶站
北寧路
至唐家莊
至趙各莊

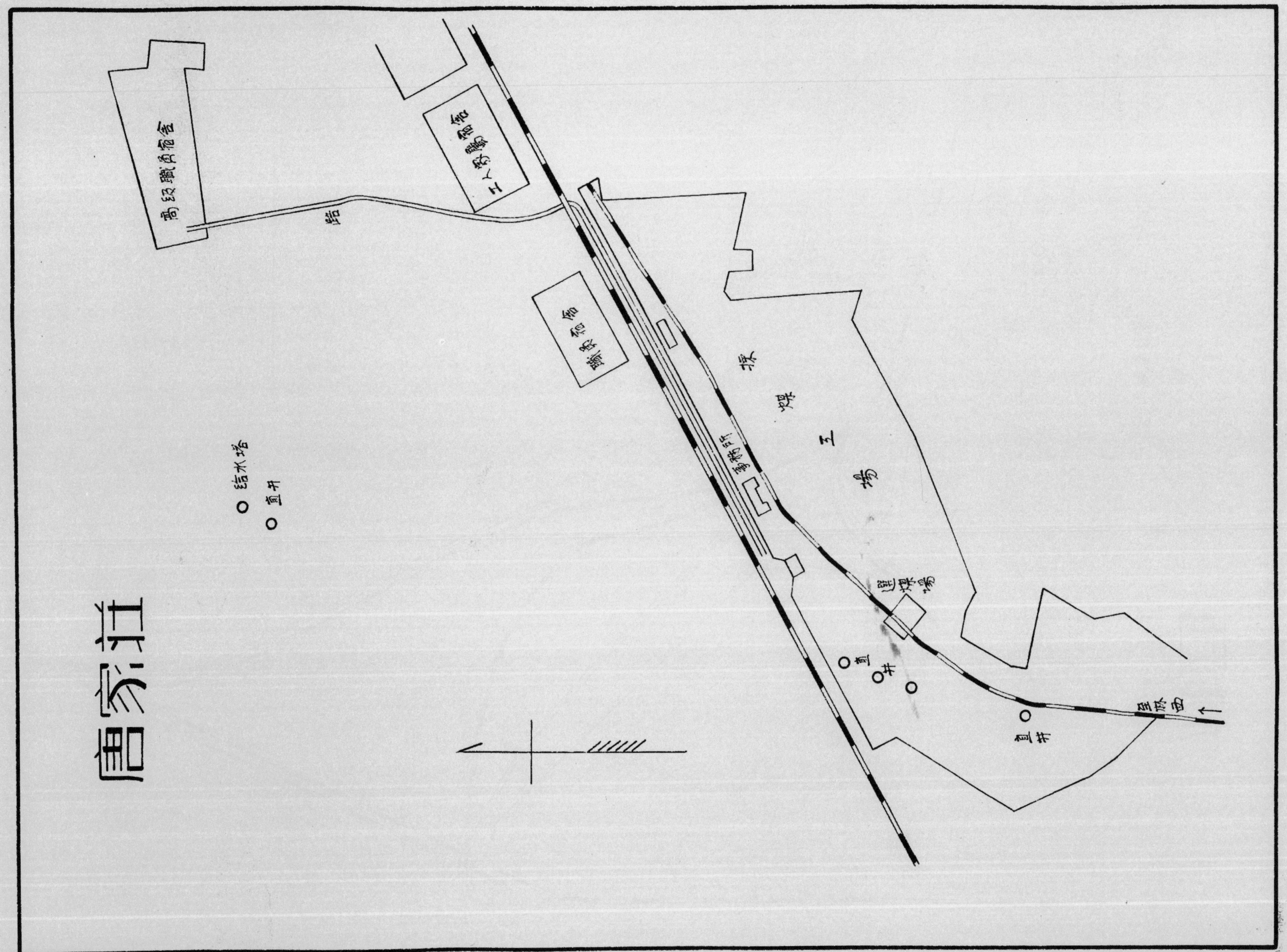
唐家莊
高級職員宿舍
工人勞働宿舍
路
職員宿舍
採煤工場
事務所
選煤場
給水塔
直井
直井
直井
至林西

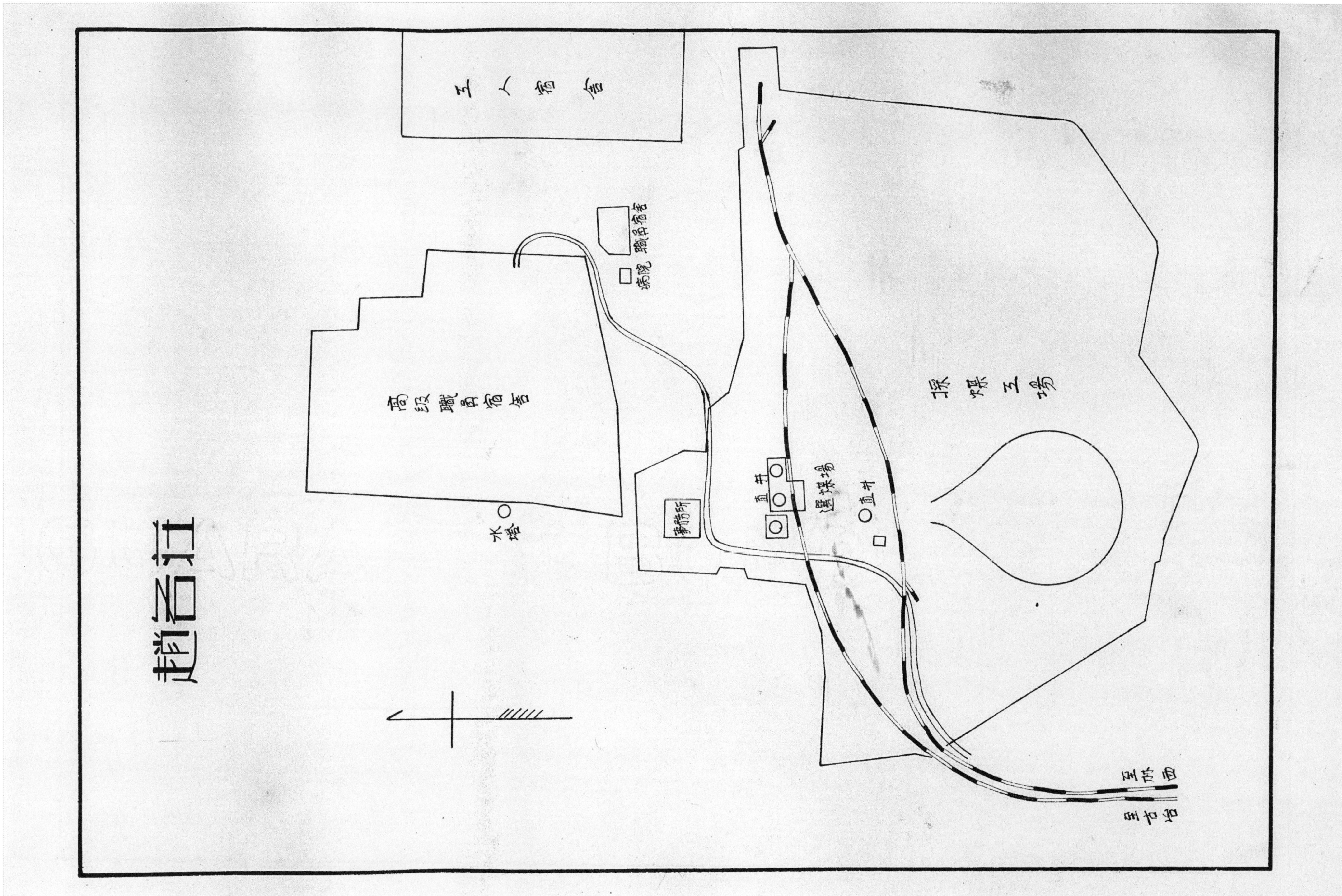
趙各莊
工人宿舍
職員宿舍
病院
高級職員宿舍
水塔
事務所
直井
選煤場
直井
採煤工場
至林西
至古冶

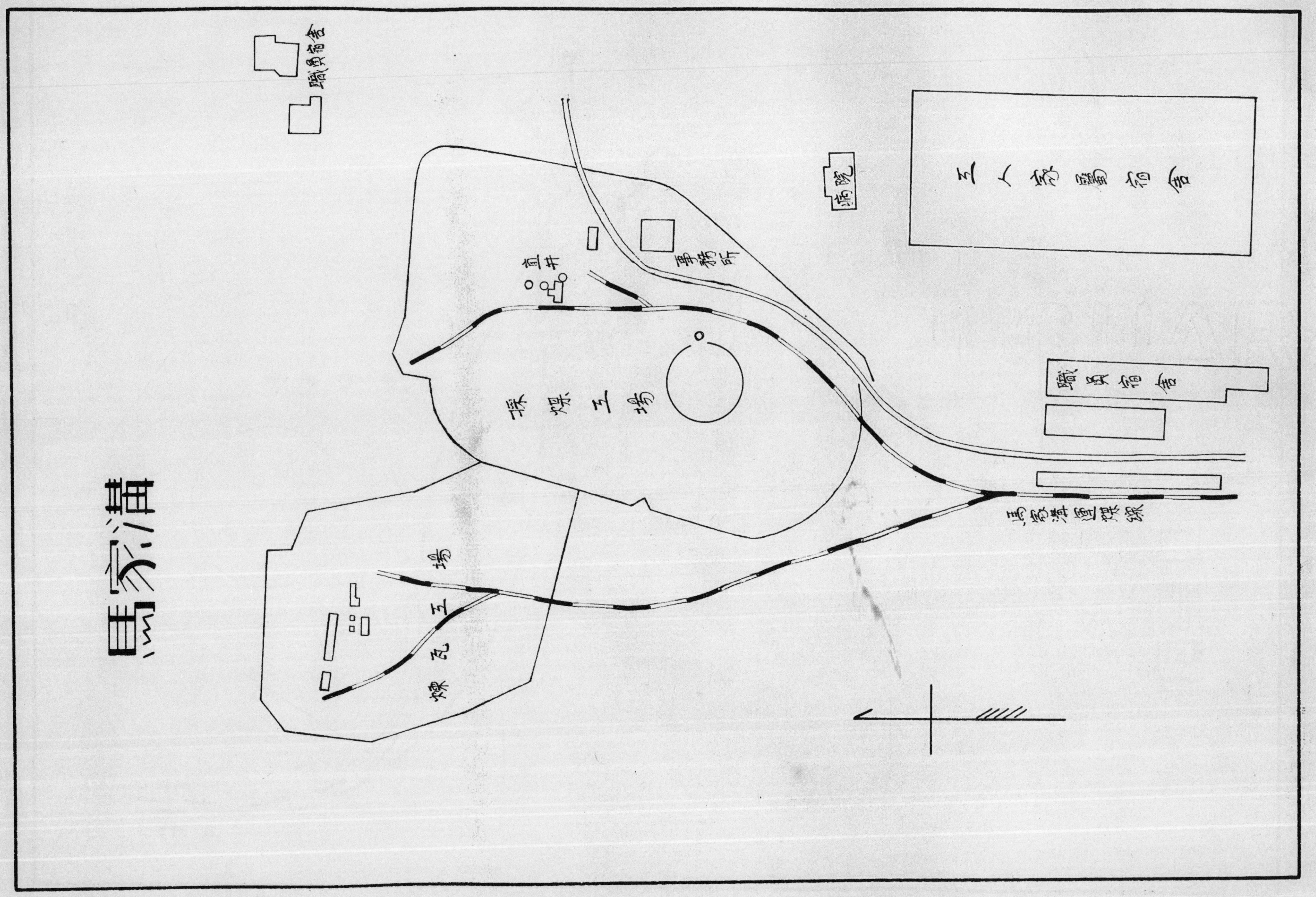
馬家溝
職員宿舍
採煤工場
直井
事務所
病院
工人家屬宿舍
職員宿舍
馬家溝運煤線

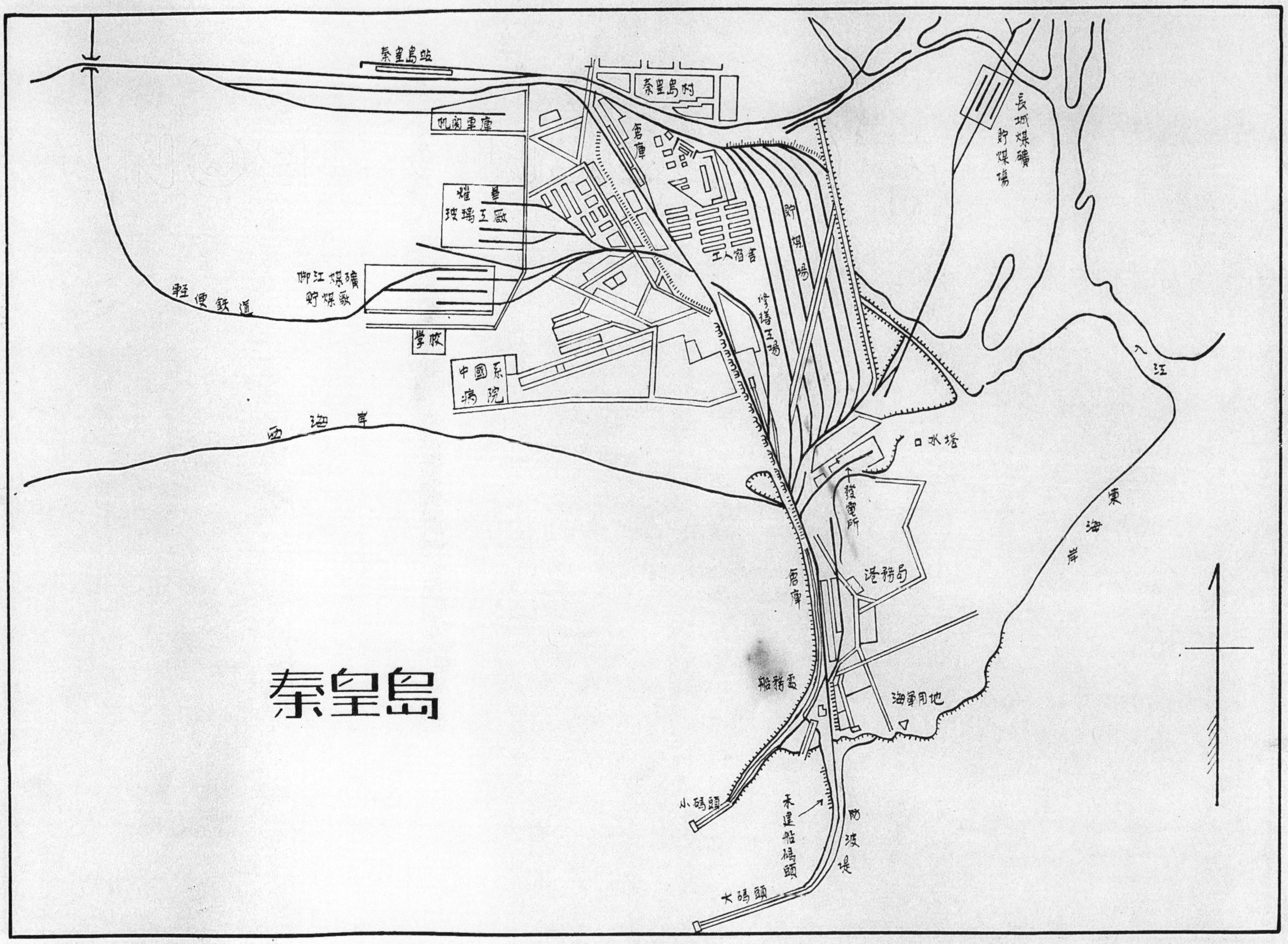
秦皇島站
秦皇島村
機関車庫
倉庫
長城煤礦貯煤場
耀華玻璃工廠
工人宿舍
貯煤場
修繕工場
柳江煤礦貯煤廠
輕便鉄道
學校
中國系病院
西海岸
水塔
發電所
港務局
倉庫
船務處
海軍用地
東海岸
入江
小碼頭
未建船碼頭
防波堤
大碼頭
秦皇島

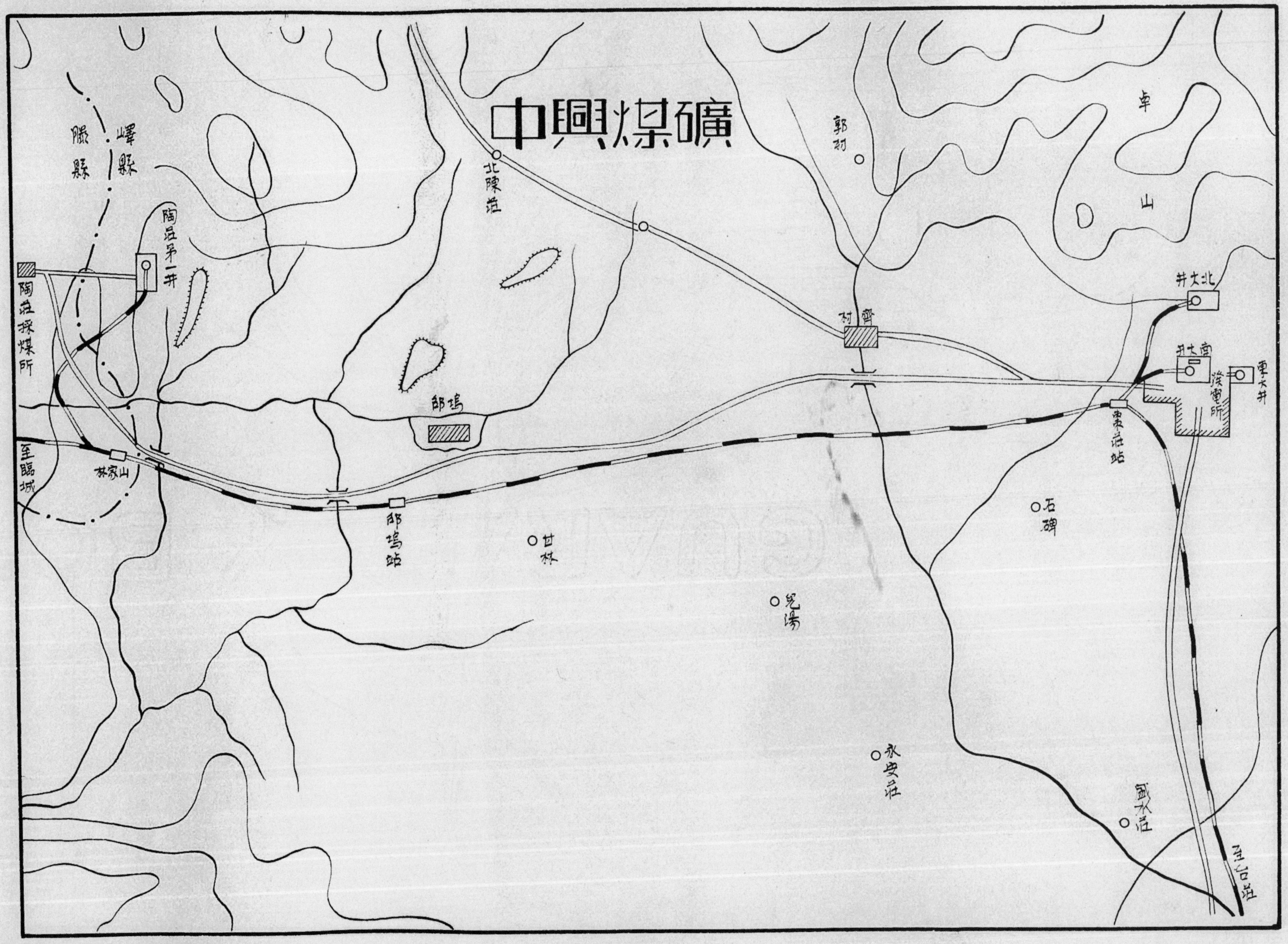
中興煤礦
郭村
滕縣
嶧縣
北陳莊
陶莊第一井
陶莊採煤所
齊村
北大井
南大井
東大井
發電所
東莊站
林家山
至臨城
至台莊
卓山

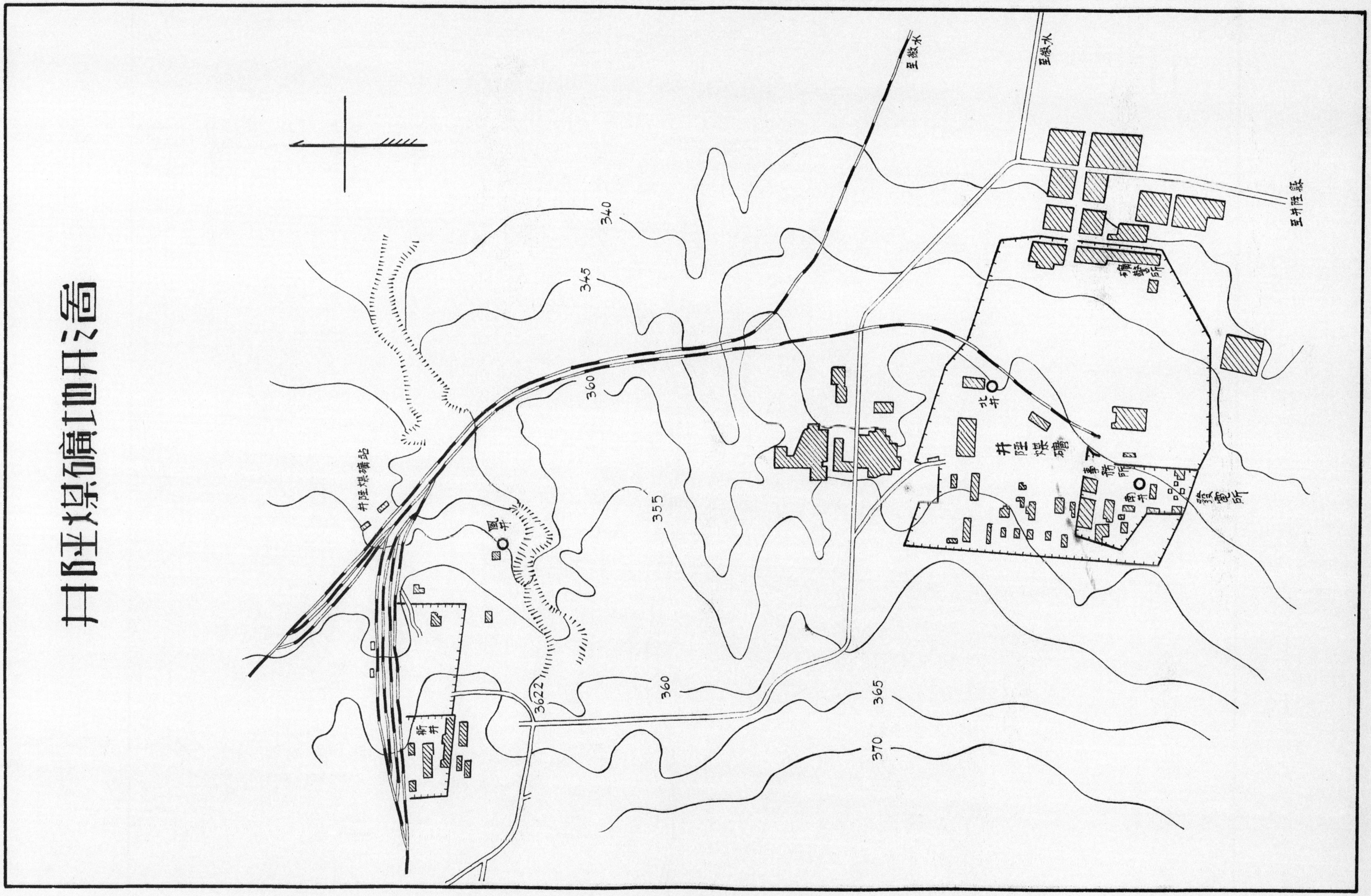
井陘煤礦地形圖
井陘煤礦站
風井
新井
井陘煤礦
北井
南井
事務所
發電所
礦警所
至井陘縣
至微水
至微水
340
345
360
355
360
3622
365
370

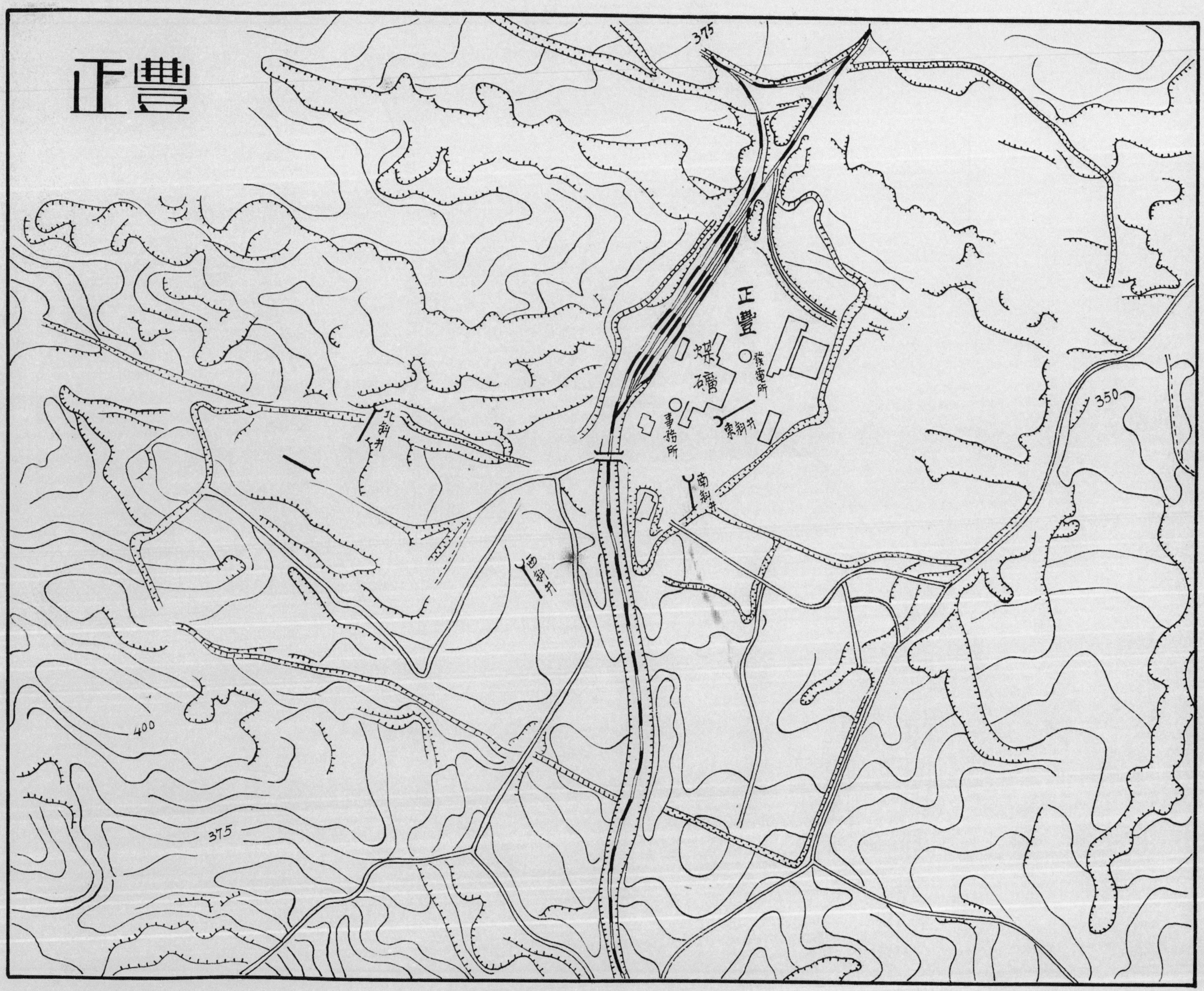
正豐
正豐
煤礦
發電所
事務所
東斜井
北斜井
南斜井
西斜井
375
350
400
375

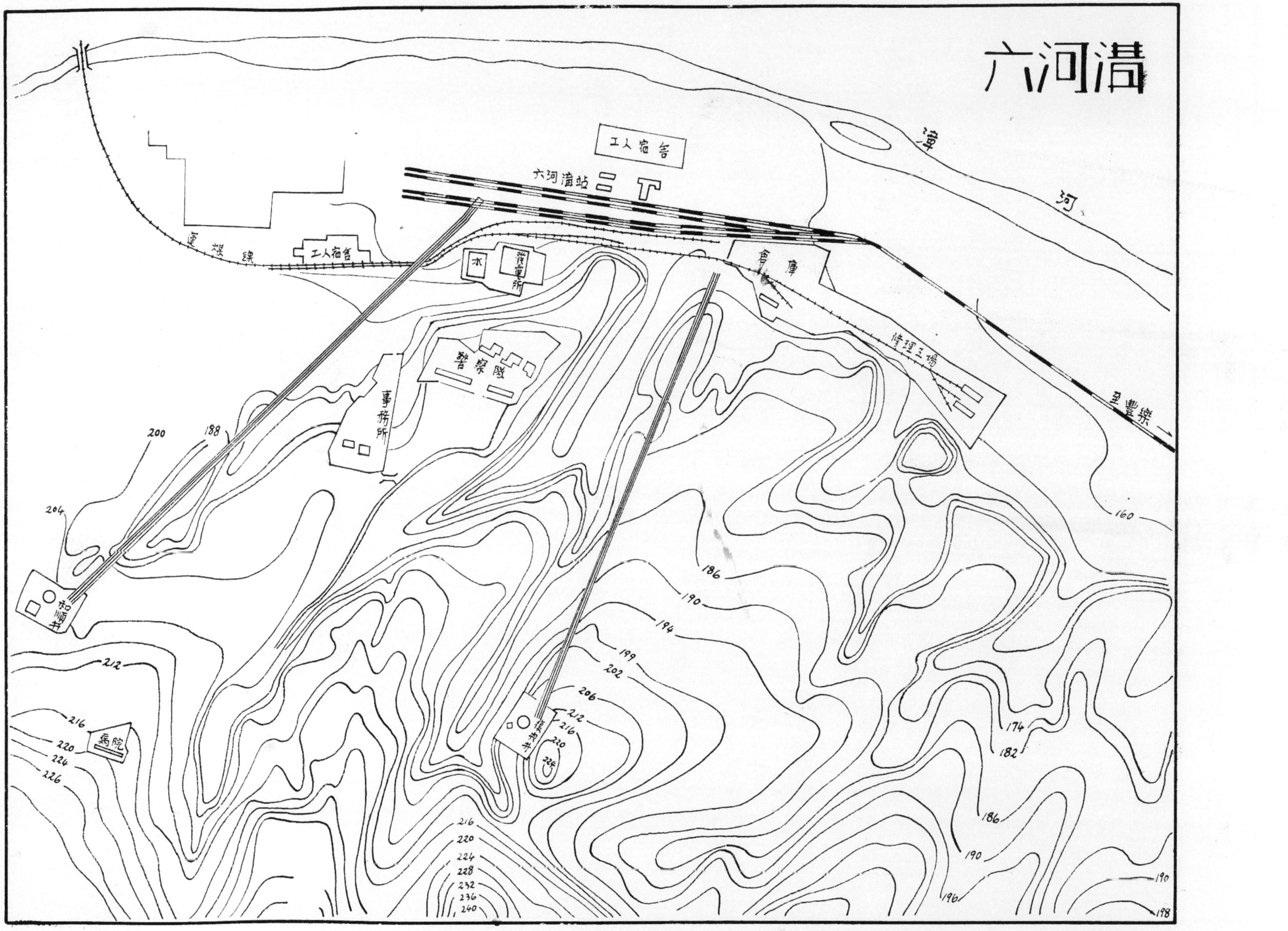
六河溝
工人宿舍
六河溝站
漳
河
倉庫
修理工場
至豐樂
工人宿舍
發電所
警察隊
事務所
病院
200
188
204
212
216
220
224
226
186
190
194
199
202
206
212
216
220
224
216
220
224
228
232
236
240
160
174
182
186
190
196
190
198

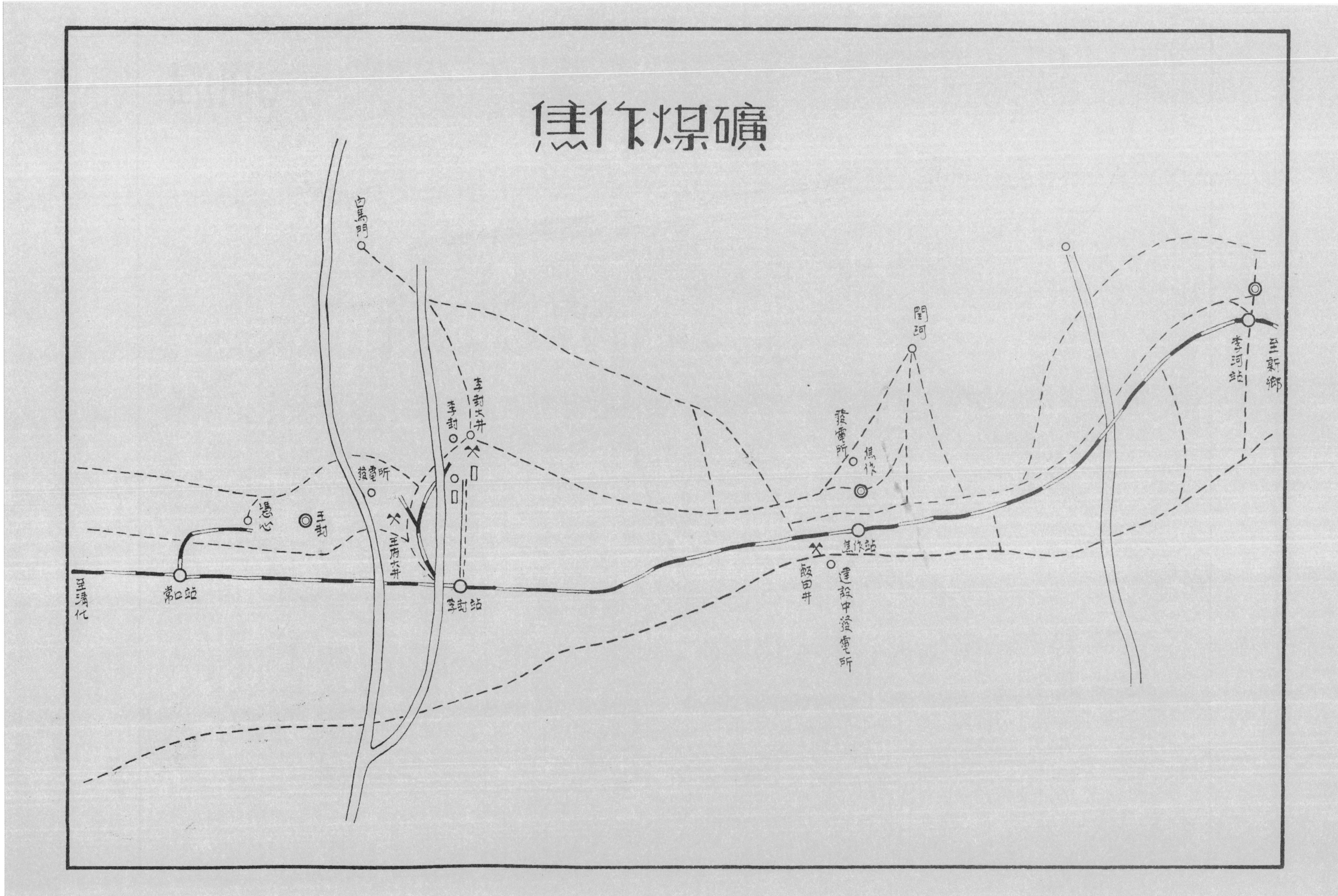
焦作煤礦
白馬門
李封
李封大井
發電所
王封
至清化
李封站
發電所
焦作
閘河
焦作站
飯田井
建設中發電所
李河站
至新鄉

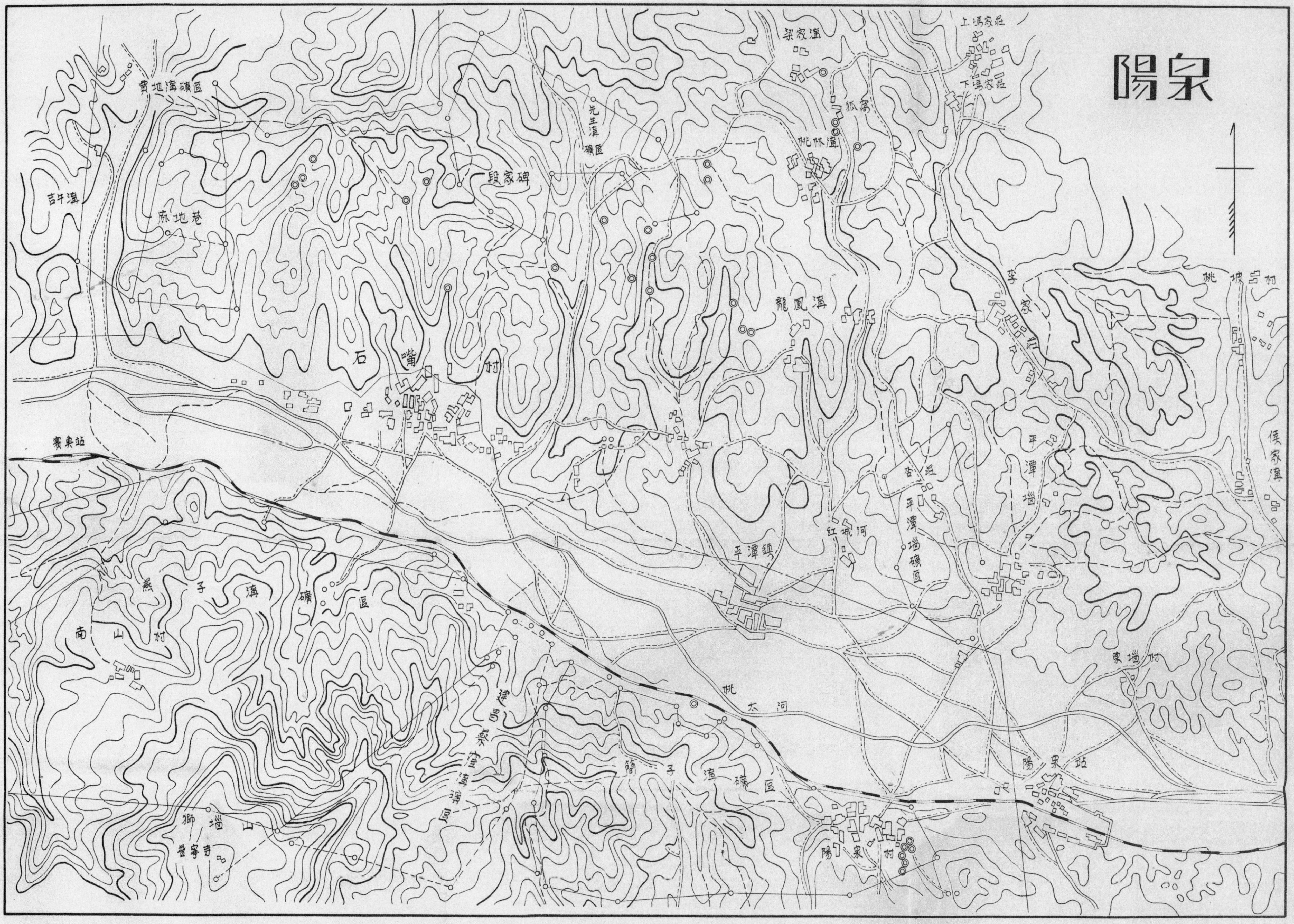
陽泉
平潭鎮
陽泉站
陽泉村
龍鳳溝
桃林溝
段家碑
石嘴村
南山村
燕子溝礦區
桃河
紅城河
東垴村
桃坡村
侯家溝

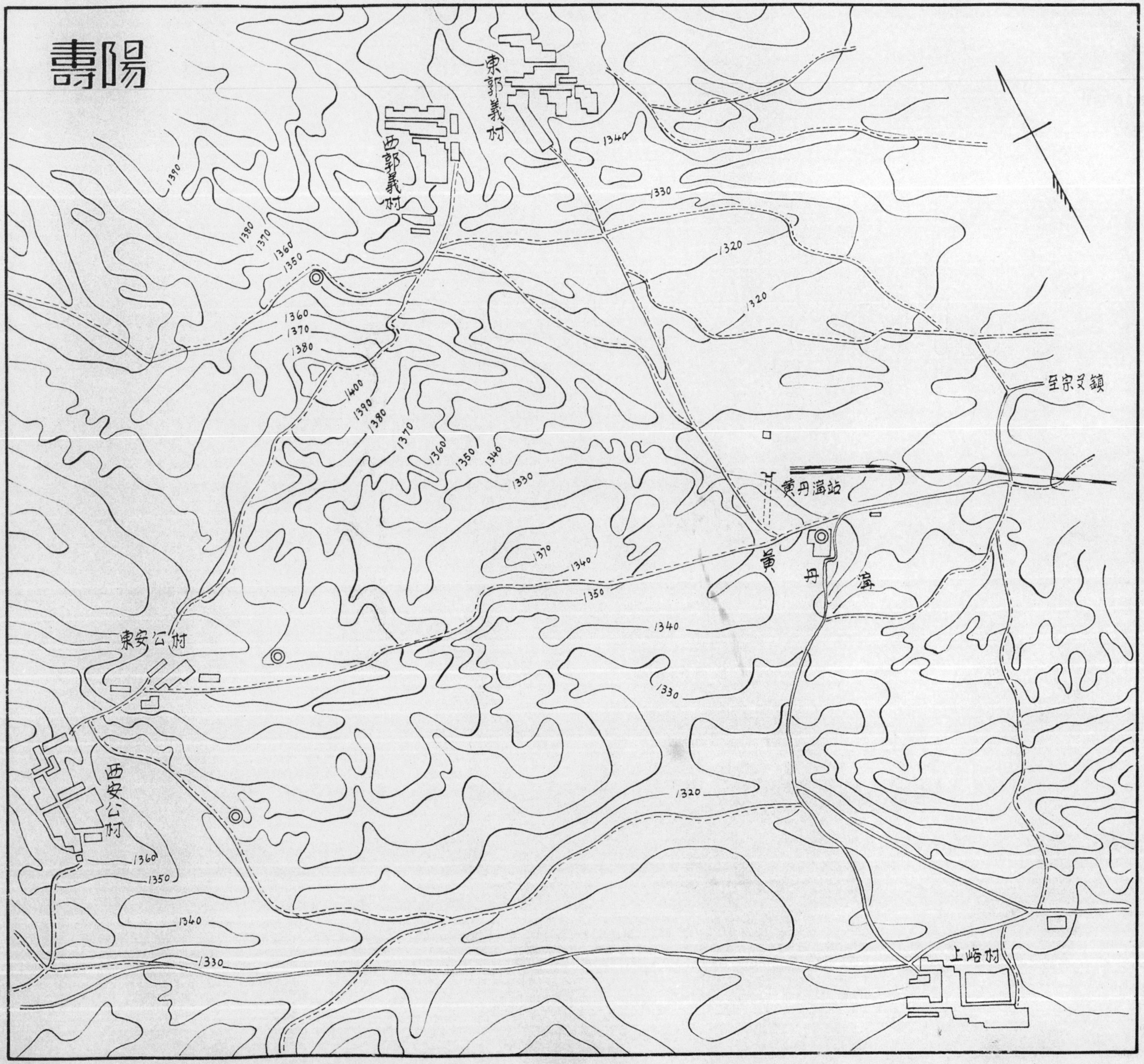
壽陽
東郭義村
西郭義村
至宗艾鎮
黄丹溝站
黄丹溝
東安公村
西安公村
上峪村

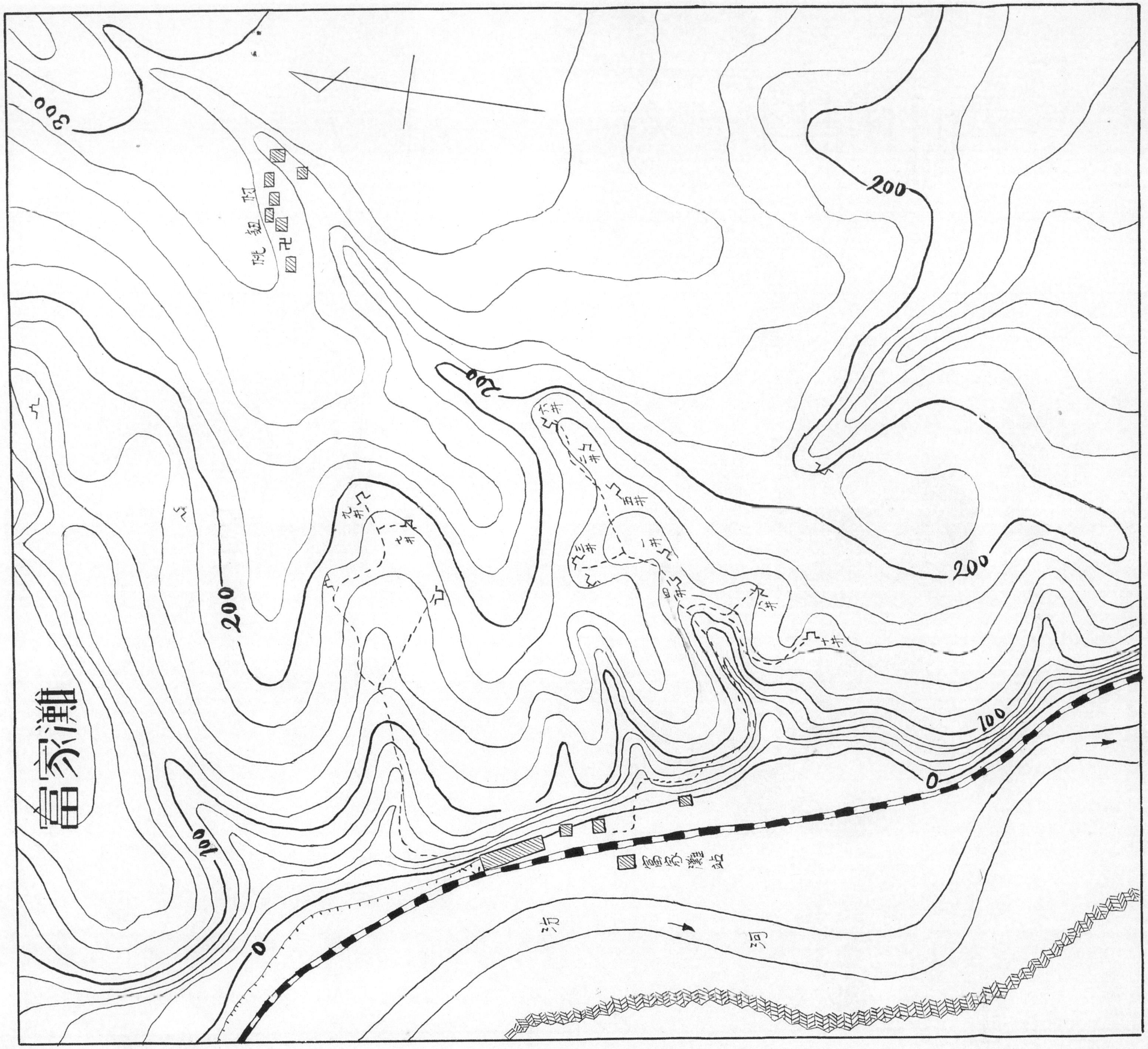
富家灘
富家灘站
汾
河
300
200
200
200
200
100
100
0
0

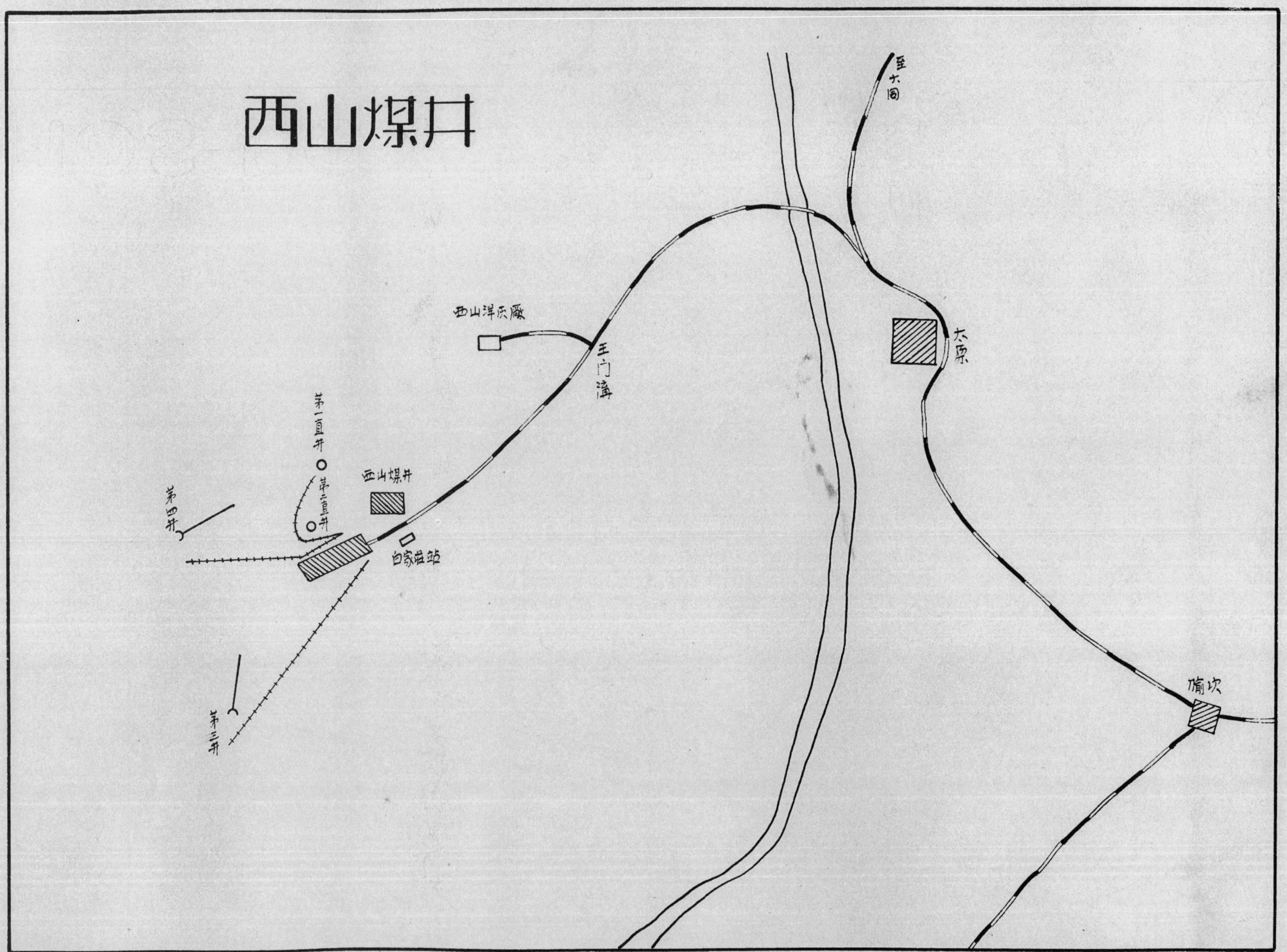
西山煤井
至大同
西山洋灰廠
王门溝
太原
第一直井
西山煤井
第四井
第二直井
白家庄站
第三井
楡次

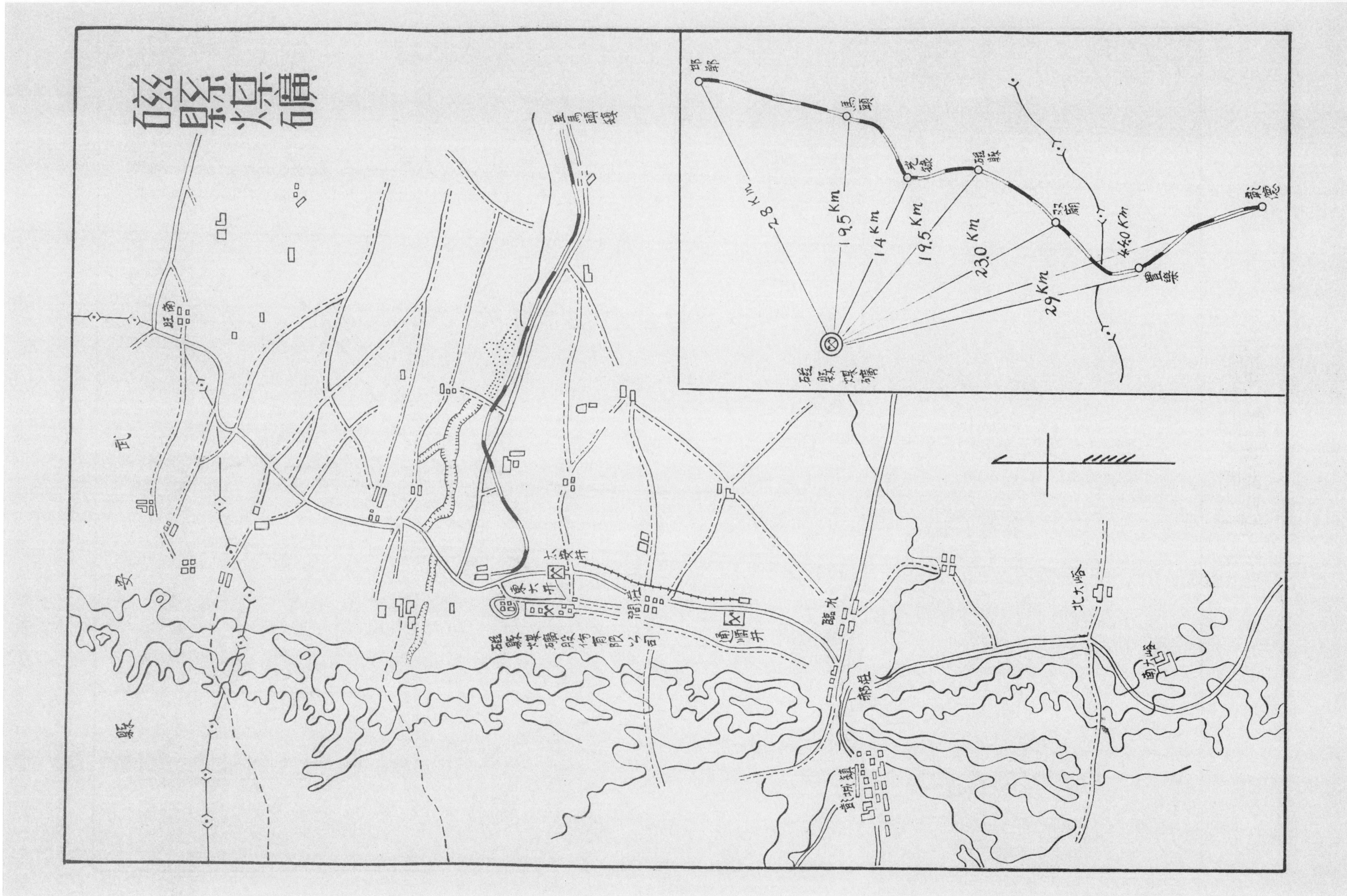

利豐煤礦

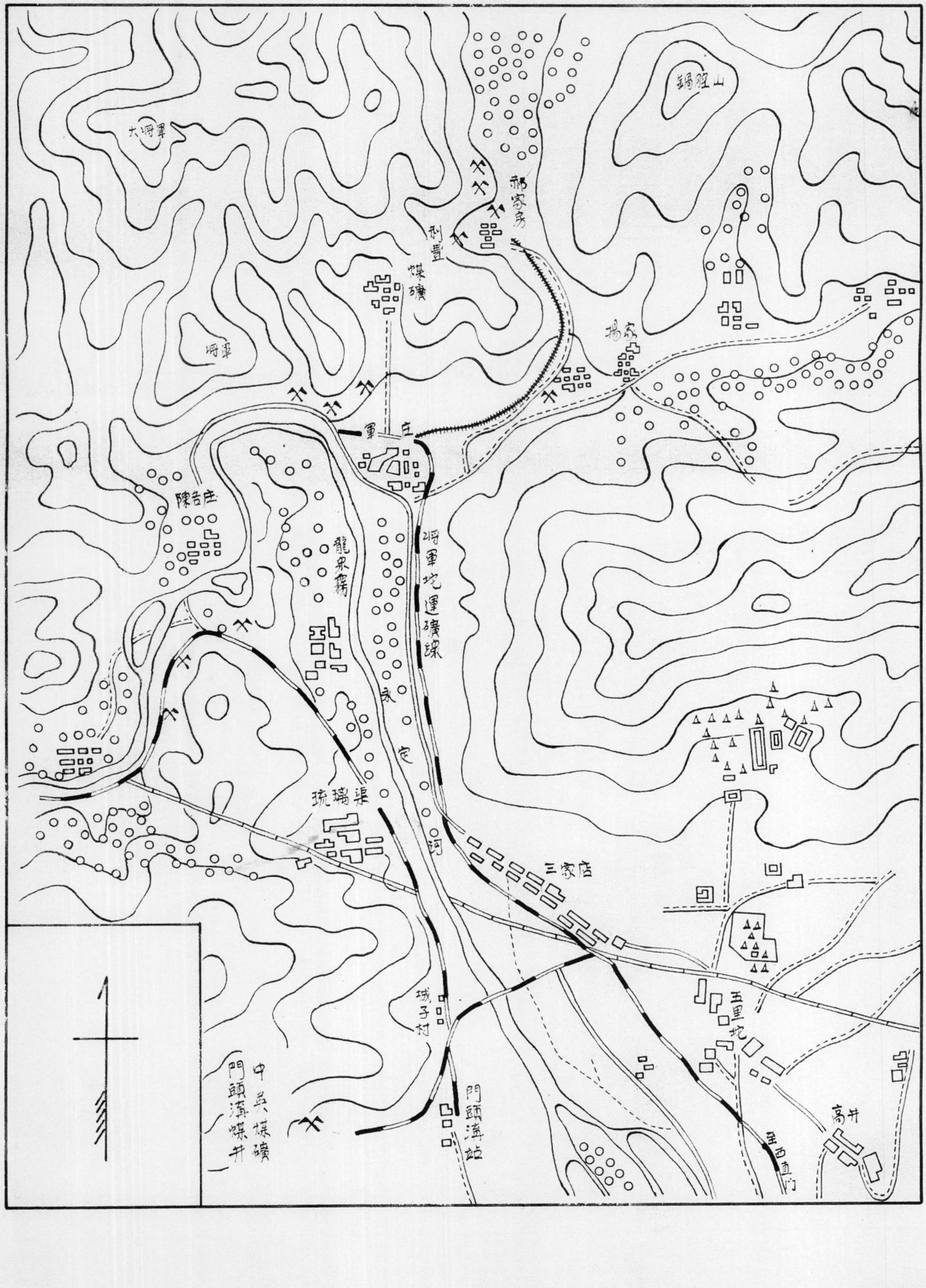
大將軍
將軍
利豐煤礦
楊家
軍庄
陳台庄
龍泉霧
將軍坨運礦線
永定河
琉璃渠
三家店
五里坨
城子村
門頭溝站
中英煤礦
門頭溝煤井
高井
至西直门

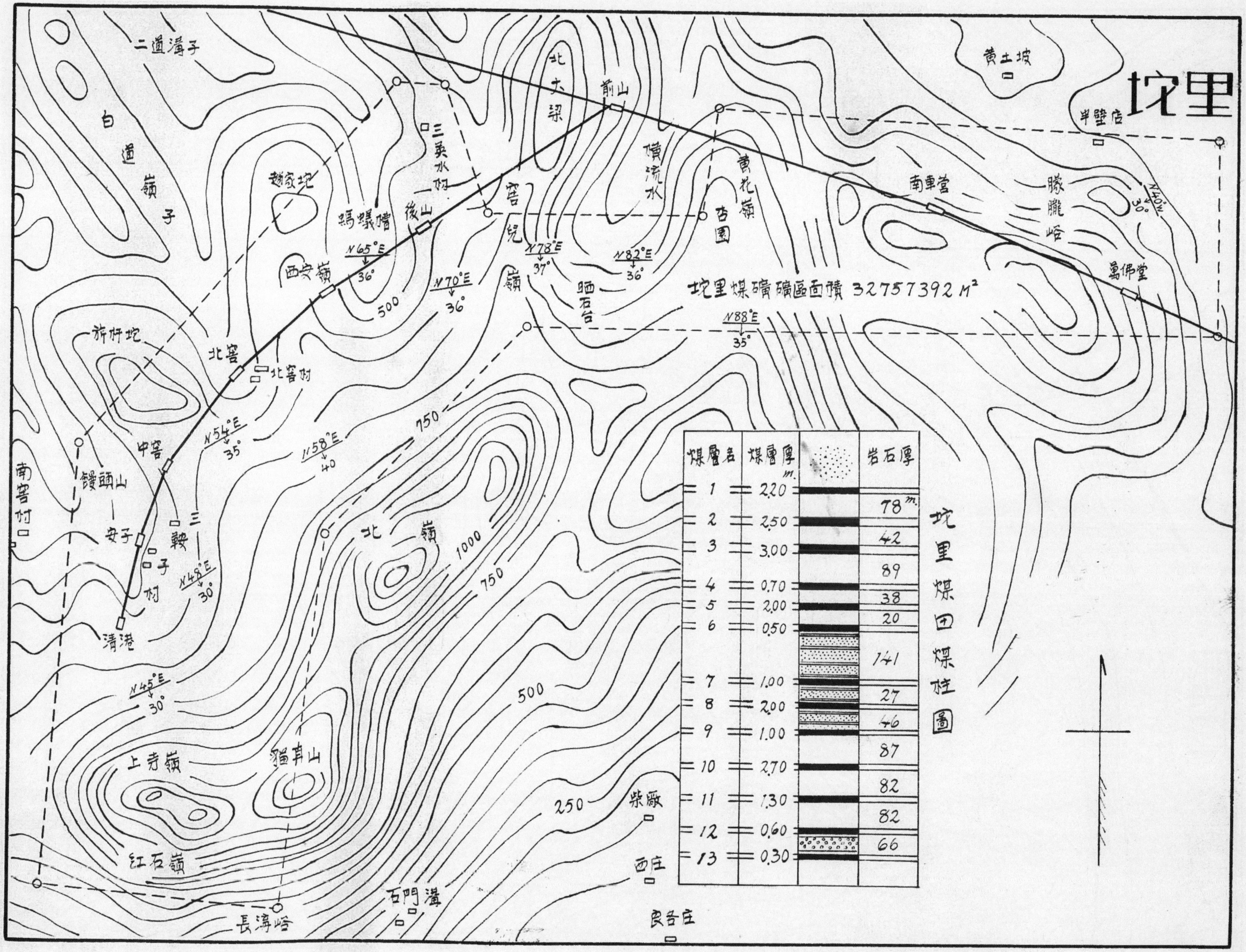
坨里
坨里煤礦礦區面積 32757392 M²
坨里煤田煤柱圖
煤層名
煤層厚
岩石厚
二道溝子
白道嶺子
趙家坨
西安嶺
北窖
北窖村
中窖
饅頭山
安子
子村
三鞍
清港
南窖村
後山
前山
北大梁
黃土坡
半壁店
南車营
黃花嶺
杏園
上寺嶺
紅石嶺
長溝峪
石門溝
柴厰
西庄
北嶺
750
1000
500
250

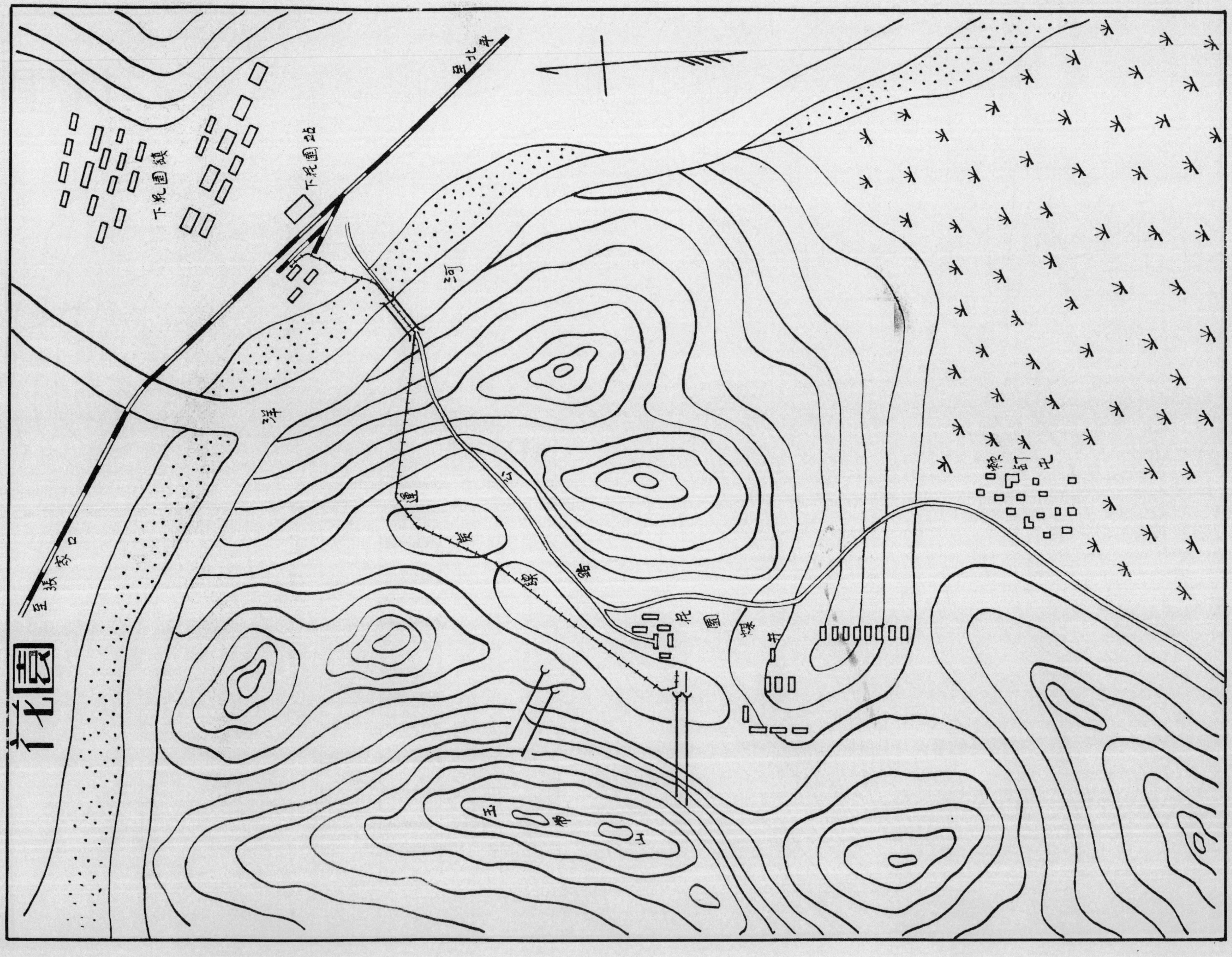
下花園鎮
下花園站
至北平
至張家口

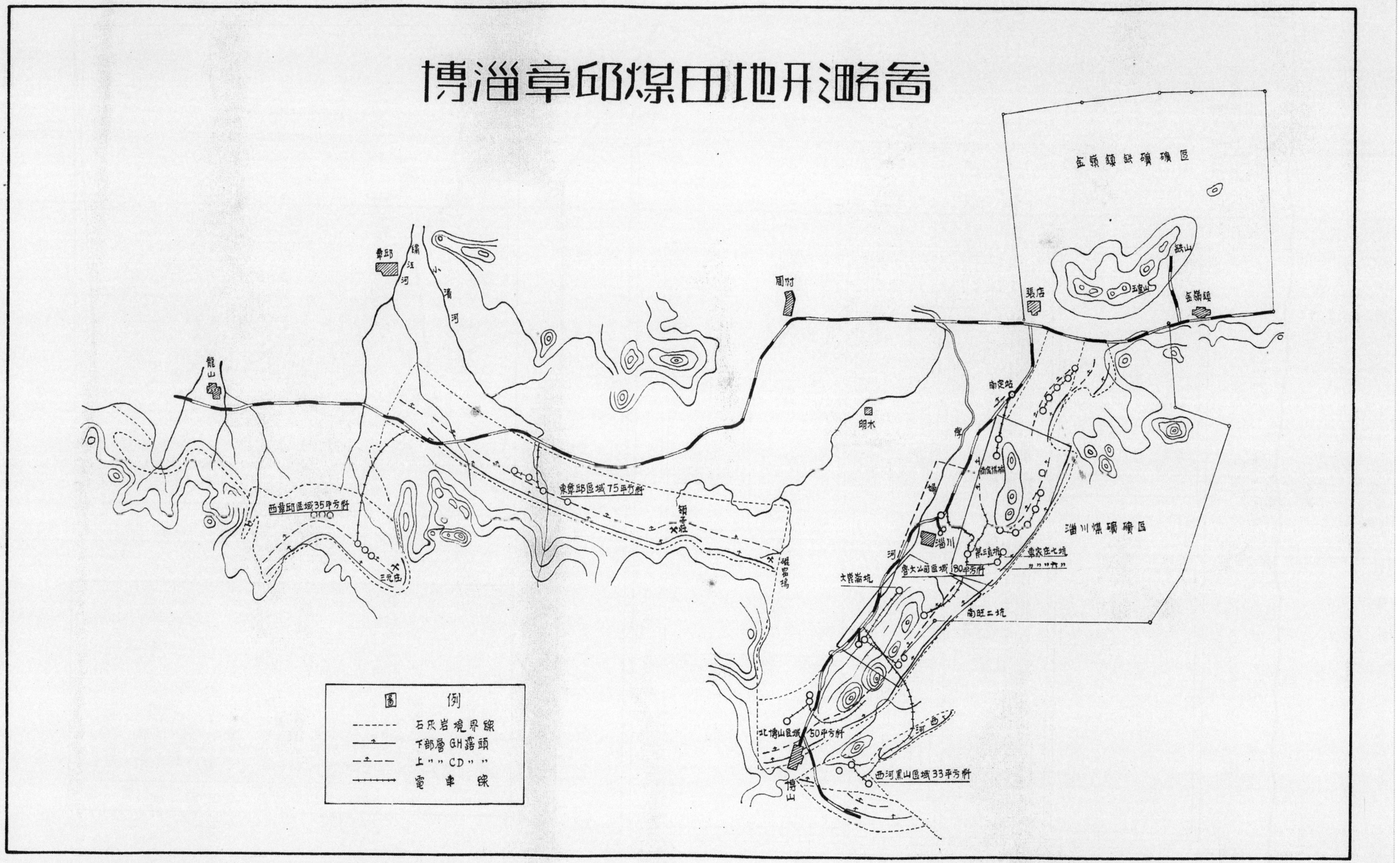
博淄章邱煤田地形略圖
金嶺鎮鐵礦礦區
章邱
龍山
周村
張店
金嶺鎮
鐵山
明水
淄川
博山
南定站
淄川煤礦礦區
東章邱區域75平方粁
西章邱區域35平方粁
魯大公司區域180平方粁
南旺二坑
北博山區域50平方粁
西河黑山區域33平方粁
圖　例
石灰岩境界線
下部層GH露頭
上""CD""
電車線

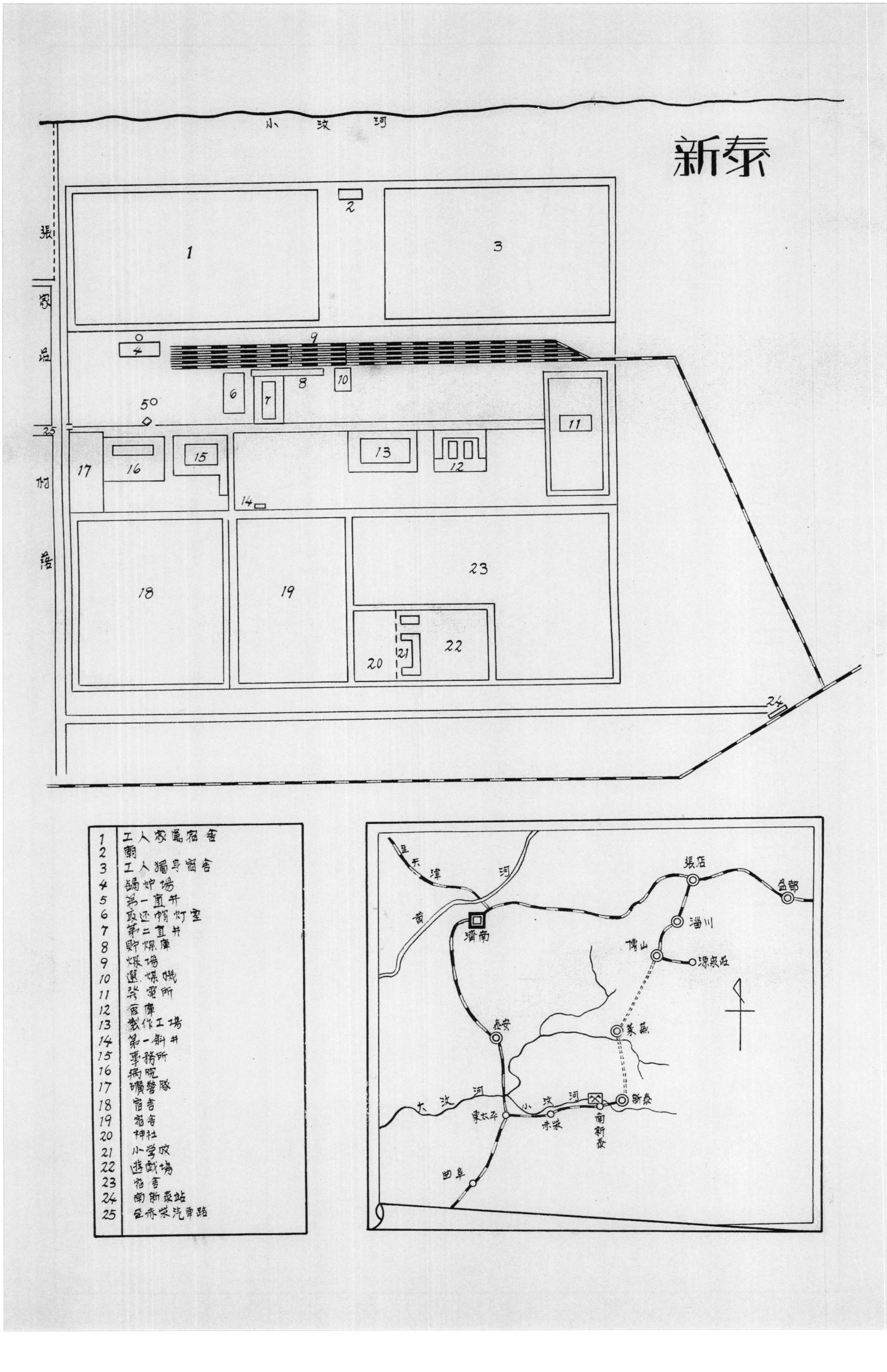
新泰
小汶河
張家莊村落
1 工人家屬宿舍
2 廟
3 工人獨身宿舍
4 鍋炉場
5 第一直井
6 取还帽灯室
7 第二直井
8 貯煤庫
9 煤場
10 選煤機
11 發電所
12 倉庫
13 製作工場
14 第一斜井
15 事務所
16 病院
17 礦警隊
18 宿舍
19 宿舍
20 神社
21 小学校
22 遊戲場
23 宿舍
24 南新泰站
25 至赤柴汽車路
天津
黄河
濟南
張店
益都
淄川
博山
源泉莊
泰安
萊蕪
大汶河
小汶河
東太平
赤柴
南新泰
新泰
曲阜

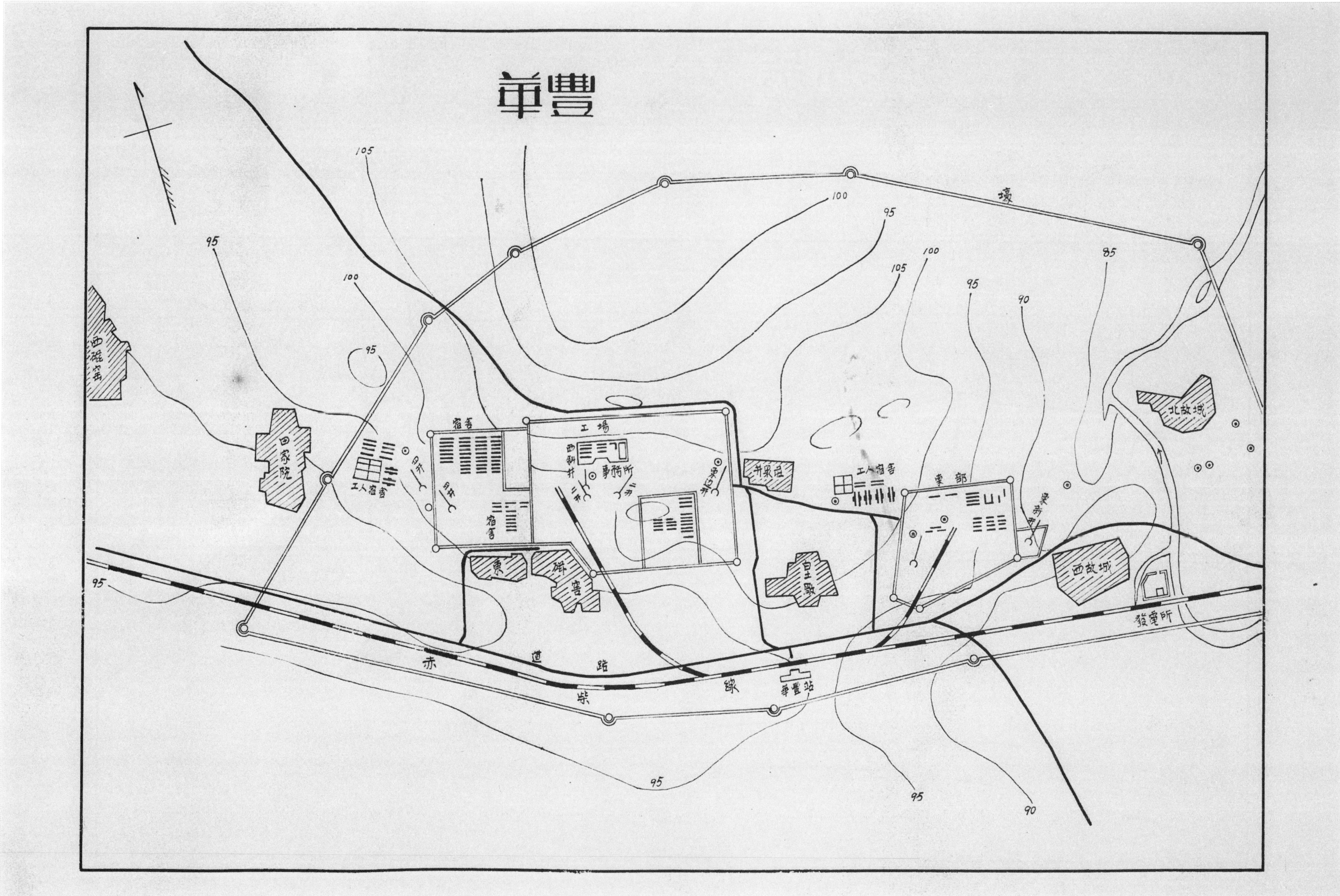
華豊
宿舍
工場
事務所
工人宿舍
皇殿
西故城
北故城
發電所
華豊站
105
100
95
90
85

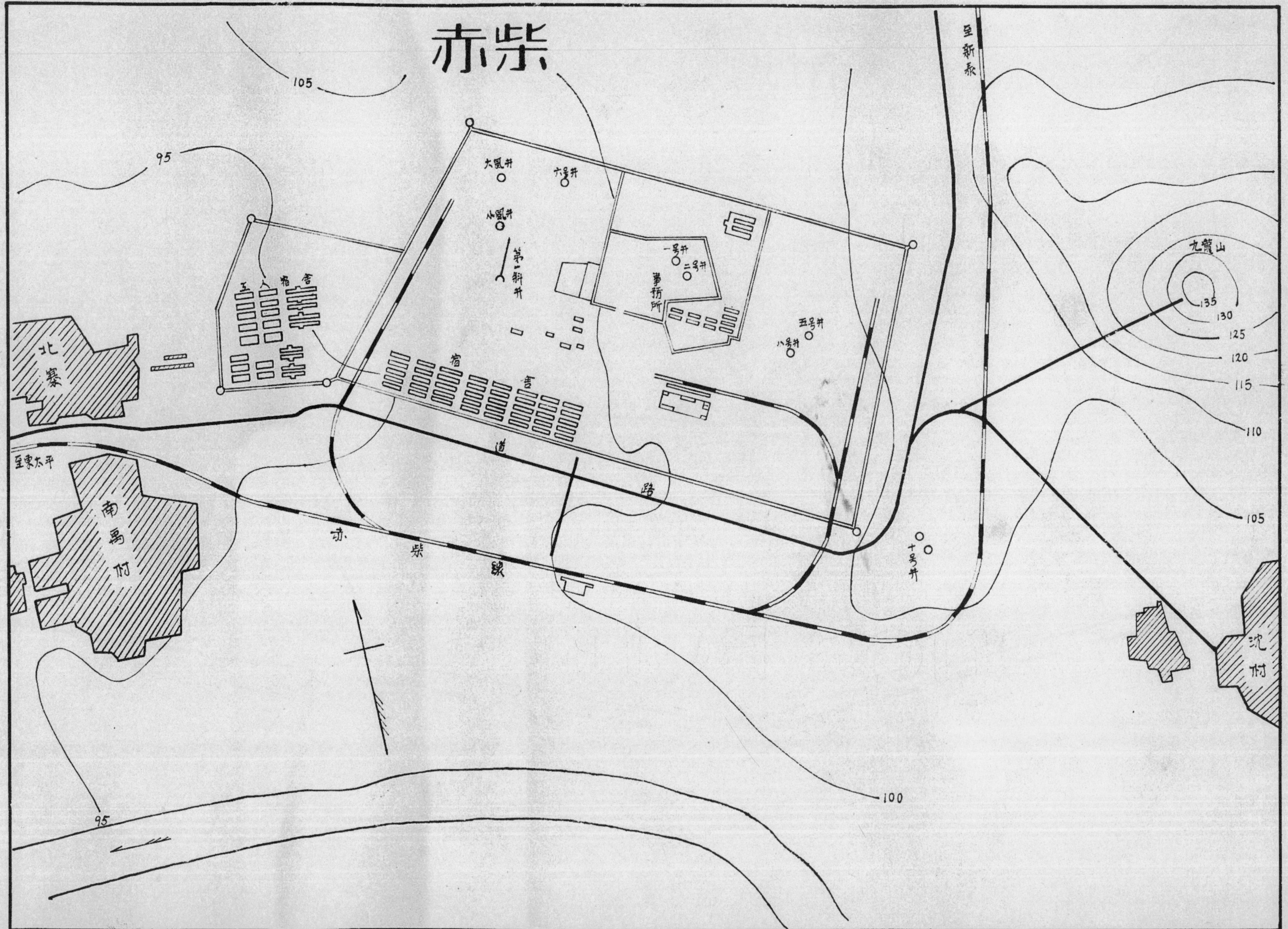
赤柴
至新泰
105
95
大風井
六号井
小風井
第一斜井
工人宿舍
事務所
一号井
二号井
五号井
八号井
九龍山
135
130
125
120
115
110
105
北寨
至東太平
南馬村
宿舍
道路
赤柴線
十号井
沈村
100
95

No. 2

煤田名

河北省開灤煤田概覽表

民國 33　華北開發調查局

時代	地層區分	煤層名	煤層	層厚	層間距離	水分	灰分	揮發分	固定炭	全硫黄	灰中燐	發熱量	煉焦性	工作狀況	備考（埋藏量賦存狀況及其他）
二疊紀	山西統														山西統之第一煤層至第四層之厚度皆在50公分以下故現行工作未以此為對象
		第五煤層		0.70～2.90	27.00～38.00	0.80	6.77	28.82	63.61	0.37		7970	强粘結	唐山、林西、唐家莊各項煤礦開採中	唐山方十單位從事工作上下盤皆為黑色頁岩林西六單位上盤為灰色頁岩下盤為黑色頁岩且末煤較多
	太原統	第八煤層		0.61～2.80	7.00～42.00	0.74	29.67	23.65	45.94	0.28		5800	强粘結	唐山、林西、唐家莊各煤礦開採中	第五層與第八層中間之第六第七層皆為30公分以下之薄層
		第九煤層		2.44～7.90	4.00	0.86	13.08	13.08	61.28	0.40		7260	强粘結	唐山、趙各莊、林西、唐家莊各煤礦開採中	唐山煤層厚度約達九公尺上部岩質雖厚而下部煤質非但呈有鱗狀且多為粉質易於潰散
		第十煤層		2.00	10.00	0.40	11.80	22.32	64.48	1.83		7510	粘結	唐山開採中	
		第十一煤層		1.06～1.52	10.00～85.00	0.72	12.01	12.01	59.21	1.28		7430	粘結	趙各莊、林西、唐家莊各煤礦開採中	趙各莊分四單位從事開採該煤因含黃鐵礦較多故煤質較硬林西分六單位工作但出品皆為末煤
		第十二煤層		0.70～6.40	74.00～97.00	0.73	14.64	24.08	60.53	1.28		7250	强粘結	唐山、趙各莊、林西、唐家莊各煤礦開採中	唐山分十單位林西分六單位工作上盤為黑色頁岩下盤由煤質頁岩漸變為黑色頁岩層有上下之分上層厚度五分尺下層六三公尺兩層間夾之厚度為70公分林西之厚度90公分
		第十四煤層		2.01	106.00	0.72	12.83	12.83	61.43	0.77		7360	粘結	林西、唐家莊各礦開採中	林西之厚度1.15米上盤為緻密實灰色頁岩下盤為灰黑色頁岩
中部石炭紀	本溪統														本溪統之第十五第十六十七三層各因厚度過薄而未着手工作

1. 埋藏量　(1) 舊開灤煤礦區內 7億5千萬噸
既採煤量約 1億噸
殘煤量 6億5千噸
(2) 隣接煤田 30億噸以上

2. 出煤量　民國 31　665.8 万噸
民國 32　642.4 万噸

3. 地質構造：盆地構造

4. 調查及開採上之意見
現在工作中之五礦因採煤之搬出距坑口過遠浪費資材及電力勞力殊多故應加詳調查有從新開鑿井口之必要

5. 其他

No.3.

山東省 嶧縣（中興） 煤田概覽表

煤田名

時代	地層區分	煤層名	煤層	層厚	層間	距離	水分	灰分	揮發分	固定炭	全硫黄	灰中燐	發熱量	煉焦性	工作狀況	備考（埋藏量賦存狀況及其他）
上部二疊紀	大羣山層															
	萬山層	柴煤		0.50												本煤田之發達較次故未以此為工作之對象而（淮海）之柳泉煤田為厚層現正開採中
	黑山層	A層礬土頁岩			120	170										
中部二疊紀	淄川統（山西統）	大槽煤		0–8.80		東莊	0.96	8.51	31.26	59.27	0.40		7670	粘結	東莊及陶莊開採中	東莊地區之煤層厚度自5公尺至10公尺上下，西漸則愈薄齊村地區賦存全無鄒塢地區之厚度1–2.0公尺陶莊3–6公尺 殘存量（大槽煤） 東莊 1200万噸 陶莊 1100万噸 鄒塢 480万噸 合計 2780万噸
							0.81	4.86	28.42	65.91	0.29		8140	〃		
							1.30	5.67	34.78	58.25	0.58	痕跡	8040	〃		
					7		1.41	5.34	32.27	60.98	0.42	0.156	7950	強粘結		
						陶莊	0.78	8.97	30.17	60.08	0.60		7700	〃		
					14		0.99	8.80	29.60	60.61	0.70		7730	膨粘		
下部二疊紀	博山統（太原統）			0.46		100										
				0.11												
				0.11												
				0.15												
				0.28												
				0.11												
				0.13												
		小槽煤		1.58		東莊	0.77	15.24	27.84	56.15	3.15		7310	膨粘	東莊開採中	東莊地區平均厚度為1.45公尺向西則愈薄且有夾石層二三齊村地區0.6公尺鄒塢地區有數層之0.25–0.45者而鄒塢站之西約為1.2公尺內外 殘存煤量（小槽煤） 東莊 1500万噸 陶莊 250 〃 鄒塢 580 〃 合計 2330万噸
							0.42	9.20	25.00	65.38	1.49		7345	〃		
					64		0.73	6.39	32.93	59.96	1.68		8130	〃		
		鷄子煤		0.61	8										舊土窰開採中	
		渣子煤		0.66	5–25										仝上	
中部石炭紀	章邱統（本溪統）	G層礬土頁岩			40											
奧陶紀																

1. 埋藏量　確定煤量 3110 万噸　可採煤量 1866 万噸

2. 出煤量　出煤量　民國31　253.9 万噸　〃32　224.9 〃

3. 地質構造

4. 調查及開採上之意見　陶莊南部及鄒塢北部地區有鑽探之必要

5. 其他　開採
   1. 東莊地區之殘存煤量如少時應在鄒莊一陶莊地區另行開採
   2. 應盡力除掉小槽煤之硫黄質
   3. 確定利用崩石之方法

No. 4

河北省井陘煤田概覽表

煤田名

時代	地層區分	煤層名	煤層	層厚	層距離	工業分析 水分	灰分	揮發分	固定炭	全硫黄	灰中燐	發熱量	煤焦性	工作狀況	備考（埋藏量賦存狀況及其他）
二疊紀	石盒子統														
	山西統			0.45											
					7.4										
				0.30											
					4.65										
				0.20											
					8.5										
				0.80											本煤田雖尚未能開採但於雪花山區域有開採之價值
					4.2										
				0.25											
					13.75										
	太原統	小腰腸		0.4-0.6											
					8.40										
					1.05										
		甲槽煤		0.2-2.0										正豐煤礦開採中	正豐煤礦現開採區域較厚井陘煤礦為薄
					8-11										
		乙槽煤		0.3-0.8											
					13-17										
		第1層		0.9		0.84 0.70	11.41 10.55	28.62 25.96	59.12 62.79	2.16 1.43	0.143 0.090	7630 7700	膨粘	舊開採煤層	井陘正豐以前雖曾從事開採但現已停止工作
					5										
		第2層		1.4-2.2		0.84 0.91	8.91 11.29	24.78 24.85	75.47 63.55	1.06 1.59	0.046 0.033	7820 7620	〃 〃	井陘正豐煤礦開採中	井陘正豐現在開採中之上部有薄層之夾石為該礦之特徵
					13-18										
		第3層		0.6-0.8		0.88	12.33	23.96	62.83	3.43		7450	〃	舊開採煤層	普通較薄但現在不以此為工作之對象
					23-25										
		第4層		1.6-1.8		0.98 1.04	5.92 5.93	20.92 20.14	72.18 68.89	2.02 5.85	0.019 痕跡	7990 7640	〃	井陘正豐煤礦開採中	全部煤田賦存下部夾石為特徵天盤之石灰岩比較良好
					14-16										
		第5層		7.5		1.22 0.97 0.97	17.58 13.84 12.50	24.15 20.52 22.74	57.03 64.67 63.79	0.61 0.77 0.67	0.066 0.020 0.014	6890 7210 7370	粘 膨粘 〃	井陘正豐煤礦開採中	全部煤田賦存但南部有漸薄之傾向
					12										
		第6層		0.3-3.4											全部煤田雖云較薄但東端之趙村鋪地區較厚達3.4公尺称之為新第六層
					12										
石炭紀	本溪統				32										
奧陶紀															

1. 埋藏量　4億噸（可採煤2億4000万噸）
2. 出煤量　{民國 31　132.6 万噸
　　　　　　〃　32　126.8　〃
3. 地質構造　多為南北形之地溝分布下列之各地區

○ 現在開採地區

△ 將來重要開採地區

1. 馬頭山　△2 趙村鋪
3. 北寨南寨天護林　4. 水井—春王廟西方　⑤ 井陘煤礦
6. 西岡村　△7 張家井—西王舍　⑧ 正豐煤礦　△9 三官山
10. 民興—南關　△11 雪花山　△12 周家溝—荊蒲菌

4. 調查及開採上之意見：須新開採之地區
   1. 趙村鋪地區（第四五六層）
   2. 雪花山地區（山西統炭層）
   3. 荊蒲菌北部地區

須行鑽探之地區
   1. 張家井—西王舍西方地區
   2. 民興地區
   3. 荊蒲菌北部地區

No. 5

河北省磁縣煤田概覽表

煤田名

時代	地層區分	煤層名	煤層	層厚	層間距離	工業分析 水分	灰分	揮發分	固定炭	全硫黄	灰中硫	發熱量	煉焦性	工作狀況	備考（埋藏量賦存狀況及其他）
中部二疊紀	山西統	頭層小煤		1.00	2.5										
		二層小煤		1.60	2.4										
		三層小煤		0.30	24										
		大煤		5.90	64	0.80 0.90 0.19	11.32 10.02 11.55	18.99 19.65 18.84	68.89 69.43 69.42	0.66 0.55		7304 7454 7710	粘 〃 〃	磁縣煤礦開採中	磁縣煤礦礦區內 大煤埋藏量 確定煤量 30万噸 推定煤量 660万噸 預想煤量 19600万噸 合計 20290万噸
下部二疊紀	太原統				31 25.6										
		一坐煤		1.30	8	0.86	3.83	20.47	74.89	1.56		8041	粘		如再加此未計算之煤量尚可增大數倍之多
		野青煤		2.50	32	0.90	4.58	19.30	75.22	5.14		7933	粘		
				0.10											
				0.10											
		山青煤		2.20	20	0.81	8.24	22.71	68.23	1.14		7679	粘		
		腰繫煤		0.10											
		小青煤		3.00	37	1.81	2.82	20.65	74.71	1.14		7971	粘		
中部石炭紀	本溪統			0.20	33										
		下架煤		1.00	55	0.90	7.74	18.23	73.13	1.72		7707	粘		
		盡頭 1		0.10	25										
		〃 2		0.20											
		〃 3		0.30											

1. 埋藏量　2. 億噸（礦區內大煤）
2. 出煤量　民國31　36.8万噸；〃32　50.2万噸
3. 地質構造　層向大多為南北而東西傾斜之單斜構造
4. 調查及開採上之意見
   磁縣煤礦區之南部尚有賦存之煤層
5. 其他
   故磁縣南方六河溝之東部地區為粘結煤之供給地於華北將來占重要之地位（此礦有採開之必要）

No. 6

山東省　華豐煤田概覽表

煤田名

時代	地層區分	煤層名	煤層	層厚	層距間離	工業分析 水分	灰分	揮發分	固定炭	全硫黄	灰中燐	發熱量	煉焦性	工作狀況	備考（埋藏量賦存狀況及其他）
第三紀	汶河礫岩														
中部二疊紀	上部夾煤層（山西統）		存在不詳												赤柴礦開採中之上部夾煤層本地區有否尚不得而知（恐全部已削剝矣）
下部二疊紀	下部夾煤層（太原統）	第一層 第二層		0.90 0.90											
					13										
		第三層		0.35											
					23										
		第四層		1.0~20		2.41	5.00	39.65	52.94	3.23		7790	粘結	大汶口煤礦華豐採炭所採掘中	各煤層經分析結果多為膨脹粘結性而硫黄成分尚多品質不佳 又經試錐結果第四層煤田東方為2公尺内外煤田西方各層雖為薄層但僅第四層之厚度保有7.5米以下
					15										
		第五層 第六層		1.0~0.2 0.3		2.80	15.30	32.31	49.59	3.43		6850	粘結	仝上	
					12										
		第七層 第八層		1.5~0.5 0.7		2.90	13.03	33.56	50.45	5.81		7110	粘結	仝上	
中部石炭紀	本溪統				30±										
中下部奧陶紀	濟南石灰岩														

1. 埋藏量　4260万噸内外
2. 出煤量　民國31/32　32/37.7万噸
3. 地質構造　層向東西而西北，西面則向北方傾斜約20度上下
4. 調查及開採之意見
   現開採地區之北部深度（小汶口沿岸）附近有試行鑽探之必要以確定其煤層賦存狀況

No. 7

山東省赤柴煤田概覽表

煤田名

時代	地層區分	煤層名	煤層	層厚	層距間離	工業分析 水分	灰分	揮發分	固定炭	全硫黃	灰中燐	發熱量	粘結性	工作狀況	備考（埋藏量賦存狀況及其他）
中部二疊紀	上部夾煤層（山西統）	頭行煤（第一層）		2.0~0.0	4	2.09	9.05	36.21	52.62	0.75		7190	粘結	大汶口煤礦赤柴煤礦各層皆開採中	第一行及三行皆為優秀強有力之粘結煤經鑽探之結果全部煤田之發達第三層較佳而第一二層每有簿層及尖狹之處又華豐煤礦開採中之下部煤層群集但厚度為20公分以下之薄層
		二行煤（第二層）		1.0~0.1	18										
		三行煤（第三層）		3.2		2.97	6.41	3436	56.06	0.51		7400	粘結		
		第四層		0.6											
下部二疊紀	下部夾煤層（太原統）														本累層中經鑽探之結果認為有數層之賦存但皆較薄故對開採之價值較小
中部石炭紀	本溪統														
中部奧陶紀	濟南石灰岩														

1. 埋藏量　1590万噸内外
2. 出煤量　民國31　22.1 万噸
　　　　　〃 32　15.9 〃
3. 地質構造　北北西—南南東之斜向
　　　　　西部之煤層開採中
4. 調查及開採上之意見
　對現採礦地區之南方及北方有探礦之必要

（No. 8）

山東省新泰煤田概覽表

時代	地層區分	煤層名	煤層	層厚	層間距離	工業分析 水分	灰分	揮發分	固定炭	全硫黄	灰中硫	發熱量	煉焦性	工作狀況	備考（埋藏量賦存狀况及其他）
二疊-三疊紀?		赭色砂岩層													
中部二疊紀	上部夾煤層（山西統）	第一層		0.0~2.3	18	2.45		35.18	54.99				強粘結	新泰煤礦開採中	第一層,二層孫村煤高煤皆多為優秀強有力之粘結性煤 夾煤層與上部之赤色砂岩層並不齊整其第一層及第二層皆賦存於夾煤層之上部而煤田之東部及西部已被剝削 埋藏量因岩層之不齊整而影響詳確之調查大約為15000万噸上下
		第二層		0.0~2.3		2.35		34.85	54.12				”	仝上	
		孫村煤		0.0~1.0	55								”	孫村至今仍為土法開採	
下部二疊紀	下部夾煤層（太原統）	皮煤		0.8~7.5	28									昔日曾經開採	因煤層膨縮不均而夾雜過多故煤層質不甚良好
		高煤		1.5	19	1.52	2.76	41.42	54.26	1.27		8280	”	昔日即盛行開採大脇莊煤礦現在開採中	地面下50-70公尺内外之煤層業已採空
		坐苗煤		0.8~1.2	9									昔日曾經開採	因煤層膨縮不均且含有硫黄質故品質不甚良好
		二行煤		0.8	10	2.10	3.03	43.47	50.90	1.81		7590	粘結	昔日曾盛行開採	尚有無烟煤化之部分
中部石炭紀	本溪統				60~80										
中下部奧陶紀	濟南石灰岩														

1. 埋藏量　15000万噸内外（推定煤量）
2. 出煤量　民國31　0.5噸；民國32　22.9噸
3. 調查及開採上之意見
   急須施以正確之鑽探藉以探知第一,二層賦存之狀况
4. 其他
   據我國往昔之文獻於有以小汶口為斷層之說

No. 9

河南省六河溝煤田概覽表

煤田名

民國 33　華北開發調查局

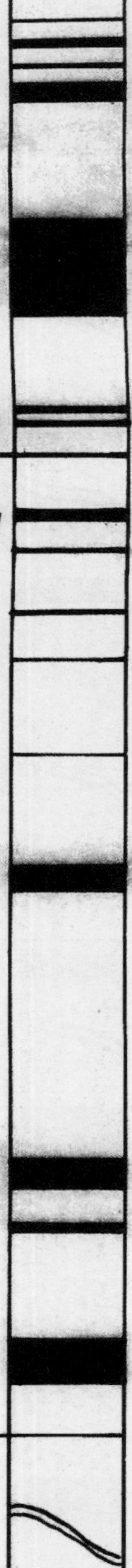

時代	地層區分	煤層名	煤層	層厚	層距間隔性	工業分析 水分	灰分	揮發分	固定炭	全硫黄	灰中燐	發熱量	粘結性	工作狀況	備考（埋藏量賦存狀況及其他）
中部二疊紀	山西統	小煤		0.15 0.40 0.30 0.80											
					15										
		大煤		4.30		1.10 1.05 1.02	2.82 12.00 10.10	23.27 22.10 24.50	65.33 64.85 64.38	0.52 0.56 0.43	0.276	7356 7470 7780	強粘 " "	六河溝煤礦開採中	六河溝煤礦區域 賦存煤量 4760万噸
					4.15										
		小煤層		0.50 0.40											
下部二疊紀	太原統	?			9-11										皆未開採 埋藏煤量 9420万噸
		葉青層		1.20 0.15 0.20 0.30											
					39-45										
				0.20											
		小青層		1.00											
					30-33										
		大青層		1.30 0.30											
					65-15										
		小窰層		2.60											
		?			5										
中部石炭紀	本溪統				401										
奥陶紀															

1. 埋藏量　六河溝煤礦區域 14180万噸
2. 出煤量　民國 31. 51.8万噸
   民國 32. 30.7万噸
3. 地質構造　層向南北而西斜
4. 調查及開採上之意見
   本煤田東部地區之磁縣煤田南部賦存煤量較豊
   為將來粘結煤之重要供給地
   有試錐調查賦存狀況之必要

No 10

山東省　博山煤田(黑山區域)概覽表

煤田名

民國33年　華北開發調查局

時代	地層區分	煤層名	層厚	層間距離	水分	灰分	揮發分	固定炭	全硫黃	灰中磷	發熱量	煉焦性	工作狀況	備考(埋藏量賦存狀況及其他)
上部二疊紀		A層礬土頁岩												
中部二疊紀	淄川統(山西統) 上部煤層	占茁子煤	0.15	5										
		灰茁子煤	0.30	12										
		礦子煤	0.75	7	0.82	15.96	23.76	59.46	0.83	0.091	7150	强粘	開採煤	殘存煤量156万噸
		大石胶煤	1.50	4	0.87	9.64	25.23	64.26	0.55	0.069	7650	〃	〃	殘存煤量　499万噸(為煉焦用之最優良煤)
		小石胶煤	0.70	9	0.89	6.94	23.99	68.18	0.52	0.045	7996	〃		
		礁煤	0.60	13	0.78	18.34	22.81	58.07	1.77	0.026	6930	〃		
		小黄煤	0.40	20 30	0.83	10.01	25.05	64.11	1.04	0.038	7710	〃		〃　107万噸
	博山統(太原統) 中部煤層		0.30	16										
		灰煤	0.40	8	0.81	16.68	21.80	60.62	2.69	0.043	7100	〃		〃　95万噸
				13										
		大黄煤	1.20	9	0.92	12.19	20.58	66.31	3.00	0.062	7530	〃	〃	〃　214万噸
			0.10	20										
		油性煤	0.40	34	1.00	3.86	22.97	72.17	1.61	0.052	8300	粘		〃　327万噸
	下部煤層	小煤	1.20	9	0.96	7.18	19.15	72.71	3.08	0.418	7940	粘	〃	1038〃 }2907〃
		大煤	2.00	15	0.96	15.00	19.94	65.00	2.18	0.031	7250	强粘		1869〃
		夾崙煤	0.35-1.50		1.19	16.45	16.28	66.08	2.62	0.112	7030	膨粘		
	壹疊	G層礬土頁岩		30										
奧陶紀														

1. 埋藏量　約4300万噸(確定残存煤量)
2. 出煤量　民31. 249万噸
　　　　　〃32. 18.6〃
3. 地貭構造　層向東西走向北傾斜　5～20度
4. 調查及開採上意見

黑山地區為博山煤田中之一部分但以煉焦為者該處除山東礦業外尚有土窑礦數所對羣小煤礦之合理經營及運輸選煤指導等之工作有加考慮之必要

No11

山東省萊蕪煤田概覽表

時代	地層區分	煤層名	煤層	層厚	層間距離	工業分析：水分	灰分	揮發分	固定炭素	全硫黄	灰中燐	發熱量	煉焦性	工作狀況
第四紀	冲積層													
	洪積層													
白堊紀	汶河礫岩				80									
	官莊統				1000±									
侏羅-白堊	集塊岩及玢岩													
上部侏羅紀	蒙陰統				300									
上部二疊紀	大奎山統			凡層礬土頁岩	780±									
下部二疊紀	山西統	第11層		0.20 0.17 1.55 0.10 0.29	115 105	1.70	11.78	32.51	54.04	0.46	0.14	7147	强粘結	南冶煤礦工作中
最下部二疊紀	太原統	第5層		0.23 0.64 0.10 0.8 0.21 0.60 0.88 0.64	115									
		第2層		2.42		1.09	9.30	32.01	57.59	2.48	03.34	7670	强粘結	大有煤礦工作中
中部石炭紀	本溪統				0~85									
?	萊蕪層													
中下部奧陶紀	濟南統													

備考（埋藏量賦存狀況及其他）

山西統中之可採煤層厚度約為 1.75公尺

太原統中之可採煤層（50 粍以上者）5層厚度約 5.50公尺

山西統中之煤量
煤 6,197万噸

太原統中之煤量
26,789万噸

合計 32,986万噸

現在工作中之第二層及第十一層之合計煤量 19,733万噸

即（第十一層 6,197万噸）
（第二層 13,536万噸）

1. 埋藏量 約 33000万噸
2. 出煤量 民國31 1.4万噸
民國32 1.5万噸
3. 地質構造 本地區之西半部形成一種向斜構造其南部之層略向東西傾斜北30°～40°東北部之縣城北方向北達30°～40°東傾斜南東40°～45 東北部汶河左沿岸山麓綫向西北東南傾斜東北15°～20°中央有噴出之很大玢岩
4. 調查及開採上之意見
本煤田貫流汶河右岸有廣大之玢岩噴出因對本煤田之價值減退很多而有優秀之粘結煤約為16000万噸（可採量占百分之四十）工作對象地區由安仙莊直走南冶西港南港本煤田之地質構造較佳西半部之地質構造為急傾斜可採深度約煤500公尺而面積較狹又汶河河床開採時之湧水量頗大

No 12.

山西省 富家灘煤田概覽表

煤田名

時代	地層區分	煤層名	煤層	層厚	層距間離	工業分析 水分	灰分	揮發分	固定炭素	全硫黄	灰中燐	熱量	煉焦性	工作狀況	備考(埋藏量賦存狀况及其他)
中部二疊紀	山西統	富家灘屬於山西統並未發達													
下部二疊紀	太原統	本層		2.00 0.20	72.30 26.80 16.00	1.34	8.46	28.74	61.46	5.66	0.008	8080		富家灘煤礦現工作中 水平坑道坑內無水有瓦斯排氣之便利而無危險	富家灘附近每平方公里250万噸廣佈於汾陽至臨汾一帶約達100億噸之多 地層概為水平
中部石炭紀	本溪統			0.20	6.20 17.00										
中部奧陶紀	汾河層														

1. 埋藏量　介休靈石地區　18億噸
2. 出煤量　民國 31. 20.2 / 〃 32. 22.1 万噸
3. 地質構造　簡單水平層
4. 調查及開採上之意見
煤層僅一層較佳其他煤層薄故多為不利

No. 13

煤田名　山西省軒崗鎮煤田概覽表

民國33　華北開發調查局

時代	地層區分	煤層名	煤層	層厚	層距間離	工業分析 水分	灰分	揮發分	固定炭	全硫黄	灰中燐	發熱量	煉焦性	工作狀況	備考（埋藏量賦存狀況及其他）
中部二疊紀	山西統														
下部二疊紀	太原統	A煤層（四七層）		1.00~4.80	56.0	1.37	17.79	27.38	53.46	0.46	0.095	6510	粘結	土法開採煤坑較少	粘結性中度瀝青煤適於煉焦之製造但灰分稍多 炭層厚度並無大差而夾雜稍多但上盤為頁岩比較不佳 軒崗站附近之深度約在300米內外埋藏量約一億噸
		D煤層（帽文層）		8.00~12.00	50.0	1.00	8.94	29.50	60.56	1.85	0.010	7610	强粘結	軒崗鎮煤礦開採中	粘結性中度瀝青煤適於煉焦之製造但灰分稍多 煤層厚度並無大差而不規則狀之夾雜稍多但上盤為頁岩比較不佳 軒崗站附近之深度約為360米内外埋藏量約四億噸
						0.94	23.34	25.79	49.93	1.60	0.365	5960	强粘結		
						0.81	10.47	30.00	58.72	0.90	0.144	7230	强粘結		
石炭紀	本溪統														
奧陶紀	繫舟石灰岩層														

1. 埋藏量　5 億噸
2. 出煤量　民國31 5.4万噸
民國32 4.0万噸
3. 地質構造　西北傾斜為單斜構造
傾斜角 20°~8°（平均12°內外）
4. 調查及開採之意見
將來對軒崗站及上流軒崗河右岸一帶應按斜坑或竪井坑兩式開採
更於該地附近有施行試探之必要（500m程度）
因灰分較多山麓選煤工有強化之必要

(No. 14.)

煤田名　　綏遠省大青山煤田概覧表

民國 33. 華北開發調査局

時代	地層區分	煤層名	煤層	層厚	層距間離	工業分析 水分	灰分	揮發分	固定炭	全硫黄	灰中燐	發熱量	煉焦性	工作狀況	備考(埋藏量賦存狀況及其他)
侏羅紀上部	召溝統														
	大青山統	A層 中大節煤		0.50~1.50		1.38	16.71	36.62	45.29	0.45	0.042	6940	粘結	土法坑小規模開採中	煤層之深度較淺傾斜雖小層厚較厚採掘價值較小而可能製造野煉焦低温液岩含有量稍多(16%内外) 埋藏量約 500万噸
					85.0										
		B層 腦節煤		2.00~2.60		2.22	11.03	37.60	49.15	0.28	0.166	7020	粘結	刻下大青山煤礦開採中	煤層厚度約在2公尺内外深度200公尺上下傾斜度較小天盤固硬賦存狀況較佳煤質脆弱易於粉化相為製用之煉焦原料 埋藏量約 8000万噸
	石拐統				1044.0										
侏羅紀下部	五當統	D層		0.50~4.00		1.64	8.37	34.59	55.40	0.64	0.127	7370	强粘結	土法坑小規模開採中	厚度之膨縮甚劇夾雜較多大部分在1000公尺内外故之經濟價值
					35.0										
		F層		0.50~4.50		1.35	29.67	31.43	39.55	0.33	0.041	5820	粘結	仝上	仝上
生代	片麻岩系														

1. 埋藏量　8500万噸
2. 出煤量　民 31.　21,3 万噸
　　　　　民 32.　19,0 万噸
3. 地質構造　盆地,盆地周邊部之傾斜 10°~15°
　　　　　中央部概為約 5°

4. 調査及開採上之意見
盆地之中央部有施試探之必要(最少三處)
又為製鉄用之原料煤有施以工業的試驗之必要
由周邊起應以斜坑或水平坑方法開採周時中央部有立竪井坑開採之必要

(No. 15)

煤田名

山西省大同 煤田概覽表

民國 33. 華北開發調查局

時代	地層區分	煤層名	煤層	層厚	層間距離	工業分析 % 水分	灰分	揮發分	固定炭	全硫黄	灰中燐	發熱量	粘結性	工作狀況	備考(埋藏量賦存狀況及其他)
上部侏羅紀	雲崗統														
下部侏羅紀	上部夾煤層(大同統)	A層		0~4.4	26~29	3.38	6.54	33.44	56.64	2.66		7260	強結	八寶坑工作中	A層煤質因粘結性過大不適於製鐵用
		B層		0.6~2.6	15~60	4.02	5.12	28.56	62.30	0.58	0.031	7380	徵粘	裕豐坑及保晉坑工作中	B層適用於瓦斯發生炉
		C層		0.4~3.4	8~20	3.16	10.00	24.64	62.20	108	0.022	7020	不粘	水定莊坑工作中	
		D層		0.2~1.4	13~50	3.26	4.62	28.41	63.71	0.37	0.021	7460	徵粘	未開採	
		D₁層		0~1.7	11~40										
		E層		1.7~5.8	2~9	2.92	4.19	28.59	64.30	0.96	1.493	7560	弱粘	白洞坑及寶藏坑工作中	為大同煤礦之主要煤層製造優良煉焦用之混合煤最為適宜
		E₁層		0~2.3	7~9										
		F層		0.75~2.2	11~20	2.57	9.06	29.53	53.84	0.66		7070	强粘	未開採	
		G層		1.20~3.9		2.40	14.78	28.82	54.00	0.49		6690	粘結	未開採	
上部二疊紀	懷仁統														
中部二疊紀	山西統														
下部二疊紀	下部夾煤層(太原統)	上一番層		0.5~1.8	2~13	1.52	25.14	36.16	37.18	0.53		5670	強粘	未開採	雲崗鎮—高山鎮及十里河沿岸地區以北無賦存
		二十米層		7.0~19.0	12~79	1.98	8.75	33.30	55.97	0.54		7300	強粘	昭和坑工作中	製鉄用煤相當有望
						1.66	10.12	35.11	53.11	0.63	0.267	7250	強粘		
						1.42	18.72	36.15	43.71	0.53		6450	強粘		
		五米層		3.2~7.2		1.64	12.85	32.26	53.25	1.29		7000	強粘	昭和坑工作中	
中部石炭紀	本溪統														
奧陶紀															

1. 埋藏量 400億瓲
2. 出煤量 民31. 251.7萬瓲
民32. 221.7 "
3. 地貭構造 盆地構造

4. 調查及開採上之意見
該煤田之二十公尺層及五公尺層為有望之製鉄用煤但灰分及夾雜過多於選煤技術上相當困難

華北諸煤礦　民國32年度出煤狀況一覽圖

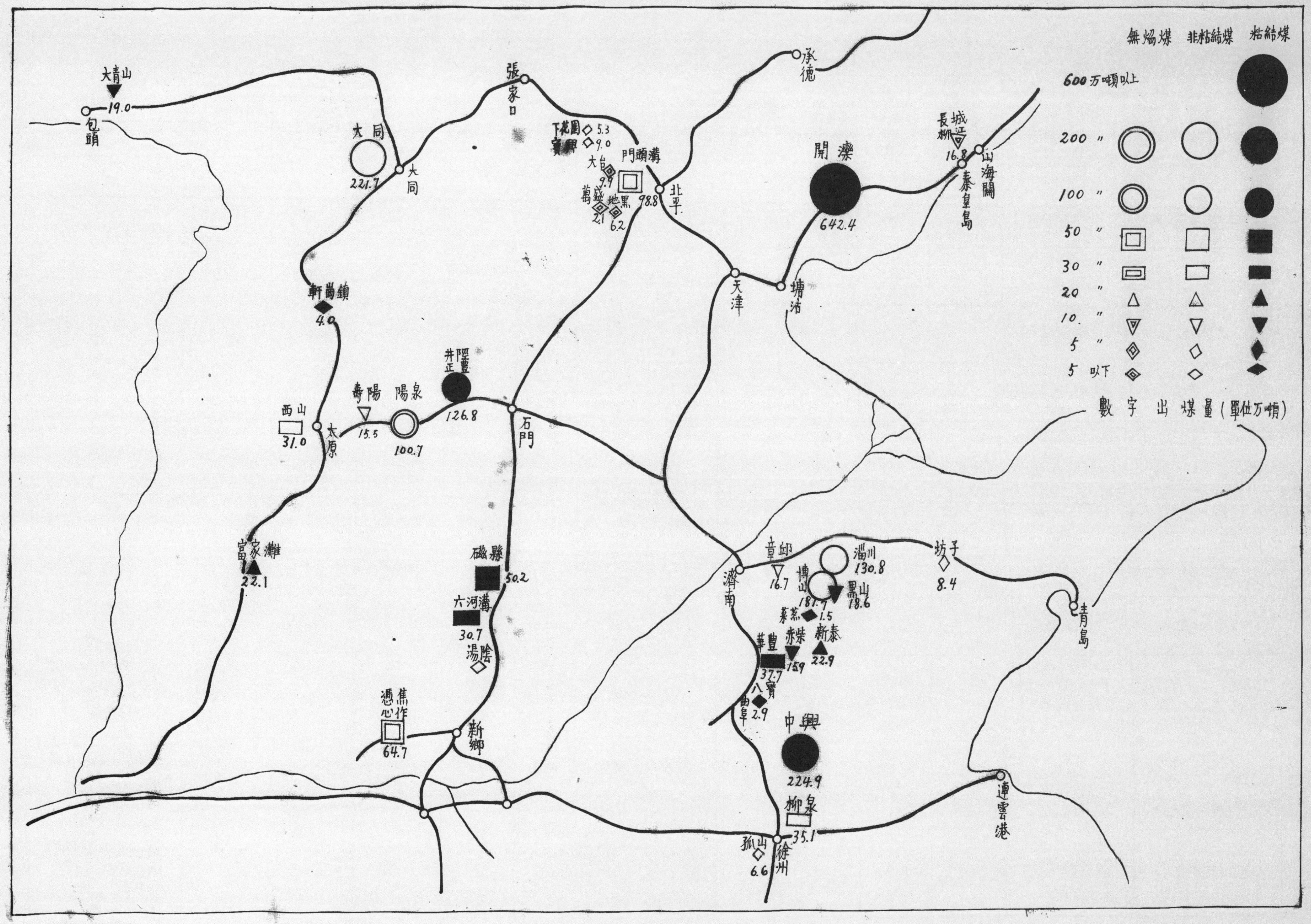

華北各煤礦概覽第一表

（名稱，資本額，勞工數）

調查截止日期——民國32年3月

號數	名稱		資本額（單位：萬元）								勞工數			備考
			七七事變前				七七事變後							
	七七事變前	七七事變後	法定	已付	流通	資方	法定	已付	流通	資方	井下	井上	共計	
1	開灤礦務局	軍管理開灤炭礦	開平200萬磅 灤州2,100	200萬磅 2,100		英商 華商					40,505	8,244	48,749	
2	中興煤礦公司	中興炭礦公司	1,000	750		華商	500 500	324 324	551	開發 三井	14,442	5,297	19,739	根據華北綜合調查研究所調查統計 開發261萬元，三井261萬元
3	井陘礦務局	井陘煤礦股份有限公司 井陘採炭所	337.5 112.5 計 450.0	337.5 112.5 450.0		中德合辦	1,350	1,294		偽華北政委会	7,157	2,665	9,822	
4	正豐公司	正豐採炭所					900 750	536 330	1416.4	開發 貝島炭礦会社	1,831	2,203	4,034	
5	六河溝煤礦公司	軍管理六河溝炭礦	300	300		華商	3000	2160			5,292	2,182	7,474	
6	中福聯合辦事處	焦作炭礦礦業所 焦作炭礦	中原350 福 817	350 817	51 49	華商 英商	1,509	1,509	470	開發	5,532	6,289	11,821	
7	憑心公司	憑心礦	10	10		華商								
8	原昌中興煤礦公司		70	70		華商				日軍管理	700	350	1,050	
9	晉北礦務局	大同炭礦會社					6,000 5,000 1,000			偽蒙政府 開發 滿鐵	7,366	1,071	8,437	
10	保晉公司 建昌公司	山西炭礦股份有限公司 陽泉採炭所	120	286.3 80		保晉公司 中國建昌公司					5,823	3,943	9,766	山西炭礦公司預備經營煤礦尚有霍縣，介休，孝義，洪洞，蔭堂等處
11	保晉公司 興華煤礦公司	壽陽採炭所	5.4	5.4		華商	800	800		敵偽	615	568	1,183	黄丹溝礦歸興華煤礦公司經營
12	桃鈕煤礦販賣公司	富家灘採炭所	3	0.82							856	619	1,475	該公司資本尚未交齊即因事變而告中止

號數	名稱		資本額（單位：萬元）								勞工數			備考
	七七事變前	七七事變後	七七事變前				七七事變後							
			法定	已付	流通	資方	法定	已付	流通	資方	井下	井上	共計	
13.	西北實業公司	山西產業株式會社西山採炭所				華商	3,000	3,000	1,320	開發	1,750	840	2,590	
14.		軒崗鎮採炭所								山西產業会社	336	321	657	
15.	長城煤礦公司	長城炭礦鐵道会社	80	80		華商	75 75	75 75	410	東洋拓殖 齊燮元	1,238	382	1,620	該礦曾於民國21年12月因中日战事完全被毀
16.	柳江煤礦鐵路公司	柳江炭礦	300			華商	300			日支炭礦汽船會社			2,500	
17.	磁縣官礦局	磁縣炭礦礦業所	怡立 480 中和 60 磁官 250 致和 15				800	800	1,304	敵偽	3,645	1,666	5,311	怡立公司中和公司致和公司磁縣官礦局均歸該礦業所經營
18.	利豐煤礦公司	利豐炭礦					275	143.75	20	品川白煉瓦 華北石炭	180	153	333	
19.	中英煤礦公司	門頭溝礦業所				中英合辦	96.4			日軍管理	681	149	830	民國31年7月31日評定價格
20.	坨清高綫鐵路公司	坨里炭礦	250萬兩			華商					531	417	948	
21.	五主要小煤礦	花園炭礦公司					250(偽蒙幣)			偽蒙政府	375	237	612	寶興,厚豐,華寶,花園,大昌等煤礦
22.	漠南公司	大青山炭礦公司	5	5			200	200		偽蒙政府				埋藏量約40億噸
23.	魯大公司 淄川煤礦	淄川炭礦	1,000	250	1,4o2	中日平均投資					9,703	3,643	13,346	
24.	南定	南定礦業株式会社 南定礦業所	170	170	大倉礦業 大倉組 本溪湖公司						1,304	413	1,717	

號碼	名稱		資本額（單位萬元）								勞工數			備考
			七七事變前				七七事變後							
	七七事變前	七七事變後	法定	已付	流通	資方	法定	已付	流通	資方	井下	井上	共計	
25.	山東礦業株式会社	山東礦業株式會社	500	500		日商	3,500	3,500	2,826	日商				民國31年12月22日增資3000萬元
		A. 博山礦業所												
		黑山採炭所												
		(1) 黑山炭礦					633			日商	3,177	1,955	5,132	直接經營
		(2) 東大炭礦					6	6	45	中日合辦	401	286	687	受託經營
		萬山採炭所												
		(3) 萬山炭礦					77	77		日商	71	96	167	直接經營
		(4) 興大炭礦					65	65		日商	1	2	3	直接經營
		(5) 利大炭礦					60	60	93	中日合辦	921	161	1,082	受託經營
		山東採炭所												
		(6) 博大炭礦					30	30	82	中日合辦	780	100	880	受託經營
		(7) 福大炭礦					20	20	61	中日合辦	536	167	703	受託經營
		B. 章邱礦業所												
		旭華採炭所												
	旭華公司	(8) 旭華炭礦	100	100	546									
		官莊採炭所									616	676	1,292	受託經營
		(9) 官莊炭礦					75	75	452	中日合辦				
		文祖採炭所												
		(10) 文祖炭礦									8	88	96	直接經營
26.		悦昇炭礦					550	550	518	中日合辦	1,605	1,663	3,268	直接經營
27.	吉成煤礦	吉成炭礦	60											
28.	大成煤礦	大成煤礦	60											
29.	東方煤礦	東方炭礦	30											
30.	義泰煤礦	義泰炭礦	10											
31.	復豊興煤礦	復豊興炭礦	30											
32.	永和煤礦	永和炭礦	30											

<table>
<tr><th rowspan="3">號數</th><th colspan="2">名稱</th><th colspan="8">資本額（單位：萬元）</th><th colspan="3" rowspan="2">勞工數</th><th rowspan="3">備考</th></tr>
<tr><th rowspan="2">七七事變前</th><th rowspan="2">七七事變後</th><th colspan="4">七七事變前</th><th colspan="4">七七事變後</th></tr>
<tr><th>法定</th><th>已付</th><th>流通</th><th>資方</th><th>法定</th><th>已付</th><th>流通</th><th>資方</th><th>井下</th><th>井上</th><th>共計</th></tr>
<tr><td>33</td><td>聚興煤礦</td><td>聚興炭礦</td><td>6</td><td></td><td></td><td></td><td></td><td></td><td></td><td></td><td rowspan="19">4,862</td><td rowspan="19">3,876</td><td rowspan="19">8,738</td><td></td></tr>
<tr><td>34</td><td>隆昌煤礦</td><td>隆昌炭礦</td><td>30</td><td></td><td></td><td></td><td></td><td></td><td></td><td></td><td></td></tr>
<tr><td>35</td><td>濟豐煤礦</td><td>濟豐炭礦</td><td>1</td><td></td><td></td><td></td><td></td><td></td><td></td><td></td><td></td></tr>
<tr><td>36</td><td>魯興煤礦</td><td>魯興炭礦</td><td>30</td><td></td><td></td><td></td><td></td><td></td><td></td><td></td><td></td></tr>
<tr><td>37</td><td>寶業煤礦</td><td>寶業炭礦</td><td>5</td><td></td><td></td><td></td><td></td><td></td><td></td><td></td><td></td></tr>
<tr><td>38</td><td>成通煤礦</td><td>成通炭礦</td><td>20</td><td></td><td></td><td></td><td></td><td></td><td></td><td></td><td></td></tr>
<tr><td>39</td><td>益成煤礦</td><td>益成炭礦</td><td>3</td><td></td><td></td><td></td><td></td><td></td><td></td><td></td><td></td></tr>
<tr><td>40</td><td>同順煤礦</td><td>同順炭礦</td><td>20</td><td></td><td></td><td></td><td></td><td></td><td></td><td></td><td></td></tr>
<tr><td>41</td><td>華東煤礦</td><td>華東炭礦</td><td>100</td><td></td><td></td><td></td><td></td><td></td><td></td><td></td><td></td></tr>
<tr><td>42</td><td>永順煤礦</td><td>永順煤礦</td><td>1</td><td></td><td></td><td></td><td></td><td></td><td></td><td></td><td></td></tr>
<tr><td>43</td><td>振華煤礦</td><td>振業炭礦</td><td>50</td><td></td><td></td><td></td><td></td><td></td><td></td><td></td><td></td></tr>
<tr><td>44</td><td>同興煤礦</td><td>同興炭礦</td><td>30</td><td></td><td></td><td></td><td></td><td></td><td></td><td></td><td></td></tr>
<tr><td>45</td><td>鼎益煤礦</td><td>鼎益炭礦</td><td>75</td><td></td><td></td><td></td><td></td><td></td><td></td><td></td><td></td></tr>
<tr><td>46</td><td>恒通煤礦</td><td>恒通煤礦</td><td>30</td><td></td><td></td><td></td><td></td><td></td><td></td><td></td><td></td></tr>
<tr><td>47</td><td>永豐煤礦</td><td></td><td></td><td></td><td></td><td></td><td></td><td></td><td></td><td></td><td></td></tr>
<tr><td>48</td><td>東昇煤礦</td><td></td><td></td><td></td><td></td><td></td><td></td><td></td><td></td><td></td><td></td></tr>
<tr><td>49</td><td>大亨煤礦</td><td></td><td></td><td></td><td></td><td></td><td></td><td></td><td></td><td></td><td></td></tr>
<tr><td>50</td><td>魁盛煤礦</td><td></td><td></td><td></td><td></td><td></td><td></td><td></td><td></td><td></td><td></td></tr>
<tr><td></td><td>其他諸小礦</td><td></td><td></td><td></td><td></td><td></td><td></td><td></td><td></td><td></td><td></td></tr>
<tr><td>51</td><td>源昌煤礦</td><td></td><td></td><td></td><td></td><td></td><td></td><td></td><td></td><td></td><td rowspan="5">104</td><td rowspan="5">104</td><td rowspan="5">208</td><td></td></tr>
<tr><td>52</td><td>天和煤礦</td><td></td><td></td><td></td><td></td><td></td><td></td><td></td><td></td><td></td><td></td></tr>
<tr><td>53</td><td>利達煤礦</td><td></td><td></td><td></td><td></td><td></td><td></td><td></td><td></td><td></td><td></td></tr>
<tr><td>54</td><td>大興煤礦</td><td></td><td></td><td></td><td></td><td></td><td></td><td></td><td></td><td></td><td></td></tr>
<tr><td>55</td><td>天源煤礦</td><td></td><td></td><td></td><td></td><td></td><td></td><td></td><td></td><td></td><td></td></tr>
<tr><td>56</td><td>坊子東煤礦</td><td>坊子東炭礦</td><td></td><td></td><td></td><td></td><td>70</td><td>70</td><td></td><td>日商</td><td>212</td><td>105</td><td>317</td><td></td></tr>
<tr><td>57</td><td>善芳礦業公司</td><td>坊子中央炭礦</td><td>215</td><td>215</td><td></td><td>日商</td><td></td><td></td><td></td><td></td><td>235</td><td>174</td><td>409</td><td></td></tr>
<tr><td>58</td><td>新裕煤礦兩合公司</td><td>新泰炭礦公司</td><td></td><td></td><td></td><td>華商</td><td>540
350</td><td></td><td></td><td>開發
三菱</td><td>1,057</td><td>429</td><td>1,579</td><td>另有準備工人93名包括在內</td></tr>
</table>

號數	名稱		資本額（單位：萬元）								勞工數			備考
			七七事變前				七七事變後							
	七七事變前	七七事變後	法定	已付	流通	資方	法定	已付	流通	資方	井下	井上	共計	
59.	華豐台記煤礦公司	大汶㶿礦公司 華豐採炭所	29	29			2,000	2,000		敵偽合辦	4,335	1,670	6005	
60.	華寶煤礦整理處	赤柴採炭所	35	35										
61	霍縣煤田													
	(1) 天生窰		0.3	0.3	不詳	李興國	不詳	不詳	不詳	李興國	25	18	43	
	(2) 義順窰		不詳	不詳	〃	藹清道	〃	〃	〃	藹清道	22	不詳	22	
	(3) 奎太窰	奎太窰					0.26	0.26	〃	朱俊准	28	18	46	
	(4) 晉興窰	晉興窰					0.28	0.28	〃	杜汝蘭	22	19	41	
	(5) 老窰	老窰	0.1	0.1	〃	蒲映辛	0.1	0.1	〃	蒲映辛	15	18	33	
	(6) 南莊窰	南莊窰					不詳	不詳	〃	路漢貴	8	6	14	
	(7) 德生窰						〃	〃	〃	不詳	16	12	28	
	(8) 晉裕公司	南溝窰	5	5	〃	汪相志	〃	〃	〃		4	2	6	
	(9)	宏盛窰					〃	〃	〃	謝九恩	37		37	
	(10) 晉昌窰					任慶德	〃	〃	〃	任慶德	9		9	
	(11) 寶興煤礦		2.7	2.7	〃	閻太甫	〃	〃	〃		60	16	76	
62	介休煤礦		不詳	不詳	不詳					陽泉採炭所				預定經營
63	平遙煤礦		〃	〃	〃					〃				〃
64	裕通煤礦		300	〃	〃	丁慕韓 張承統				〃				〃
65	晉興煤礦		3	〃	〃	鄭章				〃				
66	蔭營煤礦		60	〃	〃	陽泉礦業公司				〃				
67	五楊村煤礦	五楊村煤窰												

號數	名稱		資本額（單位：萬元）								勞工數			備考
			七七事變前				七七事變後							
	七七事變前	七七事變後	法定	已付	流通	資方	法定	已付	流通	資方	井下	井上	共計	
68	裕豐煤礦	裕豐煤礦合名會社	15	不詳	不詳	李德奎	不詳	不詳	不詳	不詳				
69	新順煤礦	新順煤礦	0.3	〃	〃	王貴有								
70		合興煤礦		〃	〃		〃	〃	〃	日商				
71	永興煤礦	永興煤礦	不詳	〃	〃	不詳	1.01	〃	〃	楊存礼				
72	靈山煤田 (1) 靈山土窯 (2) 燕川土窯		〃 〃	〃 〃	〃 〃	龐肇謙 張占元	不詳 〃	〃 〃	〃 〃					
73	隙照煤田		5	〃	〃	孫興武								傳工
74	萬全梁柵莊煤田					華商								
75	渾源大磁窑煤田		不詳	〃	〃	不詳	〃	〃	〃					
76		萊蕪煤礦							北支採礦株式会社				750	

華北各煤礦概覽第二表

（沿革，位置，交通）

調查截止日期——民國32年3月

號數	礦名	沿革		位置	交通												備考
					井口至發運站距離（公里）		井口至發運港口及主要市場距離（公里）										
		年代	簡要記事		(1)	(2)	(1)	(2)	(3)	(4)	(5)	(6)	(7)	(8)	(9)	(10)	
1	開灤礦務局	民前32年	直隸總督李鴻章核准設立開平礦務局資本為800,000兩以充招商局船舶煤之需要														
	(1)唐山礦	民前12年	因義和團變亂關係賣與英商經營	河北省唐山站東北0.6公里	古冶	唐山 1	秦皇島139.3	塘沽87.6	天津131.4	北平270.8	山海關153.5	瀋陽573.5	撫順633.5	長春883.5	鞍山665.5	大連974.5	鐵路運輸
		民前11年	英商改名為開平公司資本為100萬鎊														
	(2)林西礦	民前5年	華商為抵制開平公司計投資50萬兩設立北洋灤州官礦有限公司開採灤州附近礦區	河北省古冶站東南3公里	古冶 3	"	" 117	" 113.9	" 157.7	" 297.1	" 131.2	" 551.2	" 611.2	" 861.2	" 643.2	" 952.2	"
	(3)趙各莊礦	民國元年	開平灤州雙方協議合併成立開灤礦務總局華方資金為500萬兩英方資金為100萬鎊	河北省古冶站北5公里	古冶 7	"	" 121	" 117.9	" 161.7	" 301.1	" 135.2	" 555.2	" 615.2	" 865.2	" 647.2	" 956.2	"
	(4)唐家莊礦	民國25年	馬家溝礦停工	河北省古冶站東4公里	古冶 6	"	" 120	" 116.9	" 160.7	" 300.1	" 134.2	" 554.2	" 614.2	" 864.2	" 646.2	" 955.2	"
	(5)馬家溝礦	民國30年	太平洋戰爭發動被日方接收改為軍管理開灤炭礦	河北省開平站北5公里													水淹停工
2	中興煤礦	民前12年	奉李鴻章命嶧縣地方富局協同富商經營本煤礦以前數百年均為土法開採	山東省嶧縣棗莊			臨城31.5	濟南281.8	天津637.8	青島675	徐州99.6	連雲港250	浦口439				
		民國13年	第1号第2号直井完成														
		" 17年	第3号直井完成														
		" 27年	改為日本軍管理工場														
		" 29年	改為中興炭礦礦業所														
		" 32年	改為中日合辦之中興炭礦股份有限公司														
3	井陘煤礦	民前14年	井陘縣人張鳳起出地18畝開始採掘不久停工	河北省井陘縣崗頭村（鉄路微水站北12公里）	井陘站—微水站 12公里		石家莊54	保定185	北平339	石景山353	天津450	塘沽522	青島745				井陘礦支路運輸
		民前10年	張鳳起與德人漢內根合辦成立井陘礦務局														
		民前6年	為直隸省官方收回														
		民前4年	設立直隸省井陘礦務局中德合辦平均出資50万兩														
		民國6年	中國對德宣戰一時德方礦業權由華方管理														
		民國11年	仍為中德合辦資本估定為450萬元華方為四分之三德方四分之一														
		民國17年	因省名變更關係改名為河北省井陘礦務局														

號數	礦名	沿革		位置	交通												備考
					井口至發運站距離(公里)		井口至發運港口及主要市場距離(公里)										
		年代	簡要記事		(1)	(2)	(1)	(2)	(3)	(4)	(5)	(6)	(7)	(8)	(9)	(10)	
		民國27年 民國29年	德方產權由興中公司收買歸日軍管理 軍管理解除設立井陘炭礦股份有限公司														
4	正豐煤礦	民前4,5年 民國元年 民國5年 民國9年 民國12年 民國16,17年 民國26年 民國29年	王瞤卿等創業 成立公司資本金為178,200元 改組為河北井陘正豐煤礦股份有限公司以段啟勳氏為總辦 聘德人古礼次卡氏為總礦師開鑿直井採用新法 正太鐵路支線築成 罷工 軍管理下興中公司運營 軍管理解除歸井陘炭礦公司經營	河北省井陘縣鳳山村 (正太路南張村站北方7公里 井陘煤礦南方5公里)	正豐礦支路鳳山站—南張村站7公里		石家莊58	保定190	北平344	石景山358	天津454	塘沽527	青島750				
5	六河溝煤礦	民前12年 民前8年 民國元年 民國2年 民國3年 民國4年 民國11年 民國26年 民國29年	土法開採 李祖神奉政府命投資2萬兩開鑿和順井 加入德方資本140萬兩並聘德人漢內根氏為技術顧向 礦內出水淹沒祇用土法採掘 和順井開始出煤德資清算償還加入比利時資本 歸銀行團出資經營 增資300萬元清償比利時資本全歸國人經營 軍管理下興中公司經營 改歸井陘炭礦公司經營	河南省彰德縣觀台鎮 (平漢路豐樂站西方18.5公里)	六河溝礦支路六河溝站—豐樂站18.5公里		石家莊233	彰德33	北平514	石景山533	新鄉140	開封243	塘沽668	青島888			
6	焦作煤礦	 民前15年 民前13年 民國9年 民國11年 民國14年	(1) 福公司 意人安紀也羅,如沙芝奇兩氏成立福公司,英意合辦資本為2萬鎊 取得河南焦作煤田開採權 開採李封井 開採王封井 停工	河南省修武縣清化縣中心地為焦作 (沿懷慶路距平漢路新鄉站63公里)	李封站 2.3-3.1		新鄉63	彰德169	石家莊406	北平687	天津792	塘沽831	開封172	徐州448	連雲港666	上海1241	李封站在懷慶路上

號數	礦名	沿革		位置	交通												備考
		年代	簡要記事		井口至發運站距離(公里)		井口至發運港口及主要市場距離(公里)										
					(1)	(2)	(1)	(2)	3)	(4)	(5)	(6)	(7)	(8)	(9)	(10)	
		民國22年 民國3年 民國22年 民國26年 民國29年	與中原公司合資成立中福聯合辦事處福公司資本縮成為80萬鎊 (2) 中原公司 由政府將中州,豫泰,明德三公司合併而成資本為350萬元 與福公司合併成立中福聯合辦事處 軍管理之下興中公司經營 歸華北開發株式會社經營														
7	憑心礦	民前4年 民國26年 民國27年 民國29年	取得開採權後設立憑心公司資本為10萬元但屢次經營失敗 停止經營 歸興中公司經營 歸焦作炭礦礦業所經營	田建焦作煤礦礦區西北端 (懷慶路常口站北1.8公里)	王封井口—常口站1.8												
8	原昌中興煤礦	前清光緒年間 民國7年 民國7年 民國29年	本煤田被人發現 (1) 振興煤礦公司 張端臣出資5萬元在原昌設立公司開掘土井四個 (2) 頓務煤礦公司 王俊臣出資5萬元在大社村設立公司開掘土井10個 全礦被水淹沒兩公司合併成立原昌中興煤礦公司資本為70萬元本公司即行移轉與新公司經營	河南省濟源縣北方8公里	道清路懷慶站41公里												警備道路平坦汽車30分鐘可達
9	大同煤礦 (繼承舊晉北礦務局保晉公司山岳礦務公司,寶恒礦務公司)	民國7年 民國11年 民國13年 民國17年 民國18年 民國26年 民國27年 民國29年 民國32年	開始土法開採 採掘中止 計劃設立军人煤廠但因直奉战争發生未能實行 再設軍人煤廠 晉北礦務局成立承繼軍人煤廠一切業務 歸偽蒙政府接管 正式交滿鉄經營 大同炭礦株式会社成立資本為4,000萬元 增資8,000萬元(共12,000万元)	山西省大同縣平旺村永定莊(平綏路口泉支線終点口泉站南)			大同19.8	張家口151.8	北平403.6	塘沽567							

號數	礦名	沿革		位置	交通												備考
		年代	簡要記事		井口至發運車站距離(公里)		井口至發運港口及主要市場距離(公里)										
					(1)	(2)	(1)	(2)	(3)	(4)	(5)	(6)	(7)	(8)	(9)	(10)	
10	陽泉煤礦	民前14年 民前6年 民前4年 民國26年 民前1年 民國3年 民國6年 民國9年 民國26年 民國28年 民國29年 民國32年	(1)保晉公司——山西省商務局與英商福公司訂立契約開發本礦區 保晉公司成立 保晉公司募集資金開始經營 因七七事變工作中止後歸軍管理下山西炭礦股份有限公司經營 (2)建昌公司——土法開採 設立建昌公司改用新法開採 井下水淹工作停頓 復工 因七七事變停業改由日軍接收 移交山西炭礦籌備處接管 移交山西炭礦礦業所接管 移交山西炭礦股份有限公司接管	山西省平定縣陽泉縣 (正太路陽泉站與賽魚站間桃河南北兩岸)	陽泉站 1.5-2	賽魚站 0	太原	榆次	潞安	石家莊	保定	北平	天津	濟南			
11	壽陽煤礦	民前3年 民國4年 民國26年 民國27年 仝年7月 〃8月 民國28年 民國29年 民國2年 民國28年	1)石門子窰——由保晉公司自壽榮公司收買設立分公司經營(買價35,150兩)原址在崇家溝因井內水多停止工作 修復石門子窰出煤 因七七事變停業 由日方接收開工 開穿河底努力作防水工程 防水工程完成復行出煤 無法抽水工作中止 完全作廢 (2)黃丹溝窰——興華煤礦公司開發(已付資本14,000元) 由日方接收開工	山西省壽陽縣黃丹溝 (正太路黃丹站1公里)	黃丹站 1		太原	石家莊	保定	北平							

號數	礦名	沿革		位置	交通												備考
		年代	簡要記事		井口至發運站距離(公里)		井口至發運港口及主要市場距離(公里)										
					(1)	(2)	(1)	(2)	(3)	(4)	(5)	(6)	(7)	(8)	(9)	(10)	
12	富家灘煤礦	民前5年左右 民國26年 " 民國27年	土法開採 因七七事變停工 各土窯主為統一販賣起見設立排鋁煤礦販賣公司資 本尚未交齊即因事變而告中止 由日方接收開工	山西省靈石縣富家灘 (同蒲路富家灘站)	富家灘站 0	南關站 0	太原										
13	西山煤礦	民國21年 民國23年 民國26年 民國27年 民國29年 民國31年	西北實業公司宗某收買設立煤礦第一廠 採掘準備完成 七七事變停工改由興中公司接管 興中公司與撫順煤礦公司協力恢復工作 興中公司解散改歸山西炭礦礦業所接管 山西產業會社成立將本礦接管	山西省晉泉縣白家莊 太原市西北方20公里	白家莊站 0.5–1.3	太原北站 30											
14	軒崗鎮煤礦	民國25年前 民國25年 民國26年 民國28年 民國29年 民國31年	土法開採 西北實業公司設立煤礦第二廠開鑿直井因地方秩序 不寧停工九月又復工 擴大開採購入新式機械七七事變封閉 日方接收委託興中公司經營 移交山西炭礦礦業所經營 移交山西產業株式会社經營改名為軒崗鎮採炭所	山西省崞縣第四區軒崗鎮附近 (同蒲路軒崗鎮站)			太原157.4	大同190									
15	長城煤礦	民國8年 民國11年 民國14年 民國21年 民國27年 民國29年	興業煤礦公司收買本礦區開工出煤 長城煤礦公司成立資本80万元收買興業公司產權向南京 東南銀行借款40萬元建築輕便鉄道 輕便鉄道完成 因中日战爭關係礦區被波及完全毀壞 中日合資150萬元成立長城炭礦株式会社 發電廠建築完成自行發電	河北省臨榆縣上莊坨 (北甯路秦皇島站西北約37公里)	秦皇島37		天津302.7	唐山176.8	山海關54.2	瀋陽474.6							本礦專用運煤路總長28.18公里

號數	礦名	沿革		位置	交通												備考
		年代	简要記事		井口至發運站距離（公里）		井口至發運港口及主要市場距離（公里）										
					(1)	(2)	1	2	(3)	(4)	(5)	(6)	(7)	(8)	9	10	
16	柳江煤礦	民國 3 年 民國 6 年	華商孫際午與日方三谷末治即投資經營設立日支炭礦汽船株式會社 日支炭礦汽船株式會社用泰記煤礦公司名義取得本礦區開採權 政府下令嚴禁修路運煤 改歸國人經營 由日方以軍力壓迫强制接收	河北省臨榆縣柳江鎮	秦皇島22		天津287.7	唐山151.8	山海關39.2	瀋陽459.6							本礦自用輕便鉄道通至秦皇島
17	磁縣煤礦	民前 4 年 民前 2 年 民國 元年 民國 6 年 民國 16 年 民國 26 年 仝年 7 年 民國 28 年 民國 4 年 民國 8 年 民國 9 年 民國 16 年 民國 21 年 民國 26 年 仝年 7 月	(1) 怡立公司—開辦資本為480萬元 完全土法開採 採用德國技術方法採煤 開鑿7号井，15号井及18号井 被匪破壞損失達70萬元 井下洪水突發淹沒停工 七七事變井上設備全部被抗戰軍破壞 歸興中公司接管經營與其他各礦合併為磁縣煤礦公司資本800萬元 (2) 中和公司—開辦資本為20萬元，以李幹章個人名義用土法開採 改組為股份有限公司資本為60萬元 平漢線光祿鎮至礦區間輕便鉄道敷設 被匪破壞損失達數十萬元 內致和公司週轉資本恢復舊業并用新法採煤 水淹停工 七七事變井上設備全部被抗战軍破壞	河北省磁縣峯峯村（平漢路馬頭站分出西佐支路20公里）	西佐站2												

號數	礦名	沿革		位置	交通												備考
		年代	簡要記事		井口至發運站距離(公里)		井口至發運港口及主要市場距離(公里)										
					(1)	(2)	(1)	(2)	(3)	(4)	(5)	(6)	(7)	(8)	(9)	(10)	
		民國5年 民國7年 民國12年 民國17年 民國26年 民國24年 民國25年 民國27年 以後	(3) 官礦局——創設北洋磁州官礦局資本為20萬元 不久即改組為官商合辦資本為17萬元 由直隸省政府收回任楊以儉氏為總經理 改組為磁縣煤礦股份有限公司省政府出資51萬元商民出資199萬元共250萬元 歸北伐告成戰地委員會接收交河北省政府經營 水淹及事變関係停工井上設備全部破壞 4) 永安公司——王煥然創業資本為15萬元 改稱致和公司 出煤 遭抗戰軍澈底破壞														
18	利豐煤礦	民國19年 民國20年 民國28年 民國29年 民國30年	華商何蔭棠取得開採權 開鑿第1号直井 轉讓與品川白煉瓦株式會社經營成立利豐煤礦股份有限公司中日合辦資本為50萬元 品川白煉瓦株式會社另增資100萬元將華股完全收買 增資至175萬元完全成為日本系統之營業	河北省宛平縣第五區郝家房村(大台路三家店站北方7公里)	三家店站7		北平32.3	塘沽238.3									
19	門頭溝煤礦	民國4年前 〃14年 〃20年 〃26年 〃27年	上法開採 設立門頭溝煤業治水股份有限公司 轉讓與宏福蜜經營事業不振 轉讓與恒昌採煤公司經營 轉讓與川南工業株式会社經營 井下多水全年主要工作大部消於抽水方面	河北省宛平縣第六區門頭溝	門頭溝之		北平26	天津165.4	塘沽209.2								

號數	礦名	沿革		位置	交通												備考
		年代	簡要記事		井口至發運站距離(公里)		井口至發運港口及主要市場距離(公里)										
					(1)	(2)	(1)	(2)	(3)	(4)	(5)	(6)	(7)	(8)	(9)	(10)	
20	坨里煤礦	民前2年 民國3年 民國27年 民國29年	長蘆鹽商王竹林陳澤霖發起設立高綫鉄路資本金為60萬元經營本礦 由阮崑林經營改為坨清高綫鉄路公司集資250萬兩 由敵偽方面接收開始經營 因軍事停工 復工	河北省房山縣坨里村 (平漢路良鄉站東北16公里)	良鄉站10		保定131.3	北平42.5	天津153.2								用高線鉄路運煤長度為17.02公里
21	花園煤礦	民前4年 民國13年 民國13年 民國18年 民國26年 " 民國30年	五主要小礦——(1)寶興煤礦開始採煤(有蒸汽動力机械設備) (2)華寶煤礦開始採煤 (3)匕昌煤礦開始採煤 (4)厚豊煤礦開始採煤(有蒸汽動力机械設備) (5)花園煤礦開始採煤 歸偽蒙疆聯合委員会一概接管 由久恒礦業株式會社獨資設立花園炭礦股份有限公司	察哈爾省涿鹿縣第1區張家堡村 (平綏路下花園站南方2.4公里)	下花園站2.4公里		北平122.8	張家口66.5									
22	大青山煤礦	前清咸豐年間 民國4年 民國15年 民國28年	軍隊開採 漢南公司成立資本為5萬元 政府收回礦業權於綏遠省大石架地方成立事務所 改為大青山煤礦股份有限公司	綏遠省包頭第七鄉石拐子(礦局包頭召溝礦區) (由平綏路包頭站經大青山支路終點站至石拐子為34公里由石拐子至召溝礦區為87.3公里係專用路)	石拐子站87.3	大青山終點站121.3	包頭131.3	綏遠276.4	集寧434.5	大同561.6	張家口743.6	北平930.0	天津1,040.6	塘沽1,118.6	葫蘆島1,498.2		石拐子召溝間尚有沿河道通行之汽車路

號數	礦名	沿革		位置	交通												備考
					井口至發運站距離(公里)		井口至發運港口及主要市場距離(公里)										
		年代	簡要記事		(1)	(2)	(1)	(2)	(3)	(4)	(5)	(6)	(7)	(8)	(9)	(10)	
23	淄川煤礦	民前14年 民前9年 民前7年 民國5年 民國11年 民國24年 民國26年 民國27年	華德煤礦公司創立名為中德合辦 膠濟路博山線開通 開始出煤 德方有礦區撤退歸日方佔領 中日合辦改為魯大礦業公司 礦內出水淹斃多人 主要設施被抗戰軍民破壞損失達1,000萬元 日方從事復興工作	山東省淄川縣洪山(膠濟路張博支線淄川站分歧4公里之洪山站附近)	洪山站4	張店站28	濟南138	青島312									井口洪山站間有電車運輸及汽車搬運
24	南定煤礦	民國3年 民國8年 民國11年 民國11年 民國26年 民國29年	日本軍由德方接管礦區 大倉藤田兩組共同經營成立淄川炭礦株式会社 東洋拓殖會社參加經營 山東礦業株式會社及魯大礦業公司成立 七七事變被抗戰軍民徹底破壞 事變後初次出煤	山東省淄川縣(膠濟路張博支線中間南定站南方約5公里)	南定站5		濟南122	青島296									井口南定站間有運煤電車軌道
25(1)	黑山煤礦	民國13年 民國26年 民國28年 民國31年	博東公司成立中日合辦 因事變被抗戰軍民破壞 山東礦業株式会社收買需費300萬元 採取殘煤加强設備	山東省博山縣城東南10公里八陡莊附近(膠濟路張博支線博山站轉八陡線10公里八陡站北方附近	八陡站2.5	大崑崙站14.5	濟南159	青島333									南區井口至八陡站間有自動搭索及載重汽車 北區有西崑鉄路大崑崙站
25(2)	東大煤礦	民國18年 民國19年 民國29年	由王阜賢用土法開採與黑山煤礦發生訴訟糾葛 被博山縣當局封鎖停工 中日各半出資合組東大礦業公司日方為山東礦業株式會社出資為3萬元并委託該社經營	山東省博山縣頊官廟南部(張博支線大崑崙站附近)	大崑崙站14.8公里	秋谷5.1	濟南153.4	青島327.4									

號數	礦名	沿革		位置	交通												備考
		年代	簡要記事		井口至發運站距離（公里）		井口至發運港口及主要市場距離（公里）										
					(1)	(2)	(1)	(2)	(3)	(4)	(5)	(6)	(7)	(8)	(9)	(10)	
25(3)	萬山煤礦	以前 民國19年 〃20年 〃28年 〃30年 〃31年	國人經營 改歸博東公司經營 停業 移交山東礦業株式會社經營 開鑿直井並利用電力採煤 停工	山東省博山縣城東西河地區（以西河莊為中心東西約10公里南北約百公里統稱為西河地區）（膠濟路張博支線大崑崙站經西河莊至裏黑山桃花峪）	大崑崙站7		濟南151.5	青島319.6									
25(4)	興大煤礦	民國16年 〃27年 〃29年 〃30年 〃31年	華商姜瑞符設立利興煤礦 資本為10萬元 停工 為山東礦業會社收買（費用25萬元） 完全復工 舊井突然發水盡力從事抽水	山東省博山縣東麓郭家堰一帶（張博支線大崑崙站南方7公里）	大崑崙站8.5公里		濟南	青島									
25(5)	利大煤礦	民國19年 〃26年 〃27年 〃29年	華商張厚菴創立利和煤礦公司 資本金50萬元 因事變關係停工 主要井上設施悉被抗戰軍民焚燬 增資10萬元改為中日合辦委託山東礦業株式会社經營	山東省博山縣後峪東方太平嶺（博山站東北3公里）	博山站3.5		濟南113.5	青島287.5									井口至博山站间有輕便鉄道
25(6)	博大煤礦	民國15年 〃29年	由東和公司週轉資本歸陳翰軒經營 中日合辦成立博大礦業公司 日方為山東礦業株式會社出資15萬元並將新陸公司所有礦區收買	山東省博山縣山頭莊西南	山頭站2.6		濟南149	青島323									井口至堆煤場敷設輕便軌道3公里
25(7)	福大煤礦	民國13年 〃20年 〃29年	開始土法開採 福源公司成立資本金為50萬元 中日平均出資合辦福大礦業公司再由山東礦業株式会社增資10萬元參加	山東省博山縣城東方4公里歐家峪趙家峪一帶（八陡線秋谷站北方）	秋谷站1.9公里												有汽車道及人力搬運軌道之運煤設備

號數	礦名	沿革		位置	交通												備考
		年代	簡要記事		井口至發運站距離（公里）		井口至發運港口及主要市場距離（公里）										
					(1)	(2)	(1)	(2)	(3)	(4)	(5)	(6)	(7)	(8)	(9)	(10)	
25 (8)	旭華煤礦	民國10年 〃23年 〃24年 〃26年 〃27年 〃28年 〃29年	中日合辦旭華公司 山東礦業株式會社繼承日方權益 井下發水經抽水一年始復舊狀 被抗戰軍民破壞損失達80萬元 日方從事恢復工作新設發電廠 大規模抽水工程開始 蒸汽動力悉用電力替代	山東省章邱縣普集天尊院 （膠濟路普集站南方3公里）	普集站3		濟南66	青島346									井口至普集站间有鉄道支線運輸
25 (9)	官莊煤礦	民國19年 〃21年 〃23年 〃27年 〃30年	丁棣臣獲得開採權 開鑿西井至次年完工 開鑿東井至次年完工 與山東礦業株式會社締結合辦契約改稱官莊礦業公司 委託山東礦業株式會社代為經營得附近上皋莊一帶開採權	山東省章邱縣普集官莊等地區 （膠濟路普集站西南3公里普集站——官莊4公里）	普集站4		濟南67	青島347									鐵道運輸
25 (10)	文祖煤礦	民國30年	山東礦業株式會社根據增產計劃要綱經營下成立取得章邱西部煤田開採權 九月增設運煤鉄路附近各小煤礦均依該路以資運煤	山東省章邱縣文祖鎮 （膠濟路棗園寺站南方20公里）	棗園寺站20	明水站15	濟南66	青島370									井口至車站间有載重汽車運輸
26	悦昇煤礦	民國8年 〃10年 〃13年 〃21年 〃23年 〃25年 〃26年 〃27年 〃30年	丁敬臣設立悦昇煤礦公司 開始出煤 運煤鉄路完成并設電廠利用電力開採 擴大西河礦區 管理桃花峪礦區 開採大奎山礦區 全面電化開始　　七七事變停工 開始開工 中日各半出資合組悦昇煤礦公司由日方山東礦業株式会社出資	山東省博山縣西河莊附近 （距膠濟路張博線大崑崙站15公里）	大崑崙站15.0		濟南153.6	青島327.6									該礦以大崑崙站為起点建築鉄道15公里貫穿大奎山西河桃花峪各礦區黑山東大两礦煤依此線運

號數	礦名	沿革		位置	交通												備考
		年代	簡要記事		井口至發運站距離（公里）		井口至發運港及主要市場距離（公里）										
					(1)	(2)	(1)	(2)	(3)	(4)	(5)	(6)	(7)	(8)	(9)	(10)	
27	吉成煤礦				山頭站 1.3												
28	大成煤礦				秋谷站 1.5												
29	東方煤礦				秋谷站 3.2												
30	義泰煤礦				秋谷站 2.5												
31	復豊興煤礦				山頭站 0.6												
32	永和煤礦				八陡站 2.5												
33	聚興煤礦				八陡站 0.5												
34	隆昌煤礦				八陡站 2.5												
35	濟豊煤礦				山頭站 1												
36	魯興煤礦				山頭站 2.3												
37	實業煤礦				博山站 4.4												
38	成通煤礦				博山站 4.5												
39	益成煤礦				博山站 4.8												
40	同順煤礦				博山站 3.8												
41	華東煤礦				博山站 1.1												
42	永順煤礦				博山站 1.2												
43	振業煤礦				博山站 1.8												
44	同興煤礦				崑崙站 1.1												
45	鼎益煤礦				博山站 1.3												
46	恒通煤礦				博山站 6.5												
47	永豊煤礦																
48	東昇煤礦																
49	大亨煤礦																
50	魁盛煤礦																

號數	礦名	沿革		位置	交通												備考
					井口至發運站距離(公里)		井口至發運港口及主要市場距離(公里)										
		年代	簡要記事		(1)	(2)	(1)	(2)	(3)	(4)	(5)	(6)	(7)	(8)	(9)	(10)	
51	源昌煤礦																
52	天和煤礦																
53	利達煤礦																
54	大興煤礦																
55	天源煤礦等																
56 57	坊子東煤礦 坊子中央煤礦	民前15年 " 14年 " 9年 " 8年 " 7年 民國 5年 " 11年 " 26年 " 30年	德人來此鑽探礦苗 開鑿第1號直井 完成安牛直井 完成明那直井 完成煉焦方法 因日德战爭停工歸日軍統理 改歸中日合辦由魯大鑛業公司運營 因七七事變関係中央煤礦損失達50萬元 全部復業 資本金日方70萬元(坊子東煤礦) 資本金日方215萬元(坊子中央煤礦)														坊子中央煤礦至坊子站间有鉄道支線
58	新泰煤礦	唐代 民國15年 " 27年 " 28年 " 30年 仝 年	土法開採本區露出煤層以供燒製陶器用途 李先宣取得礦業權出資一萬元命名為新裕煤礦公司 七七事變停工 歸三菱礦業株式會社開發 三菱與人山新泰公司共同經營開發 華北開發公司與三菱礦業合資設立一礦業所	山東省新泰縣第六區張家莊 (津浦路磁柴支線新泰運煤線南新泰站專用引入線													

號數	礦名	沿革		位置	交通												備考
		年代	簡要記事		井口至發運站距離（公里）		井口至發運港口及主要市場距離（公里）										
					(1)	(2)	(1)	(2)	(3)	(4)	(5)	(6)	(7)	(8)	(9)	(10)	
59	華豐煤礦	民前3年	設立華豐公司資本爲3萬元以土法開採	山東省寧陽縣東磁窰村（津浦路東太平站分出赤柴支線華豐站北1公里）													
		民國6年	蒙匪害損失達二十餘萬元														
		19年	爲共軍佔領停工														
		20年	改組爲華豐合記公司將舊股評價爲24萬元另加新股5萬元														
		22年	投資6万元舖設通至津浦路濟寧六公里運煤路工程告成														
		27年	日軍開始管理委託興中公司接管經營														
		29年	與赤柴採炭所合併成立軍管理大汶口炭礦礦業所														
		32年	軍管理解除成立中日合辦之公司														
60	赤柴煤礦	民國6年	張勳等合資35萬元設立商辦華寶煤礦股份有限公司着手開鑿第1号及第2号井	山東省泰安縣禹村（赤柴支線赤柴站北）	泰安站60												
		〃11年	又增10萬元														
		〃18年	爲省政府沒收改爲山東省直轄禹村煤礦公司														
		〃19年	再改爲商辦返還原股東														
		〃23年	爲擴大經營再增資十餘万元														
		〃26年	改爲山東省政府華宝煤礦整理處														
		〃27年	日軍開始管理委託興中公司經營														
		〃28年	開鑿第一斜井以開採西部區域														
		仝年	三菱礦業參加														
		29年	大汶口炭礦礦業所成立														
		〃30年	赤柴支路完工														
		〃32年	軍管理解除與華豐合併設立大汶口炭礦股份有限公司														

號數	礦名	沿革		位置	交通												備考
		年代	簡要記事		井口至發運站距離(公里)		井口至發運港口及主要市場距離(公里)										
					(1)	(2)	(1)	(2)	(3)	(4)	(5)	(6)	(7)	(8)	(9)	(10)	
61	霍縣煤田																
	(1) 天生窯	民國13年	開始採掘	瓦窯疙塔村西南約500尺													井口至汾西公路有馬路直達
	(2) 義順窯	民國20年	開始採掘	天生窯東方約100公尺													仝上
	(3) 奎太窯	前清同治年間 民國29年	開始採掘以後停工 重行開採	瓦窯疙塔村東方約1.5公里													由此連汾西公路馬路可通
	(4) 晉興窯	民前28年 民前31年	開始開掘以後停工 重行開採	瓦窯疙塔村北方1公里													馬路可通汾西公路
	(5) 老窯	民國前7-8年 民國26年 民國28年 民國31年	開始採掘以後停工 復工開採4尺層 湧水量多停工 復工開採6尺層	瓦窯疙塔村東北500公尺													由此連汾西公路
	(6) 南莊窯	前清年間 民國31年	開始採掘以後停工 再行開採	南莊村東北300公尺													騾馬背運
	(7) 德生窯		石圪塔村民某掘井取泉無意發現煤苗遂變更原來目的開採迄今	蒲灘村東方約100公尺													仝上
	(8) 南溝窯	民國25年 民國26年 仝年 民國31年	創設晉裕公司汪相志自任經理惟井內湧水乃添設机件專事排水 恢復工作出煤 七七事变停工 机件搬走水淹停工	後河底村東南約300公尺													有馬路可通
	(9) 宏盛窯	民國32年	重行開採	宋莊村西方約1公里													騾馬背運
	(10) 晉昌窯		不詳	宋莊村西方約500公尺													仝上
	(11) 寶興煤礦	民國4年 民國6年 民國23年 民國25年 民國26年	開始採掘資本為7,000元 湧水過多停辦 以千元代價出讓權益再行開採增資兩萬元 出煤 七七事变停工迄今														

號數	礦名	沿革		位置	交通												備考
		年代	簡要記事		井口至發運站距離(公里)		井口至發運港口及主要市場距離(公里)										
					(1)	(2)	(1)	(2)	(3)	(4)	(5)	(6)	(7)	(8)	(9)	(10)	
62	介休煤礦	民國27年	4月10日被日方接收以後一切狀況不明	山西介休縣白岸村,旺村,冷泉村,義棠鎮一帶													接近同蒲路介休站
63	平遥煤礦	民國27年	4月10日被日方接收以後一切狀況不明	山西省平遥縣													
64	裕通煤礦	民國8年 民國22年 民國26年3月 民國26年11月 民國27年	廣福煤礦公司改組為華興煤礦公司 中日合辦資本金為300萬元 被省當局封鎖停辦 官方許可復業改稱裕通煤礦公司 七七事變後战事波及停工被日方接收	山西省孝義縣賢者村同蒲路介休站附近													
65	晋興煤礦	民國14年 民國27年	開辦資本為30,000元 被日方接收	山西省洪洞縣左家溝一帶													
66	蔭營煤礦	民國22年 民國24年 民國27年 民國29年	為陽泉煤礦公司收買代價為22,000元 公司擴大設置陽泉礦業公司資本為60萬元 七七事變後战事波及停工 被日方接收	山西省平定縣蔭營村正太路陽泉站北方約10公里	陽泉站10公里												
67	五陽村煤窑	民國14年 民國29年	開始採掘 停工	山西省襄垣縣城南5公里													公路由五陽通潞安沁縣
68	裕豐煤礦	民國20年	開辦資本為15萬元	山西省潞安縣西溝村北105公里													公路可通火車站
69	新順煤礦	民國26年	開辦	山西省潞城縣城東旺村													
70	合興煤礦	民國28年	日商開辦	山西省潞城縣城東旺村													
71	永興煤礦	民國17年 民國19年	開始採掘 由楊存礼接辦	山西省潞城縣小河堡													

號數	礦名	沿革		位置	交通												備考
		年代	簡要記事		井口至發運站距離(公里)		井口至發運港口及主要市場距離(公里)										
					(1)	(2)	(1)	(2)	(3)	(4)	(5)	(6)	(7)	(8)	(9)	(10)	
72	靈山煤田	民國24年	張殿元等開辦靈山土窑張占元等開辦燕川土窑	河北省曲陽縣西北灵山鎮													汽車通灵山鎮定縣曲陽
73	陳照煤田	民國8年	孫興武開辦資本為5萬元	河南省汲縣西北													汽車可通輝縣車站
74	萬全煤田	前清咸豐年間	開始採掘	察哈爾省萬全縣第五區梁柵莊													汽車馬車交通
75	渾源煤田	七七事變以前	開始採掘	山西省渾源縣大磁窑村													
76	萊蕪煤礦	民國29年 民國30年 民國32年	歸北支採礦株式會社開辦 開始採掘 着手敷設南新泰安仙莊間之輕便鐵道因受時局影響中止	山東省萊蕪縣安仙莊津浦路泰安站站東放河55公里	泰安站55公里												現利用華北交通公司經營之泰安萊蕪間公路

華北各煤礦概覽第三表

（自然條件）

調查截止日期——民國32年3月

號數	礦名	地形及地質	礦區面積及藏量							煤層特徵					煤質	備考
			面積 方公尺	藏量（單位：千噸）						層數及層名		走向	厚度（公尺）	平均傾斜		
				確定	推定	預測	共計	可採掘量	既採掘量	數	名					
1	開灤礦務局所屬 (1) 唐山礦 (2) 林西礦 (3) 唐家莊礦 (4) 趙各莊礦 (5) 馬家溝礦	詳附表A	403,291,600	234,556	805,534		1,040,090	576,000	147,280	9	5層 7 〃 8 〃 9 〃 10 〃 11 〃 12 〃 13 〃 14 〃	N.E. 90 〃 〃 〃 〃 〃 〃 〃 〃	2.42 3.19 3.49 7.10 2.42 1.51 3.64 1.36 0.55	唐山 S50°-60° 趙各莊 S22°-30° 唐家莊 S3°-15° 林西 S.20°	詳附表B	馬家溝礦水没停工
2	中興煤礦	〃	26,226,000	41,124			41,124	20,562	20,000	2	大槽 小槽	盆狀構造不等	0.80 1.80	12° 12°	〃	
3.	井陘煤礦	〃	12,876,304	24,951	40,455		65,406	39,244		5	1層 2 〃 3 〃 4 〃 5 〃	N.E.13° N.W.13°	0.50-0.90 1.40-1.60 0.50 1.60-2.30 7.00-8.00	N.W.10° 〃 〃 〃 〃	〃	
4	正豐煤礦	〃	30,521,019	14,829	17,895	8,841	41,565	20,950		8	○甲層 乙 〃 1 〃 ○2 〃 3 〃 ○4 〃 ○5 〃 5(下層)	N.N.E. 〃 〃 〃 〃 〃 〃 〃	0.40-1.80 0.70 0.80 1.50-1.60 0.60 1.80 6.00-8.00 0.70	N.W. 15° 〃 〃 〃 〃 〃 〃 〃		○現在及將來開採之煤層
5	六河溝煤礦	〃	37,395,000	48,647		279,000	327,647	151,855		11	×第1層 × 2 〃 × 3 〃 ○ 4 〃 ○ 5 〃 6 〃 7 〃 8 〃 9 〃 10 〃 11 〃	S. W. 〃 〃 〃 〃 〃 〃 〃 〃 〃 〃	0.03-0.06 0.06-0.09 2.013-4.057 1.03-2.00 1.02 0.03 0.02 1.00 0.03 0.03 2.04-3.00	15°-25°S.E 〃 〃 〃 〃 〃 〃 〃 〃 〃 〃	〃	○現在採掘中 ×將來預備採開
6.	焦作煤礦	〃	219,968	690,000	340,000		1,030,000	680,000		1		N.S.60°	6.00-7.00	S.E. 15°		
7	憑心煤礦	〃	608,000	6,300			6,300	3,800		1		N.E.70°	7.00-8.00	8°-12°	〃	

號數	礦名	地形及地質	礦區面積及數量							煤層特徵					煤質	備考
			面積(方公尺)	藏量(單位：千噸)						層數及層名		走向	厚度(公尺)	平均傾斜		
				確定	推定	預測	共計	可採掘量	既採掘量	數	名					
8	原昌中興煤礦	詳附表A	3,656,100		180,000		180,000	90,000								
9	大同煤礦	〃	857,000,000	8,900,000			8,900,000	6,200,000	10,300	7	盆狀構造		N.E.W. 4°-10°		詳附表B	
10	陽泉煤礦	〃	16,201,311	72,031	135,185		207,216	30,324		5	AA層 ° 7尺〃 CC 〃 4尺〃 ° 丈8〃	N.E. 60° 〃 〃 〃 〃	1.50 1.50 1.00 1.50 6.00	S. 6° 〃 〃 〃 〃	〃	° 現在開採中
11	壽陽煤礦	〃	9,835,275		23,015		23,015	11,507		1	乙米層	N.E.90°	2.50	S. 5°	〃	下部尚有陽泉之丈八層及D層尚未調查上部祇記乙米以上之煤層
12	富家灘煤礦	〃	32,352,500		75,705		75,705	37,852		1	乙米層	N.E. 60°	2.00	S.2°	〃	
13	西山煤礦	〃	2,945,259	17,000	20,000	38,000	75,000	10,000	1,206 (民國31年止)	5	× 有烟煤上部層 × 〃 下 〃 ° 無烟煤7尺層 × 〃 上部 ° 〃 下部	N.W. 3°-5° 〃 〃 〃 〃	2.70 4.80 2.10 2.50 3.50	12° 〃 〃 〃 〃		× 現在工作中 ° 將來預定工作
14	軒崗鎮煤礦	〃	23,385,700	456,173			456,173			2	帽丈層 四七層	E-W.	6.80 2.50	E 17°		
15	長城煤礦	〃	2,834,981	4,795	6,608	8,424	19,827	3,072		5	第2層 3 〃 4 〃 5 〃 6 〃		1.20 1.50 1.00 1.00 1.20	17° 16° 16° 18° 18°	〃	
16	柳江煤礦	〃	11,570,265		50,000		50,000	42,000		6	第1層 2〃 ° 3〃 4〃 ° 5〃 6〃	N.S. 〃 〃 〃 〃 〃	5.00 4.00 20.00 1.30	W. 45°	〃	° 開採中

<table>
<tr><th rowspan="3">號數</th><th rowspan="3">礦名</th><th rowspan="3">地形及地質</th><th colspan="7">礦區面積及藏量</th><th colspan="5">煤層特徵</th><th rowspan="3">煤質</th><th rowspan="3">備考</th></tr>
<tr><th rowspan="2">面積（方公尺）</th><th colspan="6">藏量（單位：千噸）</th><th colspan="2">層數及層名</th><th rowspan="2">走向</th><th rowspan="2">厚度（公尺）</th><th rowspan="2">平均傾斜</th></tr>
<tr><th>確定</th><th>推定</th><th>預測</th><th>共計</th><th>可採掘量</th><th>既採掘量</th><th>數</th><th>名</th></tr>
<tr><td>17</td><td>磁縣煤礦</td><td>詳附表A</td><td>38,963,000</td><td>1,716</td><td>9,240</td><td>242,212</td><td>253,168</td><td>250,741</td><td></td><td>9</td><td>小煤
○大煤
一坐煤
○野青層
○山青層
○小青層
○大青層
○下架煤
盡斗煤</td><td>NE30°-70°
〃
〃
〃
不詳
〃
〃
〃
〃</td><td>0.80
6.00
1.00
1.60
1.80
1.20
1.60
3.20
0.40</td><td>E 15°
〃
〃
〃
〃
〃
〃
〃
〃</td><td>詳附表B</td><td>○ 開採有望之煤層</td></tr>
<tr><td>18</td><td>利豐煤礦</td><td>〃</td><td>12370,303</td><td>19,200</td><td>82,000</td><td></td><td>101,200</td><td>51,080</td><td>1,360</td><td>4</td><td>上1層
○本層
下1層
下2層</td><td>N.E.70°
〃
〃
〃</td><td>10.00
8.00
11.00
0.85</td><td>45°
45°
39°
38°</td><td>〃</td><td>○ 主要開採層</td></tr>
<tr><td>19</td><td>門頭溝煤礦</td><td>〃</td><td>1,340,460</td><td></td><td></td><td></td><td>142,146</td><td></td><td></td><td>2</td><td>第1層
第2層</td><td>N-S
N-S</td><td>16.00
19.00</td><td>E-8°
E-8°</td><td>〃</td><td></td></tr>
<tr><td>20</td><td>坨里煤礦</td><td>〃</td><td>32,757,392</td><td>29,000</td><td>67,000</td><td></td><td>96,000</td><td>65,000</td><td>15,000</td><td>13</td><td>第1層
2 〃
3 〃
4 〃
5 〃
6 〃
7 〃
8 〃
9 〃
10 〃
11 〃
12 〃
13 〃</td><td>NE 65°
〃
〃
〃
〃
〃
〃
〃
〃
〃
〃
〃
〃</td><td>2.20
2.50
3.00
0.70
2.00
0.50
1.00
3.00
1.00
2.70
1.30
0.60
0.30</td><td>S.40°
〃
〃
〃
〃
〃
〃
〃
〃
〃
〃
〃
〃</td><td>〃</td><td></td></tr>
<tr><td>21</td><td>花園煤礦</td><td>〃</td><td>31,875,000</td><td>6,000</td><td>9,000</td><td>85,000</td><td>100,000</td><td>40,000</td><td>1,000</td><td>2</td><td>第1層
2層</td><td>N-S</td><td>3.00-9.00
1.50</td><td>10°
10°</td><td>〃</td><td></td></tr>
<tr><td>22</td><td>大青山煤礦</td><td>〃</td><td></td><td></td><td>x 800,000</td><td></td><td>800,000</td><td></td><td></td><td>△ 19</td><td>第1層
2 〃
3 〃</td><td>NE
83°-86°</td><td>3.00
3.00
0.80</td><td>S
〃
〃</td><td></td><td>x 尚未調查完峻
△ 厚達1公尺以上之煤層</td></tr>
<tr><td>23</td><td>淄川煤礦</td><td>〃</td><td>404,106,700</td><td>3,750</td><td>341,250</td><td>381,000</td><td>726,000</td><td>282,000</td><td>12,328</td><td rowspan="2">13</td><td rowspan="2">A, B, C, D, d, E e F f, G, GH I J層</td><td rowspan="2">N.E.
40°-45°</td><td rowspan="2">9.25</td><td rowspan="2">N.W.10°</td><td rowspan="2">〃</td><td rowspan="2">目下及將來預定開採之煤層計7層共厚7.20公尺</td></tr>
<tr><td>24</td><td>南定煤礦</td><td>〃</td><td>13,893,300</td><td>250</td><td>11,750</td><td>12,000</td><td>24,000</td><td>12,000</td><td>906</td></tr>
</table>

<table>
<tr><th rowspan="3">號數</th><th rowspan="3">礦名</th><th rowspan="3">地形及地質</th><th colspan="7">礦區面積及藏量</th><th colspan="5">煤層特徵</th><th rowspan="3">煤質</th><th rowspan="3">備考</th></tr>
<tr><th rowspan="2">面積（方公尺）</th><th colspan="6">藏量（單位：千噸）</th><th colspan="2">層數及層名</th><th rowspan="2">走向</th><th rowspan="2">厚度（公尺）</th><th rowspan="2">平均傾斜</th></tr>
<tr><th>確定</th><th>推定</th><th>預測</th><th>共計</th><th>可採掘量</th><th>既採掘量</th><th>數</th><th>名</th></tr>
<tr><td>25
(1)</td><td>△黑山煤礦</td><td>詳附表A</td><td>4,323,322</td><td>560</td><td>15,796</td><td>24,600</td><td>40,956</td><td>23,473</td><td>2,127</td><td rowspan="7">14
（黑山區）</td><td rowspan="7">占苗子
灰苗子
°磧子
°大碬石
°小碬石
黑石
小黄石
°灰石
°大黄石
竪頂石
°油性
°小石
大石
夾矸</td><td rowspan="7">N.E. 10°-50°
〃
〃
〃
〃
〃
〃
〃
〃
〃
〃
〃
〃
〃</td><td rowspan="7">0.15
0.35
0.75
1.50
0.70
0.60
0.40
0.90
1.20
0.55
0.40
1.20
2.00
0.55</td><td rowspan="7">N.W. 15°
〃
〃
〃
〃
〃
〃
〃
〃
〃
〃
〃
〃
〃</td><td>詳附表B</td><td rowspan="7">o 印有八層總厚計8.65公尺
△ 印表示屬於黑山區内
□ 印表示屬於博山北區
× 印表示屬於西河區</td></tr>
<tr><td>25
(2)</td><td>△東大煤礦</td><td>〃</td><td>250,000</td><td>66</td><td>600</td><td>234</td><td>900</td><td>450</td><td>76</td><td>〃</td></tr>
<tr><td>25
(3)</td><td>×萬山煤礦</td><td>〃</td><td>4,929,000</td><td>41</td><td>14,679</td><td>22,080</td><td>36,800</td><td>20,240</td><td>50</td><td>〃</td></tr>
<tr><td>25
(4)</td><td>□興大煤礦</td><td>〃</td><td>1,407,000</td><td>260</td><td>1,118</td><td>2,065</td><td>3,443</td><td>2,310</td><td>467</td><td>〃</td></tr>
<tr><td>25
(6)</td><td>□利大煤礦</td><td>〃</td><td>1,858,800</td><td>343</td><td>2,733</td><td>4,614</td><td>7,690</td><td>5,360</td><td>659</td><td>〃</td></tr>
<tr><td>25
(6)</td><td>△博大煤礦</td><td>〃</td><td>1,535,000</td><td>[illegible]</td><td>2,097</td><td>3,567</td><td>5,929</td><td>3,667</td><td>187</td><td>〃</td></tr>
<tr><td>25
(7)</td><td>△福大煤礦</td><td>〃</td><td>589,300</td><td>521</td><td>1,013</td><td>2,242</td><td>3,776</td><td>2,794</td><td>867</td><td>〃</td></tr>
<tr><td>25
(8)</td><td>旭華煤礦</td><td>〃</td><td>9,890,000</td><td>1,802</td><td>702</td><td>14,127</td><td>16,631</td><td>6,638</td><td>939</td><td rowspan="3">7
（章邱區）</td><td rowspan="3">C°層
D° 〃
E° 〃
E'° 〃
f° 〃
F° 〃
GH° 〃</td><td rowspan="3">（東部）N.W. 70°
（西部）N.W. 60°</td><td rowspan="3">0.40
1.10
1.70
1.60
2.70
1.90
1.70</td><td rowspan="3">（東部）11° N.E.
（西部）10° N.E.</td><td>〃</td><td rowspan="3">煤層走向成W字母形
o 印表示現在及將來開採之煤層</td></tr>
<tr><td>25
(9)</td><td>官莊煤礦</td><td>〃</td><td>59,380,000</td><td>2,462</td><td>2,785</td><td>94,915</td><td>110,162</td><td>34,553</td><td>667</td><td>〃</td></tr>
<tr><td>25
(10)</td><td>文祖煤礦</td><td>〃</td><td>169,074,625</td><td>500</td><td>1,500</td><td>285,426</td><td>287,426</td><td>100,599</td><td>不詳</td><td>〃</td></tr>
<tr><td>26</td><td>×悦昇煤礦</td><td>〃</td><td>9,058,445</td><td>1,811</td><td>9,340</td><td>10,519</td><td>21,670</td><td>13,000</td><td>4,112</td><td rowspan="3">5
（西河區）</td><td rowspan="3">大黄石
油性
小石
大石
夾矸</td><td rowspan="3">NE. 45°
〃
〃
〃
〃</td><td rowspan="3">1.28
0.55
0.90
1.20
1.50</td><td rowspan="3">N.W. 12°
〃
〃
〃
〃</td><td rowspan="3">〃</td><td rowspan="3"></td></tr>
<tr><td>27</td><td>△吉成煤礦</td><td>〃</td><td>1,805,300</td><td>391</td><td>3,209</td><td>5,400</td><td>9,000</td><td>5,800</td><td>577</td></tr>
<tr><td>28</td><td>△大成煤礦</td><td>〃</td><td>1,984,140</td><td>364</td><td>3,924</td><td>5,400</td><td>9,688</td><td>3,644</td><td>821</td></tr>
</table>

號數	礦名	地形及地質	礦區面積及藏量							煤層特徵					煤質	備考
			面積(方公尺)	藏量（單位：千噸）						層數及層名		走向	厚度(公尺)	平均傾斜		
				確定	推定	預測	共計	可採掘量	既採掘量	數	名					
29	△東方煤礦	詳附表A	1,788,933	625	787	2,410	3,822	1,910	567						詳附表B	
30	△義泰煤礦	〃	422,989	243	917	1,620	2,780	840	378	（博山地區）9	灰石 黑石 夾崗 °羅柱 °黄土地瓜好 黄石 °固性 °油性 °小石 °大石	東部 N.E. 45° 南部 N.E. 90° 西部 N-S	0.30 0.40 0.30 0.60 0.55 0.55 1.20 0.80 0.80 1.20	東部 N.W. 15° 南部 N. 16° 西部 E. 18°	〃	°印計6層共厚5.15公尺 煤層走向成口字形
31	△複豊興煤礦	〃	836,660	228	1,372	2,400	4,000	1,420	270						〃	
32	△永和煤礦	〃	589,732	198	942	660	1,800	790	485						〃	
33	△聚興煤礦	〃	377,700	110	570	520	1,200	600	26						〃	
34	△隆昌煤礦	〃	489,767	13[illegible]	1,370	1,200	2,700	1,800	214						〃	
35	△濟豊煤礦	〃	262,213	33	397	400	830	240	79						〃	
36	△魯興煤礦	〃	482,471	226	474	600	1,300	960	354						〃	
37	□寶業煤礦	〃	183,880	30	120	100	250	460	70						〃	
38	□成通煤礦	〃	353,600	156	294	1,000	1,450	490	290						〃	
39	□益成煤礦	〃	201,900	45	565	600	1,210	480	176						〃	
40	□同順煤礦	〃	154,200	94	349	440	883	441	340						〃	
41	□華東煤礦	〃	3,512,170	1,211	10,889	12,100	24,200	12,100	875						〃	

號數	礦名	地形及地質	礦區面積及藏量							煤層特徵					煤質	備考
			面積（公尺）	藏量（單位：千噸）						層數及層名		走向	厚度（公尺）	平均傾斜		
				確定	推定	預測	共計	可採掘量	既採掘量	數	名					
42	□永順煤礦	詳附表A	191,500	100	220	320	640	310	90						詳附表B	
43	□振業煤礦	〃	2,119,689	798	9,419	7,970	18,187	7,978	756						〃	
44	□同興煤礦	〃	1,227,410	100	3,300	2,800	6,200	3,100	464						〃	
45	□鼎益煤礦	〃	447,632	180	630	800	1,610	800	50						〃	
46	□恒通煤礦	〃	551,640	230	520	750	1,500	760	176						〃	
47	□永豐煤礦	〃	377,200	15	310	430	870	440							〃	
48	×東昇煤礦	〃	218,630	13[illegible]	307	430	867	433	36						〃	
49	□大亨煤礦	〃	687,167	220	830	700	1,750	780	80						〃	
50	□魁盛煤礦	〃	1,158,000	330	2,322	3,960	6.612	3,306	900						〃	
	○其他諸小礦	〃	未詳	未詳	未詳	未詳	90,000	45,000	4,034						〃	因資金材料輸送等關係中止工作
51	源昌煤礦															地址在西章邱地域歸山東礦業株式會社經營
52	天和煤礦															
53	利達煤礦										[同25(8),25(9),25(10)]					
54	大興煤礦															
55	天源煤礦															

號數	礦名	地形及地質	礦區面積及藏量							煤層特徵					煤質	備考
			面積(方公尺)	藏量（單位：千噸）						層數及層名		走向	厚度(公尺)	平均傾斜		
				確定	推定	預測	共計	可採掘量	既採掘量	數	名					
 56 57	魯大公司礦區 坊子東煤礦 坊子中央煤礦	詳附表A	528,000,000	200	2,800	15,000	18,000	7,950	2,759	3	第1層 o 2〃 3〃	E-W	1.70 3.60 3.00	S.15°	詳附表B	o 印計1層厚3.60公尺
58	新泰煤礦	〃	148,761,000	218,932	1,000,000 +(?)		1,218,932 +(?)	135,427		7	x 第1層 x 2〃 o 3〃 o 4〃 o 5〃 6〃 7〃	N.W. 50° 〃 〃 〃 〃 〃 〃	2.20-2.80 2.00-2.10 0.30-0.80 1.30-2.00 0.80-1.00 0.40-2.00 1.70	N.20° 〃 〃 〃 〃 〃 〃	〃	(?) 調查未了祗係概數 x 現在開採中之煤層 o 將來擬行開採之煤層
59	華豐煤礦	〃	15,184,600	23,800	15,500		39,300	22,700		8	o 第1層 o 2〃 o 3〃 4〃 o 5〃 6〃 7〃 8〃	 N.W. 45°80° 〃 〃 〃 〃	0.90 ? 0.45 1.00 0.93 0.30 1.35 0.45	18°-27° 〃 〃 〃 〃 〃	〃	o 目下及將來開採之煤層
60	赤柴煤礦	〃	5,917,800	20,601	1,616		22,217	12,324	848	5	o 第1層 o 2〃 o 3〃 4〃 o 5〃	N.W.35° 〃 〃 〃 〃	1.80 1.10 3.40 0.65 1.00	15°-30° 〃 〃 〃 〃	〃	o 目下及將來開採之煤層
61	霍縣煤田 (1) 天生窑 (2) 義順窑 (3) 奎太窑 (4) 晋興窑 (5) 老窑 (6) 南莊窑 (7) 德生窑 (8) 南溝窑 (9) 宏盛窑 (10) 晋昌窑 (11) 宝興煤礦		△110,385,000		1,380,250	不詳	1,380,250	811,348		8	x A層 B〃 C〃 D〃 E〃 F〃 J〃 K〃	不詳 〃 〃 〃 〃 〃 〃 〃	0.10-0.50 0.10-1.70 0.30-1.50 0.10-0.90 0.15-1.00 0.00-0.82 0.10-0.90 0.20-3.20	0°		△ 祗指B層統計 x 無開採價值

號數	礦名	地形及地質	礦區面積及藏量							煤層特徵					煤質	備考
			面積(方公尺)	藏量(單位：千噸)						層數及層名		走向	厚度(公尺)	平均傾斜		
				確定	推定	預測	共計	可採掘量	既採掘量	數	名					
62	介休煤礦															
63	平遥煤礦															
64	裕通煤礦															
65	晉興煤礦															
66	蘆營煤礦															
67	五陽村煤礦						19,500			第1層 2〃	香煤層 臭〃		5.00		N.C W.C.	
68	裕豐煤礦											N-S	7.00	W.20-40		
69	新順煤礦															
70	合興煤礦									1	香煤層	N.W.48	3.00	S.15°		
71	永興煤礦									1			6.00			
72	靈山煤田				220,000		220,000	51,000		第1層 2〃 3〃	紅毛炸子 青安記 頂板子 中華 乾子地		0.67 1.00 0.34 1.00 1.00			
73	陳照煤田		5,300,000				15,000	1,000		6	第1層 2〃 3〃 4〃 5〃 6〃		1.00 1.34 1.67 1.67 1.67 2.34			含硫黄量多
74	萬全煤田		900,000				877			5						
75	渾源煤田															
76	萊蕪煤礦		X 308,440				Δ 196,967			8	安仙莊 第1層 2〃 3〃 4〃 5〃 7〃 9〃 11〃 南冶鎮莊 2〃 3〃 11〃	N.E.40° 〃 〃 〃 〃 〃 〃 〃	0.60 2.12-2.65 1.00 0.60 0.75 0.70 0.70 1.50 3.20-3.75 0.85-1.20 0.94-1.25	S.E.24°-34° 〃 〃 〃 〃 〃 〃 〃	膨脹性粘結煤	X 包括萊蕪蒙陰兩縣礦區 Δ 調查工作未峻 調查未峻無記載

華北各煤礦概覽第三表（自然條件）附表A

調查截止日期——民國32年3月

（地形及地質）

號數	礦名	地形						地質			備用
		煤田形勢	山系				河流	紀別	層別	岩石別	
			名称	海拔（公尺）	組成	位置					
1	開灤礦務局 開平煤礦 (1)唐山礦 (2)林西礦 (3)唐家莊礦 (4)趙各莊礦 (5)馬家溝礦	東一北寧路胥家店站 西一北寧路胥各莊站 長度一50公里 北寧路為煤田主要中心地 南北兩方煤田發達 西北部北部東部界限明瞭東南部及南部界限不明	唐山,西山,小西山,賈家山 碗豆山 鳳山 長山支脈 成鳳山及其他諸山	 70 160 180 250	奧陶紀石炭岩之夾煤層 石灰岩 奧陶紀石灰岩	唐山市北方 唐山市北2公里 馬家溝東北6公里 趙各莊		古生代二疊石炭紀 下部奧陶紀 中部〃〃〃 中部石炭紀 上〃〃〃 二疊紀	含煤層 治里石炭岩層 馬家溝石灰岩層（厚600公尺） 本溪統（厚80公尺） 太原統（厚200公尺） 石盒子統（厚140公尺） 黃土	石灰岩	本煤田地域為唐山西南北三方面所成之大平原 煤層為上部石炭紀（9.12層） 二疊紀（3.4層）
2	中興煤礦	東西延長為盆狀構造南部為大斷層所成甚為複雜 東西為丘陵地帶北部山頂為桌狀 南部一東西延長向北傾斜						二疊紀 〃〃 石炭紀	山西統（大槽煤） 太原統（小槽煤） 夾煤層		
3	井陘煤礦	北方之中央部上面覆有黃土層之露出部份						二疊紀 石炭紀	含煤層 含煤層	砂岩,頁岩 砂岩,頁岩	
4	正豐煤礦	張立盆狀地帶位於井陘北部南部煤田中由張家井背斜及周家井背斜造斷而成	雲風山 鳳凰嶺		下部中部奧陶紀	西方 東方		下部奧陶紀 中〃〃〃	斷層 黃土層		
5	六河溝煤礦	平坦地勢之丘陵地帶	太行山 太行支脈		上部覆有黃土	西方 東方	彰河	二疊石炭紀	含煤層	砂岩,頁岩,粘土	全部為水平層

號數	礦名	煤田形勢	地形					地質			備用
			山系				河流	紀別	層別	岩石别	
			名称	海拔(公尺)	組成	位置					
6	焦作煤礦	向南傾斜坡度甚緩南部為河川經流之大平野北部為山地所成之地溝地帶地表槪為黄土砂礫所覆中央為鳳凰嶺附近地帶背斜所成之東西二部分	太行山麓 鳳凰嶺	130-300		北部	大石河,閩河,山門河	寒武紀 奥陶紀 二疊紀 石炭紀	含煤層 〃 〃	砂岩 頁岩	
7	憑心礦	平坦全部為黄土所蓋不見煤層露出部分									
8	原昌中央煤礦	盆地為黄土被覆中央部成船底狀磨盤山行向東西成大斷層	磨盤山					二疊紀	煤層	頁岩,砂岩(互層)	
9	大同煤礦	西北為高原地帶中部為平原 煤層為盆狀露出部分傾斜為45度斜距離500公尺為緩傾斜永定莊區為平原地	口泉山脉			東部	十里河,水神廟河,天心河,吴家河均往東流(在煤田北部)				
10	陽泉煤礦	桃河分本地成為丘陵地帶與山岳地帶丘陵地帶之北方					桃河	奥陶紀 石炭紀 二疊紀	石炭岩層	石灰岩	

號數	礦名	地形						地質			備用
		煤田形勢	山系				河流	紀別	層別	岩石別	
			名称	海拔(公尺)	組成	位置					
		成為高地南方為河流浸蝕地中間為台地山嶽地帶周圍成絶壁之桌形地勢						三疊紀	黄土層(厚30-40公尺)		
11	壽陽煤礦	煤田海拔為1200公尺位於丘陵起伏之高地從東北往西南方成為急傾斜南方為簡單傾斜構造	方山 連山 双鳳山					奥陶紀 二疊紀	石灰岩層	石灰岩	
12	富家灘煤礦	汾河流入本區成太原平原及南洪洞平原並有丘陵夾在其間兩岸成急傾斜上部成階陵式黄土地形					汾河	奥陶紀 二疊紀 石炭紀 第四紀	石灰岩,砂岩頁岩		
13	西山煤礦	太原平原之西為山岳地帶以石千峯山為中心稱為高離山高原煤田位於陽曲,晋泉,清源,交城,文水五縣 東西—50公里 南北—70公里 面積2,000方公里成紡錘形地	石千峯山			中部		上部二疊紀 中部二疊紀 中部〃〃〃 下部〃〃〃 下部〃〃〃 中部〃〃〃 奥陶紀	赭色頁岩層(下部90公尺) 黄色頁岩層(上部50公尺) 黄色頁岩層(下部70公尺) 上部含煤層(58公尺) 中部含煤層(50公尺) 下部含煤層(33公尺) 石灰岩層	赭色頁岩,灰白色砂岩 黄綠色青灰色頁岩 黄綠色青灰色頁岩鉄鋼石 黑色頁岩,灰色砂岩 黄綠色青灰色黑色頁岩及灰白色砂岩 青灰色頁岩,灰色砂岩,石灰岩 石灰岩,苦灰岩,石膏層	

號數	礦名	地形						地質			備用
		煤田形勢	山系				河流	紀别	層别	岩石别	
			名称	海拔(公尺)	組成	位置					
14	軒崗鎮煤礦	急峻山嶽地帶南部為山地帶酸化地帶					清水河	二疊石炭紀			二疊石炭紀下部走向為南北
15	長城煤礦	境界 東一砲山角峯 西一白王高峯 北一臨榆縣		302			白河(向西流)	奧陶紀 二疊紀 三疊紀	石灰岩層 含煤層 侏羅層	石灰岩	石河西岸老君山頂地方為火成岩地帶為鎔岩流成上部為侏羅層被羅由小入口噴入岩漿將煤層切斷
16	柳江煤礦	東一協成礦區 西一明德礦區 南一同成〃〃 北一門頭溝礦區	大黑山系 丘陵地	300 50—100		西邊		奧陶紀 二疊石炭紀	石灰岩層 砂岩層 夾煤層 上部夾煤層 中生層 冲積層	石灰岩 灰黑色灰綠色頁岩及砂岩煤層交互構成 安山岩及玢岩	
17	磁縣煤礦	主軸為鼓山嶺南為河南河北二省交界西為太行山脈西邊為太行山脈所成之高原性山地	鼓山嶺 太行山脈	(北部) 500—700 (南部) 300—400		本煤田區主軸 西邊	漳河一沿岸成丘陵地帶	上部石炭紀 二疊紀 三〃〃	基盤 夾煤層 鱉舟石灰岩層 黄土層	鱉舟石灰岩層背斜構成 砂岩，頁岩，石灰岩， 露出地面	
18	利豐煤礦	北平西郊外 東一西山山脈	妙峯山將軍嶺				永定河	奧陶紀	石灰岩層	石灰岩	

號數	礦名	地形						地質			備用
		煤田形勢	山系 名称	海拔(公尺)	組成	位置	河流	紀别	層别	岩石别	
		西一太行山脈 南一永定河 北一高嶺						二層紀 下部侏羅紀	夾煤層		
19	門頭溝煤礦	本區爲火成岩所構成 煤層並不連續成褶曲袋狀							夾煤層 下部窰坡層 上〃〃〃〃		
20	岇里煤礦	北平西南120公里 煤田北部爲山嶽地帶長度—24公里						侏羅紀	夾煤層 (13層)	砂岩,頁岩,礫岩	
21	花園煤礦	西北部有玉帶山東部有雞鳴山洋河由北往東成平野地帶	玉帶山 雞鳴山			西北部 東部	洋河(流向由北往東)	震旦紀 中生代侏罗紀	基盤 夾煤層	石灰岩 凝灰岩及礫岩	
22	大青山煤田	中部盆地 南北兩側爲片麻岩所成 南側爲盆地内之丘陵性山地所成 北側有河流發源	陰山系及支脈			中部		侏罗紀	基底 夾煤層	花崗片麻岩 砂岩,頁岩,砂質頁岩	
23	淄川地區 淄川煤礦	全煤田四週爲船底狀構造 孝婦河流域成沿澤地帶					孝婦河	奧陶紀 二疊〃 石炭〃	石灰岩層	石灰岩	
24	南定煤礦	地層由東向西傾斜									

號數	礦名	地形						地質			備用
		煤田形勢	山系				河流	紀別	層別	岩石別	
			名稱	海拔(公尺)	組成	位置					
		中間有斷層與夾煤層相接連山頂為向斜所成在孝婦河之西方為平行之二大斷層所成									
25	博山地域 山東礦業株式会社 (1)黑山煤礦 (2)東大煤礦 (3)萬山煤礦 (4)奐大煤礦 (5)利大煤礦 (6)博大煤礦 (7)福大煤礦 ×(8)旭華煤礦 ×(9)官莊煤礦 ×(10)文祖煤礦	主要河川發源之地 東北一大奎山脈 南側一平坦地 西部一丘陵地帶接連章邱煤田東南為黑山煤田區域向西北傾斜稱博山地區 南端為一大斷層之石灰岩所成 北部為平坦低地	大奎山脈 洪山			東北		奧陶紀 石炭紀 二疊石炭紀 二疊三疊紀 第四紀 火成岩	石灰岩層 下部夾煤層 中部〃〃 上部層 下部層 上部層 黃土層	灰色乃至暗灰色石灰岩，黃灰色泥灰岩 雜色頁岩，薄片狀砂岩，鐵質頁岩，礬土頁岩 砂岩，頁岩，石灰岩 〃〃〃 雜色頁岩砂岩 雜色頁岩，砂岩及礬土頁岩 硅質砂岩 黃土，礫岩，砂閃綠岩，玢岩，玄武岩	×旭華官莊文祖三礦屬於章部地域
26 27 28 29 30 31 32 33 34	悅昇煤礦 吉成煤礦 大成煤礦 東方煤礦 義泰煤礦 複豐奐煤礦 永和煤礦 聚奐煤礦 隆昌煤礦	仝上	仝上			仝上		仝上	仝上	仝上	仝上

號數	礦名	地形						地質			備用
		煤田形勢	山系				河流	紀別	層別	岩石別	
			名稱	海拔(公尺)	組成	位置					
35	濟豐煤礦										
36	魯興〃〃										
37	寶業〃〃										
38	成通〃〃										
39	益成〃〃										
40	同順〃〃										
41	華東〃〃										
42	永順〃〃										
43	振業〃〃										
44	同興〃〃										
45	鼎益〃〃										
46	恒通〃〃										
47	永豐〃〃										
48	東昇〃〃										
49	大亨〃〃										
50	魁順〃〃										
	章邱地域	北部一高原						奧陶紀	石灰岩層，黄灰色泥灰岩	石灰岩，泥灰岩	
51	源昌煤礦	南部一低地									
52	天和〃〃	面積一528方公里	黄山					石炭紀	頁岩層，砂岩層	頁岩，砂岩	
53	利達〃〃	由黄山，胡山走向南北					白浪河	二疊石炭紀	下部夾煤層 中〃〃〃 上〃〃〃		
54	大興〃〃	而分為東西章邱成二大斷層	胡山								
55	天源〃〃							二疊三疊紀	下部層 上〃〃	頁岩 砂〃	
								第四紀	黄土層	黄土	
								火成岩類		玄武岩	
	坊子地域		崇山，黄山								
56	坊子東煤礦		鉄山，靈山			南部	白浪河		泰山統片麻岩層	片麻岩，花崗片麻岩，綠色片岩，石灰岩	
57	坊子中央煤礦										

號數	礦名	地形						地質			備用
		煤田形勢	山系				河流	紀別	層別	岩石別	
			名称	海拔(公尺)	組成	位置					
								侏羅紀 第四紀 火成岩	中生層 黄土,砂層	白雲岩質石灰岩,饅頭頁岩,硅岩,魚鱗狀石灰岩,礫岩,砂岩,頁岩 綠色火山岩流汶岩,玄武岩,集塊岩	
58	新泰煤礦	南部北部山脈東西横卧距離三里至八里有小河流經過成為帶狀地形						奥陶紀 二疊石炭紀 三疊紀	石灰岩層 夾煤層 (厚二百數十公尺) 黄土層	石灰岩	
59	華豐煤礦	北西有徂徠山聳立東走過汾河成平野地帶	徂徠山 三台山 蔚山 鳳屏山			北部 南部 〃 〃	汶河	寒武紀 奥陶紀	泰山系(礦區北方) 石灰岩,頁岩 石灰岩(丘陵地帶) 夾煤層 黄土層	片麻岩 石灰岩,頁岩 石灰岩 砂岩,頁岩,石灰岩	
60	赤柴煤礦	東部為九龍山高地南北部為汶河黄土地	九龍山			東部	汶河	奥陶紀 二疊紀 三疊紀	石灰岩層 含煤層 礬土頁岩 A層	砂岩,頁岩 礬土頁岩	
61	霍縣煤田 (1)天生窰 (2)義順窰 (3)奎太窰	本煤田為隆起之地層構造略形背斜以汾河洪積地帶為軸心形成高峻之丘陵及山嶽地	霍山 罗山山脈	2,800 2,000		霍縣城東方隔汾河與霍山平行	汾河	奥陶紀 石炭紀 下部二疊紀 中〃〃〃	黄土質石灰岩層 本溪統(下部夾煤層) 太原統(中〃〃) 山西統(上〃〃)	石灰岩(120公尺以上) (12-14公尺) (40-70公尺) (70-80公尺)	

號數	礦名	地形						地質			備用
		煤田形势	山系				河流	紀別	層別	岩石別	
			名称	海拔(公尺)	組成	位置					
6	(4)晋奥窑 (5)老〃 (6)南荘〃 (7)德生〃 (8)南溝〃 (9)宏鹹〃 (10)晋昌〃 (11)寳奥煤礦	高峻之丘陵及山嶽地帶 山嶽地帶 汾河發源地形成太原盆地下流為溪谷至霍縣為洪積地帶						上部二疊紀 〃 洪積紀	下部石盒子統 上〃　〃 礫岩 黄土層	黄綠色頁岩(35-45公尺) 赭色頁岩(30公尺以上) (50-70公尺) (2-5 〃〃)	
62	介休煤礦										
63	平遥〃〃										
64	裕通〃〃										
65	晋奥〃〃										
66	蔭營〃〃										
67	五楊村煤田	潞安盆地—海拔1,100公尺 盆地東方海拔為400-700公尺	龍王山					奥陶紀 二疊石炭紀 第四紀	石灰岩層 含煤層 黄土冲積層		
68	裕豊煤礦	丘陵地帶									
69	新顺〃〃										
70	合奥煤礦	走向北40°西傾斜15°向西南									
71	永奥煤礦										
72	靈山煤田	靈山鎮為中心自東北方至西南方及自東方至西方為船底					(1)沙河 (2)唐河	下部寒武紀 中部〃　〃 上〃	頁岩層 石灰岩層	赤紫色頁岩 魚鱗状石灰岩	

號數	礦名	地形						地質			備用
		煤田形勢	山系				河流	紀別	層別	岩石別	
			名称	海拔(公尺)	組成	位置					
		形構造盆地						奧陶紀 石炭紀及二疊紀 二疊及三疊紀 第三紀 第四紀	石灰岩及苦灰岩層 頁岩及砂岩互含夾煤層 礬土頁岩	石灰岩及苦灰岩 頁岩,砂岩 礬土頁岩 紅土,黄土,礫岩	
73	陳照煤田	丘陵地帶	太行山脈	60-80				下部寒武紀 奧陶紀 石炭紀 二疊紀 " " " 三 " " 第四紀	石炭岩,苦灰岩層 A 夾煤層 B " " C " D " 黄土層及冲積層	石灰岩,苦灰岩	
74	萬全煤田	北一蒙古高原海拔50公尺 南一波状低地丘陵地帶					東城河 西城河		石英粗粒岩層粗粒玄武岩 含煤層 黄土層 冲積層	石英岩 玄武岩 砂岩,礫岩,頁岩 班岩,砂粒岩	
75	渾源煤田	東一平原 南一丘陵地帶 西一平原 北一地勢險峻							石灰岩層 夾煤層 紅色砂岩頁岩層 凝灰質螢岩層 安山岩及凝灰層 黄土冲積層	石灰岩 砂岩,頁岩 螢岩	

號數	礦名	地形							地質			備用
		煤田形勢	山系					河流	紀別	層別	岩石別	
			名称	海拔(公尺)	組成	位置						
76	萊蕪煤礦	東—丘陵地帶 南—山嶽地帶 西—平原 北—丘陵地帶 山脈東西相連					汶河 流向東—西	寒武紀 二疊" 白堊紀及侏罗紀	石灰岩層 夾煤層 泰安岩	石灰岩(南部) (東北及北部) 東北部 (東部)	南部地帶岩層走向為N.W.50°向北傾斜15°-22°北部地帶岩層走向為N.E.40°向東南傾斜24°-34°以萊蕪縣城為中軸而構成一大向斜層

華北各煤礦概覽 第三表（自然條件）……附表B

調查截止日期——民國32年3月

煤質

號數	礦名	煤層名	試樣收受日期	工業分析						灰之性狀		煉焦試驗		液化試驗			低溫乾餾試驗				備考
														液化率	液化油性狀						
			民國 年月日	水分 %	灰分 %	揮發分 %	固定炭 %	全硫黃 %	發熱量 卡	耐火度 °C	色	膨脹率 %	粘結狀態	%	比重(20°C)	色	乾餾成焦炭 %	焦油 %	瓦斯液 %	瓦斯 立公升/公斤	
1	開灤礦務局																				
	(1) 唐山礦	5 槽	30-10-7	1.38	13.69	30.28	54.65	0.54	6,420	1,020	黃褐	4.94	強	68.09	測定不能	黑褐	86.0	7.8	3.1	34	
		8 〃	〃	1.30	31.29	24.79	42.62	0.59	7,140	1,580	灰紫	4.52	〃	60.68	〃	〃	89.8	5.2	2.6	27	
		9 〃	〃	1.28	31.33	25.97	41.42	0.74	5,400	1,610以上	灰白紫	4.51	〃	81.68	〃	〃	88.7	5.8	2.7	29	
		10 〃	〃	1.24	23.68	22.23	52.85	2.47	5,340	1,610以上	灰白褐	4.10	〃	58.19	〃	〃	91.8	4.1	2.0	26	
		12 〃	〃	1.34	20.65	30.20	47.81	1.17	6,330	1,580-1,610	灰白紫	9.71	最強	73.66	1.009	濃茶褐	86.6	7.2	3.0	34	
	(2) 林西礦	5 〃	〃	1.26	28.86	24.36	45.32	0.87	6,410	1,250-1,280	灰白褐	5.67	〃	75.45	0.9940	黑褐	89.6	5.2	2.4	29	
		8 〃	〃	0.90	22.15	25.15	51.80	0.58	5,840	1,610以上	褐	5.17	〃	68.27	1.0138	〃	92.8	3.4	2.0	26	
		9 〃	〃	0.97	29.25	22.56	47.22	0.51	6,360	1,610以上	灰白	5.12	〃	71.36	0.9950	〃	91.6	4.0	2.2	30	
		11 〃	〃	1.06	14.83	26.02	58.09	2.51	6,530	1,610以上	灰白	6.01	〃	76.65	0.9931	〃	89.1	5.3	2.3	31	
		12 〃	〃	1.16	21.42	24.44	52.96	1.06	7,240	1,160-1,180	灰紫	5.61	〃	68.23	0.9169	濃茶褐	91.4	4.1	2.5	28	
		14 〃	〃	0.77	27.56	22.54	44.13	1.97	6,470	1,610以上	灰白	3.01	強	67.18	測定不能	黑褐	87.1	6.9	3.4	29	
	(3) 唐家莊礦	5 〃	〃	1.42	21.40	29.66	47.52	2.19	5,850	1,630以上	灰白	5.15	最強	63.15	0.9926	〃	86.4	7.5	2.5	33	
		7 〃	〃	1.06	37.57	21.52	39.85	0.37	6,450	1,630	〃	1.28	弱	67.45	測定不能	〃	87.3	7.1	2.6	30	
		8 〃	〃	1.44	25.75	26.77	46.04	0.42	4,720	1,650以上	灰黃	5.98	最強	65.30	0.9848	〃	92.1	3.8	2.4	24	
		9 〃	〃	1.40	27.88	27.62	43.10	0.46	5,960	〃	灰褐	4.62	強	83.43	0.9753	〃	91.1	4.7	1.9	27	
		11 〃	〃	1.17	14.28	29.66	54.89	2.83	5,770	〃	〃	5.58	最強	61.53	測定不能	黑	83.5	6.7	3.[illegible]	68	
		12 〃	〃	1.16	19.41	28.32	50.61	1.99	7,230	6160	灰白紫	5.35	〃	66.25	〃	黑褐	87.3	7.2	2.2	35	
		13 〃	〃	1.06	49.01	18.78	31.15	1.44	3,680	1,650以上	灰白	1.10	弱	72.61	〃	濃茶褐	94.2	2.4	2.2	19	
		14 〃	〃	0.50	56.98	15.53	26.99	2.35	3,410	1,320	灰紫	1.12	〃	33.65	〃	黑褐	94.3	3.1	1.2	22	
	(4) 趙各莊礦	5 〃	〃	1.64	21.89	30.52	45.95	1.36	6,290	1,630以上	灰白	3.95	強	64.26	0.9873	赤褐	81.4	10.1	4.7	40	
		6 〃	〃	1.78	34.84	27.85	35.53	3.22	5,140	1,460	紫	3.62	〃	47.94	0.9768	〃	85.8	7.7	3.9	34	
		7 〃	〃	1.59	23.87	27.66	46.88	0.43	6,030	1,630以上	黃	1.71	稍強	68.07	0.9790	濃茶褐	87.0	7.2	3.3	31	
		8 〃	〃	1.79	31.82	26.45	39.94	0.60	5,320	1,610 〃	灰白	3.50	強	64.67	0.9711	〃	86.5	7.4	3.5	32	
		9 〃	〃	2.20	15.77	32.03	50.00	0.41	6,700	1,630 〃	〃	2.04	稍強	72.84	0.9782	〃	84.0	9.3	4.1	38	
		11 〃	〃	2.06	5.23	39.87	52.84	2.79	7,780	1,160-1,180	灰紫	5.29	最強	81.29	0.9900	茶褐	75.8	14.3	4.5	47	
		12 〃 上	〃	1.71	17.06	35.31	45.92	0.89	6,740	1,160	灰白	2.85	強	76.42	0.9845	濃茶褐	82.4	9.9	4.3	39	
	(5) 馬家溝礦	停辦																			
2	中興煤礦	棗莊大槽	30-7-22	1.15	15.50	29.99	53.36	0.47	7,010	1,610以上	薄褐	6.36	最強	61.48	測定不能	黑	89.0	6.0	3.0	26	
		棗莊小槽	〃	0.65	6.46	29.39	63.50	1.53	8,170	1,580-1,618	灰白	6.25	〃	70.80	〃	黑褐	88.0	7.0	2.8	28	
		陶莊東大巷本層	32-4-21	0.87	23.24	30.99	44.90	0.70	6,320	1,410	灰橙	5.68	〃	[illegible]	0.9854	茶褐	83.0	9.4	2.2	38	
3	井陘煤礦	新井1層	32-4-21	1.28	16.62	21.88	54.22	4.56	7,040	1,180	紫褐	7.12	〃	66.60	0.9980	黑	84.0	8.0	2.8	48	
		新井2〃	〃	0.89	22.00	25.37	51.74	1.61	6,580	1,480	〃	6.26	〃	70.43	0.9894	黑褐	83.0	7.8	2.4	50	
		北井3〃	〃	0.96	9.58	22.39	67.07	0.74	7,660	1,280	灰白	6.99	〃	50.71	0.9731	〃	90.2	4.4	2.6	44	

號數	礦名	煤層名	試樣收受日期 民國 年月日	工業分析 水分 %	灰分 %	揮發分 %	固定炭 %	全硫黄 %	發熱量 卡	灰之性狀 耐火度 °C	色	煉焦試驗 膨脹率 %	粘結狀態	液化試驗 液化率 %	液化油性狀 比重(20°C)	色	低温乾溜試驗 殘成焦炭 %	烟脂 %	瓦斯液 %	瓦斯 立公升/公斤	備考
		新井 4 層	32-4-21	0.60	7.90	26.00	65.50	1.91	7,970	1,160	紫褐	6.18	最强	59.31	測定不能	黑褐	90.2	5.5	1.3	36	
		5 〃	〃	0.66	11.87	23.44	64.03	2.02	7,460	1,280	〃	6.27	〃	47.93	0.9849	〃	91.9	4.1	1.6	24	
4	正豐煤礦	1 〃	30-10-29	0.77	9.82	24.80	64.61	0.60	7,740	1,610以上	白	6.34	〃	56.60	0.9840	〃	92.0	4.3	1.5	23	
		2 〃	〃	0.73	6.19	28.17	64.91	0.81	8,230	〃	灰白	6.34	〃	60.78	0.9925	〃	91.4	4.5	1.6	25	
		4 〃	〃	0.92	2.95	20.15	75.98	1.33	8,390	〃	白	5.70	〃	50.09	0.9866	〃	94.9	2.1	1.9	31	
		5 〃	〃	0.87	7.32	18.63	73.18	0.54	7,930	〃	灰白	1.77	稍强	44.27	0.9896	〃	95.4	1.6	1.8	22	
5	六河溝煤礦	有烟煤	30-10-29	0.92	10.19	23.26	65.63	0.48	7,610	1,300	茶褐	6.29	最强	35.22	0.9642	〃	90.4	5.0	2.0	32	
		復興井有烟煤	〃	0.79	11.25	24.69	63.27	0.49	7,540	1,320	淡褐	6.55	〃	48.05	0.9851	〃	90.3	5.1	2.0	32	
		復興井西部野青煤	32-4-21	2.24	24.95	20.16	52.71	8.19	6,470	1,200	灰紫	2.12	稍强	48.79	測定不能	〃	93.5	2.0	2.5	21	
		復興井大煤層	〃	0.99	13.84	23.56	61.61	0.36	7,410	1,530以上	灰白	5.56	最强	58.17	0.9358	〃	90.1	4.7	1.9	32	
		西地3号井大煤層	〃	1.03	7.39	24.71	60.87	0.84	8,160	1,530 〃	灰白	5.38	〃	60.52	0.9615	〃	89.1	5.1	1.8	42	
		和順井南大巷五尺層	〃	1.13	16.24	21.18	60.75	0.43	7,240	1,530 〃	灰白	5.03	〃	59.16	測定不能	赤褐	92.1	3.5	1.9	27	
6	焦作煤礦	1号煤	31-1-14	3.60	12.05	6.80	77.55	0.36	6,960	1,410	灰褐	-	非	液化不能			94.5	0	4.9	8	
		2 〃 〃	〃	2.80	16.81	10.66	69.73	0.26	6,250	1,140	茶褐	-	〃		〃		96.4	0	3.4	3	
7	憑心煤礦	3 〃 〃	〃	3.19	8.85	5.50	81.86	0.33	7,180	1,435	灰白	-	〃		〃		76.0	0	3.8	2	
		西部第一斜井	32-4-21	3.95	11.61	5.66	78.78	0.33	7,130	1,530以上	〃	-	〃		〃						
		No.2 No.4	〃	3.77	26.12	6.47	63.64	0.24	5,720	1,200	〃	-	〃								
		No.6	〃	3.87	16.72	8.17	71.24	0.25	6,430	1,435	〃	-	〃								
		No.8	〃	4.19	11.12	7.02	77.67	0.28	7,040	1,530以上	〃	-	〃								
		No.10	〃	4.38	10.79	6.69	78.74	0.33	7,130	〃	〃	-	〃								
		No.12	〃	4.17	20.37	6.66	68.80	0.27	6,260	1,500	〃	-	〃								
		西部第二斜井No.2	〃	4.13	7.90	7.32	80.65	0.36	7,390	1,500	〃	-	〃								
		No 4	〃	4.41	12.08	6.15	76.16	0.31	7,000	1,520	〃	-	〃								
		No. 6	〃	4.08	12.93	5.89	77.09	0.29	6,980	1,520	〃	-	〃								
		No. 8	〃	3.35	23.10	7.07	66.48	0.28	6,060	1,530以上	〃	-	〃								
		No.10	〃	3.97	7.08	5.42	83.52	0.36	7,680	〃	〃	-	〃								
		No.12	〃	3.64	13.42	6.72	74.22	0.25	6,940	〃	〃	-	〃								
		玉河煤	〃	4.41	5.71	5.64	84.24	0.34	7,790	〃	〃	-	〃								
8	原昌中興煤礦			2.91	28.62	2.92	62.12	0.41	6,880												
9	大同煤礦	保羅紀 A層		4.24	3.33	32.79	59.46	1.21	7,530	不明	不明	不明	不明	不明	不明	不明	不明	不明	不明	不明	
		B 〃		3.71	4.57	27.58	64.13	0.65	7,490	〃	〃	〃	〃	〃	〃	〃	〃	〃	〃	〃	
		C 〃		4.23	4.27	25.65	65.84	0.77	7,350	〃	〃	〃	〃	〃	〃	〃	〃	〃	〃	〃	
		D 〃		3.32	2.53	32.17	61.98	0.41	7,660	〃	〃	〃	〃	〃	〃	〃	〃	〃	〃	〃	
		E 〃		3.65	5.71	27.80	62.33	0.89	7,380	〃	〃	〃	〃	〃	〃	〃	〃	〃	〃	〃	
		石炭紀(昭和窯)		2.41	16.02	31.68	49.94		6,400	〃	〃	〃	〃	〃	〃	〃	〃	〃	〃	〃	

號數	礦名	煤層名	試煤收受日期	工業分析						灰之性狀		煉焦試驗		液化試驗			低温乾溜試驗				備考
			民國 年月日	水分 %	灰分 %	揮發分 %	固定炭 %	全硫黄 %	發熱量 卡	耐火度 °C	色	膨脹率 %	粘結狀態	液化率 %	液化油性狀 比重(20°C)	液化油性狀 色	未完成焦炭 %	烟脂 %	瓦斯液 %	瓦斯 立升/公斤	
10	陽泉煤礦	第1井丈八煤本層	31-1-27	2.34	6.36	8.59	82.71	0.77	7,850	1,580	白黄	不明	不明		液化不能		94.6	0	4.9	10	
		第2井丈八煤本層	〃	2.05	13.04	9.18	75.73	0.70	7,200	1,610以上	灰白	〃	〃		〃		96.0	0	3.5	9	
		第2井七尺煤上層	〃	0.95	11.36	9.75	77.94	0.40	7,504	1,250	橙黄	〃	〃	10.05	測定不能	黑褐	95.2	0	3.5	16	
		第3井丈八煤本層	〃	1.93	6.56	7.93	83.58	0.68	7,880	1,610	灰白	〃	〃	56.41	〃	黑	95.2	0	3.6	12	
		第3井七尺煤上層	〃	3.86	3.73	10.46	81.95	0.41	7,800	1,460	茶	〃	〃	14.81	〃	黑褐	92.0	0	6.5	19	
		第3井四尺煤上層	〃	1.10	20.57	9.67	68.66	0.37	6,620	1,610以上	灰白	〃	〃	8.89	〃	〃	97.0	0	2.3	11	
		第4井丈八煤本層	〃	1.63	9.15	8.27	80.95	0.97	7,620	1,610	〃	〃	〃		液化不能		95.5	0	4.0	10	
		第5井丈八煤本層	〃	1.77	13.26	9.42	75.55	0.81	7,220	1,610	〃	〃	〃		〃		95.3	0	4.2	9	
11	壽陽煤礦	第1斜井上層煤	〃	0.83	15.96	13.49	69.72	0.42	7,170	1,610	白橙褐	1.65	稍强	49.62	測定不能	〃	94.5	0.8	2.0	25	
		第1斜井下層煤	〃	0.45	10.79	14.67	74.09	0.40	7,660	1,610	褐茶	1.68	〃	26.98	〃	〃	95.3	0.8	1.6	29	
12	富家灘煤礦	新一平巷	31-4-4	1.86	10.23	27.98	59.93	1.80	7,470	1,140	灰橙	6.39	最强	77.07	0.9770	〃	83.3	6.5	5.4	40	
		第一平巷	〃	1.36	14.87	26.78	56.99	1.71	7,190	1,610以上	灰黄	7.00	〃	72.82	測定不能	〃	84.0	7.0	4.0	60	
		第二平巷	〃	1.22	19.61	27.99	51.18	5.27	6,730	1,080	灰紫	6.90	〃	75.16	〃	黑	83.7	7.5	3.3	54	
		南關汾水溝窯上層煤	〃	1.63	8.11	27.01	63.25	2.05	7,710	1,610以上	灰橙黄	5.98	〃	79.56	〃	〃	84.3	7.2	4.0	47	
		〃 下 〃	〃	1.35	12.62	27.16	55.87	4.42	7,380	1,350	灰紫橙	6.35	〃	65.08	〃	黑褐	83.0	8.2	3.3	65	
13	西山煤礦	9尺層（第一平巷）	31-1-27	1.05	8.26	15.60	75.09	0.46	7,800	1,610以上	灰紫黑	1.06	弱		液化不能		93.8	1.5	1.7	34	
		9〃（〃二〃）	〃	0.90	8.13	15.48	75.49	0.47	7,760	1,460	灰黑黄	1.14	〃	14.64	測定不能	黑褐	94.3	1.7	2.0	30	
		9〃（〃三〃）	〃	0.98	4.18	15.14	79.70	0.53	8,420	1,610以上	橙黄白	1.71	稍弱	19.88	〃	〃	94.1	0.8	1.7	36	
		18〃（第一平巷）	〃	0.74	12.81	16.81	69.64	0.73	7,160	1,200	灰橙黑	1.13	弱	16.35	〃	〃	93.8	1.0	2.5	32	
		18〃（第二〃）	〃	0.90	7.80	15.09	76.21	0.80	7,850	1,500	灰茶褐	1.32	〃	16.19	〃	〃	94.8	0.9	2.1	30	
		18〃（第三〃）	〃	0.90	13.42	18.10	67.58	0.69	7,180	1,960	紫	1.77	稍强	9.95	〃	〃	94.5	1.0	2.0	26	
		4〃（第一平巷）	〃	0.97	15.52	15.01	67.60	0.97	7,090	1,610以上	灰白紫	1.80	〃		液化不能		93.5	1.3	1.8	40	
		3〃（第二平巷）	〃	0.60	5.58	15.27	78.55	1.10	8,070	1,480	灰茶褐	1.24	弱	52.40	測定不能	茶褐	94.3	0.9	1.9	33	
		3〃（第三〃）	〃	0.67	18.68	14.94	65.71	0.46	6,820	1,610以上	白橙	1.28	〃	23.94	〃	黑褐					
		8〃（第二〃）	〃	1.12	17.89	11.86	69.47	0.48	6,820	1,610	灰白	-	非		液化不能		95.8	0.3	25	20	
		7〃（第三〃）	〃	1.15	11.21	14.55	73.69	1.52	7,780	1,530以上	灰褐	1.49	弱								
		1尺8寸層（第三〃）	32-8-25	1.01	6.22	17.74	75.03	0.47	8,210	1,530	灰白	1.41	〃								
		15尺〃（第二〃）	31-1-27	1.13	3.45	13.04	82.38	1.97	8,240	1,320	灰茶	-	非	10.69	測定不能	黑褐	94.9	0.5	3.2	20	
		15尺〃（第三〃）	〃	1.29	4.54	12.41	81.76	2.17	8,250	1,250	灰褐	〃	〃								
		虎峪文恒礦	32-10-5	6.89	10.86	22.97	59.28	0.33	6,270	1,530以上	灰白	〃	〃	61.85	0.9516	〃	81.5	0.2	10.7	51	
		虎峪四達礦	〃	6.22	11.07	20.04	62.67	0.45	6,340	1,530	灰橙	〃	〃	48.80	測定不能	茶褐	87.0	0.3	8.7	34	
14	軒崗鎮煤礦	帽丈層（第一井）	31-4-2	1.40	13.35	26.60	58.65	0.83	7,180	1,580	黄白	2.56	强	71.99	〃	黑褐	86.5	6.3	3.5	33	
		〃（〃二〃）	〃	1.42	20.58	26.31	51.69	1.04	6,420	1,435	〃	1.25	弱	69.06	〃	〃	86.7	5.8	4.0	46	
		〃（〃三〃）	〃	1.59	24.73	24.61	49.67	0.91	5,990	1,610	灰白紫	1.19	〃	70.31	〃	〃	87.8	5.0	4.0	45	
15	長城煤礦	第2層		0.89	17.38	11.93	67.80	0.61	6,420	不明	不明	-	非		液化不能		不明	不明	不明	不明	
		〃3〃		4.27	27.28	6.51	61.90	0.48	5,030	〃	〃	-	〃		〃		〃	〃	〃	〃	
		〃4〃		3.50	24.68	5.62	66.20	1.16	5,720	〃	〃	-	〃		〃		〃	〃	〃	〃	

號數	礦名	煤層名	試煤收受日期	工業分析						灰之性狀		煉焦試驗		液化試驗			低温乾溜試驗				備考
			民國 年月日	水分 %	灰分 %	揮發分 %	固定炭 %	全硫黄 %	發熱量 卡	耐火度 °C	色	膨脹率 %	粘結狀態	液化率 %	液化油性狀 比重(20℃)	液化油性狀 色	半成焦炭 %	烟脂 %	瓦斯液 %	瓦斯 立公升/公斤	
16	柳江煤礦	第3層	30-10-29	1.00	11.34	8.40	79.26	3.81	7,510	1,200	灰紫	-	非		液化不能		96.2	0	3.3	8	
		〃4〃	〃	1.92	30.94	8.57	58.57	0.38	5,400	1,530	灰白	-	〃		〃		96.4	0	3.1	8	
		〃5〃	〃	0.96	25.92	10.09	63.03	2.64	5,930	1,460	白紫	-	〃		〃		97.9	0	1.3	9	
		〃6〃	〃	0.87	18.81	8.85	71.47	1.65	6,800	5,610以上	暗灰	-	〃	19.90	測定不能	赤褐	97.8	0	1.5	9	
17	磁縣煤礦	通順井大煤層	32-4-21	0.88	26.00	22.12	51.00	0.34	6,200	1,530以上	灰白	4.56	强	61.76	0.9607	黑褐	90.0	6.8	1.0	74	
		〃小〃	32-9-30	1.03	17.93	26.51	54.53	0.44	7,340	〃	〃	5.41	最强	64.53	0.9565	茶褐	86.4	7.3	1.7	43	
		18號井第1層	〃	0.74	17.17	22.22	59.87	0.48	7,080	〃	灰黄	6.29	〃	60.75	測定不能	〃	91.4	3.9	2.3	31	
		〃2〃	32-9-30	0.79	16.45	21.97	60.79	0.47	7,220	〃以上	灰橙	6.44	〃	39.13	0.9613	〃	91.0	3.5	2.5	33	
		小斜井第2〃	〃	1.10	13.97	22.94	61.98	0.53	7,370	〃	灰白	6.55	〃	54.31	0.9681	〃	91.2	3.9	3.0	34	
18	利豐煤礦	第3層(塊煤)	30-10-8	3.67	15.07	5.88	75.38	0.19	6,120	1,140	黄	-	非				92.8	0	7.2	0	
		4〃(〃)	〃	1.89	10.39	5.64	82.08	0.31	6,610	1,630以上	暗灰	-	〃	17.96	測定不能	黑	94.1	0	5.9	0	
		5〃(〃)	〃	1.43	10.51	6.52	81.54	0.32	6,610	1,230	灰白	-	〃		液化不能		94.2	0	5.8	0	
19	門頭溝煤礦	540尺層	30-9-7	3.41	10.85	9.13	76.61	0.21	6,340	1,320	帶黑黄褐	-	〃		液化不能		93.2	微	6.0	13	
		630尺層	〃	2.82	29.87	4.62	86.69	0.12	5,490	1,300	暗黑黄	-	〃		〃		94.4	〃	5.3	10	
20	坨里煤礦	第1層(粉)		1.75	18.47	7.81	71.97		6,270			-	〃								
		〃2〃(〃)		1.67	10.80	6.93	80.60		6,988			-	〃								
		〃3〃		1.90	14.81	7.41	75.88		6,611			-	〃								
		〃4〃		2.10	7.00	8.32	82.58		7,342			-	〃								
		〃5〃		1.60	12.04	8.10	78.26		6,873			-	〃								
21	花園煤礦	第一層		3.83	10.64	27.33	58.20		6,919				强	不明	不明	不明	不明	不明	不明	不明	
22	大青山煤礦	第1層		1.68	5.07	41.48	51.77	0.31	7,550				最强	〃	〃	〃	〃	〃	〃	〃	
		2〃		2.21	2.13	46.81	49.85	0.33	7,060				弱	〃	〃	〃	〃	〃	〃	〃	
		3〃		1.64	8.37	34.59	55.40	0.64	7,370				强	〃	〃	〃	〃	〃	〃	〃	
		4〃		8.24	39.15	25.18	27.43	0.22	3,120				非	〃	〃	〃	〃	〃	〃	〃	
23	淄川煤礦	山頭二井三層C	30-11-4	1.01	13.76	16.85	68.38	0.67	7,360	1,630以上	灰白	7.04	最强	51.33	測定不能	黑褐	96.3	1.3	1.4	19	
		〃一井四層D	〃	0.75	10.28	17.75	71.22	0.45	7,700	1,630〃	〃	4.19	强	40.60	0.9848	〃	95.8	1.8	1.2	18	
		周瓦莊一井小四層d	〃	0.95	10.38	14.34	74.33	0.35	7,600	1,630〃	暗灰	1.25	弱	50.76	測定不能	〃	97.8	0.3	1.8	11	
		洪山一井五層E	〃	0.75	8.00	18.63	72.63	1.11	7,960	1,630〃	灰白	5.48	最强	32.02	〃	〃	95.8	1.8	1.2	17	
		〃二井七層E′	〃	0.93	8.36	15.10	75.61	1.83	7,930	1,160-1,180	暗灰	1.99	稍强	34.86	〃	〃	97.1	0.4	2.1	11	
		車家莊大井九層F	〃	0.64	2.42	16.01	80.53	1.35	8,490	1,140	赤褐	3.53	强	49.04	0.9903	〃	97.2	0.9	1.5	13	
		洪山斜井十層1號煤G	〃	0.85	7.36	14.44	77.35	1.30	7,950	1,140	暗灰	1.79	稍强	20.35	測定不能	〃	98.0	0	1.9	11	
		洪山斜井十層2號煤H	〃	0.86	9.55	16.49	72.10	1.91	7,600	1,480	灰白	1.57	〃	53.40	〃	〃	96.5	0	3.3	11	
		興亜大井3層	32-4-21	0.78	5.72	15.99	77.51	0.39	8,280	1,610	灰橙	0.99	弱								
		〃4〃	〃	0.83	7.29	15.66	76.42	1.43	8,140	1,300	灰紫	1.43	〃								
		〃3,4〃混合	〃	0.73	6.62	15.50	77.15	0.68	8,190	1,610以上	灰橙	1.35	〃								

號數	礦名	煤層名	試煤收受日期	工業分析						灰之性狀		煉焦試驗		液化試驗			低溫乾溜試驗				備考
			民國 年月日	水分 %	灰分 %	揮發分 %	固定炭 %	全硫黄 %	發熱量 卡	耐火度 °C	色	膨脹率 %	粘結狀態	液化率 %	液化油性狀 比重(20°C)	液化油性狀 色	半成焦炭 %	烟脂 %	瓦斯液 %	瓦斯 立公升/公斤	
24	南定煤礦	小八行	30-11-4	0.71	6.39	17.68	75.22	0.95	7,940	1,280	灰	1.43	弱	32.75	測定不能	黑褐	95.7	1.9	1.4	20	
		九行	"	0.83	11.04	15.39	72.74	0.65	7,520	1,610以上	白	1.91	稍强	28.63	"	"	95.5	1.0	2.5	17	
		大八行	"	0.86	10.37	16.99	71.78	5.72	7,600	1,200	濃紫	1.62	"	48.51	"	"	96.5	0.9	1.7	18	
25	山東礦業株式會社																				
	(1) 黑山煤礦	大碬石煤	30-11-4	0.54	11.39	20.79	67.28	0.51	7,560	1,610以上	白	5.08	最强	55.55	"	"	91.4	5.0	1.1	39	
		小碬石煤	"	0.64	7.44	20.03	71.89	0.51	7,930	1,380	白	5.22	"	40.60	"	"	90.5	4.8	1.7	47	
	(2) 東大煤礦	1号井小碬石煤	"	0.78	11.27	19.30	68.05	0.59	7,570	1,610以上	淡橙	2.85	强	59.29	1.0015	赤褐	95.3	1.7	1.7	16	
	(3) 蕭山煤礦																				
	(4) 興大煤礦	6号井大煤	"	0.91	18.90	13.87	66.32	2.83	6,870	1,250	紫褐	-	非	62.79	測定不能	"	95.5	0.2	2.8	26	
	(5) 利大煤礦	5号井黄煤	"	1.13	21.91	12.76	64.20	4.39	6,530	1,250	"	-	"	27.91	1.0108	濃茶褐	97.5	0	2.3	9	
		5号井固性煤	"	1.06	15.72	12.79	70.43	3.47	7,080	1,230	褐	-	"	35.46	測定不能	赤褐	97.9	0	1.9	9	
	(6) 博大煤礦	大斜井大煤	"	0.66	19.95	15.99	63.40	3.73	6,650	1,280-1,300	白紫	1.25	弱	44.20	"	黑褐	97.0	1.5	1.0	14	
		大斜井小煤	"	0.59	11.28	18.66	69.47	1.85	7,560	1,200	灰紫	1.89	稍强	72.73	"	"	95.7	0.8	1.3	25	
	(7) 福大煤礦	1,4号井大黄煤	"	0.87	16.10	17.67	65.36	3.11	7,110	1,140	紫	2.44	"	68.10	"	"	94.3	2.1	2.2	22	
	(8) 旭華煤礦	E'層塊煤		1.21	6.34	14.29	78.16	1.18	7,970			-	非				不明	不明	不明	不明	
		E層焔石		1.86	11.79	11.93	74.42	1.64	7,390			-	"				"	"	"	"	
		E層混合煤		1.62	19.76	13.89	64.73	1.65	6,690			-	"				"	"	"	"	
	(9) 官莊煤礦	E層末煤		1.26	21.42	15.45	61.87	1.34	6,650			不明	强	不明	不明	不明	"	"	"	"	
		E層塊煤		1.05	13.28	15.66	70.01	1.21	7,340			"	"	"	"	"	"	"	"	"	
	(10) 文粗煤礦	第2層	30-11-4	0.98	15.43	22.59	61.00	0.58	7,130	1,630以上	白	7.59	最强	54.54	測定不能	黑	90.9	5.0	1.4	32	
26	悦昇煤礦	挑3井黄煤	"	0.88	8.07	20.02	71.03	2.53	7,950	1,300	灰紫	5.74	最强	66.39	"	黑褐	90.7	3.5	2.3	37	
		挑4井小煤	"	0.88	6.66	17.91	74.55	3.76	8,090	1,300	紫褐	4.70	强	62.09	"	"	93.4	2.1	3.3	22	
		挑4井大煤	"	0.48	10.91	16.53	72.08	3.76	7,640	1,180	灰紫	1.68	稍强	69.29	"	"	95.6	1.8	1.1	17	
		7号井大煤	"	0.39	19.99	16.32	63.30	3.78	6,930	1,230	白紫	1.50	弱	61.65	"	"	95.5	1.0	2.1	22	
		韓7井小煤	"	0.85	8.76	18.06	72.33	3.95	7,830	1,200	"	3.59	强	60.99	"	"	95.3	0.4	3.1	18	
		韓9井大煤	"	0.67	6.62	16.21	76.50	4.92	8,060	1,410	紫褐	1.02	弱	45.54	"	"	94.4	1.6	2.3	19	
		10号井油性煤	"	0.85	14.36	15.04	69.75	2.22	7,310	1,410	赤褐	1.44	"	51.86	"	赤褐	96.0	1.0	2.3	16	
		大一井固性煤	"	0.79	18.78	13.21	67.22	3.61	6,870	1,160	紫褐	-	非	57.06	"	黑褐	97.5	0.3	2.0	10	
		脹房後大煤	"	0.20	11.08	13.90	74.82	4.14	7,590	1,250	"	1.16	弱	31.59	"	"	97.3	0	1.7	13	
		脹房後井小煤	"	0.37	10.18	14.96	75.39	3.23	7,620	1,040	白	1.13	"	41.13	"	"	97.2	0	2.4	13	
27	吉成煤礦	大煤	"	0.96	20.23	16.84	61.97	5.15	6,680	1,180-1,200	紫褐	1.54	稍强	69.14	"	赤褐	96.4	0.6	2.4	13	
		小煤	"	0.96	12.24	18.52	68.28	3.06	7,450	1,140	赤紫	2.88	强	72.60	"	黑褐	96.2	0.8	2.0	13	
		北井油性煤	"	0.79	20.94	15.00	63.27	1.82	6,660	1,230	灰褐	1.87	稍强	41.89	"	"	97.8	0.2	1.8	11	
		北井黄煤	"	0.61	14.09	15.64	69.66	1.45	7,300	1,160	"	1.86	"	29.36	"	"	97.9	0.3	1.5	10	

號數	礦名	煤層名	試樣收受日期 民國 年月日	工業分析						灰之性狀		煉焦試驗		液化試驗			低温乾餾試驗				備考
				水分 %	灰分 %	揮發分 %	固定炭 %	全硫黄 %	發熱量 卡	耐火度 °C	色	膨脹率 %	粘結狀態	液化率 %	液化油性狀 比重(20°C)	液化油性狀 色	未完成焦炭 %	焖脂 %	瓦斯液 %	瓦斯 立公升/公斤	
28	大成煤礦	大煤	30-11-4	0.87	13.54	16.54	69.05	2.87	7,350	1,230	白紫	1.93	稍强	59.94	測定不能	黑褐	93.7	2.0	1.8	32	
		馮井黄煤	〃	0.97	15.06	16.89	67.08	3.83	7,260	1,160	〃	3.37	强	56.17	〃	赤褐	94.2	1.3	2.8	24	
		蔣井油性煤	〃	0.92	10.13	16.82	72.13	2.26	7,730	1,160	淡褐	1.68	稍强	56.37	〃	黑褐	95.6	1.5	1.6	32	
29	東方煤礦	大煤	〃	1.19	13.72	17.28	67.81	3.44	7,270	1,160	〃	1.92	〃	56.02	〃	黑	95.0	1.4	2.4	20	
		小煤	〃	1.33	10.71	18.30	69.66	2.93	7,560	1,140-1,160	赤褐	2.05	〃	45.14	〃	黑褐	95.4	0.8	2.6	18	
		揚井黄煤	〃	0.89	10.67	18.02	70.42	2.85	7,620	1,180	灰紫	3.55	强	42.38	〃	赤褐	95.9	1.0	2.1	15	
		揚井灰煤	〃	0.94	28.29	18.70	52.07	1.21	5,890	1,320	灰白	1.17	弱	37.23	〃	黑褐	95.1	1.6	2.3	19	
		新井夾簡煤	〃	0.80	26.51	16.23	56.46	1.54	6,040	1,160以上	〃	2.66	强	32.53	〃	〃	95.5	1.1	2.0	20	
		六畝地井大煤	〃	0.73	13.22	15.93	70.12	2.76	7,390	1,380	灰白褐	1.46	弱	42.54	〃	〃	96.9	0.6	1.9	14	
		六畝地井小煤	〃	1.06	11.97	17.21	69.76	3.04	7,490	1,160	紫褐	2.44	稍强	26.62	〃	〃	96.3	0.7	1.7	20	
30	義泰煤礦	大斜井大煤	〃	0.83	12.18	17.22	69.77	3.25	7,520	1,230-1,250	灰淡紫	2.19	〃	9.85	〃	〃	94.2	1.3	2.3	21	
		大斜井小煤	〃	1.10	9.48	18.54	70.88	4.33	7,780	1,180	灰紫	4.53	强	33.45	〃	〃	92.5	2.0	3.3	25	
		大斜井油性煤	〃	0.79	7.12	19.76	72.33	0.71	8,000	1,230-1,250	橙	4.00	〃	53.69	〃	〃	93.4	3.0	1.9	28	
31	復豊興煤礦	祿字井油性煤	〃	0.79	10.13	18.15	70.93	0.41	7,680	1,230	暗灰	5.25	最强	40.94	〃	〃	94.0	2.3	2.0	35	
		興字井黄煤	〃	0.75	14.43	18.15	66.68	2.89	7,340	1,100-1,120	灰紫	5.27	〃	48.72	〃	〃	93.5	2.4	2.5	31	
		祥字井小煤	〃	0.66	9.30	18.09	71.95	4.48	7,780	1,160-1,180	紫	1.89	稍强	49.25	〃	褐	95.5	1.5	1.4	20	
32	永和煤礦	棋盤地井油性煤	〃	0.84	13.74	19.35	66.07	0.88	7,360	1,110	灰褐	4.35	强	57.22	〃	黑褐	96.0	1.4	2.0	16	
		棋盤地井大煤	〃	0.78	17.80	17.67	63.75	3.77	7,000	1,200	〃	3.04	〃	56.85	〃	赤褐	96.2	1.0	1.8	14	
		東井大煤	〃	1.26	36.16	18.85	43.73	4.11	5,230	1,140	灰紫	5.86	最强	50.87	〃	濃茶褐	95.0	1.7	2.4	15	
		風门溝井大黄煤	〃	0.86	17.79	19.98	61.37	3.48	6,990	1,140	〃	5.09	〃	46.13	〃	赤褐	95.1	1.9	2.0	16	
33	聚興煤礦	萬字斜井大黄煤	〃	0.85	14.61	22.38	62.16	3.64	7,340	1,140	〃	5.96	〃	73.37	0.9996	黑褐	92.4	3.7	1.9	24	
34	隆昌煤礦	利字斜井黄煤	〃	1.05	15.44	21.26	62.25	4.26	7,220	1,250	紫褐	5.75	〃	73.80	1.0042	濃茶褐	90.3	4.1	2.1	31	
35	濟豊煤礦	史家堰井小煤	〃	1.34	19.82	18.03	60.81	2.74	6,620	1,160	茶褐	1.54	稍强	61.32	測定不能	黑褐	94.2	1.5	3.1	19	
		史家堰井大煤	〃	1.20	28.34	17.06	53.40	2.94	5,900	1,230	〃	1.01	弱	54.06	〃	〃	92.7	1.3	2.8	35	
36	魯興煤礦	1,2,6,7,9号井大煤	〃	0.83	12.94	16.98	69.25	3.48	7,400	1,300	褐	1.70	稍强	46.74	〃	茶褐	96.5	0.8	1.9	14	
		〃〃〃小煤	〃	0.61	7.97	16.68	74.74	1.91	7,940	1,160	灰紫	2.32	〃	70.71	〃	黑褐	97.1	0.8	1.5	13	
37	寶業煤礦	1号井瓜按子煤	〃	1.13	27.02	14.33	57.52	1.10	6,010	1,160	白	1.24	弱	38.31	〃	黑	96.7	0.6	2.4	15	
		4号井大黄煤	〃	1.17	16.36	13.76	68.71	2.84	7,050	1,160	茶褐	-	非	37.20	〃	黑褐	95.2	1.0	2.8	18	
38	成通煤礦	錢家窪井小煤	〃	0.94	11.51	12.16	75.39	3.03	7,490	1,160	紫褐	-	〃	24.47	〃	濃赤褐	96.6	0.2	2.4	17	
		〃大煤	〃	0.88	13.96	11.20	73.96	2.84	7,220	1,380	紫	-	〃	17.97	〃	黑褐	97.8	0.	2.0	9	
39	益成煤礦	孫家地井小黄煤	〃	0.85	27.92	15.39	55.84	2.55	6,020	1,380	白紫	2.58	强	50.11	〃	茶褐	95.1	1.4	1.9	22	
		孫家地井灰煤	〃	0.72	11.66	14.58	73.04	0.43	7,510	1,410	〃	1.05	弱	31.14	〃	赤褐	95.0	1.8	2.0	32	

號數	礦名	煤層名	試煤收受日期 民國 年月日	工業分析						灰之性狀		煉焦試驗		液化試驗			低温乾溜試驗				備考
				水分 %	灰分 %	揮發分 %	固定炭 %	全硫黄 %	發熱量 卡	耐火度 °C	色	膨脹率 %	粘結狀態	液化率 %	液化油性狀 比重(20°C)	液化油性狀 色	殘成焦炭 %	烟脂 %	瓦斯液 %	瓦斯 立公升/公斤	
40	同順煤礦	小編地1号井大煤 小編地1号井小煤	30-11-4 〃	0.71 0.95	18.88 9.32	11.79 12.01	68.62 77.72	3.32 2.53	6,800 7,750	1,300 1,140	白紫 紫褐	- -	非 〃	62.61 45.88	測定不能 〃	赤褐 黑褐	97.2 97.0	0 0	2.1 2.2	5 12	
41	華東煤礦	劉家林1号井小煤 劉家林1号井大煤	〃 〃	1.39 1.26	22.82 15.58	11.29 13.75	64.50 69.41	5.31 5.38	6,400 7,180	1,230 1,230	〃 〃	 1.52	〃 稍强	56.02 37.23	〃 〃	黑 黑褐	25.0 95.1	1.4 1.6	2.4 2.3	26 19	
42	永順煤礦	徐家林井大煤	〃	0.98	13.02	11.68	74.32	3.98	7,350	1,280	灰紫	-	非	25.33	〃	〃	96.8	0	3.0	14	
43	振業煤礦	錢家林(4号井)羅柱煤 編坡地1井大黄煤	〃 〃	0.88 1.04	20.04 20.10	14.46 13.84	64.62 65.02	1.87 3.53	6,700 6,750	1,320 1,160	橙 灰紫	1.41 -	弱 非	46.43 32.13	〃 〃	〃 濃赤紫	96.5 97.5	0.8 0.7	2.2 2.0	12 9	
44	同興煤礦	3,4号井大煤	〃	1.20	29.31	15.96	53.53	3.11	5,890	1,410	白紫	1.32	弱	48.46	0.9978	濃赤褐	95.8	0.8	2.6	13	
45	鼎益煤礦	2号井小煤 2号井大煤 5号井油性煤	〃 〃 〃	0.75 0.67 0.68	8.52 12.46 16.68	13.83 13.65 13.66	76.90 73.22 68.98	2.81 3.42 0.81	7,820 7,420 7,030	1,200-1,230 1,120 1,610-1,630	灰紫 〃 淡褐	- - 1.12	非 〃 弱	30.02 30.82 21.63	測定不能 〃 〃	黑褐 〃 赤褐	96.5 95.5 97.3	0 0.2 0.2	3.2 7.0 1.8	12 13 14	
46	恒通煤礦	8号井小黄煤	〃	0.77	22.30	13.97	62.36	1.44	6,410	1,610以上	橙	1.24	〃	27.66	〃	茶褐	96.3	1.0	1.8	20	
47	永豐煤礦																				
48	東昇煤礦																				
49	大亨煤礦	1号井火齒煤	〃	1.03	44.55	17.43	36.99	4.11	4,320	1,435-1,460	紫	1.16	弱	63.72	〃	黑褐	93.8	2.3	2.7	22	
50	魁盛煤礦																				
51	源昌煤礦																				
52	天和煤礦			0.75	10.33	14.83	74.09	0.29	7,640	1,610以上	黄	1.36	弱	38.58	〃	赤褐	95.7	1.4	1.9	22	
53	永達煤礦	E 層		0.69	15.79	15.06	68.47	2.20	6,740				強	不明	不明	不明	不明	不明	不明	不明	
54	大興煤礦																				
55	天源煤礦			0.64	10.27	17.57	71.55	2.89	6,909				非	〃	〃	〃	〃	〃	〃		
56 57	坊子東煤礦 坊子中央煤礦	2号井第1層 1号井第3層		2.25 2.81	23.50 18.64	9.55 16.43	64.70 62.12	1.12 1.34	6,350 7,130	1,120 1,120-1,140	黄褐 灰褐	- -	〃 〃	- 33.46	液化不能 0.9517	茶褐	95.7 93.1	0 1.0	3.6 5.0	6 17	

號數	礦名	煤層名	試樣收受日期	工業分析						灰之性狀		煉焦試驗		液化試驗			低温乾溜試驗				備考
			民國 年月日	水分 %	灰分 %	揮發分 %	固定炭 %	全硫黄 %	發熱量 卡	耐火度 °C	色	膨脹率 %	粘結狀態	液化率 %	液化油性狀 比重(20°C)	液化油性狀 色	殘留成焦炭 %	煙脂 %	瓦斯液 %	瓦斯 立公升/公斤	
58	新泰煤礦	北上高煤	30-9-16	2.70	6.28	35.42	55.60	0.55	7,470	1,610以上	灰紫	2.33	稍強	75.09	0.9926	茶褐	77.9	11.3	6.0	50	
		北下高煤	〃	2.59	6.04	35.89	55.54	0.50	7,480	〃	灰橙褐	2.74	強	78.72	0.9883	〃	80.1	9.7	6.4	44	
		上煤第1層	32-4-21	2.57	9.52	32.85	55.06	0.46	7,250	〃	灰黄	2.50	稍強	72.53	0.9996	黑褐	79.6	10.0	8.2	25	
		下煤第2層	〃	2.05	8.41	34.26	55.28	0.46	7,460	〃	〃	2.44	〃	65.90	1.0052	〃	78.2	13.6	6.2	25	
59	華豊煤礦	西斜井4層	32-4-2	1.94	4.10	44.11	49.85	2.73	7,950	1,040	灰橙	3.97	〃	72.76	0.9614	茶褐	68.1	17.5	6.9	53	
		〃 5 〃	〃	2.08	10.00	40.85	47.07	2.87	7,390	1,060	〃	1.81	〃	82.90	0.9646	〃	72.0	17.2	3.9	47	
		東邊井4〃	〃	2.01	18.19	35.67	44.16	3.87	6,550	1,350	〃	3.01	強	70.53	0.9963	黑褐	75.0	12.9	5.0	53	
		〃 5 〃	〃	2.25	5.41	41.23	51.11	1.82	7,750	1,180	灰白	1.94	稍強	70.37	0.9907	〃	71.0	16.2	5.4	58	
		〃 6 〃	31-5-8	2.05	10.92	40.18	46.85	3.90	7,240	1,180	灰紫黑	1.77	〃	79.77	0.9823	茶褐	75.0	14.3	5.3	46	
		東新井5〃	〃	2.43	4.19	44.85	48.53	2.59	7,920	1,120	灰紫	1.97	〃	75.90	0.9775	赤褐	74.0	16.6	3.8	48	
		〃 7 〃	32-4-2	2.51	15.45	34.60	47.64	3.71	6,820	1,140	〃	3.52	強	69.09	0.9747	茶褐	78.0	13.1	3.1	43	
		1号井5〃	32-8-8	2.59	6.73	44.12	46.56	2.43	7,490	1,250	灰茶	1.87	稍強	87.49	0.9703	〃	72.2	16.2	6.6	49	
		〃 7 〃	〃	3.01	15.13	36.17	45.69	5.51	6,730	1,160	灰紫	1.31	弱	78.01	0.9648	〃	80.0	9.8	6.2	40	
		2号井5〃	〃	2.47	8.56	41.47	47.50	3.08	7,390	1,200	〃	3.57	強	86.65	0.9641	〃	73.2	15.1	3.8	49	
		〃 7 〃	32-4-12	2.34	16.19	34.90	46.57	3.43	6,780	1,250	〃	1.54	稍強	66.94	0.9307	〃	76.0	11.6	5.0	49	
		3号井5〃		2.32	6.53	41.45	49.70	3.01	7,500	1,080	灰茶	2.60	強	77.85	0.9983	〃	71.5	16.0	6.0	50	
		〃 7 〃		2.42	11.47	37.50	48.61	4.85	7,200	1,200	灰紫	4.20	〃	79.14	0.9944	〃	77.2	12.2	5.0	43	
		4号井5〃		2.99	5.54	40.35	51.12	1.93	7,660	1,160	〃	2.44	稍強	84.01	0.9706	〃	74.6	14.8	5.4	48	
		〃 7 〃		3.37	9.09	40.22	48.32	2.99	7,420	1,300	〃	2.42	〃	89.15	0.9728	〃	74.7	14.2	5.2	46	
60	赤柴煤礦	第一斜井1〃	32-4-21	2.59	18.54	35.24	43.63	0.77	6,320	1,500	灰黄	1.11	弱	71.43	0.9998	黑褐	79.0	11.4	4.6	64	
		〃 2 〃	〃	2.84	11.67	35.99	49.50	0.91	6,960	1,530	灰白	1.27	〃	87.63	0.9706	〃	77.5	11.0	6.0	52	
		〃 3 〃	〃	2.85	9.53	33.95	53.67	0.43	7,080	1,435	灰黄	1.12	〃	84.75	0.9411	〃	80.8	10.5	4.3	49	
		8号井1〃	〃	2.69	14.74	35.82	46.75	0.87	6,760	1,610以上	灰橙	1.96	稍強	70.62	0.9822	茶褐	78.1	13.0	3.6	44	
		〃 2 〃	〃	2.69	12.00	36.00	49.31	0.87	6,920	1,435	灰白	1.71	〃	85.59	0.9785	〃	77.3	12.1	4.5	56	
		〃 3 〃	〃	2.60	9.90	34.21	53.29	0.37	7,130	1,530	灰黄	1.53	〃	81.52	0.9712	〃	78.0	11.5	4.6	53	
		10号井1〃	32-8-8	2.90	9.95	34.78	52.37	0.61	7,060	1,500	灰橙	1.00	弱	80.27	0.9641	〃	77.3	11.0	8.0	49	
		第1号井5〃	31-5-8	2.14	6.13	43.32	48.41	2.04	7,740	1,260	灰黄	1.64	稍強	81.12	0.9739	〃	72.6	15.9	6.1	49	
		〃2〃8〃	〃	1.95	10.03	38.32	49.70	3.86	7,440	1,060	〃	2.13	〃	67.10	測定不能	〃	75.9	13.6	5.4	46	
		〃3〃7〃	〃	2.40	8.30	38.53	50.71	4.00	7,490	1,160	灰紫黑	2.27	〃	84.80	0.9950	〃	75.2	13.1	6.4	48	
61	霍縣煤田 (1) 天生窯 (2) 義順窯																				
	(3) 奎太窯	4尺層(天盤下)		0.50	28.00	29.80	43.70	0.63	6,200				稍強								
		4尺層		0.90	14.68	27.56	56.85	0.78	6,500				強								

號數	礦名	煤層名	試樣收受日期 民國 年月日	工業分析						灰之性狀		煉焦試驗		液化試驗			低溫乾餾試驗				備考
				水分 %	灰分 %	揮發分 %	固定炭 %	全硫黃 %	發熱量 卡	耐火度 ℃	色	膨脹率 %	粘結狀態	液化率 %	液化油性狀 比重(20℃)	液化油性狀 色	未完成焦炭 %	烟脂 %	瓦斯液 %	瓦斯 立公升/公斤	
	(4) 晉興窯	4尺層		0.80	42.16	27.14	27.90	0.85	5,220				微强								
				0.60	16.20	26.90	56.30	0.85	6,050												
	(5) 老窯																				
	(6) 南莊窯																				
	(7) 德生窯	上盤 (右)		0.60	10.18	29.49	59.73	1.94	6,930				〃								
		下 〃 (右)		0.70	12.04	28.80	58.46	1.51	6,570				〃								
		上 〃 (左)		0.70	12.14	30.31	56.85	2.24	6,560				〃								
		下 〃 (左)		0.60	9.56	29.46	60.38	1.20	7,030				〃								
	(8) 南溝窯																				
	(9) 宏盛窯																				
	(10) 晉昌窯																				
	(11) 寶興煤礦																				
62	介休煤礦	旺村煤	18-10-5	0.96	19.64	22.22	57.18	1.08	6,730	1,530 以上	灰白	2.18	稍强	45.20	測定不能	黑	93.8	2.3	2.3	28	
			〃	1.71	15.53	23.17	59.59	0.64	7,050	1,530 〃	〃	5.44	最强	63.71	〃	黑褐	92.6	3.5	2.3	32	
			〃	0.85	20.74	18.65	59.76	1.98	6,780	1,530 〃	〃	3.23	强	63.53	〃	〃	93.8	2.4	1.7	32	
63	平遙煤礦																				
64	裕通煤礦	陽寨煤 (?)	18-10-5	3.95	6.56	17.76	71.73	0.58	7,400	1,530 〃	灰橙	-	非	62.06	〃	茶褐	91.3	0	6.2	33	
		石门窯 (?)	〃	2.70	10.29	20.64	66.37	2.08	7,240	1,320	灰紫	5.60	最强	72.74	0.9936	濃褐	93.0	3.3	1.6	31	
		家溝窯 (?)	〃	0.94	27.77	19.04	52.25	0.24	5,960	1,530 〃	灰白	0.92	弱	52.30	0.9936	茶褐	90.6	0	7.2	39	
65	晉興煤礦																				
66	蔭營煤礦																				
67	五楊村煤窯																				
68	裕豐煤礦																				
69	新順煤礦																				
70	合興煤礦																				
71	永興煤礦	小河堡煤	31-4-4	1.49	11.21	17.51	70.19	0.30	7,650	1,250	灰橙白	2.63	强	59.50	測定不能	黑	92.0	3.3	2.0	40	
72	靈山煤窯			2.94	27.46	32.17	37.41	0.86	5,250				〃								
73	陳照煤田																				
74	萬全煤田																				
75	渾源煤田			7.25	13.46	35.83	45.46	0.99					非								
76	萊蕪煤礦	安仙莊第1井9層	32-4-21	1.58	13.54	30.12	54.76	0.54	7,120	1,610 以上	灰白	1.14	最强	80.40	0.9548	茶褐	80.1	10.1	3.5	46	
		南冶 東端11層	〃	1.40	8.54	33.71	56.35	0.44	7,680	〃	灰橙	6.03	〃	64.90	0.9886	赤褐	79.0	11.7	2.2	45	
		南冶 西〃11〃	〃	1.37	9.09	33.11	56.43	0.68	7,610	〃	〃	6.04	稍强	84.10	0.9587	黑褐	77.0	11.3	2.8	49	

華北各煤礦概覽第四表

（工作狀況）

調查截止日期——民國32年3月

號數	礦名	採掘支柱及充填概況	通風	保安	井口（機件設備詳附表D）							搬運	排水（機件設備詳附表F）			選洗（機件設備詳附表G）		貯煤場設備				動力（設備詳附表H）		工廠（設備詳附表I）	主要使用材料	勞務	產量	備考
					數目	名稱	類別	口徑（公尺）	深度（公尺）	平均傾斜（度）	用途		動力	排湧水量（立公尺/分）	排水量（立公尺/分）	能力（噸/時）	機數	面積（方公尺）	適當貯量（噸）	最大貯量（噸）	貯庫容量（噸）	汽力 H.P.	電力 K.W.					
	開灤礦務局																											
	(1) 唐山礦	詳附表A	詳附表B	詳附表C	3	(1) 第1 (2) 第2 (3) 第3	直井 〃 〃	4.30 4.30 4.90	403 512 596		出煤，通風，人與材料進出 〃	詳附表E	電力	26.32	26.32	×(1) 640 ×(2) 640 ×(3) 240	4 4 4	5,000	10,000	25,000	3,000		(林西發電廠) 29,000		詳附表J	詳附表K	詳附表L	×(1) 翻斗機 ×(2) 篩別機 ×(3) 手選帶 ×(4) 水洗機
	(2) 林西礦	〃	〃	〃	2	(1) 第3 (2) 第4	〃 〃	4.07 4.50	230 330		〃 〃	〃	〃	26.81	26.81	(1) 200 (2) 200 (3) 400 (4) 500	2 2 4 2	170,000	340,000	340,000	1,860		(唐山發電廠)					
	(3) 唐家莊礦	〃	〃	〃	3	(1) 第1 (2) 第2 (3) 第3	〃 〃 〃	3.97 4.60 4.60	229 229 229		出煤，通風，人與材料進出 〃	〃	〃	9.02	9.02	×(1) 760 ×(2) 760 ×(3) 760	4 4 4	100,000	150,000	200,000			3X1,040=3.120					
	(4) 趙各莊礦	〃	〃	〃	4	(1) 第1 (2) 第2 (3) 第3 (4) 第4	〃 〃 〃 〃	4.57 4.57 4.57 4.51	436.5 344.1 340.2 348.5		出煤，通風 通風，人與材料進出排水， 出煤，通風 〃	〃	〃	6.03	6.03	×(1) 1,750 ×(2) 640 ×(3) 500	7 7 5	200,000	400,000	400,000	500							
	(5) 馬家溝礦																											（停辦）
2	中興煤礦	〃	〃	〃	10	(1) 南大井 (2) 北大井 (3) 東大井 (4) 十五 (5) 石猴子 (6) 半 (7) 富三十四 (8) 寶子太平路 (9) 後石碑太平路 (10) 乾四	〃 〃 〃 〃 〃 〃 〃 斜井 〃	4.60 5.00 4.00 3.00 3.00 3.00 3.00	210 300 210 120 135 210 110	18° 16° 16°	出煤通風排水工人昇降 〃 〃 工人材料昇降 出風，材料工人昇降 出風，排水 〃 出風材料工人昇降 〃 〃	〃	電力	6.00	30.00	×(1) 180 ×(2) 180 ×(3) 180	4 4 5	(棗莊第一直井) 10,000 (第二直井) 28,144 (第三直井) 1,667 煤務站 23,740 陶莊第一井 6,372 69,923	30,000 95,000 5,000 70,000 15,000 215,000	50,000 150,000 8,000 92,000 10,000 310,000	最大 6,000 適當 5,000		8,640					

號數	礦名	採掘支柱及充填概況	通風	保安	井口（機件設備詳附表D）							搬運	排水（机件設備詳附表F）			選洗（机件設備詳附表G）		貯煤場設備				動力（設備詳附表H）		工廠（設備詳附表I）	主要使用材料	勞務	產量	備考
					數目	名稱	類別	口徑（公尺）	深度（公尺）	平均傾斜（度）	用途		動力	井下湧水量（立公尺/分）	排水量（立公尺/分）	能力（噸/時）	机數	面積（方公尺）	適當貯量（噸）	最大貯量（噸）	貯庫容量（噸）	汽力 H.P.	電力 K.W.					
3	井陘煤礦	詳附表A	詳附表B	詳附表C	5	(1) 新井 (2) 南井 (3) 北井 (4) 老風井 (5) 風井	直井 〃 〃 〃 〃	5.00 4.50 2.50 5.00	250 184 184 184 184		出煤 工人昇降材料搬運 出煤 各種鉄管修理用 通風	詳附表E	汽力	1.50-2.00	780	×(1) 351 ×(2) 90 ×(3) 200 ×(4) 15	4 2 7 2	19,870 （新井13,570 北井6,300）	31,500 （新井30,000 北井1,500）	85,000 （新井60,000 北井25,000）	-		227		詳附表J	詳附表K	詳附表L	
4	正豐煤礦	〃	〃	〃	7	(1) 1号井 (2) 2 〃 (3) 3 〃 (4) 東斜井 (5) 南 〃 (6) 北 〃 (7) 周家井	〃 〃 〃 斜井 〃 〃 〃	3.80 2.80 3.80	187 160 187 302 237 400 250	 15° 25° 25° 15°	井下捲设搬運及通風 井下捲揚出風及排水 出煤 〃 〃 〃 （開採中）	〃	汽力及電力	0.80-1.00	6.10 20.37	×(1) 不詳 ×(2) 不詳 ×(3) 170-200	5 3 2	17,600	38,000	70,000	-		2,170		〃	〃	〃	
5	六河溝煤礦	〃	〃	〃	7	(1) 復興井 (2) 和順井A (3) 和順井B (4) 和順井C (5) 新斜井 (6) 大成井A (7) 大成井B	直井 〃 〃 〃 斜井 直井 〃	3.70 2.80 2.00 3.00 4×4 2.50 〃	76 77 63 44 450(延長) 36 〃	 16°	出煤 〃 材料昇降專用 出風 出煤 〃 〃	〃	電力及汽力	6.20-8.25	19.40			11,800	54,000	69,000			3,000		〃	〃	〃	
6	焦作煤礦	〃	〃	〃	3	(1) 王封窯北直井 (2) 南直井 (3) 李封窯南直井	〃 〃 〃	4.30 3.60 3.60	130 138 130		搬運進風 搬運出風 搬運進風	〃		0.84-1.33	0.94-1.69	(1) 60 (2) 60	3	35,720	64,000	120,000			1,100 或1,850		〃	〃	〃	
7	憑心礦	〃	〃	〃	20（土法井）	(1) 3号井 (2) 4 〃	〃 〃	2.00 2.00	119.30 110.00		排水 修理	〃						9,000	20,000	30,000					〃	〃	〃	

號數	礦名	採掘支柱及充填概況	通風	保安	井口（機件設備詳附表D）							搬運	排水（机件設備詳附表F）			選洗（机件設備詳附表G）		貯煤場設備				動力（設備詳附表H）		工廠（設備詳附表I）	主要使用材料	勞務	產量	備考
					數目	名稱	類別	口徑（公尺）	深度（公尺）	平均傾斜（度）	用途		動力	井下湧水量（立公尺/分）	排水量（立公尺/分）	能力（噸/時）	机數	面積（方公尺）	適當貯量（噸）	最大貯量（噸）	貯庫容量（噸）	汽力 H.P.	電力 K.W.					
						(3) 5号井	直井	2.00	117.50		排水																	
						(4) 6 〃	〃	2.00	105.70		出煤																	
						(5) 10 〃	〃	1.80	84.90		〃																	
						(6) 11 〃	〃	2.00	88.00		〃																	
						(7) 12 〃	〃	2.00	80.70		〃																	
						(8) 14 〃	〃	2.00	103.00		修理																	
						(9) 18 〃	〃	1.80	105.97		出煤		電力及汽力	0.06	0.40													
						(10) 20 〃	〃	1.80	87.30		〃																	
						(11) 22 〃	〃	1.60	102.23		〃																	
						(12) 23 〃	〃	1.70	76.00		〃																	
						(13) 27 〃	〃	1.60	89.20		〃																	
						(14) 30 〃	〃	1.10	84.70		〃																	
						(15) 31 〃	〃	1.70	76.80		〃																	
						(16) 32 〃	〃	2.00	115.20		〃																	
						(17) 33 〃	〃	2.00	100.00		準備																	
						(18) 常口5号井	〃	2.10	105.00		修理																	
						(19) 第1斜井	斜井		157.60	20°	開鑿																	
						(20) 第2 〃	〃		147.00	20°																		
8	原昌中興煤礦	詳附表A	詳附表B	詳附表C	16	不詳	不詳	不詳	不詳		不詳	詳附表E	汽力								360	不詳			詳附表J	詳附表K.	詳附表L	
9	大同煤礦	〃	〃	〃	24	(1) 保晉東直井	直井	5.10	109.70		出煤	〃	電力	13.20	17.80										〃	〃	〃	
						(2) 保晉西直井	〃	3.80	110.39		〃					×(2) 50	2											
						(3) 保晉出風井	〃	4.20	109.70		出風							99,640	160,290	400,680	1,850	〃	自加泉發電廠受電					
						(4) 裕豐東直井	〃	4.50	93.23		出煤					×(4) 7	1											
						(5) 〃 西直井	〃	4.80	88.82		〃																	
						(6) 〃 東斜井	斜井	3.20×200	77.40	23°30′	開掘中																	
						(7) 永定莊東直井	直井	4.70	128.50		出煤																	
						(8) 永定莊西直井	〃	4.50	75.00		〃																	

號數	礦名	採掘支柱及充填概況	通風	保安	井口（機件設備詳附表D）							搬運	排水（机件設備詳附表F）			選洗（机件設備詳附表G）		貯煤場設備				動力（設備詳附表H.）		工廠（設備詳附表I）	主要使用材料	勞務	產量	備考
					數目	名稱	類別	口徑（公尺）	深度（公尺）	平均傾斜（度）	用途		動力	井下湧水量（立公尺/分）	排水量（立公尺/分）	能力（噸/時）	機數	面積（方公尺）	適當貯量（噸）	最大貯量（噸）	貯庫容量（噸）	汽力 H.P.	電力 K.W.					
						(9) 永定莊西斜井	斜井	3.20X2.00		30°	總出風井																	
						(10) 同家梁東斜井	〃	3.50X2.80	340.00（延長）	20°	出煤準備中																	
						(11) 〃 西斜井	〃	3.50X3.00	360.00（延長）	20°	出煤																	
						(12) 〃 人道井	〃	3.00X2.50	240.00（延長）	16°	〃																	
						(13) 八寶平巷	〃	2.50X2.50	775.00（水平延長）		〃																	
						(14) 白洞南斜井	〃	3.50X2.90	274.40（延長）	20°	〃																	
						(15) 白洞東斜井	〃	3.50X2.90	370.00（水平延長）	20°	未完																	
						(16) 白洞西斜井	〃	3.50X2.90	364.00（水平延長）	20°	出煤																	
						(17) 白洞人道井	〃	3.00X2.50	194.00（水平延長）	30°	出風																	
						(18) 宝藏東斜井	〃	3.50X2.90		20°	出煤																	
						(19) 〃 西斜井	〃	2.70X2.80	140.00	13°	〃																	
						(20) 雍崖東斜井	〃	4.00X2.50	193.00	25°	開掘中																	
						(21) 雍崖西斜井	〃	4.20X3.10	184.00	13°	〃																	
						(22) 雍崖人道井	〃	4.20X3.10	176.00	13°	〃																	
						(23) 口泉斜井	〃	3.50X2.50			開掘採煤																	
						(24) 昭和窑斜井	〃	3.00X2.50	260.00	25°	〃																	
10	陽泉煤礦	詳附表A	詳附表B	詳附表C	18	(1) 簡子窑	直井		67.43		出風,排水,搬運	詳附表E		4.97		13.01		152,791	297,942	397,256	5,300（目下尚無預定民國32年以後建立）		65		詳附表丁	詳附表K	詳附表L	
						(2) 天綠窑	斜井	2.50X4.00	1,382（延長）	4°-12°	進風,搬運																	
						(3) 燕子窑第1直井	直井	4.40	109.10		出風,排水,搬運																	
						(4) 燕子窑第2直井	〃	4.40	100		進風,入道																	
						(5) 東亜窑	斜井	3.50X5.00		8°	（開鑿中）																	
						(6) 善鄰窑	直井	4.20	739		搬運,入道																	
						(7) 善鄰窑	斜井	3.50X5.00			（開鑿中）																	
						(8) 芳榮窑第1斜井	〃	2.30X3.00	135（延長）	13°	出風,搬運,																	
						(9) 〃 2 〃	〃	2.50X4.00	590		進風,搬運																	
						(10) 〃 3 〃	〃	2.50X4.00			預定																	

號數	礦名	採掘支柱及充填概況	通風	保安	井口（機件設備詳附表D）							搬運	排水（機件設備詳附表F）			選洗（機件設備詳附表G）		貯煤場設備				動力（設備詳附表H）		礦燈設備	主要使用材料	勞務	產量	備考
					數目	名稱	類別	口徑（公尺）	深度（公尺）	平均傾斜（度）	用途		動力	井下湧水量（立公尺/分）	排水量（立公尺/分）	能力（噸/時）	機數	面積（方公尺）	適當貯量（噸）	最大貯量（噸）	貯庫容量（噸）	汽力 H.P.	電力 K.W.	詳附表I				
						(11) 共勞窯第1直井 (12) 〃 2 〃 (13) 蔡窪窯第1 〃 (14) 〃 2 〃 (15) 〃 3 〃 (16) 〃 4 〃 (17) 大南井 (18) 小南井	直井 〃 〃 〃 〃 〃 斜井 〃	3.00 4.00 2.79 3.05 2.00×2.00 2.50×3.00	62 62 50 32 140（延長） 44（〃）		出風 進風 進風，搬運， 〃 〃																	
11	壽陽煤礦	詳附表A.	詳附表B.	詳附表C	1		斜井	2.00×400	720	10°	進風，排水，搬運，	詳附表E	電力及汽力	0.87	2.59			12,000	28,080	56,000	300		1,395		詳附表J	詳附表K	詳附表L	
12	富家灘煤礦	〃	〃	〃	4	(1) 第1平巷 (2) 第2 〃 (3) 第3 〃 (4) 南兩分窯本巷	平巷 〃 〃 〃	2.00×3.00 2.00×3.00 2.00×3.00 2.00×3.00	625 305 430 263		搬運總巷 〃 進風，搬運 搬運，總巷	〃	電力	0.79	0.42	預定民國32年下期設置手選煤机		16,360	44,000	146,000			65		〃	〃	〃	
13	西山煤礦	〃	〃	〃	4	(1) 第1直井 (2) 2 〃 (3) 3 斜井 (4) 4 〃	直井 〃 斜井 〃	3.00 4.50 4.00×2.60 4.00×2.60	113.00 167.00 350.00（延長） 360.00（長）			〃	蒸汽及電力	6.80	64.00	×(1) 800 ×(2) 600	3 4	1,020	13,520	45,000	800（下年度有强化計劃）				〃	〃	〃	
14	軒崗鎮煤礦	〃	〃	〃	3	(1) 第1直井 (2) 2 〃 (3) 3 〃	平巷 〃 〃	2.90 2.90 2.90	200.00 400.00 60.00	15°	運煤 〃 運木料	〃	電力	1.50 1.00 無					25,905	30,000	50,000		165		〃	〃	〃	
15	長城煤礦	〃	〃	〃	4	(1) 第1號井 (2) 2 〃 (3) 3 〃 (4) 4 〃	斜井 〃 〃 〃	2.10×3.70 2.30×3.70 2.40×2.00 2.10×3.60	170.15 80.15 134.20 31.10	13° 12° 11° 10°	進風，搬運， 〃 〃 〃 〃 〃 〃	〃		4.50	17,67	×(1)20	2	33,500	60,000	80,000	-		750		〃	〃	〃	
16	柳江煤礦	〃	〃	〃	5	(1) 第1斜井 (2) 2 〃	〃 〃					〃	蒸汽及電力	0.68-2830	48.64								3,150		〃	〃	〃	

號數	礦名	採掘支柱及充填概況	通風	保安	井口（機件設備詳附表D）							搬運	排水（機件設備詳附表F）			選洗（機件設備詳附表G）		貯煤場設備				動力（設備詳附表H）		工礦設備	主要	勞務	產量	備考
					數目	名稱	類別	口徑（公尺）	深度（公尺）	平均傾斜（度）	用途		動力	井下湧水量（立公尺/分）	排水量（立公尺/分）	能力（噸/時）	機數	面積（方公尺）	適當貯量（噸）	最大貯量（噸）	貯庫容量（噸）	汽力 H.P.	電力 K.W.	詳附表I	使用材料			
						(3) 第3斜井 (4) 小窯井 (5) 大槽井	斜井 〃 〃																					
17	磁縣煤礦	詳附表A	詳附表B	詳附表C	6	(1) 通順南井 (2) 〃 北井 (3) 18 号井 (4) 大安井 (5) 東大井 (6) 大安小斜井	直井 〃 〃 斜井 〃 〃	6.00 2.80 2.60 4.00X3.00 〃 2.40X2.60	80.00 80.00 74.00 600.00（延長） 800.00（延長） 450.00（延長）	 18° 15° 15°	進風，出煤 出風，人車 進風，出煤 〃 〃 〃	詳附表E	蒸汽及電力	2.66	4.12	（參閱備考）		46,400	120,000	170,000			920		詳附表J	詳附表K	詳附表L	土法選洗手篩萬斛斗約20基
18	利豐煤礦	〃	〃	〃	1		直井	12.00	137.00		搬運及工人昇降	〃	電力	25	9	X(1) 30 X(1) 60 X(2) 50 X(3) 50	3 2 2 2	11,000	90,000	160,000			750		〃	〃	〃	
19	門頭溝煤礦	〃	〃	〃	2	第1直井 第2直井						〃													〃	〃	〃	
20	坨里煤礦	〃	〃	〃		斜井						〃	自然排水	15	10	X(1) 30 X(2) 30	3 3	2,500	5,000	7,000		無	無		〃	〃	〃	
21	花園煤礦	〃	〃	〃	4	(1) 花園井 (2) 第1玉帶井 (3) 2 〃 (4) 太平井	斜井 〃 〃 〃	7.00X7.00 〃 〃 〃	600.00（延長） 350.00（延長） 300.00（延長） 10.00（延長）	10° 20° 16° 11°		〃	電力	10.60	10.60			4,800	23,000	30,000		〃	自下花園發電廠受電		〃	〃	〃	
22	大青山煤礦	〃	〃	〃	3	(1) 第1斜井 (2) 2 〃 (3) 3 〃	〃 〃 〃	2.10X2.10 2.10X2.10 2.10X2.10	462.00 172.00 479.00			〃	電力	3.00	35			200 （將來擬再擴張） 2,400方公尺	1,100	1,350		〃	自包頭發電廠受電		〃	〃	〃	
23	淄川煤礦	〃	〃	〃	20	(1) 袁家莊1号井 (2) 沈馬莊2〃 (3) 〃 3〃	直井 〃 〃	3.20 1.60X2.80 2.00X2.80	175.10 52.60 60.00		出煤兼昇降	〃		27.49	27.49	X(1) 360 X(5) 720 X(3) 35 X(4)	2 4 1	51,045	130,000	315,533			15,000		〃	〃	〃	X(5) 選别机

號數	礦名	採掘支柱及充填概況	通風	保安	井口（機件設備詳附表D）數目	名稱	類別	口徑（公尺）	深度（公尺）	平均傾斜（度）	用途	搬運	排水（機件設備詳附表F）動力	井下湧水量（立公尺/分）	排水量（立公尺/分）	選洗（機件設備詳附表G）能力（噸/時）	機數	貯煤場設備 面積（方公尺）	1適當貯量（噸）	最大貯量（噸）	貯廠容量（噸）	動力（設備詳附表H）汽力H.P.	電力K.W.	工廠（設備詳附表I）	主要使用材料	勞務	產量	備考
						(4) 沈馬莊6号井	直井	3.20	87.62		出煤兼昇降																	
						(5) 洪山斜井	斜井	2.50X3.20	396.00（延長）	23°30′	〃																	
						(6) 周瓦莊1号井		3.20X2.00	84.00		〃																	
						(7) 辛莊大井		4.20	108.00		〃																	
						(8) 洪山1号井	直井	3.20	118.50		〃																	
						(9) 〃 2 〃	〃	3.60	98.40		〃																	
						(10) 〃 3 〃	〃	3.60	141.04		〃																	
						(11) 〃 5 〃	〃	3.60	141.13		〃																	
						(12) 〃 6 〃	〃	3.60	119.80		〃																	
						(13) 山頭1号井	〃	2.50	51.28		〃																	
						(14) 〃 2 〃	〃	3.30	135.45		〃																	
						(15) 東鄒莊5 〃	〃	2.00X3.00	85.20		〃																	
						(16) 〃 6 〃	〃	3.50	106.00		〃																	
						(17) 〃 7 〃	〃	2.50X3.20	61.40		〃																	
						(18) 興亞6 〃	斜井	2.00X3.00	300.00（延長）	12°																		
						(19) 〃 5 〃		4.80			開鑿中																	
						(20) 山頭3 〃		4.60			〃																	
						(1) 第1直井	直井	3.00X2.00	125.00		出煤兼昇降																	
						(2) 2 〃	〃	3.00X2.00	125.00		通風，排水																	
24	南定煤礦	詳附表A	詳附表B	詳附表C	5	(3) 1号支井	〃	3.00X2.10	110.00		出煤兼昇降	詳附表E		1.30－1.40	1.30－1.40			13,299	24,000	30,880					詳附表J	詳附表K	詳附表L	
						(4) 2 〃		2.10X2.10	120.00		〃																	
						(5) 3 〃		2.40X2.10	59.00		出煤，排水																	
	山東礦業株式會社					(1) 第1斜井	斜井	3.00X2.50	600.00（延長）	19°	出煤																	
						(2) 第1直井	直井	3.80	135.00（預定220）		開鑿中（預定出煤）																	
25	(1) 黒山煤礦	〃	〃	〃	6	(3) 2 〃	〃	2.40	84.00		出煤			1.14－3.70	1.14			（太平嶺井）11,020（八陡）8,110	20,000 10,000	38,600 34,360					〃	〃	〃	
						(4) 太平嶺1号井	〃	2.20	78.80		〃																	
						(5) 太平嶺5 〃	〃	2.80	30.00		〃																	

號數	礦名	採掘支柱及充填概況	通風	保安	井口（機件設備詳附表D）							搬運	排水（機件設備詳附表F）			選洗（機件設備詳附表G）		貯煤場設備				動力（設備詳附表H）		工廠（設備詳附表I）	主要使用材料	勞務	產量	備考
					數目	名稱	類別	口徑（公尺）	深度（公尺）	平均傾斜度	用途		動力	井下湧水量（立公尺/分）	排水量（立公尺/分）	能力（噸/每時）	機數	面積（方公尺）	適當貯量（噸）	最大貯量（噸）	貯庫容量（噸）	汽力 H.P.	電力 K.W.					
						(6) 福山3号井	直井	3.20	59.40		出煤																	
	(2) 東大煤礦	詳附表A	詳附表B	詳附表C	1	(1) 2号井	〃	3.20	181.40		出煤，排水	詳附表E	電力	0.10-0.30	0.10-0.30			8,700	5,000	48,000					詳附表J	詳附表K	詳附表L	
	(3) 萬山煤礦	〃	〃	〃	3	(1) 第1直井	〃	3.80	120.00（預定60）		（開鑿中）出煤	〃		2.61	2.61			4,000	1,500	8,400					〃	〃	〃	
						(2) 2 〃	〃	3.80	110.00（預定50）		（開鑿中）出煤																	
						(3) 小井	〃	3.80	70.00（預定35）		（〃）																	
	(4) 興大煤礦	〃	〃	〃	5	(1) 2号井	〃	2.20	92.00		通風（開鑿中）	〃													〃	〃	〃	
						(2) 3 〃	〃	3.20	118.00		出煤，排水																	
						(3) 4 〃	〃	3.20	56.00		出煤																	
						(4) 5 〃	〃	3.20	110		〃																	
						(5) 6 〃	〃	3.20	110		〃																	
	(5) 利大煤礦	〃	〃	〃	3	(1) 1号井	〃	3.00	126		〃	〃	電力	3.11-4.04	3.11-4.04			3,960	2,500	9,720					〃	〃	〃	
						(2) 2 〃	〃	3.00	164		出煤，排水																	
						(3) 4 〃	〃	3.80	148		出煤																	
	(6) 博大煤礦	〃	〃	〃	3	(1) 斜井	斜井	2.50×2.00	530（延長）		（開鑿中）出煤，排水	〃	〃	1.30-3.90	1.30-3.90			3,500	3,000	8,000					〃	〃	〃	
						(2) 第1直井	直井	3.80	108		（〃）〃																	
						(3) 2 〃	〃	3.80	118		（〃）〃																	
	(7) 福大煤礦	〃	〃	〃	3	(1) 1号井	〃	3.50	102		出煤，排水	〃	〃	2.75	2.75			2,390	4,000	15,190					〃	〃	〃	
						(2) 2 〃	〃	3.00	144		〃																	
						(3) 4 〃	〃	3.00	165		〃																	
	(8) 旭華煤礦	〃	〃	〃	4	(1) 第1号井	〃	2.80×1.80	101		出煤	〃	〃	2.05	2.05			4,500	5,000	15,000			2,750		〃	〃	〃	
						(2) 2 〃	〃	2.80×1.80	101		通風，排水																	
						(3) 3 〃	〃	3.80	101		出煤																	
						(4) 4 〃	〃	3.50	64		出煤，排水																	

號數	礦名	採掘支柱及充填概況	通風	保安	井口(機件設備詳附表D) 數目	名稱	類別	口徑(公尺)	深度(公尺)	平均傾斜度	用度	搬運	排水(機件設備詳附表F) 動力	井下湧水量(立公尺/分)	排水量(立公尺/分)	選洗(機件設備詳附表G) 能力(噸/時)	機數	貯煤場設備 面積(方公尺)	適當貯量(噸)	最大貯量(噸)	貯庫容量(噸)	動力(設備詳附表H) 汽力 H.P.	電力 K.W.	工廠(設備詳附表I)	主要使用材料	勞務	產量	備考
	(9)官莊煤礦	詳附表A	詳附表B	詳附表C	3	(1)第2号井	直井	2.80X1.80	170(預定)		(開鑿中)	詳附表E	電力	1.75	1.75			12,000	8,000	26,000					詳附表J.	詳附表K.	詳附表J	
						(2)第5号井	〃	3.00X1.70	53.50		出煤,排水 (開鑿中)																	
						(3)上暴莊第1号井	〃	280X1.80	90(預定)		出煤,排水 (開鑿中) (〃)																	
	10 文相煤礦	〃	〃	〃			〃	3.00	84		〃	〃													〃	〃	〃	
26	悅昇煤礦	〃	〃	〃	13	(1)西河1号井	直井	3.20	147		出煤,排水		電力 汽力	8.65	8.65			99,838	121,650	295,000			1,700		〃	〃	〃	
						(2)〃2〃	〃	3.00	114		〃																	
						(3)〃3〃	〃	3.10	138		〃																	
						(4)〃7〃	〃	3.00	92		〃																	
						(5)〃8〃	〃	3.00	85		通風兼昇降																	
						(6)〃9〃	〃	3.00	65		出煤																	
						(7)〃10〃	〃	3.70X2.20	66		〃																	
						(8)西河6号井	〃	3.00	80		〃																	
						(9)西河柴子井	〃	3.00	55		〃																	
						(10)桃花峪3号井	〃	3.50	156		〃																	
						(11)〃4〃	〃	3.00	223.60		〃																	
						(12)大奎山1〃	〃	3.10	215.00		開鑿中																	
						(13)〃2〃	〃	3.10	230.00		〃																	
27	吉成煤礦	〃	〃	〃	5	(1)路家泉井	〃	2.50	55		出煤,排水	〃	電力	2.30	2.30			3,000	5,000	8,000					〃	〃	〃	
						(2)張家碾井	〃	2.50	55		〃																	
						(3)羅家碾井	〃	2.50	75		〃																	
						(4)長悅地井	〃	3.20	110		〃																	
						(5)大峪溝井	〃	3.00	110		〃																	
28	大成煤礦	〃	〃	〃	5	(1)白水泉井	〃	3.50	100		出煤	〃	汽力	0.71	0.71			5,100	3,000	20,000					〃	〃	〃	
						(2)〃〃	〃	3.20	110		〃																	

號數	礦名	掘進支柱及充填概況	通風	保安	井口(機件設備詳附表D)							搬運	排水(機件設備詳附表F)			選洗(機件設備詳附表G)		貯煤場設備				動力(設備詳附表H.)		工廠(設備詳附表I)	主要使用材料	勞務	產量	備考
					數目	名稱	類別	口徑(公尺)	深度(公尺)	平均傾斜(度)	用途		動力	井內湧水量(立公尺/分)	排水量(立公尺/分)	能力(噸/時)	機數	面積(方公尺)	適當貯量(噸)	最大貯量(噸)	貯庫容量(噸)	汽力 H.P.	電力 K.W.					
						(3) 皮狐峪井 (4) 蔣家村井 (5) 茄地井	直井 〃 〃	3.30 3.80 3.20	100 120 120		出煤 出煤,排水 〃																	
29	東方煤礦	詳附表A	詳附表B	詳附表C	4	(1) 大畝地井 (2) 榆樹園井 (3) 官地井 (4) 楊家地井	〃 〃 〃 〃	3.50 3.00 3.00 3.00	139 129 124 98		出煤 〃 排水 出煤	詳附表E	電力	2.10	2.10			2,900	3,500	12,000					詳附表J	詳附表K	詳附表L	
30	義泰煤礦	〃	〃	〃	1	南子斜井	斜井	2.00×2.70	215(延長)	16°	出煤,排水	〃		0.50	0.50			1,200	3,500	8,400					〃	〃	〃	
31	復豐興煤礦	〃	〃	〃	5	(1) 福字井 (2) 祿字井 (3) 禎字井 (4) 祥字井 (5) 興字井	直井 〃 〃 〃 〃	3.80 3.80 4.00 4.00 3.20	60 128 137 137 122		通風 出煤 〃 通風,排水 出煤	〃		0.60	0.60			1,350	3,000	6,000					〃	〃	〃	
32	永和煤礦	〃	〃	〃	4	(1) 西井 (2) 東井 (3) 棋盤地井 (4) 風门溝	〃 〃 〃 〃	3.00 3.00 2.50 2.10	150 140 90 45		出煤 通風,排水 出煤 〃	〃						1,500	2,000	7,000					〃	〃	〃	
33	聚興煤礦	〃	〃	〃								〃		0.75	0.75			1,000	1,500	5,000					〃	〃	〃	
34	隆昌煤礦	〃	〃	〃	2	(1) 利字斜井 (2) 萬字斜井	斜井 〃	1.80×2.50 1.80×2.50	340(延長) 150(延長)	18° 18°	出煤,排水 〃 〃	〃						620	1,500	3,000					〃	〃	〃	
35	濟豐煤礦	〃	〃	〃								〃													〃	〃	〃	
36	魯興煤礦	〃	〃	〃								〃		0.45	0.45			2,200	3,000	5,000					〃	〃	〃	
37	寶業煤礦	〃	〃	〃								〃						1,600	400	2,000					〃	〃	〃	
38	成通煤礦	〃	〃	〃								〃						600	1,500	3,000					〃	〃	〃	
39	益成煤礦	〃	〃	〃	2	(1) 1号井 (2) 2号井	直井 〃	2.00 2.00	100 50		出煤,排水 〃 〃	〃						1,200	1,800	3,000					〃	〃	〃	
40	同順煤礦	〃	〃	〃								〃						320	1,500	2,800					〃	〃	〃	

號數	礦名	掘採支柱及充填概況	通風	保安	井口（機件設備詳附表D）							搬運	排水（機件設備詳附表F）			選洗（機件設備詳附表G）		貯煤場設備				動力（設備詳附表H）		工廠（設備詳附表I）	主要使用材料	勞務	產量	備考
					數目	名稱	類別	口徑（公尺）	深度（公尺）	平均傾斜（度）	用途		動力	井下湧水量（立公尺/分）	排水量（立公尺/分）	能力（吨/時）	機數	面積（方公尺）	適當貯量（吨）	最大貯量（吨）	貯庫容量（吨）	汽力 H.P.	電力 K.W.					
41	華東煤礦	詳附表A	詳附表B	詳附表C	4	(1) 大斜井 (2) 1号井 (3) 2 〃 (4) 3 〃	斜井 直井 〃 〃					詳附表E													詳附表J	詳附表K	詳附表L	
42	永順煤礦																											
43	振業煤礦	〃	〃	〃	7	(1)孀坡地1号井 (2) 〃 2〃 (3)羊欄河1〃 (4) 〃 2〃 (5)張家地 (6)南北園 (7)王家窪	〃 〃 〃 〃 〃 〃 〃	3.50 3.20 3.00 3.00 3.00 2.80 2.80	140 74 83 83 83 83 85		出煤 排水通風 出煤 〃 〃 〃 〃	〃		0.45	0.45			8,000	6,000	40,000					〃	〃	〃	
44	同興煤礦																	4,900	5,000	10,000								
45	鼎益煤礦																											
46	恒通煤礦																	4,000	3,000	6,000								
47	永豐煤礦																	300	500	1,000								
48	東昇煤礦																	300	600	2,000								
49	大享煤礦																											
50	魁順煤礦																											
51	源昌煤礦							3.10	90		出煤，排水																	
52	天和公司				2	(1) 1号井 (2) 2号井		2.00×2.00 2.50×2.50	98 86		〃 〃 〃 〃																	
53	利達公司				2	(1) 1号井 (2) 2号井		2.00×2.55 2.25	97 80		〃 〃 〃 〃																	
54	大興公司				2	(1) 1号井 (2) 2号井		2.00 1.50×2.50	70 60		出煤 〃																	

號數	礦名	採掘支柱及充填概況	通風	保安	井口（機件設備詳附表D）							搬運	排水（機件設備詳附表F）			選洗（機件設備詳附表G）		貯煤場設備				動力（設備詳附表H）		工廠（設備詳附表I）	主要使用材料	勞務	產量	備考
					數目	名稱	類別	口徑（公尺）	深度（公尺）	平均傾斜（度）	用途		動力	井下湧水量（立公尺/分）	排水量（立公尺/分）	能力（噸/時）	機數	面積（方公尺）	適當貯量（噸）	最大貯量（噸）	貯庫容量（噸）	汽力 H.P.	電力 K.W.					
55	天源煤礦	詳附表A	詳附表B	詳附表C	4	(1) 1号井 (2) 2 〃 (3) 3 〃 (4) 4 〃		2.00×2.50 1.50 1.80×2.10 1.50×2.10	88 92 44 39	(水沒中) 〃 〃 〃	出煤 〃 〃 〃	詳附表E													詳附表J	詳附表K	詳附表L	
56	坊子東煤礦	〃	〃	〃	1	2号井	直井	2.40×1.70	96		出煤,排水,通風	〃	汽力	0.20-0.60	0.20-0.60			23,835	8,000	40,000					〃	〃	〃	
57	坊子中央煤礦	〃	〃	〃	3	(1) 1号井 (2) 連直井 (3) 3号井	〃 〃 〃	4.00 4.30 3.00	251 176 127		出煤,進風,昇降 出風,排水 出煤,昇降	〃	汽力及電力	2.00-6.00	2.00-6.00			33,000	7,000	40,000					〃	〃	〃	
58	新泰煤礦	〃	〃	〃	4	(1) 第1斜井 (2) 第1直井△ (3) 北直井 (4) 西直井	斜井 直井 〃 〃	3.00×3.00 5.00 3.00 3.00	450 60 26 16.6	15°-20°	進風,搬運 〃 出風 〃	〃		1.20	1.20			17,600	80,000	100,000			22		〃	〃	〃	△預定民國32年10月開始捲揚
59	華豐煤礦	〃	〃	〃	7	(1) 東新井 (2) 第1号井 (3) 東邊井 (4) 第2号井 (5) 西斜井 (6) 第3号井 (7) 第4号井	斜井 〃 〃 〃 〃 〃 〃	2.40×2.10 〃 〃 〃 〃 〃 〃	638(長) 688 446 544 532 591 415	26° 17° 23° 27° 26° 21° 24°	通風,搬運 〃 〃 〃 〃 〃 〃	〃		3.16	2.85	(閱備考)		22,500	56,500	80,000			1,500		〃	〃	〃	目下用25公厘目篩別机篩別後再行手選料，未預定設備選洗机
60	赤柴煤礦	〃	〃	〃	5	(1) 第1号井 (2) 5 〃 (3) 8 〃 (4) 10 〃 (5) 第1斜井	直井 〃 〃 〃 斜井	1.70 5.00 2.25 1.68 2.10×3.60	162 143 156 128 455	15°30′	出風,排水 進風,出煤 〃 〃	〃	汽力及電力	0.55-0.90	0.45	(閱備考)		×30,300	60,000	77,500			1,250		〃	〃	〃	×尚有33,000平方公尺擴充之餘地。 (閱備考) 目下手選料，未預定設備選煤机

號數	礦名	採掘支柱及充填概況	通風	保安	井口（機件設備詳附表D）							搬運	排水（机件設備詳附表F）			選洗（機件設備詳附表G）		貯煤場設備				動力（設備詳附表H）		工廠（設備詳附表I）	主要使用材料	勞務	產量	備考
					數目	名稱	類別	口徑（公尺）	深度（公尺）	平均傾斜（度）	用途		動力	排水容量（立公尺/分）	排水量（立公尺/分）	能力（噸/時）	機數	面積（方公尺）	適當貯量（噸）	最大貯量（噸）	貯庫容量（噸）	汽力 H.P.	電力 K.W.					
61	霍縣煤田																											
	(1) 天生窑	詳附表A	詳附表B	詳附表C	1		直井	2.00	41		出煤,通風	詳附表E													詳附表J	詳附表K	詳附表L	
	(2) 義順窑	″	″	″	1		″	2.00	32		″															″	″	
	(3) 奎太窑	″	″	″	2		″	2.00	70		出煤通風	″														″	″	
	(4) 晉興窑	″	″	″	1		″	2.00	66		出煤,通風	″														″	″	
	(5) 老窑	″	″	″	1		″	2.00	74		″	″														″	″	
	(6) 南莊窑				2		″	2.00	43		出煤,通風,排水															″	″	
	(7) 德生窑				2		″ ″	2.00 2.00	52 64		出煤 通風															″	″	
	(8) 南溝窑				2		″		49 100																			七七事變後,机件被拆去改用土法零星採掘
	(9) 宏盛窑				2		斜井 排水井		200 50		出煤 排水																	
	(10) 晉昌窑				1		斜井		300		出煤,通風																	
	(11) 寶興煤礦																											七七事變後停辦
62	介休煤礦																											″
63	平遙煤礦																											″
64	裕通煤礦																											″
65	晉興煤礦																											″
66	蔭營煤礦																											″
67	五陽村煤礦											″										50						
68	裕豐煤礦																					80						
69	新順煤礦																					50						
70	合興煤礦																											
71	永興煤礦																					70						
72	靈山煤田											″																
73	陳照煤田																											
74	萬全煤田																											
75	渾源煤田																											
76	萊蕪煤礦	詳附表A	詳附表B	詳附表C								詳附表E											172		詳附表J	詳附表K	詳附表L	
	(1) 南冶煤礦																											
	(2) 大有煤礦																											

華北各煤礦概覽第四表（工作狀況）附表A

調查截止日期——民國32年3月

採煤支柱及充填方法

號數	礦名	井別	層別	岩層特徵		採煤方法				支柱方法				充填方法				備考
				上盤	下盤	現在	使用工具	將來	使用工具	現用材料	尺碼	將用材料	尺碼	現在	用法	將來	用法	
1	開灤礦務局 (1) 唐山礦 (2) 林西礦 (3) 唐家莊礦 (4) 趙各莊礦 (5) 馬家溝礦	直井				殘柱式	壓縮空氣機	退却式		(大巷)用磚瓦石灰岩及石灰混塗 (小巷)用松杉楊柳榆支柱				硬石		自給廢石		支柱處無充填 停工
2	中興煤礦	大槽 小槽				長壁式及殘柱式 長壁式	採煤機			木支柱 木支柱		木支柱 木支柱		二段法 有充填				大巷用磚瓦做弧形支柱
3	井陘煤礦		第1層 2 〃 4 〃 5 〃			並行採煤 長壁式 長壁式 三段採煤	人工			木支柱				無 有 有 有	 硬石 硬石 黄土			於地面13吋鑽一井以備充填黄土用
4	正豐煤礦		第5層 第2及4層			柱房式 殘柱式	人工	水平層採進法 長壁式		木支柱 木支柱	2公尺 2公尺			黄土 黄土	手及皮帶 手及皮帶			大巷用三根木支柱採煤場用單柱
5	六河溝煤礦					殘柱式 二段法	人工	長壁法 二段法		木支柱		空木積	空间90公分	一部充填		硬石及黄土	由井外運入	煤柱長地表下30～100公尺為20～30平方公尺可採率為55%
6	焦作煤礦	李封及王封				爆炸法	人工	長壁式		木支柱	5～7寸			硬石				
7	憑心煤礦	憑心井				重壓法	人工			木支柱	16″×4″, 5″×3″ 5″×2″			無				直井用四根窯木，主要井巷用三根窯木
8	原昌中興煤礦																	
9	大同煤礦	白洞採煤所		良好		長壁法	鑿孔機(1.5馬力)	後退法		無				無				煤面長50～100公尺
		寶藏採煤所				柱房式	採煤機(50馬力)			木支柱		撤收		無				煤面長12～15公尺 煤壁寬3公尺

號數	礦名	井別	層別	岩層特徵		採煤方法				支柱方法				充填方法				備考
				上盤	下盤	現在	使用工具	將來	使用工具	現用材料	尺碼	將用材料	尺碼	現在	用法	將來	用法	
10	陽泉煤礦			硬質		殘柱式	機械	長壁式		木支柱		不用支柱		無		無		天盤不良處用支柱，良處不用支柱
11	壽陽煤礦	斜井				殘柱式	人工	殘柱式		架空木（松木）				無		無		（仝上）
12	富家灘煤礦	水平井	一層			殘柱式	人工			木料				無		無		煤面為30×40平方公尺
13	西山煤礦					殘柱式及柱房式並用	汽力或電力，火藥			（大巷）5根木支柱或砥柱		岩石代用		廢石	皮帶			
14	軒崗鎮煤礦						人工											
15	長城煤礦			良好		長壁法	人工			木支柱				實木積及硬石				主要巷道及分巷用三根木柱，採煤場打木柱，煤面5～6公尺用實木積
16	柳江煤礦		硬層 軟層 第三層	硬 軟		長壁法，殘柱式 長壁式 殘柱式二段採	煤流子前進煤採							無充填 有充填及無充填 "	皮帶 "			煤面20～200英尺(ft)
17	磁縣煤礦					柱房式	人工	長壁式		木支柱	7′×7′（分巷）			硬石	手揀			6公尺以上之煤層分三段採掘，用後退法
18	利豐煤礦	斜井				殘柱式	人工			木料（總巷）		木料（分巷）		無	廢石充填	計畫中		
19	門頭溝煤礦					柱房式	人工			木支柱				無				天盤不良處以廢石充填
20	坨里煤礦	協中井		頁岩		殘柱法	人工		動力	木料		撤收		無	自然沈落			下層因湧水故不採
21	花園煤礦					殘柱式	人工	長壁式		木支柱	6′×6′（分巷）			無				（大巷）用窑木做支柱
22	大青山煤礦			砂岩		長壁式後退法及昇冚柱房法	人工	長壁式前進法		木支柱		朝鮮松木		硬石 無	皮帶搬運			二三週後將煤場支柱撤退

號數	礦名	井別	層別	岩層特徵		採煤方法				支柱方法				充填方法				備考
				上盤	下盤	現在	使用工具	將來	使用工具	現用材料	尺碼	將用材料	尺碼	現在	用法	將來	用法	
23	淄川煤礦	斜井	D,E,E' GH層	良好	良好	長壁式前進法	全賛煤機		全用機器	木料	3"~4"			硬石				爆炸法煤面長80~100公尺
24	南定煤礦	直井				残柱式			全用機器	雜木,松木 主要巷路				硬石				主要巷路100公尺以外分向上向下開採每隔20公尺有縱横風道残煤柱為20公尺長
25	(1) 黑山煤礦					残柱式	人工			雜木松木				硬石				
	(2) 康大煤礦					"	"			"				"				
	(3) 萬山煤礦					"	"			"				"				
	(4) 興大煤礦					"	"			"				"				
	(5) 利大煤礦					"	"			"				"				
	(6) 博大煤礦					"	"			"				"				
	(7) 福大煤礦					"	"			"				"				
	(8) 旭華煤礦					"	全賛煤機			"				"				
	(9) 官莊煤礦					"	人工			"				"				
	(10) 文祖煤礦					"	"			"				"				
26	悦昇煤礦					残柱式	人工			雜木松木				硬石				
27	吉成煤礦																	
28	大成煤礦																	
29	東方煤礦																	
30	義泰煤礦																	
31	復豐興煤礦																	
32	永和煤礦																	
33	聚興煤礦																	
34	隆昌煤礦																	
35	濟豐煤礦																	
36	魯興煤礦																	
37	寶業煤礦																	
38	成通煤礦																	

號數	礦名	井别	層别	岩層特徵		採煤方法				支柱方法				充填方法				備考
				上盤	下盤	現在	使用工具	將來	使用工具	現用材料	尺碼	將用材料	尺碼	現在	用法	將來	用法	
39	益成煤礦																	
40	同順煤礦																	
41	華東煤礦																	
42	永順煤礦																	
43	振業煤礦																	
44	同興煤礦																	
45	鼎益煤礦																	
46	恒通煤礦																	
47	永豊煤礦																	
48	東昇煤礦																	
49	大亨煤礦																	
50	魁順煤礦																	
51	源昌煤礦																	
52	大和煤礦																	
53	利彦煤礦																	
54	大興煤礦																	
55	天源煤礦																	
56 57	坊子東煤礦 坊子中央煤礦	直井				残柱式	鑽煤機			雜木松木				硬石				残煤柱（15-30公尺）
58	新泰煤礦	斜井	50公尺層 150公尺〃 150公尺以下層		砂礫 〃	柱房式 〃 長壁式	截煤機	長壁式退却法	截煤機	無 無 木料				有 有 廢石	用皮帶搬運			
59	華豊煤礦		第4層 5〃 7〃	堅固 〃 〃		長壁式後退法 〃 長壁式	人工 〃 〃	退却法 〃 〃		木支柱 〃 水積法				廢石 〃 〃				

號數	礦名	井別	層別	岩層特徵		採煤方法				支柱方法				充填方法				備考
				上盤	下盤	現在	使用工具	將來	使用工具	現在材料	尺碼	將來材料	尺碼	現在	用法	將來	用法	
60	赤柴煤礦		第1層			長壁式退却法	人工			木支柱				硬石				第一層煤由第二層運下
			第2層			"	"			"				"				
			第3層			後退式	"			"				"				
61	霍縣煤田			良好	良好	土法	人力											
	(1) 天生窰					"	"											
	(2) 義順窰					"	"											
	(3) 奎太窰					"	"											
	(4) 晉興窰					"	"											
	(5) 老窰					"	"											
	(6) 南莊窰					"	"											
	(7) 德生窰					"	"											
	(8) 南溝窰					"	"											
	(9) 宏盛窰					"	"											
	(10) 晉昌窰					"	"											
	(11) 寶興煤礦					"	"											七七事變前用西法開採
62	介休煤礦																	停辦
63	平遙煤礦																	"
64	裕通煤礦																	"
65	晉興煤礦																	"
66	蔭營煤礦																	"
67	五楊村煤礦					"	人力											
68	裕豐煤礦					殘柱式	人力			打柱				無				
69	新順煤礦					不詳	"			不詳				"				

號數	礦名	井别	層别	岩層特徵		採煤方法				支柱方法				充填方法				備考
				上盤	下盤	現在	使用工具	將來	使用工具	現在材料	尺碼	將用材料	尺碼	現在	用法	將來	用法	
70	合興煤礦					土法												
71	永興煤礦					〃				木支柱								
72	靈山煤礦	直井				〃				木支柱								共分5段第5段有暗井
73	陳照煤田					〃												
74	萬全煤田					長壁法	人力							黄土				
75	渾源煤田					〃	人力			木支柱				〃				使用炸藥
76	萊蕪煤礦					不詳				不詳				〃				
	又包工開採																	
	(1) 南冶煤礦					〃				〃				〃				
	(2) 大有煤礦					〃				〃				〃				

華北各煤礦概覽第四表（工作狀況）附表B

通風

調查截止日期 — 民國32年3月

號數	礦名	通風機				風量（立公尺/分）	設置所在	備考
		名稱	架數	動力	馬力			
1.	開灤礦務局所屬							
	(1) 唐山礦	賴托通風機（Rateau Fan）	1	電力	400	90.20	井口	常用
		錫洛柯通風機（Ciroco Fan）	1	〃	221	62.10	〃	預備用
	(2) 林西礦	賴托通風機（Rateau Fan）	1	〃	254	61.20	〃	常用
		凱潑爾通風機（Cappell Fan）	1	〃	180	60.80	〃	預備用
	(3) 唐家莊礦	賴托通風機	1	〃	105	49.10	〃	常用
		賴托通風機	1	〃	103	48.60	〃	預備用
	(4) 趙各莊礦	賴托通風機	1	〃	325	77.60	〃	常用
		凱潑爾通風機	1	〃	332	67.80	〃	預備用
	(5) 馬家溝礦							水淹中停工
2.	中興煤礦	錫洛柯通風機	1	〃	35	774	蓋子太平路	斜井
		錫洛柯通風機	1	〃	35	774	後石碑太平路	斜井
		錫洛柯通風機	1	〃	35	774	乾十五	直井
		英普萊托凱潑爾通風機（Imperator Cappell Fan）	1	〃	65	869	石猴子嶺太平路	直井
		英普萊托凱潑爾通風機	1	〃	65	869	牛	直井
		錫洛柯通風機	1	〃	160	992	富三十四	斜井
3	井陘煤礦	錫洛柯通風機	1	汽力	100	2,000	風井口	預備用
			1	〃	150	6,000	風井口	常用
4	正豐煤礦	賴托通風機	1	汽力	250	3,000	三號井井口上	
		局部通風機	1	電力	3		南斜井第二層左巷	
		局部通風機	2	電力	6		周家井第二層及第四層	採礦用
5	六河溝煤礦	錫洛柯旋風機（吸出式）	1	電力	79	960	全盛井	空氣速度每秒4－5公尺尚有三井係自然通風，風量夏季318冬季840立公尺/分

號數	礦名	通風機				風量 立呎/分	設置所在	備考
		名稱	架數	動力	馬力			
6	焦作煤礦	錫洛柯旋風機 錫洛柯旋風機	1 1	汽力 汽力	80 80	2,240 1,680	王封窯南井 李封窯南井	
7	憑心煤礦					3,600		自然通風
8	原昌中興煤礦							
9	大同煤礦	賴托通風機 渦卷式通風機（TURBO） 渦卷式通風機 渦卷式通風機	1 1 1 1	電力 〃 〃 〃	100 134 65 65	2,000 3,000 1,700 1,700	保晉窯通風直井 永定莊西斜井 白洞南井通風斜井 寶藏西通風斜井	
10	陽泉煤礦	局部通風機 錫洛柯通風機 局部通風機 局部通風機 局部通風機 錫洛柯通風機 局部通風機	1 1 1 1 1 1 1 共計 7	電力 汽力 電力 電力 電力 汽力 電力	5 96 5 5 5 100 5 221	1,415 4,247 170 170 170 4,250 283 10,450	筒子窯通風井 天緣窯井外 天緣窯右三井道 天緣窯左三井道 天緣窯左二井道（第三段內） 燕子窯西門外 蔡窪窯左三井坡道	 千代田製 日立製 千代田製 未使用
11	壽陽煤礦	局部通風機 局部通風機	1 2	電力 電力	5 5	170 170	斜井左四半巷 斜井通風井口	
12	富家灘煤礦							自然通風無設備
13	西山煤礦	通風機	1	電力	100		第一直井	
14	軒崗鎮煤礦	局部通風機（BLOWER）	1	電力	5	180	大巷事務所	

號數	礦名	通風機				風量(立公尺/分)	設置所在	備考
		名稱	架數	動力	馬力			
15	長城煤礦	錫洛柯旋風機 錫洛柯旋風機	1 1	電力 電力	50 50	750 750	第一井出氣口 第三井內左分巷	
16	柳江煤礦	錫洛柯旋風機 錫洛柯旋風機 錫洛柯旋風機 錫洛柯旋風機 送風機 送風機	1 1 1 1 1 1	電力 〃 〃 〃 〃 〃	100 50 20 30 15 15	1,840 566 283 566 85 56.6	井上 井下各要處 〃 〃 〃 〃	
17	磁縣煤礦							
18	利豐煤礦	局部通風機	1	電力	5			利用自然通風最近有預備設置錫洛柯通風機之計劃
19	門頭溝煤礦							自然通風最近有預備設置20萬立公尺風量之錫洛柯通風機計劃
20	坨里煤礦							自然通風
21	花園煤礦	錫洛柯通風機 局部通風機	1 3	電力 電力	20 3	283 55	風道井口 各井口	
22	大青山煤礦							自然通風
23	淄川煤礦	頓托通風機	1	電力	90	3,000	洪山斜井口	
24	南定煤礦							自然通風

號數	礦名	通風機				風量（立公尺/分）	設置所在	備考
		名稱	架數	動力	馬力			
25(1)	黑山煤礦	軸流式扇風機	1	電力	50	1,200	黑山斜井口	
25(2)	東大煤礦							
25(3)	萬山煤礦							
25(4)	興大煤礦							
25(5)	利大煤礦							
25(6)	博大煤礦							
25(7)	福大煤礦							
25(8)	旭華煤礦							
25(9)	官莊煤礦							
25(10)	大組煤礦							
26	悅昇煤礦							
27	吉成煤礦							
28	大成煤礦							
29	東方煤礦							大部自然通風局部间有設置3-10馬力通風機者
30	義泰煤礦							
31	復豊興煤礦							
32	永和煤礦							
33	聚興煤礦							
34	隆昌煤礦							
35	濟豊煤礦							
36	魯興煤礦							
37	寶業煤礦							
38	成通煤礦							
39	益成煤礦							
40	同順煤礦							

號數	礦名	通風機				風量（立公尺/分）	設置所在	備考
		名稱	架數	動力	馬力			
41	華東煤礦							
42	永順煤礦							
43	振業煤礦							
44	同興煤礦							
45	鼎益煤礦							
46	恒通煤礦							
47	永豐煤礦							
48	東昇煤礦							
49	大亨煤礦							
50	魁盛煤礦							
51	源昌煤礦							
52	天和煤礦							
53	利達煤礦							
54	大興煤礦							
55	天源煤礦							
56	坊子東煤礦							
57	坊子中央煤礦							
58	新泰煤礦							原爲自然通風機現因井區擴大已設渦卷式（20馬力）通風機一架
59	華豐煤礦	渦卷通風機	1	電力	75	1,500	一號井	日立製設置工事中
		錫洛柯通風機	1	汽力	18	1,000	西邊斜井	設置已完未使用
		錫洛柯通風機	1	電力	20	700	東邊井	設置已完未使用
		錫洛柯通風機	1	電力	50	1,330	四號井	設置已完未使用
60	赤柴煤礦	凱潑爾通風機	1	電力	50	1,000	一號井	設置工事中

號數	礦名	通風機				風量(立公尺/分)	設置所在	備考
		名稱	架數	動力	馬力			
61	霍縣煤田							自然通風
62	介休煤礦							停辦
63	平遥煤礦							〃
64	裕通煤礦							〃
65	晋興煤礦							〃
66	蘆營煤礦							〃
67	五楊村煤礦							自然通風
68	裕豐煤礦							〃
69	新順煤礦							〃
70	合興煤礦							〃
71	永興煤礦							〃
72	靈山煤礦							〃
73	陳照煤田							〃
74	萬全煤田							〃
75	渾源煤田							〃
76	萊蕪煤礦		1	電力	2	20	不詳	

華北各煤礦概覽第四表（工作狀況） 附表C

調查截止日期——民國32年3月

（保　安）

號數	礦名	瓦斯		煤塵		照明		安全燈			瓦斯檢定方法	備考
		所在	防法	所在	防法	所在	種別	種類	數量	使用燃料		
1	開灤礦務局											
	(1) 唐山礦	甚少		甚少		主要巷道	電灯（699個）	吳魯夫式電氣安全灯 帽灯 朋深式灯	7,450 288 149	電 〃 煤油	向用朋深式灯近則採用理研五型瓦斯計	
	(2) 林西礦	〃		〃		〃	電灯（736個）	吳魯夫式電氣安全灯 帽灯 朋深式灯	3,820 128 144	電 〃 煤油	〃	
	(3) 唐家莊礦	〃		〃		〃	電灯（635個）	吳魯夫式電氣安全灯 帽灯 朋深式灯	1,820 135 197	電 〃 煤油	〃	
	(4) 趙各莊礦	〃		〃		〃	電灯（653個）	吳魯夫式電氣安全灯 帽灯 朋深式灯	11,500 448 446	電 〃 煤油	〃	
	(5) 馬家溝礦											停辦
2	中興煤礦											
3	井陘煤礦	極少（0.1%）		井下	黄土散佈 灑水	主要巷道 瓦斯地點 危險地點	電灯 一重網安全灯 吳魯夫式安全灯	磁石灯（一重網） 安全灯（二重網） 吳魯夫式電氣安全灯 帽灯	2,612 2,847 1,184 20	 電 〃	今用吸氣管標準型瓦斯檢定灯及理研瓦斯檢定器	
4	正豐煤礦	古洞內 （CO, H_2S）		無		主要巷道 其他	電灯 安全灯	本多式鎧型灯 帽式二重網安全灯 加油二重網安全灯	350（內修理62） 841（內不完全354）（內修理55） 785（內含不完全597）（修理12）	煤油 豆油 豆油	用理研瓦斯檢定器	此外有電石安全灯187個因無電石停用

號數	礦名	瓦斯		煤塵		照明		安全燈			瓦斯檢定方法	備考
		所在	防法	所在	防法	所在	種別	種類	數量	使用燃料		
5	六河溝煤礦	和順井内一部	電氣安全灯	和順井内一部份	黄土散佈	總巷 其他 〃	電灯 電石灯 電氣安全灯	帽灯 油灯 電石灯	60 200 2,970	電 煤油 電石	用理研瓦斯檢定器	因無油不能使用
6	焦作煤礦	王封井及李封井一部份		有		主要巷道一部份 其他	電灯 安全灯	德製吉萊C引8型灯 冲入安全灯 帽灯	250 150 2,000	電	用吳魯夫安全灯及理研瓦斯檢定器	
7	憑心煤礦	甚多						棉子油手提灯 救世安全灯	156	棉子油	用救世安全灯檢定	安全灯156个因煤油来源困難改用棉子油
8	原昌中興煤礦											
9	大同煤礦	無		井下备用斗机、設置地點五十公尺以内		主要巷道	電灯	本多式H.L.型	3,566 (原有8,500)			
10	陽泉煤礦	桃河南岸(少量)				主要巷道及採掘煤面 其他	電灯 揮發油安全灯 麻油灯,電石灯,	揮發油安全灯	1,000		使用理研瓦斯檢定器	
11	壽陽煤礦	無				主要巷道及採掘煤面	電灯	電石灯 麻油灯	300			
12	富家灘煤礦	無				主要巷道 其他 平巷	電灯 裸火 {電灯(85個) 麻油灯(380個)}					
13	西山煤礦	無		無		主要巷道 其他	電灯 電石灯,油灯				使用理研型檢定器及安全灯檢定器	
14	軒崗鎮煤礦					井口 主要巷道 分巷及工作場	電灯 〃 電石灯	電石灯				
15	長城煤礦	第一号井 第三号井				大巷(每隔30公尺) 分巷	電灯 〃	吳魯夫式電氣安全灯 本田式帽灯	300 800	電 〃	仝上	

號數	礦名	瓦斯		煤塵		照明		安全燈			瓦斯檢定方法	備考
		所在	防法	所在	防法	所在	種別	種類	數量	使用燃料		
16	柳江煤礦					井口 主要巷道 分巷	電灯 手提灯 帽灯或安全灯	帽灯	150	電	理研型檢定器（2架）	
17	磁縣煤礦	少許		少許		井下	安全灯 電石灯	移式揮發油安全灯 鹽基電氣安全灯（預定使用）	800 600		使用理研瓦斯檢定器及本多式揮發油安全灯	
18	利豐煤礦	無		無		主要巷道 其他	電灯 手提灯					
19	門頭溝煤礦					主要巷道 分巷	電石灯 手提灯	三菱型電石灯	35	電石		工人自備手提灯及電石灯
20	坨里煤礦	無		無		井下	電石灯					
21	花園煤礦	井下局部				井下	安全灯	G.S.電氣安全灯（日立製）	500	電	理研瓦斯檢定器	謹防大量通風以免突出瓦斯着火
22	大青山煤礦	無		無		主要巷道 其他	電灯 電石灯					
23	淄川煤礦	井下	安全灯			主要巷道	電灯	G.S.電氣安全灯	200	電		
24	南定煤礦											
25	山東礦業株式會社 (1) 黑山煤礦 (2) 東大煤礦 (3) 萬山煤礦 (4) 興大煤礦 (5) 利大煤礦 (6) 博大煤礦 (7) 福大煤礦											

號數	礦名	瓦斯		煤塵		照明		安全灯			瓦斯檢定方法	備考
		所在	防法	所在	防法	所在	種別	種類	數量	使用燃料		
	(8) 旭華煤礦											
	(9) 官莊煤礦											
	(10) 文租煤礦											
26	悦昇煤礦											
27	吉成煤礦											
28	大成煤礦											
29	東方煤礦											
30	義泰煤礦											
31	復豐興煤礦											
32	永和煤礦											
33	聚興煤礦											
34	隆昌煤礦	大部份無				大部分電石灯或明灯						
35	濟豐煤礦											
36	魯興煤礦											
37	寶業煤礦											
38	成通煤礦											
39	益成煤礦											
40	同順煤礦											
41	華東煤礦											
42	永順煤礦											
43	振業煤礦											
44	同興煤礦											
45	鼎益煤礦											
46	恒通煤礦											
47	永豐煤礦											
48	東昇煤礦											
49	大亨煤礦											

號數	礦名	瓦斯		煤塵		照明		安全灯			瓦斯檢定方法	備考
		所在	防法	所在	防法	所在	種別	種類	數量	使用燃料		
50	魁順煤礦	大部份無				大部份電石灯						
51	源昌煤礦											
52	天和煤礦											
53	利達煤礦											
54	大興煤礦											
55	天源煤礦											
56	坊子東煤礦	井下									使用吳魯夫式安全灯	
57	坊子中央煤礦											
58	新泰煤礦					主要巷道	電灯	G.S.帽上電氣安全灯				民國32年以前使用花生油灯及電石灯
59	華豐煤礦	少許		少許			油灯(500) 電石灯(1300)	本田式安全灯 G.S.電氣安全灯	200 1,200	電 〃	使用理研瓦斯檢定器	
60	赤柴煤礦	〃		〃			油灯(200) 電石灯(1200)	本田式安全灯 G.S.帽灯	30 1,000	〃 〃	仝上	
61	霍縣煤田 (1) 天生窑 (2) 義順窑 (3) 奎太窑 (4) 晋興窑 (5) 老窑 (6) 南莊窑 (7) 德生窑 (8) 南溝窑 (9) 宏盛窑 (10) 晋昌窑 (11) 寶興煤礦											

號數	礦名	瓦斯		煤塵		照明		安全灯			瓦斯檢定方法	備考
		所在	防法	所在	防法	所在	種別	種類	數量	使用燃料		
62	介休煤礦											
63	平遥煤礦											
64	裕通煤礦											
65	晉興煤礦											
66	蔭營煤礦											
67	五楊村煤田											
68	裕豊煤礦											
69	新順煤礦											
70	合興煤礦											
71	永興煤礦											
72	灵山煤田											
73	陳照煤田											
74	萬全煤田											
75	渾源煤田											
76	萊蕪煤礦							電氣安全灯	500	電		

華北各煤礦概覽第四表（工作狀況）附表 D

調查截止日期——民國32年3月

（井口機件設備）

號數	礦名	井口			捲揚機							備考
		數	名	類別	架數	動力	動量（H.P.或K.W.）	罐籠 捲揚段數	罐籠 每段煤車數	每日平均捲揚能力（噸）	每日最大捲揚能力（噸）	
1	開灤礦務局											
	(1) 唐山礦	3	(1) 第1直井	直井	1	汽力	500 H.P.	2	2	940	1,200	
			(2) 第2 〃	〃	1	電力	1,175 〃	3	3	1,720	2,200	
			(3) 第3 〃	〃	1	汽力	200 〃	1	3	550	700	
	(2) 林西礦	2	(1) 第3 〃	〃	1	汽力	1,000 〃	3	3	3,120	3,800	
			(2) 第4 〃	〃	1	電力	355 〃	2	2	980	1,200	
	(3) 唐家莊礦	3	(1) 第1 〃	〃	1	〃	355 〃	2	2	1,330	1,600	
			(2) 第2 〃	〃	1	〃	355 〃	2	2	1,330	1,600	
			(3) 第3 〃	〃	1	〃	355 〃	2	2	1,330	1,600	
	(4) 趙各莊礦	4	(1) 第1 〃	〃	1	〃	1,340 〃	3	3	2,130	2,600	
			(2) 第2 〃	〃	1	汽力	500 〃	1	3			不出煤
			(3) 第3 〃	〃	1	電力	1,340 〃	3	3	2,460	3,000	
			(4) 第4 〃	〃	1	〃	1,175 〃	3	3	2,460	3,000	
	(5) 馬家溝礦											停辦
2	中興煤礦	10	(1) 南大井	〃	1	汽力	500 〃	3	1	1,500	2,100	
			(2) 北大井	〃	1	電力	980 〃	2	2	2,750	3,100	
			(3) 東大井	〃	1	〃	408 〃	2	2	2,750	2,800	
			(4) 十五	〃	1	〃	60 〃	1	2			不出煤
			(5) 石猴子	〃	1	〃	40 〃	1	1			〃
3	井陘煤礦	5	(1) 新井	〃	1	汽力	1,000 〃	1	翻倒式吊籠	2,800	6,500	出煤
			(2) 南井	〃	1	〃	150 〃	1			1,300	
			(3) 北井	〃	1	〃	350 〃	2	1	700	1,300	〃
			(4) 老風井	〃	1	〃	24 〃				500	
			(5) 風井	〃	1	〃	150 〃				1,300	
4	正豐煤礦	7	(1) 1号井	〃	1	〃	600 〃	2	4	1,600	2,200	水沒
			(2) 2号井	〃	1	〃	150 〃	2	2	800	1,200	〃
			(3) 3号井	〃	1	〃	100 〃	2	2			〃
			(4) 東斜井大巷	斜井	1	〃	75 〃			310		出煤
			(5) 南斜井大巷	〃	1	電力	30 〃			280		〃
			(6) 北斜井大巷	〃	1	〃	50 〃			700		〃
			(7) 周家窑大巷	〃	1	〃	30 〃					〃（開鑿中）
5	六河溝煤礦	7	(1) 復興井	直井	1	汽力	180 〃	1	2	800	1,000	〃
			(2) 和順井A	〃	1	電力	50 K.W.	1	1	500	700	〃
			(3) 和順井B	〃	1	人力手搖						
			(4) 和順井C	〃	1							
			(5) 新斜井	斜井	1	汽力	180 H.P.			800	1,000	〃
			(6) 大成井A	直井	1	〃	15 〃	吊籠	0.3	70	150	〃
			(7) 大成井B	〃	1	〃	15 〃	〃	〃	70	150	〃

號數	礦名	井口			捲揚機							備考
		數	名	類別	架數	動力	動量 (H.P.或K.W.)	罐籠 捲揚段數	罐籠 每段煤車數	每日平均捲揚能力(噸)	每日最大捲揚能力(噸)	
6	焦作煤礦	3	(1) 王封窰北直井	直井	1	汽力	150 H.P.	1	2	1,300	1,500	
			(2) 王封窰南直井	〃	1	〃	120 〃	1	1	700	1,000	
			(3) 李封窰南直井	〃	1	〃	100 〃	1	1	700	1,000	
7	憑心煤礦	20	(1) 3号井	〃	1	〃	11 〃	翻倒式吊籠	0.5 噸	150	200	
			(2) 4 〃	〃	1	〃	11 〃	〃	〃	100	120	
			(3) 5 〃	〃	1	〃	11 〃	〃	〃	150	200	
			(4) 6 〃	〃	1	〃	11 〃	〃	〃	100	120	出煤
			(5) 10 〃	〃	1	〃	11 〃	〃	〃	100	120	〃
			(6) 11 〃	〃	1	〃	11 〃	〃	〃	100	120	〃
			(7) 12 〃	〃	1	〃	20 〃	〃	〃	100	120	〃
			(8) 14 〃	〃	1	〃	45 〃	〃	〃	100	130	
			(9) 18 〃	〃	1	〃	16 〃	〃	〃	100	130	〃
			(10) 20 〃	〃	1	〃	20 〃	〃	〃	80	100	〃
			(11) 22 〃	〃	1	〃	16 〃	〃	〃	80	100	〃
			(12) 23 〃	〃	1	〃	11 〃	〃	〃	80	100	〃
			(13) 27 〃	〃	1	〃	11 〃	〃	〃	80	100	
			(14) 30 〃	〃	1	〃	11 〃	〃	〃	80	100	
			(15) 31 〃	〃	1	〃	20 〃	〃	〃	80	100	〃
			(16) 32 〃	〃	1	〃	45 〃	〃	〃	150	100	
			(17) 33 〃	〃	1	〃	11 〃	〃	〃	100	100	
			(18) 常口5号井	〃	1	〃	50 〃	〃	〃			
8	原昌中興煤礦	16		〃	12	〃	15 〃					
9	大同煤礦	24	(1) 保晋東直井	〃	1	〃	200 〃	1	2	900	1,400	〃
			(2) 保晋西直井	〃	1	電力	300 〃	1	2	700	1,100	〃
			(3) 裕豐東直井	〃	1	〃	200 〃	1	2	1,000	1,600	〃
			(4) 裕豐西直井	〃	1	汽力	200 〃	1	2	1,000	1,600	〃
			(5) 裕豐東斜井	斜井	1	電力	50 〃					
			(6) 永定莊東直井	直井	1	〃	200 〃	1	2	770	1,200	〃
			(7) 永定莊西直井	〃	1	汽力	200 〃	1	2	1,100	1,700	〃
			(8) 永定莊西斜井	斜井	1	電力	50 〃					
			(9) 同家梁東斜井	〃	1	〃	200 〃					準備出煤
			(10) 同家梁西斜井	〃	1	〃	200 〃	翻倒式吊籠		1,200	1,900	出煤
			(11) 同家梁人道井	〃	1	〃	100 〃	〃		770	1,200	〃
			(12) 八寶平巷	平巷	1	〃	100 〃	〃		700	1,200	〃
			(13) 白洞南斜井	斜井	1	〃	200 〃	〃		1,200	1,900	〃
			(14) 白洞東斜井	〃	1	〃	122 〃	〃				未完成
			(15) 白洞西斜井	〃	1	〃	200 〃	〃		1,000	1,600	出煤

號數	礦名	井口			捲揚機							備考
		數	名	類別	架數	動力	動量(H.P.或K.W.)	鏈籠 捲揚段數	每段煤車數	每日平均捲揚能力(噸)	每日最大捲揚能力(噸)	
			(16) 寶藏東斜井	斜井	1	電力	75 H.P.		900	1,400	出煤	
			(17) 寶藏西斜井	〃	1	〃	75 〃		780	1,200	〃	
			(18) 確崖東斜井	〃	1	〃	50/30 〃				採掘中	
			(19) 口泉斜井	〃	1	〃	50 〃				〃	
			(20) 昭和斜井	〃	1	〃	30 〃				〃	
10	陽泉煤礦	9	(1) 筒子窑直井	直井	1	汽力	120 〃	1	2	350	600	
			井下第一大巷	平巷	1	電力	20 〃					
			右一巷	〃	1	〃	20 〃					
			(2) 天緣窑斜井	斜井	1	汽力	120 〃			400	800	
			(3) 燕子窑第一直井	直井	1	〃	120 〃	1	2	450	1,000	
			井下北正巷	平巷	1	電力	20 〃					
			(4) 善隣窑直井	直井	1	汽力	120 〃	1	2	500	1,000	
			井下西斜巷	斜巷	1	〃	45 〃					
			井下北斜巷	〃	1	〃	45 〃					
			(5) 善隣窑斜井	斜井	1	電力	20 〃					開鑿中
			(6) 共榮窑第1斜井	〃	1	汽力	50 〃			300	600	
			(7) 蔡窪窑第1直井	直井	1	汽力	75 〃	2	1	300	600	
			(8) 蔡窪窑第2直井	〃	1	〃	60 〃	2	1			
			(9) 蔡窪窑第4直井	〃	1	〃	60 〃					
			井下連環索		1	電力	50 〃					
11	壽陽煤礦	1	斜井	斜井	1	汽力	300 〃			300	600	
12	富家灘煤礦	4	(1) 第1平巷	平巷		電力	20 〃			150		
			(2) 2 〃	〃	1	〃	20 〃					
13	西山煤礦	4	(1) 第1直井	直井	1	汽力	30 〃	1	1	150	200	
			(2) 2 〃	〃	1	〃	400 〃	1	2	600	800	
			(3) 3 斜井	斜井	1	〃	100 〃			300	450	
			(4) 4 〃	〃	1	電力	50 〃			300	300	
14	軒崗鎮煤礦	3	(1) 第1平巷	平巷								
			(2) 2 〃	〃								
			(3) 3 〃	〃								
15	長城煤礦	4	(1) 第1斜井大巷	斜井		〃	150 〃			210	280	
			(2) 2 〃	〃		〃	300 〃			450	580	
			(3) 3 〃	〃		〃	150 〃			200	260	
			(4) 4 〃	〃		〃	100 〃			250	350	
16	柳江煤礦	5	(1) 第1斜井	〃		汽力	50 〃			300		
			(2) 2 〃	〃		〃	64 〃			800		
			(3) 2 〃	〃		電力	150 〃			600		
			(4) 小窑井			汽力	30 〃			150		
			(5) 大槽井3槽總巷			電力	30 〃			100		
			大槽井5 〃 〃			〃	20 〃			70		

號數	礦名	井口 數	井口 名	井口 類別	条數	動力	動量 (H.P.或K.W.)	罐籠 捲揚段數	罐籠 每段煤車數	每日平均捲揚能力(噸)	每日最大捲揚能力(噸)	備考
17	磁縣煤礦	6	(1) 通順南井	直井	1	汽力	300	2	1	1,400	1,800	
			(2) 通順北井	〃	1	〃	125	1	1	300	400	
			(3) 十八号井	〃	1	〃	100	1	1	150	200	
			(4) 大安井	斜井	1	〃	200					預定變更為400H.P.x2座
			(5) 東大井	〃	1	〃	100					〃 〃 300H.P.x3座
			(6) 大安小斜井	〃	1	〃	50					
18	利豊煤礦	1	直井	直井	1	〃	55	1	1	500	600	
19	門頭溝煤礦	1	(1) 第1直井	〃	1	〃		1	1	320		
			第2直井	暗井	1	〃		1	1	300		
20	坨里煤礦	1	斜井									土法,民國32年停工
21	花園煤礦	4	(1) 花園井	斜井		電力	150			540	675	
			(2) 第一玉帶井	〃		〃	75			200	280	
			(3) 第二玉帶井	〃		〃	30			120	150	
			(4) 太平井	〃		〃	50					
22	大青山煤礦	3	(1) 第1斜井	〃		〃				240	500	
			(2) 2 〃	〃		〃				70	90	
			(3) 3 〃	〃		〃				230	400	
23	淄川煤礦	20	(1) 袁家莊1井	直井		〃	100	1	1	300	470	
			(2) 沈馬莊2井	〃		〃	30	1	1 (鉄筐)	180	270	
			(3) 沈馬莊3井	〃		〃	30	1	1 〃	180	200	
			(4) 沈馬莊6井	〃		〃	60	1	1	400	650	
			(5) 洪山斜井	斜井		〃	250		9	350	480	
			(6) 周瓦莊井	直井		〃	60	1	1	220	650	
			(7) 辛莊大井	〃		〃	200	1	2	500	1,050	
			(8) 洪山一井	〃		〃	60	1	1	400	480	
			(9) 洪山二井	〃		〃	200	1	1	700	1,150	
			(10) 洪山三井	〃		〃	200	2	1	300	960	
			(11) 洪山五井	〃		〃	200	2	1	400	960	
			(12) 洪山大井	〃		〃	200	2	1	500	1,030	
			(13) 山頭一井	〃		〃	30	1	1 (鉄筐)	250	460	
			(14) 山頭二井	〃		〃	75	1	1	250	250	
			(15) 東家莊五井	〃		〃	50	1	1 (鉄筐)	200	450	
			(16) 東家莊六井	〃		〃	60	1	1	450	530	
			(17) 東家莊七井	〃		〃	60	1	1	300	730	
			(18) 興亜六井	〃		〃	60	1	1	130	300	
			(19) 興亜五井	〃		〃	60	1	1			開鑿中

號數	礦名	井口 數	井口 名	井口 類別	捲揚機 架數	動力	動量(H.P.或K.W.)	罐籠 捲揚段數	罐籠 每段煤車數	每日平均捲揚能力(噸)	每日最大捲揚能力(噸)	備考
24	南定煤礦	5	(1) 第1直井	直井	1	汽力	16	2	1	500	700	出煤
			(2) 2 〃	〃	1	〃	14	2	1			通風排水
			(3) 1号支井	〃	1	電力	30	1	1 (柳筐)	100	200	出煤
			(4) 2 〃	〃	1	〃	30	1	1 (〃)	100	200	〃
			(5) 3 〃	〃	1	〃	30	1	1 (〃)	100	200	〃
25	山東礦業株式會社 (1) 黑山煤礦	6	(1) 第1斜井	斜井	1	〃	300		9	200	200	〃
			(2) 第1直井	直井	1	〃	60	2	1			
			(3) 2 〃	〃	1	〃	30	1	1 (柳筐)	60	240	〃 (開鑿中)
			(4) 太平嶺1号井	〃	1	汽力	50	1	1 (〃)	190.	223	〃
			(5) 〃 5 〃	〃	1	電力	30	1	1 (〃)	180	272	〃
			(6) 福山 3 〃	〃	1	〃	15	1	1 (〃)	150	213	〃
	(2) 東大煤礦	1	2号井	〃	1	〃	30	1	1 (〃)	150	200	
	(3) 萬山煤礦	3	(1) 第1直井	〃	1	〃	30	2	1			〃 (開鑿中)
			(2) 2 〃	〃	1	〃	60	1	1			〃 〃
			(3) 小井	〃	1	〃	30	1	1 (〃)			〃 通風
	(4) 興大煤礦	5	(1) 2号井	〃	1	汽力	60	1	1 (〃)			〃 〃
			(2) 3 〃	〃	1	〃	90	1	1 (〃)	100	100	出煤排水
			(3) 4 〃	〃	1	〃	40	1	1 (〃)	80	80	出煤
			(4) 5 〃	〃	1	〃	90	1	1 (〃)	120	220	〃
			(5) 6 〃	〃	1	〃	120	1	1 (〃)	200	330	〃
	(5) 利大煤礦	3	(1) 1 〃	〃	1	〃	90	1	1 (〃)	250	300	
			(2) 2 〃	〃	1	〃	90	1	1 (〃)	200	300	
			(3) 4 〃	〃	1	〃	60	2	1 (〃)		300 (預定)	準備出煤
	(6) 博大煤礦	3	(1) 斜井	斜井	1	電力	75	2	2			
			(2) 第1直井	直井	1	〃	30	1	1			
			(3) 2 〃	〃	1	〃	30	1	1 (〃)	130	200	
	(7) 福大煤礦	3	(1) 1号井	〃	1	汽力	90	1	1 (〃)	100	200	
			(2) 2 〃	〃	1	〃	90	1	1 (〃)	130	160	
			(3) 4 〃	〃	1	〃	90	1	1 (〃)	130	160	
	(8) 旭華煤礦	4	(1) 第1 〃	〃	1	〃	180	2	1	450	600	
			(2) 2 〃	〃	1	〃	90	1	1			通風,排水
			(3) 3 〃	〃	1	〃	90	2	1	250	300	
			(4) 4 〃	〃	1	電力	75	1	1	400	400	
	(9) 官莊煤礦	3	(1) 第2 〃	〃		汽力	60					開鑿中
			(2) 5 〃	〃		〃	90	1	1	300	450	
			(3) 上莊第1井	〃		電力	30					(〃)
	(10) 文租煤礦	1		〃	1	汽力	55	1	1 (〃)	150	180	

號數	礦名	井口			捲揚機							備考
		數	名	類別	架數	動力	動量(H.P.或K.W.)	罐籠 捲揚段數	罐籠 每段煤車數	每日平均捲揚能力(噸)	每日最大捲揚能力(噸)	
26	悦昇煤礦	13	(1) 西河1号井	直井	1	汽力	180	2	1	200	480	
			(2) 〃 2 〃	〃	1	〃	90	2	1	100	360	
			(3) 〃 3 〃	〃	1	〃	90	1	1 (捌筐)	200	320	
			(4) 〃 7 〃	〃	1	〃	90	2	1	400	480	
			(5) 〃 8 〃	〃	1	〃	40	2	1			通風及運送材料
			(6) 〃 9 〃	〃	1	電力	30	1	1 (〃)	100	260	
			(7) 〃 10 〃	〃	1	汽力	90	2	1	200	480	
			(8) 〃 6 〃	〃	1	電力	40	1	1 (〃)	100	260	
			(9) 西河棃子井	〃	1	〃	20	1	1 (〃)	200	200	
			(10) 桃花峪3号井	〃	1	汽力	90	2	1	330	400	
			(11) 桃花峪4号井	〃	1	電力	120	2	1	400	480	
			(12) 大堊山1号井	〃	1	汽力	90	2	1	300	300	採掘中
			(13) 大堊山2号井	〃	1	電力	120	2	1	500	600	〃
27	吉成煤礦	5	(1) 路家泉井	〃	1	汽力	40	1	1 (〃)	100	220	
			(2) 張家碾井	〃	1	〃	90	1	1 (〃)	150	360	
			(3) 羅家碾井	〃	1	〃	90	1	1 (〃)	150	360	
			(4) 長悦地井	〃	1	〃	90	1	1 (〃)	150	320	
			(5) 大峪溝井	〃	1	〃	40	1	1 (〃)	80	120	
28	大成煤礦	5	(1) 白水泉井A	〃	1	〃	90	1	1 (〃)	200	320	
			(2) 白水泉井B	〃	1	〃	90	1	1 (〃)	150	320	
			(3) 皮狐峪井	〃	1	〃	60	1	1 (〃)	120	260	
			(4) 蔣家林井	〃	1	〃	90	1	1 (〃)	100	320	
			(5) 旂地井	〃	1	〃	60	1	1 (〃)	100	240	
29	東方煤礦	4	(1) 大畝地井	〃	1	〃	90	1	1 (〃)	160	320	
			(2) 榆地園井	〃	1	〃	90	1	1 (〃)	160	320	
			(3) 官地井	〃	1	〃	90	1	1 (〃)			排水
			(4) 楊家地井	〃	1	〃	50	1	1 (〃)	100	200	
30	義泰煤礦	1	南子斜井	〃	1	〃	90	1	1 (〃)	280	360	
31	復豊興煤礦	5	(1) 福字井	〃	1	〃	40	1	1 (〃)			通風
			(2) 祿字井	〃	1	〃	90	1	1 (〃)	200	290	
			(3) 禎字井	〃	1	〃	90	1	1 (〃)	200	290	
			(4) 祥字井	〃	1	〃	90	1	1 (〃)			通風排水
			(5) 興字井	〃	1	〃	90	1	1 (〃)	200	290	
32	永和煤礦	4	(1) 西井	〃	1	〃	90	1	1 (〃)	120	200	〃 〃
			(2) 東井	〃	1	〃	90	1	1 (〃)			
			(3) 棋盤地井	〃	1	〃	60	1	1 (〃)	150	240	
			(4) 風门溝	〃	1	〃	60	1	1 (〃)	180	30	

號數	礦名	井口			捲揚機			罐籠		每日平均捲揚能力(噸)	每日最大捲揚能力(噸)	備考
		數	名	類別	架數	動力	動量(H.P.或K.W.)	捲揚段數	每段煤車數			
33	聚興煤礦											
34	隆昌煤礦	2	(1) 利字斜井	斜井	1	汽力	90	1	1 (柳筐)	160	320	
			(2) 萬字斜井	〃	1	〃	60	1	1 (〃)	100	280	
35	濟豐煤礦											
36	魯興煤礦											
37	寶業煤礦											
38	成通煤礦											
39	益成煤礦	2	(1) 1号井	直井	1	〃	90	1	1 (〃)	150	280	
			(2) 2号井	〃	1	〃	50	1	1 (〃)	100	160	
40	同順煤礦											
41	華東煤礦	4	(1) 大斜井	斜井	1	〃	120			380	480	
			(2) 1号井	直井	1	〃	90	1	1 (〃)	220	320	
			(3) 2号井	〃	1	〃	90	1	1 (〃)	200	290	
			(4) 3号井	〃	1	〃	90	1	1 (〃)			通風,排水
42	永順煤礦											
43	振業煤礦	7	(1) 徧坡地1号井	〃	1	〃	90	1	1 (〃)	200	280	
			(2) 徧坡地2号井	〃	1	〃	90	1	1 (〃)			通風,排水
			(3) 半牖河1号井	〃	1	〃	50	1	1 (〃)	180	200	
			(4) 半牖河2号井	〃	1	〃	90	1	1 (〃)	200	320	
			(5) 張家地	〃	1	〃	40	1	1 (〃)	100	160	
			(6) 南北園	〃	1	〃	40	1	1 (〃)	100	160	
			(7) 王家窪	〃	1	〃	50	1	1 (〃)	120	180	
44	同興煤礦											
45	鼎益煤礦											
46	恒涌煤礦											
47	永豐煤礦											
48	東昇煤礦											
49	大享煤礦											
50	魁順煤礦											
51	源昌煤礦	1		〃	1	〃	40	1	1 (〃)	100	120	
52	天和煤礦	2	(1) 1号井	〃	1	〃	90	1	1 (〃)	150	300	
			(2) 2号井	〃	1	〃	90	1	1 (〃)	150	300	

號數	礦名	井口			捲揚機							備考
		數	名	類別	架數	動力	動量(H.P或K.W.)	罐籠 捲揚段數	罐籠 每段煤車數	每日平均捲揚能力(噸)	每日最大捲揚能力(噸)	
53	利達煤礦	2	(1) 1号井	直井	1	汽力	90	1	1	200	300	
			(2) 2号井	〃	1	〃	40	1	1	100	150	
54	大興煤礦	2	(1) 1号井	〃	1	〃	60	1	1 (柳筐)	80	200	
			(2) 2号井	〃	1	〃	60	1	1 (〃)	80	200	
55	天源煤礦	4	(1) 1号井	〃	1	〃	120	1	1			水没中
			(2) 2号井	〃	1	〃	90	1	1			〃
			(3) 3号井	〃	1	〃	40	1	1 (〃)			〃
56	坊子東煤礦	1	2号井	〃	1	〃	180	1	1 (〃)	200	350	
57	坊子中央煤礦	3	(1) 2号井	〃	1	〃	90	1			200	準備出煤
			(2) 直井	〃	1	〃	60					通風,排水
			(3) 3号井	〃	1	〃	90	1	1	200	320	
58	新泰煤礦	4	(1) 第1斜井	斜井	1	〃	250		13(每車0.75噸)	900	1,100	
			(2) 第1直井	直井	1	〃	400		2	1,440	1,800	
			(3) 北直井	〃	1	電力	50					通風
59	華豐煤礦	7	(1) 東新井	斜井	1	汽力	200			400	500	
			(2) 第1号井	〃	1	〃	200			400	500	
			(3) 東邊井	〃	1	〃	120			250	300	
			(4) 第2号井	〃	1	〃	300			650	800	
			(5) 西斜井	〃	1	〃	200			350	450	
			(6) 第3号井	〃	1	〃	250			530	700	
			(7) 第4号井	〃	1	電力	{50 50			200	250	
60	赤柴煤礦	5	(1) 第1号井	直井	1	〃	20					通風,排水
			(2) 5〃	〃	1	〃	30					兩井擴大改修中
			(3) 8〃	〃	1	〃	80			350	450	
			(4) 10〃	〃	1	〃	20			30	30	
			(5) 1斜井	斜井	1	〃	200			450	550	
61	霍縣煤田											
	(1) 天生窯	1		直井		人力						使用轆轤與鉄索
	(2) 義順〃	1		〃		〃						〃
	(3) 奎太〃	2		〃		〃						〃
	(4) 晋興〃	1		〃		〃						〃
	(5) 老〃	1		〃		〃						〃
	(6) 南莊〃	2		〃		〃						
	(7) 德生〃	2		〃		〃						
	(8) 南溝〃	2		〃		汽力						机件殘破不堪使用
	(9) 宏盛〃	2		斜井		人力						使用轆轤與鉄索
	(10) 晋昌〃	2		〃		〃						〃
	(11) 寶興煤礦	1				×汽力	×45H.P.					×事變事

號數	礦名	井口			捲揚機							備考
		數	名	類別	架數	動力	動量(H.P.或K.W.)	罐籠		每日平均捲揚能力(噸)	每日最大捲揚能力(噸)	
								捲揚段數	每段煤車數			
62	介休煤礦											
63	平遥煤礦											
64	裕通煤礦											
65	晉興煤礦											
66	蔭營煤礦											
67	五楊村煤礦				1	汽力	20 H.P.					
68	裕豐煤礦				1	〃	40 〃					
69	新順煤礦				1	〃	20 〃					
70	合興煤礦											
71	永興煤礦				1	〃	40 〃					
72	天山煤田											
73	陳照煤田											
74	萬全煤田											
75	漳源煤田											
76	萊蕪煤礦	不明			1	〃	90 〃					
	附屬				1	〃	200 〃					
	(1)南冶煤礦				1	電力	15 〃					
	(2)大有煤礦				2	汽力	不明					

華北各煤礦概覽第四表（工作狀况）附表E

調查截止日期——民國32年3月

（搬　運）

號數	礦名	井下搬運 方法 煤面	兩側	大巷	煤面井口間距離 最長(公尺)	平均(公尺)	井上搬運 井口→貯煤場 距離(公尺)	方法	貯煤場→煤車 距離(公尺)	方法	煤斗車 木製 容量(噸)	輛數	鐵製 容量(噸)	輛數	軌條 軌間距離 公分	(主要巷道内)重量 公斤	備考
1	開灤礦務局																
	(1) 唐山礦	小型煤車與鉄流子	馬匹	機車與馬匹	5,558	3,874	200	專用煤車				0	0.43	3,417	45		
	(2) 林西礦	〃	〃	〃	4,904	3,177	900	〃				0	0.44	3,094	45		
	(3) 唐家莊礦	〃	〃	〃	2,570	2,371	720	〃				0	0.53	2,007	60		
	(4) 趙各莊礦	〃	〃	〃	6,048	2,760	900	〃				0	0.41	4,364	45		
	(5) 馬家溝礦																停辦
2	中興煤礦	環鎖式搬運机 擺動式搬運机 槽板式搬運机 溜煤鉄板	人力推送 馬匹	循環索 搬運机	4,200	1,800	(南大井) 60 (東大井) 30 (北大井) 90	人力推送煤車 〃 槽板式搬運机	80 10 60	槽板式搬運机 〃 〃		0 0	0.68 0.72	2,733	45		
3	井陘煤礦	人力推送	人力推送	馬匹	2,000	800	200	人力推送			0.65	1,100	0.50	30	50	22；15	
4	正豐煤礦	煤筐簸箕與盛煤斗	人力推送	人力推送與馬匹	600	300	1,100	馬匹	200	翻斗機	0.72	112	0.72 0.42 0.45	414 25 38	60 60 60	15	井下煤車用運煤場求煤搬運用；煤車及倒煤車貯煤場及黄土充填用
5	六河溝煤礦	小煤斗	人力推送	復興井(人力推送) 和順井(馬拉) 大成井(人力推送)	350 2,000 200	250 1,500 120	150 780 40	人力推送翻斗車 循環索翻斗車 人力推送翻斗車	450 0 1,500	机車 卡車及人力推送 机車	1.00	6	0.65 1.00 0.70	262 141 35	61	9；22	
6	焦作煤礦	小煤斗	人力推送		1,100	300	300	循環索與人力推送	30	肩擔	0.80	180	0.80	744	61		
7	憑心礦	人力推送	人力推送	人力推送及煤斗車	150	100	700(平均)	循環索及人力推送煤斗車			0.80	150	0.80	121	61		
8	原昌中興煤礦																
9	大同煤礦																
	(1) 保晋	人力推送	尾索	循環索	1,250	780	40	人力推送	50	直接裝入貨車			0.45	5.31	55	15	
	(2) 裕豐	〃	人力推送	〃	1,520	900	1,200	循環索	50	裝入煤庫及翻斗車			0.55	475	61	15	
	(3) 永定莊	〃	尾索	鉄索捲	950	800	550	〃	50	〃			0.55	559	61	15	
	(4) 同家梁	〃	〃	〃	980	820	100	循環索及人力推送	70	裝入翻斗車			0.55 0.65	91 197	61	15	
	(5) 八寶	〃	人力推送	尾索	2,000	1,950	150	尾索及人力推送	70	〃			0.55	242	61	15	
	(6) 白洞	〃	〃	尾索或鉄索捲	1,050	800	130	翻斗車人力推送及皮帶搬運机	50	裝入煤庫及翻斗車			0.65	434	61	15	
	(7) 寶[illegible]	〃	〃	尾索	953	895	200	人力推送	70	裝入翻斗車			0.55 0.65	226 50	61	15	
	(8) 雍崖	〃	〃	人力推送	273	180	100	〃		翻斗車人力推送及[illegible]			0.50	51	61	15	
	(9) 口泉	〃	〃	〃	300	250	80	〃		翻斗机人力推送及皮帶搬送机	0.50	20	0.50	14	61	15	
	(10) 昭和	〃	〃	〃									0.55	23	61	15	

號數	礦名	井下搬運					井上搬運				煤斗車				軌條		備考
		方法			煤面井口間距離		井口→貯煤場		貯煤場→煤庫		木製		鉄製		軌間距離	(主要巷道内)重量	
		煤面	兩側	大巷	最長(公尺)	平均(公尺)	距離(公尺)	方法	距離(公尺)	方法	容量(噸)	輛數	容量(噸)	輛數	(公分)	(公斤)	
10	陽泉煤礦	人力推送	人力推送,自動捲索,井下捲索及馬匹	循環索斜井捲揚及馬匹	1,585	600	1,255 (平均)	人力推送,循環索	575 (平均)	循環索	0.52 0.57 0.62 0.84 0.71	1,506 (内含鉄皮包車611,活動底車114)	0.59 0.61 0.63 0.65 0.69	781 其他車10	50.8 52		直井捲揚机7架630H.P. 循環索捲揚机11架670H.P. 井下索捲机20架400H.P.
11	壽陽煤礦	〃	人力推送,井下索捲	斜井繩罐索	750	500	350	人力推送		棧橋堆集	1.66	92			61		斜井捲揚(汽力)机1架300H.P. 井下索捲揚(電力)机3架600H.P.
12	富家灘煤礦	〃	人力推送自轉捲索井下捲索及馬匹	馬匹	650	300	800 (平均)	人力推送自轉捲索		〃	(横甬) 0.88	56 272			53		井下索捲揚机(電力)2架20H.P.
13	西山煤礦	人力推送,馬匹	電力	〃	2,000	350	810 (平均)	自轉捲索 循環索	30		0.50	600	0.34 0.41	40 40	56	6;8;15	
14	軒崗鎮煤礦	人力推送	人力推送	人力推送	255	200	100	馬匹	2,500	馬匹	0.65	42			61	7	
15	長城煤礦	鉄製小滑煤斗	煤車	捲揚机	700	480	27,000	礦區鉄道		人力推送	0.82	160			60	8;9	
16	柳江煤礦	人力推送及馬匹	人力推送 馬匹	人力推送 馬匹	55	31	1,000	人力推送			0.50 1.00	10 20	0.80	280	40	55	井内電力捲揚机2架28H.P. 1架20H.P.,1架15H.P.
17	磁縣煤礦	通順井小煤斗 大安井小煤斗	人力推送 〃	人力推送 〃	500 620	400 500	50 30	人力推送 〃	5,000 2,000	輕便鉄道		20		307	61	10;15	
18	利豐煤礦	鉄溜子	單軌煤車人力推送	双軌煤車人力推送	466.60	327.60	59.50	〃	3.00	煤鏟			0.60	70	47	9	
19	門頭溝煤礦	溜煤鉄板及柳筐	人力推送	机力捲揚	230				4,000	卡車			0.50	110	71	31 40	
20	坨里煤礦	小煤斗	人力推送	人力推送煤車	1,600	100	50	〃	10	肩擔			0.50	70	46	10	
21	花園煤礦	挑担	人力推送	電力捲索	800	600	2,400	机車	0	肩擔及翻斗車	0.55	200			71	10	
22	大青山煤礦	人力推送	人力推送	鉄捲索	500	360	80-100	人力推送					0.58	400	47	15; 18	貯煤場與煤庫係同一處所
23	淄川煤礦 (1) 黌巖莊1号井 (2) 沈馬莊2号井 (3) 沈馬莊6号井 (4) 洪山斜井 (5) 辛莊大井 (6) 洪山1号井	小煤斗 〃 〃 〃 〃 小煤斗与環索搬運	人力推送 〃 人力推送与馬匹 〃 人力推送 〃	電力捲索及人力搬運	1,575 558 1,138 1,450 480 1,278	975 503 712 1,400 440 979	50 30 40 70 40 40	人力推送 〃 〃 人力推送与自走 人力推送 〃	2,440 3,300 3,350 4,290 6,600 4,015	電力 〃 〃 〃 〃			0.50 0.60	1,917 660	56 61	15 15	

號數	礦名	井下搬運					井上搬運				煤斗車				軌條		備考
		方法			煤面井口間距離		井口→貯煤場		貯煤場→煤庫		木製		鉄製		軌間距離	(主要巷道内)重量	
		煤面	兩側	大巷	最長(公尺)	平均(公尺)	距離(公尺)	方法	距離(公尺)	方法	容量(噸)	輛數	容量(噸)	輛數	公分	公斤	
	(7) 洪山2号井	小煤斗與環索搬運	人力推送	電力捲索與人力搬運	988	958	40	人力推送	6,515	電力							
	(8) 〃 3 〃	小煤斗	〃	〃	1,091	961	〃	〃	7,400	〃							
	(9) 〃 5 〃	小煤斗與環索搬運	〃	〃	621	561	〃	〃	8,900	〃							
	(10) 〃 6 〃	〃	〃	〃	669	609	〃	〃	10,500	〃							
	(11) 山頭1 〃	〃	〃	〃	821	781	〃	〃	7,165	〃							
	(12) 〃 2 〃	〃	〃	〃	1,025	955	〃	〃	7,600	〃							
	(13) 東嶺莊5 〃	小煤斗	〃	〃	875	745	〃	〃	3,400	〃							
	(14) 〃 6 〃	〃	〃	〃	996	946	〃	〃	3,940	〃							
	(15) 〃 7 〃	〃	〃	〃	961	791	〃	〃	4,200	〃							
	(16) 興亜6 〃	〃	〃	〃	1,020	880	70	〃	6,750	〃							
24	南定煤礦 (1) 大井	小煤斗	人力推送	人力推送與循環索	1,245	1,015	60	〃	5,000	機車	0.50	50	0.50	150	61	12.5	
	(2) 分井	〃	〃	人力推送	470	340	40	〃	5,800	〃							
25	山東礦業株式會社 (1) 黑山煤礦 斜井	〃	人力推送與尾索	電力捲索與人力搬運	2,100	1,950	70	人力推送	450	自動捲索與人力推送	0.70	200			61	15	
	第2直井	〃	人力推送	〃	294	274	40	〃	3,550	汽車							
	太平嶺台井	〃	〃	〃	668	628	{250 650	人力推送與電力捲索	15,000	机車	0.50	121	0.50	60	56	8	台車30輛
	(2) 東大煤礦	〃	〃	〃	420	380	500	電力捲索, 自動捲索, 人力推送	15,000	〃					56	8	〃 20 〃
	(3) 萬山煤礦																
	(4) 興大煤礦																
	(5) 利大煤礦	〃	〃	〃	797	697	40	人力推送	3,550	〃	3.00	72			61	15	〃 92 〃
	(6) 博大煤礦	〃	〃	〃	660	620	30	〃	2,650	汽車	0.50	25			56	12.5	〃 15 〃
	(7) 福大煤礦	〃	〃	〃	555	530	40	〃	{1,350 1,900	自動捲索, 人力推送	1.25	40			56	8	〃 38 〃
	(8) 旭華煤礦	〃	〃	〃	1,312	1,180	320	〃	0	馬車,汽車	0.50	190			61	15	
	第三号井	〃	〃	〃	314	305	30	〃	3,000								
	(9) 官莊煤礦	〃	〃	〃	298	280	500	〃	450	人力推送與尾索	0.50	110			61	15	
	(10) 文祖煤礦	〃	人力推送	汽力捲索與人力推送	385	370	40	〃	15,400	汽車馬車					56	8	

號數	礦名	井下搬運					井上搬運				煤斗車				軌條		備考
		方法			煤面井口間距離		井口→貯煤場		貯煤場→煤庫		木製		鉄製		軌間距離	(主要巷道内)重量	
		煤面	兩側	大巷	最長(公尺)	平均(公尺)	距離(公尺)	方法	距離(公尺)	方法	容量(噸)	輛數	容量(噸)	輛數	公分	公斤	
26	悦昇煤礦																
	(1)西河井	小煤斗	人力推送	電力捲索與人力推送	1,697	1,447	40	人力推送	11,500	機車	0.50	450			56	15	
	(2)桃花峪井	〃	〃	〃	1,123	973	〃	〃	15,500	〃							
	(3)大峑山井	〃	〃	〃	1,083	1,020		人力與自動捲索	6,000	〃							
27	吉成煤礦	〃	〃	汽力捲索與人力推送	不詳	不詳	30	人力推送	不詳	人力推送							
28	大成煤礦	〃	〃	〃	〃	〃	30	〃	〃	〃							
29	東方煤礦	〃	〃	〃	〃	〃	30	〃	〃	汽車							
30	義泰煤礦	〃	〃	〃	〃	〃	30	〃	2,500	人力推送	1.25	60			56	8	
31	復豐興煤礦	〃	〃	〃	〃	〃	30	〃	550	〃	1.25	60			56	8	
32	永和煤礦	〃	〃	〃				〃		汽車							
33	聚興煤礦	〃	〃	〃	〃	〃	30	〃	500	〃							
34	隆昌煤礦	〃	〃	〃				〃		〃							
35	濟豐煤礦	〃	〃	〃				〃		〃							
36	曾興煤礦	〃	〃	〃	〃	〃	30	〃	2,200 2,300	〃							
37	寶業煤礦	〃	〃	〃				〃		〃							
38	成通煤礦	〃	〃	〃				〃		〃							
39	益成煤礦	〃	〃	〃				〃		〃							
40	同順煤礦	〃	〃	〃				〃		〃							
41	華東煤礦	〃	〃	〃	1,200	1,100	30	〃	1,100	人力推送	1.25	30			56	15	1.25噸之煤車井上駛用
42	永順煤礦	〃	〃	〃				〃		汽車							

號數	礦名	井下搬運					井上搬運				煤斗車				軌條		備考
		方法			煤面井口間距離		井口→貯煤場		貯煤場→煤庫		木製		鐵製		軌間距離	重量（主要巷道内）	
		煤面	兩側	大巷	最長（公尺）	平均（公尺）	距離（公尺）	方法	距離（公尺）	方法	容量（噸）	輛數	容量（噸）	輛數	公分	公斤	
43	振業煤礦	小煤斗	人力推送	汽力捲索與人力推送	600	460	30	人力推送	1,800 3,000	人力推送	1.25	30			56	8	
44	同興煤礦	〃	〃	〃				〃		汽車							
45	鼎盐煤礦	〃	〃	〃				〃		〃							
46	恒通煤礦	〃	〃	〃				〃		〃							
47	永豐煤礦	〃	〃	〃				〃		〃							
48	東昇煤礦	〃	〃	〃				〃		〃							
49	大亨煤礦	〃	〃	〃				〃		〃							
50	魁順煤礦	〃	〃	〃				〃		〃							
51	源昌煤礦	〃	〃	〃	300	280	40	〃	14,000	汽車馬車							
52	天和煤礦	〃	〃	〃	〃	〃	40	〃	14,300	〃					56	8	
53	利達煤礦	〃	〃	〃	不詳	不詳	40	〃	8,500						56	8	
54	大興煤礦																
55	天源煤礦																
56	坊子東煤礦	小煤斗及負筐			316	276	40	〃		人力推送							
57	坊子中央煤礦 二井 三井	〃 〃	屬於採煤準備 〃		437	407	40	〃	0 1,500	〃	0.50 0.50	30 45			56 56	8 8	
58	新泰煤礦	（柱房式）小煤斗 （長壁式） 環式搬運	馬匹及循環索	架空線式電車	500	400	180	皮帶搬運机	70	皮帶搬運机	0.75	500	1.20		61	15	

號數	礦名	井下搬運					井上搬運				煤斗車				軌條		備考
		方法			煤面井口間距離		井口→貯煤場		貯煤場→煤庫		木製		鉄製		軌間距離	(主要巷道內)重量	
		煤面	兩側	大巷	最長(公尺)	平均(公尺)	距離(公尺)	方法	距離(公尺)	方法	容量(噸)	輛數	容量(噸)	輛數	公分	公斤	
59	華豐煤礦																
	(1) 北部井	拉筐	拉筐	拉筐	150	120	20	肩擔	1,600	循環索	0.60	60	1	25	61	15	
	(2) 東新井	人力推送	人力推送	捲揚煤車	500	480	50	人力推送	450	〃							
	(3) 第1井	〃	〃	〃	750	850	100	〃									
	(4) 東邊井	〃	〃	〃	500	450	50	〃	800	〃							
	(5) 第2井	〃	〃	〃	550	500	250	循環索									
	(6) 西斜井	〃	〃	〃	500	480	100	人力推送									
	(7) 第3井	〃	〃	〃	550	520	100	〃									
	(8) 第4井	〃	〃	〃	530	500	30	〃	650	〃							
60	赤柴煤礦			(捲卸)													
	(1) 8号井	鉄流子	煤車	煤車捲揚	350	450	60	人力推送			0.60	150			61	15	
	(2) 10号井	拉筐	台車	煤筐捲揚	300	250	10	柳筐台車			0.50	100			46	10	
	(3) 第1斜井	鉄流子	煤車	煤車捲揚	850	700	60	人力推送									
61	霍縣煤田																
	(1) 天生窯																
	(2) 義順窯																
	(3) 奎太窯																
	(4) 晋興窯																
	(5) 老窯																
	(6) 南莊窯																
	(7) 德生窯																
	(8) 南溝窯																
	(9) 宏盛窯																
	(10) 晋昌窯																
	(11) 寶興煤礦																
62	介休煤礦																
63	平遥煤礦																
64	裕通煤礦																
65	晋興煤礦																
66	蔭營煤礦																
67	五楊村煤礦																
68	裕豐煤礦																
69	新順煤礦																
70	合興煤礦																
71	永興煤礦																
72	盧山煤礦																

號數	礦名	井下搬運					井上搬運				煤斗車				軌條		備考
		方法			煤面井口間距離		井口→貯煤場		貯煤場→煤庫		木製		鉄製		軌間距離	(主要巷道內)重量	
		煤面	兩側	大巷	最長(公尺)	平均(公尺)	距離(公尺)	方法	距離(公尺)	方法	容量(噸)	輛數	容量(噸)	輛數	公分	公斤	
73	陳照煤田																
74	萬全煤田																
75	渾源煤田																
76	萊蕪煤礦								2,700							15;9	

華北各煤礦概覽第四表（工作狀況）附表F

（抽　水）

調查截止日期——民國32年3月

號數	礦名	抽機名稱	抽機架數	每架抽水性能（立公尺/分）	動力	馬力	設置場所	井下湧水量（立公尺/分）	抽水量（立公尺/分）	備考
1	開灤礦務局 (1) 唐山礦	渦巻式抽水機	18	6.00	電力	500;480;260	井下	26.32	26.32	
		〃 〃	9	2.50	〃	110;100				
	(2) 林西礦	〃 〃	10	6.00	〃	500	〃	26.81	26.81	
		〃 〃	4	4.00	〃	300;260				
		〃 〃	4	2.50	〃	100;80				
	(3) 唐家莊礦	〃 〃	4	6.00	〃	500	〃	9.02	9.02	
		〃 〃	2	4.00	〃	260				
		〃 〃	5	2.50	〃	170;100				
	(4) 趙各莊礦	〃 〃	10	6.00	〃	500;480	〃	6.03	6.03	
		〃 〃	10	4.00	〃	300;260				
		〃 〃	2	2.50	〃	170;100				
	(5) 馬家溝礦									停辦
2	中興煤礦	渦巻式抽水機	2	6.00	〃	480;380	南大井	1.97		
		〃 〃	2	1.00	〃	95.6;64	東大井	0.34		
		〃 〃	1	5.00	〃	480	北大井	1.48		
		〃 〃	1	6.00	〃	480	一段	1.43		
		〃 〃	1	5.00	〃	480	四段	0.78		
3	井陘煤礦	立式双汽缸抽水机	1		汽力	300	新井底	1.50-2.00	3.00	湧水量（立公尺/分）
		卧式 〃	1		〃	200	新井底		3.00	春 1.50 夏 2.00
		〃 〃	1		〃	50	北井底		0.60	秋 1.50 冬 1.50
		〃 〃	1		〃	100	北井132公尺		1.20	
4	正豊煤礦	高司基式抽水機	2		〃	340	第一号井底	0.80-100	4.50	湧水量（立公尺/分）
		〃 〃	2		〃	150	〃		1.50	春 0.80
		華勝登式 〃	1		〃	150	〃		1.50	夏 1.00
		渦巻式 〃	2		〃	300	五段		5.00	秋 0.80
		〃 〃	1		〃	20	第一段二層捲揚机地		0.80	冬 0.80
		〃 〃	1		電力	15	第一段二層捲揚机地		0.60	水没
		汽力活塞 〃	2		汽力	10	周家井		[illegible]	備用
		渦巻式 〃	1		電力	11	第四段五部捲揚机地		0.20	水没
		〃 〃	1		〃	20	第一段二層捲揚机地		0.80	水没
		〃 〃	1		〃	30	南斜井五層捲揚机地		1.00	常用
		〃 〃	1		〃	50	東斜井大巷		1.50	常用
		〃 〃	1		〃	50	南斜井大巷		1.50	常用
		〃 〃	1		〃	50	周家井大巷		1.50	常用
		勝根式抽水机	1		〃	7.50	周家井大巷		0.20	備用
		〃 〃	1		〃	7.50	東斜井		0.20	常用
		〃 〃	1		〃	7.50	東斜井		0.20	備用
		〃 〃								

號數	礦名	抽機名稱	抽機架數	每架抽水性能(立公尺/分)	動力	馬力	設置場所	井下湧水量(立公尺/分)	抽水量(立公尺/分)	備考
5	六河溝煤礦	電力抽水機	2		電力	79	復興井底	1.00-1.50	1.80	
		〃　〃	1		〃	79	復興井三北大巷		1.80	
		〃　〃	2		〃	19	復興井南部巷外		0.50	
		聯式齒輪抽水機	1		電力	5				
		電力抽水機	1		〃	100	和順井底	1.50-2.23	4.60	
		〃　〃	1		〃	100	和順井底		2.20	
		〃　〃	1		〃	100	和順井三百		2.20	
		〃　〃	3		〃	19	和順井南部掘進	2.70-3.00	0.50	
		〃　〃	3		〃	79	新斜井大巷		1.80	
		〃　〃	1		〃	19	新斜井大巷		0.50	
		汽力抽水機	1		汽力	15	大成井底	1.00-1.50	1.50	
		〃　〃	3		〃	10	大成井底		2.00	
6	焦作煤礦	渦卷式抽水機	2		電力	400;100	李封井底		春0.40夏0.43 秋0.40冬0.38	湧水量 春0.35夏0.38 秋0.35冬0.33
		〃　〃	2		〃	400	王封井底		春0.55夏1.06 秋0.54冬0.44	春0.50夏1.00 秋0.49冬0.39
7	憑心煤礦	渦卷式抽水機			電力	20	第四段五号井	0.03	0.30	
		牛皮抽水機			汽力	11	一号井	0.01	0.03	
		〃　〃			〃	11	三号井	0.01	0.03	
		〃　〃			〃	11	六号井	0.01		
8	原昌中興煤礦	抽水機	12			20				
		〃	1			(3")				
		〃	1			(4")				
9	大同煤礦	渦卷式抽水机	1		電力	305	保晋井	4.80	5.60	
		〃　〃	1		〃	100	裕豐井	1.00	1.60	
		〃　〃	1		〃	315	永定莊井	2.00	2.70	
		〃　〃	1		〃	220	同家梁井	1.60	2.50	
		〃　〃	1		〃	35	八寶井	0.50	0.80	
		〃　〃	1		〃	540	白洞井	6.00	7.00	
		〃　〃	1		〃	100	寶藏井	1.50	2.10	
		〃　〃	1		〃	50	雍崖井	0.50	0.80	
		立型汽力抽水机	1		〃	10	口泉井	0.20	0.30	
		渦卷式抽水机	1		〃	30	昭和井	0.50	0.70	
10	陽泉煤礦	渦卷式抽水机	9		〃	100(3);50(4);75(1);(5(1)	簡子窯	3.00	7.50	
		三聯式蒸輪抽水机	2		〃	15(1);5(1)	天緣窯	0.28	0.48	
		渦卷式抽水机	2		〃	30	〃	1.20	0.86	
		抽水机	1		〃	15	〃	0.20	0.37	
		渦卷式抽水机	4		〃	75(1);5(2);30(1)	燕子窯			
		三聯式蒸輪抽水机	2		〃	5	〃			
		〃　〃	1		〃	5	東亞窯			

號數	礦名	抽機名稱	抽機架數	每架抽水性能（立公尺/分）	動力	馬力	設置場所	井下湧水量（立公尺/分）	抽水量（立公尺/分）	備考
		三聯式齒輪抽水机	6		電力	5(4);30(2)	善隣窰			除5H.P.一架外均為備用
		華勝登式抽水机	1		汽力	10			0.43	停用
		渦卷式抽水机	2		電力	30(2)		0.34	1.30	
		三聯式齒輪抽水机	1		〃	5		0.22	0.09	
		渦卷式抽水机	7		〃	75(4);30(3)	蔡窪窰		2.10	〃
11	壽陽煤礦	渦卷式抽水机	1		電力	30	井下第四分路	0.36	0.56	
		華勝登式抽水机	1		汽力	25	〃 〃	0.36	1.41	
		渦卷式抽水机	2		電力	10	左七分路	0.11	0.48	
		汽力抽水机	1		汽力	5	大巷	0.04	0.14	
		華勝登式抽水机	9		汽力	15(5);10(2);5(2)			0.84(5);0.56(2);0.28(2)	專為鍋炉及職員住宅給水用
12	富家灘佳煤礦	三聯式齒輪抽水机	1		電力	10	第一平巷	0.26	0.28	
		抽水机	1		〃	5	第二平巷	0.53	0.14	〃
		三聯式齒輪抽水机	2		〃	10(2)	工人宿舍前堆集場橋下			給水用
		渦卷式抽水机	2		〃	10(1);5(1)				
		華勝登式抽水机	4		汽力	5(3);3(1)				
13	西山煤礦	汽力抽水机	1		電力	60	第二井上層	0.90	10	
		〃 〃	1		汽力	60	第二井下層	1.40	6	
		電力 〃	1		電力	55	第三井	2.50	18	
		〃 〃	1		電力	75	第四井	2.00	30	
14	軒崗鎮煤礦	渦卷式抽水机	1		電力	7.50	第一平巷事務所 第二平巷	1.50 1.00	0.56	自然抽水
15	長城煤礦	渦卷式抽水机	2		電力	150(1);50(1)	第一号井	0.50–1.50	5.30	
		〃 〃	2		〃	200	第二号井	0.42–1.20	5.27	
		〃 〃	2		〃	50(2)	第三号井	0.30–0.50	1.55	
		〃 〃	2		〃	100(1);50(1)	第四号井	0.22–1.10	5.55	
16	柳江煤礦	渦卷式抽水机	1	3.70	電力	200	井外			
		〃 〃	3	2.80	〃	180	〃	平時6.80		
		〃 〃	3	4.20	〃	200	〃	雨期28.30		
		蒸汽抽水机	2	2.80	汽力	100	〃			
		渦卷式抽水机	3	2.30	電力	80	井内局部			
		〃 〃	3	2.30	〃	80	〃			
		〃 〃	8	0.60	〃	20	〃			
17	磁縣煤礦		2		電力	10(2)	大安斜井	0.40	0.80	
			4		汽力	10(3);5(1)	〃			
			1		電力	50	十九号井	0.80	1.10	
			3		〃	50(2);30(1)	大安井	1.00	1.50	
			3		〃	10(2);15(1)	東大井	0.13	0.20	
			1		汽力	10	通順井	0.01	0.03	
			7		電力	80(1);10(3);15(2);8(1)	通順井	0.33	0.35	

號數	礦名	抽機名稱	抽機架數	每架抽水性能（立公尺/分）	動力	馬力	設置場所	井下湧水量（立公尺/分）	抽水量（立公尺/分）	備考
18	利豊煤廠	渦巻式抽水机	2		電力	100(2)	井底抽機座	20	8	
		〃 〃	2		〃	10(2)	電力捲揚本巷	5	1	
19	门頭溝煤礦	渦巻式抽水机	3		電力	150	第一直井底		不詳	雨期湧水量過大抽机容量不足
		汽力抽水机	1		汽力	125	〃			
		渦巻式抽水机	2		電力	120	〃			
		〃 〃	2		〃	15	〃			
		〃 〃	1		〃	20	〃			
		華勝登式 〃	3		汽力	10	〃			
		渦巻式 〃	1		電力	40	540尺南巷			
20	坨里煤礦							15	10	自然排水
21	花園煤礦	渦巻式抽水机	2		電力	30(2)	花園井	5.60	5.60	
		〃 〃	1		〃	30	第一玉帶井	4.00	4.00	
		〃 〃	1		〃	30	第二玉帶井	1.00	1.00	
22	大青山煤礦	渦巻式抽水机	1		〃	10	第一号井大巷	0.04	0.99	
		〃 〃	1		〃	10	第二号井大巷	0.04		
23	淄川煤礦	渦巻式抽水机	2		〃	150(1);125(1)	袁家莊一号井	4.65	4.65	
		〃 〃	2		〃	150(2)	沈馬莊二号井	2.00	2.00	
		〃 〃	1		〃	30	沈馬莊六号井	0.67	0.67	
		〃 〃	2		〃	300(1);200(1)	洪山斜井	2.50	2.50	
		〃 〃	2		〃	100(2)	周瓦莊一号井	1.10	1.10	
		〃 〃	2		〃	100(1);30(1)	辛莊大井	1.10	1.10	
		〃 〃	1		〃	30	辛莊副井	0.60	0.60	
		〃 〃	2		〃	150(1);100(1)	洪山一号井	0.93	0.93	
		〃 〃	1		〃	150	洪山二号井	1.02	1.02	
		〃 〃	1		〃	100	洪山三号井	1.80	1.80	
		〃 〃	1		〃	150	洪山五号井	1.05	1.05	
		〃 〃	2		〃	150(1);60(1)	洪山六号井	1.69	1.69	
		〃 〃	1		〃	150	山頭一号井	1.30	1.30	
		〃 〃	1		〃	60	山頭二号井	1.20	1.20	
		〃 〃	1		〃	60	東家莊五号井	0.20	0.20	
		〃 〃	1		〃	122	東家莊六号井	1.03	1.03	
		〃 〃	1		〃	150	東家莊七号井	1.27	1.27	
		〃 〃	1		〃	150	黌亞五号井	0.58	0.58	
		〃 〃	1		〃	100	黌亞六号井	2.20	2.20	
24	南定煤礦	渦巻式抽水机	2		〃	150(2)	大巷	1.30－1.40	1.30－1.40	
		〃 〃	1		〃	50	一号井			
		〃 〃	2		〃	30(1);25(1)	二号井			
		〃 〃	1		〃	25	三号井			

號數	礦名	抽機名稱	抽機架數	每架抽水性能（立公尺/分）	動力	馬力	設置場所	井下湧水量（立公尺/分）	抽水量（立公尺/分）	備考
25	山東礦業株式會社									
	(1) 黑山煤礦	渦巻式抽机	2		電力	75(2)	第一斜井	0.50-2.00	0.50	
		〃 〃	1		〃	30	太平嶺一号井	0.20-0.50	0.20	
		〃 〃	1		〃	30	太平嶺五号井	0.12-0.60	0.12	
		〃 〃	1		〃	30	第二直井	0.30-0.60	0.30	
		〃 〃	2		〃	75	第一直井	0.02-	0.02	
	(2) 東大煤礦	〃 〃	2		〃	75(2)	二号井	0.10	0.10	
	(3) 蔦山煤礦	〃 〃	2		〃	15(2)	小井	0.51	0.51	
		〃 〃	2		〃	75(1);30(1)	第二直井	2.10	2.10	
	(4) 興大煤礦									
	(5) 利大煤礦	〃 〃	2		〃	40(1);30(1)	二号井	0.60-2.82	0.60	
		〃 〃	3		〃	100(2);30(1)	四号井	2.51	2.51	
	(6) 博大煤礦	〃 〃	2		〃	75(2)	斜井	0.55	0.55	
		〃 〃	2		〃	30(2)	第一直井	0.30	0.30	
		〃 〃	1		〃	30(1)	第二直井	0.45	0.45	
	(7) 福大煤礦	〃 〃	1		〃	50	一号井	0.80	0.80	
		〃 〃	2		〃	100(1);75(1)	二号井	1.25	1.25	
		〃 〃	1		〃	50	四号井	0.70	0.70	
	(8) 旭華煤礦	〃 〃	5		〃	120(2);100(1) 60(2)	第一号井	1.80	1.80	
		〃 〃	2		〃	35(1);10(1)	第三号井	0.25	0.25	
	(9) 宮莊煤礦	〃 〃	2		〃	60(1);35(1)	第五号井	0.60	0.60	
		〃 〃	3		〃	60(1);30(2)	上皋莊大井	1.15	1.15	
	(10) 文祖煤礦									
26	悦昇煤礦	渦巻式抽水机	2		電力	200(1);120(1)	西河一号井	1.93	1.93	
		〃 〃	2		〃	125(2)	西河二号井	0.74	0.74	
		〃 〃	2		〃	120(1);60(1)	西河七号井	0.72	0.72	
		華勝登式抽水机	2		汽力	16(1);60(1)	西河十号井	0.38	0.38	
		〃 〃			〃	16(1);10(1)	長子井	0.15	0.15	
		渦巻式抽水机	1		電力	30	梨子井	0.32	0.32	
		〃 〃	2		〃	200(1);120(1)	大奎山一、二号井	1.71	1.71	
		華勝登式抽水机	2		汽力	16(1);10(1)	桃花峪三号	0.32	0.32	
27	吉成煤礦	渦巻式抽水机	2		電力	100(2)		2.30	2.30	
28	大成煤礦	華勝登式抽水机	2		汽力	60(2)		0.71	0.71	

號數	礦名	抽機名稱	抽机架數	每架抽水性能(立公尺/分)	動力	馬力	設置場所	井下湧水量(立公尺/分)	抽水量(立公尺/分)	備考
29	東方煤礦	渦巻式抽水机	2		電力	100(2)		2.10	2.10	
30	義泰煤礦	〃　〃	4		〃	50(2); 30(2)		0.50	0.50	
31	復豐興煤礦	〃　〃	2		〃	100(1); 75(1)		0.60	0.60	
32	永和煤礦									
33	聚興煤礦	渦巻式抽水机	2		〃	50(2)		0.75	0.75	
34	隆昌煤礦									
35	濟豊煤礦									
36	魯興煤礦	渦巻式抽水机	2		〃	50(2)		0.45	0.45	
37 38 39 40	寶業煤礦 成通煤礦 益成煤礦 同順煤礦									
41	華東煤礦	渦巻式抽水机	2		〃	250(2)		2.60	2.60	
42	永順煤礦									
43	振業煤礦	渦巻式抽水机	2		〃	30(2)		0.45	0.45	
44 45 46 47 48 49 50 51 52 53 54 55	同興煤礦 鼎益煤礦 恒通煤礦 永豊煤礦 東昇煤礦 大享煤礦 魁順煤礦 源昌煤礦 天和煤礦 利達煤礦 大興煤礦 天源煤礦 等									

號數	礦名	抽機名稱	抽机架數	每架抽水性能(立公尺/分)	動力	馬力	設置場所	井下湧水量(立公尺/分)	抽水量(立公尺/分)	備考
56	坊子東煤礦	華勝登式抽水机	2		汽力	90(2)		0.20	0.20	
57	坊子中央煤礦	華勝登式抽水机	3		汽力	250(2);200(1).		2000	2.00	
		渦卷式抽水机	3		電力	75(1);40(2)				
58	新泰煤礦	華勝登式抽水机	2		汽力		井下	1.20	1.20	預定將來設置渦卷式抽水机
59	華豐煤礦	渦卷式抽水机	1	0.50	電力	15 K.W.	東新井	0.30	0.25	
		〃 〃	2	2.20	〃	45(2)K.W.	第一号井	1.50	1.40	
		〃 〃	1	0.50	〃	15 〃	東邊井	0.25	0.22	
		〃 〃	2	0.80	〃	10(2) 〃	第二号井	0.21	0.19	
		〃 〃	2	1.50	〃	30(1);40(1)K.W.	西斜井	0.45	0.40	
		〃 〃	1	0.40	〃	10 K.W.	第三号井	0.25	0.22	
		〃 〃	2	0.83	〃	10(1);15(1)K.W.	第四号井	0.20	0.17	
60	赤柴煤礦	華勝登式抽水机	1	0.50	汽力		第一号井	0.25	0.20	
		〃 〃	1		〃		第二号井	0.40		
		渦卷式抽水机	1	0.70	電力		第一斜井	0.30-0.50	0.25	
61	霍縣煤田									
	(1) 天生窑									
	(2) 義順窑									
	(3) 奎太窑									
	(4) 晉興窑									
	(5) 老窑									
	(6) 南莊窑									土法排水
	(7) 德生窑									
	(8) 南溝窑	華勝登式抽水机	1		汽力					七七事變後折毀
	(9) 宏盛窑									土法排水
	(10) 晉昌窑									土法排水
	(11) 寶興煤礦	華勝登式抽水机	1		汽力					七七事變後停辦
62	介休煤礦									事變後停辦情況不明
63	平遥煤礦									
64	裕通煤礦									
65	晉興煤礦									
66	蘆營煤礦									

號數	礦名	抽機名稱	抽機架數	每架抽水性能(立公尺/分)	動力	馬力	設置場所	井下湧水量(立公尺/分)	抽水量(立公尺/分)	備考
67	五陽村煤礦	汽力抽水机	1		汽力	30				
68	裕豐煤礦	〃	1		〃	40				
69	新順煤礦	〃	1		〃	30				
70	合興煤礦									
71	永興煤礦	〃	1			30				
72	靈山煤田									
73	陳熙煤田									
74	萬全煤田									
75	源源煤田									
76	萊蕪煤礦 又包工開掘 (1) 南冶煤礦 (2) 大有煤礦	華勝登式抽水机 渦卷式抽水机 〃 汽力抽水机 華勝登式抽水机 〃	2 5 2 2 4 1		汽力 電力 〃 汽力	 25 10 10				另有鍋炉給水抽水机2架及飲料抽水机2架

華北各煤礦概覽第四表（工作狀況）附表G

調查截止日期——民國32年3月

（選洗）

號數	礦名	選洗機種別	式樣	架數	每小時能力（噸）	備考
1	開灤礦務局所屬 (1) 唐山礦	翻斗機	電動式	4	640	
		篩別機	震動式篩目32公厘	4	640	
		手選帶	長28公尺寬1.36公尺帶速度15.24公尺/分	4	240	
	(2) 林西礦	翻斗機	電動式	2	200	
		篩別機	震動式篩目70,50公厘	2	200	
		手選帶	長34公尺寬1.32公尺，速度15.6公尺/分	4	400	
		水洗機	洗淄選煤機	2	500	
	(3) 唐家礦	翻斗機	電動式	4	760	
		篩別機	震動式50,30,25公厘	4	760	
		手選帶	長22公尺寬1.31公尺帶速度25.6公尺/分	4	760	
	(4) 趙各莊礦	翻斗機	電動式	7	1,750	
		篩別機	震動式馬克思式，篩目50,38公厘	7	640	
		手選帶	長25.2公尺寬1.31公尺帶速度28.8公尺/分	5	500	
	(5) 馬家溝礦					停工
2	中興煤礦	翻斗機	人力翻倒式(1) 16K.W. (1) 16.2K.W. (1) 24K.W.	4	180	南大井(1) 北大井(1) 東大井(1)
		篩別機	篩目60,30公厘(24K.W.) 60,30公厘(16.2K.W.)	4	180	南大井(1) 北大井(2) 東大井(1)
		手選帶	長35.5公尺寬0.83公尺帶速度16公尺/分 }南大井 48 " " 0.83 " " 14 " }南大井 " 25 " " 1.42 " " 16.2 " }北大井 " 27 " " 1.42 " " 16.2 " }北大井 " 11.3 " " 0.45 " " 24 " }東大井	5	180	
3	井陘煤礦	翻斗機	每次可翻一車 每次可翻二車	2 2	117 234	北井 新井下
		篩別機	篩目 98.4公厘 " 22.2 "	1 1	50 40	新井 北井
		手選帶	鎧形	2 4 1	50 100 50	新井 北井 北井
		水洗機		2	15	北井

號數	礦名	選洗機種別	式樣	架數	每小時能力（噸）	備考
4	正豐煤礦	翻斗機 篩別機 手選帶	篩目 65, 35, 25 公厘	5 3 2	170－200	第1, 2號井 第1, 2號井 第1, 2號井
5	六河溝煤礦	無				一日使用選煤工人約90名人工選擇
6	焦作煤礦	翻斗機 篩分機	側翻式（1）正翻式（1） 篩目25公厘	2 1	60 60	
7	憑心煤礦	無				
8	原昌中興煤礦					
9	大同煤礦	篩別機 水洗機	古里賓里式篩目50公厘 冲流式	2 1	50 7	
10	陽泉煤礦	無				預定民國32年以後設備手選帶及洗溜選煤機各一架
11	壽陽煤礦	無				
12	富家灘煤礦	無				預定民國32年下半年設置手選機
13	西山煤礦	翻斗機 篩別機	迴轉式	3 4	800 600	
14	軒崗鎮煤礦					
15	長城煤礦	翻斗機	圓形直徑1.82公尺長1.64公尺 圓形直徑2.03公尺長1.80公尺	1 1	20	另有人工篩子十個選擇塊煤
16	柳江煤礦	篩別機	震動式	1	20	
17	磁縣煤礦	土法選洗				人工篩子二十個

號數	礦名	選洗機種別	式様	架數	每小時能力（噸）	備考
18	利豐煤礦	翻斗機 篩別機 手選帶	達爾馬型 (1) 迴轉式 (2) 篩目 35 公厘 鍏型	3 2 2 2	30 60 50 50	 祇運用一架 祇運用一架
19	門頭溝煤礦	篩別機	篩目 76.2, 50,8 公厘	1	70-80	
20	坨里煤礦	翻斗機 篩別機	 篩目 25 公厘	3 3	30 30	
21	花園煤礦					因無夾雜物故不需用選洗機 目下計劃設置塊粉選別機
22	大青山煤礦					將來為原料選別計需要設置選煤廠
23	淄川煤礦 （北洗煤場）	翻斗機 手選帶 手選帶 手選帶	每次可翻一煤桶 塊煤 70公厘 末煤 30公厘	2 2 2 1	180 180 180 35	
	（南洗煤場）	翻斗機 手選帶 比重水洗機	每次可翻一煤桶 塊煤 70公厘	2 2 1	180 180 35	
24	南定煤礦					
25(1)	黑山煤礦					
25(2)	東大煤礦					
25(3)	萬山煤礦					
25(4)	興大煤礦					
25(5)	利大煤礦					
25(6)	博大煤礦					
25(7)	福大煤礦					
25(8)	旭華煤礦					
25(9)	官莊煤礦					

號數	礦名	選洗機種別	式樣	架數	每小時能力(噸)	備考
25(10)	文组煤礦					
26	悅昇煤礦					
27	吉成煤礦					
28	大成煤礦					
29	東方煤礦					
30	義泰煤礦					
31	復豐興煤礦					
32	永和煤礦					
33	聚興煤礦					
34	隆昌煤礦					
35	濟豐煤礦					
36	魯興煤礦					
37	寶業煤礦					
38	成通煤礦					
39	益成煤礦					
40	同順煤礦					
41	華東煤礦					
42	永順煤礦					
43	振業煤礦					
44	同興煤礦					
45	鼎益煤礦					
46	恒通煤礦					
47	永豐煤礦					
48	東昇煤礦					
49	大亨煤礦					

號數	礦名	選洗機種別	式樣	架數	每小時能力(噸)	備考
50	魁順煤礦					
51	源昌煤礦					
52	天和煤礦					
53	利達煤礦					
54	大興煤礦					
55	天源煤礦					
56	坊子東煤礦					
57	坊子中央煤礦					
58	新泰煤礦					僅行挑除硬石
59	華豐煤礦					使用人工篩子25公厘篩孔
60	赤柴煤礦					僅行摘除硬石
61	霍縣煤田					
62	介休煤礦					
63	平遥煤礦					
64	裕通煤礦					
65	晋興煤礦					
66	舊營煤礦					
67	五楊村煤礦					
68	裕豐煤礦					
69	新順煤礦					
70	合興煤礦					
71	永興煤礦					

號數	礦名	選洗機種別	式樣	架數	每小時能力(噸)	備考
72	靈山煤田					
73	陳照煤田					
74	萬全煤田					
75	渾源煤田					
76	萊蕪煤礦					

華北各煤礦概覽第四表（工作狀況）附表H

調查截止日期——民國32年3月

（動力設備）

號數	礦名	蒸汽設備							發電設備						輸電設備									
		鍋爐名稱	座數	加熱面積（方公尺）	氣壓（公斤/方公分）	設置場所	用途	備考	發電量K.V.A	電機架數	週波數	電壓	用途	備考	送受電端	電氣方式	總線長度（公里）	分線長度（公里）	輸電電壓V	回歸線	電線	支持物	絕緣體	備考
1	開灤礦務局 (1)唐山礦	拔柏葛水管式 卡路威式	2 15	467.20 160	15 9	唐山	發電,捲揚,燒房,浴盆用	使用率75%	3,000	2	25	2,200	煤礦自用	林西發電廠	林西—唐山	三相三線式	24.50	73.50	32,500	1	40方公厘硬銅撚線	混凝土柱	瓶型	
	(2)林西礦	拔柏葛水管式	2 2 8 2	841 704 1,169 1,765	15 15 15 15	林西	發電,捲揚,燒房,浴房用	使用率84%	6,000	2	25	2,200	〃		林西—趙各莊 趙各莊—馬家溝	〃 〃	9.65 15.22	28.95 45.66	〃 〃	1 1	30方公厘硬銅撚線 〃	〃 〃	〃 〃	
	(3)唐家莊礦	唐納希式	2	55	2	唐家莊	燒房浴室用	冬季使用	11,000	1	25	2,200	〃		馬家溝—唐山	〃	5.50	16.50	〃	1	〃	〃	〃	
	(4)趙各莊礦	卡路威式	5	120	9	趙各莊	捲揚,燒房浴室用	使用率70%	1,040	3	25	2,200	〃	唐山發電廠	林西—唐家莊	〃	2.03	6.09	〃	1	〃	〃	〃	
	(5)馬家溝礦	（停辦）													唐家莊—趙各莊	〃	5.48	16.50	〃	1	〃	〃	〃	
2	中興煤礦	水管式 〃 〃 蘭開夏式(8'×26') 〃(8'×26')	1 2 2 2 2	656 499 330 84 74	15 14 11 6 6	發電廠 〃 〃 南大井直井鍋爐室 〃	發電用 〃 〃 捲揚及燒房用 〃	常用 常用 備用 常用 備用 捲揚机冬日用3座 夏日用2座	4,000 1,600 720	1 2 2	50 50 50	3,300 3,300 3,300	煤礦自用 〃 〃	常用 〃 備用	棗莊—十里泉	三相三線式	7.68		11,000	1	16方公厘硬銅撚線	鉄筋混凝土柱及鉄柱	瓶型	
3	井陘煤礦	康納布式 蘭開夏式 〃 〃 〃	2 3 1 2 1	35 50 77 100 74	7 7 7 7 7	南井 〃 〃 〃 〃	發電,捲揚,機器廠用	常用7座 備用2座	72 155	2 1	60 60	2,300 2,300	燈火及動力用	全部運轉中	井陘礦—新礦		1.50		2,300	1		杉木單柱	瓶型	

號數	礦名	蒸汽設備							發電設備						輸電設備									
		鍋爐名稱	座數	加熱面積(方公尺)	氣壓(每方公分)	設置場所	用途	備考	發電量 K.V.A.	電機台數	週波數	電壓 V.	用途	備考	送受電端	電氣方式	總線長度(公里)	分線長度(公里)	輸電電壓	回歸線	電線	支持物	絶緣體	備考
		蘭開厦式	5	100	7	北井	捲揚水洗,井下抽水用	常用6座 備用2座																
		〃	2	65	7	〃																		
		〃	1	67	7	〃																		
		〃	4	100	7	風井	通風用	常用3座備用1座																
		壓縮式	3	23	7	新井	捲揚壓縮空氣抽水選洗用	常用2座備用1座																
		蘭開厦式	3	100	7	〃		常用2座備用1座																
		拔柏葛水管式	2	294	7	〃		常用5座 備用1座																
		〃	2	285	7	〃																		
		〃	2	170	7	〃																		
4	正豐煤礦	蘭開厦式	12	100	10	井口	井内井外用	常用8座備用4座	28	1	50	400	動力	備用		三相三線式	9.500			3	直徑1.6方公分19條裸銅線	木柱,鐵柱	高壓直心絶緣體	
		拔柏葛水管式	3	320	11	發電廠	發電		17	1	50	400	電燈	〃							直徑2方公分14條裸銅線		高壓茶台型	
		拔柏葛水管式	2	187	11	發電廠			25	1	60	200	〃	〃										
									300	1	50	5,000	動力	交換										
									300	1	50	5,000	〃	運轉										
									1,500	1	50	3,300	〃	建設中										
5	六河溝煤礦	拔柏葛水管式	4	605	10.5	250 H.P. 發電廠	發電,排氣	常用2座 備用2〃	1,000	2	25	2,200	機械及燈火	兩架交互運用	電廠—復興井	三相三線式	2		2,200	1	22方公厘裸線	木柱	高壓瓶型	
		拔柏葛水管式	2	246	10.5	150 H.P. 復興井	捲揚,排氣	常用1〃 備用1〃	1,000	1	50	3,300	機械	開始建設中	電廠—和順井	〃	1.50		〃	2	〃 〃 〃	混凝土柱	〃	
		蘭開厦式	3	409	7	200 H.P. 新斜井		常用1〃 備用2〃							電廠—新斜井	〃	0.50		〃	1	4方公厘裸電線	木柱	〃	
															電廠—修理廠	〃	0.40		〃	1	50方公厘鉛裝電纜	地下埋設		
6	焦作煤礦	海依納式	2	482.45	8.5	發電廠	發電	常用2座	750	1	50	3,000	動力照明用	常用1	焦作—王封	〃	5.60		3,000	1	7方公厘40條裸燃硬銅線	鐵柱	磁型懸式	
		拔柏葛水管式	1	490	8.5	〃		常用	350	2	50	3,000		備用2	王封—憑心	〃	2.15		〃	1	〃 〃 〃	〃	〃	
7	憑心煤礦	〃	1	347	8.5	〃		備用							憑心—常口	〃	0.98		〃	1	〃 〃 〃	木柱(H)	〃	
		〃	5	490	8.5	王封井	捲揚發電,	常用4 備用1							焦作—飯田	〃	1.87		〃	2	7方公厘20條裸燃硬銅線	〃	〃	

號數	礦名	蒸汽設備							發電設備						輸電設備									
		鍋爐名稱	座數	加熱面積(方公尺)	氣壓(公斤/方公分)	設置場所	用途	備考	發電量K.V.A.	電機架數	週波數	電壓V.	用途	備考	送受電端	電氣方式	總線長度(公里)	分線長度(公里)	輸電電壓V.	回歸線	電線	支持物	絕緣體	備考
8	原昌中興煤礦	三節立式	6				每座鍋爐可發動30H.P.			1	直流	3,000												
		二節半立式	2																					
		三節卧式	2																					
		五節卧式	2																					
9	大同煤礦	康納布式	4	131.20		保晉	直井及其他蒸汽机								永定莊—白洞	三相三線式	5.200		11,000	2	7/26 mm²裸燃銅線	木柱	懸垂式	
		〃	2	410.40		〃	〃								永定莊—同家梁	〃	2.421		3,300	1	〃	〃	釘型	
		〃	2	180.90	5.30	裕豐	〃							本礦用電自口泉發電廠轉來	永定莊—裕豐	〃	2.685		〃	1	〃	〃	〃	
		〃	2	87.80	5	〃	〃								永定莊—保晉	〃	4.770		〃	2	〃	〃	〃	
		〃	6	110.40	4.20	永定莊	〃								白洞—寶藏	〃	3.686		〃	1	〃	〃	〃	
		蘭開厦式		38	5.60	〃	〃								白洞—八寶	〃	4.416		〃	1	〃	〃	〃	
		〃		31.90		白洞	斜井机(目下未使用井口燃料)								寶藏—雍崖	〃	4.000		〃	1	〃	〃	〃	
		康納布式		40.20		〃	排水								裕豐—平莊	〃	4.013		〃	1	〃	〃	〃	
10	陽泉煤礦	蘭開厦式	1	45.50	5.60	簡子窰鍋炉室	捲揚	100H.P.																
		康納布式	3	32.50	5.60	〃 〃	〃	70H.P.	15	1	60	240	電灯	備用										
		立式	1	12.50	5.60	〃 〃	給水	30H.P.	50	1	60	240	〃	〃										
		水管式	3	112	5.60	天綠窰鍋炉室	循環索扇風机	(備用)120H.P.						附發電用原動机(汽力)2架(25,65H.P.)另有電動机121架共計3,085H.P.										
		火管式	1	112	5.60	〃 〃	〃 〃	120H.P.																
		立式	3	112	5.60	〃 〃	〃 〃	(備用1)120H.P.																
		拔柏葛水管式	3	130	5.60	〃 〃	直井捲揚	(備用)120H.P.																
		〃	1	111	5.60	〃 〃	〃 〃	100H.P.																
		立式	1	220	5.60	善陽窰鍋炉室	循環索	40H.P.																
		〃	1	135.40	5.60	〃 〃	〃 〃	(備用2)25H.P.																
		〃	5	130	5.60	〃 〃	〃 〃	20H.P.																
		水管式	1	1,200	6.30	〃 〃	〃 〃	120H.P.																
		火管式	1	540	6.30	〃 〃	〃 〃	(備用)45H.P.																

號數	礦名	蒸汽設備							發電設備						輸電設備									
		鍋爐名稱	座數	加熱面積 方公尺	氣壓 公斤/方公分	設置場所	用途	備考	發電量 K.V.A.	電機架數	周波數	電壓 V.	用途	備考	送受電端	電氣方式	總線長度 (公里)	分線長度 (公里)	輸電電壓 V.	回歸線	電線	支持物	絕緣體	備考
		水管式	3	110	5.60	共榮窯第一鍋炉室	循環索	150H.P.																
		立式	1	12.50	3.50	〃 〃	給水	30H.P.																
		火管式	1	111	5.60	共榮窯第二鍋炉室	斜井,捲揚	120H.P.																
		立式	5	12.50	4.20	〃 〃	循環索	(備用2)30H.P.																
		立式	4	75	4.20	西门外	〃	(備用2)30H.P.																
		蘭開厦式	2	75	5.60	蔡窪窯鍋炉室	直井捲揚	120H.P.																
		康納布式	5	33	5.60	〃 〃	〃	(備用2)120H.P.																
11	壽陽煤礦	蘭開厦式	2	66.98	7	第一鍋爐室	抽水,捲揚	(備用1)100H.P.																
		康納布式	2	27.87	7	〃 〃	〃	35H.P.																
		〃	1	39.94	7	第二鍋爐室	〃	75H.P.	450	1	60	480	電燈	備用										
		蘭開厦式	1	84.53	7	〃 〃	〃	165H.P.	100	1	60	3,300	電力,動力,電網											
		〃	1	51.09	7	〃 〃	〃	(備用)95H.P.	1,250	1	60	3,300	〃 〃	建設中										
		康納布式	1	33.90	7	〃 〃	〃	55H.P.						此外尚有電										
		立式	1	12.57	4	第三鍋炉室	〃	25H.P.						動机21架										
		火管式	1	69.95	8	發電廠	發電	150H.P.						需用365H.P.										
12	富家灘煤礦	立式	1	39	5.60	工廠	原動機	17H.P.	25	1	60	320	電灯	預備										
		〃	1	18.90	5.60	浴室	浴室	9H.P.	40	1	60	3,300	電灯動力電網	另有電動机21架										
		〃	1			井上	發電	(預定)25H.P.						需用225.50H.P.										
13	西山煤礦	拔柏葛水管式	1			1号井	直井用								太原華北電業			10,000 變 3,300 〃 1,000						
		蘭開厦式	33			2号井	直井及抽水用								一西山煤礦		22							
		康納布式	2			2号井及3号井	〃 〃								太原一白家莊			11,000 變 3,300 2,200 〃 220						
		其他	33			4号井	〃 〃																	
14	東崗鎮煤礦	塔庫瑪式	2			發電廠	發電		6			125		直流										
		蘭開厦式	22			貯煤場	貯煤場捲揚用	(50H.P.)	156,50		60	230		交流										

號數	礦名	蒸汽設備							發電設備						輸電設備									
		鍋爐名稱	座數	加熱面積(方公尺)	氣壓(公斤/方公分)	設置場所	用途	備考	發電量 K.V.A.	電機架數	週波數	電壓 V.	用途	備考	送受電端	電氣方式	總線長度(公里)	分線長度(公里)	輸電電壓 V.	回歸線	電線	支持物	絕緣體	備考
15	長城煤礦	拔柏葛水管式	2	35,30	16.30	發電廠	發電	常用 1 備用 1	750	2	60	3,000	井上井下 動力電燈	常用 1 備用 1	電廠—各井口	井引式	10,034		3,000 220	1		木柱電柱	高壓 低壓	
16	柳江煤礦	拔柏葛水管式	3	5.53	11.2			常用	1,500	1	60	3,000							3,300					
		〃 (立型)	6	4	11.2	發電廠	發電	備用	1,250	1	60	3,000				三相三線式			2,300					
		蘭開厦式	4		3.4	中央井		常用3備用1	300 100	1 1	60 60	3,000 3,000							380 220					
17	磁縣煤礦	蘭開厦式	5	79		大安井	捲揚空氣壓縮抽水	常用4備用1																
		康納布式	7	30		〃	〃	常用5備用2																
		蘭開厦式	2	48		〃	〃	常用5,備用2	500	1	50	3,300	動力	常用1備用1										
		蘭開厦式	1	55		小斜井	捲揚		200	2	50	3,300	〃											
		立式	1	12		〃	〃	備用	20	1	直流	220	激動500KVA發電机用	備用 1										
		蘭開厦式	2	79		東大井	〃	常用2備用2																
		〃	1	56		〃	〃																	
		〃	1	51		〃	〃																	
		塔庫瑪式	2	140	11	發電廠(50K.W.)	發電	常用																
		拔柏葛水管式	3	102	8	〃 (200K.W.)	發電	常用3備用1																
		康納布式	11	30	6.50	通順井	捲揚空氣壓縮抽水	常用7備用4																
18	利豐煤礦		4	15.70	4.20		捲揚,煖房	常用 6	750			145	電燈	直流電備用		三相三線式	17		3,300 33,000	1	2/7 m/m² 電線	木柱,H柱,單柱	懸垂型 釘型	
			1	75.40	4.20			備用 1																
			2	21.87	4.20																			
19	門頭溝煤礦	蘭開厦式	1		5.60								自華北電業石景山發電廠受電											
		康納布式	1		6.30																			
		〃	1	不明	5.30																			
		〃	1		5.30																			
		〃	1		5.30																			

蒸汽設備

號數	礦名	鍋爐名稱	座數	加熱面積 (方公尺)	氣壓 公斤/方公分	設置場所	用途	備考
20	坨里煤礦	無						
21	花園煤礦	無						
22	大青山煤礦							
23	淄川煤礦	拔柏葛水管式 (附末煤燃燒設備)	2	682	23	新發電廠	發電	常用1 備用1
		拔柏葛水管式 (附末煤燃燒設備)	2	420	11	舊發電廠	〃	備用
		〃	1	444	11	〃	〃	常用
		手懸式	2	420	11	〃	〃	備用
		蘭開厦式	1	120	8	鍋爐室	選洗,工廠暖房用	常用5 備用3
		〃	1	80	8	〃		
		〃	6	85	7	〃		
24	南定煤礦	蘭開厦式	3	106	5.50	鍋爐室	捲揚,抽水用	常用1 備用2
25	山東礦業株式会社 (1) 黑山煤礦							
	(2) 東大煤礦							
	(3) 萬山煤礦							
	(4) 興大煤廠	康納布式	1	26	4.20	3號井/鍋炉室	直井捲揚抽水用	全部水淹停止工作
		〃	2	31	〃	〃 〃	〃 〃	
		〃	1	35	〃	〃 〃	〃 〃	

發電設備

號數	發電量 K.V.A.	電機架數	週波數	電壓 V.	用途	備考
20						
21						
22						自包頭發電廠受電
23	5,000	1	50	3,000	動力電灯用	常用
	8,000	1	25	11,000	〃 〃	備用
	1,000	2	50	3,000	〃 〃	備用
24						
25						

輸電設備

號數	送受電端	電氣方式	總線長度 (公里)	分線長度 (公里)	輸電電壓 V.	回歸線	電線	支持物	絕緣體	備考
20										
21	自下花園發電廠受電	三相三線式 單相三線式	3,200	3,000—220	1		第一種第四種電纜	木柱	三重茶台,白大直心型	
22	包頭—大青山			43						1,000K.V.W.
23	淄川電廠—洪山三井	交流三相三線式	7		11,000	1	B.S.一號第一種絕緣線	木單柱	特高用針型	
	淄川電廠—南定煤礦	〃 〃	7.90		22,000	1	B.S.0號硬銅線	〃	〃	
24										
25										

號數	礦名	蒸汽設備							發電設備						輸電設備									
		鍋爐名稱	座數	加熱面積(方公尺)	氣壓(公斤/方公分)	設置場所	用途	備考	發電量K.V.A.	電機架數	週波數	電壓V.	用途	備考	送受電端	電氣方式	總線長度(公里)	分線長度(公里)	輸電電壓V.	回歸線	電線	支持物	絕緣體	備考
		康納布式	1	31	4.20	2号井鍋炉室	直井捲揚,抽水用																	
		〃	2	35	〃	〃 〃	〃 〃																	
		〃	1	19	〃	4号井 〃	〃 〃																	
		〃	2	35	〃		〃 〃																	
		〃	2	35	〃	5号井 〃	〃 〃																	
	(5)利大煤礦	蘭開厦式	2	57	5	1,2号 鍋炉室	直井捲揚,抽水	常用4 備用2																
		康納布式	2	35	〃	〃 〃	〃																	
		〃	2	31	〃	〃 〃	〃																	
		〃	1	35	〃	5号 〃	〃	常用2 備用1																
		〃	2	31	〃	〃 〃	〃																	
		〃	1	35	〃	3号 〃	〃	常用2 備用1																
		〃	2	31	〃	〃 〃	〃																	
		蘭開厦式	1	31	〃	4号 〃	〃	常用2 備用1																
		〃	2	57	〃	〃 〃	〃																	
	(6)博大煤礦																							
	(7)福大煤廠	蘭開厦式	1	63	4.20	1号井鍋炉室	直井捲揚抽水	常用3備用1																
		康納布式	1	31	〃	〃 〃	〃 〃																	
		〃	2	35	〃	〃 〃	〃 〃																	
		〃	1	31	〃	〃 〃	〃 〃	常用																
		〃	1	35	〃	〃 〃	〃 〃	備用																
	(8)旭華煤礦	拔柏葛水管式	2	301	14	新發電廠	發電	常用1備用1																
		三菱水管式(附粉煤燃燒設備)	2	330	10.50	〃	〃	常用1備用1																

號數	礦名	蒸汽設備							發電設備						輸電設備									
		鍋爐名稱	座數	加熱面積（方公尺）	氣壓（公斤/方公分）	設置場所	用途	備考	發電量 K.V.A	電機架數	周波數	電壓 V.	用途	備考	送受電端	電氣方式	總線長度（公里）	分線長度（公里）	輸電電壓	回歸線	電線	支持物	絶緣體	備考
		蘭開夏式	4	85	6	章邱第一井	直井捲揚及抽水	常用2備用2	1,500	1	50	3,000	動力,電灯	常用										
		康納布式	4	29	6	章邱第三井	〃 〃	常用2備用2	1,250	1	50	3,000	〃 〃	備用										
	(9) 官莊煤礦	蘭開夏式	2	99	6	官莊鍋爐室	〃 〃	常用3備用3																
		〃	4	85	6	〃 〃	〃 〃																	
		康納布式	4	33	6	上皐莊 〃	〃 〃	常用3備用1																
	(10) 文祖煤礦																							
26	悦昇煤礦	拔柏葛水管式 （附求煤燃燒設備）	2	100	18.60	新發電廠	發電	常用1備用1	1,000	1	50	2,300	動力,電灯	常用										
		蘭開夏式	7	77	7	舊發電廠	〃	常用5備用2	400	1	50	2,300	〃 〃	備用										
		〃	3	85	8.50	第一直井鍋爐室	直井捲揚,抽水	常用4備用2	300	1	50	2,300	〃 〃	常用										
		康納布式	3	39	8.50	〃 〃	〃 〃																	
		蘭開夏式	1	85	8.50	第二直井 〃	〃 〃	常用3 備用2																
		康納布式	4	26	8.50	〃 〃	〃 〃																	
27	吉成煤礦	蘭開夏式	2	57	4.20	路家泉鍋爐室	直井捲揚,抽水	常用																
		康納布式	1	31	〃	〃 〃	〃 〃	備用																
		〃	2	35	〃	大峪溝 〃	〃 〃	常用1備用1																
		〃	1	35	〃	窪家石寻 〃	〃 〃	常用2備用1																
		〃	2	29	〃	〃 〃	〃 〃																	
		〃	2	54	〃	南井 〃	〃 〃	常用3 備用1																
		〃	2	29	〃	〃 〃	〃 〃																	
		巴契卡式	1	15	〃	徐家硤 〃	〃 〃																	

號數	礦名	蒸汽設備							發電設備						輸電設備									
		鍋爐名稱	座數	加熱面積(方公尺)	氣壓(公斤/方公分)	設置場所	用途	備考	發電量 K.V.A.	電機臺數	周波數	電壓 V.	用途	備考	送受電端	電氣方式	總線路長度(公里)	分線路長度(公里)	輸電電壓	回歸線	電線	支持物	絕緣體	備考
28	大成煤礦	蘭開厦式	3	63	4.20	白水泉鍋炉室	直井捲揚,抽水	常用2備用1																
		康納布式	2	35	〃	皮狐峪 〃	〃 〃	常用1備用1																
		〃	2	31	〃	蔣家林 〃	〃 〃	常用1備用1																
		〃	1	26	〃	〃 〃	〃 〃	備用																
		〃	3	35	〃	馮家林 〃	〃 〃	常用2備用1																
		〃	2	35	〃	茄地 〃	〃 〃	常用1備用1																
29	東方煤礦	康納布式	1	31	4.20	六畝地鍋炉室	〃 〃	常用2 備用1																
		〃	2	26	〃	〃 〃	〃 〃																	
		〃	1	35	〃	榆樹園 〃	〃 〃	常用																
		〃	1	26	〃	〃 〃	〃 〃	備用																
		〃	1	35	〃	官地 〃	〃 〃	常用																
		〃	1	26	〃	〃 〃	〃 〃	備用																
30	義泰煤礦	康納布式	2	35	4.20	鍋炉室	〃 〃	常用3 備用2																
		〃	3	31	〃	〃	〃 〃																	
31	復豐興煤礦	蘭開厦式	1	57	4.20	1号井鍋炉室	〃 〃	常用2備用2																
		康納布式	2	31	〃	〃 〃	〃 〃																	
		〃	1	35	〃	〃 〃	〃 〃																	
		〃	2	35	〃	2号井 〃	〃 〃	常用4備用2																
		〃	2	31	〃	〃 〃	〃 〃																	
		〃	2	16	〃	〃 〃	〃 〃																	
		〃	2	35	〃	3号井 〃	〃 〃	常用3備用1																
		〃	2	31	〃	〃 〃	〃 〃																	
32	永和煤礦	蘭開厦式	2	51	〃	西井鍋炉室	〃 〃	常用1備用1																
		康納布式	2	31	〃	鳳凰溝 〃	〃 〃	常用3備用1																
		〃	2	38	〃	〃 〃	〃 〃																	

號數	礦名	蒸汽設備							發電設備						輸電設備										
		鍋爐名稱	座數	加熱面積（方公尺）	氣壓（公斤/方公分）	設置場所	用途	備考	發電量 K.V.A.	電機架數	週波數	電壓 V.	用途	備考	送受電端	電氣方式	總線長度（公里）	分線長度（公里）	輸電電壓	回歸線	電	線	支持物	絕緣體	備考
33	聚興煤礦	蘭開厦式	1	51	4.20	六畝地鍋炉室	直井捲揚，抽水	常用2																	
		康納布式	2	31	〃	〃　〃	〃，〃	備用1																	
34	隆昌煤礦	康納布式	2	35	4.20	剁子操煤場	〃　〃	常用3																	
		〃	2	31	〃	〃　〃	〃　〃	備用1																	
		〃	2	16	〃	駿字　〃	〃　〃	常用1備用1																	
		〃	1	35	〃	萬子　〃	〃　〃	常用																	
		〃	1	31	〃	〃　〃	〃　〃	備用																	
35	濟豊煤礦																								
36	魯興煤礦	康納布式	2	35	4.20	1号井鍋炉室	〃　〃	常用1備用1																	
37	寶業煤礦		1	15	4	趙家林鍋炉室	〃　〃																		
38	成通煤礦	康納布式	1	35	4.20	錢家窪　〃	〃　〃	常用2																	
		〃	2	26	〃	〃　〃	〃　〃	備用1																	
39	茘成煤礦																								
40	同順煤礦	康納布式	1	35	4.20	徧坡地鍋炉室	〃　〃																		
41	華東煤礦	蘭開厦式	1	51	〃	第1斜井鍋炉室	〃　〃	常用3																	
		康納布式	1	38	〃	〃　〃	〃　〃	備用2																	
		〃	3	31	〃	〃　〃	〃　〃																		
42	永順煤礦																								

號數	礦名	蒸汽設備							發電設備						輸電設備									
		鍋爐名稱	座數	加熱面積（方公尺）	氣壓（公斤/方公分）	設置場所	用途	備考	發電量 K.V.A.	發電機架數	週波數	電壓	用途	備考	送受電端	電氣方式	總線長度（公里）	分線長度（公里）	輸電電壓 V.	回歸線	電	線	支持物	絕緣體	備考
43	振業煤礦	蘭開厦式	1	57	4.20	備坡地鍋炉室	直井撈揚抽水	常用 3																
		康納希式	3	28	〃	〃 〃	〃 〃	備用 1																
		〃	2	57	〃	羊欄河 〃	〃 〃	常用 3																
		〃	2	26	〃	〃 〃	〃 〃	備用 1																
		〃	3	31	〃	張家地 〃	〃 〃	常用2備用1																
44	同興煤礦	康納希式	2	35	〃	1号井鍋炉室	〃 〃	常用 4																
		〃	3	31	〃	〃 〃	〃 〃	備用 3																
		〃	2	36	〃	〃 〃	〃 〃																	
45	鼎盛煤礦																							
46	恒通煤礦	康納希式	1	35	〃	2号井鍋炉室	〃 〃	常用 5																
		〃	2	26	〃	〃 〃	〃 〃	備用 3																
		〃	5	16	〃	〃 〃	〃 〃																	
47	永豐煤礦	康納希式	1	35	〃	夏家莊 〃	〃 〃	常用 1																
		〃	1	26	〃	〃 〃	〃 〃	備用 1																
48	東昇煤礦																							
49	大享煤礦																							
50	魁盛煤礦																							
51	源昌煤礦																							
52	天和煤礦																							
53	利達煤礦																							
54	大興煤礦																							
55	天源煤礦																							
	等																							

號數	礦名	蒸汽設備							發電設備						輸電設備										
		鍋爐名稱	座數	加熱面積(方公尺)	氣壓(公斤/方公分)	設置場所	用途	備考	發電量K.V.A.	電機架數	週波數	電壓	用途	備考	送受電端	電氣方式	總線長度(公里)	分線長度(公里)	輸電電壓V.	回線數	電線	支持物	絶緣體	備考
56	坊子東煤礦	蘭開厦式 〃 康納布式	1 1 1	42 57 53	5 5 5	鍋炉室 〃 〃		常用2 備用1																
57	坊子中央煤礦	蘭開厦式 〃 康納布式 〃	4 1 2 2	92 106 26 33	9 〃 〃 〃	鍋炉室 〃 〃 〃	捲揚,抽水 〃 〃 〃 〃 〃 〃	常用6 備用3																
58	新泰煤礦	康納布式	2 11 4	(6節) (5節) (4節)	6.00 〃 〃		動力,浴室	常用15 備用3	13 9	1 1		110 110	電灯 〃	常用2(預定在楼德鎮設在發電廠,電量為23,000K.V.A.)										
59	華豐煤礦	康納布式 蘭開厦式 康納布式 蘭開厦式	11 4 10 7	31.57 53 46 61	5.50 6 3.50 6	東新井(東部) 第一井(東部) 東暘井,第二井, 第三井	捲揚,動力 燒房,浴室 〃 〃 〃 〃	常用9 備用6 常用10 備用7	1,500	1	50	2,200	動力,電灯	(北故城華北電業經營)	發電廠一變電所	交流三相三線式	3		3,300	2	裸線8方公厘	木柱	高壓	
60	赤柴煤礦	康納布式 〃 〃 蘭開厦式	5 3 2 5	33 25 33 60	5.50 〃 〃 6.00	第一号井 第五号井 第一号井 第一斜井	捲揚,動力, 燒房,浴室	常用3備用2 常用2備用1 常用1備1 常用3備2	1,250	1	30	3,300	動力,電灯	本年預定完成增設一機(民國33年)	發電廠一變電所	仝上	5.50		3,300	2	裸線1方公厘	木柱	〃	
61	崔縣煤礦 (1)天生窯 (2)義順窯 (3)奎太窯 (4)晋興窯 (5)老窯																							

號數	礦名	蒸汽設備							發電設備						輸電設備									
		鍋爐名稱	座數	加壓面積（方公尺）	氣壓（公斤/方公分）	設置場所	用途	備考	發電量 K.V.A.	電机架數	週波數	電壓 V.	用途	備考	送發電端	電氣方式	總線長度（公里）	分線長度（公里）	輸電電壓 V.	回歸線	電線	支持物	絕緣體	備考
	(6)南莊窯 (7)德生窯																							
	(8)南溝窯 （舊晉裕公司）	康納布式 立式	2 1	5×1 3×0.8				現已破壞不堪使用																
	(9)宏盛窯 (10)晉昌窯																							
	(11)寶興煤礦	康納布式	1	48×1.45																				
62	介休煤礦																							
63	平遙煤礦																							
64	裕通煤礦																							
65	晉興煤礦																							
66	舊營煤礦																							
67	五楊村煤礦	卧型單管式	1					30 H.P.																
68	裕豐煤礦	〃	1					40 H.P.																
69	新順煤礦	〃	1					30 H.P.																
70	合興煤礦																							
71	永興煤礦	〃	1					30 H.P.																
72	靈山煤窯																							
73	陳照煤田																							
74	萬全煤田																							
75	渾源煤田																							
76	萊蕪煤礦 （包工開掘） (1)南冶煤礦 (2)大有煤礦	蘭開夏式 康納布式 〃	7 4 2				發電原動，抽水捲揚等	直徑2公尺長度不等	150 22(K.W.)	1 1	60 直流	3,300 200	安全燈充電用	附18"双汽缸蒸汽原動机1架		三相三線式 〃	0.40 8.35	1.00	3,300 220					變壓器(3,300/220)單相12架

華北各煤礦概覽第四表（工作狀況）附表Ⅰ

（工廠設備）

調查截止日期——民國32年3月

號數	礦名	工廠類別：精工機廠 設備名稱	架數	備考	修理廠 設備名稱	架數	備考	鍛鉄廠 設備名稱	架數	備考
1	開灤礦務局 (1)唐山礦	直流電銲機	1	20 K.W.						
		鏇床	7	30'(1); 25'(1); 20'(1); 17'(1); 14'(1); 8'(1); 6'(1)						
		鉋床	2	13'×4'3"(1); 8'×2'3"(1)						
		牛頭鉋床	2	1'8"(1); 1'(1)						
		螺絲床	2	4"(1); 14"(1)						
		捙床	1	10"						
		鑽床	4	1'4"(1); 1'9"(1); 1'2"(1); 3'×1'6"(1)						
		轉膀鑽床	2	4'10"×2'4"(1); 2'6"×2'2"(1)						
		圓机器鋸	1	1'3"						
		机器鋸	1	8"						
	(2)林西礦				鏇床	22	最大長度25'			
					自轉車床	2		風鎚	1	100噸
					車輪鏇床	1				
					鑽床	11	最大可鑽2'4"孔	汽鎚	2	500噸
					剷火机	1				
					搖眼机	1		燒鉄炉	9	15方公尺
					洗床	3	4'½"×3'3½"×1'7"			
					洗齒刀	1	最大可截直徑4'	製造机	9	
					鉋床	3	最大1'3"×3'×3'7"	吹風机	9	
					磨輪架	11	各種式樣			
					牛頭鉋床	3				
					壓力机	3				

號數	礦名	翻沙廠 設備名稱	架數	備考	木工廠 設備名稱	架數	備考	其他工廠 設備名稱	架數	備考	備考
1	開灤礦務局 (1)唐山礦							軸承製造廠			
								鏇床	5	4'(1); 9'(1); 8'(3)	
								洗床	1	2'10"×9½"(1)	
	(2)林西礦							(1)軸承製造廠			
					帶鋸机	9	3'6"×3'6"	鏇床	1	22'	
								燒油設備	1		
					鏇床	9	10'	(2)鍋炉製造廠			
								鑽床	1		
					鉋床	9	2'×7'	扎孔机	1	孔50公厘鉄板15公厘	
								剪板机	1	厚½"	
					鏇床	9	13'	彎板机	1	6'(鉄皮厚½')	
								壓力机	1		

號數	礦名	工廠類別																		備考
		精工機廠			修理廠			鍛鐵廠			翻沙廠			木工廠			其他工廠			
		設備名稱	架數	備考	設備名稱	架數	備考	設備名稱	架數	備考	設備名稱	架數	備考	設備名稱	架數	備考	設備名稱	架數	備考	
					插床	2	最大為1'½" 行程為2'6"×3'6"													
					彎板機	1	最大⅝"可達13"板													
					機鎚	4	最大達[illegible]半													
					鋸鉄机	3	最大直徑達18"													
					剪板机	2	最大直徑1"													
					化生鉄炉	3	最大可熔50噸													
					螺絲帽釘机	9	一日九小時工作可製 螺絲公母600-800个 帽釘1,000-4,500个 最大直徑可達1" 最長可達12"													
					木工鉋机	1														
					木工鋸机	2	最大可達直徑3'													
					空氣壓縮机	2														
					室內起重机	2	可吊10噸													
					電銲机	3	電銲 15 K.W.													
	(3)唐家莊礦				鏇床	3														
					鑽床	2														
					轉膀鑽床	1														
					鉋床	1														
					高度剪板机	1														
					滾齒机	1														
					黑砂輪	1														
					水壓机	1														

號數	礦名	工廠類別																		備考
		精工機廠			修理廠			鍛鉄廠			翻沙廠			木工廠			其他工廠			
		設備名稱	架數	備考	設備名稱	架數	備考	設備名稱	架數	備考	設備名稱	架數	備考	設備名稱	架數	備考	設備名稱	架數	備考	
					帶鋸	1														
					圓機器鋸	1														
					木工鉋床	1														
					空氣壓縮机	1														
					電銲机	1														
					削尖机	1														
					油炉	1														
	⑷趙各莊礦				鏇床	7														
					鑽床	6														
					螺絲床	2														
					鉋床	1														
					牛頭鉋床	1														
					剪板机	3														
					砂輪	2														
					空氣壓縮机	1														
					水壓机	1														
					風鎚	2														
					汽鎚	1														
					削尖机	1														
					油炉	1														
					電銲机	2														
					木工鉋床	1														
					圓機器鋸	1														
	⑸馬家溝礦																			停辦

號數	礦名	工廠類別																		備考
		精工機廠			修理廠			鍛鉄廠			翻沙廠			木工廠			其他工廠			
		設備名稱	架數	備考	設備名稱	架數	備考	設備名稱	架數	備考	設備名稱	架數	備考	設備名稱	架數	備考	設備名稱	架數	備考	
2	中興煤礦	電動机	1	37K.W.	東大井												(1)鍋炉製造廠			
		鏇床	16	21'(1);20'(1) 18'(1);14'(1);12'(4);10'(1);8'(4);6'(3)	空氣壓縮机	2	60H.P.(1);33H.P.(1)										電動机	1	15K.W.原動用	
					鏇床	2	16'(1);12'(1)										剪板机	1	18H.P.	
		螺絲床	3	1/2"–1 1/4"(一架未用)	鑽床	1	1'3"	汽鎚	1	600磅				帶鋸机	1	3'-8';10H.P.附電動机	彎板机	1	20H.P.	
		洗床	1		轉膀鑽床	1					羅治式吹風机	1	20H.P.熔解炉用附電動机				鑽床(風見型)	2	1,400m/m(1);700m/m(1)	
		鉋床	2	1.3m×1.1m×3m(1);0.8m×0.7m×2.3m(1)	牛頭鉋床	1	1'4"	電力鎚	1	25H.P.附電動机				木工鉋床	1	600m/m附電動机				
					磨輪架	1	8"							車床	1		滾輪架	1	8"	
		牛頭鉋床	1	500m/m	電力鎚	1	6H.P.	移動起重机	1	2噸	移動起重机	2	2噸				(2)機車修理廠			
		插床	1		剪板机	1	6H.P.	拉鍊起重机	2	2噸(1);1噸(1)							電動机	1	5H.P.原動用	
		鑽床(風見型)	1	1.3m	北大井						化生鉄炉	2	2噸	木工鏇床	1	2m附電動机	車輪鏇床	2	16'6"(1);7'(1);	
		鑽床	4	1.3m(1);1.2m(1);0.7m(1);0.6m(1);	電動机	1	16K.W.原動用	吹風机	2	10H.P.(1);20H.P.(1)附電動机				木工鑽床	1	25H.P.附電動机	鑽床	1	1'2"	
					鏇床	1	8'										轉膀鑽床	1		
		磨輪架	1	12m/m	鑽床	1	1'10"										移動起重机	3	80噸(1);60噸(2)	
		電銲机	1	12K.W.	磨輪架	1	8";附1H.P.電動机							木把打眼机	1	附電動机	電動机	1	27K.W.運轉遷車台用	
		水砂輪	1	2'	吹風机	1	16K.W.										移動起重机	4	20噸(1);2噸(3)運轉遷車台用	
		人力絞車	6	5噸	南大井															
		拉鍊起重机	12	10噸(2),8(1),6(1),5(4),2(2),1(2)	磨鑽頭机	2	內一架裝置中										遷車台	1	120噸	
					電動机	1	13K.W.原動用										砂輪	1	8",1H.P.附電動机	
					吹風机	1	13K.W.										砂輪	1	1';3H.P.附電動机	
					鏇床	1	10'										吹風机	1	3H.P.化生炉用	
					鑽床	2	13"(1);1'(1)													
					磨輪架	1	8"													
3	井陘煤礦	剪板机	1																	
		通風机	3																	
		鋸鉄机	1	6"																

號數	礦名	工廠類別																		備考
		精工機廠			修理廠			鍛鉄廠			翻沙廠			木工廠			其他工廠			
		設備名稱	架數	備考	設備名稱	架數	備考	設備名稱	架數	備考	設備名稱	架數	備考	設備名稱	架數	備考	設備名稱	架數	備考	
		吊鎚	1	50噸																
		鏇床	11	3'(4); 6'(1); 5'(3); 8'(1); 10'(1); 2'(1)				油壓机	1	30噸										
		招眼机	3					酸素熔接机	1		化生鉄炉	3	4噸(1)							
		鉋床	4					電焊机	1				3"(1)							
		回輪鋸	2	鋸徑2'4"				汽鎚	2	500噸			1.5"(1)							
		帶鋸机	1																	
		木工鏇床	3																	
4	正豐煤礦	鏇床	5	8'(2); 7'(1); 6'(2)																
		鏇面床	1					汽鎚	1	1/8噸										
		鑽床机	3																	
		牛頭鉋床	1					吹風机(美可式)	1											
		牛頭鉋床	1								化生鉄炉	2								
		洗床	1					吹風机	1	8H.P.										
		扎[illegible]板	1																	
		砂輪	1					電焊机	1	煤車修理用										
		帽釘机	1																	
		帶鋸机	1					瓦斯熔接机	1											
		圓鋸	1	2'; 製材用																
		木工鏇床	1	1'2"																
5	六河溝煤礦	鏇床	11	12'(1); 1'(1); 10"(3); 8"(4); 6"(2)																
		鏇面床	1	3'4"																
		牛頭鉋床	2					燒生鉄炉	10		化生鉄炉	2	3噸(1); 1噸(1)							
		鉋床	2																	
		鑽床	6																	
		磨輪架	1																	

號數	礦名	工廠類別																		備考
		精工機廠			修理廠			鍛鐵廠			翻沙廠			木工廠			其他工廠			
		設備名稱	架數	備考	設備名稱	架數	備考	設備名稱	架數	備考	設備名稱	架數	備考	設備名稱	架數	備考	設備名稱	架數	備考	
6	焦作煤礦	鑽床 木工鏇床 圓機器鋸 帶鋸机(鏇床工廠) 鏇床	1 1 1 1 10	 6' 4'2" 停用 6'(3);10'(3);11'(1);14'(1);18'(2)				汽鎚 汽鎚 熔接机	1 1 3	1/4噸 1/4噸(完成90%)	吹風機	1	10 H.P.							
7	憑心煤礦	鑽床 牛頭鉋床 鉋床 線輪	2 2 1 1	1'3"(1);3'5"(1) 1'(1);2'(1) 8' 4'				剪板机	1	修理中										
8	原昌中興煤礦				電動机 鏇床	1 1														
9	大同煤礦							磨鑽頭机 電動机 風鎚 机車 燒鉄炉	1 1 1 8	10H.P.空氣压縮机動力運轉 10 H.P.	化生鉄炉	1	一小時2噸							
10	陽泉煤礦	鏇床 磨輪架 螺絲床 鑽床 洗床 鏇面床	28 2 1 6 1 1	4'(1),6'(7);8'(6);10'(2);12'(12); 10'(1);12'(1) 3/8"—1" 1'4"(4);1'7"(1);1'10"(1) 1' 6'				風鎚 吹風机	1 2	1/4噸	化生鉄炉 吹風机	3 1	120,240,360噸							

號數	礦名	工廠類別																		備考
		精工機廠			修理廠			鍛鉄廠			翻沙廠			木工廠			其他工廠			
		設備名稱	架數	備考	設備名稱	架數	備考	設備名稱	架數	備考	設備名稱	架數	備考	設備名稱	架數	備考	設備名稱	架數	備考	
		鉋床 牛頭鉋床 電力鑽 電銲机 瓦斯熔接机	2 1 2 1 1	4'(1);12'(1) 2' 2.5H.P(1);1.5H.P(1) 12K.W.																
11	壽陽煤礦	鏇床 鑽床 磨輪架 鉋床	4 3 1 1	8'(3);14'(1) 11'5"(1) 10" 1'10"				汽鎚 吹風机	1 1	1/4噸	吹風机	1								
12	富家灘煤礦	鏇床 鑽床 磨輪架	2 1 1	8'(1);12'(1) 12' 9"																
13	西山煤礦	鏇床 鉋床 插床 洗床 鑽床 鉋床	9 1 1 2 3 1	3'(1);5'(2);6'(2);8'(3);12'(1) 2'3"×7" 3'7½"×1'5½" 1'6"×1'1½"(1);1'9"×11½"(1) 1"(1);12"(1);13"(1) 2'×2'4"				電鎚 電銲机 磨輪架 燒生鉄炉	1 1 2 6	25噸 20H.P. 23K.W. 1'8"(1);1'(1)	化生鉄炉 局部吹風机 烤炉 木作机	2 1 1 1	1噸 10 H.P 6m×2m×1.3m							
14	東崗鎮煤礦				鑽床 鏇床 瓦斯熔接机 螺絲床 螺絲帽釘机	1 1 1 1 1	6' 13'	汽鎚	1		鑄物製定盤	1								

號數	礦名	工廠類別																		備考
		精工機廠			修理廠			鎔鉄廠			翻沙廠			木工廠			其他工廠			
		設備名稱	架數	備考	設備名稱	架數	備考	設備名稱	架數	備考	設備名稱	架數	備考	設備名稱	架數	備考	設備名稱	架數	備考	
					[illegible]鍊起重机	3														
					扎孔機	1														
					方鉆	1														
					發電机	1	5 K.W.													
					電動机	1	15 H.P.													
15	長城煤礦	鏇床	5																	
		牛頭鉋床	1					削尖机	1	25 H.P.										
		鉋床	1					鉆子	4											
		鑽床	1					吹風机	1											
		削尖機	1																	
16	柳江煤礦	鏇床	9	14'(2); 15(1); 5'(1); 6'(3); 10'(1).																
		洗床	1		電鏟	1	100-165										採煤机械			
		高速度剪板机	1	1'6"	扎孔机	1	孔徑2"剪斷厚度3/8"							鏇床	1	8'	空氣鑽	10	R.39	
		螺絲床	1	3/8"×1¼"	燒生鉄炉	9											採煤机	10		
		扎孔机	2	1'11"(1); 9"(1)	空氣壓縮机	3	100 H.P. (1);										電力鑽	2		
		砂輪	2	8"(1); 2'(1)			30 H.P. (1);													
		黑砂輪	1	2'			15 H.P. (1)													
		鉋床	1	8'																
		剪板機	1																	
		彎板機	2	8"(1); 1'(1)																
		成型機	2	18"(1); 9"(1)																
		扎孔机	2	1'6"																

號數	礦名	工廠類別																		備考
		精工機廠			修理廠			鍛鉄廠			翻沙廠			木工廠			其他工廠			
		設備名稱	架數	備考	設備名稱	架數	備考	設備名稱	架數	備考	設備名稱	架數	備考	設備名稱	架數	備考	設備名稱	架數	備考	
17	磁縣煤礦	鏇床 牛頭鉋床 鳥轉車 鑽床 轉臂鑽床 老虎鉗 磨輪架 定盤 引擎	6 1 1 3 1 24 3 1 1	8'(3); 6'(3) 3H.P.附電動机 2H.P. 18' 附電動机2				風鎚 燒鉄炉 鉆子 多眼鉆子	1 5 5 1		化生鉄炉 合金炉	1 1	1噸	木工鏇床 帶鋸机	1 1		製鍋炉廠 電力鑽 瓦斯發生器	 1 3		
18	利豐煤礦	鏇床 鑽床 牛頭鉋床	2 1 1	6'(1); 4'(1) 面徑 18' 行程 8'																
19	門頭溝煤礦	電動机 鏇床 鑽床 瓦斯發生器 吹風机 引擎	1 1 1 1 2 1	15H.P. 4'				燒鉄炉	1					電動机	1	5H.P.				
20	坨里煤礦																			
21	花園煤礦	鏇床 鉋床 鑽床 磨輪架 原動机	2 1 1 1 1	8' 10" 1'8" 15H.P.	電銲机	1	150安培天電式	燒鉄炉 吹風机	4 1		化生鉄炉 吹風机 製材机	1 1 1	 2H.P.							

號數	礦名	工廠類別																		備考
		精工機廠			修理廠			鍛鉄廠			翻沙廠			木工廠			其他工廠			
		設備名稱	架數	備考	設備名稱	架數	備考	設備名稱	架數	備考	設備名稱	架數	備考	設備名稱	架數	備考	設備名稱	架數	備考	
22	大青山煤礦	鏇床	2	8'(1); 4'(1)																
		鑽床	1																	
		老虎鉗	1																	
23	淄川煤礦	大井									化生鉄炉	1	1吨				鍋炉製造廠			
		鏇面床	1	5'							合金炉	1	200公斤				燒鉄炉	3		
		鏇床	11	20'(1), 15(1), 12'(1) 12'(2)附電動机 10'(2); 8'(1); 8(1)附電動机 8(1) "													扎孔剪板机	1		
		鉋床	1														扎孔剪板机	1	附電動机	
		鉋床	1	附25H.P.電動机													手動曲弯板机	1		
		牛頭鉋床	2	24'(2)附電動机													曲弯板机	1	附電動机	
		牛頭鉋床	2	18'(1); 16'(1)													手動槽型鋼弯曲机	1		
		插床	1	12'													帽釘螺絲机	1	附電動机	
		螺絲床	1														轉膀鑽床	1	5'	
		滾齒机	1	附電動机													鑽床	1		
		洗床	1														鋼管廠			
		轉膀鑽床	1														燒鉄炉	4		
		移動式轉膀鑽床	1	附電動机													汽鎚	1	250公斤	
		鑽床	3	40'													壓力机	1		
		鑽床	1	24'附電動机													剪板机	1		
		磨輪架	1	鑽机用																
		第三直井																		
		鏇床	1	12'																
		牛頭鉋床	1	1'4"																
		鑽床	1	1'8"																
		扎孔剪板机	1																	
		曲弯板机	1	手動																
		風鎚	1	250公斤附75H.P.電動机																

號數	礦名	工廠類別																		備考
		精工機廠			修理廠			鍛鉄廠			翻沙廠			木工廠			其他工廠			
		設備名稱	架數	備考	設備名稱	架數	備考	設備名稱	架數	備考	設備名稱	架數	備考	設備名稱	架數	備考	設備名稱	架數	備考	
24	南定煤礦	鏇床 牛頭鉋床 鑽床	3 1 1	14′(1); 10′(1); 6′(1) 1′10″				燒鉄炉	1											
25	山東礦業株式会社 (1)黒山煤礦	鏇床 鑽床 磨輪架 削尖机	2 1 1	12′(1)附電動机 8′(1) 8′(1)附½H.P.電動机 1 H.P.				燒鉄炉												
	(2)東大煤礦 (3)萬山煤礦 (4)魯大煤礦 (5)利大煤礦 (6)博大煤礦 (7)福大煤礦																			
	(8)旭華煤礦	鏇床 鑽床 牛頭鉋床	2 1 1	8′ 10″ 1′				燒鉄炉	2		化生鉄炉	1	0.5噸							
	(9)官莊煤礦	鏇床 鑽床	1 1	8′ 1′2″				燒鉄炉	2											
	(10)文祖煤礦																			
26	悦昇煤礦	鏇床 車軸鏇床 螺絲床	16 1 1	4′(1); 6′(9); 8′(3); 12′(3) 附電動机				燒鉄炉 風鎚 化生鉄炉	3 1 2	 100斤附10H.P電動机 1.5噸(1); 0.5噸(1)										

號數	礦名	工廠類別																		備考
		精工機廠			修理廠			鍛鉄廠			翻沙廠			木工廠			其他工廠			
		設備名稱	架數	備考	設備名稱	架數	備考	設備名稱	架數	備考	設備名稱	架數	備考	設備名稱	架數	備考	設備名稱	架數	備考	
		鉋床 牛頭鉋床 揷床	1 2 1	10' 1'4"(1);1'6"(1)																
27—55	博山章邱君羊小煤礦																			
56 57	坊子東煤礦 坊子中央煤礦	鏇床 鑽床	1 1	8' 2'2"				燒鉄炉	2											
58	新泰煤礦	鏇床 鑽床 螺絲床 牛頭鉋床	1 1 1 1	8" 1'6" 1'10" 又鏇床3鑽床及螺絲床各一架定做中				吹風机 燒鉄炉 削尖机	1 4 2				預定計劃中							
59	華豐煤礦	鏇床 鉋床 鑽床 磨輪架 空氣压縮机 削尖机 汽鎚	8 1 3 2 2 1 1	6'-16' 6' 1'8"-2'2" 1'6" 30H.P. B.S.16型 半噸				燒鉄炉	10					圓鋸 帶鋸	1 2	10H.P., 3' 5H.P., 2½"				
60	赤柴煤礦	鏇床 鑽床 鉋床 磨輪架	1 1 1 1	 1.88×0.63m																

號數	礦名	工廠類別																		備考
		精工機廠			修理廠			鍛鉄廠			翻沙廠			木工廠			其他工廠			
		設備名稱	架數	備考	設備名稱	架數	備考	設備名稱	架數	備考	設備名稱	架數	備考	設備名稱	架數	備考	設備名稱	架數	備考	
61	霍縣煤田																			
62	介休煤礦																			
63	平遥煤礦																			
64	裕通煤礦																			停辦情况不明
65	晉興煤礦																			
66	蔭營煤礦																			
67	五楊村煤礦																			
68	裕豐煤礦																			
69	新順煤礦																			
70	合興煤礦																			
71	永興煤礦																			
72	壺山煤田																			
73	陳照煤田																			
74	萬全煤田																			
75	渾源煤礦																			
76	萊蕪煤礦	鏇床 鑽床 電動机 電銲机 電動磨碎机	2 1 1 1 1	8' 1'10" 3H.P.原動用 弧式日立製A.W.型 1H.P.										製材机 圓机器鋸	1 1	2'6" 15H.P.				

華北各煤礦概覽第四表（工作狀況） 附表J

（主要需用材料）

調查截止日期——民國32年3月

號數	礦名	年度	窰木（單位：千才）					鋼材（單位：噸）					火藥（單位：公斤）					其他
			使用需要量	配給量	實收量	每噸產煤使用量(才)	備考	使用需要量	配給量	實收量	每噸產煤使用量(公斤)	備考	使用需要量	配給量	實收量	每噸產煤使用量(公斤)	備考	
1	開灤礦務局 1)唐山礦 (2)林西礦 (3)唐家莊礦 (4)趙各莊礦 (5)馬家溝礦	民國31年	37,350	19,920	30,710	5.6	日本方面輸入 24,900 朝鮮方面輸入 2,490 附近採購 3,320	2,219		2,014	0.36	需用日本方面 1,584 需用偽滿方面 635 日本方面輸入 1,378 偽滿方面輸入 636						
2	中興煤礦	"								2,265		日本方面輸入 910 偽滿方面輸入 1,355			不明		朝鮮方面輸入	
3	井陘煤礦	"			4,321		日本方面輸入 1,390 附近採購 2,931		396	299		第3,4季配給量未取得						揮發油 配給量 35,500公升 消費量 60,928公升 燈油 " 45,500 " " 57,722 " 機械油 " 27,550 " " 65,493 "
4	正豐煤礦	"			2,411		日本方面輸入 1,561 附近採購 850		219	160		第3,4季配給量未取得						揮發油 實收量 15,400公升 消費量 26,156公升 燈油 " 22,000 " " 34,416 " 機械油 " 21,200 " " 63,858 "
5	六河溝煤礦	"			3,306		日本方面輸入 398 附近採購 2,908		247	191								揮發油 實收量 2,300公升 消費量 4,350公升 燈油 " 6,500 " " 9,702 " 機械油 " 24,600 " " 64,188 "
6 7	焦作煤礦 憑心礦	"	6,765		7,147	5	日本方面輸入 4,439 附近採購 2,708											
8	原昌中興煤礦	"																
9	大同煤礦	"	3,387		3,670	1.3	日本方面輸入 2,060 朝鮮方面輸入 440 華北方面輸入 65 附近方面輸入 1,105											

華北各煤礦概覽第　表（工作狀況）附表

（主要需用材料）

調查截止日期——民國32年3月

號數	礦名	年度	主要材料類別															其他
			窯木（單位：千廿）					鋼材（單位：噸）					火藥（單位：公斤）					
			使用需要量	配給量	實收量	每噸產煤使用量(才)	備考	使用需要量	配給量	實收量	每噸產煤使用量(公斤)	備考	使用需要量	配給量	實收量	每噸產煤使用量(公分)	備考	
10	陽泉煤礦	民國31年	1,744		929	1.8			533	415			硝安 3,177 黑色 5,077 炸藥 18,952 導火線 127,514 (公尺) 雷管 170,000 (個)		2,250 11,250 20,250 161,000 (公尺) 103,196 (個)	3.2 5.4 19.1 0.13 (公尺) 0.17 (個)		揮發油 實收量 61,620公升 使用量 18,666公升 煤油 〃 3,228 〃 〃 3,982 〃 車軸油 〃 41,325 〃 〃 49,482 〃 擦機油 〃 2,504 〃 〃 17,217 〃 汽缸油 〃 3,463 〃 〃 14,492 〃 輕油 〃 594 〃 〃 1,158 〃 6,732 〃 〃 4,194 〃 棉實油 〃 22,767 〃 〃 22,762 〃 電石 〃 60,210 〃 〃 25,065 〃 機械油 〃 1,854 〃 〃 3,957 〃
11	壽陽煤礦	〃	540		628	4.3			134	82		原材配給量 118 實收量 71 製品配給量 16 實收量 11 機件配給量 0.099 實收量 0	硝安 1,020 黑色 — 炸藥 49,509 導火線 7,226 (公尺) 雷管 7,058 (個)		- - - - -	8.1 - 39.3 0.06 (公尺) 0.06 (個)		揮發油 實收量 - 使用量 3,564公升 煤油 〃 756公升 〃 12,834 〃 機器油 〃 - 〃 270 〃 汽缸油 〃 4,014公升 〃 4,644 〃 油脂 〃 160公升 〃 144 〃 擦機油 〃 2,448公升 〃 4,662 〃
12	富家灘煤礦	〃	162		283	0.8			63	43		原材配給量 49 實收量 29 製品配給量 14 實收量 14 機件配給量 0.024 實收量 -	硝安 90,001 黑色 31,230 黑藥粉 6.80 導火線 215,410 (公尺) 雷管 74,981 (個)		118,550 17,100 190,049 (公尺) 113,000 (個)	420 150 1.01 0.5		揮發油 實收量 - 使用量 27,000公升 煤油 〃 40,050公升 〃 12,708 〃 車軸油 〃 5,508 〃 〃 8,370 〃 擦机油 〃 2,430 〃 〃 2,610 〃 汽缸油 〃 1,008 〃 機器油 〃 1,080 〃 〃 738 〃 電石 〃 10,957公斤 〃 - 麻油 〃 43,731斤 〃 48,990斤 變壓器油 〃 540公升 〃 180公升

華北各煤礦概覽第　表（工作狀況）　附表

（主要需用材料）

調查截止日期——民國32年3月

號數	礦名	年度	主要材料類別															其他
			窑木（單位：千才）					鋼材（單位：噸）					火藥（單位：公斤）					
			使用需要量	配給量	實收量	每噸產煤使用量(才)	備考	使用需要量	配給量	實收量	每噸產煤使用量(公分)	備考	使用需要量	配給量	實收量	每噸產煤使用量(公分)	備考	
13	西山煤礦																	
14	軒崗鎮煤礦	民國30年											炸藥 50.10 導火線 400(公尺) 雷管 855(個)			1 0.01 0.02		
15	長城煤礦	〃					大半由偽滿青龍縣方面輸入本地產品作為補充						炸藥 498 導火線 205,047(公尺) 雷管 232,331(個)			3 1.22(公尺) 1.3(個)		
16	柳江煤礦	〃											炸藥 270 導火線 49,260(公尺) 雷管 92,920(個)			1.1 0.21(公尺) 0.4(個)		
17	磁縣煤礦	31 32	2,822 3,320		1,127 282	7.9 6.6												
18	利豐煤礦	31					自大興房山方面運來											
19	門頭溝煤礦	30											炸藥 6,360 導火線 78,997(公尺) 雷管 82,697(個)			27.7 0.34(公尺) 0.4(個)		
20	坨里煤礦	30																
21	花園煤礦	31			210		本地柳木　41 日本松木　169											
22	大青山煤礦	31				3												
23	淄川煤礦	31	3,599		3,478	2.31												

華北各煤礦概覽第　表（工作狀況）　附表

（主要需用材料）

調查截止日期——民國32年3月

號數	礦名	年度	主要材料類別 窯木（單位：十才）					鋼材（單位：噸）					火藥（單位：公斤）					其他
			使用需要量	配給量	實收量	每噸產煤使用量(才)	備考	使用需要量	配給量	實收量	每噸產煤使用量(公斤)	備考	使用需要量	配給量	實收量	每噸產煤使用量(公分)	備考	
24	南定煤礦	民國31年	581		479	5.31												
25	山東礦業株式會社 博山礦業所	〃	(15,189)			(3.5)	日本方面輸入 2407 (16%) 本地採購 12,782 (84%)											
	(1)黑山煤礦 (2)東大煤礦 (3)萬山煤礦 (4)興大煤礦 (5)利大煤礦 (6)博大煤礦 (7)福大煤礦	31年	1,534		2,073	2.71		8,000	4,617	4,200		對日期待配給量 80% 對僞滿期待配給量 20% 實收量佔配給量 91%						
	章邱礦業所 (8)旭華煤礦 (9)官莊煤礦 (10)文祖煤礦	〃	1,367		1,720	6.45												
26	悅昇煤礦	〃	1,826		1,949	3.13												
27-50	博山群小煤礦	〃	5,661		4,888	4.65	均係本地購買											
51 52 53 54 55	源昌煤礦 天和煤礦 利達煤礦 大興煤礦 天源煤礦	〃																

華北各煤礦概覽第　表（工作狀況）附表

（主要需用材料）

調查截止日期——民國32年3月

號數	礦名	年度	主要材料類別															其他
			窯木（單位：千才）					鋼材（單位：噸）					火藥（單位：公斤）					
			使用需要量	配給量	實收量	每吨產煤使用量（才）	備考	使用需要量	配給量	實收量	每吨產煤使用量（公斤）	備考	使用需要量	配給量	實收量	每吨產煤使用量（公斤）	備考	
56 57	坊子東煤礦 坊子中央煤礦	民國31年	625		549	5.92												
58	新泰煤礦	32年（1月-5月） 32年	1,245		143	4.2	民國32年度預算											
59	華豐煤礦	32年（1月-3月）	341		831													
60	赤柴煤礦	〃	646		478													
61	霍縣煤礦																	
62	介休煤礦																	
63	平遥煤礦																	
64	裕通煤礦																	
65	晉興煤礦																	
66	蘆管煤礦																	
67	五楊村煤礦																	
68	裕豐煤礦																	
69	新順煤礦																	
70	合興煤礦																	
71	永興煤礦																	
72	靈山煤田																	
73	陳照煤田																	
74	萬全煤田																	
75	渾源煤田																	
76	萊蕪煤礦																	

華北各煤礦概覽 第四表（工作狀況）附表K

（勞務概況）

調查截止日期——民國32年3月

號數	礦名	七七事變前後概況對照（平均數）													
		七七事變前							七七事變後						
		工人數	平均工資（元）	井下工能率（噸）	總能率（噸）	工作時間	年度（民國）年	月	工人數	平均工資（元）	井下工能率（噸）	總能率（噸）	工作時間	年度（民國）年	月
1	開灤礦務局	40,985	0.58	0.58	0.39	8	22		48,749	1.45	0.55	0.45	8	32	
2	中興煤礦	6,940	0.51	0.50	0.39	不詳	22	2	19.739	2.08	0.63	0.17	8	32	3
3	井陘煤礦	4,200	0.53	0.81	0.51	12	23		9,822	3.55	0.61	0.37	9	32	3
4	正豐煤礦	2,500	—	—	—	不詳			4,034	3.08	0.49	0.34	9	32	3
5	六河溝煤礦	3,150	0.83	0.94	0.58	〃	23		7,474	3.08	0.49	0.34			
6	焦作煤礦	10,282	0.36	0.55	0.23	24	23		11,821	0.14	0.53	0.21	12	32	3
7	憑心煤礦														
8	原昌中興煤礦	不詳	不詳	不詳	不詳	不詳			1,050	不詳	0.57	0.38	不詳	32	
9	大同煤礦	1,171	0.30	0.36	0.29	〃	22		8,437	〃	0.57	0.38	〃	32	3
10	陽泉煤礦	2,292	0.37	0.32	0.24	〃	23		9,766	1.35	0.57	0.33	10	32	3
11	壽陽煤礦	187	0.24	0.48	0.43	〃	23		1,183	1.28	1.29	0.53		32	3
12	富家灘煤礦	1,161	0.29	0.47	0.29		23		8,437	2.43	1.32	1.02		32	3
13	西山煤礦	不詳	不詳	不詳	不詳	不詳			2,590		0.41	0.32	11	31	
14	軒崗鎮煤礦	〃	〃	〃	〃	〃			657	1.16	0.42	0.22		31	8
15	長城煤礦	〃	〃	〃	〃	〃			1,620	2.31	0.38	0.29	10	31	
16	柳江煤礦	〃	〃	〃	〃	〃			2,500	1.64	0.59	0.26	不詳	31	8
17	磁縣煤礦	800	〃	〃	〃	〃			5,311	6.64	0.38	0.26	12	31	5
18	利豐煤礦	不詳	〃	〃	〃	〃			333	2.44	1.67	0.99	11	31	
19	門頭溝煤礦	〃	〃	〃	〃	〃			830	2.27	0.94	0.77		31	

號數	礦名	七七事變前後概況對照（平均數） 七七事變前 工人數	平均工資(元)	井下工能率(噸)	總能率(噸)	工作時間	年度(民國) 年	月	七七事變後 工人數	平均工資(元)	井下工能率(噸)	總能率(噸)	工作時間	年度(民國) 年	月
20	坨里煤礦	不詳	不詳	不詳	不詳	不詳			948	5.25	0.80	0.45	12	31	
21	花園煤礦	〃	〃	〃	〃	〃			948	1.97	0.49	0.27	10	31	
22	大青山煤礦	〃	〃	〃	〃	〃			22,412	1.57	1.40	0.82	10	31	
23	淄川煤礦	6,200	0.45	0.43	0.26	12	21		13,346	4.12	0.41	0.30	不詳	32	
24	南定煤礦	不詳	不詳	不詳	不詳	不詳			1,717	4.12	0.22	0.17	〃	31	
25	山東鑛業株式會社 (1) 黑山煤礦	628	〃	0.37	0.20	〃			880	4.12	0.20	不詳	〃	31	
	(2) 東大煤礦	不詳	〃	不詳	不詳	〃			687	4.12	0.19	0.11	〃	31	
	(3) 萬山煤礦	〃	〃	〃	〃	〃			不詳	不詳	不詳	不詳	不詳		
	(4) 興大煤礦	〃	〃	〃	〃	〃			〃	〃	〃	〃	〃		
	(5) 利大煤礦	〃	〃	〃	〃	〃			1,082	4.12	2.06	0.31	不詳	31	
	(6) 博大煤礦	〃	〃	〃	〃	〃			880	4.12	0.26	0.23	〃	31	
	(7) 福大煤礦	〃	〃	〃	〃	〃			703	4.12	0.29	0.22	〃	31	
	(8) 旭華煤礦	984	〃	0.26	0.12	24	32		1,292	4.12	0.68	0.32	〃	31	
	(9) 官莊煤礦	不詳	〃	不詳	不詳	不詳									
	(10) 文祖煤礦	〃	〃	〃	〃	〃			不詳	不詳	不詳	不詳	〃		
26	悦昇煤礦	823	0.45	0.42	0.20	12	21		3,268	〃	0.59	〃	〃	32	3
27	吉成煤礦														
28	大成煤礦														
29	東方煤礦														
30	義泰煤礦														
31	復豊興煤礦														
32	永和煤礦														

號數	礦名	七七事變前後概况對照（平均數）															
		七七事變前								七七事變後							
		工人數	平均工資(元)	井下工能率(噸)	總能率(噸)	工作時間	年度(民國)			工人數	平均工資(元)	井下工能率(噸)	總能率(噸)	工作時間	年度(民國)	
							年	月							年	月
33 34 35 36 37 38 39 40 41 42 43 44 45 46 47 48 49 50	聚興煤礦 隆昌煤礦 濟豐煤礦 魯興煤礦 寶業煤礦 成通煤礦 益成煤礦 同順煤礦 華東煤礦 永順煤礦 振業煤礦 同興煤礦 鼎益煤礦 恒通煤礦 永豐煤礦 東昇煤礦 大亨煤礦 魁盛煤礦 其他諸小礦	不詳	不詳	不詳	不詳	不詳				8,738	4.12	1.23	0.69	不詳	31	
51 52 53 54 55	源昌煤礦 天和煤礦 利達煤礦 大興煤礦 天源煤礦	〃	〃	〃	〃	〃				208	不詳	不詳	不詳	不詳	31	
56	坊子東煤礦	〃	〃	〃	〃	〃				317	4.12	0.92	0.62	〃	31	
57	坊子中央煤礦	〃	〃	〃	〃	〃				409	4.12	0.42	0.24	〃	31	
58	新泰煤礦	〃	〃	〃	〃	〃				1,579	4.12	0.08	0.06	〃	31	
59	華豊煤礦	357	0.30	0.58	0.35	〃	22			6,005	3.38	0.39	0.28	12		
60	赤柴煤礦	238	0.50	0.50	0.24	〃	22			3,143	2.73	0.42	0.31	12		
61	霍縣煤田 (1) 天生窰	不詳	不詳	不詳	不詳	不詳				43	2.13	1.36	0.79	12	32	3
	(2) 義順窰	〃	〃	〃	〃	〃				22	3.00	0.53	不詳	不詳		

號數	礦名	七七事變前後概況對照（平均數）															
		七七事變前								七七事變後							
		工人數	平均工資(元)	井下工能率(吨)	總能率(吨)	工作時間	年度(民國)			工人數	平均工資(元)	井下工能率(吨)	總能率(吨)	工作時間	年度(民國)		
							年	月							年	月	
	(3) 蚕太窯	不詳	不詳	不詳	不詳	不詳				46	1.93	0.25	0.15	13			
	(4) 晉興窯	〃	〃	〃	〃	〃				40	3.00	0.77	0.42	不詳			
	(5) 老窯	〃	〃	〃	〃	〃				33	3.00	0.73	0.33	〃			
	(6) 南莊窯	〃	〃	〃	〃	〃				14	2.57	0.42	0.25	〃			
	(7) 德生窯	〃	〃	〃	〃	〃				28	2.44	0.50	0.29	〃			
	(8) 南溝窯	60	〃	0.83	〃	〃				6	不詳	不詳	不詳	〃			
	(9) 宏盛窯	不詳	〃	不詳	〃	〃				37	2.43	0.27	〃	〃			
	(10) 晉昌窯	〃	〃	〃	〃	〃				9	不詳	0.35	〃	〃			
	(11) 寶興煤礦	76	〃	1.16	0.60	〃	25	7		不詳	〃	〃	〃	〃			
62	介休煤礦	不詳	〃	不詳	不詳	〃				(停工)							
63	平遙煤礦	〃	〃	〃	〃	〃				〃							
64	裕通煤礦	〃	〃	〃	〃	〃				〃							
65	晉興煤礦	〃	〃	〃	〃	〃				〃							
66	蔭營煤礦	〃	〃	〃	〃	〃				〃							
67	五楊村煤礦	〃	〃	〃	〃	〃				〃							
68	裕豐煤礦	〃	〃	〃	〃	〃				不詳	不詳	不詳	不詳	不詳			
69	靳順煤礦	〃	〃	〃	〃	〃				〃	〃	〃	〃	〃			
70	合興煤礦	〃	〃	〃	〃	〃				60	〃	〃	〃	〃			
71	永興煤礦	〃	〃	〃	〃	〃				150	〃	〃	〃	〃			
72	靈山煤窯	〃	〃	〃	〃	〃				不詳	〃	〃	〃	〃			
73	陳照煤田	〃	〃	〃	〃	〃				〃	〃	〃	〃	〃			
74	萬全煤田	〃	〃	〃	〃	〃				〃	〃	〃	〃	〃			
75	滙源煤田	〃	〃	〃	〃	〃				〃	〃	〃	〃	〃			
76	萊蕪煤田	〃	〃	〃	〃	〃				750	〃	〃	0.10	〃	34		

華北各煤礦概覽第四表(工作狀況)附表L

(產量)

調查截止日期——民國32年3月

號數	礦名	產煤量(單位:千吨)																								備考
		民國26年			民國27年			民國28年			民國29年			民國30年			民國31年			民國32年			民國33年			
		預定	實產	比率%	預定	實產	比率%	預定	實產	比率%	預定	實產	比率%	預定	實產	比率(%)	預定	實產	比率(%)	預定	實產	比率(%)	預定	實產	比率(%)	
1	開灤礦務局														×2,011		6,850	6,654	95	6,850	6,424	97	7,000	5,635	81	×民國30年12月至31年3月間實產量 ×民國30年度實產量為6,643(千吨)
2	中興煤礦					446			1,474			1,940		2,200	2,400	109	2,500	2,471	99	2,800	2,240	80	2,800	1,927	68	民國27年3月起
3	井陘煤礦股份有限公司 井陘煤礦		×92			263			684			376		800	621	78	950	958	101	1,000	855	86	1,000	891	89	×民國26年12月至27年3月間產量
4	正豐煤礦					107			452			693		750	746	99	327	305	93	250	429	172	300	520	107	民國26年11月11日被日方接收
5	六河溝煤礦		7			246			341			350		500	343	69	550	524	95	550	307	56	550	244	44	×民國26年12月8日至27年3月間產量
6	焦作炭礦礦業所 焦作煤礦								87			425		900	701	77	1,000	933	93	1,350	617	46	1,850	425	23	民國27年2月被日方接收
7	憑心煤礦								76			296		330	511	155	350	431	123	1,350	920	68	110	不詳	不詳	民國27年3月25日被日方接收
8	原昌中興煤礦																									
9	大同煤礦					914			953			1,337		2,200	2,214	101	2,450	2,517	103	2,700	2,272	84	3,000	2,262	75	民國26年10月9日被日方接收
10	山西炭礦股份有限公司 陽泉煤礦		0.3			110			406			556		750	757	101	1,140	991	86	1,300	1,007	77	1,500	732	41	民國26年11月17日被日方接收
11	壽陽煤礦		2			22			34			10		150	47	32	150	126	84	150	155	103	200	115	57	石门子窰民國27年2月12日被日方接收 黄丹溝窰民國28年4月26日被日方接收
12	富家灘煤礦					6			43			88		200	206	103	250	214	86	450	220	49	300	201	67	民國27年9月17日被日方接收 民國27年11月10日起出煤
13	山西產業株式会社 西山煤礦		×8			108			218			195		400	333	83	400	297	74	400	310	78	450	322	72	民國26年11月被日方接收 民國27年2月及3月產量
14	軒崗鎮煤礦								32			74		150	119	80	100	51	51	100	39	39	100	46	46	民國28年3月20日被日方接收
15	長城煤礦								20			98			247		241	168	70	314	94	30	338	77	23	民國27年1月29日中日合辦公司成立
16	柳江煤礦					179			256			243			288		410	238	58		70					
17	磁縣煤礦								45			163		240	220	82	480	357	74	600	502	84	750	429	57	民國28年9月21日被日方接收
18	利豐煤礦											62			145			108								民國28年6月3日轉讓與日商經營
19	門頭溝煤礦								36			14			116			230			1,173			1,124		民國27年11月24日起歸日軍管理
20	坨里煤礦					11			92			173			194			153								民國27年12月16日被日方接收
21	花園煤礦								41			108			51			93		120	62	52	169	34	20	民國26年7月被日方接收
22	大青山煤礦								32			61		110	124	112	200	201	100	240	190	79	300	162	54	民國28年6月10日被日方接收 ×民國28年9月至29年3月間產煤量
23	淄川煤礦					90			552			912		1,450	1,325	91	1,850	1,425	77	2,050	1,322	64	1,850	1,322	71	民國27年11月起恢復工作
24	南定煤礦														140			103								民國27年1月起開始恢復事業 民國29年11月起出煤

號數	礦名	民國26年			民國27年			民國28年			民國29年			民國30年			民國31年			民國32年			民國33年			備考
		預定	實產	比率(%)	預定	實產	比率(%)	預定	實產	比率(%)	預定	實產	比率(%)	預定	實產	比率(%)	預定	實產	比率(%)	預定	實產	比率(%)	預定	實產	比率(%)	
25	山東礦業株式會社 博山礦業所																									
	(1) 黑山煤礦								34			159		213			250									民國28年2月轉讓與山東礦業株式會社
	(2) 東大煤礦											16		32			27									民國27年4月與山東礦業株式會社合辦
	(3) 萬山煤礦																									民國28年2月轉讓與山東礦業株式會社
	(4) 興大煤礦													107			36									〃 29年10月被 〃 〃 收買
	(5) 利大煤礦								9			78		78			119									〃 29年4月與 〃 〃 合辦
	(6) 博大煤礦					3			24			26		61			74									〃 28年9月15日 〃 〃 合辦
	(7) 福大煤礦					36			9			39		51			56									〃 29年4月 〃 〃 合辦
	章邱礦業所																									
	(8) 旭華煤礦								9			127		154			121									民國27年1月被日軍接收
	(9) 官莊煤礦					42			72			121		102			30									民國27年8月與山東礦業株式會社合辦
	(10) 文祖煤礦																									民國30年6月開始經營
26	悅昇煤礦					95			356			386			405			584								民國27年8月再行出煤
27	吉成煤礦											16			88			86								
28	大成煤礦								13			46			135			146								
29	東方煤礦								14			30			82			120								
30	義泰煤礦								4			5			4			4								
31	復豐興煤礦											15			60			94								
32	永和煤礦											2			59			67								
33	聚興煤礦																									
34	隆昌煤礦											8			30			46								
35	濟豐煤礦								9			2			16			11								
36	魯興煤礦								10			14			75			73								
37	寶業煤礦								10			14			16			7								

號數	礦名	產煤量（單位：千噸）																								備考
		民國26年			民國27年			民國28年			民國29年			民國30年			民國31年			民國32年			民國33年			
		預定	實產	比率(%)	預定	實產	比率(%)	預定	實產	比率(%)	預定	實產	比率(%)	預定	實產	比率(%)	預定	實產	比率(%)	預定	實產	比率(%)	預定	實產	比率(%)	
○38	成通煤礦																									
39	益成煤礦								5			7			15			15								
○40	同順煤礦																									
41	華東煤礦								59			73			70			118								
○42	永順煤礦																									
43	振業煤礦								57			83			77			121								
44	同興煤礦											7			25			46								
○45	鼎益煤礦																									
46	恒通煤礦								9			16			4			10								
○47	永豐煤礦																									
○48	東昇煤礦																									
○49	大亨煤礦								○376			○207			○349			○253								○印為其他之博山群小煤礦總產煤量
○50	魁盛煤礦																									
51	源昌煤礦																									
52	天和煤礦																									
53	利達煤礦																									
54	大興煤礦																									
55	天源煤礦																									
56	坊子東煤礦													88	53	127	130	70	81	100	84	84	150	81	54	民國29年5月漸行局部恢復
57	坊子中央煤礦														59			36								民國30年5月完全恢復原狀
58	新泰煤礦														13		100	32	32	300	230	76	500	274	54	民國30年9月起與日方合辦
59	大汶口炭礦股份有限公司 華豐煤礦					38			29			58		350	166	47	380	275	73	450	377	84	550	427	77	民國27年1月8日被日方接收
60	赤柴煤礦					18			22			44		300	143	47	320	218	68	300	55	18	450	176	39	仝上

號數	礦名	產煤量（單位：千噸）																								備考
		民國26年			民國27年			民國28年			民國29年			民國30年			民國31年			民國32年			民國33年			
		預定	實產	比率(%)	預定	實在	比率(%)	預定	實產	比率(%)	預定	實產	比率(%)	預定	實產	比率(%)	預定	實產	比率(%)	預定	實產	比率(%)	預定	實產	比率(%)	
61	霍縣煤礦																									
	(1) 天生窰	不詳	不詳	不詳	不詳	不詳	不詳	不詳	不詳	不詳	不詳	不詳	不詳	不詳	不詳	不詳	不詳	不詳	不詳	不詳	12	不詳	不詳	不詳	不詳	
	(2) 義順窰	〃	〃	〃	〃	〃	〃	〃	〃	〃	〃	〃	〃	〃	〃	〃	〃	〃	〃	〃	4	〃	〃	〃	〃	
	(3) 奎太窰	〃	〃	〃	〃	〃	〃	〃	〃	〃	〃	〃	〃	〃	〃	〃	〃	〃	〃	〃	2	〃	〃	〃	〃	
	(4) 晉興窰	〃	〃	〃	〃	〃	〃	〃	〃	〃	〃	〃	〃	〃	〃	〃	〃	〃	〃	〃	6	〃	〃	〃	〃	
	(5) 老窰	〃	〃	〃	〃	〃	〃	〃	〃	〃	〃	〃	〃	〃	〃	〃	〃	〃	〃	〃	4	〃	〃	〃	〃	
	(6) 南莊窰	〃	〃	〃	〃	〃	〃	〃	〃	〃	〃	〃	〃	〃	〃	〃	〃	〃	〃	〃	1	〃	〃	〃	〃	
	(7) 德生窰	〃	〃	〃	〃	〃	〃	〃	〃	〃	〃	〃	〃	〃	〃	〃	〃	〃	〃	〃	3	〃	〃	〃	〃	
	(8) 南滿窰	〃	〃	〃	〃	〃	〃	〃	〃	〃	〃	〃	〃	〃	〃	〃	〃	〃	〃	〃	20	〃	〃	〃	〃	
	(9) 宏盛窰	〃	〃	〃	〃	〃	〃	〃	〃	〃	〃	〃	〃	〃	〃	〃	〃	〃	〃	〃	4	〃	〃	〃	〃	
	(10) 晉昌窰	〃	〃	〃	〃	〃	〃	〃	〃	〃	〃	〃	〃	〃	〃	〃	〃	〃	〃	〃	13	〃	〃	〃	〃	
	(11) 寶興煤礦	〃	〃	〃	〃	〃	〃	〃	〃	〃	〃	〃	〃	〃	〃	〃	〃	〃	〃	〃	23	〃	〃	〃	〃	
62	介休煤礦	〃	〃	〃	〃	〃	〃	〃	〃	〃	〃	〃	〃	〃	〃	〃	〃	〃	〃	〃	不詳	〃	〃	〃	〃	
63	平遥煤礦	〃	〃	〃	〃	〃	〃	〃	〃	〃	〃	〃	〃	〃	〃	〃	〃	〃	〃	〃	〃	〃	〃	〃	〃	
64	裕通煤礦	〃	〃	〃	〃	〃	〃	〃	〃	〃	〃	〃	〃	〃	〃	〃	〃	〃	〃	〃	〃	〃	〃	〃	〃	
65	晉興煤礦	〃	〃	〃	〃	〃	〃	〃	〃	〃	〃	〃	〃	〃	〃	〃	〃	〃	〃	〃	〃	〃	〃	〃	〃	
66	蔭營煤礦	〃	〃	〃	〃	〃	〃	〃	〃	〃	〃	〃	〃	〃	〃	〃	〃	〃	〃	〃	〃	〃	〃	〃	〃	
67	五楊村煤礦	〃	〃	〃	〃	〃	〃	〃	〃	〃	〃	〃	〃	〃	〃	〃	〃	〃	〃	〃	〃	〃	〃	〃	〃	
68	裕豐煤礦	〃	〃	〃	〃	〃	〃	〃	〃	〃	〃	〃	〃	〃	〃	〃	〃	〃	〃	〃	〃	〃	〃	〃	〃	
69	新順煤礦	〃	〃	〃	〃	〃	〃	〃	〃	〃	〃	〃	〃	〃	〃	〃	〃	〃	〃	〃	〃	〃	〃	〃	〃	
70	合興煤礦	〃	〃	〃	〃	〃	〃	〃	〃	〃	〃	〃	〃	〃	〃	〃	〃	〃	〃	〃	〃	〃	〃	〃	〃	
71	永興煤礦	〃	〃	〃	〃	〃	〃	〃	〃	〃	〃	〃	〃	〃	〃	〃	〃	〃	〃	〃	〃	〃	〃	〃	〃	
72	靈山煤田	〃	〃	〃	〃	〃	〃	〃	〃	〃	〃	〃	〃	〃	〃	〃	〃	〃	〃	〃	〃	〃	〃	〃	〃	
73	陳照煤田	〃	〃	〃	〃	〃	〃	〃	〃	〃	〃	〃	〃	〃	〃	〃	〃	〃	〃	〃	〃	〃	〃	〃	〃	
74	萬全煤田	〃	〃	〃	〃	〃	〃	〃	〃	〃	〃	〃	〃	〃	〃	〃	〃	〃	〃	〃	〃	〃	〃	〃	〃	
75	渾源煤田	〃	〃	〃	〃	〃	〃	〃	〃	〃	〃	〃	〃	〃	〃	〃	〃	〃	〃	〃	〃	〃	〃	〃	〃	
76	萊蕪煤礦	〃	〃	〃	〃	〃	〃	〃	〃	〃	〃	〃	〃	〃	〃	〃	〃	〃	〃	〃	〃	〃	〃	〃	〃	
總計		-	109.3	-	-	2734	-	-	7004	-	-	9773	-	12666	15803	125	21841	21980	106	23724	20046	85	24217	17428	92	

華北各煤礦概覽第五表
銷售狀況

調查截止日期——民國32年3月

年別銷售量(單位：噸)

號數	礦名	年代(民國)	自用					民用														工廠用		軍用	鉄路用	輪船用	煉焦用	輸出				其他	合計	備考
			民用	鉄路用	工廠用	軍用	合計	北平	天津	塘沽	秦皇島	山東	石門	平漢北部	煙台	上海	漢口	保定	華石	本地	合計	地址	數量					日本	東北	國內各處	合計			
1	開灤礦務局	26	347,208	357,813			705,021	27,262	487,735	88,541	116,928	56,266									776,532				26,528			1,260,392		989,417	2,249,809	301,828	4,059,918	
		27	448,026	414,626			862,652	27,691	788,490	172,788	145,965	70,373									1,205,307							1,601,462		960,592	2,562,054	83,911	4,713,924	
		28	490,554	450,199			940,753	12,928	797,787	185,618	189,112	105,283									1,290,728							2,132,084		1,033,504	3,165,588	43,635	5,460,704	
		29	546,739	473,440			1,020,179	4,097	424,318	190,801	168,454	108,480									1,396,150							2,359,803	192,560	968,894	3,521,257	23,721	5,961,307	
		30	606,980	379,173		4,640	990,793	1,702	836,715	156,076	147,750	87,951									1,230,194							2,282,597	403,968	156,881	2,843,446	33,131	5,097,566	
		31	519,822	356,307		63,109	939,238	9,655	766,839	96,340	195,519	92,581									1,160,934							2,441,535	971,456	129,689	3,542,680		5,642,852	
		32																																
2	中興煤礦	26																																
		27					35,868														123,304	軍管理工廠	18,355	40,305	115,154						73,210		408,196	
		28					83,798														257,723	"	41,060	100,990	124,409						839,760		1,447,740	
		29					92,555														256,511	"	100,929	76,870	198,239					42,060	42,060	1,204,467	1,991,631	
		30					91,203														38,208	"	28,081	29,470	39,290					45,138	45,138	2,103,441	2,374,831	
		31					90,113														60,335	"	23,585	38,147	11,486					45,847	45,847	2,257,434	2,526,947	
		32																																
3	井陘煤礦	26			43,000		43,000		105,600	24,000			28,100	359,000	16,000	280,000	120,000				1,076,700				195,000			70,000			70,000		1,240,700	
		27					52,515													39,923	39,923						2,023				205,110		299,571	
		28					59,215													42,366	42,366						3,125				634,611		739,317	
		29					55,044														81,048		55,253	3,270	2,030		965				90,884	86,484	374,978	
		30					54,496														117,000		76,587	10,473	57,645		5,454				301,186		622,841	
		31					73,176														312,340		49,191	6,051	45,955		6,835				441,607		935,155	
		32																																
4	正豐煤礦	26																																
		27					24,459													10,007	10,007						2,472				57,931		94,867	自27年5月至28年3月
		28					31,136													16,150	16,150						8,720				378,317		434,323	
		29					39,600														93,762		107,570	38,995	16,452		33,947				27,070		357,396	
		30					40,475														122,410		137,762	32,351	138,949		5,255				265,327		742,529	
		31					34,008														151,720		5,594	5,860	16,456		710				47,320		261,668	
		32																																

年別銷售量（單位：噸）

號數	礦名	年代（民國）	自用					民用														工廠用		軍用	鉄路用	輪船用	煉焦用	輸出				其他	合計	備考
			民用	鉄路用	工廠用	軍用	合計	北平	天津	塘沽	秦皇島	山東	石門	平漢北部	煙台	上海	漢口	保定	華石	本地	合計	地址	數量					日本	東北	國內各處	合計			
5	六河溝煤礦	26					1,362																								22,292		23,654	自26年12月至27年3月
		27					15,546													1,644	1,644						19,492				238,622		275,304	
		28					18,553													5,415	5,415						34,338				266,951		325,257	
		29					29,060														119,770		29,726	24,570	47,499		6,986						257,611	
		30					22,746														113,496		42,987	22,671	68,104		8,130				64,742		342,876	
		31					26,787														185,199		64,374	18,223	13,408		2,652						310,643	
		32																																
6	焦作煤礦	26																															673,090	憑心煤礦在內
		27																																
		28																																
		29																																
		30																															368,023	
		31																															458,107	
		32																															532,017	
7	憑心煤礦	26																																
		27																																
		28																																
		29																																
		30																															238,193	
		31																															303,338	
		32																															484,448	
8	原昌中興煤礦																																	
9	大同煤礦	26																																
		27																																
		28																																
		29																																
		30																			975,397			410,629	564,903			119,601			119,601	120,905	1,990,735	
		31																			864,709			292,806	709,983			340,892			340,892	234,634	2,443,004	
		32																			942,739			230,787	715,257			219,680			219,680	230,217	2,338,680	

年別銷售量（單位：噸）

號數	礦名	年代(民國)	自用					民用														工廠用		軍用	鐵路用	輪船用	煉焦用	輸出				其他	合計	備考
			民用	鐵路用	工廠用	軍用	合計	北平	天津	塘沽	秦皇島	山東	石門	平漢北部	煙台	上海	漢口	保定	華石	本地	合計	地址	數量					日本	東北	國內各處	合計			
10	陽泉煤礦	26																																
		27																																
		28																																
		29																		470,885			90,788	45,555							3,504	610,732	
		30																		487,537			120,840	37,536							2,578	648,491	
		31																		766,164			72,342	30,772							5,683	874,961	
		32																																
11	壽陽煤礦	26																														26,769	石門子窯
		27																																
		28																																
		29																						30							82	112	
		30																		9,561				1,417							1,045	12,023	
		31																		81,970				4,194							15,251	101,415	
		32																																
12	富家灘煤礦	26																															全部賣與附近民用
		27																															〃
		28																															〃
		29																		200			2,460	32,230							44,690	79,580	
		30																		22,324			9,835	48,765							100,954	181,878	
		31																		9,325			23,045	28,185							163,570	224,125	
		32																																
13	西山煤礦	26																																
		27																																
		28																																
		29																		7,389		117,243	10,915	48,195								183,742	
		30																		160,670		64,750	4,740	43,245								273,405	
		31																		195,925		48,589	7,736	68,880								320,930	
		32																		56,355		31,463	2,890	20,490								111,198	
14	軒崗鎮煤礦	26																																
		27																																
		28																																
		29					1,106														234						11,126				68,727		81,193	
		30					3,869																								81,379		85,248	
		31					976																				5,140				28,485		29,601	
		32																																

號數	礦名	年別銷售量（單位：噸）																																備考
		年代民國	自用					民用														工廠用		軍用	鐵路用	輪船用	煉焦用	輸出				其他	合計	
			民用	鐵路用	工廠用	軍用	合計	北平	天津	塘沽	秦皇島	山東	石門	平漢北部	煙台	上海	漢口	保定	華石	本地	合計	地址	數量					日本	東北	國內各處	合計			
15	長城煤礦	26																																
		27																																
		28					564,098													176,539	176,539									3,131,901	3,131,901		3,872,538	
		29																			59,685												59,685	
		30																			183,504								92,889		92,889		276,393	
		31																			80,076								65,705		65,705		145,781	
		32																																
16	柳江煤礦	26																																
		27					48,359														66,517							134,048		66,517	200,565		315,441	
		28					51,454														48,983							86,830		48,983	135,813		236,250	
		29					44,761														172,880							96,180			96,180		313,821	
		30					44,038														112,567							42,720	50,000		92,720		249,325	
		31					28,013														91,740								13,848		13,848		133,601	
		32																																
17	磁縣煤礦	26																																
		27																																
		28																																
		29																															71,669	
		30																															112,875	
		31	106,934	485	22,355	7,918	137,692														78,825		6,754										360,963	
		32																																
18	利豐煤礦	26																																
		27																																
		28																																
		29																															44,013	
		30																															89,508	
		31																															71,462	
		32																																
19	門頭溝煤礦	26																																
		27																																
		28					1,078																							34,876	34,876		35,954	
		29	624				624														13,482												14,106	
		30	3,957				3,957														112,397												116,354	
		31	1,541				1.541														25,356												26,897	4月—8月
		32																																

統數	礦名	年代（民國）	年別銷售量（單位：噸）																															備考
			自用					民用														工廠用		軍用	鉄路用	輪船用	煉焦用	輸出				其他	合計	
			民用	鉄路用	工廠用	軍用	合計	北平	天津	塘沽	秦皇島	山東	石門	平漢北部	煙台	上海	漢口	保定	華石	本地	合計	地址	數量					日本	東北	國內各港	合計			
20	坨里煤礦	26																																
		27						8,630	1,165									2,675			12,470												12,470	
		28						61,052	27,765									4,906			93,723												93,723	
		29						34,641	91,042									41,240			166,923												166,923	
		30						5,869	44,058									14,987	129,054		49,927												193,968	
		31																	167,217		193,867												193,867	
		32																			167,217												167,217	
21	花園煤礦	31																																自28－31年之軍用量為9,971噸民用量為198,936噸
22	尤青山煤礦																																	
23	淄川煤礦	26					168,000													904,000	904,000				120,000	120,000			792,000		992,000		2,104,000	
24	南定煤礦	27					100,000													281,000	281,000				35,000	3,000				21,000	21,000	11,000	451,000	
25	山東礦業株式會社	28					172,000													651,000	651,000				89,000	46,000		268,000		220,000	488,000	175,000	1,621,000	
	(1)黑山—(10)組	29					215,000														888,000				147,000	93,000		509,000		209,000	718,000	222,000	2,283,000	
		30					377,000														1,230,000				235,000	113,000		321,000	545,000	531,000	1,397,000	405,000	3,757,000	
		31				340,000	340,000														1,401,000				357,000	97,000		261,000	486,000	754,000	1,501,000	323,000	4,019,000	
		32																						233,677									233,677	
26–57	悦昇煤礦—坊子中央煤礦	26–32																																
58	新泰煤礦	26																																
		27																																
		28																																
		29																																
		30																			1,903			136								507	2,546	自30年9月至31年3月
		31																			2,560			479	1,277							1,254	5,570	
		32																																

號數	礦名	年別銷售量（單位：噸）																																
		年代（民國）	自用					民用														工廠用		軍用	鐵路用	輪船用	煉焦用	輸出				其他	合計	備考
			民用	鐵路用	工廠用	軍用	合計	北平	天津	塘沽	秦皇島	山東	石門	平漢北部	煙台	上海	漢口	保定	華石	本地	合計	地址	數量					日本	東北	國內各處	合計			
59	華豐煤礦	26																																
		27																		16,204	16,204									8,765	8,765		24,969	
		28																		19,231	19,231												19,231	
		29																		27,257	27,257												27,257	
		30																		21,351	21,351										105,049		126,400	
		31																		6,166	6,166									406,711	406,711		412,877	
		32																																
60	赤柴煤礦	26										7,200								7,500	7,500												14,700	山東包括泰安、大汶口、[illegible]南站在內
		27																		13,543	13,543												13,543	
		28																		16,929	16,929												16,929	
		29																		14,745	14,745												14,745	
		30																			10,018									133,389	133,389		143,407	
		31																			5,724									266,036	266,036		271,760	
		32																																
61–96	霍縣煤田－來燕煤礦	26																																霍縣煤田－31年全部本地出售
		27																																
		28																																
		29																																
		30																																
		31																																
		32																																

華北金屬鑛概覽第一表
(沿革.位置.交通.資本額.勞工數.年產量及銷售狀況)

號數	鑛名	類別	沿革		位置	交通	資本額(單位:萬元)	勞工數	年產量(單位:千噸)			銷售狀況(單位:千噸)							備考
			年代	簡要記事		鑛區至發運港口及主要站距離(公里)			年代	豫定產量	實產量	東北		日本		國內各處		合計	
												年代	數量	年代	數量	年代	數量		
1	龍烟鐵鑛	鐵	民國元年 民國3年 民國7年 民國8年 民國9年 民國17年 民國26年 民國28年 民國31年	察南龍關縣辛窰地方有各民間採赤鉄鑛以作顏料之用,小規模販賣於華北各地 中國政府農鑛部顧問安達孫氏發見本鑛區 官商合辦以資本額二百万元成立龍關鉄鑛公司 增資為五百万元,開採烟筒山鑛區 歐戰後烟筒山鑛區停辦 國民政府接收管理 興中公司接收後完成水磨宣化間鉄路向八幡運輸鉄鑛石 以資本額二千万元設立龍烟鉄鑛株式會社 增資為六千万元	(1)烟筒山鑛區—察南宣化縣 (2)龐家堡鑛區—察南龍關縣 (3)辛窰鑛區—察南龍關縣 (4)三义口鑛區—察南赤城縣 (5)察峪口鑛區—察南懷來縣 (6)涿鹿鑛區—察南涿鹿縣	宣化—烟筒山 10.8 宣化—龐家庄 37.9 宣化—石景山 173.4 宣化—昭和製鋼所 1,070 宣化—塘沽 333.0 宣化—秦皇島 554.9 宣化—葫蘆島 718.6	6,000	3,500	民國30年 31 32 33		605 923 879 668	民國31年 32 33	158 86	民國27年 28 29 30 31	76 102 239 365 331	民國27年 28 29 30 31	4 66 65 9 964	80 168 304 374 1,453 86	
2	利國鉄鑛	鉄	民國30年前 民國30年後	由民間經營建立鑛廠但因資本缺乏關係停採 歸日本鋼管株式會社經營	江蘇銅山縣		24	4,500	民國29年 民國30年 民國31年 民國32年 民國33年	 230	26 69 — — 170	民國32年	4	民國29年 民國30年 民國31年 民國32年	9 75 51 39			9 75 51 43	因沿革關係列入華北範圍之內
3	金嶺鎮鉄鑛	鉄	光緒31年 民國2年後	為德人經營 德人將該鑛與淄川及坊子煤鑛共同經營	山東望都縣距金嶺鎮站西方五公里	金嶺鎮站 5	5,000	3,500	民國31年 民國32年 民國33年		32 290 146			民國31年 民國32年 民國33年	87 150 250			87 150 250	

號數	鑛名	類別	沿革		位置	交通	資本額（單位:萬元）	勞工數	年產量（單位:千噸）			銷售狀況（單位:千噸）							備考
			年代	簡要記事		鑛區至發運港口及主要站距離（公里）			年代	預定產量	實產量	東北 年代	東北 數量	日本 年代	日本 數量	國內各處 年代	國內各處 數量	合計	
			民國8年後 民國12年後 民國31年後 民國32年後	歸日方經營以供給八幡製鉄所需要 歸中日合辦之魯大公司經營 歸日本鋼管株式會社經營 日本鋼管株式會社與華北開發會社成為組合					民國34年	100									
4	保晉鉄鑛	赤褐鉄	民國7年前 民國11年後 民國22年後 民國24年	（德人）李西頭侯仁氏發現 土法開採并設立熔鑛爐一架，每日能力為20噸 設立大型熔鑛爐 年產量達2,884噸	山西平定縣陽泉站河北岸		6、0	489	民國25年 26 27 28 29 30		49 20 11					民國24年 25	10 （太原鉄廠）10	10 10	
5	灤縣鉄鑛	赤鉄	民國33年	原為民營後歸華北採鑛株式會社經營 11月起建設輕便鉄道自司家營至坨子頭	(1)河北灤縣司家營小鉄石山、大鉄石山 (2)杜家峪後山 (3)坨子頭、藍家莊馬鞍山等地	（司家營－杜家峪－坨子頭）	4,000	2,662	民國31年 32 33 34	 50 100 100	15 45 66 43					民國31年 32 33 33 33 33	（閔灤製鉄所）4 （閔灤製鉄所）84 （石景山）36 （天津製鋼所）11 （太原鉄廠）10 （陽泉鉄廠）7	4 84 64	
6	武安鉄鑛	磁鉄 赤鉄	民國31年後	原為民營，歸華北開發株式會社與日本鉄鑛業株式會社共同經營	河南武安縣磁村邯鄲站西32公里	(1)邯鄲站－磁山站 44.1 (2)磁山站－鑛區 1.2	8,000	7,836	民國32年 33	 250	7 96					民國34年 34	（閔灤製鉄所）60 （陽泉鉄廠）4	64	

號數	鑛名	類別	沿革		位置	交通	資本額	勞工數	年產量(單位:千噸)			銷售狀況(單位:千噸)							備考
			年代	簡要記事		鑛區至發運港口及主要站距離(公里)	(單位萬元)		年代	預定產量	實產量	東北		日本		國內各處		合計	
												年代	數量	年代	數量	年代	數量		
7 8 9	寧武鐵鑛 東山鐵鑛 定襄鉄鑛	赤褐鉄 鉄 鉄							民國37年		100								
10	華北產金株式會社 招遠金鑛公司	砂金	明代天啓年間	開始採掘	山東招遠縣城東北30里	招遠一龍口港	4,500	600	民國26年		60	民國26年	不詳	民國26年	不詳				
			光緒13年以後	大量採金並有滿鉄投資拾萬元															
			民國29年以前	華北產金株式會社與住友鑛山各半出資為600万圓成立招遠金鑛公司															
			民國29年以後	華北產金會社被聯銀,以94.707兑收買															
11	興和黑鉛鑛	銀鉛	民國3年	於該縣水磨口附近發見,經閻治安出資七万元,設立普晉公司	察哈爾興和縣水磨口附近	(1)(鑛區一水磨口)馬車 (2)(水磨口一大鎮站)8公里 (3)(鑛區一大鎮站)有汽車	30	8	(每年平均)		1								
			民國9年	聘請日人井上氏開始採掘															
			民國6年	設立精煉工廠															
			民國15年	精煉工廠完成															
			民國16年	因閻馮戰爭關係將精煉機械遷移於太原地方,暫行停業															
12	宣化縣錳鑛	錳		早為居民經營以充黑色顏料之用後歸華北開發株式會社經營	察哈爾宣化縣城西南55公里	(1)宣化一深井堡(汽車)7 (2)宣化一米家莊 4								民國29年 30	0.5 3			0.5 3	

號數	鑛名	類別	沿革		位置	交通	資本額	勞工數	年產量（單位：千噸）			銷售狀況（單位：千噸）							備考
												東北		日本		國內各處		合計	
			年代	簡要記事		鑛區至發運港口及主要站距離（公里）	（單位：萬元）		年代	預定產量	實產量	年代	數量	年代	數量	年代	數量		
13	密雲鎢鑛	鎢	民國29年以前 民國30年以後	為私人開採 因日本需要關係華北重石株式會社投資2,500万元設立密雲鎢鑛	河北密雲縣		2,500		民國29年 30	63 63				民國29年 30 31 32	不詳 〃	民國31年	（天津製鐵所）不詳		
14	淄川鋁鑛	鋁		不詳	山東淄川	黑山區—金雞山區—石廟山區（汽車）	不詳	不詳		不詳									

華北金屬鑛概覽第二表

（自然條件）

號數	鑛名	類別	地形：鑛區形勢	地形：山系：名稱	地形：山系：海拔(公尺)	地形：山系：組成	地形：山系：位置	河流	地質：紀別	地質：層別	地質：岩石別	地質：層數	鑛區面積及藏量：面積(平方公尺)	藏量(單位：千噸)：確定	藏量：推定	藏量：預測	藏量：總計	鑛床特徵：走向(度)	鑛床特徵：傾斜(度)	鑛床特徵：厚度(公尺)	鑛床特徵：其他	鑛質：鑛區	分析(1)	分析(2)	分析(3)	分析(4)	備考
1	龍烟鐵鑛	鐵	宣化地方為一黃土平地 龍關地方為一黃土之大盆地 本區附近為山脈圍繞	南北山脈 涿鹿地區	800–1,000 3–400		龍關	永定河	1.太古代 2.原生代 3.第四紀	片麻岩層 鐵鑛層 黃土層	黑雲母角閃石，矽岩，石灰岩，砂礫	6	2,084,687,500				213,000	N.E.75°–88°	南方	1		 1.烟筒山 2.龐家堡 3.辛窰 4.三叉口 5.麻峪口 6.涿鹿	鐵(%) 52 60 53 52 60 56	硅酸(%) 18 9 17 16 8 8	燐(%) 0.09 0.07 0.08 0.08 0.18 0.13	硫黃(%) 痕跡 〃 〃 〃 〃 0.01	
2	利國鐵鑛	鐵															1,300						53–66	4–15	0.01–0.1	0.01–0.5	
3	金嶺鎮鐵鑛	赤鐵	丘陵地帶	劉魚山 四寶山 玉皇山 團山						石灰岩及閃綠岩之中間層			114,173				63,000	N.E.45°	S.E.30°~60°				50–68	3–14	0.04–0.55	0.02–12.5	可採量6,339,121噸
4	保晉鐵鑛	赤褐鐵	丘陵地帶	呂梁山脈			平定縣南		二疊石炭紀	石炭紀之底下層為赤鐵鑛及褐鐵鑛	片麻岩				30,000		30,000			3	鑛石呈魚鱗狀		(1) 鐵(%) 40~50				已採量為12,226噸
5	灤縣鐵鑛	赤鐵	山嶽地帶	穆山，木山，拔刀山，搒甲山，小金尖石山，大鐵石山	100以上	山脈所成之小嶺地方	灤縣地方	灤河			為不整齊之雲母片岩，磁鐵鑛，赤鐵鑛，碳片岩，礫岩及硅質砂岩所成		84,600,000	1,529	1,394	1,097	4,020	N.E.20°–40°	N.W.15°–25°	3	鑛床為安山岩鑛體呈層狀形		(1) 赤鐵(%) 磁鐵(%) 30–40 45	(2) 硅酸(%) 40–37	(3) 燐(%) 0.02–1.02 0.06–0.07		可採量2,200,000噸
6	武安鐵鑛	磁鐵 赤鐵	波狀山丘地 山脈走向N–S	(1)鐵山 (2)磁山	178		磁縣附近		奧陶紀	石灰岩層 黃土層	(1)柘榴石 (2)花岡閃綠岩 (3)石灰岩		468,000	5,922	1,730	3,000	10,652				為膠質狀態，含磁鐵鑛之柘榴石為60%不易粉碎		(1) 鐵 最低(%) 39.2	(2) 鐵 最高(%) 67.6	(3) 鐵 平均(%) 55		

號數	礦名	類別	地形						地質				礦區面積及藏量					礦床特徵				礦質				
			礦區形勢	山系				河流	紀別	層別	岩石別	層數	面積(方公尺)	藏量(單位:千噸)				走向(度)	傾斜(度)	厚度(公尺)	其他	礦區	分析			
				名稱	海拔(公尺)	組成	位置							確定	推定	預測	總計						(1)	(2)	(3)	(4)
7	寧武鉄鑛	赤褐鉄												2.000			2,000						鉄(%) 54	硅酸(%)	燐(%)	硫黃(%)
8	東山鉄鑛	鉄															2,500						49 %			
9	定襄鉄鑛	鉄																					鉄(%) 55.4	硅酸(%) 10-76	燐(%) 0.021	硫黃(%) 0.108
10	華北產金株式會社 招遠金鑛公司	砂金							前寒武紀	黃鉄鑛層	(1)片麻岩 (2)片岩 (3)石英 (4)硫黃 (5)銅 (6)亜鉛	9	38,835,000				2,151		60°				粗鑛 克/噸 5	良質 克/噸 40	精鑛 克/噸 80	
11	興和縣黑鉛鑛	銀鉛															1,750	N.W. 20°	W. 70°	20	上部為花崗岩所成		鉛(%) 30 -20	比重 2.6 2.6	硫黃 少量	
12	宣化縣錳鑛	錳	高原地		1,340					上部為黃土層 下部為岩石層	片麻岩 石灰岩 石英斑岩						20,000	N.E. 20°	W. 20°-50°		為石灰岩與白雲母岩之不規則塊狀所成		高酸化錳	品質良好		
13	密雲縣鎢鑛	鎢															1,260						精鑛(%) 60			
14	淄川鉛鑛	鉛		(1)金雞山 (2)黑山 (3)石廟山									3.901,000				13,000,000			2.5-3		黑山區 金雞山區 石廟山區	鉛(%) 39.78	品質良好		

華北金屬礦概覽第三表

（工作狀況）

號數	礦名	類別	開採方法			井口設備								排水			搬運		選礦			動力		熔礦爐設備					工廠設備				備考
			方法	使用機械	使用火藥	數	名	口徑（公尺）	深度（公尺）	傾斜（度）	捲揚			機數	名	馬力	方法	車數	機數	名	能力（日）	汽力（H.P）	電力（KW）	爐數	容量（噸）	年間生產量（千噸）	年別產量（千噸）		數	工廠名及機名	能力（噸/日）	馬力	
											機數	動力	能力（噸/時）														32	33					
1	龍煙鐵鑛	鐵	1 露天法 2 平巷 3 斜井	落地里式鑽採機七架（汽力）	硝安		煙筒山鑛區					150~250 H.P.	30				鋼索捲引及人力推送							10 2	20 100	60	5	49	1 1 1 1 1 1 1	硝安製造所 精工機器廠 鐵工廠 鑄造鐵工廠 鍛鐵廠 製造鍋爐廠 木工廠	3		
2	利國鐵鑛	鐵																															
3	金嶺鎮鐵鑛	赤鐵	1 平巷 2 斜井	鑽岩機（83架） 鑽採機（60架）	硝安		南部第1井 2 3 中部第1井 2 3 北部第1井 2 3 4				2 1 1 1 1	75HP 20HP 350HP 100HP 50HP		2 2 1	渦卷式抽水機	50 30 5	1 木炭代燃機車 2 鑛車 3 翻車 4 蓄電機車	2 200 70 2				300	350						1 1 1 1 4 5	翻沙廠 空氣壓縮廠（300H.P） 木工廠 選鑛廠 鏇盤 粉炭爐等			
4	保晉鐵鑛	赤褐鐵	土法																					（土法爐）340 （高爐） 1 1	200 20	10.000 60.000			1 1 1 1	熔鑛爐 熔銑爐 製鋼爐 製鐵條爐	20 40		
5	灤縣鐵鑛	赤鐵	動力開採	鑽採機 75 H.P 1架 60 HP 1架 200 HP. 1架 100 HP 4架 1R型 2架	硝安		南1號甬洞 南2號甬洞 北1號甬洞 東部大甬洞		180 250 150 300	7° 18°	自動捲揚機		10 12 12				1 人力推送 2 鋼索捲引 3 捲揚									120	11	49	3	鑽採機			

華北金屬鑛概覽第三表

（工作狀況）

號數	鑛名	類別	開採方法			井口設備					捲揚			排水			搬運		選鑛			動力					年別產量(噸)		工廠設備				備考
			方法	使用機械	使用火藥	數	名	口徑(公尺)	深度(公尺)	傾斜(度)	機數	動力	能力(噸)	機數	名	馬力	方法	車數	機數	名	能力(日)	汽力(H.P.)	電力(K.W.)	架數	容量(噸)	年間生產量(千噸)	32	33	數	工廠名及機名	能力(噸/日)	馬力	
6	武安鉄鑛	磁鉄 赤Fe	動力開採	鑽探機		7	(1)南1号井 (2)南2号井 (3)南3号井 (4)北1号井 (5)北2号井 (6)北3号井	2.50 2.00 [illegible]	300 250 260 260	23° 18° 18°	1 1	50H.P. 50H.P. 150H.P. 200H.P. 250H.P. 250H.P.	25 25 75 100 150 150	1 [illegible] 2 1 1 2	遠平HB.K式抽水機 遠平H.BR式抽水機 〃 深井抽水机 他種抽水機	14 20 40 100	井下用鋼索拉引或捲揚機 井上用機車或人力推送					140	1,000	(熔鉄爐) 1				52	1 1 1 1 1 1 2 1 1 11 4	鏇床6"(英式) 鉋床20"(英式) 電力熔接機 砂輪(10") 製釘機 柴油發動機 鍋爐 發電機 鑽探機(2300型) 電動機 電動机		 15 15 15 75 140	
7	寧武鉄鑛	赤褐鉄																															
8	東山鉄鑛	鉄																															
9	定襄鉄鑛	鉄																															
10	招遠金鑛	金																															
11	興和黑鉛鑛	鉛	動力														馬拉		3	浮遊選鑛機	100												
12	宣化錳鑛	錳																															
13	密雲鎢鑛	鎢	早為土法現用動力式露天法	鑽孔機										3	抽水機				1	比重選鑛機	100												
14	淄川鋁鑛	鋁																															

華北非金屬鑛概覽第一表

（沿革、位置、交通、資本額、勞工數、年產量及銷售狀況）

號數	鑛名	類別	沿革		位置	交通	資本額（單位萬元）	勞工數	年產量（單位：千噸）			銷售狀況（單位：千噸）							備考
			年代	簡要記事		鑛區至發運港口及主要站距離（公里）			年代	預定產量	實產量	東北		日本		國內各處		合計	
												年代	數量	年代	數量	年代	數量		
1	華北礬土株式會社 A.石門寨窰 B.古冶窰 C.唐山窰 D.博山窰 E.張店窰	礬土			河北石門寨 河北古冶 河北唐山 山東博山 山東張店		500		民國29年 民國30年		193 293			民國29年 民國30年	147 180			147 180	為耐火材料及研磨材料用
2	萊蕪螢石礦	螢石	民國32年以後	利民公司（日方）經營	山東萊蕪				民國29年 民國30年		7 9			民國29年 民國30年	7 7			7 7	為煉鉄用
3	蒙疆雲母公司	雲母	民國32年以後	東亞雲母株式會社經營（日方）	綏遠集寧縣				民國29年 民國30年		.099 .505			民國29年	.06			.06	
4	太原石膏鑛	石膏	民國30年以後	淺野石灰岩會社三井石灰岩會社與大倉石灰岩會社共同出資一百万元成立石膏會社經營	山西太原晉祠鎮北西銘村	太原—清源—交城（公共汽車）	1,000		民國33年		250								

華北非金屬鑛概覽第二表

(自然條件)

號數	鑛名	類別	地形						地質				鑛區面積及藏量					鑛床特徵				鑛質		備考
			鑛區形勢	山系				河流	紀別	層別	岩石別	層數	面積(方公尺)	藏量(單位:千噸)				走向	傾斜	厚度(公尺)	其他	鑛區	品位	
				名稱	海拔(公尺)	組成	位置							確定	推定	預測	總計							
1	華北礬土株式會社 A.石門寨窰 B.古冶窰 C.唐山窰 D.博山窰 E.張店窰	礬土 〃 〃 〃 〃																						
2	黃縣螢石鑛	螢石																						
3	蒙疆雲母公司	雲母																						
4	太原石膏鑛	石膏	丘陵地帶	太原西山 泰山	150 1,400		太原西方 太原北方		中部奧陶紀 二疊石炭紀 洪積世 沖積世	石灰岩層 含煤層 黃土層 沖積層	石膏鑛 砂岩,頁岩,石灰岩						3,500		S.W.15°					

華北非金屬礦概覽第三表

（工作狀況）

號數	礦名	類別	開採方法			井口設備								排水			搬運		選礦			動力		工廠設備									備考
			方法	使用機械	使用火藥	數	名	口徑(公尺)	深度(公尺)	傾斜(度)	捲揚			机數	名	馬力	方法	車數	機數	名	能力(噸/日)	汽力(H.P.)	電力(K.W.)	架數	容量(噸)	年間生產量(千噸)	年別產量(千噸)		數	工廠名及機名	能力(噸/日)	馬力	
											机數	動力	能力(噸/日)														32	33					
1	華北礬土株式会社 A.石門寨窯 B.古冶窯 C.唐山窯 D.博山窯 E.張店窯	礬土 〃 〃 〃 〃																															
2	黃縣螢石礦	螢石																															
3	蒙疆雲母公司	雲母	露天法																														
4	太原石膏礦	石膏	土法				1.淺野井 2.大倉井 3.磐城井																						1	硫安工廠製造窒素肥料			每年生產量為40萬噸

華北盐田概覽表

（塩場名，塩田名，位置，投資者，資本額，面積，生產量及銷售量）

號數	類別	塩場名	盐田名	位置	投資者	資本額（萬元）	面積（千方公尺）	年別生產量（單位：噸）					年別銷售量（單位：噸）						製法	備考
								26	27	28	29	30	地址	26	27	28	29	30		
1	海盐	豐財場	塘沽	河北塘沽	華北盐業股份有限公司	2,500	195,300		59,712	144,349	105,458	162,000	間日本	215,430	370,480	322,225	608,830	733,000	天日製塩法	
			新河	〃新河			166,961		23,137	48,723	58,036	93,000								
			鄧沽	〃鄧沽			154,871		10,867	98,395	17,945	49,000								
	海盐	蘆台場	漢沽	河北漢沽			537,254		158,967	300,270	308,819	412,000								
2	海盐	青島場	膠澳	青島	三井及三菱兩会社	1,000	559,435	250,333	193,891	462,091	261,800	446,461	向日本	173,855	172,476	114,158	108,090	199,940	天日製塩法	
			濤確	青島									向朝鮮	21,712	78,964	48,959	23,376	112,650		
													向華南	30,163	—	10,510	76,057	44,717		
3	海盐	山東場	永利	山東永利	私營	不詳	19,984	不詳	不詳	197	1,500	4,000	不詳	不詳	不詳	不詳	不詳	不詳	天日製塩法	
			王官	山東王官	〃		29,892	〃	〃	53,013	20,[illegible]	96,999	〃	〃	〃	〃	〃	〃		
			萊蕪	山東萊蕪	〃		119,900	〃	〃	不詳	13,000	20,000	〃	〃	〃	〃	〃	〃		
			咸寧	山東咸寧	〃		249,793	〃	7,200	23,164	20,000	34,000	〃	〃	〃	〃	〃	〃		
			石島	山東石島	〃		89,925	〃	不詳	不詳	30,000	50,000	〃	〃	〃	〃	〃	〃		
			金口	山東金口	〃		729,394	〃	〃	〃	49,000	35,000	〃	〃	〃	〃	〃	〃		
4	井盐	河東場	解地	山西南部中條山	私營	〃	不詳	不詳	不詳	216	14,014	27,060	〃	〃	〃	〃	〃	〃	(1)天日製塩法 (2)煎熬法	
			安邑	山西安邑縣	〃															
5	土盐	河北七十二縣		河北	私營	〃	不詳	〃	〃	不詳	不詳	不詳	〃	〃	〃	〃	〃	〃	(1)天日製塩法 (2)煎熬法	民國32年之年產總量為172,800噸
		河南五十八縣		河南	〃															
		山東二十四縣		山東	〃															
		山西二十縣		山西	〃															

第五章 華北農田水利

第一節 農產資源

第一項 華北土地利用狀況

省名	既耕地面積 公頃	可耕未墾地面積 公頃	不可耕地面積 公頃	合計 公頃
河北省	6,791,800	421,577	6,531,123	13,744,500
山東省	6,649,200	453,154	7,852,746	14,955,100
山西省	3,751,000	618,236	12,940,164	17,309,400
察哈尔省	1,247,200	10,834,933	13,799,367	25,881,500
綏遠省	1,242,600	5,989,942	23,173,258	30,405,800
合計	19,681,800	18,317,842	64,296,658	103,296,300

百分比（%）

河北省	49.42	3.06	47.52	100	13.43
山東省	44.46	3.03	52.51	100	14.62
山西省	21.67	3.57	74.76	100	16.92
察哈尔省	4.28	41.86	53.32	100	25.30
綏遠省	4.09	19.70	76.21	100	29.73
合計	19.24	17.90	62.86	100	100

第一節第二項 華北農產物之總產量

第一目 華北農產物耕作面積及收穫量表

類別	作物名	32年 耕作比率	32年 耕作面積	32年 每公頃收穫量	32年 收穫數量	31年 耕作比率	31年 耕作面積	31年 每公頃收穫量	31年 收穫數量	平年 耕作比率	平年 耕作面積	平年 每公頃收穫量	平年 收穫數量	耕作面積增減比率 對比31年	耕作面積增減比率 對比平年	收成 對比31年	收成 對比平年	收穫數量增減比率 對比31年	收穫數量增減比率 對比平年	作物號數
		%	公頃	公斤	公噸	%	公頃	公斤	公噸	%	公頃	公斤	公噸	%	%	%	%	%	%	
總計		133.7	30,826,900		32,985,525	137.0	31,585,140		30,166,041	141.9	32,273,650		33,416,268	98	96			109	99	1
2 食用作物合計		134.6	28,692,700		31,193,498	125.9	29,014,400		28,193,052	129.0	29,961,410		30,766,462	99	98			111	101	2
禾穀類	3 小計	95.1	21,915,620		18,350,363	96.2	22,190,230		17,317,678	98.8	22,309,750		19,360,822	99	98			106	95	3
禾穀類	小麥 4 冬作	37.1	8,539,280	841	7,183,994	39.1	9,011,380	770	6,945,455	39.7	9,153,650	795	7,273,691	95	93	109	106	103	99	4
禾穀類	小麥 5 夏作																			5
禾穀類	6 水稻	0.7	159,160	1,880	299,288	0.7	156,940	1,811	284,223	0.7	157,370	1,504	236,694	101	101	104	125	105	126	6
禾穀類	7 陸稻	0.4	83,100	882	73,429	0.4	82,590	844	69,661	0.4	91,050	917	83,532	101	91	105	96	105	89	7
禾穀類	大麥 8 冬作	3.6	833,700	934	779,055	3.9	906,660	874	793,182	4.3	1,000,970	870	870,091	92	83	107	107	98	90	8
禾穀類	大麥 9 夏作									0.0	340	814	275							9
禾穀類	燕麥 10 冬作	0.0	9,280	601	4,977	0.0	9,350	529	4,949	0.0	10,670	595	6,352	99	87	114	101	101	78	10
禾穀類	燕麥 11 夏作	0.5	124,410	391	46,626	0.5	123,960	316	39,197	0.6	133,220	403	53,657	100	93	124	97	124	90	11
禾穀類	12 高粱	16.1	3,699,440	879	3,251,833	16.5	3,805,750	794	3,026,347	18.1	4,157,860	949	3,946,053	97	89	111	93	107	83	12
禾穀類	13 粟	20.9	4,816,950	822	3,959,156	20.1	4,635,630	766	3,543,240	17.8	4,109,540	918	3,775,370	104	117	107	90	112	105	13
禾穀類	14 玉蜀黍	11.5	2,657,270	789	2,097,543	10.7	2,474,960	809	2,003,120	11.1	2,545,350	957	2,435,881	107	104	98	83	105	86	14
禾穀類	15 黍	2.9	672,700	679	456,647	2.9	676,490	628	424,919	2.9	675,470	734	496,076	99	100	108	93	107	92	15
禾穀類	16 稗	0.3	61,860	739	45,705	0.3	63,400	757	48,022	2.2	50,700	844	42,799	98	122	98	88	95	108	16
禾穀類	17 蕎麥	1.1	258,470	581	150,110	1.1	250,820	555	139,383	1.0	224,260	626	140,351	103	115	105	93	108	107	17
豆菽類	18 小計	24.6	5,648,600		3,980,916	25.5	5,865,400		3,846,929	26.6	6,125,610		4,754,331	96	92			101	84	18
豆菽類	19 黃豆及青豆	13.3	3,064,810	737	2,258,999	13.9	3,175,930	712	2,276,322	14.3	3,296,370	816	2,690,874	96	93	104	90	99	84	19
豆菽類	20 黑大豆	4.2	955,650	677	646,963	4.4	1,018,970	613	624,175	4.9	1,139,800	769	877,260	94	84	111	88	104	74	20
豆菽類	21 綠豆	4.8	1,100,320	662	728,952	4.8	1,110,960	639	709,136	4.9	1,131,890	711	805,222	100	98	104	92	103	91	21
豆菽類	22 小豆	0.7	157,610	586	92,351	0.7	154,180	556	85,806	0.6	133,070	670	89,121	102	111	105	88	108	104	22
豆菽類	其他豆類 23 冬作	1.0	228,850	735	168,154	1.1	247,150	695	176,876	1.3	298,340	704	209,952	93	77	106	104	98	80	23
豆菽類	其他豆類 24 夏作	0.6	141,360	605	85,497	0.6	138,910	573	79,637	0.6	126,210	649	81,902	102	112	106	93	107	104	24
藷薯類	25 小計	4.9	1,128,480		8,862,219	4.9	958,770		6,828,432	3.6	826,050		6,651,309	118	137			130	133	25
藷薯類	26 甘藷	4.5	1,034,860	8,022	8,301,061	3.8	874,140	7,319	6,397,799	3.2	732,440	8,276	6,061,497	118	141	110	97	130	137	26
藷薯類	27 馬鈴薯	0.4	93,620	5,996	661,158	0.4	84,630	5,088	430,633	0.4	93,610	6,301	589,812	111	100	118	95	130	95	27
28 工藝作物合計		8.3	1,942,770		1,795,027	10.3	2,378,340		2,072,989	12.2	2,835,830		2,649,806	82	69			87	68	28
纖維料類	29 小計	3.2	738,970		476,636	4.7	1,083,950		774,013	6.1	1,416,900		1,050,461	68	52			62	45	29
纖維料類	棉花 30 美國種	2.4	553,990	670	371,369	3.7	857,440	746	639,625	3.4	799,070	784	626,466	65	69	90	86	58	59	30
纖維料類	棉花 31 中國種	0.6	136,150	577	78,567	0.8	179,360	615	110,375	2.4	549,900	696	382,645	76	25	94	83	71	21	31
纖維料類	32 大麻	0.1	20,670	535	11,006	0.1	20,840	511	10,659	0.1	21,830	569	12,427	99	95	105	94	103	89	32
纖維料類	33 苘麻	0.1	27,760	561	15,566	0.1	25,930	510	13,226	0.2	45,950	628	28,858	107	60	110	89	118	54	33
纖維料類	34 亞麻	0.0	400	338	135	0.0	380	329	125	0.0	150	434	65	106	267	103	78	108	208	34
油料類	35 小計	4.7	1,109,870		1,255,894	5.1	1,180,930		1,223,876	5.6	1,300,790		1,498,549	94	85			103	84	35
油料類	36 落花生	2.8	656,150	1,575	1,033,730	2.9	669,740	1,466	981,701	3.2	739,620	1,638	1,211,965	98	89	107	96	105	85	36
油料類	37 胡麻	1.6	363,220	493	179,069	1.7	400,030	476	190,305	1.9	438,840	513	225,346	91	83	104	96	94	79	37
油料類	菜種 38 冬作	0.2	57,530	462	26,574	0.4	82,810	478	39,615	0.4	99,090	497	49,243	69	58	97	93	67	54	38
油料類	菜種 39 夏作	0.0	6,000	390	2,342	0.0	6,330	312	1,970	0.0	6,480	400	2,592	95	93	125	98	119	90	39
油料類	40 麻實	0.0	1,530	321	490	0.0	2,490	365	908	0.0	2,310	461	1,064	62	66	88	70	54	46	40
油料類	41 亞麻仁	0.0	830	270	224	0.0	1,450	278	403	0.0	1,550	372	577	57	54	97	73	56	39	41
油料類	42 蓖麻	0.1	24,610	547	13,465	0.1	18,080	496	8,974	0.1	12,900	605	7,807	136	191	110	90	150	172	42
其他	43 小計	0.4	93,930		62,497	0.5	113,460		75,100	0.5	118,140		100,751	83	80			83	62	43
其他	烟草 44 美國種	0.1	31,720	828	26,274	0.2	42,100	938	39,476	0.3	58,730	1,002	58,856	75	54	88	83	67	45	44
其他	烟草 45 中國種	0.2	48,960	740	36,223	0.2	51,500	692	35,624	0.2	52,580	796	41,865	95	93	107	93	102	87	45
其他	藥草 46 冬作	0.1	13,250			0.1	19,860			0.0	5,630			67	235					46
其他	藥草 47 夏作									0.0	1,200									47
48 其他作物合計		0.8	191,430			0.8	193,400			0.7	176,410			99	109					48
49 蔬菜類		0.8	183,160			0.8	184,730			0.7	171,160			99	107					49
50 苜蓿		0.0	8,270			0.0	7,670			0.0	5,250			108	158					50

註：此係敵偽所謂之華北包括（冀、魯、晉及豫北、皖北、蘇北）

第一節第二項第二目. 華北五省之全農產物總括表（耕種面積）

	耕種面積									
	29年			30年			31年			平年
	主要農產物	其他	計	主要農產物	其他	計	主要農產物	其他	計	
	公頃	公頃	公頃	公頃	公頃	公頃	公頃	公頃	公頃	公頃
華北總計	20,164,991	4,227,003	24,391,994	20,144,601	4,173,462	24,318,063				
河北省小計	7,498,500	1,113,500	8,612,000	7,394,000	1,254,000	8,648,000	6,964,000	1,373,900	8,337,900	8,665,970
北平特別市	31,500	11,500	43,000	32,500	11,500	44,000	26,860	14,050	40,910	44,050
冀東道	956,000	181,000	1,137,000	962,000	172,000	1,134,000	873,380	183,420	1,056,800	1,092,760
津海道	702,000	114,000	816,000	658,000	123,000	781,000	598,100	137,230	735,330	836,350
燕京道	691,000	117,000	808,000	674,000	101,000	775,000	665,530	101,180	766,710	783,510
保定道	867,000	118,000	985,000	856,000	162,000	1,018,000	861,210	191,960	1,053,170	1,089,070
真定道	1,050,500	240,500	1,291,000	1,046,000	248,000	1,294,000	1,028,210	272,580	1,300,790	1,214,410
渤海道	1,508,000	89,000	1,597,000	1,497,000	95,000	1,592,000	1,253,090	130,370	1,383,460	1,703,220
順德道	613,000	80,000	693,000	584,000	112,000	696,000	588,120	121,370	699,490	677,430
冀南道	1,079,500	162,500	1,242,000	1,084,500	229,500	1,314,000	1,079,500	221,740	1,301,240	1,225,170
山東省小計	8,620,500	1,511,500	10,132,000	8,534,000	1,157,000	9,691,000	8,098,510	1,119,980	9,218,490	9,434,220
青島特別市	459,000	88,000	547,000	467,000	111,000	578,000	234,890	35,290	270,180	271,490
登州道	670,500	73,500	744,000	658,500	89,500	748,000	678,200	90,230	768,430	757,060
萊濰道	867,500	101,500	969,000	844,000	101,000	945,000	814,120	92,340	906,460	928,540
青州道	736,000	64,000	800,000	732,000	68,000	800,000	705,620	62,270	767,890	801,960
武定道	708,000	95,000	803,000	712,000	77,000	789,000	666,260	102,390	768,650	807,780
濟南道	431,000	40,000	471,000	418,000	43,000	461,000	413,570	46,480	460,050	471,720
東臨道	1,085,000	317,000	1,402,000	1,009,000	242,000	1,251,000	932,520	271,480	1,204,000	1,247,650
曹州道	1,366,000	148,000	1,514,000	1,341,000	135,000	1,476,000	1,331,350	128,730	1,460,080	1,478,810
兗州道	1,181,000	148,000	1,329,000	1,203,000	131,000	1,334,000	1,172,760	114,810	1,287,570	1,334,970
泰安道	463,000	204,000	667,000	477,000	55,000	532,000	470,570	60,100	530,670	549,900
沂州道	653,500	232,500	886,000	662,500	114,500	777,000	678,650	115,860	794,510	784,340
山西省小計	3,194,895	731,623	3,926,518	3,258,226	794,682	4,052,908	3,073,640	666,910	3,740,550	3,767,060
雁門道	863,000	213,000	1,076,000	839,000	324,000	1,163,000	857,000	235,810	1,192,810	1,206,000
冀寧道	820,500	121,500	942,000	849,500	122,500	972,000	862,250	132,360	994,610	999,920
河東道	642,500	92,500	735,000	637,500	112,500	750,000	660,630	133,800	794,430	800,990
上党道	591,000	154,000	745,000	641,500	59,500	701,000	693,760	64,940	758,700	760,150
晉北	277,895	150,623	428,518	290,726	176,182	466,908				
察哈爾省小計	483,193	395,905	879,098	552,021	497,721	1,049,742				
察南	337,237	62,776	400,013	328,118	88,262	416,380				
察盟	145,956	333,129	479,085	223,903	409,459	633,362				
綏遠省小計	367,833	474,475	842,308	406,354	470,059	876,413				
巴盟	367,833	474,475	842,308	406,354	470,059	876,413				

第一節第二項第二目 華北五省之全農產物總括表（收穫量）

	收穫量									
	29年			30年			31年			平年
	主要農產物	其他	計	主要農產物	其他	計	主要農產物	其他	計	
	噸	噸	噸	噸	噸	噸	噸	噸	噸	噸
華北總計	20,845,882	3,403,585	24,249,467	19,018,288	3,939,561	22,957,849	16,240,759	2,663,393	18,904,152	
河北省小計	8,228,500	910,500	9,139,000	7,071,000	976,000	804,700	7,124,587	1,128,572	8,253,159	9,486,130
北平特別市	42,000	5,000	47,000	38,000	6,000	44000	30,709	6,538	37,247	45,803
冀東道	1,221,000	161,000	1,382,000	904,000	116,000	1,020,000	1,016,126	161,078	1,177,204	1,343,855
津海道	840,000	79,000	919,000	519,000	56,000	575,000	492,587	65,273	557,860	855,053
燕京道	818,000	110,000	928,000	695,000	88,000	783,000	558,144	74,270	632,414	795,818
保定道	1,023,000	48,000	1,071,000	979,000	129,000	1,108,000	954,928	145,747	1,100,675	1,209,863
真定道	1,178,500	207,500	1,386,000	1,198,000	215,000	1,413,000	1,172,247	244,928	1,417,175	1,342,153
渤海道	1,380,000	69,000	1,449,000	1,013,000	67,000	1,080,000	1,055,080	109,922	1,165,002	1,892,290
順德道	596,000	89,000	685,000	608,000	102,000	710,000	640,348	113,255	753,603	703,901
冀南道	1,130,000	142,000	1,272,000	1,117,000	197,000	1,314,000	1,204,418	207,561	1,411,979	1,304,345
山東省小計	10,000,500	1,524,500	11,525,000	9,158,000	1,182,000	10,340,000	7,124,935	956,150	8,081,085	10,016,859
青島特別市	1,016,000	79,000	1,095,000	1,001,000	165,000	1,166,000	547,260	41,980	589,240	572,007
登州道	1,040,500	845,000	1,125,000	9,525,000	112,500	106,500	836,722	90,951	927,673	1,090108
萊濰道	928,500	86,500	1,015,000	931,000	103,000	1,034,000	821,494	79,016	900,510	1,083,299
青州道	714,000	69,000	783,000	606,000	58,000	664,000	441,758	51,282	493,040	709,658
武定道	636,000	104,000	740,000	630,000	66,000	696,000	426,773	80,996	507,769	659,110
濟南道	401,000	30,000	431,000	376,000	35,000	411,000	275,360	30,804	306,164	411,358
東臨道	1,081,000	301,000	1,382,000	985,000	219,000	1,204,000	678,841	213,468	892,309	1,203,276
曹州道	1,483,000	126,000	1,609,000	1,370,000	119,000	1,489,000	1,030,398	101,306	1,131,704	1,382,578
兗濟道	1,315,000	151,000	1,466,000	1,273,000	122,000	1,395,000	1,007,662	101,023	1,108,685	1,452,877
泰安道	489,000	228,000	717,000	477,000	540,000	531,000	341,301	50,143	391,444	498,293
沂州道	896,500	265,500	1,162,000	556,500	128,500	685,000	717,366	115,181	832,547	954,295
山西省小計	2,228,911	513,349	2,742,260	2,245,827	872,648	3,118,475	1,991,237	578,671	2,569,968	3,148,764
雁門道	534,000	204,000	738,000	544,000	386,000	930,000	481,270	321,979	803,249	1,025,828
冀寧道	595,000	86,000	681,000	632,000	100,000	732,000	588,524	94,019	682,543	806,577
河東道	507,000	65,000	572,000	679,500	71,500	501,000	488,846	82,666	571,512	658,635
上党道	427,500	96,500	524,000	488,500	98,500	587,000	432,597	80,007	512,604	657,724
晉北	165,411	61,849	227,260	151,827	216,648	368,475				
察哈爾省小計	174,724	231,996	406,720	379,922	559,674	939,596				
察南	79,161	35,603	114,764	291,279	261,045	552,324				
察盟	95,563	196,393	291,956	88,643	298,629	387,272				
綏遠省小計	213,247	223,240	436,487	163,539	349,239	512,778				
巴盟	213,247	223,240	436,487	163,539	349,239	512,778				

第一節第二項第二目、一.

河北省農産物耕作面積及收穫量表

作物名	32年 耕作比率 %	32年 耕作面積 公頃	32年 每公頃收穫量 公斤	32年 收穫數量 公噸	31年 耕作比率 %	31年 耕作面積 公頃	31年 每公頃收穫量 公斤	31年 收穫數量 公噸	平年 耕作比率 %	平年 耕作面積 公頃	平年 每公頃收穫量 公斤	平年 收穫數量 公噸	耕作面積增減比率 對比31年 %	耕作面積增減比率 對比平年 %	收成 對比31年 %	收成 對比平年 %	收穫數量增減比率 對比31年 %	收穫數量增減比率 對比平年 %	作物號數
總計	120.2	8,136,610		8,606,125	123.0	8,337,900		8,283,189	128.2	8,665,970		9,486,130	98	94			104	91	1
食用作物合計	109.4	7,392,790		8,007,600	109.5	7,410,630		7,496,579	111.6	7,540,630		8,522,263	100	98			107	94	2
禾穀類 小計	89.6	6,054,220		5,134,518	89.6	6,063,170		5,131,558	92.5	6,188,760		5,944,808	100	98			100	8.6	3
小麥 冬作	22.0	1,488,190	849	1,263,894	23.5	1,588,860	736	1,168,540	25.6	1,730,100	869	1,504,93	94	86	115	98	108	84	4
小麥 夏作																			5
水稻	0.6	40,650	1,537	62,472	0.5	36,860	1,652	60,892	0.4	30,280	1,696	51,343	110	134	93	91	103	122	6
陸稻	0.3	20,050	786	15,766	0.3	19,970	881	17,597	0.3	22,710	1,132	25,702	100	88	89	69	90	61	7
大麥 冬作	2.0	137,120	953	130,636	2.0	135,510	850	115,298	2.7	179,870	939	168,809	101	76	112	102	113	77	8
大麥 夏作									0.0	340	814	275							9
燕麥 冬作	0.0	140	790	111	0.0	200	650	130	0.0	1,640	732	1,200	70	85	122	108	85	9	10
燕麥 夏作										30	794	27							11
高粱	14.8	1,001,020	845	845,967	15.4	1,042,890	885	923,171	19.1	1,290,970	1,021	1,318,277	96	78	96	83	92	64	12
粟(小米)	25.6	1,736,090	875	1,510,031	25.1	1,696,060	905	1,534,479	20.6	1,393,450	1,004	1,399,137	102	124	97	87	99	108	13
玉蜀黍	18.4	1,245,320	834	1,036,806	16.9	1,143,400	880	1,006,943	17.4	1,175,030	1,015	1,193,326	109	106	94	81	102	86	14
黍	3.5	239,300	726	173,603	3.8	255,990	751	192,093	3.5	236,100	794	187,554	93	101	97	92	90	93	15
稗	0.7	44,320	771	34,181	0.7	47,720	820	39,131	0.5	36,910	901	33,269	93	120	94	86	87	103	16
蕎麥	1.7	112,020	634	71,061	1.4	95,710	672	64,298	1.4	91,330	679	61,986	117	123	94	93	111	115	17
豆菽類 小計	15.5	1,048,700		742,712	16.5	1,119,960		744,691	16.9	1,136,930		892,203	94	92			100	83	18
黃豆及青豆	5.2	350,970	726	254,831	5.8	389,810	670	261,334	6.2	417,150	802	334,398	90	84	108	91	96	97	19
黑大豆	4.8	321,110	723	232,173	4.9	333,140	687	228,720	4.9	332,510	793	263,606	96	97	105	91	101	88	20
綠豆	3.6	243,510	717	174,639	3.8	260,810	683	178,099	3.9	263,730	797	200,109	93	92	105	90	98	83	21
小豆	1.0	69,640	588	40,958	1.1	73,750	536	39,560	0.9	10,330	671	40,499	94	115	110	88	104	101	22
其他豆類 冬作	0.3	22,360	665	14,870	0.4	25,450	640	16,307	0.5	30,700	695	21,349	87	73	104	96	91	70	23
其他豆類 夏作	0.6	41,310	615	25,341	0.5	36,970	559	20,651	0.5	31,830	699	22,243	111	129	110	88	123	114	24
藷薯類 小計	4.3	289,870		2,130,370	3.4	227,490		1,630,330	3.2	215,640		1,686,252	127	134			131	126	25
甘藷	4.0	272,870	7,473	2,039,133	3.2	216,480	7,269	1,571,337	2.9	192,200	8,020	1,550,296	126	141	103	93	130	132	26
馬鈴薯	0.3	17,000	5,367	91,237	0.2	11,310	5,217	59,003	0.3	22,440	6,058	135,966	151	76	103	89	155	67	27
工藝作物合計	9.5	651,950		598,525	12.2	836,100		786,580	15.5	1,048,950		963,867	78	62			79	62	28
纖維料類 小計	4.7	319,160		226,259	7.1	480,130		370,350	9.8	659,820		514,569	66	48			61	44	29
棉花 美國種	3.5	234,480	748	175,436	5.6	375,810	798	299,708	5.1	346,050	793	274,414	62	68	94	94	59	64	30
棉花 中國種	0.9	60,760	632	38,422	1.2	83,680	723	60,529	4.3	291,060	779	226,661	73	21	88	81	63	17	31
大麻	0.1	8,470	553	4,684	0.1	6,590	552	3,625	0.1	5,070	547	2,773	129	167	100	101	129	169	32
苘麻	0.2	15,370	508	7,811	0.2	14,050	461	6,478	0.3	17,640	608	10,721	109	87	110	84	121	73	33
亞麻	0.0	80	575	46															34
油料類 小計	4.7	320,460		762,940	5.0	342,650		377,130	5.5	332,600		436,255	94	86			96	83	35
落花生	3.1	207,690	1,464	303,982	3.0	208,420	1,490	310,532	3.2	217,990	1,625	354,293	100	95	98	90	98	86	36
胡麻	1.2	82,500	520	42,893	1.5	99,080	494	48,943	1.7	114,110	538	10,203	93	72	105	99	88	71	37
菜種 冬作	0.3	22,210	529	11,747	0.5	31,010	498	15,455	0.6	38,570	533	20,549	72	58	106	99	76	57	38
菜種 夏作									0.0	50	510	26							39
麻實					0.0	240	570	137											40
亞麻仁																			41
蓖麻	0.1	8,060	536	4,318	0.0	3,900	529	2,063	0.0	1,880	630	1,184	207	429	101	85	209	365	42
其他 小計	0.1	12,330		9,196	0.1	13,320		9,100	0.2	16,530		12,043	93	75			101	76	43
烟草 美國種	0.0	1,420	643	913	0.0	850	630	535	0.0	1,750	690	1,207	167	81	102	93	171	76	44
烟草 中國種	0.1	10,910	759	8,283	0.1	12,120	707	8,565	0.2	13,580	798	10,836	90	80	107	95	97	76	45
藥草 冬作					0.0	350													46
藥草 夏作									0.0	1,200									47
其他作物合計	1.3	91,870			1.3	91,180			1.1	76,390			101	120					48
蔬菜類	1.3	90,560			1.3	90,660			1.1	76,290			100	119					49
苜蓿	0.0	1,310			0.0	520			0.0	100			252	1310					50

第[illegible]部第二項第二目.二

山東省農產物耕作面積及收穫量表

項目 / 作物名	32年 耕作比率	32年 耕作面積	32年 每公頃收穫量	32年 收穫數量	31年 耕作比率	31年 耕作面積	31年 每公頃收穫量	31年 收穫數量	平年 耕作比率	平年 耕作面積	平年 每公頃收穫量	平年 收穫數量	耕作面積增減比率 對比31年	耕作面積增減比率 對比平年	收成 對比31年	收成 對比平年	收穫數量增減比率 對比31年	收穫數量增減比率 對比平年	作物號數
	%	公頃	公斤	公噸	%	公頃	公斤	公噸	%	公頃	公斤	公噸	%	%	%	%	%	%	
1 總計	138.8	8,973,850		10,436,107	142.6	9,218,490		8,081,085	146.0	9,434,920		10,016,859	97	95			129	104	1
2 食用作物合計	139.2	8,348,310		9,868,677	131.0	8,465,360		7,436,614	132.5	8,562,890		9,093,980	99	97			133	109	2
米穀類 3 小計	92.7	5,988,680		4,892,437	96.2	6,152,990		4,062,974	96.5	6,238,540		5,268,845	97	96			120	93	3
小麥 4 冬作	37.5	2,240,330	777	1,881,431	41.4	2,677,500	641	1,716,536	43.3	2,800,290	764	2,138,319	90	86	121	102	110	88	4
小麥 5 夏作																			5
6 水稻	0.0	1,650	1,746	2,881	0.1	3,340	1,586	5,297	0.1	4,030	1,910	7,698	49	41	110	91	54	37	6
7 陸稻	0.1	4,020	1,026	4,124	0.1	4,157	905	3,755	0.1	4,140	1,013	4,194	97	97	113	101	110	98	7
大麥 8 冬作	2.5	162,640	915	148,816	3.2	205,110	748	153,395	3.4	218,470	834	182,126	79	74	122	110	97	82	8
大麥 9 夏作																			9
燕麥 10 冬作																			10
燕麥 11 夏作																			11
12 高粱	17.8	1,147,530	890	1,021,658	18.3	1,184,860	649	769,235	19.0	1,225,260	926	1,134,484	97	94	137	96	133	90	12
13 粟(小米)	22.4	1,450,080	909	1,318,754	20.6	1,329,730	718	954,671	18.5	1,193,040	965	1,150,972	90	122	127	94	138	115	13
14 玉蜀黍	9.5	611,620	638	390,203	8.5	546,450	640	349,933	8.8	570,610	864	492,902	112	107	100	74	112	79	14
15 黍	2.6	166,940	656	109,482	2.6	166,180	554	92,029	2.8	179,870	727	130,722	100	93	118	90	119	84	15
16 稗	0.2	15,830	663	10,496	0.2	15,330	556	8,531	0.2	13,260	681	9,035	103	119	119	97	123	116	16
17 蕎麥	0.1	8,060	570	4,582	0.3	20,340	472	9,592	0.5	29,570	622	18,390	40	27	121	92	48	25	17
豆菽類 18 小計	29.7	1,919,990		1,290,197	30.6	1,980,180		1,110,862	32.1	2,073,700		1,648,863	97	93			116	78	18
19 黃豆及青豆	18.3	1,181,680	691	816,106	19.4	1,254,020	573	718,079	19.7	1,274,640	824	1,050,281	94	93	121	84	114	78	19
20 黑大豆	4.8	310,540	641	199,136	5.3	342,980	528	180,960	6.6	424,490	772	327,686	91	73	121	83	110	61	20
21 綠豆	4.9	316,520	642	203,202	4.3	275,830	555	153,091	4.0	255,540	729	186,356	115	124	116	88	133	109	21
22 小豆	0.6	39,610	538	21,325	0.5	32,770	489	16,016	0.5	30,510	680	20,738	121	130	110	79	133	103	22
其他豆類 23 冬作	0.8	52,030	761	39,620	0.8	54,470	606	33,017	1.0	66,560	745	49,573	96	78	126	102	120	80	23
其他豆類 24 夏作	0.3	19,010	551	10,805	0.3	20,110	482	9,699	0.3	21,960	648	14,229	98	89	114	85	111	76	24
諸薯類 25 小計	6.8	439,640		3,686,053	5.1	332,190		2,262,778	3.9	250,650		2,176,275	132	175			163	169	25
26 甘藷	6.5	423,240	8,470	3,584,724	4.9	317,620	6,880	2,185,104	3.7	238,180	8,800	2,096,050	133	178	123	96	164	171	26
27 馬鈴薯	0.3	16,400	6,179	101,329	0.2	14,570	5,331	77,674	0.2	12,470	6,433	80,225	113	131	116	96	130	126	27
28 工藝作物合計	9.1	586,920		567,430	11.1	717,670		644,471	13.0	837,120		922,679	82	70			88	61	28
纖維料類 29 小計	3.4	219,990		131,317	4.8	311,010		228,167	4.9	313,560		253,028	71	70			58	52	29
棉花 30 美國種	2.6	165,290	604	99,754	3.8	247,750	769	190,559	2.7	172,440	890	153,437	67	96	79	68	52	65	30
棉花 31 中國種	0.7	43,890	575	25,228	0.8	52,840	615	32,504	2.0	127,320	717	91,327	83	34	93	80	78	28	31
32 大麻	0.1	5,220	553	2,887	0.1	6,250	494	3,105	0.1	6,720	568	3,815	83	78	112	97	93	76	32
33 苘麻	0.1	5,590	617	3,448	0.1	4,140	483	1,999	0.1	7,080	628	4,449	135	79	128	98	172	78	33
34 亞麻																			34
油料類 35 小計	5.2	332,970		411,412	5.6	361,120		376,979	7.2	464,460		613,894	92	72			109	67	35
36 落花生	3.5	229,130	1,550	355,166	3.9	249,120	1,301	324,149	5.1	327,080	1,638	535,914	92	70	119	95	110	66	36
37 胡麻	1.4	91,250	543	49,508	1.6	100,340	463	46,500	2.0	126,060	570	71,895	91	92	117	98	106	69	37
菜種 38 冬作	0.1	4,570	509	2,324	0.1	4,570	636	2,905	0.1	5,490	519	2,850	100	83	80	98	80	82	38
菜種 39 夏作																			39
40 麻實																			40
41 亞麻仁																			41
42 蓖麻	0.1	8,020	553	4,434	0.1	7,090	483	3,425	0.1	5,830	555	3,235	113	138	114	100	129	137	42
其他 43 小計	0.5	33,960		24,701	0.7	45,540		39,325	0.9	59,100		55,957	75	57			63	44	43
烟草 44 美國種	0.2	13,090	778	10,180	0.4	23,820	1027	24,458	0.6	37,190	1,045	38,868	55	35	76	74	42	26	44
烟草 45 中國種	0.3	20,870	696	14,521	0.3	21,720	684	14,867	0.3	21,910	780	17,089	96	95	102	89	98	85	45
藥草 46 冬作																			46
藥草 47 夏作																			47
48 其他作物合計	0.6	37,620			0.5	35,460			0.5	34,210			106	110					48
49 蔬菜類	0.5	34,860			0.5	32,730			0.5	31,780			107	110					49
50 苜蓿	0.0	2,760			0.0	2,730			0.0	2,430			101	114					50

第一節第二項第二目三.

山西省農產物耕作面積及收穫量表

項目／作物名	32年 耕作比率	32年 耕作面積	32年 每公頃收穫量	32年 收穫數量	31年 耕作比率	31年 耕作面積	31年 每公頃收穫量	31年 收穫數量	平年 耕作比率	平年 耕作面積	平年 每公頃收穫量	平年 收穫數量	耕作面積增減比率 對比31年	耕作面積增減比率 對比平年	收成 對比31年	收成 對比平年	收穫數量增減比率 對比31年	收穫數量增減比率 對比平年	作物號數
	%	公頃	公斤	公噸	%	公頃	公斤	公噸	%	公頃	公斤	公噸	%	%	%	%	%	%	
1 總計	113.4	3,756,380		2,910,686	113.9	3,740,560		2,569,908	113.7	3,767,060		3,148,764	100	100			113	93	1
2 食用作物合計	108.4	3,590,780		2,829,072	107.3	3,553,650		2,483,335	105.9	3,509,350		2,985,185	101	102			114	95	2
禾穀類 3 小計	92.7	3,073,320		2,082,110	91.7	3,037,290		1,868,648	90.2	2,985,710		2,198,847	101	103			112	95	3
小麥 4 冬作	31.0	1,026,790	646	663,346	31.0	1,036,390	635	651,479	30.0	993,460	681	677,036	100	103	102	94	102	98	4
小麥 5 夏作																			5
6 水稻	0.1	2,420	1,557	3,769	0.1	3,270	828	2,709	0.1	2,610	1,756	4,583	74	93	188	89	139	82	6
7 陸稻																			7
大麥 8 冬作	3.1	104,230	722	75,288	3.1	101,230	702	71,084	3.5	115,330	760	87,678	103	90	103	95	106	86	8
大麥 9 夏作																			9
燕麥 10 冬作	0.3	9,140	532	4,866	0.3	9,150	527	4,819	0.3	9,010	570	5,136	100	101	101	93	108	95	10
燕麥 11 夏作	3.8	124,410	391	48,626	3.7	123,960	316	39,197	4.0	133,190	403	53,630	100	93	124	97	124	91	11
12 高粱	11.6	383,390	784	300,935	11.2	372,470	655	243,995	12.7	421,040	852	358,616	103	91	120	92	123	84	12
13 粟(小米)	25.3	837,470	698	584,714	24.7	817,870	622	508,949	22.8	765,530	785	593,111	102	111	112	89	115	99	13
14 玉蜀黍	8.9	293,460	767	225,049	8.6	284,550	703	199,916	8.6	286,270	866	247,949	103	102	109	89	113	91	14
15 黍	5.9	196,200	639	125,346	5.9	195,810	525	102,583	5.7	187,260	666	124,857	100	105	122	96	122	100	15
16 稗																			16
17 蕎麥	2.9	94,810	529	50,171	3.1	102,590	427	43,914	2.5	82,010	564	46,241	92	116	124	94	44	109	17
豆菽類 18 小計	13.4	442,860		266,279	13.4	443,580		238,625	13.6	451,430		306,435	100	98			112	87	18
19 黃豆青豆	3.3	110,250	611	67,381	3.4	111,550	556	61,974	3.4	112,840	714	80,556	99	98	120	86	109	84	19
20 黑大豆	4.7	155,070	607	94,007	4.8	159,490	530	84,533	4.7	154,880	688	106,616	97	100	115	88	111	88	20
21 綠豆	2.8	91,710	613	56,204	2.6	87,190	538	46,900	2.7	91,100	682	62,097	105	101	114	90	120	91	21
22 小豆	0.7	21,730	535	11,618	0.7	21,780	522	11,361	0.7	22,660	645	14,614	100	96	103	83	102	80	22
其他豆類 23 冬作	1.1	35,940	609	21,895	1.0	33,920	597	20,255	1.2	41,150	627	25,792	106	88	102	97	108	85	23
其他豆類 24 夏作	0.9	28,160	139	15,174	0.9	29,650	459	13,602	0.9	28,800	580	16,760	95	98	118	93	112	91	24
薯類 25 小計	2.3	75,600		480,683	2.1	72,850		376,062	2.2	72,210		479,903	104	105			128	100	25
26 甘藷	0.5	16,760	7,080	118,654	0.5	15,420	5,720	88,196	0.5	16,400	7,315	119,968	109	102	124	97	135	98	26
27 馬鈴薯	1.7	58,840	6,153	362,029	1.7	57,430	5,012	287,866	1.7	55,810	6,449	359,943	102	105	123	95	126	101	27
28 工藝作物合計	4.4	146,190		81,614	5.1	167,590		86,573	7.2	240,170		163,579	87	61			94	50	28
纖維料類 29 小計	1.4	47,190		21,492	1.9	62,620		33,983	4.0	132,520		96,440	75	36			63	22	29
棉花 30 美國種	1.2	39,720	486	19,290	1.6	54,260	557	30,215	3.7	122,650	737	90,434	73	18	83	63	61	20	30
棉花 31 中國種	0.1	1,660	402	668	0.1	1,720	498	857	0.1	3,050	705	2,151	97	154	81	57	78	31	31
32 大麻	0.2	5,160	440	2,270	0.2	5,930	446	2,642	0.2	6,340	570	3,612	87	81	99	77	86	63	32
33 苘麻	0.0	330	530	175	0.0	330	436	144	0.0	330	540	178	100	100	122	98	122	98	33
34 亞麻	0.0	320	278	89	0.0	380	329	125	0.0	150	434	65	84	214	85	64	71	137	34
油料類 35 小計	2.2	73,340		38,373	2.2	74,520		32,718	2.4	79,340		43,869	98	92			117	90	35
36 落花生	0.2	5,360	1,463	7,845	0.1	4,820	1,177	5,674	0.2	56,300	1,535	8,657	111	95	124	95	138	91	36
37 胡麻	0.9	29,220	485	14,507	0.9	29,220	395	11,532	0.9	29,570	502	14,855	100	99	123	97	126	98	37
菜種 38 冬作	0.8	24,800	393	9,740	0.7	24,830	388	9,637	0.9	29,320	413	12,110	100	85	101	95	101	80	38
菜種 39 夏作	0.2	6,000	390	2,343	0.2	6,330	311	1,970	0.2	6,430	399	2,566	95	93	126	98	119	91	39
40 麻實	0.0	1,530	320	490	0.1	2,250	343	771	0.1	2,310	461	1,064	68	54	93	70	64	46	40
41 亞麻仁	0.0	830	270	224	0.0	1,450	278	403	0.0	1,550	372	577	57	54	97	73	56	39	41
42 蓖麻	0.2	5,600	576	3,225	0.2	5,620	485	2,731	0.1	4,530	674	3,050	100	124	119	86	118	106	42
其他 43 小計	0.7	25,660		21,749	0.9	30,450		19,872	0.8	28,310		24,270	84	91			109	90	43
烟草 44 美國種	0.4	12,300	917	11,283	0.4	13,670	739	10,105	0.4	12,930	915	11,832	90	95	124	100	112	95	44
烟草 45 中國種	0.4	13,360	783	10,466	0.5	14,930	654	9,767	0.5	15,380	809	12,438	90	97	120	97	107	84	45
藥草 46 冬作					0.1	1,850													46
藥草 47 夏作																			47
48 其他作物合計	0.6	19,410			0.6	19,310			0.5	17,540			101	105					48
49 蔬菜類	0.5	15,910			0.4	14,900			0.4	14,820			102	103					49
50 苜蓿	0.1	4,200			0.1	4,410			0.1	2,720			95	154					50

第一節第二項第二目 四.

察綏晉北農產物一覽表

項目／產物名	察南						晉北						察北（即偽察盟）						綏遠之一部（即偽巴盟）						總計					
	耕種面積（公頃）			收穫量（噸）			耕種面積（公頃）			收穫量（噸）			耕種面積（公頃）			收穫量（噸）			耕種面積（公頃）			收穫量（噸）			耕種面積（公頃）			收穫量（噸）		
	28年	29年	30年	28年	29年	30年	28年	29年	30年	28年	29年	30年	28年	29年	30年	28年	29年	30年	28年	29年	30年	28年	29年	30年	28年	29年	30年	28年	29年	30年
水稻	3892	2131	2417	3298	3073	2639	102	194	147	94	104	68													3974	2325	2564	3392	3177	2707
陸稻	38		8	17		4																			38		8	17		4
粟	141553	176825	160396	88574	15224	129551	44407	136158	146481	14410	85693	81893	67450	19248	23916	3530	14810	13791	79429	5975	112851	28001	80881	49563	305829	391816	443644	134545	146808	274777
高粱	85273	99434	91351	65676	12059	101593	30116	73902	74847	12907	47471	41958	2740	461	510	169	219	360	19801	39504	38122	10930	29044	23175	137930	91330	204830	89682	97793	167016
玉蜀黍	4948	8466	10340	4948	11404	19694		67	197		58	82		2			2		38	173	188	19	115	79	4986	8708	10725	4967	11579	12798
黍	51290	41753	51142	21505	30025	36480	49991	52302	59094	14018	25881	24265	71330	18786	24930	2571	916	11968	46483	45180	53600	24304	34064	23197	219094	158021	186996	63398	99086	95910
小麥	3949	3767	5093	1515	3599	3655	6548	11714	7566	721	4476	2293	217400	106873	175108	11668	71198	62289	83686	220767	194851	29513	114512	64870	311581	343121	382618	43617	193788	133107
大麥	2171	1106	1155	1302	1177	1236	1935	1740	1058	638	846	395	22870	13378	20668	2769	13865	5909	11594	137614	38773	435	58784	11666	38590	153828	61654	9104	74672	19196
莜麥	9360	8781	9444	3639	4417	5100	138314	79445	64561	27168	34805	16878	275400	28734	235719	40492	152508	38011	289022	200999	254922	3055	86435	9476	745096	526766	564649	143344	278168	214758
燕麥	249		1	474		1		258	17		86	7	1565	4803	7097	2	2558	2367		1905	70		13233	20	2514	6966	7185	476	15877	2395
洋麥	36	29	104	7		81		398			94			6031	9862		1965	4226		601	603		1063	191	36	7059	10569	7	3122	4498
黃豆	7181	4851	7379	4664	3777	4807	883	3558	2464	174	1598	1268	39150	586	741	1619	218	235	6749	2634	7742	2635	1631	3643	46963	11629	18326	9090	7154	8953
蕎麥	4527	2771	3582	936	1460	1929	29954	12034	12076	3215	4351	3761		25179	29188		12894	8974	43611	44439	56676	15382	16566	17801	78092	84413	101592	19533	35271	33475
豆類	18859	31367	29636	10750	18138	18981	40747	39772	35401	8496	18942	11490	28050	23198	19439	1355	7973	6996	16256	51527	36564	4029	28443	15389	103912	145064	21040	24630	72059	52086
雜穀	2997	12492	2105	858	7665	1355	724	887	2591	182	170	807		9253	3760		2310	1260	2499	4341	1836	1843	4535	682	6220	26945	10992	2883	14720	4104
計	337031	393783	374153	207153	112018	3,9966	343721	412629	406430	82157	224005	185165	718978	465139	550235	64175	288936	215616	585168	809221	757799	174106	439345	304057	1984881	2080772	2126690	547590	1047304	1024804
特用作物	2564	4882	4186	1068	1188	2326	26,011	15104	7147	19173	2799	1761	19150		28394	16	3020	6690	62503	33847	22149	11040	13583	6424	104128	66779	61869	31297	20590	17201
果實類	1980	1348	1348	3888	1558	1874		785	252		456	455							484	240	44	28	554	223	13284	2373	1644	3916	2573	2552
蔬菜類	30804		4464	77097		31966	39759		7311	78281		30514	96679		2674	77204		9054	63030		4137	506487		19403	233965		18586	738769		90236
飼料類	61			127			168		1071	374		3593			10			30			10			131	229		1091	501		3744
馬鈴薯	26786		39929	54763		196892	30948		44697	66074		146987	94150		59046	75693		155882	61974		54281	487773		182551	212458		183213	678503		689312
合計	378516	400013	416380	344096	114764	519394	433800	428518	461908	246059	227296	368475	921956	447908	633362	217088	291926	387972	772025	842308	876413	1193324	436487	512778	2136934	2149924	2393063	2008775	1070487	1820848

生產量表　單位(公噸)

…省		察哈爾省						綏遠省						總計					
…年	32年	27年	28年	29年	30年	31年	32年	27年	28年	29年	30年	31年	32年	27年	28年	29年	30年	31年	32年
…479	663.346	—	13.183	74.797	65.944	—	—	—	29.513	114.512	64.870	—	—	448.900	2.778.617	4.636.785	4.355.107	3.536.555	2.808.671
…995	300.925	—	65.545	12.278	101.882	—	—	—	10.930	32.044	23.175	—	—	3.293.000	2.311.682	2.940.793	2.666.016	1.935.401	2.177.560
…982	584.714	—	92.104	32.034	143.342	—	—	—	28.001	30.881	49.562	—	—	3.082.000	2.434.515	3.614.808	3.624.797	2.978.102	3.413.489
…916	225.049	—	4.948	11.406	12.624	—	—	—	19	115	92	—	—	2.091.000	1.299.967	2.000.579	1.665.798	1.556.791	1.642.058
…153	125.346	—	24.076	39.141	48.448	—	—	—	24.304	34.064	23.197	—	—	476.500	417.898	578.586	521.410	386.705	408.431
—	—	—	43.121	156.925	102.111	—	—	—	73.055	86.425	94.769	—	—	—	143.344	278.165	214.758	—	—
…925	1.899.393	—	262.277	324.581	475.312	—	—	—	165.822	278.051	265.665	—	—	13.431.500	10.406.023	14.044.716	13.047.886	10.413.556	11.440.909
…734	67.381	—	6.283	3.995	5.042	—	—	—	2.635	1.631	2.643	—	—	1.333.000	955.096	1.675.144	1.479.953	1.044.377	1.138.318
…33	94.007	—	—	—	—	—	—	—	—	—	—	—	—	586.000	414.000	684.000	598.000	494.213	525.916
…000	56.204	—	—	—	—	—	—	—	—	—	—	—	—	414.500	294.500	495.500	424.500	378.090	434.045
…407	217.592	—	6.283	3.995	5.042	—	—	—	2.635	1.631	2.643	—	—	2.333.500	1.663.596	2.544.654	2.402.453	1.913.680	2.087.579
…332	2.116.982	—	249.560	328.576	480.394	—	—	—	168.457	279.682	258.308	—	—	15.765.000	12.069.619	16.589.570	15.550.339	12.327.234	13.547.788

華北五省主要農産物耕種、

第一節第二項第三目（耕種面積）

項目 農産物名種	河北省						山東省						山西省				
	27年	28年	29年	30年	31年	32年	27年	28年	29年	30年	31年	32年	27年	28年	29年	30年	3
小麥	1,827,000	1,887,000	2,070,000	1,976,000	1,588,860	1,488,190	2,837,000	2,893,000	2,926,000	2,845,000	2,677,500	2.420.330	959.000	949.548	1.011.714	1.028.566	1.026.
高粱	1,329,000	1,228,000	1,243,000	1,140,000	1,042,890	1,001,020	1,519,000	1,472,000	1,321,000	1,277,000	1,184,860	1.147.530	480.000	351.116	423.902	452.847	372.
粟	1,444,000	1,446,000	1,567,000	1,662,000	1,696,060	1,726,090	1,379,000	1,322,000	1,310,000	1,376,000	1,329,730	1.450.080	635.000	761.407	892.158	882.481	817.
玉蜀黍	1,294,000	1,174,000	1,213,000	1,202,000	1,143,400	1,245,320	510,000	516,000	533,000	509,000	546,450	611.620	286.000	229.000	251.067	282.197	28[illegible]
黍	221,000	228,000	248000	243,500	255,990	239,300	187,000	182,000	181,000	175,000	166,180	166.940	172.000	300.991	272.302	248.024	1.95.
蕎麥	—	—	—	—	—	—	—	—	—	—	—	—	—	138384	79445	64561	—
小計	6,115,000	5,963,000	6,341,000	6,223,000	5,727,200	5,699,920	6432,000	6385,000	6271,000	6182,000	5,904,720	5.796.100	2.532000	2.730.376	2.930.188	2.918.676	269[illegible]
黄豆及青豆	323,000	313,000	347,000	359,000	389,810	350,970	1,255,000	1,323,000	1,416,000	1,427,000	1,254,020	1.181.680	69000	78883	94588	106464	111.5
黑大豆	290,000	294,000	306,000	319,000	333,140	321,110	364,000	368,000	383,000	377,000	342,980	310.540	123.000	129.000	145.000	155.000	159.
綠豆	238,500	263,500	280,500	269,000	260,810	243,510	245,000	250,000	263,000	257,000	275,830	316.526	74.000	81.000	88.000	85.000	87.
小計	851,500	870,500	933,500	947,000	983,760	915,590	1,364,000	1,941,000	2,062000	2,061,000	1872,830	1.808.740	266.000	288.883	327.[illegible]	346.464	358
合計	6966,500	6,833,500	7,274,500	7,170,000	6,710,960	6615,510	8286,000	8326,000	8333,000	8243,000	7777,550	7605.240	2.798.000	3.019.259	3258146	3305.140	305[illegible]

面積及生產量表

單位（公頃）每公頃＝15市畝

		察哈爾省						綏遠省						總計					
…年	32年	27年	28年	29年	30年	31年	32年	27年	28年	29年	30年	31年	32年	27年	28年	29年	30年	31年	32年
…220	1.026.790	—	221.347	110.640	180.201	—	—	—	83.686	220.767	194.851	—	—	5.623.000	6.034.581	6.339.121	6.224.681	5.292.680	4.935.310
…470	383.390	—	88.013	99.895	91.861	—	—	—	19.801	39.504	38.122	—	—	3.328.000	3.158.930	3.127.301	2.999.830	2.600.220	2.531.940
…870	837.470	—	209.003	196.083	184.312	—	—	—	72.429	59.575	112.851	—	—	3.458.000	3.810.839	4.024.816	4.217.644	3.843.660	4.013.640
…550	295.460	—	4.948	8.468	10.340	—	—	—	38	173	188	—	—	2.090.000	1.923.986	2.005.708	2.003.725	1.974.400	2.150.400
…510	196.200	—	122.620	60.539	75.372	—	—	—	46.483	45.180	52.600	—	—	580.000	880.094	807.021	794.496	617.680	602.440
	—	—	284.760	246.122	245.163	—	—	—	282.022	200.999	254.923	—	—	—	705.096	526.566	564.647	—	—
…720	2.757.310	—	930.691	721.747	787.249	—	—	—	504.459	566.198	653.535	—	—	15.079.000	16.513.546	16.830.533	16.804.460	14.898.640	14.933.730
…550	110.250	—	39.331	5.437	7.520	—	—	—	6.749	2.634	7.742	—	—	1.647.000	1.760.963	1.865.629	1.907.726	1.755.380	1.642.900
…490	155.070	—	—	—	—	—	—	—	—	—	—	—	—	777.000	791.000	834.000	851.000	835.610	786.720
…190	91.710	—	—	—	—	—	—	—	—	—	—	—	—	517.500	594.500	631.500	611.000	623.830	651.740
…230	357.030	—	39.331	5.437	7.520	—	—	—	6.749	2.634	7.742	—	—	2.981.500	3.146.463	3.328.071	3.369.726	3.214.820	3.081.360
…490	309.340	—	770.022	727.184	794.769	—	—	—	511.208	568.832	661.977	—	—	18.060.500	19.659.989	20.161.662	20.174.186	17.543.460	17.315.090

華北五省主要農產物

第一節第二項第三目（生產量）

項目 / 農產物名稱	河北省						山東省						山西省				
	27年	28年	29年	30年	31年	32年	27年	28年	29年	30年	31年	32年	27年	28年	29年	30年	31…
小麥	1.554.000	1.393.000	1.813.000	1.448.000	1.168.540	1.262.894	2.332.000	1.870.000	2.002.000	2.188.000	1.716.536	1.851.431	613.000	492.921	632.476	588.293	651.[illegible]
高粱	1.330.000	767.000	1.215.000	982.000	922.171	854.967	1.605.000	1.261.000	1.358.000	1.221.000	769.235	1.021.658	358.000	216.907	320.471	337.958	243.[illegible]
粟	1.290.000	869.000	1.503.000	1.439.000	1.534.479	1.510.021	1.387.000	1.014.000	1.440.000	1.380.000	954.671	1.318.754	403.000	431.410	610.893	612.893	508.[illegible]
玉蜀黍	1.340.000	745.000	1.243.000	958.000	1.006.942	1.026.806	500.000	378.000	540.000	461.000	349.933	390.203	251.000	169.000	206.058	234.082	19[illegible]
黍	179.500	116.500	198.500	173.500	172.093	173.603	153.500	111.000	140.000	131.000	92.029	129.482	144.000	142.018	160.881	145.265	10[illegible]
莜麥	—	—	—	—	—	—	—	—	—	—	—	—	—	27.168	34.805	16.578	—
小計	5.693.500	3.883.500	5.972.500	5.000.500	4.854.225	4.829.291	5.969.000	4.634.000	5.480.000	5.381.000	3.882.484	4.721.548	1.769.000	1.479.424	1.965.584	1.935.369	170[illegible]
黃豆及青豆	275.000	168.000	269.000	249.000	261.324	254.831	1.018.000	731.000	1.337.000	1.152.000	715.079	816.106	45.000	47.178	63.528	71.268	61.[illegible]
黑大豆	226.000	151.000	249.000	211.000	235.720	232.073	271.000	193.000	355.000	287.000	180.960	199.136	87.000	70.000	80.000	100.000	84[illegible]
綠豆	186.500	133.500	215.500	182.500	178.099	174.639	176.000	119.000	227.000	187.000	153.091	203.202	52.000	42.000	52.000	55.000	46.[illegible]
小計	682.500	452.500	733.500	642.500	668.143	661.543	1.465.000	1.043.000	1.919.000	1.626.000	1.052.130	1.218.444	184.000	159.178	196.528	226.268	19[illegible]
合計	6.376.000	4.336.000	6.709.000	5.643.000	5.492.365	5.490.834	7.434.000	5.677.000	7.399.000	7.007.000	4.934.534	5.939.972	1.955.000	1.638.602	2.162.112	2.161.637	1.90[illegible]

第一節第二項第三目 一.

第1表　　小麥生產表

省道別 ＼ 項目 年度	耕種面積 27年度	28年度	29年度	30年度	31年度	32年度	平年度
	公頃	公頃	公頃	公頃	公頃	公頃	公頃
華北總計		6,034,581	6,339,121	6,224,618			
河北省小計	1,897,000	1,887,000	2,070,000	1,976,000	1,588,860	1,488,190	1,730,100
北平特別市	8,000	9,000	9,000	10,000	6,380	3,380	9,950
冀東道	134,000	135,000	164,000	140,000	86,000	89,200	114,000
津海道	148,000	150,000	182,000	135,000	74,500	48,430	147,960
燕京道	107,000	128,000	169,000	119,000	83,870	38,890	120,510
保定道	242,000	244,000	227,000	234,000	206,440	207,530	253,300
真定道	198,000	206,000	278,000	274,000	257,820	229,300	235,250
渤海道	449,000	453,000	467,000	468,000	287,940	299,770	325,620
順德道	177,000	184,000	188,000	187,000	184,760	182,830	166,110
冀南道	364,000	378,000	386,000	409,000	401,150	388,930	357,400
山東省小計	2,837,000	2,893,000	2,926,000	2,845,000	2,677,500	2,490,330	2,800,290
青島特別市	135,000	138,000	139,000	146,000	61,340	62,520	66,070
登州道	225,000	229,000	236,000	220,000	205,200	209,330	210,750
萊濰道	290,000	296,000	296,000	272,000	259,320	236,820	272,820
青州道	229,000	233,000	236,000	234,000	205,090	161,460	235,780
武定道	211,000	216,000	216,000	200,000	172,430	106,630	211,540
濟南道	135,000	137,000	137,000	126,000	128,030	95,360	136,270
東臨道	350,000	357,000	360,000	324,000	298,080	131,810	347,730
曹州道	473,000	482,000	501,000	492,000	487,830	512,470	492,330
兗濟道	445,000	454,000	445,000	446,000	443,160	464,230	446,100
泰安道	154,000	157,000	160,000	165,000	178,440	209,240	160,560
沂州道	190,000	194,000	200,000	220,000	238,580	231,460	219,340
山西省小計	959,000	949,548	1,011,714	1,028,566	1,026,320	1,036,790	993,460
雁門道	167,000	128,000	140,000	154,000	144,670	149,830	155,900
冀寧道	299,000	307,000	322,000	331,000	340,020	340,110	326,570
河東道	393,000	405,000	429,000	427,000	443,370	439,210	417,470
上黨道	100,000	103,000	109,000	109,000	98,260	97,640	93,520
晉北		6,548	11,714	7,566			
察哈爾省小計		221,347	110,640	180,201			
察南		3,947	3,767	5,093			
察盟		217,400	106,873	175,108			
綏遠省小計		83,686	220,767	194,851			
巴盟		83,686	220,767	194,851			

第一節第二項第三目 一

第2表　小麥生產表

省道别 \ 項目 年度	收穫量 27年度	28年度	29年度	30年度	31年度	32年度	平年度
	公噸	公噸	公噸	公噸	公噸	公噸	公噸
華北總計		3798.617	4635.785	4355,107			
河北省小計	1.554,000	1.393.000	1.813.000	1.448.000	1,168.540	1,263.894	1.504.913
北平特別市	5.000	7.000	6.000	6.000	2.788	3.023	7.254
冀東道	114.000	105.000	155.000	69.000	49.708	67.928	91.428
津海道	141.000	129.000	171.000	67.000	38.514	57.317	139.776
燕京道	86.000	120.000	144.000	71.000	36.651	32.531	87.852
保定道	254.000	200.000	243.000	193.000	137.827	191.734	239.369
眞定道	176.000	200.000	253.000	244.000	208.272	195.187	225.340
渤海道	323.000	297.000	291.000	280.000	126.491	170.872	206.769
順德道	151.000	111.000	195.000	183.000	192.004	186.982	166.461
冀南道	304.000	224.000	355.000	335.000	376.285	358.320	337.664
山東省小計	2322.000	1.870.000	2004.000	2.188.000	1.716.536	1881.431	2.138.319
青島特別市	96.000	77.000	93.000	144.000	47.907	55.955	55.367
登州道	164.000	132.000	171.000	181.000	156.978	171.419	173.658
萊濰道	206.000	166.000	178.000	220.000	178.671	213.536	238.223
青州道	159.000	128.000	184.000	156.000	123.464	126.606	188.624
武定道	149.000	120.000	105.000	106.000	87.219	54.035	123.328
濟南道	97.000	78.000	66.000	78.000	70.801	68.064	99.477
東臨道	258.000	208.000	199.000	198.000	128.472	55.609	254.538
曹州道	467.000	376.000	396.000	407.000	341.481	403.698	358.909
兗濟道	442.000	356.000	336.000	385.000	324.393	391.436	380.969
泰安道	146.000	118.000	121.000	136.000	99.926	128.382	105.327
沂州道	138.000	111.000	153.000	177.000	157.224	212.691	159.899
山西省小計	613.000	492.921	632.476	588.293	651.479	663.346	677.036
雁門道	78.000	47.000	71.000	80.000	75.623	84.162	88.887
冀寧道	182.000	148.000	196.000	209.000	215.802	217.841	221.088
河東道	288.000	237.000	296.000	230.000	304.569	310.079	301.597
上黨道	65.000	60.000	65.000	67.000	55.485	51.264	65.464
晋北		921	4.476	2.293			
察哈尔省小計		13.183	74.797	65.944			
察南		1.515	3.599	3.655			
察盟		11.668	71.198	62.289			
綏遠省小計		29.513	114.812	64.870			
巴盟		29513	114.812	64.870			

第一節第二項第三目二

第1表　粟生産表

省道別＼項目 年度	耕種面積						
	27年度 公頃	28年度 公頃	29年度 公頃	30年度 公頃	31年度 公頃	32年度 公頃	平年度 公頃
華北總計		3,810,839	4,024,816	4,217,644			
河北省小計	1,444,000	1,446,000	1,567,000	1,662,000	1,696,060	1,736,090	1,393,450
北平特別市	4,000	5,000	6,000	6,000	6,080	6,320	5,550
冀東道	167,000	167,000	173,000	202,000	202,070	205,240	165,510
津海道	71,000	71,000	79,000	98,000	91,790	99,860	69,710
燕京道	125,000	158,000	166,000	185,000	193,830	168,530	137,810
保定道	245,000	213,000	228,000	237,000	259,390	305,300	211,800
真定道	224,000	224,000	289,000	311,000	318,440	333,980	256,480
渤海道	313,000	313,000	326,000	324,000	303,230	281,340	307,660
順德道	141,000	141,000	145,000	151,000	156,710	152,040	122,020
冀南道	154,000	154,000	155,000	158,000	164,520	173,480	126,610
山東省小計	1,379,000	1,333,000	1,310,000	1,376,000	1,329,730	1,450,080	1,193,040
青島特別市	68,000	65,000	73,000	72,000	44,570	48,120	42,990
登州道	107,000	103,000	104,000	98,000	105,820	114,110	97,830
萊濰道	144,000	138,000	139,000	133,000	132,230	158,710	130,700
青州道	134,000	128,000	125,000	133,000	130,770	157,460	114,250
武定道	139,000	134,000	119,000	160,000	151,640	170,780	106,290
濟南道	103,000	99,000	91,000	95,000	93,000	101,800	84,530
東臨道	210,000	201,000	201,000	220,000	190,430	220,770	140,370
曹州道	181,000	174,000	171,000	176,000	169,350	165,520	171,490
兗濟道	143,000	137,000	133,000	132,000	155,150	151,860	131,750
泰安道	74,000	71,000	67,000	69,000	65,410	66,270	88,910
沂州道	86,000	82,000	84,000	85,000	88,360	94,680	83,930
山西省小計	635,000	761,407	892,158	882,481	817,870	837,470	755,530
雁門道	224,000	226,000	271,000	250,000	273,380	276,860	253,860
冀寧道	166,000	198,000	198,000	192,000	192,430	196,010	170,180
河東道	69,000	83,000	81,000	74,000	76,440	86,360	56,380
上黨道	176,000	210,000	206,000	220,000	275,620	278,240	275,110
晋北		44,407	136,158	146,481			
察哈尔省小計		209,003	196,083	184,312			
察南		141,553	176,835	160,396			
察盟		67,450	19,248	23,916			
綏遠省小計		72,429	59,575	112,851			
巴盟		72,429	59,575	112,851			

第一節第二項第三目.二.

第2表　粟生產表

省道別 \ 項目 年度	收穫量						
	27年度 公噸	28年度 公噸	29年度 公噸	30年度 公噸	31年度 公噸	32年度 公噸	平年度 公噸
華北總計		2,434,515	3,614,808	3,624,797			
河北省小計	1,290,000	869,000	1,503,000	1,439,000	1,534,479	1,510,021	1,399,127
北平特別市	4,000	4,000	6,000	5,000	4,463	4,961	4,943
冀東道	222,000	126,000	163,000	167,000	190,357	173,787	173,123
津海道	44,000	24,000	78,000	65,000	56,080	65,714	62,390
燕京道	83,000	97,000	147,000	156,000	123,857	132,579	106,594
保定道	171,000	122,006	221,000	217,000	236,069	288,881	215,401
真定道	228,000	160,000	302,000	335,000	347,279	334,383	280,641
渤海道	268,000	147,000	305,000	178,000	228,934	221,686	297,815
順德道	130,000	91,000	138,000	156,000	171,241	120,544	130,444
冀南道	140,000	98,000	143,000	160,000	176,179	167,486	127,576
山東省小計	1,389,000	1,014,000	1,440,000	1,380,000	954,671	1,318,754	1,150,972
青島特別市	72,000	52,000	79,000	87,000	36,280	48,938	44,796
登州道	108,000	79,000	114,000	100,000	80,952	111,810	97,439
萊濰道	137,000	100,000	152,000	140,000	100,098	157,467	139,196
青州道	116,000	84,000	150,000	134,000	94,677	157,036	111,965
武定道	125,000	92,000	122,000	154,000	94,320	109,032	85,114
濟南道	106,000	78,000	98,000	90,000	53,940	87,339	72,696
東臨道	232,000	169,000	210,000	214,000	127,969	157,142	127,035
曹州道	185,000	135,000	190,000	176,000	124,109	152,538	159,143
兗濟道	153,000	112,000	147,000	130,000	119,878	181,079	145,847
泰安道	75,000	55,000	72,000	68,000	45,133	53,899	74,684
沂州道	80,000	58,000	106,000	87,000	77,315	102,474	90,057
山西省小計	403,000	431,410	610,893	612,893	508,952	584,714	593,111
雁門道	93,000	96,000	168,000	154,000	148,586	186,644	172,985
冀寧道	113,000	116,000	143,000	146,000	128,476	155,671	138,060
河東道	56,000	58,000	65,000	54,000	51,359	73,451	49,333
上黨道	142,000	147,000	149,000	177,000	180,531	168,948	232,743
晉北		14,410	85,893	81,893			
察哈尔省小計		92,104	30,034	143,342			
察南		88,574	15,224	129,551			
察盟		3,530	14,810	13,791			
綏遠省小計		28,001	30,881	49,562			
巴盟		28,001	30881	49,562			

第一節第二項第三目.三

第1表　　高粱生産表

省道別 ＼ 項目 年度	耕種面積						
	27年度 公頃	28年度 公頃	29年度 公頃	30年度 公頃	31年度 公頃	32年度 公頃	平年度 公頃
華北總計		3,158,930	3,127,301	2,999,830			
河北省小計	1,329,000	1,228,000	1,243,000	1,140,000	1,042,890	1,001,020	1,290,970
北平特別市	5,000	4,000	3,000	4,000	2,970	2,470	7,020
冀東道	311,000	287,000	284,000	266,000	230,910	216,790	301,190
津海道	174,000	160,000	155,000	130,000	135,280	143,150	176,000
燕京道	115,000	92,000	84,000	90,000	82,260	81,680	118,210
保定道	139,000	130,000	144,000	133,000	124,580	103,640	130,540
真定道	128,000	123,000	144,000	136,000	118,400	92,270	117,090
渤海道	205,000	189,000	185,000	176,000	149,160	138,020	214,280
順德道	115,000	111,000	112,000	94,000	89,960	93,310	102,680
冀南道	137,000	132,000	132,000	121,000	109,370	129,690	123,960
山東省小計	1,519,000	1,472,000	1,321,000	1,277,000	1,184,860	1,147,530	1,225,260
青島特別市	43,000	42,000	40,000	42,000	13,810	12,230	17,750
登州道	84,000	81,000	82,000	77,000	82,090	78,850	77,370
萊濰道	142,000	137,000	137,000	137,000	113,450	107,740	131,410
青州道	135,000	131,000	131,000	119,000	109,530	112,660	121,000
武定道	153,000	148,000	129,000	124,000	114,870	129,440	118,510
濟南道	54,000	53,000	44,000	48,000	50,970	52,070	53,160
東臨道	167,000	162,000	134,000	117,000	108,020	110,380	93,740
曹州道	275,000	267,000	240,000	232,000	223,360	209,030	229,710
兗濟道	279,000	270,000	219,000	220,000	198,050	185,010	211,150
泰安道	76,000	73,000	57,000	58,000	53,940	45,810	56,480
沂州道	111,000	108,000	108,000	109,000	106,770	104,310	114,980
山西省小計	480,000	351,116	423,902	452,847	372,470	383,390	421,040
雁門道	206,000	138,000	169,000	176,000	173,740	180,720	184,700
冀寧道	143,000	96,000	94,000	107,000	106,460	109,800	126,520
河東道	28,000	18,000	18,000	21,000	20,930	22,400	24,910
上黨道	103,000	69,000	69,000	74,000	71,340	70,470	85,610
晋北		30,116	73,902	74,847			
察哈爾省小計		88,013	99,895	91,861			
察南		85,273	99,434	91,351			
察盟		2,740	461	510			
綏遠省小計		19,801	39,504	38,122			
巴盟		19,801	39,504	38,122			

第一節第二項第三目三

第7表　高梁生產表

省道別 ＼ 項目 年度	收穫量 27年度	28年度	29年度	30年度	31年度	32年度	平年度
	公噸	公噸	公噸	公噸	公噸	公噸	公噸
華北總計		2,311,682	2,940,793	2,666,016			
河北省小計	1,330,000	757,000	1,218,000	982,000	922,171	845,967	1,318,277
北平特別市	6,000	4,000	4,000	3,000	2,293	1,929	6,304
冀東道	473,000	252,000	316,000	225,000	237,606	199,809	347,874
津海道	105,000	56,000	159,000	75,000	93,880	109,986	171,600
燕京道	88,000	62,000	80,000	81,000	58,569	60,239	105,798
保定道	171,000	79,000	145,000	136,000	101,162	88,333	128,582
真定道	127,000	85,000	146,000	126,000	104,766	77,639	118,258
渤海道	160,000	85,000	148,000	123,000	114,940	109,347	209,352
順德道	97,000	65,000	100,000	92,000	92,314	67,064	165,751
冀南道	103,000	69,000	120,000	118,000	116,641	131,621	124,758
山東省小計	1605,000	1,261,000	1,358,000	1,221,000	769,235	1,021,658	1,134,484
青島特別市	48,000	38,000	38,000	50,000	10,109	11,949	17,626
登州道	93,000	73,000	78,000	77,000	56,806	74,914	75,823
萊濰道	143,000	112,000	145,000	132,000	77,373	100,711	133,361
青州道	142,000	111,000	142,000	111,000	65,937	109,214	113,135
武定道	133,000	105,000	113,000	112,000	65,476	85,802	68,764
濟南道	48,000	38,000	42,000	44,000	25,485	43,759	44,920
東臨道	160,000	126,000	125,000	106,000	68,593	83,217	78,648
曹州道	312,000	245,000	256,000	222,000	144,216	172,308	202,834
兗濟道	333,000	261,000	232,000	208,000	133,684	199,728	216,429
泰安道	80,000	63,000	58,000	55,000	36,140	35,048	45,184
沂州道	113,000	89,000	126,000	104,000	85,416	105,008	117,740
山西省小計	358,000	216,907	320,471	337,958	243,995	300,935	358,616
雁門道	119,000	68,000	121,000	128,000	103,509	140,610	145,861
冀寧道	117,000	66,000	80,000	93,000	81,868	101,016	119,814
河東道	26,000	15,000	16,000	17,000	15,172	20,313	22,313
上黨道	96,000	55,000	56,000	58,000	43,446	39,096	70,625
晋北		12,907	47,471	41,958			
察哈爾省小計		65,845	12,278	101,883			
察南		65,676	12,059	101,523			
察盟		169	219	360			
綏遠省小計		10,930	32,044	23,175			
巴盟		10,930	32,044	23,175			

第一節第二項第三目．四

第1表　　玉蜀黍生產表

省道別＼項目／年度	耕種面積						
	27年度 公頃	28年度 公頃	29年度 公頃	30年度 公頃	31年度 公頃	32年度 公頃	平年度 公頃
華北總計		1,923,986	2,005,708	2,003,725			
河北省小計	1,294,000	1,174,000	1,213,000	1,209,000	1,143,400	1,245,320	1,175,030
北平特別市	9,000	8,000	8,000	6,000	6,180	7,440	6,750
冀東道	183,000	186,000	190,000	192,000	174,170	173,980	183,790
津海道	123,000	125,000	119,000	103,000	112,500	133,500	126,990
燕京道	188,000	171,000	166,000	184,000	203,490	209,880	190,180
保定道	117,000	117,000	128,000	124,000	135,980	140,950	121,030
真定道	155,000	110,000	140,000	135,000	123,690	136,380	105,650
渤海道	284,000	290,000	292,000	290,000	229,490	267,790	288,500
順德道	62,000	44,000	45,000	44,000	41,2000	57,340	39,840
冀南道	173,000	123,000	125,000	124,000	116,770	118,060	112,300
山東省小計	510,000	516,000	533,000	509,000	546,450	611,690	570,610
青島特別市	17,000	17,000	18,000	18,000	4,540	4,930	7,490
登州道	56,000	57,000	60,000	56,000	65,930	78,200	55,710
萊濰道	25,000	25,000	25,000	29,000	42,140	45,700	29,170
青州道	30,000	30,000	29,000	31,000	58,610	72,550	57,410
武定道	71,000	72,000	75,000	65,000	66,290	66,510	74,450
濟南道	41,000	42,000	49,000	43,000	41,790	45,440	49,200
東臨道	149,000	151,000	157,000	136,000	142,490	146,860	153,990
曹州道	27,000	27,000	26,000	40,000	41,100	52,190	42,630
兗濟道	15,000	15,000	15,000	16,000	17,420	24,160	15,510
泰安道	40,000	41,000	40,000	45,000	38,340	48,570	42,540
沂州道	39,000	39,000	39,000	30,000	27,800	26,510	43,210
山西省小計	286,000	229,000	251,067	282,197	284,550	293,460	286,270
雁門道	60,000	48,000	51,000	59,000	52,660	53,200	60,470
冀寧道	71,000	57,000	57,000	62,000	63,500	67,360	62,450
河東道	50,000	40,000	46,000	52,000	54,290	59,060	52,490
上黨道	105,000	84,000	97,000	109,000	114,100	113,840	110,860
晋北			67	197			
察哈爾省小計		4,948	8,468	10,340			
察南		4,948	8,468	10,340			
察盟			2				
綏遠省小計		38	173	188			
巴盟		38	173	188			

第一節第二項第三目.四

第7表

玉蜀黍生產表

項目 年度 省道別	收穫量						
	27年度	28年度	29年度	30年度	31年度	32年度	平年度
	公噸	公噸	公噸	公噸	公噸	公噸	公噸
華北總計		1,299,967	2,000,479	1,665,798			
河北省小計	1,340,000	748,000	1,243,000	958,000	1,006,942	1,026,806	1,192,326
北平特別市	10,000	8,000	9,000	6,000	5,129	5,669	6,426
冀東道	324,000	175,000	221,000	175,000	189,671	168,773	220,548
津海道	81,000	44,000	130,000	55,000	79,650	102,257	124,069
燕京道	174,000	141,000	189,000	178,000	156,227	148,359	181,812
保定道	122,000	69,000	121,000	112,000	109,523	124,280	119,941
真定道	140,000	64,000	139,000	132,000	113,137	112,968	105,651
渤海道	282,000	152,000	283,000	147,000	199,189	208,372	291,097
順德道	59,000	27,000	40,000	41,000	40,234	42,445	38,016
冀南道	148,000	68,000	111,000	112,000	114,182	113,683	104,766
山東省小計	500,000	378,000	540,000	461,000	349,933	390,203	492,902
青島特別市	21,000	16,000	19,000	20,000	3,473	3,609	7,190
登州道	61,000	46,000	64,000	53,000	46,678	63,429	52,646
萊濰道	24,000	18,000	27,000	28,000	29,077	23,396	27,274
青州道	21,000	16,000	30,000	28,000	36,748	39,150	51,382
武定道	63,000	45,000	70,000	36,000	36,857	30,179	54,720
濟南道	39,000	29,000	59,000	39,000	22,535	22,884	41,328
東臨道	140,000	106,000	153,000	121,000	91,194	86,546	134,895
曹州道	32,000	24,000	26,000	35,000	25,489	41,914	34,914
兗濟道	21,000	15,000	16,000	14,000	11,340	23,887	14,998
泰安道	42,000	32,000	39,000	39,000	24,729	29,494	32,203
沂州道	37,000	28,000	46,000	38,000	21,823	25,715	41,352
山西省小計	251,000	169,000	206,058	234,082	199,916	225,049	247,959
雁門道	39,000	26,000	39,000	45,000	35,148	40,528	46,743
冀寧道	64,000	41,000	48,000	52,000	48,225	60,625	57,393
河東道	49,000	33,000	43,000	45,000	42,492	56,014	50,923
上黨道	102,000	69,000	76,000	92,000	74,051	67,882	92,901
晉北			58	82			
察哈爾省小計		4,948	11,408	12,624			
察南		4,948	11,406	12,624			
蒙疆			2				
綏遠省小計		19	115	92			
巴盟		19	115	92			

第一節第二項第三目.五

第1表　　黍生產表

省道別＼項目／年度	耕種面積						
	27年度 公頃	28年度 公頃	29年度 公頃	30年度 公頃	31年度 公頃	32年度 公頃	平年度 公頃
華北總計		880,094	807,021	794,496			
河北省小計	221,000	228,000	248,000	243,500	255,990	239,300	236,100
北平特別市	1,000	1,000	1,000	500	270	340	590
冀東道	15,000	16,000	15,000	17,000	17,610	20,030	15,020
津海道	26,000	27,000	29,000	34,000	31,750	33,410	29,680
燕京道	14,000	14,000	14,000	11,000	11,240	11,790	14,330
保定道	19,000	19,000	16,000	17,000	17,620	17,540	20,750
真定道	22,000	23,000	44,000	48,000	48,840	32,250	29,280
渤海道	42,000	44,000	44,000	44,000	39,470	41,870	46,680
順德道	29,000	30,000	30,000	25,000	25,780	26,810	28,910
冀南道	53,000	54,000	55,000	47,000	63,410	55,260	50,860
山東省小計	187,000	182,000	181,000	175,000	166,180	166,940	179,870
青島特別市	6,000	6,000	6,000	7,000	2,560	2,170	3,350
登州道	18,000	18,000	18,000	16,000	12,600	13,260	16,380
萊濰道	25,000	24,000	24,000	36,000	30,050	26,980	36,310
青州道	14,000	14,000	14,000	14,000	13,330	18,610	14,480
武定道	22,000	21,000	20,000	19,000	16,090	17,500	19,960
濟南道	9,000	9,000	9,000	9,000	9,390	10,730	8,870
東臨道	22,000	22,000	21,000	21,000	17,520	21,040	21,500
曹州道	21,000	21,000	21,000	19,000	22,060	15,070	19,500
兗濟道	13,000	12,000	12,000	8,000	13,700	12,740	12,720
泰安道	4,000	3,000	3,000	3,000	3,870	3,820	3,840
沂州道	33,000	32,010	33,000	23,000	25,010	25,020	22,960
山西省小計	172,000	300,991	272,302	248,094	195,510	196,200	187,260
雁門道	95,000	139,000	109,000	81,000	89,520	88,400	91,040
冀寧道	35,000	51,000	52,000	52,000	52,330	53,170	48,120
河東道	24,000	35,000	34,000	28,000	26,400	27,220	20,320
上黨道	18,000	26,000	25,000	28,000	27,260	27,410	27,780
晉北		49,991	52,302	59,094			
察哈爾省小計		122,620	60,539	75,372			
察南		51,290	41,753	51,142			
察盟		71,330	18,786	24,230			
綏遠省小計		46,483	45,180	52,600			
巴盟		46,483	45,180	52,600			

第一節第二項第三目.五.

第2表

黍生產表

省道別 \ 年度	27年度	28年度	29年度	30年度	31年度	32年度	平年度
項目	收穫量						
	公噸	公噸	公噸	公噸	公噸	公噸	公噸
華北總計		417,898	572,586	521,410			
河北省小計	179,500	116,500	198,500	173,500	192,093	173,603	187,554
北平特別市	500	500	500	500	188	241	449
冀東道	12,000	13,000	15,000	14,000	17,580	17,842	14,998
津海道	15,000	8,000	24,000	18,000	17,270	18,511	22,230
燕京道	9,000	8,000	12,000	8,000	6,575	7,821	11,435
保定道	16,000	11,000	13,000	13,000	12,569	13,410	16,787
真定道	21,000	14,000	34,000	39,000	40,248	24,340	24,250
渤海道	38,000	19,000	31,000	20,000	25,375	25,196	30,389
順德道	25,000	16,000	25,000	22,000	23,808	18,543	25,080
冀南道	42,000	27,000	44,000	39,000	48,480	47,699	41,936
山東省小計	153,000	111,000	140,000	131,000	92,029	109,482	130,722
青島特別市	4,000	3,000	4,000	6,000	1,562	1,588	2,700
登州道	15,000	11,000	13,000	12,000	7,182	8,863	12,138
萊濰道	20,000	14,000	18,000	27,000	16,678	15,262	29,593
青州道	10,000	7,000	10,000	9,000	7,052	13,232	9,774
武定道	16,000	12,000	14,000	13,000	8,093	9,262	12,176
濟南道	7,000	5,000	6,000	6,000	4,376	7,059	5,632
東臨道	17,000	13,000	15,000	19,000	8,322	11,837	14,427
曹州道	20,000	15,000	18,000	14,000	12,574	11,446	13,962
兗濟道	16,000	10,000	10,000	7,000	7,535	8,628	10,049
泰安道	3,000	3,000	3,000	2,000	2,096	2,452	2,500
沂州道	25,000	18,000	29,000	16,000	16,557	19,853	17,771
山西省小計	144,000	142,018	160,881	145,265	102,583	125,346	124,857
雁門道	84,000	60,000	61,000	45,000	39,967	51,011	53,164
冀寧道	27,000	30,000	34,000	36,000	30,513	37,558	34,646
河東道	19,000	22,000	24,000	19,000	15,747	21,549	16,240
上黨道	14,000	16,000	16,000	21,000	16,356	15,228	20,807
晉北		14,018	25,881	24,265			
察哈爾省小計		24,076	39,141	48,448			
察南		21,505	30,025	36,480			
察盟		2,571	9,116	11,968			
綏遠省小計		24,304	34,064	23,197			
巴盟		24,304	34,064	23,197			

第一節第二項第三目六

第 1 表

黄青豆生産表

省道別 ＼ 項目 年度	耕種面積 27年度 公頃	28年度 公頃	29年度 公頃	30年度 公頃	31年度 公頃	32年度 公頃	平年度 公頃
華北總計	1,647,000	1,760,963	1,865,629	1,907,726			
河北省小計	323,000	313,000	347,000	359,000	369,810	350,970	417,150
北平特別市	1,000	1,000	1,000	1,000	780	910	1,090
冀東道	53,000	49,000	53,000	57,000	62,170	67,090	49,550
津海道	30,000	28,000	31,000	41,000	39,340	44,070	48,310
燕京道	20,000	20,000	24,000	22,000	21,490	20,770	21,480
保定道	28,000	31,000	38,000	34,000	27,380	24,760	33,720
冀定道	36,000	35,000	47,000	43,000	40,270	29,840	36,850
渤海道	55,000	51,000	51,000	51,000	97,140	78,010	125,690
順德道	33,000	32,000	32,000	33,000	29,720	24,970	32,130
冀南道	67,000	66,000	70,000	77,000	71,520	60,550	68,330
山東省小計	1,255,000	1,323,000	1,416,000	1,427,000	1,254,020	1,181,680	1,274,640
青島特別市	97,000	102,000	104,000	97,000	42,010	36,880	47,730
登州道	80,000	84,000	88,000	116,000	120,630	113,230	123,030
萊濰道	160,000	168,000	178,000	171,000	139,380	125,150	145,870
青州道	137,000	144,000	144,000	141,000	101,930	75,560	106,660
武定道	59,000	62,000	71,000	65,000	66,640	52,540	68,700
濟南道	41,000	43,000	51,000	48,000	47,100	40,030	48,940
東臨道	79,000	88,000	100,000	88,000	78,700	74,380	93,140
曹州道	226,000	237,000	254,000	247,000	223,980	246,390	238,510
兗濟道	186,000	195,000	213,000	235,000	227,030	221,850	214,800
泰安道	77,000	81,000	91,000	88,000	82,500	75,010	64,660
沂州道	113,000	119,000	122,000	131,000	124,120	120,660	122,600
山西省小計	69,000	78,883	94,558	106,464	111,550	110,250	112,840
雁門道	17,000	19,000	26,000	32,000	36,040	33,920	32,140
冀寧道	20,000	23,000	27,000	30,000	30,100	30,500	34,900
河東道	6,000	7,000	7,000	6,000	6,300	6,640	7,400
上黨道	26,000	29,000	31,000	36,000	39,110	39,190	38,400
晉北		883	3,558	2,464			
察哈爾省小計		39,331	5,437	7,520			
察南		7,181	4,851	7,377			
察盟		32,150	586	141			
綏遠省小計		6,749	2,634	7,742			
巴・盟		6,749	2,634	7,742			

第一節第二項第三目.六

第7表

黃青豆生產表

省道別 \ 項目 年度	收穫量 27年度 公頓	28年度 公頓	29年度 公頓	30年度 公頓	31年度 公頓	32年度 公頓	平年度 公頓
華北總計		965,096	1,675,154	1,479,953			
河北省小計	270,000	168,000	269,000	249,000	261,334	254,831	334,398
北平特別市	1,000	1,000	1,000	1,000	477	594	800
冀東道	64,000	33,000	47,000	33,000	44,430	50,412	46,559
津海道	19,000	10,000	28,000	19,000	17,300	27,761	39,324
燕京道	13,000	11,000	20,000	17,000	12,765	13,605	16,303
保定道	21,000	16,000	31,000	27,000	18,501	18,595	29,134
真定道	29,000	20,000	38,000	37,000	31,750	21,350	31,971
渤海道	43,000	22,000	41,000	21,000	46,823	46,909	83,835
順德道	28,000	20,000	7,000	29,000	26,365	20,487	28,860
冀南道	52,000	35,000	56,000	65,000	62,913	55,118	57,612
山東省小計	1,018,000	731,000	1,337,000	1,152,000	718,079	816,106	1,050,281
青島特別市	70,000	50,000	91,000	96,000	28,021	25,521	42,718
登州道	59,000	42,000	84,000	94,000	76,600	73,297	100,146
萊濰道	121,000	85,000	165,000	141,000	79,447	61,340	130,554
青州道	101,000	72,000	135,000	111,000	52,290	43,239	86,928
武定道	39,000	28,000	68,000	49,000	37,585	31,027	48,090
濟南道	30,000	21,000	48,000	39,000	22,985	22,171	37,439
東臨道	74,000	56,000	94,000	69,000	41,396	48,275	70,041
曹州道	209,000	150,000	237,000	199,000	120,992	166,460	186,276
兗濟道	159,000	114,000	204,000	186,000	123,731	189,635	192,031
泰安道	62,000	45,000	83,000	70,000	45,045	50,409	44,615
沂州道	95,000	68,000	128,000	98,000	89,987	104,732	111,443
山西省小計	45,000	47,178	63,528	71,268	61,974	67,381	80,556
雁門道	7,000	9,000	16,000	19,000	17,706	20,854	20,409
冀寧道	10,000	14,000	19,000	22,000	18,180	22,106	26,280
河東道	5,000	5,000	6,000	4,000	3,836	4,997	5,758
上黨道	23,000	19,000	21,000	25,000	22,262	19,394	28,109
晉北		178	1,528	1,268			
察哈爾省小計		6,283	3,995	5,042			
察南		4,664	3,777	4,807			
察盟		1,619	218	235			
綏遠省小計		2,635	1,631	2,643			
巴盟		2,635	1,631	2,643			

第一節第二項第三目.七

第1表　　綠豆生産表

項目 年度 省道別	耕種面積						
	27年度	28年度	29年度	30年度	31年度	32年度	平年度
	公頃	公頃	公頃	公頃	公頃	公頃	公頃
華北總計	557,500	594,500	631,500	611,000	623,830	651,740	610,360
河北省小計	238,500	263,500	280,500	269,000	260,810	243,510	263,720
北平特別市	500	500	500	1,000	610	510	430
冀東道	15,000	16,000	15,000	16,000	21,200	13,660	15,290
津海道	15,000	29,000	25,000	28,000	27,600	26,980	28,300
燕京道	18,000	16,000	16,000	17,000	18,240	11,700	16,340
保定道	22,000	21,000	24,000	24,000	22,810	17,540	22,480
真定道	27,000	29,000	45,000	39,000	35,080	37,690	29,340
渤海道	45,000	49,000	51,000	51,000	40,770	29,490	47,880
順德道	25,000	27,000	27,000	18,000	18,600	26,380	26,540
冀南道	71,000	76,000	77,000	75,000	75,900	79,560	77,120
山東省小計	245,000	250,000	263,000	257,000	275,830	316,520	255,540
青島特別市	8,000	8,000	8,000	8,000	3,350	2,960	5,130
登州道	10,000	10,000	11,000	11,000	12,600	11,390	10,710
萊濰道	17,000	18,000	18,000	19,000	20,540	20,120	19,450
青州道	19,000	19,000	19,000	19,000	26,350	24,020	19,390
武定道	20,000	21,000	23,000	23,000	23,370	17,440	21,120
濟南道	10,000	10,000	11,000	10,000	11,110	9,680	10,010
東臨道	35,000	36,000	35,000	34,000	32,350	32,520	35,620
曹州道	51,000	52,000	54,000	52,000	62,530	79,820	54,630
兗濟道	47,000	48,000	52,000	52,000	53,810	87,630	53,500
泰安道	13,000	13,000	14,000	15,000	15,460	17,050	14,520
沂州道	15,000	15,000	15,000	14,000	14,360	13,890	11,460
山西省小計	74,000	81,000	88,000	85,000	87,190	91,710	91,100
雁門道	24,000	26,000	27,000	16,000	14,450	16,590	18,230
冀寧道	26,000	29,000	33,000	35,000	36,220	37,530	36,910
河東道	10,000	11,000	12,000	13,000	14,420	15,160	14,610
上黨道	14,000	15,000	16,000	21,000	22,100	22,430	21,350
晋北							
察哈爾省小計							
察南							
察盟							
綏遠省小計							
巴盟							

第一節第二項第三目七

第 2 表　　綠豆生產表

省道別　項目 年度	收			穫		量	
	27年度	28年度	29年度	30年度	31年度	32年度	平年度
	公噸	公噸	公噸	公噸	公噸	公噸	公噸
華北總計	414.500	294.500	495.500	424.500	378.090	433.045	458.562
河北省小計	186.500	133.500	215.500	182.500	178.099	174.639	210.109
北平特別市	500	500	500	500	358	315	301
冀東道	17.000	10.000	11.000	9.000	12.856	7.936	11.610
津海道	7.000	7.000	20.000	10.000	10.957	15.530	22.329
燕京道	10.000	8.000	11.000	11.000	9.503	7.257	11.438
保定道	19.000	10.000	16.000	17.000	15.276	12.069	15.691
真定道	20.000	16.000	33.000	31.000	25.526	23.561	23.710
渤海道	38.000	22.000	37.000	20.000	18.880	16.184	31.169
順德道	20.000	16.000	23.000	17.000	16.533	22.664	25.345
冀南道	55.000	44.000	64.000	67.000	67.910	69.123	68.516
山東省小計	176.000	119.000	227.000	187.000	153.091	203.202	186.356
青島特別市	5.000	4.000	7.000	7.000	2.044	1.806	4.048
登州道	5.000	4.000	9.000	8.000	7.182	6.241	7.497
萊濰道	12.000	8.000	14.000	14.000	10.434	9.164	15.366
青州道	12.000	8.000	18.000	14.000	12.385	12.157	14.833
武定道	11.000	8.000	20.000	16.000	11.218	8.823	13.411
濟南道	6.000	5.000	9.000	7.000	4.788	4.824	6.857
東臨道	28.000	20.000	33.000	25.000	16.240	19.909	24.863
曹州道	43.000	31.000	46.000	38.000	31.953	49.757	37.585
兗濟道	35.000	25.000	43.000	37.000	29.558	68.926	43.121
泰安道	9.000	6.000	12.000	11.000	7.668	10.552	9.206
沂州道	10.000		16.000	10.000	9.621	11.043	9.569
山西省小計	52.000	42.000	53.000	55.000	46.900	56.204	62.097
雁門道	14.000	11.000	15.000	9.000	6.995	9.324	10.646
冀寧道	19.000	15.000	20.000	23.000	19.817	24.754	25.172
河東道	8.000	7.000	8.000	9.000	8.336	10.954	10.800
上黨道	11.000	9.000	10.000	14.000	11.752	11.172	15.479
晉北							
察哈爾省小計							
察南							
察盟							
綏遠省小計							
巴盟							

第一節第二項第三目.八

第1表

黑大豆生産表

項目 / 年度 / 省道別	耕種面積						
	27年度 公頃	28年度 公頃	29年度 公頃	30年度 公頃	31年度 公頃	32年度 公頃	平年度 公頃
華北總計	777,000	791,000	834,000	851,000	835,610	786,720	911,880
河北省小計	290,000	294,000	306,000	319,000	333,140	321,110	332,510
北平特別市	1,000	1,000	1,000	1,000	980	840	1,370
冀東道	24,000	26,000	28,000	39,000	45,610	46,440	28,350
津海道	36,000	39,000	36,000	43,000	42,790	43,610	43,480
燕京道	24,000	25,000	24,000	22,000	23,350	19,880	24,670
保定道	33,000	28,000	30,000	28,000	22,970	20,390	31,120
真定道	37,000	36,000	40,000	45,000	55,250	53,240	38,700
渤海道	56,000	61,000	64,000	65,000	65,490	55,520	88,580
順德道	26,000	26,000	26,000	25,000	23,040	24,950	24,140
冀南道	53,000	52,000	55,000	51,000	53,660	55,940	52,100
山東省小計	364,000	368,000	383,000	377,000	242,980	310,540	424,490
青島特別市	6,000	7,000	7,000	7,000	2,560	1,970	3,550
登州道	15,000	15,000	16,000	14,000	13,830	12,550	15,270
萊濰道	27,000	27,000	27,000	25,000	31,550	23,970	35,660
青州道	32,000	33,000	33,000	38,000	55,890	37,750	62,180
武定道	41,000	41,000	45,000	45,000	45,610	33,600	45,960
濟南道	29,000	29,000	31,000	28,000	21,530	16,590	29,770
東臨道	45,000	45,000	49,000	43,000	38,520	35,170	50,420
曹州道	69,000	70,000	69,000	64,000	60,450	62,350	66,260
兗濟道	56,000	57,000	60,000	60,000	26,730	41,490	62,450
泰安道	19,000	19,000	21,000	23,000	21,420	20,780	27,990
沂州道	25,000	25,000	25,000	27,000	24,890	24,320	24,980
山西省小計	123,000	129,000	145,000	155,000	159,490	155,070	154,880
雁門道	54,000	57,000	66,000	65,000	66,810	61,530	63,500
冀寧道	28,000	30,000	33,000	36,000	36,630	37,900	36,190
河東道	8,000	8,000	9,000	10,000	10,570	10,610	10,110
上黨道	33,000	34,000	37,000	44,000	45,450	45,030	45,080
晋北							
察哈爾省小計							
察南							
察盟							
綏遠省小計							
巴盟							

第一節第二項第三目.八

第2表

黑大豆生産表

省道別＼項目年度	收穫量 27年度	28年度	29年度	30年度	31年度	32年度	平年度
	公噸	公噸	公噸	公噸	公噸	公噸	公噸
華北總計	586,000	414,000	684,000	598,000	494,213	525,216	697,908
河北省小計	226,000	161,000	249,000	211,000	228,720	232,073	263,606
北平特別市	1,000	1,000	1,000	1,000	606	540	991
冀東道	32,000	16,000	23,000	22,000	32,696	34,412	26,150
津海道	21,000	12,000	32,000	17,000	20,110	26,199	35,045
燕京道	14,000	13,000	19,000	16,000	14,010	12,874	16,428
保定道	23,000	14,000	22,000	21,000	15,275	14,918	23,690
真定道	42,000	20,000	32,000	40,000	44,532	39,802	33,200
渤海道	33,000	28,000	52,000	27,000	31,444	33,053	58,374
順德道	20,000	15,000	22,000	22,000	20,347	20,894	22,233
冀南道	40,000	30,000	46,000	45,000	49,770	49,381	45,565
山東省小計	271,000	193,000	355,000	287,000	180,960	199,136	327,686
青島特別市	4,000	3,000	6,000	7,000	1,626	1,982	3,003
登州道	11,000	8,000	14,000	11,000	8,436	7,244	11,559
萊濰道	19,000	13,000	24,000	22,000	17,195	10,914	30,311
青州道	23,000	17,000	31,000	29,000	26,827	21,223	49,122
武定道	24,000	17,000	42,000	34,000	22,349	17,361	29,920
濟南道	19,000	14,000	28,000	21,000	9,990	8,870	21,583
東臨道	37,000	26,000	48,000	33,000	19,761	23,403	36,807
曹州道	57,000	40,000	62,000	50,000	32,462	41,576	50,689
兗濟道	45,000	32,000	55,000	46,000	14,167	34,294	53,322
泰安道	14,000	10,000	19,000	17,000	10,624	13,299	18,753
沂州道	18,000	13,000	26,000	17,000	17,523	20,600	22,607
山西省小計	89,000	70,000	80,000	100,000	84,533	94,007	106,616
雁門道	32,000	25,000	27,000	37,000	30,637	36,439	38,735
冀寧道	23,000	18,000	22,000	25,000	21,879	26,881	26,744
河東道	6,000	5,000	6,000	7,000	6,007	7,223	7,552
上黨道	28,000	22,000	25,000	31,000	26,010	23,964	33,585
晉北							
察哈爾省小計							
察南							
[illegible]盟							
綏遠省小計							
巴盟							

第一節第二項第四目

華北小麥收穫量預想調查報告

（民國三十四年五月）

省道區名	耕地面積	種植比率			種植面積			作況		每畝收量			收穫量		
		本年	上年	平年	本年	上年	平年	本年	上年	本年	上年	平年	本年	上年	平年
	公頃	%	%	%	公頃	公頃	公頃			市斤	市斤	市斤	噸	噸	噸
華北四省合計	20,473,2133	36.6	35.4	33.9	7,489,303	7,253,934	6,935,280.6	不佳	尚佳	87	103	100	4,893,981	5,618,470	5,220197
河北省計	7,305,2466	27.0	24.3	22.7	1,973,265.6	1,775,718.6	1,654,706	〃	稍佳	84	118	106	1,244,903.5	1,578,166	1,333,115.5
北平特別市	36,660	25.5	22.2	29.7	9,348	8,136	10,795.3	〃	〃	45	120	110	3,154.5	7,322	8,906
天津特別市	6,666.6	5.0	5.0	4.0	333.3	333.3	266.6	〃	〃	50	103	98	125	257.5	196
第一特別行政區	284,773.3	19.9	17.8	17.9	56,722	50,589.3	50,889.3	〃	〃	57	113	101	24,602	43,023.5	38,707
冀東特別行政區	1,044,973.3	8.2	7.9	5.3	85,722.6	82,510.6	55,079.3	〃	佳	47	105	87	30,149.5	65,057	35,889
津海道計	584,353.3	10.0	9.1	9.6	58,542.6	53,370	56,125.3	〃	尚佳	61	99	96	26,736.5	39,595	40,216.5
燕京道計	585,953.3	13.5	12.3	16.3	79,110	72,317.3	95,931.3	〃	稍佳	45	113	100	26,682.5	62,215	76,384
保定道計	921,866.6	38.7	35.2	29.4	356,746.6	323,990.6	271,999.3	〃	尚佳	76	119	112	213,501.5	289,808	234,330.5
真定道計	1,096,666.6	31.4	28.6	24.6	344,456.6	313,926	269,940	〃	稍佳	93	135	119	239,560.5	318,770.5	241,894
渤海道計	1,294,200	24.3	22.2	21.3	314,860.4	288,383.3	275,656	尚佳	佳	90	107	91	211,885	229,263	187,203
順德道計	541,253.3	37.6	33.0	31.5	203,444.6	178,524.6	170,588	不佳	稍佳	96	123	113	146,929	165,086	144,849
冀南道計	907,880	51.1	44.5	43.8	463,928	403,637.3	397,435.3	〃	〃	95	117	109	332,120	354,755	324,040.5
山東省計	6,889,333.3	42.7	42.6	40.8	2,943,266.6	2,936,529.3	2809,662	不佳	不佳	86	95	103	1,903,325	2088147.5	2,178,089.5
青島特別市	214,146.6	36.5	37.0	38.0	78,133.3	79,234	81,349.3	〃	〃	75	75	110	43,950	44,455	67,135
青州特別區	266,940	45.5	44.7	42.3	121,400	119,458	113,014.6	〃	稍佳	91.8	119.8	109.1	84,160	101,420	92,570.5
東臨道計	984,726.6	31.9	31.6	34.4	314,200	311,826	338,713.3	稍佳	佳	88.5	104	81	207,025	244,033	200,982.5
登州道計	598,406.6	37.2	37.2	39.7	222,733.3	222,539.3	237,589.3	不佳	不佳	72	76	107	119,572.5	126,224	190,252
萊濰道計	909,493.3	42.1	41.5	41.1	383,2066	378,318.6	373,870	〃	〃	80	87	111	229,060	246,380	310,529
武定道計	786,626.6	27.0	27.6	35.8	212,266.6	217,089.3	281,474.6	〃	佳	77	101	82	122,915	164,874	173,415.5
濟南道計	358,320	42.6	42.6	42.2	152,533.3	152,506.6	151,366.6	尚佳	稍佳	90	99	89	108,062.5	112,786.5	101,415
泰安道計	444,720	50.4	50.7	46.2	224,200	225,635.3	205,820	不佳	尚佳	80	90	86	134,100	152,732.5	132,133
沂州道計	473,933.3	46.4	46.2	41.9	220,333.3	219,156	19,733.3	尚佳	〃	93	885	89	153,780	145,603.5	133,122
曹州道計	1,035,800	54.7	54.6	54.2	566,866.6	565,281.3	561,873.3	不佳	尚佳	92	98	99	389,332.5	413,837.5	417,759
兗濟道計	816,666.6	54.8	54.5	54.5	447,333.3	445,484.6	444,857.3	〃	〃	92	101	106	311,367.5	335,800	354,266
河南省計	2683,426.6	54.2	53.5	51.6	1456,688.6	1433,133.3	1,394,610	尚佳	尚佳	96	104	97	1,048,785	1,198,348	1,019,336.5
豫東道計	1,353,380	53.6	53.8	51.2	728,808.2	728,580.7	694,188.9	〃	〃	99	109	96	541,415.5	597,853	503,436.5
豫北道計	1,330,046.6	54.7	52.9	52.6	727,880.4	704,552.6	700,491.06	〃	〃	93	101	98	507,369.5	530,495.5	515,900
山西省計	3,595,306.6	31.0	30.8	30.0	1116,082.6	1,108,552.6	1,069,636.6	〃	佳	83	99	85	696,967.5	893,808	689,655.5
雁門道計	1,187,666.6	12.3	12.9	14.2	145,519.1	153,178	169,158	〃	〃	69	83	70	74,948	94,843.5	88,805
冀寧道計	931,033.3	39.5	39.5	37.9	367,828.6	367,828.6	352,569.3	〃	〃	82	98	83	226,175.5	269,007.5	218,632.5
河東道計	739,740	65.7	65.7	61.2	486,338.6	486,338.6	452,888.6	不佳	稍佳	90	107	95	387,861	390,945	391,900
上党道計	736,866.6	15.8	13.7	13.8	116,396.2	101,207.3	101,687.3	尚佳	佳	78	91	79	67,983	69,012	60,318

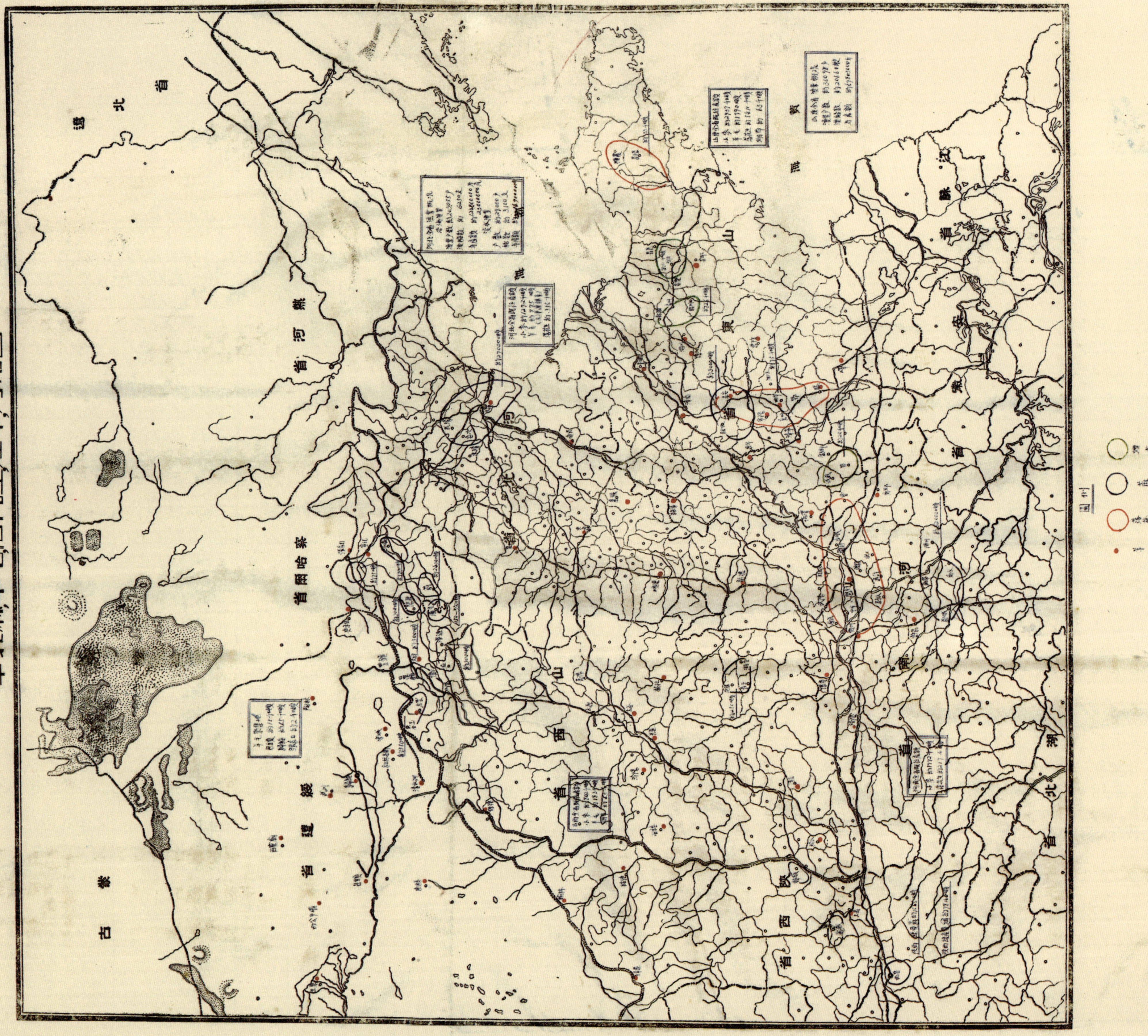

華北麻,羊毛,落花生,煙草分布圖

第一節第二項第五目. 敵偽時期之農產增產政策

一. 五年增產計劃農產部門總括表　（米.小麥.粟.棉花.麻類）

要　旨

米之增產目標乃在當地日人食糧及軍糧能以自給自足分配種子肥料獎勵一般水田之擴充實行土地改良以期於民國三十五年度能生產糙米405,333.280噸以達其初期目的

因小麥每單位面積收量之增加企圖偽華北全區的增產特別促進增加其運銷量使其於最終年度可確保增產約6,000,000噸之原麥藉以充足供給軍糧及主要都市之需要

因粟為華北民衆之主要食糧特別企劃使其做全區的增產以維持其兵站基地促進小麥及棉花之運銷又因棉花播種面積增加致使其他農產物播種面積減少遂不得不使每單位面積增加收量以補償及損失企圖於最終年度能達3,500,000噸之生產

對棉花及麻亦積極圖其增產使栽培面積及單位面積收量俱行增加並計劃於最終年度能生產棉花8,000千担(400,000)噸麻45,000噸之產量

註：最終年度即民國三十五年度

主要農產物栽培面積表

地域別	年別	部門別	米(糙米)	小麥	粟	棉花	麻類
			公頃	公頃	公頃	公頃	公頃
河北.山東.河南.山西四省	民國30年	農產	47,900.65	7,291,349	430,011	778,323.9	34,600
〃	〃 31 〃	〃	60,284.50	7,249,938	432,170	835,586.1	35,050
〃	〃 32 〃	〃	81,304.65	7,213,074	421,602.8	952,322.4	35,250
〃	〃 33 〃	〃	103,021	7,163,922	412,816.4	1,118,210	36,400
〃	〃 34 〃	〃	123,649.3	7,108,626	401,304.5	1,296,387	38,700
〃	〃 35 〃	〃	143,104.6	7,044,687	391,350.9	1,480,707	42,700

主要農產物生產豫想表

地域別	年別	部門別	米(糙米)	小麥	粟	棉花	麻類
			噸	噸	噸	千担	噸
河北.山東.河南.山西四省	民國30年	農產	158,933.28	4,496,500	3,500,000	3,300	19,582
〃	〃 31 〃	〃	210,533.22	4,553,500	3,510,950	3,371	30,765
〃	〃 32 〃	〃	277,633.28	4,793,550	3,516,650	4,171	31,235
〃	〃 33 〃	〃	360,933.28	5,185,400	3,522,600	5,425	33,440
〃	〃 34 〃	〃	444,800.00	5,690,150	3,537,700	6,830	37,850
〃	〃 35 〃	〃	483,200.00	6,211,050	3,577,250	8,242	45,220

主要農產物運銷預想表

地域別	年別	部門別	米(糙米)	小麥	棉花	麻類
			噸	噸	千担	噸
河北.山東.河南.山西四省	民國30年	農產	61,666.64	314,200	2,500	10,300
〃	〃 31 〃	〃	124,933.28	349,100	2,621	20,312
〃	〃 32 〃	〃	176,000.00	380,950	3,421	20,800
〃	〃 33 〃	〃	290,666.64	493,600	4,775	22,788
〃	〃 34 〃	〃	372,666.06	741,750	6,310	26,514
〃	〃 35 〃	〃	405,333.28	1,074,750	7,542	33,669

增加生產所要資材豫想表

地域別	年別	部門別	生產品目	所要資材名		
			米小麥粟棉花麻類	普通鋼材	電氣銅	洋灰
				噸	噸	噸
河北.山東.河南.山西四省	民國31年	農產	〃	1,079	114	63,100
〃	〃 32 〃	〃	〃	1,827	175	74,150
〃	〃 33 〃	〃	〃	1,760	161	56,790
〃	〃 34 〃	〃	〃	1,153	107	18,735
〃	〃 35 〃	〃	〃	1,144	111	10,925

第一節第二項第五目．二．

民國三十三年華北四省農産增産對策實施要領

1. 華北四省各道市作物重點縣

省名	小麥 雜穀	棉花	水稻	小麥雜穀 棉花	小麥雜穀 水稻	棉花 水稻	計
河北省							
北平市					北平		1
天津市			天津				1
冀東道				豐潤	昌黎		2
津海道	寶坻		寧河．天津	武清．安次			5
燕京道	通縣．宛平．良鄉				順義．涿縣	大興	6
保定道	新城			定興．徐水．清苑．滿城．高陽．蠡縣．博野．望都．定縣．新樂			11
真定道		無極．藁城．正定．束鹿．晉縣．欒城．獲鹿．冀縣．新河．寧晉．趙縣．元氏．高邑					13
渤海道		東光．景縣．故城．吳橋					4
順德道		南宮．柏鄉．威縣			邢台		4
冀南道		肥鄉　成安		永年．邯鄲．磁縣			5
計	5	22	3	16	5	1	52
山東省							
青島市	青島						1
萊濰道	平度．昌邑．濰縣．諸城			高密			5
青州道	桓臺．臨淄．益都．長山．淄川						5
武定道		濱縣．蒲台．商河．惠民					4
濟南道	章邱．歷城	齊東　鄒平					4
曹州道	鄄城．鉅野．菏澤						3
登州道	牟平．福山．黃縣．萊陽						4
泰安道	泰安　東平						2
兗濟道	寧陽．汶上．曲阜．鄒縣．滋陽．濟寧．嘉祥．[illegible]						9
東臨道		德縣．平原．恩縣．禹城．高唐．夏津．武城．清平．臨清．館陶					10
計	30	16		1			47

省名	小麥 雜穀	棉花	水稻	小麥雜穀 棉花	小麥雜穀 水稻	棉花 水稻	計
河南省							
豫北道	湯陰．汲縣．封邱．陽武．修武．沁陽	武安．臨漳．彰德		獲嘉．新鄉	輝縣．清化		13
豫東道	虞城．寧陵．夏邑．商邱．睢縣．柘城．鹿邑．杞縣．陳留．通許．開封						11
計	17	3		2	2		24
山西省							
雁門道					陽曲．陽泉．榆次		3
冀寧道	太谷．平遙．汾陽．介休．霍縣				趙城．洪洞．襄陵	臨汾	9
河東道	稷山．聞喜．夏縣．安邑．猗氏．臨晉．永濟	解縣．虞鄉		曲沃	新絳		11
上黨道	屯留．長治．長子						3
計	15	2		1	7	1	26
華北四省總計	71	39	3	20	14	2	149

2. 華北四省改良土地計劃表

省名	種類名	一般土地改良	墾業土地改良	合計
河北省	開發旱田	5,333.3 公頃	556.6 公頃	5,890 公頃
〃	灌漑旱田	15,446.6 〃	1,113.3 〃	16,560 〃
〃	開發水田	2,156.6 〃	3,900 〃	6,056.6 〃
〃	改良舊田	10,000 〃	1,733.3 〃	11,733.3 〃
〃	計	32,936.5 〃	7,303.2 〃	40,239.9 〃
山東省	開發旱田	1,610 〃		1,610 〃
〃	灌漑旱田	980 〃		980 〃
〃	計	2,590 〃		2,590 〃
山西省	開發水田	4,846.6 〃		4,846.6 〃
〃	計	4,846.6 〃		4,846.6 〃
河南省	灌漑旱田	7,226.6 〃		7,226.6 〃
〃	開發水田	333.3 〃		333.3 〃
〃	計	7,559.9 〃		7,559.9 〃
華北四省	總計	47,933.0 〃	7,303.2 〃	55,236.4 〃

3. 華北四省農業技術人員養成計劃表

省名	地名	養成機關	初級技術員	高級技術員
河北省	石門	偽華北農事試驗場石門分場	50 名	50 名
〃	南苑	偽華北交通中央鉄路農場	50	100
〃	昌黎	〃 愛路惠民研究所	50	50
〃	保定	偽省立模範勸農場	50	100
〃	天津	〃	50	50
〃	計		250	350
山東省	青島	偽華北農事試驗場青島分場	50	50
〃	濟南	〃 濟南分場	50	50
〃	濟寧	偽濟寧試驗農場	50	50
〃	張店	偽省立農事訓練所	50	50
〃	計		200	200
山西省		不詳	50	50
〃	計		50	50
河南省		不詳	100	100
〃	計		100	100
華北四省	總計		600	700

4. 華北四省預防病蟲害計劃表

省名	作物名	施行面積	配給藥劑數量	配給種子消毒器數量	配給噴霧器數量	對以上各項之補助金
河北省	小麥	33,133.3公頃	5,964噸	35台		
〃	雜穀	116,466.6	4,942			
〃	棉花	50,133.3	53,740		3,370台	421,882元
〃	水稻	44,666.6	75,000			
〃	計	244,399.8	139,646	35	3,370	421,882
山東省	小麥	167,533.3	20,156	1		
〃	雜穀	148,333.3	6,400	172		330,738
〃	棉花	25,333.3	27,220		1,708	
〃	計	341,199.9	53,776	173	1,708	330,738
山西省	小麥	61,733.3	11,112			
〃	雜穀	58,400	2,448	64		77,546
〃	棉花	2,933.3	3,220		203	
〃	計	123,066.6	16,780	64	203	77,546
河南省	小麥	125,066.6	22,512			
〃	雜穀	72,800	3,148	129		207,974
〃	棉花	15,200	16,260		1,019	
〃	計	213,066.6	41,920	129	1,019	207,974
華北四省	總計	921,732.9	252,122	401	6,300	1,038,140(偽幣)

5. 華北四省獎勵農產增產計劃表

省名	增產經費種類	金額
河北省	增產成績品評会經費	218,400元
〃	勤勞增產人員表彰費	8,400
〃	增產優良農民表彰費	126,000
〃	勸導農產增產人員經費	224,000
〃	推進機構強化運營補助費	212,800
〃	計	789,600
山東省	增產成績品評会經費	183,300
〃	勤勞增產人員表彰費	70,500
〃	增產優良農民表彰費	47,000
〃	勸導農產增產人員經費	188,000
〃	推進机構強化運營補助費	178,600
〃	計	667,400
山西省	增產成績品評会經費	102,400
〃	勤勞增產人員表彰費	39,000
〃	增產優良農民表彰費	28,000
〃	勸導農產增產人員經費	104,400
〃	推進机構強化運營補助費	98,800
〃	計	372,600
河南省	增產成績品評会經費	93,600
〃	勤勞增產人員表彰費	36,000
〃	增產優良農民表彰費	24,000
〃	勸導農產增產人員經費	96,000
〃	推進机構強化運營補助費	93,000
〃	計	342,600
華北四省	總計	2,172,200(偽幣)

6. 華北四省改良耕種計劃表

省名	作物名	模範苗圃數量	補助金額
河北省	小麥	103處	
〃	雜穀	92	
〃	棉花	142	189,500元
〃	水稻	43	
〃	計	380	189,500〃
山東省	小麥	287	
〃	雜穀	120	236,000〃
〃	棉花	65	
〃	計	472	236,000〃
山西省	小麥	35	
〃	雜穀	11	
〃	棉花	9	28,500〃
〃	水稻	2	
〃	計	57	28,500〃
河南省	小麥	75	
〃	雜穀	28	
〃	棉花	34	71,000〃
〃	水稻	5	
〃	計	142	71,000〃
華北四省	總計	1,051	525,000〃（偽幣）

7. 華北三省預防蝗害計劃表

省名	經費種類	金額
河北省	監視蝗蟲發生人員經費	25,000元
〃	發見集團產卵地獎勵費	6,250
〃	先期發見幼虫獎勵費	25,000
〃	收買蝗卵費	75,000
〃	情報連絡費	6,250
〃	指導督勵費	6,250
〃	預備費	6,250
〃	計	150,000
山東省	監視蝗虫發生人員經費	15,000
〃	發見集團產卵地獎勵費	3,750
〃	先期發見幼虫獎勵費	15,000
〃	收買蝗卵費	45,000
〃	情報連絡費	3,750
〃	指導督勵費	3,750
〃	預備費	3,750
〃	計	90,000
河南省	監視蝗虫發生人員經費	38,000
〃	發見集團產卵地獎勵費	9,500
〃	先期發見幼虫獎勵費	38,000
〃	收買蝗卵費	114,000
〃	情報連絡費	9,500
〃	指導督勵費	9,500
〃	預備費	9,500
〃	計	228,000
華北三省	總計	468,000（偽幣）

註：山西省預防蝗害計畫不詳

8. 華北四省農產增產對策目標

省名	作物名	鑿井	改良土地	改良施肥	預防病蟲害	計
河北省	小麥	5,779 噸	7,563 噸	12,410 噸	2,982 噸	28,734 噸
〃	雜穀	1,735 〃	8,870 〃	9,280 〃	17,470 〃	37,355 〃
〃	棉花	29,424 市担	11,667 市担	196,480 市担	16,110 市担	263,681 市担
〃	水稻		10,458 噸	14,136 噸		24,594 噸
山東省	小麥	6,078 噸	301 〃	24,030 〃	15,078 噸	45,487 〃
〃	雜穀	1,071 〃	1,233 〃	12,180 〃	22,250 〃	36,734 〃
〃	棉花	2,977 市担		33,200 市担	8,130 市担	44,307 市担
〃	水稻					
山西省	小麥	2,123 噸	371 〃	1,131 噸	5,556 噸	9,181 噸
〃	雜穀	484 〃		740 〃	8,760 〃	9,984 〃
〃	棉花	768 市担		3,760 市担	930 市担	5,458 市担
〃	水稻		4,362 〃	288 噸		4,650 噸
河南省	小麥	2,115 噸	3,485 〃	8,925 〃	11,256 噸	25,781 〃
〃	雜穀	388 〃	2,452 〃	2,800 〃	10,920 〃	16,560 〃
〃	棉花	7,450 市担		66,560 市担	4,890 市担	78,900 市担
〃	水稻		300 〃	408 噸		708 噸

9. 華北四省改良施肥計劃表

省名	作物名	施用硫安面積	配給硫安數量	每市畝施肥標準
河北省	小麥	48,666.6 公頃	2,920 噸	4 公斤
〃	雜穀	30,933.3 〃	1,856 〃	4 〃
〃	棉花	163,733.3 〃	9,824 〃	4 〃
〃	水稻	39,266.6 〃	10,602 〃	18 〃
〃	計	282,599.8 〃	27,202 〃	
山東省	小麥	133,466.6 〃	8,008 〃	4 〃
〃	雜穀	40,600 〃	2,436 〃	4 〃
〃	棉花	27,666.6 〃	1,660 〃	4 〃
〃	水稻			
〃	計	201,733.2 〃	12,104 〃	
山西省	小麥	16,200 〃	972 〃	4 〃
〃	雜穀	2,466.6 〃	148 〃	4 〃
〃	棉花	3,133.3 〃	188 〃	4 〃
〃	水稻	800 〃	216 〃	18 〃
〃	計	22,599.9 〃	1,524 〃	
河南省	小麥	35,000 〃	2,100 〃	4 〃
〃	雜穀	9,333.3 〃	560 〃	4 〃
〃	棉花	55,466.6 〃	3,328 〃	4 〃
〃	水稻	1,133.3 〃	306 〃	18 〃
〃	計	100,933.2 〃	6,294 〃	
華北四省	總計	607,866.1 〃	47,124 〃	

10. 華北四省作物分類配給揚水機計劃表

省名	作物名	配給揚水機數量	流通資金	獎勵金 補給利息	獎勵金 交際經費	獎勵金 計
河北省	小麥 雜穀	2,821台	2,821,000元	84,630元	56,420元	141,050元
〃	棉花	2,000	2,000,000	60,000	40,000	100,000
〃	計	4,821	4,821,000	144,630	96,420	241,050
山東省	小麥 雜穀	1,572	1,572,000	47,160	31,440	78,600
〃	棉花	215	215,000	6,450	4,300	10,750
〃	計	1,787	1,787,000	53,610	35,740	89,350
山西省	小麥 雜穀	1,360				
〃	棉花	68	1,428,000	42,840	28,560	71,400
〃	計	1,428	1,428,000	42,840	28,560	71,400
河南省	小麥 雜穀	1,282				
〃	棉花	682	1,964,000	58,920	39,280	98,200
〃	計	1,964	1,964,000	58,920	39,280	98,200
華北四省	總計	10,000	10,000,000（偽幣）	300,000	200,000	500,000（偽幣）

11. 華北四省甘藷增產計劃表

模範苗床設置面積	200,100平方公尺（20公頃）
採種圃設置面積	直營採種圃 160公頃
	委託採種圃 1,120 〃
切藷机配給數量	3,000台（大型）
流通資金及獎勵金	流通資金 7,200,000元（偽幣）
	獎勵金 6,635,340 〃 〃

備考：河北.山東.山西.河南四省甘藷增產計劃共以此表
为目標.約可增產甘藷800,000噸
華北四省鑿井計劃另詳專表
華北四省救荒對策由偽華北種苗協會常時保有
種子用蕎麥1,000噸,小麥300噸

附表：

民國	項別	河北省	河南省	山東省	山西省	合計
33	棉田面積	5,140,000	1,431,000	2,854,000	349,000	9,774,000
33	產額	1,534,800	430,800	796,800	94,800	2,857,200
—	最大產額	23年 3,385,292	23年 1,220,318	25年 2,136,873	23年 717,488	—

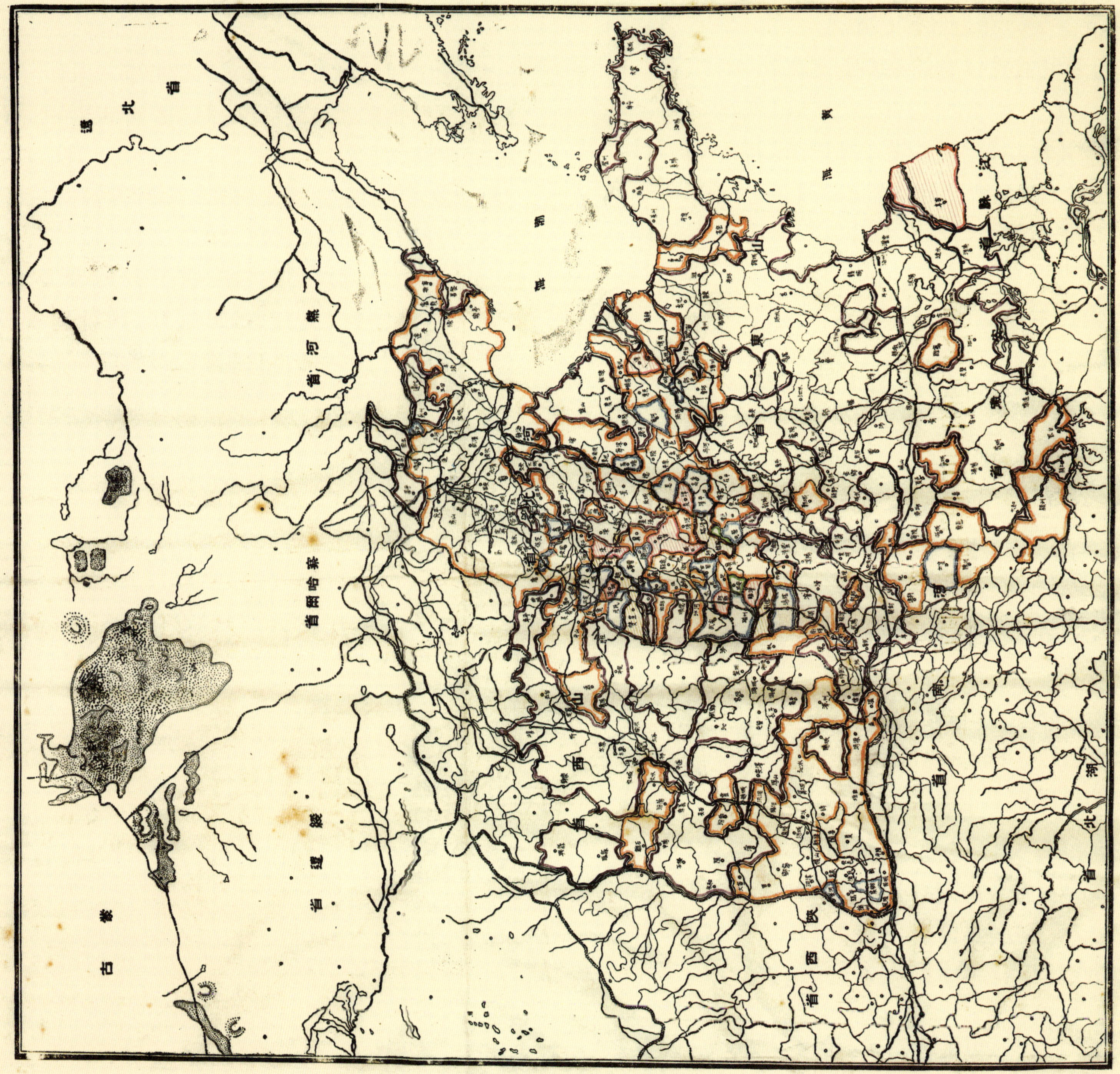

華北耕地面積與棉田面積比較圖

第一節第三項 華北棉產情況

第一目 敵偽華北棉花改良增產計劃之沿革

一、華北棉花改良增產八年計劃

敵方興亞院華北連絡部於民國二十八年釐訂華北棉花改良增產八年計劃同年二月偽華北棉產改進會成立後即交由該偽會任實施之責該計劃中規定自民國二十八年起至三十五年止在八年內擴充棉田至三千萬畝生產皮棉一千二百萬担（詳見 1. 附表）

該計劃之要點約略如左

1. 擴充面積

除恢復日寇進犯以後之廢耕棉田外另謀提高食糧作物之單位面積生產量因是發生之剩餘面積轉換為棉作此外並施行土地改良墾荒等方法以謀棉田面積之增加

2. 提高單位面積之生產量

普及優良品種改善栽培方法充實水利設施防除病蟲害以謀單位面積生產量之增加其中優良品種之普及則依下列系統施行之

- 原原種圃
  - 原種圃
    - 第一次採種圃
      - 第二次採種圃 — 一般農家棉圃
      - 第二次採種圃 — 一般農家棉圃
    - 第一次採種圃
      - 第二次採種圃 — 一般農家棉圃
      - 第二次採種圃 — 一般農家棉圃
  - 原種圃

二、華北棉花改良增產十二年計劃

八年計劃實行後其第一年度（即民國二十八年）之成績與原計劃之規定相去遼甚證實毫無實現之可能敵興亞院華北連絡部有鑑於此後將該計劃之期限延展為十二年至民國三十九年為止即自第二年度（民國二十九年）起改按新計劃進行其最後目標則與原計劃無異（詳見 附表2.）

三、棉花生產擴充計劃

十二年計劃實施後至民國三十年日寇為應付大規模戰事對於各項資源之需要愈感迫切敵興亞院華北連絡部當於當年九月制定生產力擴充五年計劃自三十一年起實行棉花生產擴充計劃即為其中之一部門該計劃中規定自民國三十一年起五年之間大致恢復日寇進犯前之棉田面積同時另謀提高單位面積之生產量至第五年度華北全體生產皮棉約計九百六十萬担（詳見 附表3.）

上述單位面積之增產除謀改良品種改善栽培方法防除病蟲害外對於擴充水利設施尤須特別努力此外更獎勵購施肥料以期積極增產

該計劃實行後每年除採種圃面積尚與該計劃數字相符外其餘部份每年均由敵興亞院華北連絡部（後改為日本大使館北京事務所）編訂華北農產物對策要綱棉花增產亦依據該要綱擬訂計劃付諸實行

1.(A)

華北年次別棉花增產計劃表

（單位壹千畝）

年次	栽培總面積	年次別擴張面積	陸地棉					亞細亞棉				
			獎勵品種			中國品種	計	獎勵品種			中國品種	計
			原種採種圃	普及棉圃	小計			原種採種圃	普及棉圃	小計		
1	13,746	213	20.1		20.1	7,932.0	7,952.1				5,794.0	5,794.0
2	16,068	2,322	121.5		121.5	8,770.7	8,892.2				7,176.0	7,176.0
3	18,390	2,322	722.4		722.4	9,177.6	9,900.0				8,490.0	8,490.0
4	20,712	2,322	722.4	3,024.0	3,746.4	8,573.6	12,320.0	1.1		1.1	8,290.9	8,292.0
5	23,034	2,322	722.4	6,048.0	6,770.4	8,169.6	14,940.0	7.2		7.2	8,086.8	8,094.0
6	25,356	2,322	722.4	9,072.0	9,794.4	7,665.6	17,460.0	46.5		46.5	7,849.5	7,896.0
7	27,678	2,322	722.4	12,096.0	12,818.4	7,161.6	19,980.0	262.8		262.8	7,435.2	7,698.0
8	30,000	2,322	722.4	15,120.0	15,842.4	6,657.6	22,500.0	262.8	973.3	1,236.1	6,263.9	7,500.0

1.（B）　華北年次別產額表　（單位日担）

年次	總收穫量	陸地棉					亜細亜棉				
		奨励品種			中國品種	計	奨励品種			中國品種	計
		原採種圃	普及棉圃	小計			原採種圃	普及棉圃	小計		
1	3,830,744	7,301		7,301	2,204,483	2,216,184				1,618,960	1,618,960
2	4,486,678	43,910		43,910	2,437,208	2,481,118				2,005,560	2,005,560
3	5,174,832	261,119		261,119	2,540,713	2,801,832				2,373,000	2,373,000
4	6,171,301	261,119	1,050,260	1,311,379	2,479,918	3,791,297	382		382	2,379,622	2,380,004
5	7,157,566	261,119	2,097,021	2,358,140	2,408,055	4,766,195	2,494		2,494	2,388,877	2,391,371
6	8,125,838	261,119	3,150,781	3,411,900	2,320,721	5,732,621	16,107		16,107	2,377,110	2,393,217
7	9,066,144	261,119	4,201,042	4,462,161	2,200,035	6,662,196	91,032		91,032	2,312,916	2,403,948
8	10,080,723	261,119	5,251,302	5,512,421	2,159,701	7,672,122	91,032	323,206	414,238	1,994,363	2,408,601

2.（B）　華北四省棉花年次別增產計劃表　（單位壹千日担）

年次	總收穫量	陸地棉				亜細亜棉			
		原採種圃生產量	奨励品種配布地域	奨励品種配布外之生產量	計	原採種圃生產量	奨励品種配布地域	奨励品種配布地域外生產量	計
1	1,431.	9.		934	943.			488.	488.
2	1,150.	70.	6.	683	759.		1.	390.	391.
3	1,629.	209.	191.	861	1,261.		3.	415.	418.
4	2,421.	220.	1,400.	356	1,976.		7.	439.	445.
5	3,366.	223.	2,454.	212	2,889.		13.	464.	477.
6	4,494.	223.	3,588.	172	3,983.	0.3	23.	488.	511.
7	5,658.	223	4,758.	104	5,085.	2.0	335.	536.	573.
8	6,919.	223.	5,559.	473	6,255.	13.0	48.	603.	664.
9	7,951.	223.	5,776.	1,013	7,012.	67.0	60.	812.	939.
10	9,159.	223	5,896.	1,823	7,942.	67.0	268.	882.	1,217.
11	9,606.	223.	5,957.	1,823	7,993.	67.0	473.	1,073.	1,613.
12	10,014.	223.	5,963.	1,823	8,009.	67.0	674.	1,364.	2,005.

2.（A）　華北四省年次別棉花推廣計劃表　（單位壹千畝）

年次	總耕作面積	年次別擴充面積	陸地棉					亜細亜棉				
			奨励品種			中國品種	計	奨励品種			中國品種	計
			原採種圃	普及棉圃	計			原採種圃	普及棉圃	計		
1	5,480		20		20	3,460	3,480				2,000	2,000
2	4,380	1,100	150		150	2,530	2,680				1,600	1,600
3	6,000	1,620	500	610	1,110	3,190	4,300				1,700	1,700
4	8,000	2,000	500	4,320	4,820	1,320	6,140				1,800	1,800
5	10,500	2,500	500	7,320	7,820	790	8,610				1,900	1,900
6	13,500	3,000	500	10,370	10,870	640	11,510	0.6		0.6	2,000	2,000
7	16,500	3,000	500	13,420	13,920	390	14,310	4.0		4.0	2,200	2,200
8	20,000	3,500	500	15,250	15,750	1,750	17,500	30.0		30.0	2,500	2,500
9	23,000	3,000	500	15,250	15,750	3,750	19,500	170.0		170.0	3,330	3,500
10	26,000	3,000	500	15,250	15,750	5,750	21,500	170.0	720	887.0	3,600	4,490
11	28,500	2,500	500	15,250	15,750	6,750	22,500	170.0	1430	1600.0	4,400	6,000
12	30,000	1,500	500	15,250	15,750	6,750	22,500	170.0	2150	2320.0	5,200	7,520

3.（A）　面積擴張計劃　（單位壹千官畝）

年度	栽培總面積	年度別擴張面積	陸地棉					亜細亜棉
			奨励品種			舊有品種	計（B）	
			原採種圃	普及棉圃	計（A）			
1	13,600	1,400	330		330	10,400	10,730	2,870
2	15,500	1,900	500	1,350	1,850	10,530	12,380	3,120
3	18,200	2,700	500	4,880	5,380	9,420	14,800	3,400
4	21,100	2,900	500	9,240	9,740	7,800	17,540	3,560
5	24,100	3,000	500	13,600	14,100	6,040	20,140	3,960

3.（B）　生產量預想表　（單位壹千日担）

年度	總收量	年度別增產量	陸地棉					亜細亜棉
			奨励品種			舊有品種	計	
			原採種圃（A）	普及棉圃	計			
1	3,371	25	170		170	2,558	2,728	643
2	4,171	265	254	529	783	2,664	3,447	724
3	5,425	711	254	1,915	2,169	2,440	4,609	816
4	6,830	1,238	254	3,626	3,880	2,067	5,947	883
5	8,942	1,711	254	5,337	5,591	1,637	7,228	1,014

第一節第三項第二目

敵偽華北棉產改進會歷年事業情形

一、棉花栽培面積及生產量

偽華北棉產改進會成立於民國二十八年截至本年度為止歷年華北四省之棉花栽培生產情形約略如次

民國二十七年因受事變影響收買機構破壞治安交通又復成紊乱狀態以致生產棉花堆滯各地不能運銷加以主要棉作地帶發生糧荒遂成糧價高昂棉花低廉之勢因是農民栽培棉花之興趣頓減二十八年之棉田面積激減至五一八萬畝約為二十七年之半數以下

其後成立收買機構治安交通亦恢復舊觀更兼該偽會指導力量加強棉花栽培面積遂逐年增加其間以三十一年度因氣象條件良好棉田達1.380萬畝為過去六年間之最高峰

自日寇對英美宣戰後食糧與各種物價漸趨昂騰而棉花價格獨受敵偽統制栽培棉花遂無利可圖雖經該偽會指導獎勵終以棉農栽培興趣減退至民國三十二年度栽培面積復減至980萬畝

民國三十三年以後該偽会配給增產用雜糧及生活必需物資同時並澈底實施所謂保護棉農施策以期保持最低限度之棉田民國三十四年之播種面積僅能維持877萬畝

各年度之棉花生育狀況以民國三十三年為最佳每畝平均收護量29.2市斤其次為民國三十及三十一兩年民國三十二年因雨水失調初霜早至每畝收穫量21.9市斤乃六年之中生育狀況極為不良者

各年度之皮棉總生產量以民國三十一年之390萬市担為最高峰其他年度則按民國三十.三十三.三十二、二十九、二十八各年之次序減少以民國二十八年棉田面積為最低皮棉產量為143萬市担

各年度栽培面積與皮棉產量之詳細數字如附表1.

二、獎勵品種之繁殖普及

該偽會為繁殖普及優良品種以更新棉花品種規定以斯字四B.脫字二一二三關農一號三種為獎勵品種自民國二十八年起開始繁殖工作獎勵普及之系統如下

原原種圃(二八年)→原種圃(二九年)→第一次採種圃(三十年)→第二次採種圃(三一年)→一般棉圃(三二年)

增產計劃所規定之採種圃面積第一次55.000畝第二次440.000畝種子繁殖率規定第一次為八倍第二次為七倍各年度之經營面積繁殖成績因生育治安收買狀況指導力量等之不同各有差異

三、保護棉農施策

該偽會為使棉作經營安全合理化培養棉作地帶同時並期各種施策容易推進計曾經採取各項所謂保護棉農施策自民國三十二年以後尤為積極茲將各項施策內容分列如次

1. 分發優良棉籽
2. 貸放耕作貸款
3. 配給增產用雜糧
4. 配給生活必需物資
5. 施診施藥

四、提高單位面積生產量施策

該偽會為提高單位面積之生產量起見曾推行1.水利設施之充實2.病蟲害之防除3.施肥改善4.改良耕種法等各項事業其實行概要如次(獎勵品種之繁殖普及已如前述)

1. 水利設施之充實
2. 施肥之改善
3. 病蟲害之防除
4. 耕種方法之改善

五、養成技術人員及工作人員

1. 技術員之養成　2. 棉農子弟之訓練　3. 勸導員之訓練

六、災害補償

對於主要植棉地帶採種圃指導村之罹災棉田該偽會按災害之輕重豁免種子價款及耕種資金之全數或一部自三十三年度起更發給災害補償費以資救濟

七、生產棉花之販賣斡旋

自民國二十八年度起該偽會指導組織棉花生產運銷合作社對於社員生產棉花斡旋共同販賣又為防止優良品種種子之散失及混雜起見更充實軋花設施貸與合作社使用同時並實施採種圃生產籽棉管理自民國三十二年度起鄉村合作社逐漸發展將棉花生產運銷合作社解散由改進會直接辦理生產棉花之販賣斡旋茲將軋花設施之歷年充實狀況及棉花生產之斡旋運銷數量如附表2.3

1. 華北四省歷年棉花耕種面積並生產量（自民國28年至34年）

項目＼年度	28年	29年	30年	31年	32年	33年	34年
耕種面積（市畝）	2.903.366	10.094.796	12.661.374	15.633.780	10.910.618	11.773.970	8.762.206
收穫面積（市畝）	5.184.907	6.828.577	10.916.813	13.799.376	9.801.000	9.774.000	
皮棉生產量（市畝）	1.434.482	1.766.822	3.035.722	3.905.707	2.150.000	2.857.200	
每畝收量（市斤）	27.7	26.3	27.8	28.3	21.9	29.2	

2. 軋花設施充實狀況

年度別	設施別	河北省	山東省	山西省	河南省	計
民國28年	繰綿機 清花機 捆包機	足踏 326 52 15				326 52 15
〃29〃	繰綿機 清花機 捆包機	足踏 484 75 24	190 40 6	71 14 2	23 16 1	768 135 33
〃30〃	繰綿機 清花機 捆包機	足踏 558 78 22	212 41 6	71 14 2	63 8 6	904 141 36
〃31〃	繰綿機 清花機 捆包機	足踏 538 動力 60 足踏 84 3 動力 25	292 30 2 6	71 14 2	173 7 6	足踏 1.084 動力 90 足踏 140 5 動力 39
〃32〃	繰綿機 清花機 捆包機	足踏 538 動力 60 足踏 84 3 動力 25	292 30 35 2 6	71 14 2	173 7 6	足踏 1.074 動力 90 足踏 140 5 動力 39
〃33〃	繰綿機 清花機 捆包機	足踏 570 動力 60 足踏 84 3 動力 25	292 30 35 2 6	71 14 2	173 7 6	足踏 1.106 動力 90 足踏 140 5 動力 39
〃34〃	繰綿機 清花機 捆包機	足踏 570 動力 60 足踏 84 3 動力 25	392 30 35 2 6	71 14 2	173 7 6	足踏 1.209 動力 90 足踏 140 5 動力 39

3. 生產棉花運銷數量（皮綿担）

年度	河北省	山東省	山西省	河南省	計	備考
民國28年	11.120				11.120	採種圃
〃29〃	10.880				10.880	〃
〃30〃	11.812	2.852	846	3.154	18.364	〃
〃31〃	9.753	3.248	851	3.968	17.820	〃
〃32〃	20.286	3.497	4.148	887	28.818	〃
〃33〃	177.958	77.811	6.711	48.861	311.341	採種圃及指導村

第一節第三項第三 華北最近十二年間皮棉生產量及民國二十八年至三十年之產量比

一、華北四省最近十二年間棉田面積及皮棉生產量

（單位：棉田面積 市畝
皮棉產量 市擔）

民國	項別 區分	河北省 棉田收獲面積	河北省 皮棉產量	山東省 棉田收獲面積	山東省 皮棉產量	河南省（豫東道）（豫北道） 棉田收獲面積	河南省（豫東道）（豫北道） 皮棉產量	山西省 棉田收獲面積	山西省 皮棉產量	合計 棉田收獲面積	合計 皮棉產量	廢棄棉田面積
22	中棉	3,889,703	1,068,341	2,595,806	944,784	987,445	222,198	71,935	29,291	7,544,889	2,264,614	
	洋棉	1,752,305	656,884	2,341,514	809,120	1,429,523（全省）	752,882（全省）	1,136,062	570,589	7,659,394	2,789,475	
	計	5,642,008	1,725,225	4,937,320	1,753,904	3,416,958	975,080	1,207,997	599,880	15,204,283	5,054,089	175,137
23	中棉	3,900,242	2,186,730	2,696,292	851,376	974,416	271,525	105,221	39,017	7,676,271	3,348,648	
	洋棉	3,295,033	1,198,562	2,366,346	740,993	2,796,427	948,793	1,550,198	678,471	10,008,004	3,566,819	
	計	7,195,275	3,385,292	5,062,638	1,592,369	3,770,943	1,220,318	1,655,419	717,488	17,684,275	6,915,467	137,862
24	中棉	2,957,743	1,643,188	847,890	257,998	309,339	93,643	75,937	18,419	4,190,909	2,013,248	
	洋棉	2,863,004	942,753	812,022	228,067	516,624	193,072	908,233	283,084	5,099,883	1,646,976	
	計	5,820,747	2,585,941	1,659,912	486,065	825,963	186,715	984,170	301,503	9,290,792	3,660,224	4,257,061
25	中棉	4,241,639	1,439,670	2,321,099	841,525	993,268	245,516	38,373	12,621	7,594,379	3,539,332	
	洋棉	5,371,444	1,491,588	3,310,798	1,298,348	2,037,005	714,688	1,873,623	627,749	12,592,870	4,229,373	
	計	9,613,083	3,031,258	5,631,897	2,136,873	3,030,273	960,204	1,911,996	640,370	20,187,249	6,768,705	32,602
26	中棉	3,996,275	1,196,880	1,872,275	509,452	734,158	118,845	85,498	19,164	6,688,206	1,840,342	
	洋棉	5,445,104	1,614,893	3,702,412	1,124,905	2,423,942	522,105	2,201,643	608,884	13,883,101	3,871,787	
	計	9,441,379	2,811,773	5,574,687	1,630,357	3,158,100	640,950	2,287,141	629,049	20,591,307	5,712,129	4,109,084
27	中棉	2,146,972	601,183									
	洋棉	4,034,820	1,090,207									
	計	6,181,792	1,691,390	2,787,345	973,024	（全省）2,585,044	（全省）648,153	457,428	150,171	12,011,609	3,462,738	不詳
28	中棉	977,635	296,727	810,351	275,474	78,982	26,328	33,670	8,032	1,900,638	606,561	
	洋棉	1,592,458	484,779	951,682	277,870	411,799	125,412	328,430	75,226	3,284,269	963,287	
	計	2,570,093	781,506	1,761,933	553,344	490,781	151,740	362,100	83,258	5,184,907	1,569,848	2,718,459
29	中棉	1,347,361	374,543	413,986	116,444	189,861	39,370			2,051,208	530,357	
	洋棉	2,511,193	696,354	911,653	219,964	1,003,852	280,885	350,671	69,262	4,777,369	1,266,465	
	計	3,858,554	1,070,897	1,425,639	336,408	1,193,713	320,255	350,671	69,262	6,828,577	1,796,822	2,266,219
30	中棉	1,203,767	301,572	709,624	183,125	195,239	38,093	50,355	6,259	2,158,985	529,049	
	洋棉	4,022,126	1,042,473	1,831,123	911,550	1,375,823	405,270	524,756	147,380	8,753,828	2,506,673	
	計	5,225,893	1,344,045	3,540,747	1,094,675	1,571,062	443,363	575,111	153,639	10,911,813	3,035,722	1,738,561
31	中棉	1,096,241	278,344	728,280	158,709	148,804	17,540	19,471	3,295	1,992,796	457,888	
	洋棉	5,062,028	1,562,502	4,161,982	1,184,374	1,840,508	522,800	755,061	178,143	11,806,580	3,447,819	
	計	6,158,269	1,840,846	4,880,263	1,343,083	1,989,312	540,340	774,532	181,438	13,799,376	3,905,707	1,834,404
32	計	4,362,000	1,143,982	3,394,000	611,882	1,429,000	279,168	616,000	105,060	9,801,000	2,150,092	1,109,618
33	計	5,140,000	1,534,800	2,854,000	796,800	1,431,000	430,800	349,000	94,800	9,774,000	2,857,200	2,001,970

第一節第三項第三目.二.

民國二十九年度与二十八年度華北棉產增減比較表

區分　省名	播種面積(市畝)		增減比較		收穫面積(市畝)		增減比較		皮棉產量(市担)		增減比較	
	28年度	29年度	實數	百分比	28年度	29年度	實數	百分比	28年度	29年度	實數	百分比
河北省	4,453,092	4,605,249	(+) 152,157	(+) 3.42	2,570,093	3,858,554	(+) 1,288,461	(+) 50.13	2,182,430	3,272,930	(+) 1,090,500	(+) 49.97
山東省	2,332,184	3,500,681	(+) 1,168,497	(+) 50.10	1,761,933	1,425,639	(-) 336,294	(-) 19.09	1,544,600	1,086,065	(-) 458,535	(-) 29.69
河南省	653,848	1,486,796	(+) 832,956	(+) 127.39	490,781	1,193,713	(+) 702,932	(+) 143.23	423,750	1,016,283	(+) 592,533	(+) 139.83
山西省	464,250	502,070	(+) 37,820	(+) 8.15	362,100	350,671	(-) 11,492	(+) 3.16	232,507	224,051	(-) 8,456	(-) 3.64
總計	7,903,366	10,094,796	(+) 2,191,430	(+) 27.73	5,184,907	6,828,577	(+) 1,643,670	(+) 31.70	4,383,287	5,599,329	(+) 1,216,042	(+) 27.74

第一節第三項第三目.三.

民國三十年度与二十九年度華北棉產增減比較表

區分　省名	播種面積(市畝)		增減比較		收穫面積(市畝)		增減比較		皮棉產量(市担)		增減比較	
	30年度	29年度	實數	百分比	30年度	29年度	實數	百分比	30年度	29年度	實數	百分比
河北省	5,922,093	4,605,249	(+) 1,316,844	28.59	5,225,893	3,858,554	(+) 1,367,339	35.44	1,344,045	1,070,897	(+) 273,148	25.33
山東省	4,356,665	3,500,681	(+) 855,984	24.45	3,540,747	1,425,639	(+) 2,115,108	148.36	1,094,675	336,408	(+) 758,267	225.40
河南省	1,725,109	1,486,796	(+) 238,313	16.03	1,571,062	1,193,713	(+) 377,349	31.61	443,363	320,255	(+) 123,108	38.44
山西省	657,507	502,070	(+) 155,437	30.96	575,111	350,671	(+) 224,440	64.23	153,639	69,262	(+) 84,377	121.82
總計	12,661,374	10,094,796	(+) 2,566,578	25.42	10,912,813	6,828,577	(+) 4,084,236	59.81	3,035,722	1,796,822	(+) 1,238,900	68.39

第一節 第三項 第四目、民國三十三年棉花生產量供出量及收買目標

一、華北各省棉花生產量及供出量

（民國三十三年）

省別	栽培面積	每畝生產量	生產量	供出率%	責任供出量
河北省	7.911千市畝	26.9市斤	2,130千担	75	1.600千担
山東省	5.000 〃	27.0 〃	1.350 〃	59	800.3 〃
河南省	2.090 〃	27.3 〃	570 〃	70	400 〃
山西省	500 〃	26.0 〃	130 〃	62	80.1 〃
合計	15.501 〃	27.0 〃	4.180 〃	69	2.880.4 〃
	(1.033千公頃)		(2.090噸)		(1.440.2噸)

河北省各道棉花生產量及供出量

（民國三十三年）

道別	栽培面積	每畝生產量	生產量	供出率%	責任供出量
冀東道	355千市畝	27.5市斤	98千担	54	53千担
津海道	493 〃	26.8 〃	132 〃	52	69 〃
渤海道	753 〃	26.6 〃	200 〃	70	140 〃
保定道	1.147 〃	27.8 〃	319 〃	69	221 〃
燕京道	353 〃	25.8 〃	91 〃	43	39 〃
真定道	2.352 〃	27.6 〃	650 〃	87	564 〃
順德道	948 〃	25.3 〃	240 〃	65	156 〃
冀南道	1.510 〃	26.5 〃	400 〃	89	358 〃
合計	7.911 〃	26.9 〃	2,130 〃	75	1.600 〃

山東省各道棉花生產量及供出量

（民國三十三年）

道別	栽培面積	每畝生產量	生產量	供出率%	責任供出量
東臨道	2,946千市畝	28.3市斤	833千担	65	542千担
武定道	1.161 〃	25.5 〃	296 〃	51	152 〃
濟南道	260 〃	26.0 〃	69 〃	60	42 〃
萊濰道	145 〃	24.9 〃	36 〃	51	18 〃
青州道	273 〃	23.8 〃	65 〃	40	26 〃
曹州道	210 〃	23.8 〃	50 〃	40	20 〃
兗濟道	5 〃	19.0 〃	1 〃	31	0.3 〃
合計	5,000 〃	27.0 〃	1.350 〃	59	800.3 〃

河南省各道棉花生產量及供出量

（民國三十三年）

道別	栽培面積	每畝生產量	生產量	供出率%	責任供出量
豫北道	1,760千市畝	28.5市斤	520千担	73	366千担
豫東道	330 〃	20.5 〃	68 〃	50	34 〃
合計	2,090 〃	27.3 〃	570 〃	70	400 〃

山西省各道棉花生產量及供出量

（民國三十三年）

道別	栽培面積	每畝生產量	生產量	供出率%	責任供出量
河東道	391千市畝	26.1市斤	102千担	63	64千担
冀寧道	106 〃	25.4 〃	27 〃	58	16 〃
雁門道	3 〃	20.0 〃	1 〃	20	0.1 〃
合計	500 〃	26.0 〃	130 〃	62	80.1 〃

第一節第三項第四目二.

華北各省棉花增産收買目標　（民國三十三年）

省別	重点縣／普通縣	栽培面積	生産量	供出量	供出比率%	重点縣最低責任供出量
河北省	重点縣	5,819千市畝	1,613千担	1,289千担	80	1,197千担
	普通縣	2,091 〃	516 〃	261 〃	50	
山東省	重点縣	3,852 〃	1,082 〃	701 〃	65	504 〃
	普通縣	1,148 〃	268 〃	98 〃	45	
河南省	重点縣	1,540 〃	446 〃	380 〃	85	355 〃
	普通縣	550 〃	124 〃	71 〃	57	
山西省	重点縣	240 〃	71 〃	57 〃	80	57 〃
	普通縣	260 〃	59 〃	23 〃	38	
計	重点縣	11,451 〃	3,212 〃	2,427 〃	75	2,113 〃
	普通縣	4,049 〃	967 〃	453 〃	49	
合計		15,500 〃	4,179 〃	2,880 〃	69	2,113 〃

山東省各道重点縣棉花增産收買目標　（民國三十三年）

道別	栽培面積	生産量	供出量	供出比率%
東臨道	2,742千市畝	781千担	521千担	67
武定道	750 〃	205 〃	123 〃	60
濟南道	260 〃	69 〃	41 〃	60
萊濰道	100 〃	27 〃	16 〃	60
計	3,852 〃	1,082 〃	701 〃	65

河南省各道重点縣棉花增産收買目標　（民國三十三年）

道別	栽培面積	生産量	供出量	供出比率%
豫北道	1,540千市畝	466千担	380千担	85
計	1,540 〃	466 〃	380 〃	85

河北省各道重点縣棉花增産收買目標　（民國三十三年）

道別	栽培面積	生産量	供出量	供出比率%
冀東道	155千市畝	45千担	36千担	80
津海道	220 〃	61 〃	43 〃	69
渤海道	460 〃	126 〃	99 〃	79
保定道	910 〃	258 〃	198 〃	77
燕京道	110 〃	31 〃	20 〃	64
真定道	2,210 〃	617 〃	535 〃	87
順德道	590 〃	155 〃	103 〃	66
冀南道	1,164 〃	320 〃	255 〃	80
計	5,819 〃	1,613 〃	1,289 〃	80

山西省各道重点縣棉花增産收買目標　（民國三十三年）

道別	栽培面積	生産量	供出量	供出比率%
河東道	190千市畝	56千担	45千担	80
冀寧道	50 〃	15 〃	12 〃	80
計	240 〃	71 〃	57 〃	80

註：本目與前目資料來源不同故生産量數值亦有出入

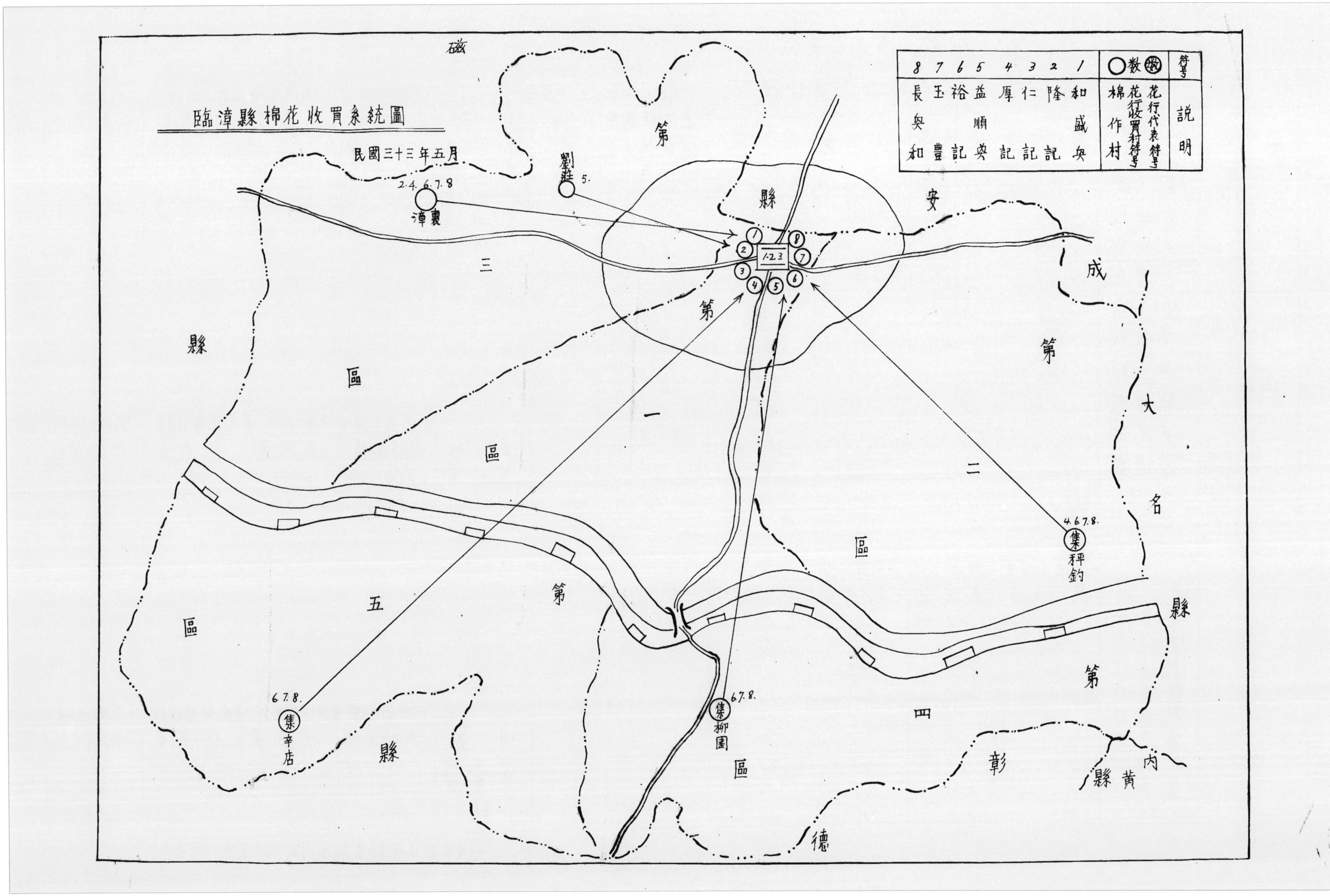
臨漳縣棉花收買系統圖
民國三十三年五月
符号
說明
8 7 6 5 4 3 2 1
長興和
玉豐
裕記
益興
厚順記
仁記
隆記
和盛興
2.4.6.7.8
漳裏
劉莊 5.
4.6.7.8.
秤鉤
6.7.8.
辛店
6.7.8.
柳園
1.2.3
磁
安
成
大
名
德
彰
內
黃
縣

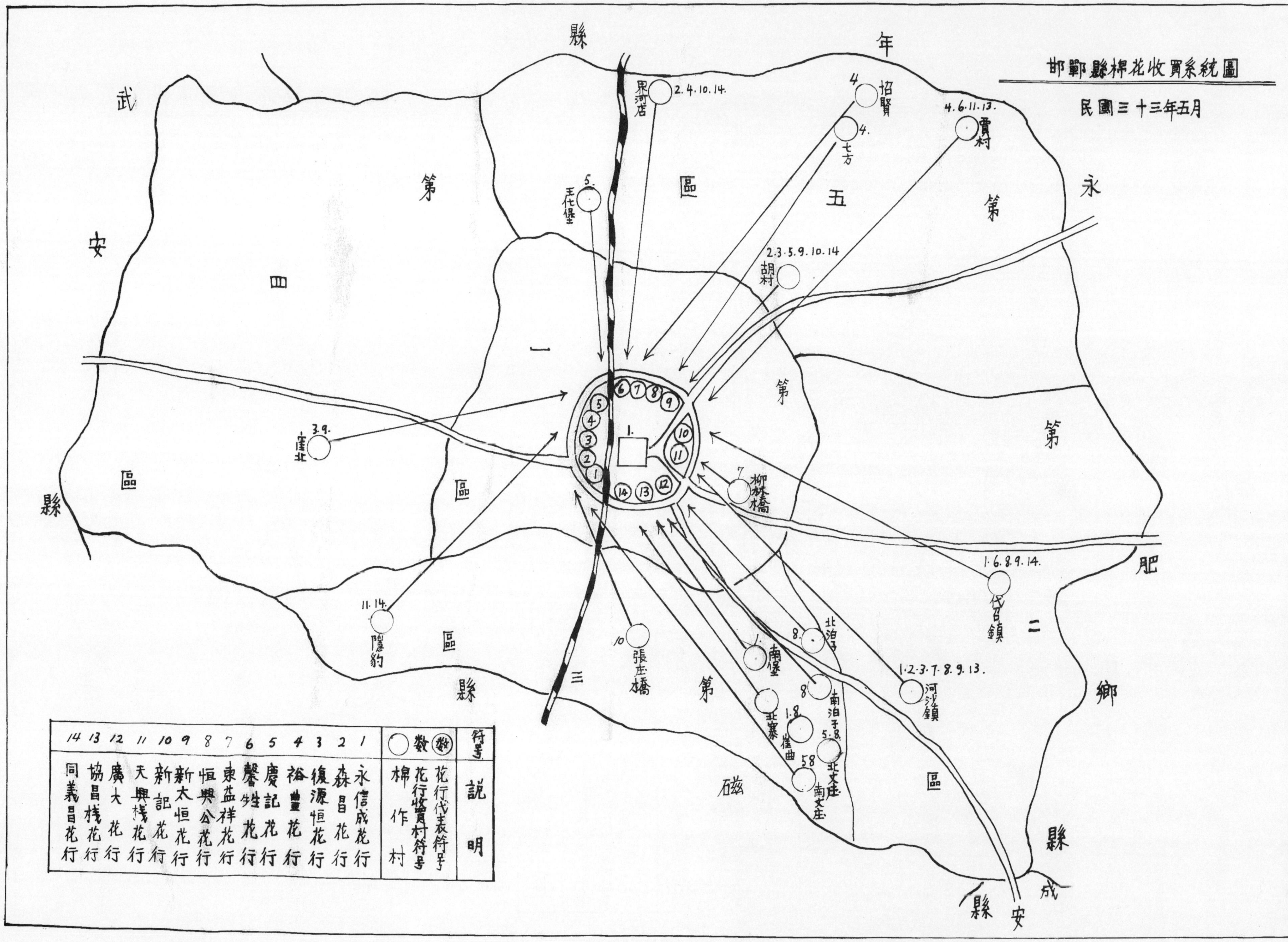
邯鄲縣棉花收買系統圖
民國三十三年五月
符号　說明
數　花行代表符号
數　花行收買村符号
棉作村
1 永信成花行
2 森昌花行
3 復源恒花行
4 裕豐花行
5 慶記花行
6 馨生花行
7 東益祥花行
8 恒興公花行
9 新太恒花行
10 新記花行
11 天興棧花行
12 廣大花行
13 協昌棧花行
14 同義昌花行

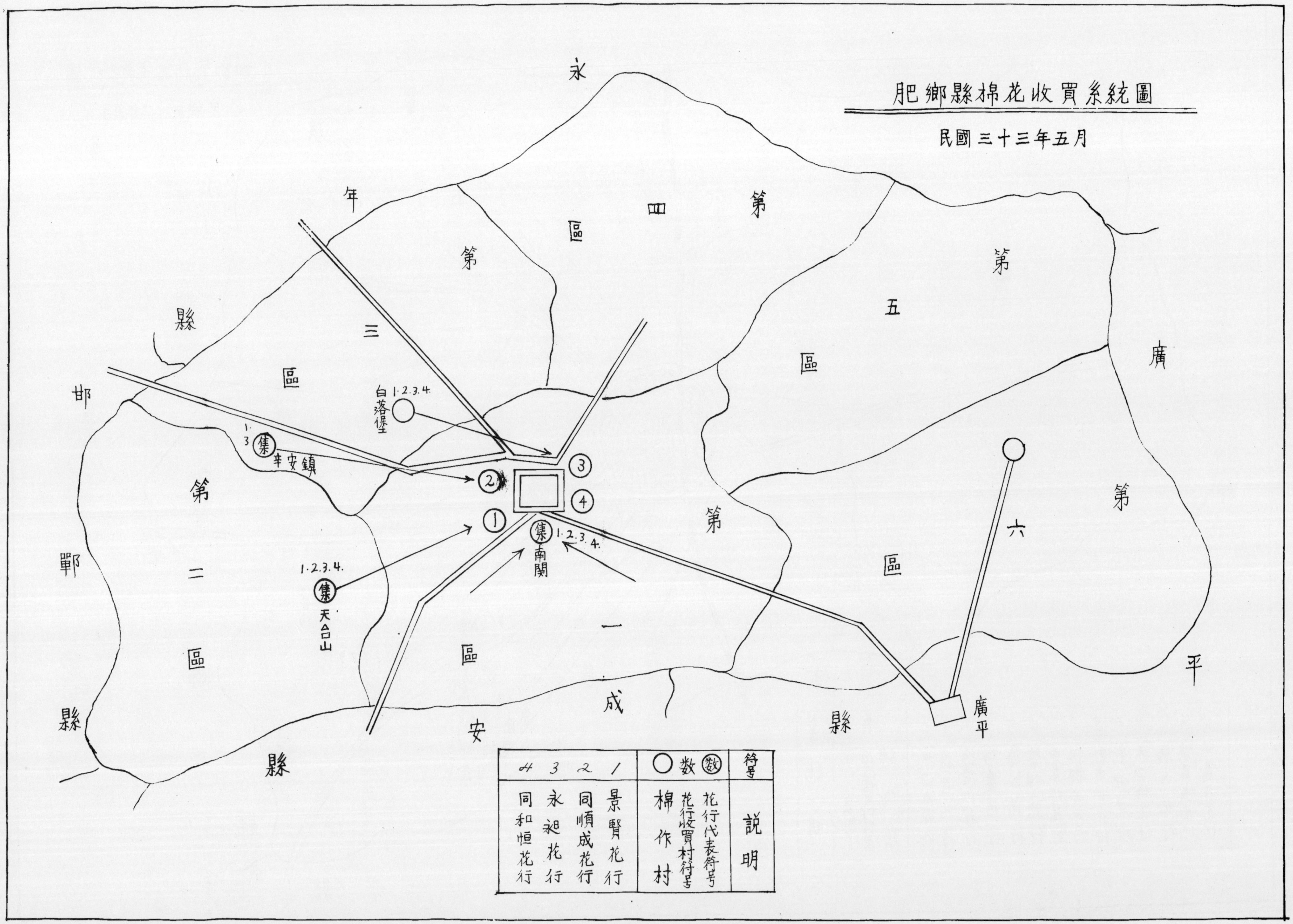
肥鄉縣棉花收買系統圖
民國三十三年五月
永年縣
邯鄲縣
成安縣
廣平縣
第一區
第二區
第三區
第四區
第五區
第六區
白落堡 1.2.3.4.
辛安鎮 1.3
天台山 1.2.3.4.
南關 1.2.3.4.
廣平
符号
説明
○
棉作村
数
花行收買村符号
花行代表符号
1 景賢花行
2 同順成花行
3 永昶花行
4 同和恒花行

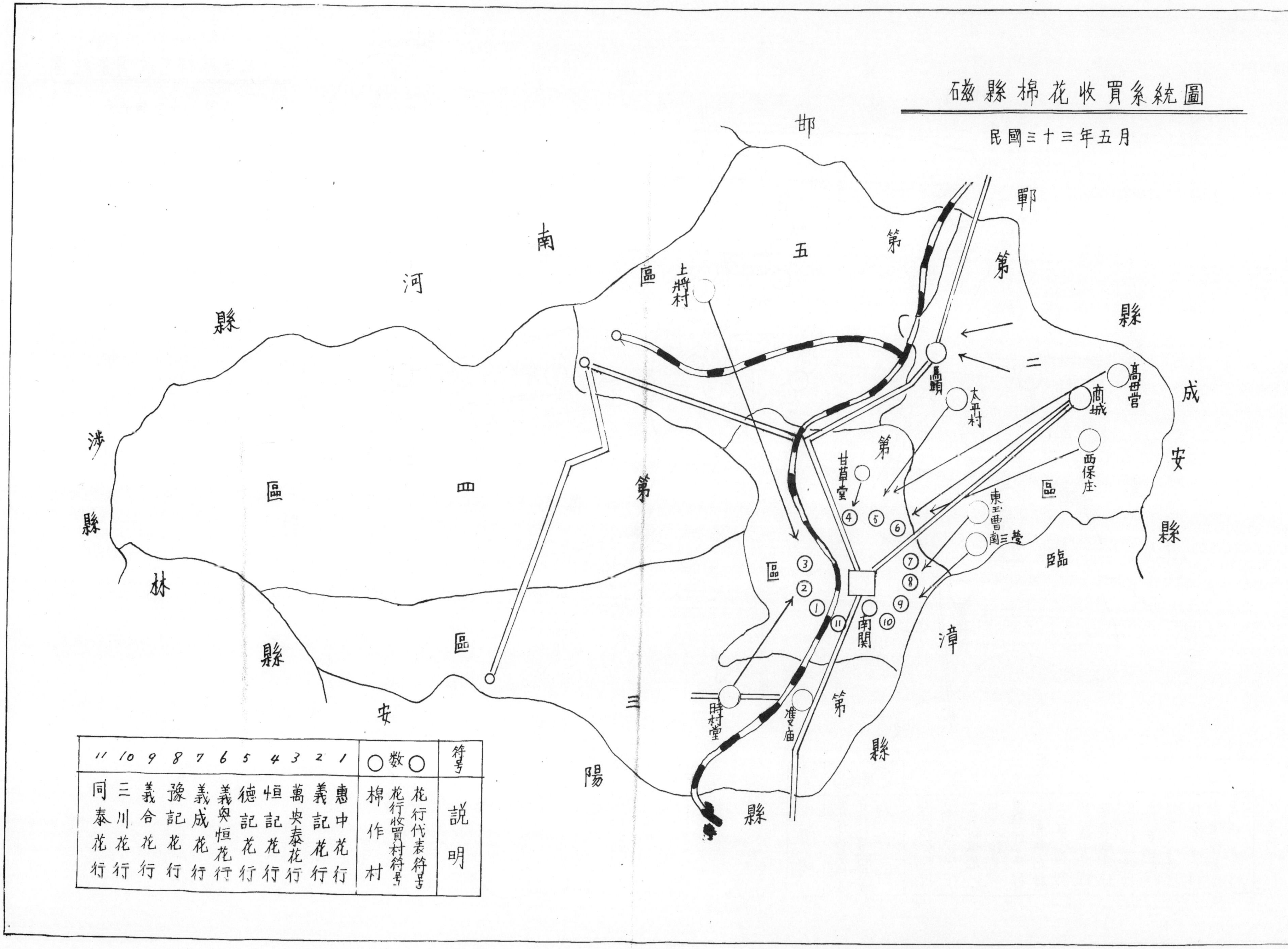
磁縣棉花收買系統圖
民國三十三年五月
符号 說明
○ 花行代表符号
○数 花行收買村符号
○ 棉作村
1 惠中花行
2 義記花行
3 萬興泰花行
4 恒記花行
5 德記花行
6 義興恒花行
7 義成花行
8 豫記花行
9 義合花行
10 三川花行
11 同泰花行
邯
鄲
成安縣
臨漳縣
安陽縣
林縣
涉縣
河南縣
第五區
第四區
第三區
第二區
第一區
上村
高臣營
太平村
商城
西保庄
甘草堂
東王曹
南三營
南關
時村堂
渡庙

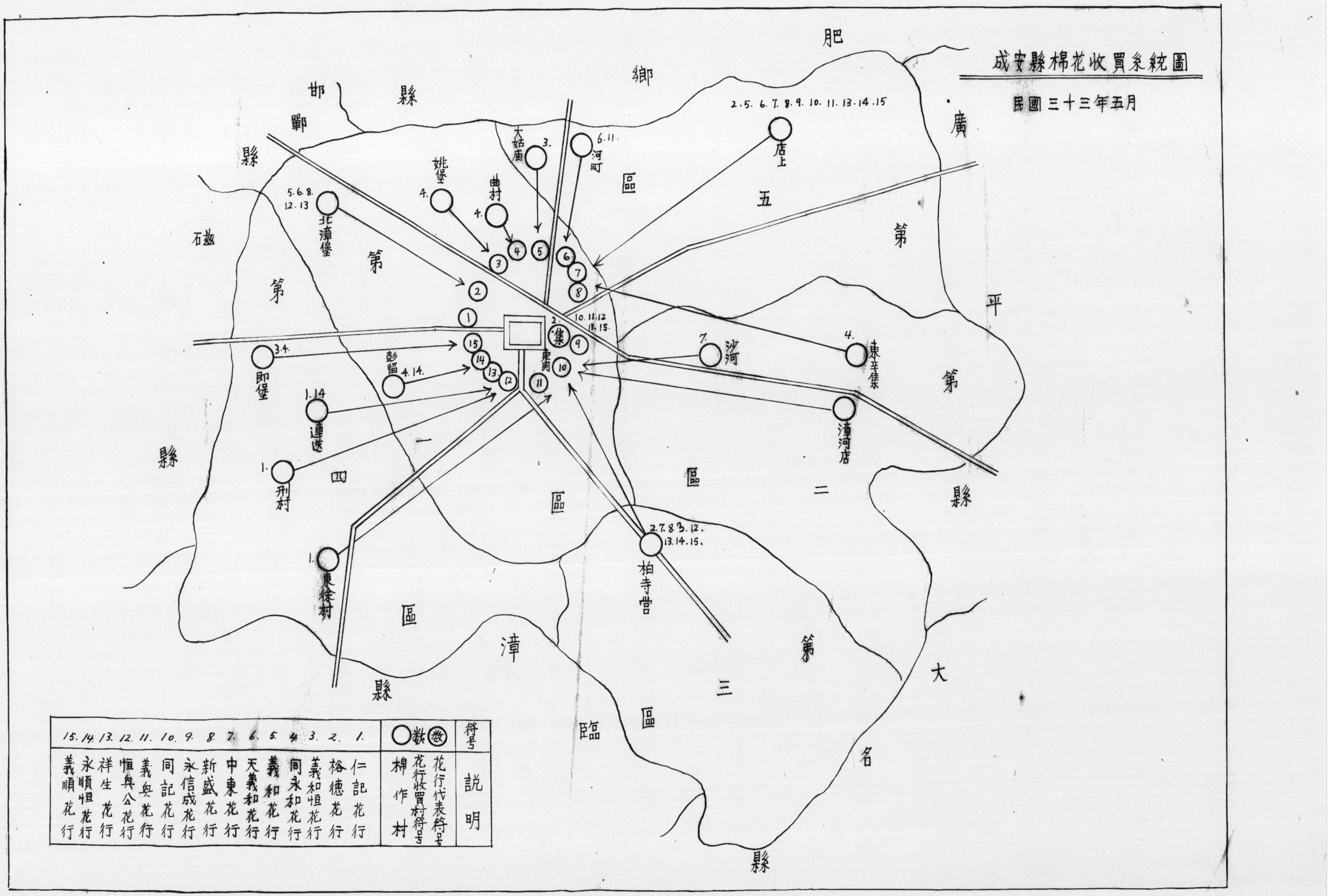
成安縣棉花收買系統圖
民國三十三年五月
符号
説明
花行代表符号
花行收買村符号 棉作村
1. 仁記花行
2. 裕德花行
3. 義和恒花行
4. 同永和花行
5. 義和花行
6. 天義和花行
7. 中東花行
8. 新盛花行
9. 永信成花行
10. 同記花行
11. 義典花行
12. 恒典公花行
13. 祥生花行
14. 永順恒花行
15. 義順花行
肥鄉縣
邯鄲縣
磁縣
廣平縣
大名縣
臨漳縣
第五區
第二區
第三區
第四區
第一區
大姑庙
河町
姚堡
曲村
北漳堡
店上
沙河
東辛集
漳河店
即堡
彭留
刑村
東徐村
柏寺营

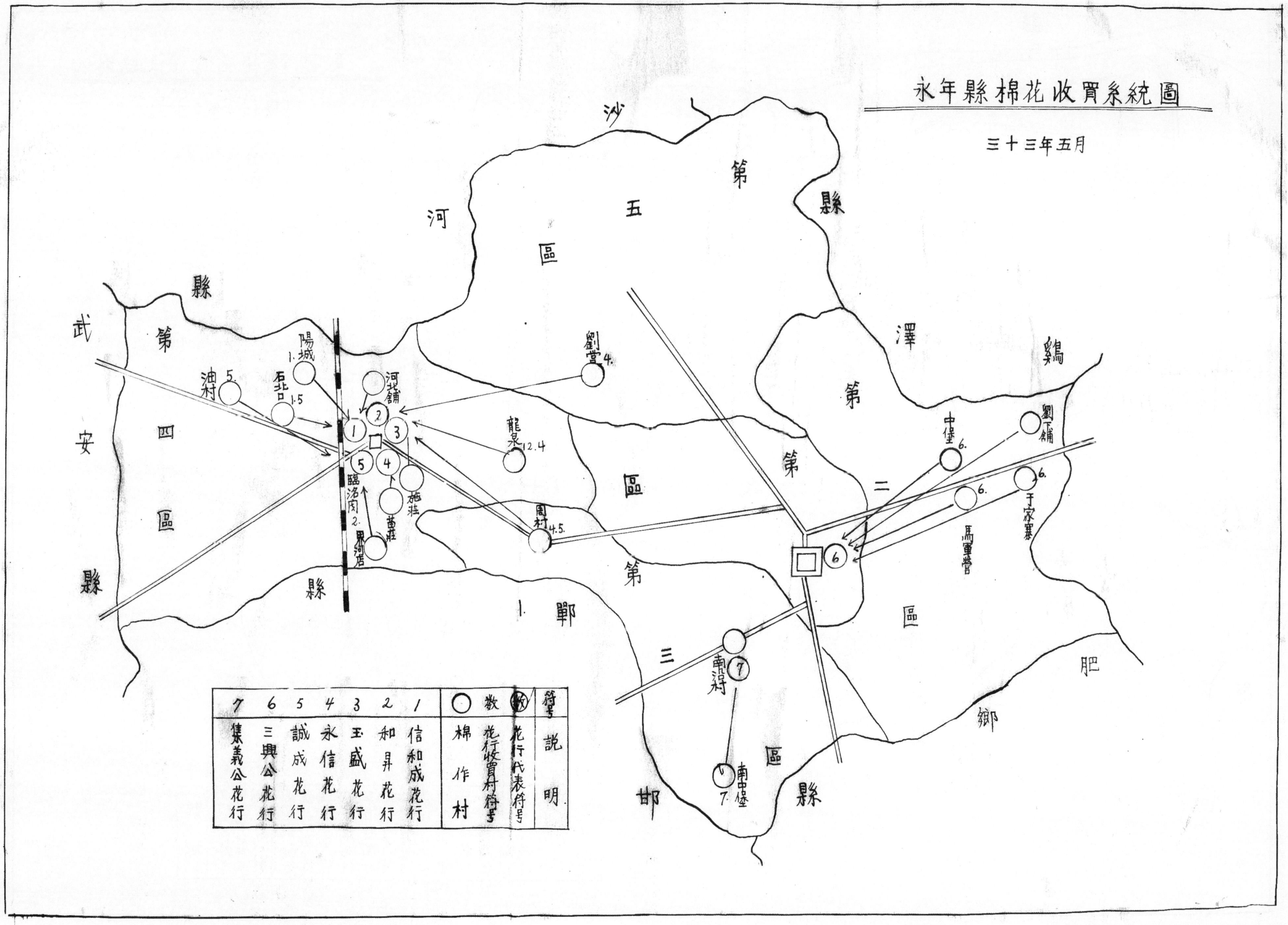
永年縣棉花收買系統圖
三十三年五月
沙河縣
第五區
武安縣
第四區
雞澤縣
第二區
第三區
邯鄲縣
肥鄉縣
陽城
河北舖
臨洺関
龍泉
周村
劉営
中堡
劉下舖
于家寨
馬軍營
南中堡
符号說明
花行代表符号
花行收買村符号
棉作村
1 信和成花行
2 和昇花行
3 玉盛花行
4 永信花行
5 誠成花行
6 三興公花行
7 集義公花行

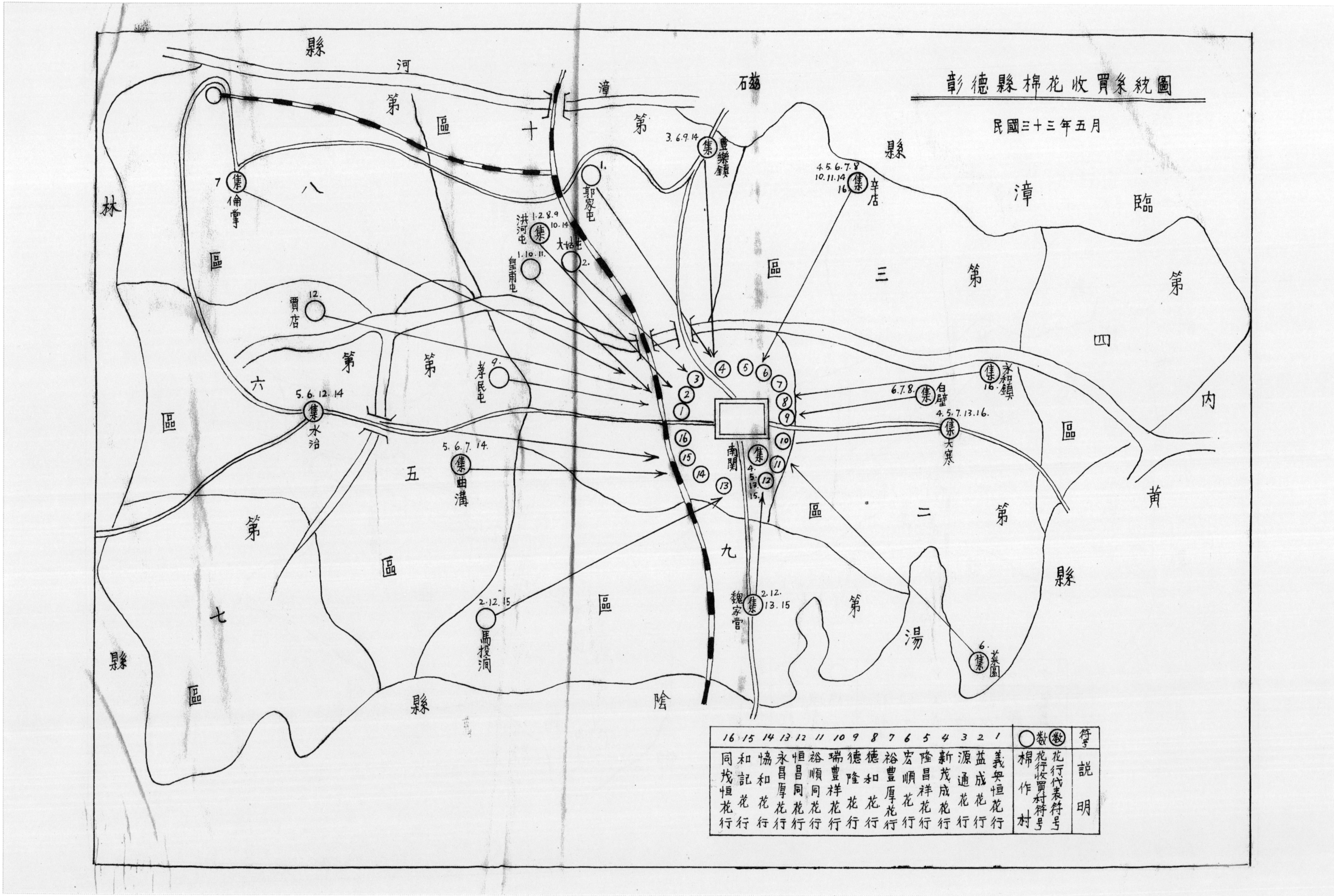
彰德縣棉花收買系統圖
民國三十三年五月
符号 說明
花行代表符号
花行收買村符号
棉作村
1 義興恒花行
2 益成花行
3 源通花行
4 新茂成花行
5 隆昌祥花行
6 宏順花行
7 裕豊厚花行
8 德和花行
9 德隆花行
10 瑞豊祥花行
11 裕順同花行
12 恒昌同花行
13 永昌厚花行
14 協和花行
15 和記花行
16 同茂恒花行

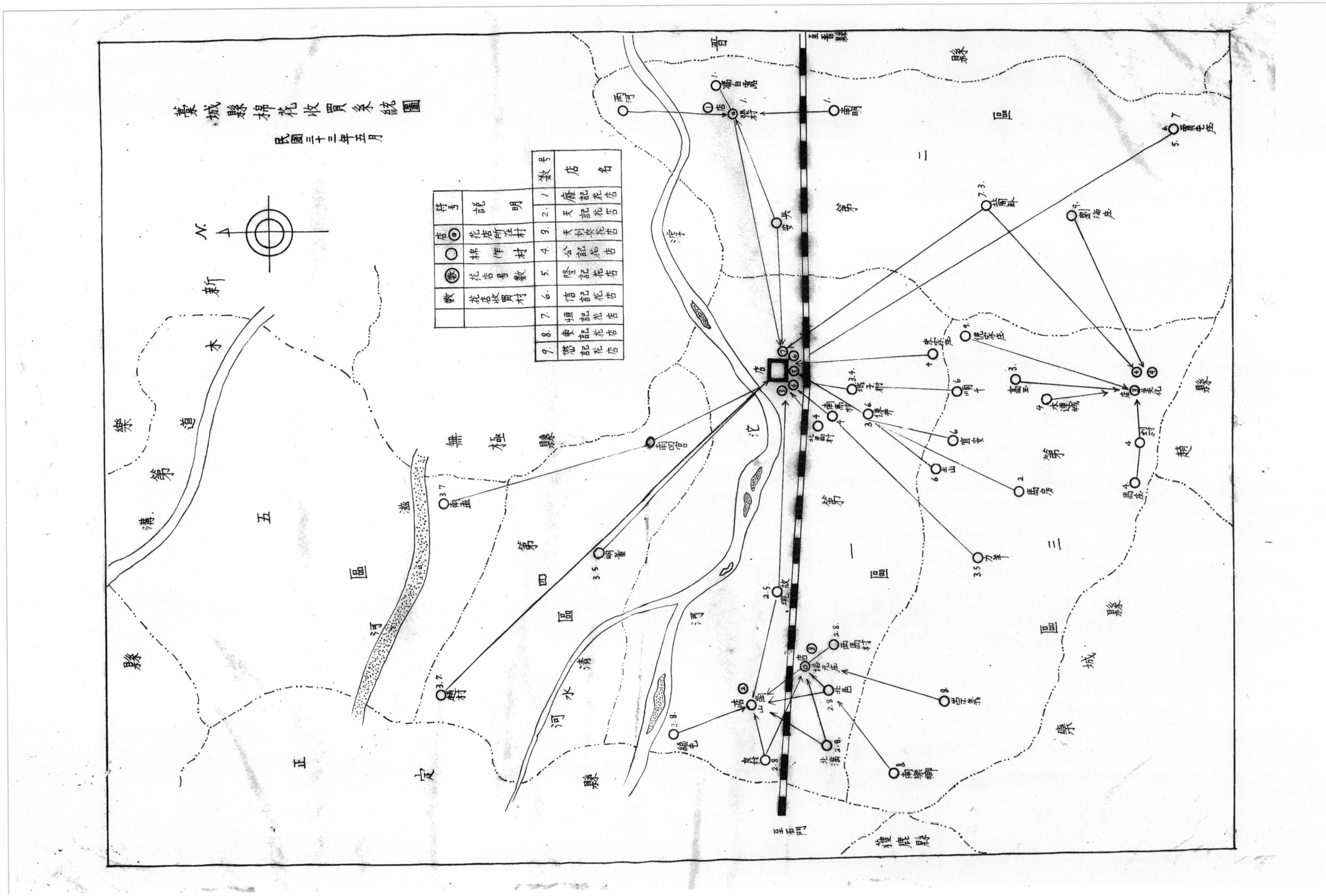
藁城縣棉花收買系統圖
民國三十三年五月

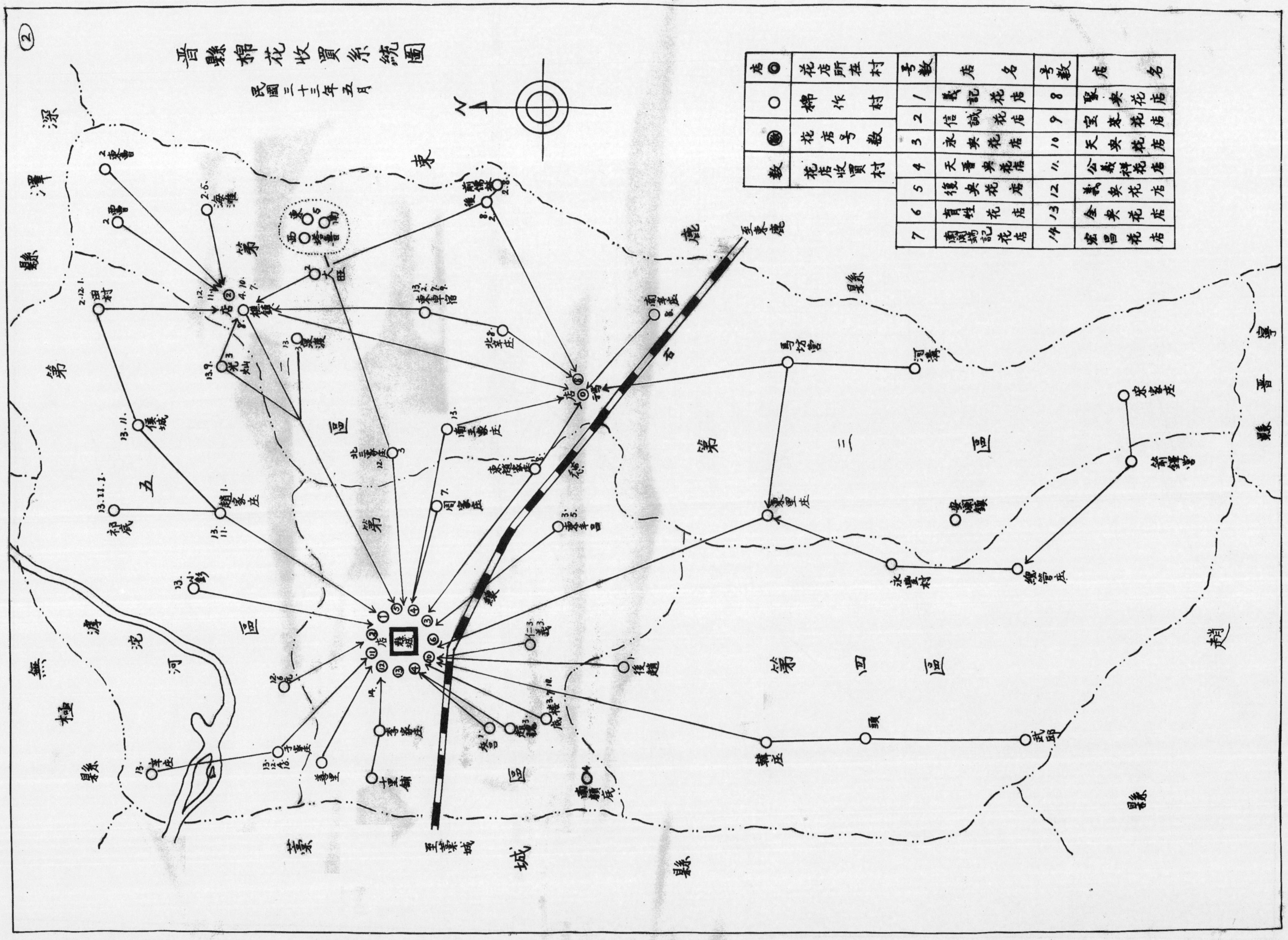
晉縣棉花收買系統圖
民國三十三年五月

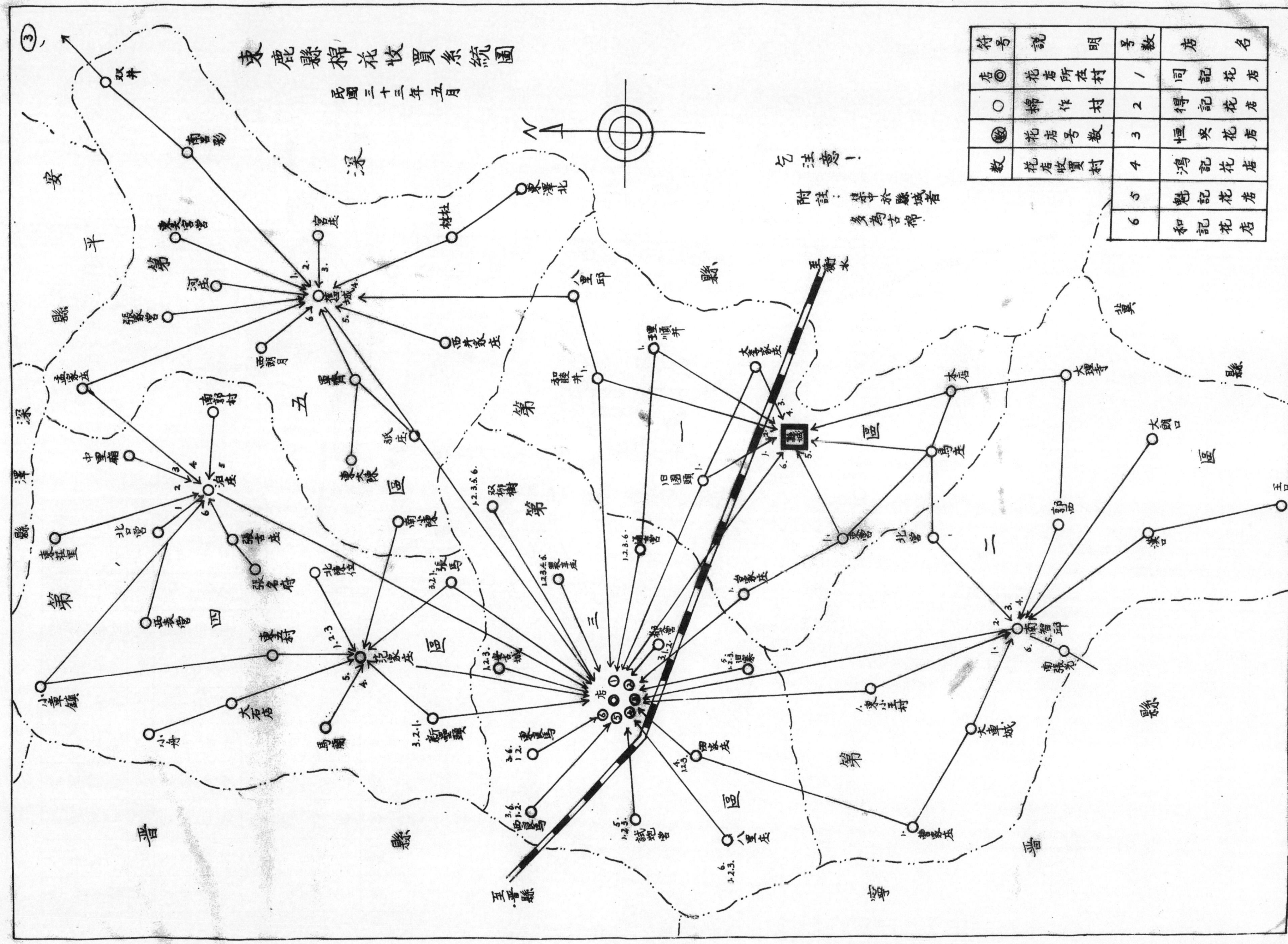
束鹿縣棉花收買系統圖
民國三十三年五月

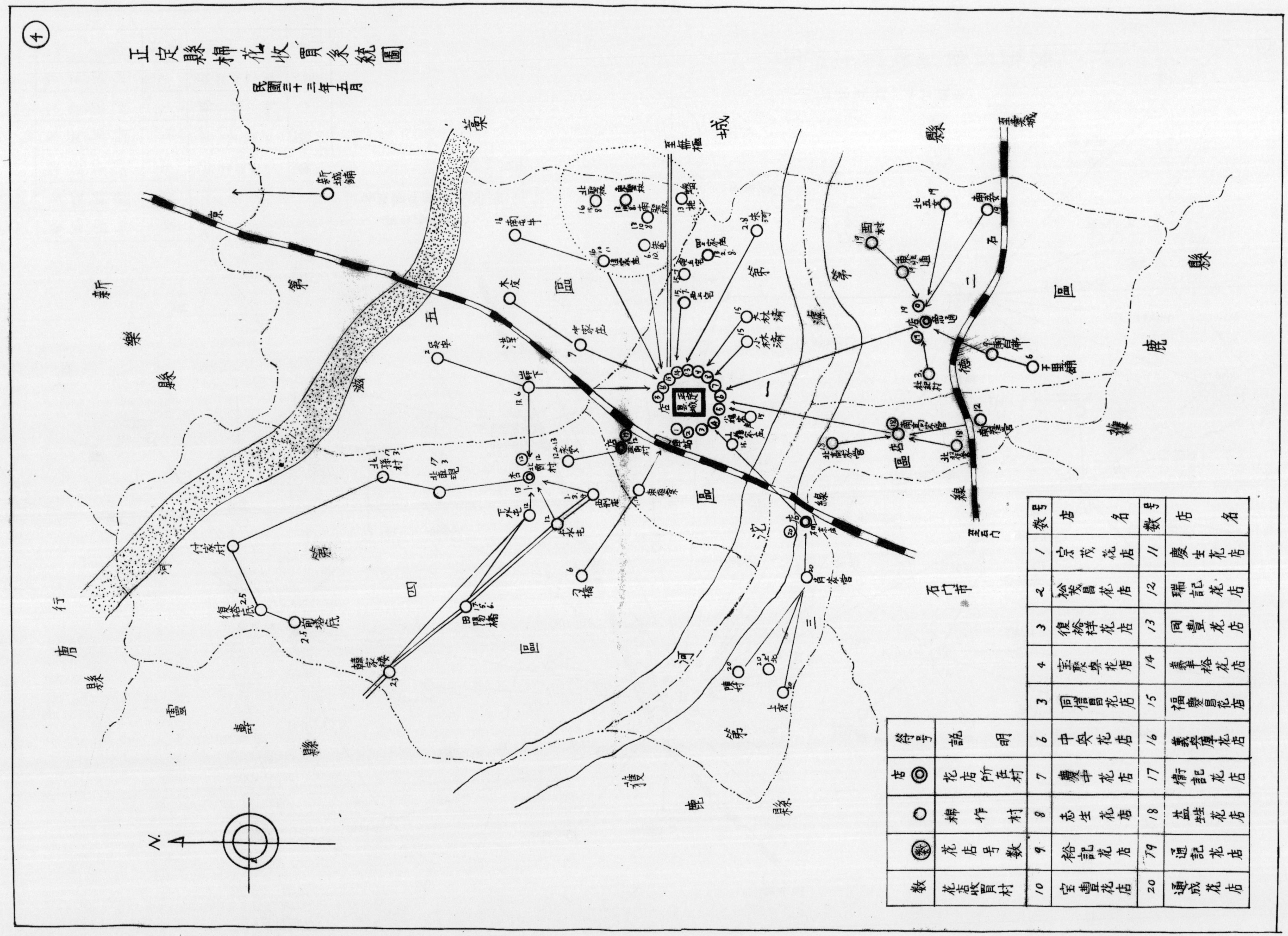
④
正定縣棉花收買系統圖
民國三十三年五月
符号 說明
◎ 花店所在村
○ 棉作村
數 花店号數
數 花店收買村
数号 店名
1 宗茂花店
2 裕發昌花店
3 復裕祥花店
4 宝聚泉花店
3 同信昌花店
6 中央花店
7 慶中花店
8 志生花店
9 裕記花店
10 宝豐花店
11 慶生花店
12 瑞記花店
13 同豐花店
14 義聚裕花店
15 福豐昌花店
16 義聚厚花店
17 衛記花店
18 益豐花店
19 通記花店
20 通成花店
石门市
N.

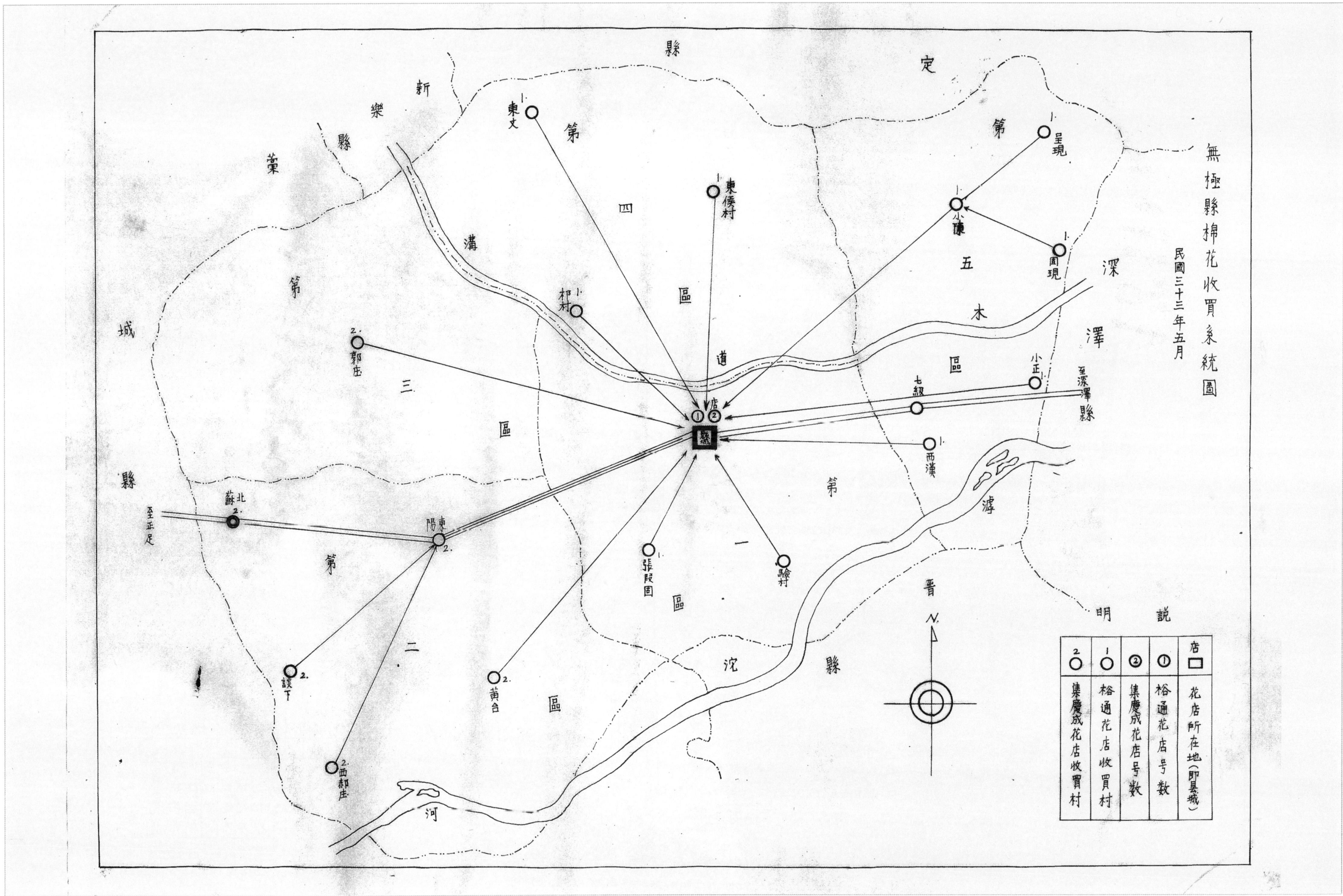
無極縣棉花收買系統圖
民國三十三年五月
說明
店□ 花店所在地（即县城）
① 裕通花店号数
② 集慶成花店号数
1○ 裕通花店收買村
2○ 集慶成花店收買村

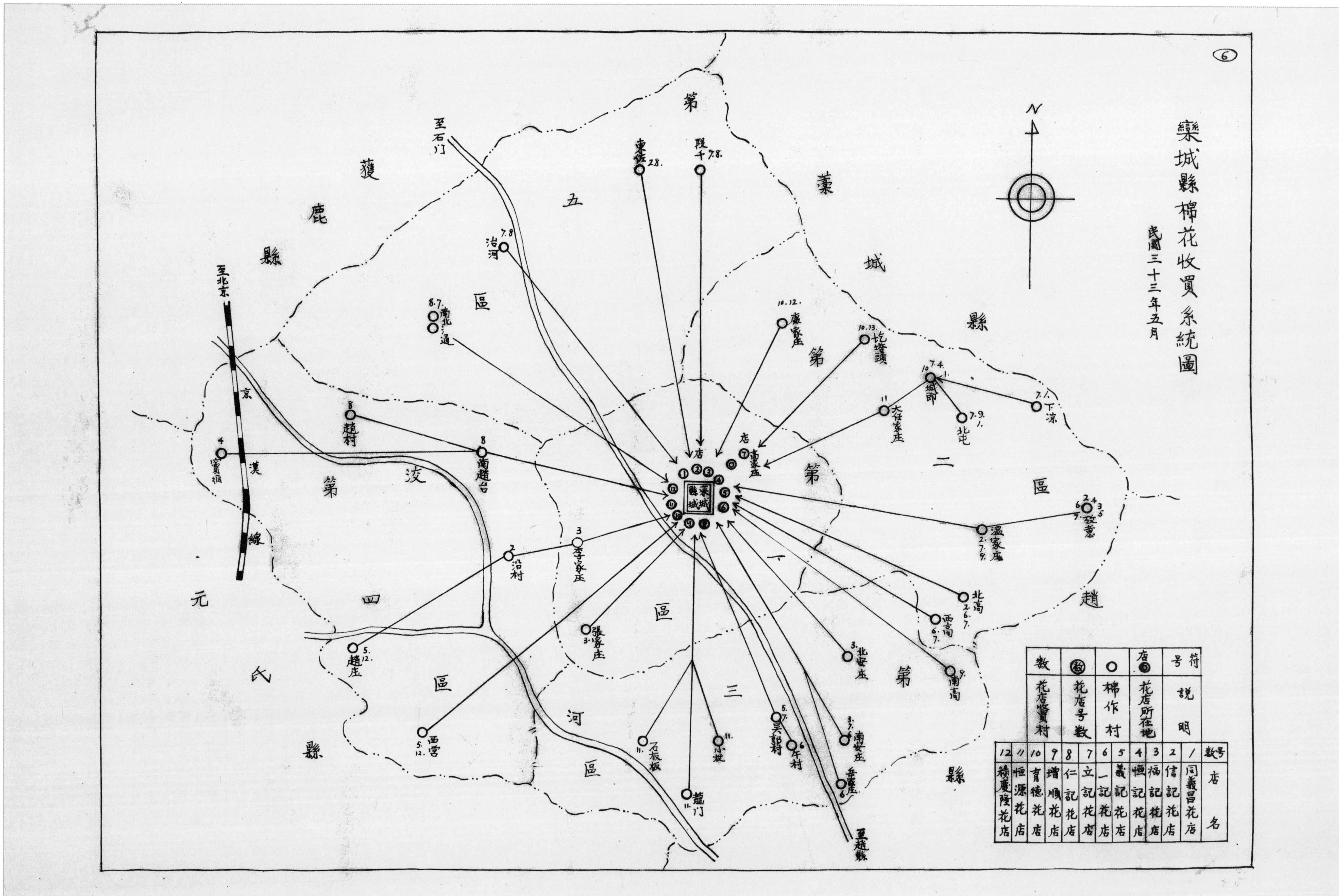
⑥
欒城縣棉花收買系統圖
民國三十三年五月
N
至石门
至北京
至趙縣
符号 說明
店◎ 花店所在地
○ 棉作村
㊀ 花店号數
數 花店收買村
号數 店名
1 同義昌花店
2 信記花店
3 福記花店
4 恒記花店
5 義記花店
6 一記花店
7 立記花店
8 仁記花店
9 增順花店
10 育德花店
11 恒源花店
12 積慶隆花店

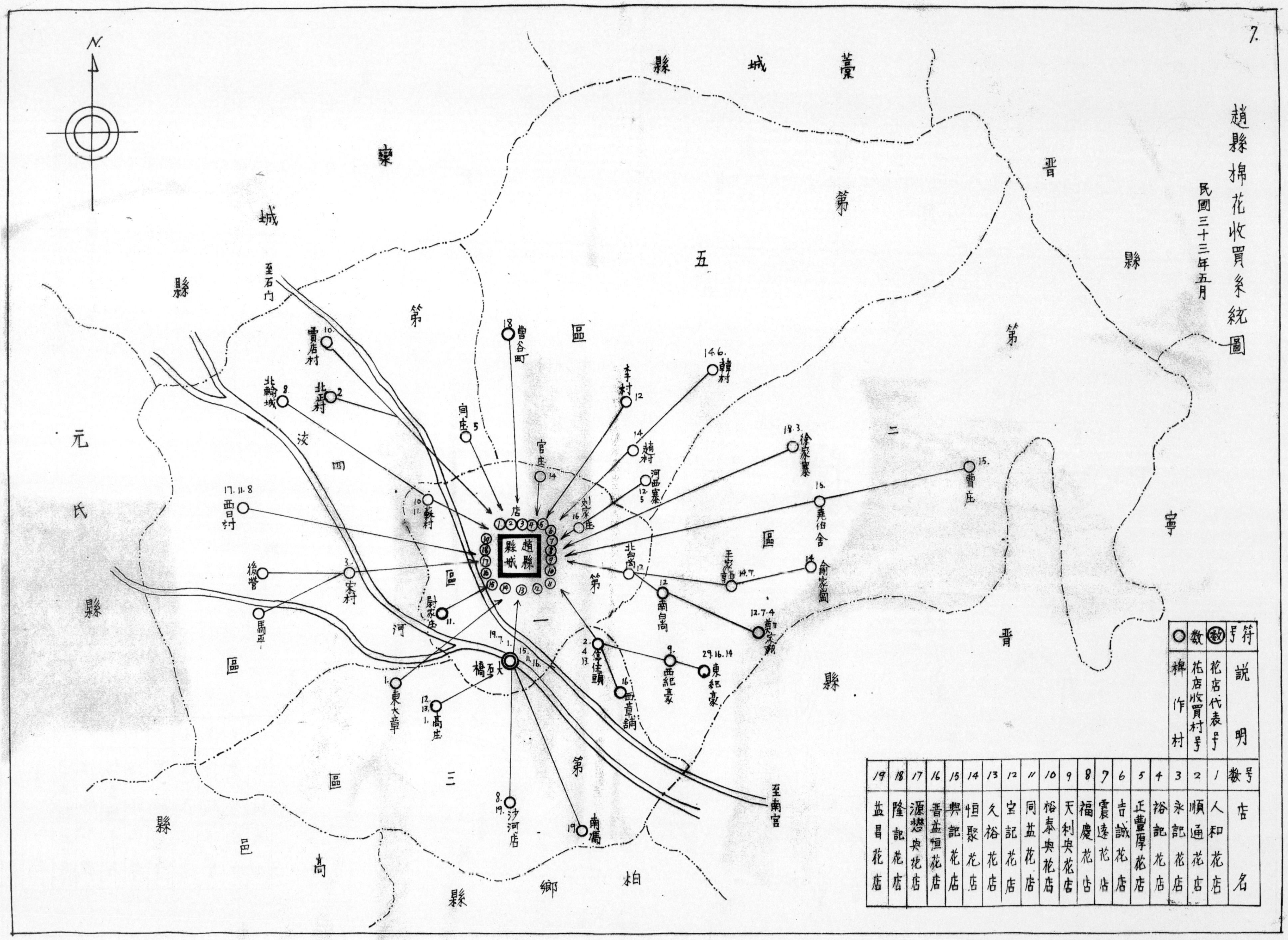
7.
趙縣棉花收買系統圖
民國三十三年五月
N.
蘘城縣
晋縣
寧晋縣
元氏縣
高邑縣
柏鄉縣
第五區
第四區
第二區
第三區
第一區
趙縣縣城
至石门
至南宫
符号説明
⑳ 花店代表号
数 花店收買村号
○ 棉作村
号数 店名
1 人和花店
2 順通花店
3 永記花店
4 裕記花店
5 正豊厚花店
6 吉誠花店
7 震遠花店
8 福慶花店
9 天利与花店
10 裕泰与花店
11 同益花店
12 宝記花店
13 久裕花店
14 恒聚花店
15 興記花店
16 晋益恒花店
17 源懋与花店
18 隆記花店
19 益昌花店

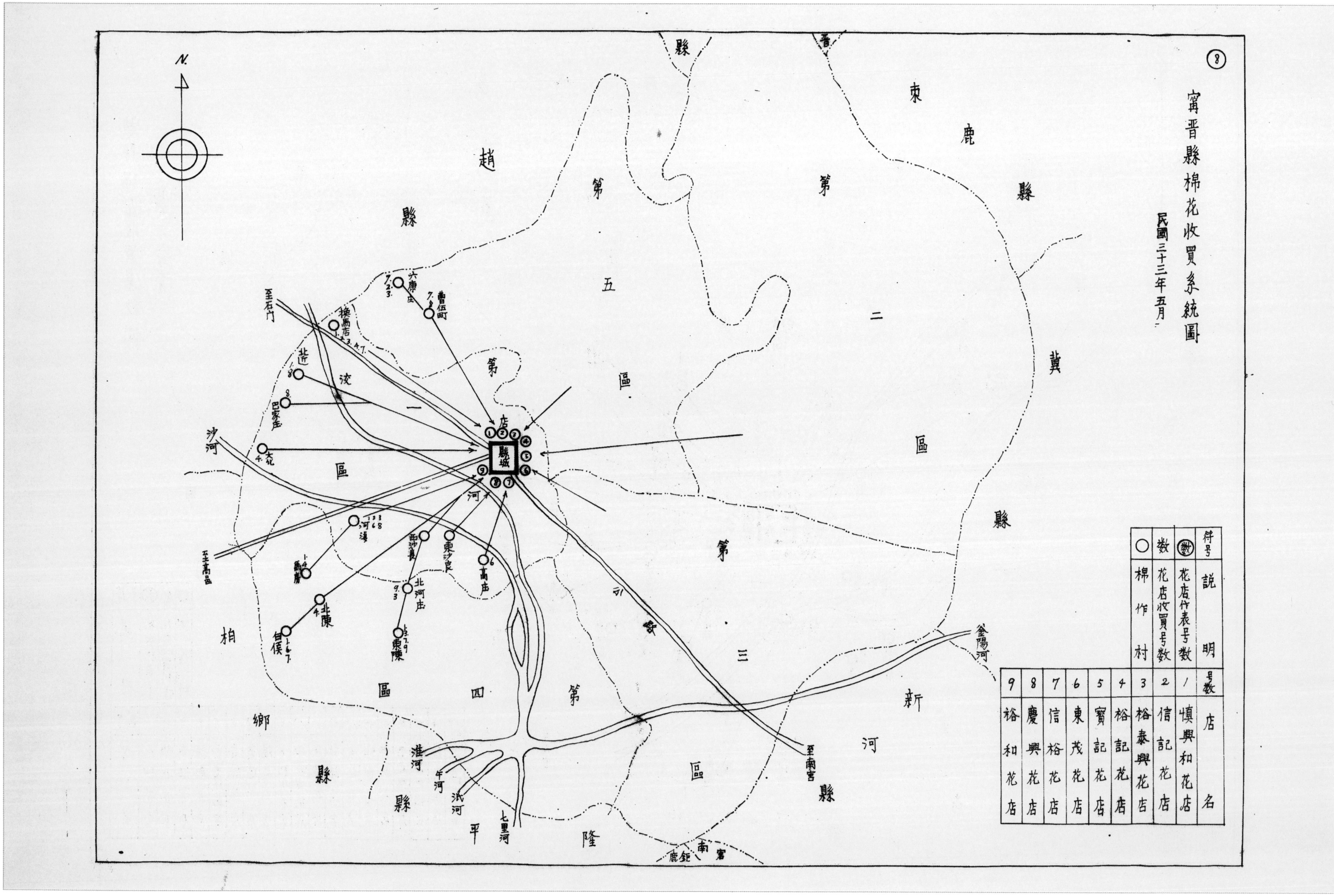
⑧
寧晉縣棉花收買系統圖
民國三十三年五月
N.
符号説明
㉗ 花店代表号数
数 花店收買号数
○ 棉作村
号数 店名
1 慎興和花店
2 信記花店
3 裕泰興花店
4 裕記花店
5 寶記花店
6 東茂花店
7 信裕花店
8 慶興花店
9 裕和花店
縣城
趙縣
東鹿縣
冀縣
新河縣
隆平縣
柏鄉縣
第一區
第二區
第三區
第四區
第五區
至石門
至南宮
沙河
滏陽河
七里河
午河
泜河
洨河
南宮
鉅鹿
北河庄
東陳
北陳
高庄
東沙良
西沙良

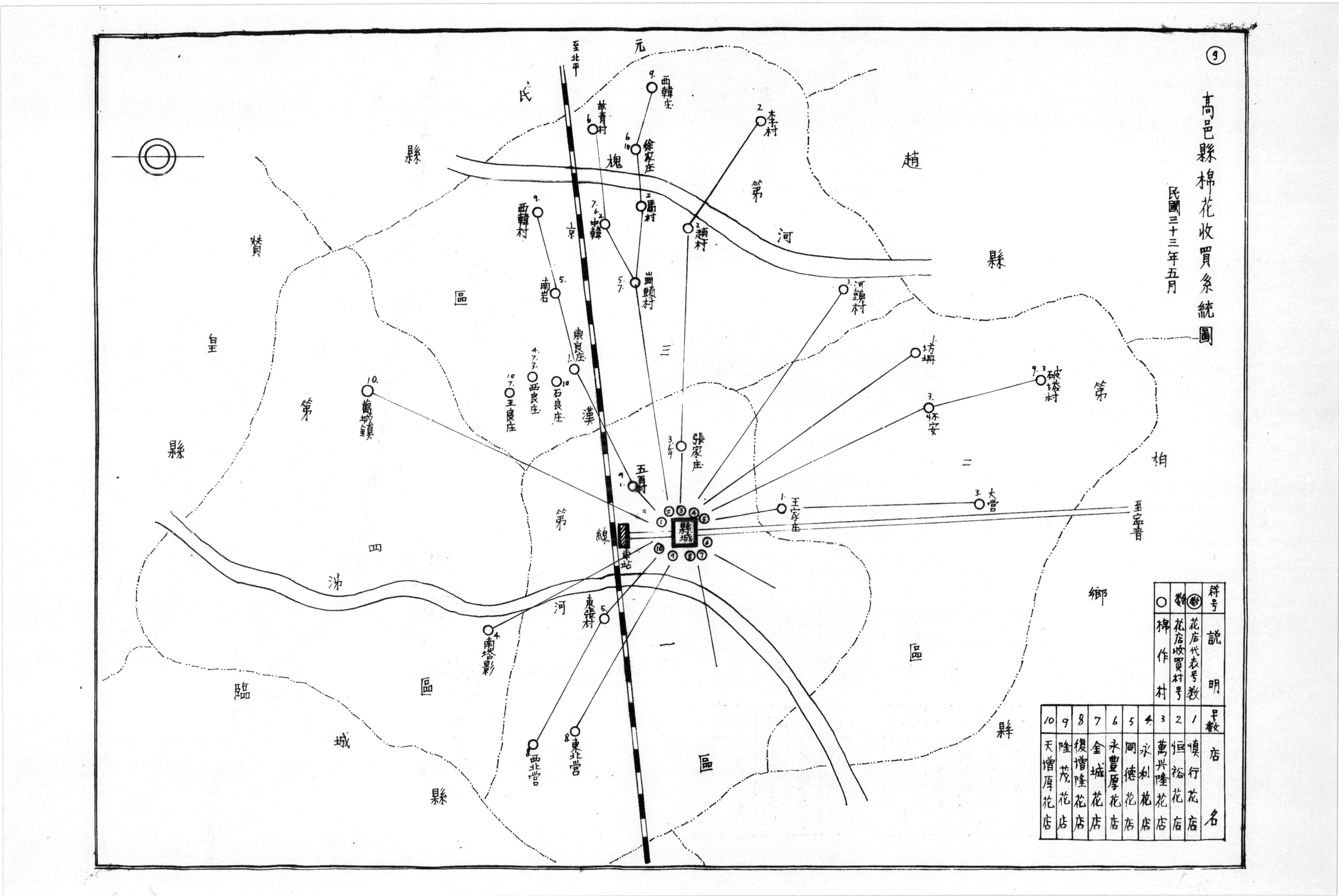
⑨
高邑縣棉花收買系統圖
民國三十三年五月
符号 説明
○ 棉作村
㊀ 花店收買村号数
号数 店名
1 慎行花店
2 恒裕花店
3 萬兴隆花店
4 永利花店
5 同德花店
6 永豐厚花店
7 金城花店
8 復增隆花店
9 隆茂花店
10 天增厚花店
至北平
至寧晋
縣城
車站
京漢線
槐河
泲河
元氏縣
贊皇縣
臨城縣
趙縣
柏鄉縣
第一區
第二區
第三區
第四區
西韓庄
故青村
徐家庄
李村
馬村
中韓
西韓村
韓村
崗頭村
南岩
河鎮村
東良庄
坊堋
破塔村
西良庄
石良庄
王良庄
萬城鎮
杯安
張家庄
五里村
王家庄
大營
東韓村
南塔影
東北營
西北營

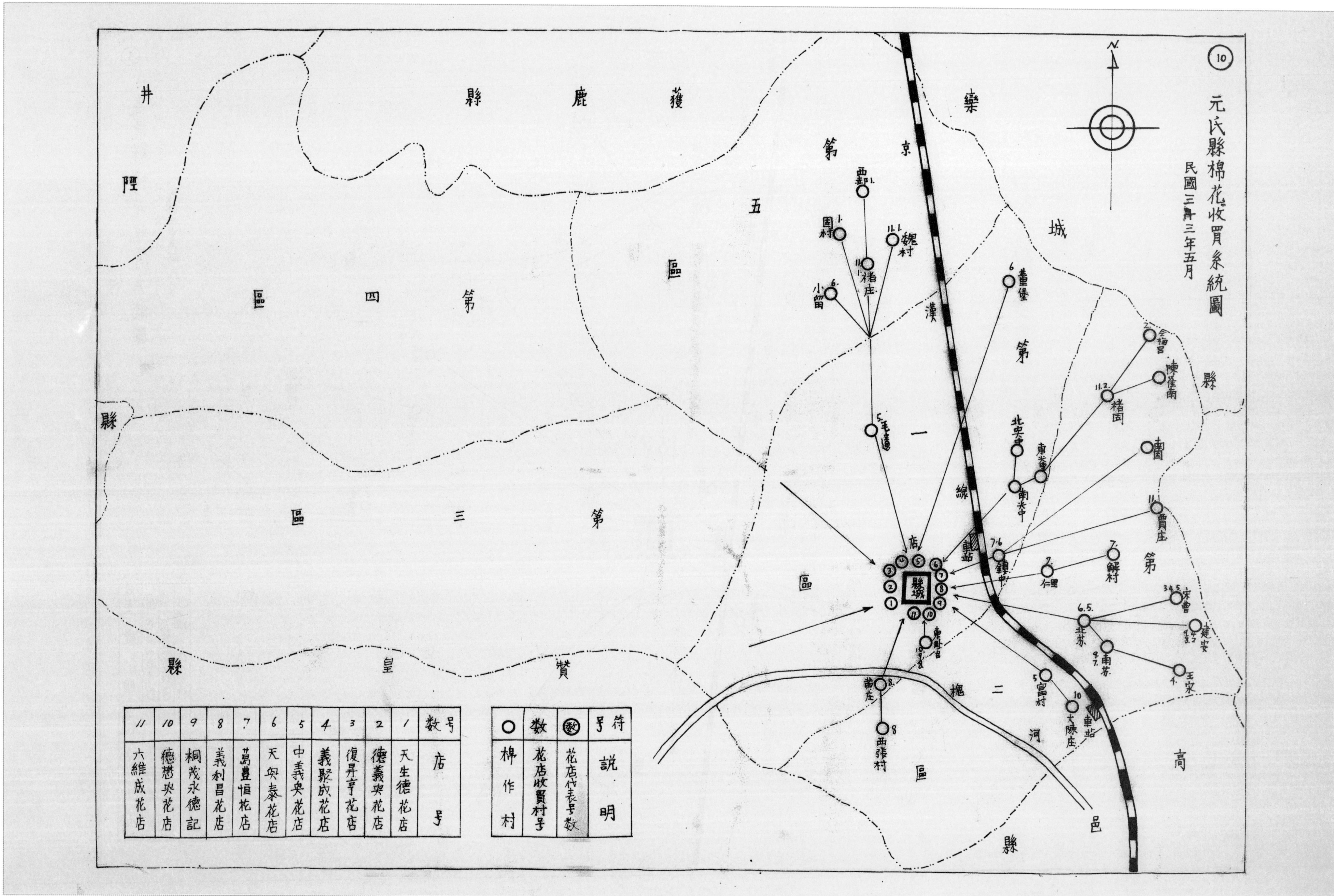
10
元氏縣棉花收買系統圖
民國三十三年五月
N
井陘縣
獲鹿縣
欒城縣
高邑縣
贊皇縣
第一區
第二區
第三區
第四區
第五區
京漢線
槐河
縣城
車站
符号 説明
○ 棉作村
数 花店收買村号
⊛ 花店代表号数
数号 店号
1 天生德花店
2 德義興花店
3 復昇亨花店
4 義聚成花店
5 中義興花店
6 天興泰花店
7 萬豐恒花店
8 義利昌花店
9 桐茂永德記
10 德懋興花店
11 六維成花店

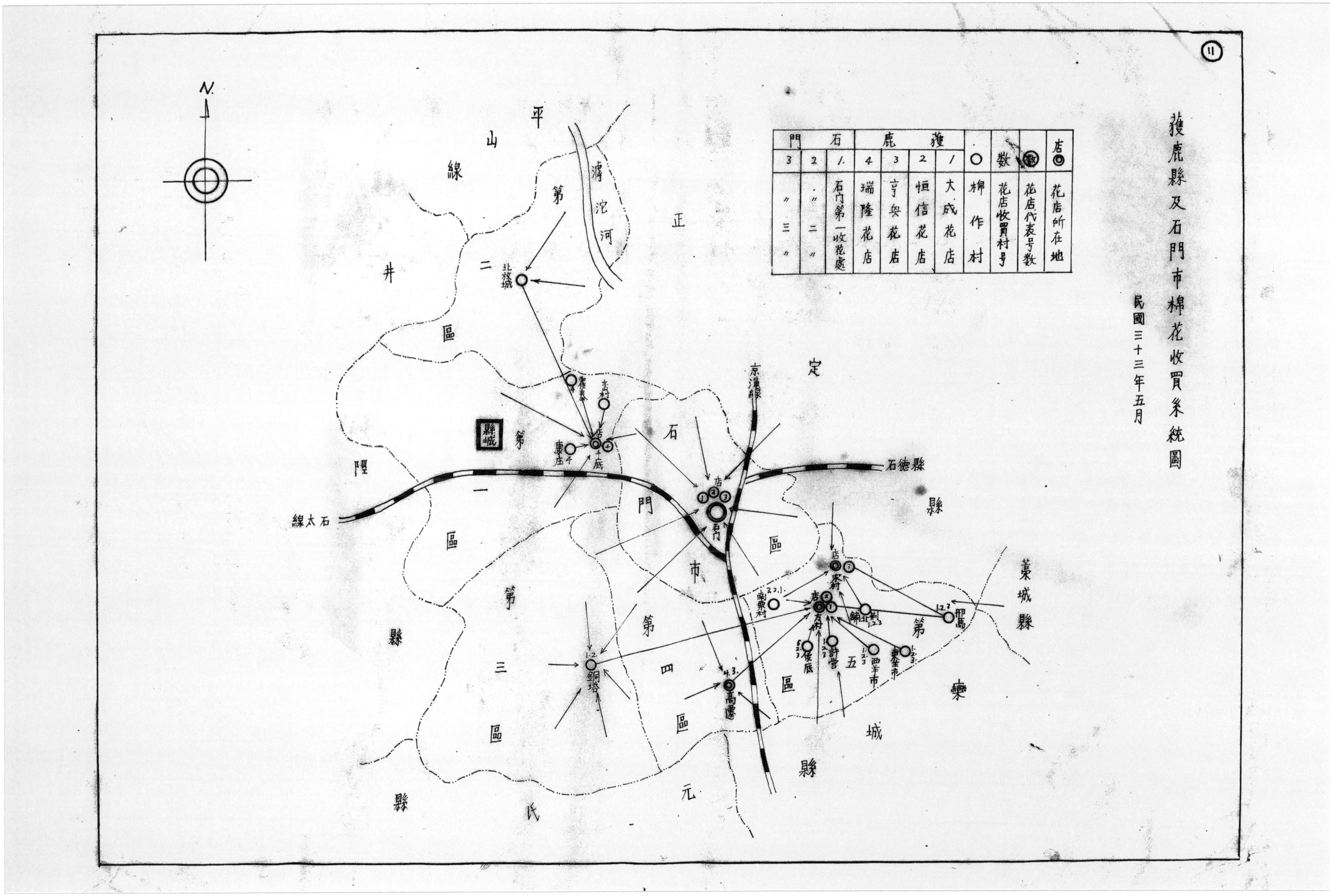
獲鹿縣及石門市棉花收買系統圖
民國三十三年五月
N.
店 花店所在地
花店代表号数
数 花店收買村号
棉作村
獲鹿 1 大成花店
2 恒信花店
3 亨興花店
4 瑞隆花店
石門 1. 石門第一收花處
2 〃二〃
3 〃三〃
平山縣
滹沱河
正定縣
井陘縣
第二區
第一區
第三區
第四區
第五區
石門市區
縣城
北蔟城
京漢線
石德縣
石太線
欒城縣
藁城縣
元氏縣
銅塔
高遷
許營
西羊市

第一節第四項

華北歷年水陸稻之產量狀態

第一目 華北水陸稻播種面積及產量

華北因氣候關係產米地方極為稀少其主要產地集中天津周圍一帶以海河為中心分佈於薊運河.南運河.大清河.子牙河及馬廠減河流域而以馬廠減河之小站米最為著稱淪陷期間日人因籌軍糧乃大闢水田建農場七八十餘處積極謀稻米之增產其得失暫不具論茲將淪陷期間華北水陸稻之生產情況表列於後。

一. 水稻

項別 / 年分 / 省名	耕種面積 公頃						收穫量 噸					
	27年	28年	29年	30年	31年	32年	27年	28年	29年	30年	31年	32年
河北省	36,000	42,500	40,000	39,500	36,860	40,650	66,000	27,000	81,500	87,000	60,892	62,472
山東省	4,500	4,000	5,500	5,000	3,340	1,650	9,000	7,500	9,500	9,000	5,297	2,881
山西省	3,500	3,602	3,194	3,147	3,270	2,420	4,500	3,534	6,604	5,068	2,709	3,759
察哈爾省		3,892	2,131	2,417				3,298	3,073	2,639		
綏遠省												
合計	44,000	53,994	50,825	50,064	43,470	44,720	79,500	41,332	100,677	103,707	68,898	69,112

二.陸稻

項別 / 年分 / 省名	耕種面積 公頃						收穫量 噸					
	27年	28年	29年	30年	31年	32年	27年	28年	29年	30年	31年	32年
河北省					19,970	20,050					17,597	15,766
山東省					4,157	4,020					3,755	4,124
山西省												
察哈爾省		38		8				17		4		
綏遠省												
合計		38		8	24,127	24,070		17		4	21,352	19,890

第一節第四項第一目.一之1

第1表　　水稲生産表

項目 / 年度 / 省道別	耕種面積 27年度 公頃	28年度 公頃	29年度 公頃	30年度 公頃	31年度 公頃	32年度 公頃	平年度 公頃
華北總計		53,994	50,825	50,064			
河北省小計	36,000	42,500	40,000	39,500	36,860	40,650	30,980
北平特別市	1,000	1,000	1,000	1,000	850	680	850
冀東道	2,000	2,000	2,000	2,100	1,880	3,530	1,220
津海道	23,000	30,000	27,000	26,000	22,530	23,950	17,340
燕京道	5,000	5,000	5,000	4,000	4,290	3,980	5,680
保定道	3,000	3,000	3,000	4,000	4,190	4,190	3,590
真定道	500	500	500	1,000	770	2,300	240
渤海道	—	—	—	—	—	—	—
順德道	1,000	500	1,000	1,000	1,290	1,060	930
冀南道	1,000	500	500	500	1,060	1,060	430
山東省小計	4,500	4,000	5,500	5,000	3,340	1,650	4,030
青島特別市	—	—	—	—	—	—	—
登州道	—	—	500	500	170	170	100
萊濰道	—	—	500	—	80	80	80
青州道	1,000	500	1,000	1,000	710	50	740
武定道	—		—	—		—	—
濟南道	3,000	3,000	3,000	3,000	2,250	1,150	3,100
東臨道	—	—	—	—	—	—	—
曹州道	—	—	—	—	—	—	—
兗濟道	—	—	—	—	130	190	10
泰安道	—	—	—	—	—	10	—
沂州道	500	500	500	500	—	—	—
山西省小計	3,500	3,602	3,194	3,147	3,270	2,420	2,610
雁門道	2,000	2,000	2,000	2,000	1,860	1,440	1,960
冀寧道	500	500	500	500	970	550	310
河東道	500	500	500	500	350	340	250
上黨道	500	500	—	—	90	90	90
晉北		102	194	147			
察哈尔省小計		3,892	2,131	2,417			
察南		3,892	2,131	2,417			
察盟		—	—	—			
綏遠省小計		—	—	—			
巴盟		—	—	—			

第一節第四項第一目.一之1

第2表　　水稻生產表

項目 年度 / 省道別	收穫量						
	27年度 公噸	28年度 公噸	29年度 公噸	30年度 公噸	31年度 公噸	32年度 公噸	平年度 公噸
華北總計		41,399	100,677	103,707			
河北省小計	66,000	27,000	81,500	87,000	60,892	62,472	51,343
北平特別市	2,000	1,000	2,000	1,000	1,522	1,130	1,519
冀東道	2,000	2,000	4,000	3,000	3,031	4,336	2,144
津海道	4,000	14,000	61,000	65,000	39,206	37,221	31,330
燕京道	12,000	6,000	6,000	7,000	5,950	5,788	8,685
保定道	3,000	2,000	4,000	6,000	5,923	6,137	5,371
真定道	1,000	500	500	2,000	1,320	2,812	416
渤海道	—	—	—	—	—	—	—
順德道	1,000	1,000	1,000	2,000	2,117	2,570	1,248
冀南道	1,000	500	1,000	1,000	1,823	2,478	630
山東省小計	9,000	7,500	9,500	9,000	5,297	2,881	7,698
青島特別市	—	—	—	—	—	—	—
登州道	—	—	500	500	177	197	129
萊濰道	—	—	500		80	96	100
青州道	1,000	1,000	1,000	1,000	980	53	1,147
武定道	—	—	—	—	—	—	—
濟南道	7,000	6000	7,000	7,000	3,938	2,368	6,309
東臨道	—	—	—	—	—	—	—
曹州道	—	—	—	—	—	—	—
兗濟道	—	—	—	—	122	155	13
泰安道	—	—	—	—	—	12	—
沂州道	1,000	500	500	500	—	—	—
山西省小計	4,500	3,524	6,604	5,068	2,709	3,759	4,583
雁門道	3,000	2,000	4,000	3,000	1,539	2,068	3,395
冀寧道	500	500	1,000	1,000	678	986	593
河東道	500	500	1,000	500	389	587	452
上黨道	500	500	500	500	103	118	143
晉北	—	24	104	68	—	—	—
察哈爾省小計	—	3,298	3,073	2,639	—	—	—
察南	—	3,298	3,073	2,639	—	—	—
察盟	—	—	—	—	—	—	—
綏遠省小計	—	—	—	—	—	—	—
巴盟	—	—	—	—	—	—	—

第一節第五項

華北歷年甘藷馬鈴薯耕種面積及產量

華北甘藷因品種較劣栽培方法欠佳故其產品質量均未臻佳境淪陷期間敵僞以華北食糧不足曾實行甘藷增產計劃以期代用一部食糧結果耕種面積及收穫量雖有增加而相去尚遠如能繼續改善栽培技術選擇佳種由政府與農民以種種援助鼓勵種植則華北甘藷之增產實有極大之期望非但可供給一種富於營養之食品且可加工使其担当主要食糧之一部既可減少食糧不足之恐慌則飢饉自然減少也茲將淪陷時期甘藷及馬鈴薯之生產情況表列於下

第一目華北甘藷馬鈴薯播種面積及生產量表

一、甘藷

項別／年分／省名	耕種面積（公頃）						收穫量（噸）					
	27年	28年	29年	30年	31年	32年	27年	28年	29年	30年	31年	32年
河北省	169,000	166,000	184,000	184,000	216,180	272,870	1,151,000	909,000	1,438,000	1,341,000	1,571,327	2,039,133
山東省	243,000	251,000	282,000	286,000	317,620	423,240	2,368,000	2,089,000	2,592,000	2,142,000	2,185,104	3,584,724
山西省	15,000	13,000	13,000	14,500	15,420	16,760	111,000	85,000	95,000	96,000	88,196	118,654
綏遠省												
察哈尔省												
合計	427,000	430,000	479,000	484,500	548,220	712,870	3,630,000	3,083,000	4,125,000	3,579,000	3,844,627	5,742,511

二、馬鈴薯

項別／年分／省名	耕作面積（公頃）						收穫量（噸）					
	27年	28年	29年	30年	31年	32年	27年	28年	29年	30年	31年	32年
河北省					11,310	17,000					59,003	91,237
山東省					14,570	16,400					77,674	101,329
山西省		30,248		44,697	57,430	58,840		66,074		146,987	287,866	362,029
綏遠省		61,274		54,281				481,973		182,551		
察哈尔省	19,057	120,936	24,317	84,275			465,250	130,456	159,200	352,774		
合計	19,057	212,458	24,317	183,253	83,310	92,240	465,250	678,503	159,200	682,312	424,543	554,595

第一節第五項第一目ノ一之1

第1表　　甘藷生産表

項目／年度／省道別	耕種面積						
	27年度 公頃	28年度 公頃	29年度 公頃	30年度 公頃	31年度 公頃	32年度 公頃	平年度 公頃
華北總計	427,000	430,000	479,000	484,500	549,220	712,870	467,780
河北省小計	169,000	166,000	184,000	184,000	216,180	272,870	193,200
北平特別市	1,000	1,000	1,000	2,000	1,760	2,030	1,160
冀東道	28,000	27,000	32,000	31,000	31,760	36,760	22,130
津海道	15,000	14,000	17,000	20,000	20,020	21,570	14,490
燕京道	22,000	22,000	23,000	20,000	23,540	28,450	18,010
保定道	24,000	27,000	29,000	31,000	39,850	49,230	26,800
真定道	20,000	19,000	23,000	24,000	29,650	48,260	20,590
渤海道	27,000	26,000	28,000	28,000	40,400	55,800	59,850
順德道	7,000	6,000	7,000	6,000	7,060	7,250	6,160
冀南道	25,000	24,000	24,000	22,000	22,140	23,590	24,080
山東省小計	243,000	251,000	282,000	286,000	317,620	423,240	238,180
青島特別市	51,000	54,000	64,000	70,000	60,150	70,010	35,890
登州道	50,000	52,000	55,000	50,000	59,330	61,290	50,260
萊濰道	22,000	23,000	23,000	25,000	45,380	67,610	25,410
青州道	1,000	1,000	1,000	2,000	3,410	5,290	1,480
武定道	9,000	9,000	10,000	11,000	9,320	19,720	8,090
濟南道	4,000	5,000	5,000	5,000	8,400	10,760	4,580
東臨道	22,000	23,000	25,000	26,000	26,410	43,900	23,180
曹州道	24,000	25,000	30,000	29,000	30,690	37,720	25,970
兗濟道	27,000	28,000	32,000	34,000	34,580	54,410	26,630
泰安道	7,000	7,000	10,000	11,000	11,190	15,790	10,300
沂州道	26,000	24,000	27,000	23,000	28,760	36,700	26,390
山西省小計	15,000	13,000	13,000	14,500	15,490	16,760	16,400
雁門道	2,000	2,000	2,000	4,000	3,870	3,650	3,880
冀寧道	5,000	4,000	4,000	4,000	3,590	4,230	4,520
河東道	7,000	6,000	6,000	6,000	7,560	8,540	7,590
上黨道	1,000	1,000	1,000	500	400	340	410
晋北							
察哈爾省小計							
察南							
蒙疆							
綏遠省小計							
巴盟							

第一節第五項第一目.一之1

第2表

甘藷生產表

省道别 ＼ 項目 年度	收穫量 27年度 公噸	28年度 公噸	29年度 公噸	30年度 公噸	31年度 公噸	32年度 公噸	平年度 公噸
華北總計	3,630,000	3,083,000	4,125,000	3,579,000	3,844,627	5,742,511	3,766,314
河北省小計	1,151,000	909,000	1,438,000	1,341,000	1,571,327	2,039,133	1,550,296
北平特别市	9,000	10,000	12,000	14,000	12,855	18,706	11,252
冀東道	270,000	214,000	266,000	184,000	238,261	272,359	207,137
津海道	90,000	51,000	137,000	128,000	119,620	153,263	110,848
燕京道	114,000	122,000	188,000	150,000	134,037	205,646	140,118
保定道	184,000	136,000	207,000	237,000	302,753	384,670	214,722
真定道	121,000	115,000	201,000	212,000	255,417	433,980	183,427
渤海道	215,000	121,000	192,000	197,000	263,004	320,897	438,102
順德道	35,000	33,000	45,000	44,000	55,055	56,370	48,280
冀南道	113,000	107,000	190,000	175,000	190,265	193,222	196,410
山東省小計	2,368,000	2,089,000	2,592,000	2,142,000	2,185,104	3,584,724	2,096,050
青島特别市	548,000	479,000	679,000	584,000	416,228	626,590	335,930
登州道	465,000	406,000	493,000	416,000	395,731	537,917	439,825
萊濰道	214,000	187,000	205,000	207,000	312,441	561,261	231,485
青州道	12,000	10,000	13,000	13,000	21,398	44,385	12,062
武定道	75,000	85,000	82,000	90,000	63,656	146,977	69,979
濟南道	39,000	34,000	45,000	45,000	56,532	89,665	39,113
東臨道	201,000	175,000	201,000	200,000	176,894	325,872	190,679
曹州道	243,000	215,000	252,000	229,000	197,122	294,323	215,551
兗濟道	278,000	243,000	272,000	260,000	233,254	489,526	297,420
泰安道	62,000	54,000	82,000	79,000	69,938	127,425	80,134
沂州道	231,000	201,000	268,000	19,000	241,900	350,883	253,872
山西省小計	111,000	85,000	95,000	96,000	88,196	118,654	119,968
雁門道	16,000	12,000	12,000	24,000	21,560	24,082	26,268
冀寧道	35,000	27,000	32,000	25,000	23,086	32,113	34,951
河東道	49,000	38,000	42,000	44,000	40,939	60,587	55,760
上黨道	11,000	8,000	9,000	3,000	2,611	1,872	2,989
晋北							
察哈爾省小計							
察南							
察盟							
綏遠省小計							
巴盟							

第一節第五項第二目　甘藷品種之比較

一、華北各地與日本甘藷品種收穫量之比較表（單位公頃）

地別／品種名	昌黎 收穫量	昌黎 百分比	北平 收穫量	北平 百分比	南苑 收穫量	南苑 百分比	石門 收穫量	石門 百分比	青島 收穫量	青島 百分比
	公斤		公斤		公斤		公斤		公斤	
標準品種（本地原來種）	13,100	100%	10,157	100%	10,022	100%	17,640	100%	20,012	100%
李村黃（甘藷品種名）			10,860	107%					19,290	96%
冲繩100号（甘藷品種名）	26,994	206%	17,276	170%	29,846	298%	24,900	141%	22,407	112%
護國（甘藷品種名）	21,100	161%			19,981	199%	23,160	131%		
九州3号（甘藷品種名）	28,876	220%			28,776	287%			25,314	126%
九州7号（甘藷品種名）									22,407	120%
農林2号（甘藷品種名）					24,936	249%			21,698	108%

備考：以上之成績為北平、石門、青島偽華北農事試驗場及南苑、昌黎偽華北交通鉄路農場實際栽培者，內中除昌黎之成績為民國三十一年度栽培外，餘者均為民國三十二年度之成績

二、民國三十二年度南苑甘藷栽培春植夏植各品種收穫量比較表

品種名	春植 每公頃收穫量	春植 百分比	夏植 每公頃收穫量	夏植 百分比
	公斤		公斤	
標準品種（本地原來品種）	10,022	100%	2,815	100%
冲繩100号（甘藷品種名）	29,847	298%	18,718	665%
護國（甘藷品種名）	19,981	199%	10,397	369%
九州3号（甘藷品種名）	28,776	287%	13,347	545%
農林2号（甘藷品種名）	24,936	249%	11,893	420%

備考：以上之成績為偽華北交通鉄路農場南苑分場栽培
春植五月十五日，夏植七月一日

三、民國三十二年度石門甘藷栽培灌溉區無灌溉區春植夏植各品種收穫量比較表

栽培方式／品種名	春植 灌溉區 每公頃收穫量	春植 灌溉區 百分比	春植 無灌溉區 每公頃收穫量	春植 無灌溉區 百分比	夏植 灌溉區 每公頃收穫量	夏植 灌溉區 百分比	夏植 無灌溉區 每公頃收穫量	夏植 無灌溉區 百分比
	公斤		公斤		公斤		公斤	
標準品種（本地原來品種）	17,640	100%	13,170	100%	13,750	100%	14,630	100%
冲繩100号（甘藷品種名）	24,900	141%	19,640	149%	23,360	170%	21,700	148%
護國（甘藷品種名）	23,160	131%	19,080	145%	11,290	82%	8,810	60%

備考：以上之成績為偽華北農事試驗場石門分場栽培春植五月十九日
夏植六月十八日

四、民國三十二年度青島甘藷栽培根據插苗期之早晚各品種收穫量比較表

栽培月日／品種名	五月十八日 每公頃收穫量	五月十八日 百分比	六月八日 每公頃收穫量	六月八日 百分比	六月二十八日 每公頃收穫量	六月二十八日 百分比	七月十八日 每公頃收穫量	七月十八日 百分比
	公斤		公斤		公斤		公斤	
標準品種（本地原來品種）	16,583	100%	15,528	100%	11,139	100%	6,533	100%
李村黃（甘藷品種名）	17,778	107%	15,111	97%	11,536	104%	6,444	99%
九州3号（甘藷品種名）	23,889	144%	24,689	159%	15,778	142%	8,778	135%
九州7号（甘藷品種名）	21,556	130%	24,111	155%	9,778	88%	7,000	108%
農林2号（甘藷品種名）	20,556	124%	21,667	140%	13,222	119%	9,333	144%
冲繩100号（甘藷品種名）	20,444	123%	17,889	115%	12,667	114%	10,778	166%

備考：以上之成績為偽華北農事試驗場青島分場栽培

天津古籍出版社

香港中文大學中國文化研究所史料叢刊［九］

戰前及淪陷期間華北經濟調查［下］

Economic Surveys of Northern China Before and During Japanese Occupation

鄭會欣 主編

第五章第二節

華北之農田水利

本節所述僅就搜集所及對事變前既有之淤灌設施淤灌工程計畫及淪陷期中之淤灌計畫設施與以概略之統計至若治水利水之整個計畫以限於時間篇幅且非本節範圍所及故未列入容另述之。

本節既為華北農田水利自應將全華北之淤灌設施淤灌計劃盡行錄載以供參考而以斯項資料尤其事變前者散在各地搜集維艱益以勝利以還交通梗阻通訊困難故雖經數月努力所獲僅為冀晉之一部而已餘則均付闕如破碎支離不成片斷掛漏之處在所難免倘時間許可当繼續搜集補充之。

敵偽華北水利建設事業實施機關關係圖

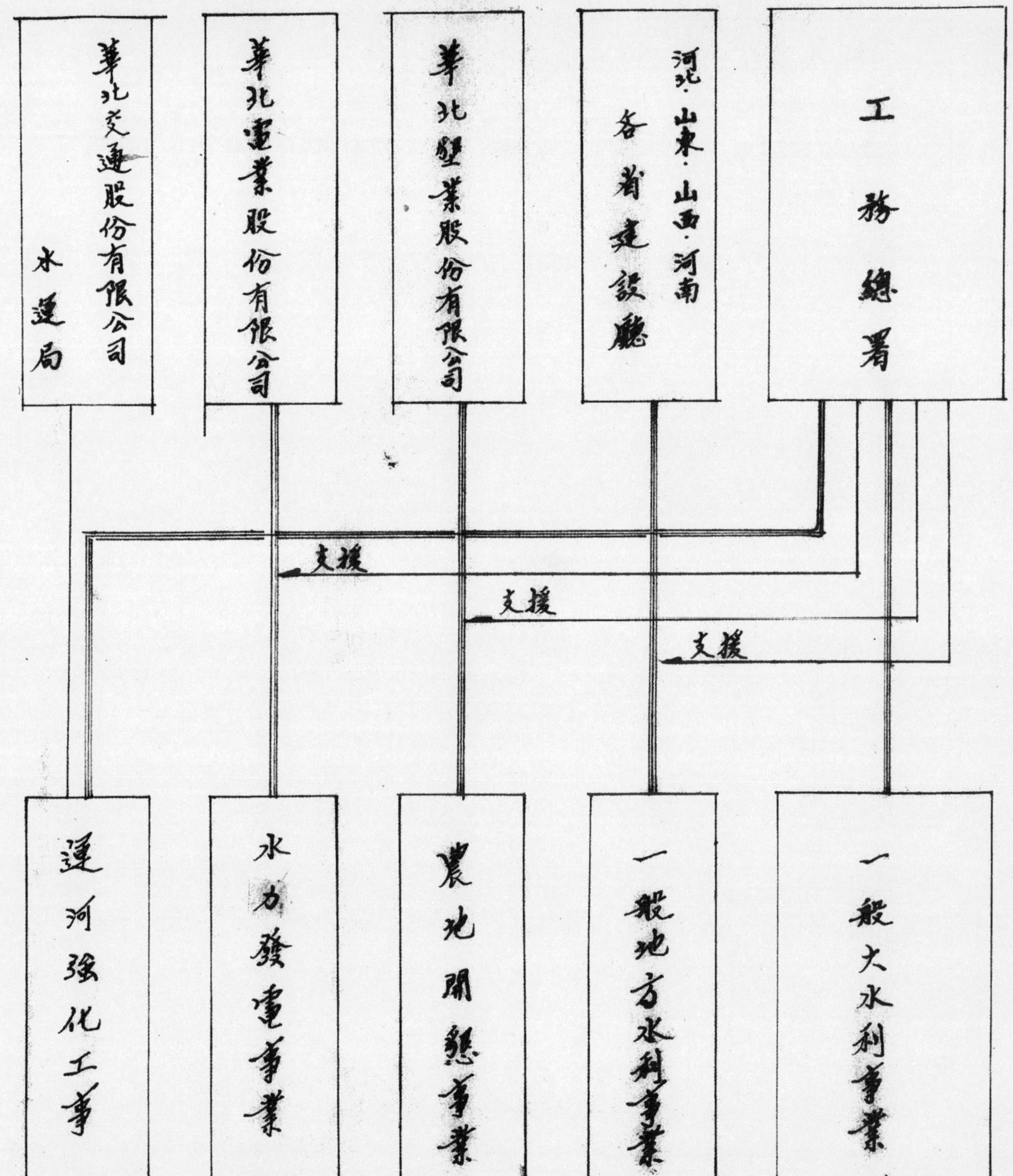

第二節第一項事變前既設之灌溉設施及灌溉面積

第一目 漳河滏陽河系舊有之灌溉設施及灌溉面積一覽表

名称	位置	水源	灌溉面積（公頃）	備考
東欄水石閘	磁縣	滏陽河		
西欄水石閘	〃	〃	6,823	東西二閘共灌溉之数
潘旺村攔水霸	〃	漳河	2,977	
城頭攔水石閘	邯鄲縣	滏陽河		
柳林攔水石閘	〃	〃		
蘇里攔水石閘	〃	〃	6,880	三閘共灌溉之数
廣仁閘	永年縣	〃		
便民閘	〃	〃		
济民閘	〃	〃		
廣济閘	〃			
潤民閘	〃	〃		
惠民閘	〃	〃		
阜民閘	〃	〃		
殖民閘	〃	〃		
後利閘	〃	〃		
因利閘	〃	〃		
共利閘	〃	〃		
安民閘	〃	〃	8,000	十二閘共灌溉之数
宏济閘	曲周縣	〃		
趙尔閘	〃	〃		
東南閘	〃	〃		只東南閘可用餘已湮
七盆閘	〃	〃		
進水閘	平鄉縣	〃	6,667	
攔水霸	任縣	〃	不詳	
進水閘	隆平	〃	1,000	以上二十餘閘共灌溉面積約32,347公頃

（參考資料）

第二節第一項第一目之一

灌溉作物之面積

作物名	灌溉面積		
	滏陽河	漳河	合計
小麦	7,993	737	8,730
水稻	1,773		1,773
棉	4,260	987	5,247
雜穀	15,344	1,253	16,597
	29,370	2,977	32,347

第二節第一項第二目

馬廠減河系小站地方舊有灌溉設施及灌溉面積一覽表

名稱	位置	形狀		灌溉面積（公頃）	備考
		寬（公尺）	高（公尺）		
南双閘	五丈河對岸南岸	4.5	4.5	不詳	清周武莊公屯田所建約在光緒12年
北双閘	五丈河口北岸	4.5	4.5	243	〃　〃　〃
惠元閘	四丈河口北岸	4.5	4.5	1,046	〃　光緒6年頃 小站營田局
會館閘	會館村地方南岸	3.0	3.0	216	清周武莊公屯田所建約在光緒12年
肥水閘	小站鎮内北岸	5.7	5.7	411	〃　約在光緒6年 小站營田局
清河閘	小站鎮東500公尺南岸	4.5	4.5	1,386	〃
興農閘	小站鎮東500公尺	5.1	5.1		〃 南北運河工務局　本閘計五孔為調節馬廠減河水用　以上数閘共灌溉面積約3,302公頃

第二節第一項第三目

白河事變前既有灌溉設施地區灌溉面積狀況

地區名	縣名	位置	灌溉面積（公頃）
天津週边 入里台	天津市		400
計			400
鹹水沽	天津縣	第一大鄉	370
〃	〃	第二大鄉	840
〃	〃	第三大鄉	610
〃	〃	第四大鄉	220
〃	〃	第六大鄉	360
〃	〃	第七大鄉	230
〃	〃	第八大鄉	60
〃	〃	第九大鄉	90
〃	〃	第十一大鄉	117
計			2.897
葛沽	天津縣	葛沽大鄉	227
〃	〃	鹽沽大鄉	438
〃	〃	汪家園大鄉	260
〃	〃	新城大鄉	91
〃	〃	小站臨接地區	87
計			1.103
白河右岸 天津	天津縣	張家鄉	420
〃		軍糧城鄉	556
〃	〃	吳家鄉	86
計			1.062
軍糧城	寧河縣	袁莊鄉	216
〃	〃	軍糧鄉	288
〃	〃	蘇莊鄉	80
〃	〃	鄭莊鄉	71
〃	〃	河頭鄉	48
計			703
共計			6.165

第二節第一項第四目

薊運河系事變前既有灌溉設施地區灌溉面積狀況

地區名	縣名	位置	灌溉面積
蘆台	寧河縣	蘆台鎮	2.4
〃	〃	皇姑鄉	190
〃	〃	趙莊鄉	76
〃	〃	北澗鄉	480
〃	〃	南澗鄉	1.000
〃	〃	周家鄉	4.8
〃	〃	茶淀鄉	9
〃	〃	俵口鄉	144
〃	〃	漢沽鄉	11
〃	〃	蘆家鄉	280
〃	〃	楊家鄉	2.4
〃	〃	康家鄉	40
〃	〃	東苗鄉	8
			2247.6

第一項第五目

衛河南運河事變前舊有灌漑地區概況

省別	縣別	灌漑地區別	灌漑地區之位置	灌漑面積（公頃）	水源
河北省	靜海縣	第一區 縣城	由北五里莊至東良屯沿河兩岸	90	南運河
		第三區 唐官屯	由東屯至一里屯縣境	114	〃
		第五區 独流	由良王莊至北五里莊止	68	〃
		第六區 良王莊	由東桑園至良王莊止	100	〃
	（靜海）	小計		372	
	青縣	第一區 縣城	由中蔡莊至林缺屯止	140	〃
		第二區 平集鎮	由林缺屯至小園止	120	〃
		第五區 流河鎮	由趙家窪至下馬廠止	73	〃
	（青縣）	小計		333	
	滄縣	縫一二兩區	由高官屯至磚河鎮止	45	〃
	景縣	第二區 安陵鎮	刘莊.華家口西處沿河西岸	32	南運河 衛河
河北省	故城	東南鎮迤東	縣城東南方1.5公里	10	南運河 衛河
		西南鎮迤西	縣城西南方1.5公里	11	〃
	（故城）	小計		21	
	南樂	第三區 九村鎮	縣城西方西臨衛河	36	南運河 衛河
		第三區 百尺村	縣城西南方西臨衛河	22	〃
	（南樂）	小計		58	
	清豐	灘上	縣城西北陽沿衛河南岸	2	南運河 衛河
		南刘固	縣城西北陽沿衛河南岸	2	〃
	（清豐）	小計		4	
以上	河北省	七縣合計		865	
山東省	恩縣	第三區北部	北鄭莊地區一帶	153	南運河 衛河
	武邑	第一區南大屯	在縣城東南西村小屯後莊南屯	118	〃
	臨清	第二區北関村	在縣城南3公里北関村北引水流入東関	146	〃
		第四區唐窑村	在縣城北2.5公里唐官村西南向東流入	193	〃
	（臨清）	小計		169	
以上	山東省	三縣合計		440	
河北.山東二省總計				1,305	

第二節第六項第六目

山西省既有漑灌事業狀況調查

名　称	位　置	漑灌面積 公頃	水　源	平均流 立方公尺/秒	平均含沙量%	備　考
廣濟渠	應　縣	6,666	渾　河	20	10	廣濟水利股份有限公司由宣統二年起開北嶽山鑿渠引水預定漑灌 26,666 公頃 渾河源出恒山
廣裕渠	朔　縣	5,333	桑乾河	25	10	廣裕水利股份有限公司於民國二年築堤建閘開渠預定漑灌 20,000 公頃 桑乾河源出管涔山
富山渠	山　陰	8,000	〃	22	10	富水水利股份有限公司於民國元年起建築堤建閘開渠預定漑灌 23,333 公頃
阜民渠	懷　仁	533	義毛河	0.5	25	大懷阜民渠水利局於民國七年起修築預定漑灌 2,000 公頃 義毛河源出本縣西山義毛口
陽武渠	崞　縣	1,333	陽武河	1.2	5	西会等二十五村開,代遠年湮無稽考　陽武河發源於管涔山
已已渠	五　台	2,000	滹沱河	2.0	15	忻定台三縣合開民國22年開工26竣工,　滹沱河發源於繁峙
潤生渠	忻　縣	666	雲中河	0.5	15	潤生水利局修築民國8年起12年竣工　雲中河發源於本縣忻口山
廣惠堰	清　源	3,333	汾　河	5	5	清源水利局修建年代以年遠無稽　清水河渠
龍首渠	太　原	2,666	〃	1	5	陽曲,太原,清源三縣合築年代年遠無稽　清水河渠
公義堰	文　水	6,666	〃	5	5	安汾水利局築 年代年遠無稽
文裕渠	〃	1,000	文峪河	0.5	5	惠文水利局築
和順堰	平　遥	3,333	汾　河	5	5	濟平水利局築
汾河堤	〃	6,666	〃	6	10	南梁庄水利局築民國21年開工22年完成
天義堰	祈　縣	2,000	〃	5	5	天義水利局築 年代年遠無稽
永濟堰	介　休	1,333	〃	5	5	介休水利局民國12年築
通利渠	臨　汾	2,000	〃	2	5	通利渠水利局民國20年起修築22年工竣
廣勝渠	趙　城	1,333	廣勝寺泉水	1	2	廣勝寺水利局築 年代無稽
南横渠	襄　陵	1,666	〃	1	2	南横渠水利局築　〃
宜甲渠	榆　次	1,733	潇　河	0.6	4	明宏治11年郭家堡等九村合開
天一渠	〃	2,666	〃	0.7	4	天一渠水利局光緒18年創開
加平渠	徐　溝	2,666	〃	0.7	4	橙橋等11村 明嘉靖間開濬
文峪渠	汾　陽	2,666	文峪河	0.8	4	百金堡等13村合辦年代無稽
廣惠渠	交　城	1,333	汾　河	5	8	廣惠水利局築年代無稽
烏馬渠	太　谷	400	烏馬河	0.5	3	賈家堡等三村合办 年代無稽
沛德渠	陽　曲	400	汾　河	1.5	3	呼延等八村合開　〃
青龍渠	離　石	666	青龍溝泉水	0.8	3	柳林等七村合開　〃
大潤渠	河　津	866	潤　河	2	15	伊村等六村合办　〃
鼓堆渠	新　絳	560	鼓堆泉	0.7	3	三泉白村等13村於唐代開
海頭渠	曲　沃	480	温　泉	0.7	3	西海等十餘村宋時開
滦池渠	翼　城	333	滦池溝	0.7	3	井家坡等11村合開 年代無稽

第二節第二項 事變前滏灌工程計劃

第一目 滹沱河第一期灌溉工程計劃

位　置	滹沱河左岸靈壽縣境內及正定行唐縣境內之一部分
舉辦目的	靈壽縣一帶土地瘠薄民生貧困利用滹沱水灌田以資增產而蘇民困
計劃概要	築堰於黃壁庄之東北以偪水堰之兩端建洩水閘於北岸洩水閘成直角處築引水閘門設引水渠沿河至忽冻村之東於引水渠之東端築進水閘自進水閘門起開挖幹渠北行折而東北至崗頭村之北自崗頭村起分自流渠由折東行盡止於北極城之東設支渠3道於崗頭村建抽水廠自幹渠引水而以第一高水渠引水灌溉高地第一高水渠引水東北行至行唐縣之小韓樓止設支渠4道
流量及灌溉面積	流量 6.00秒立方公尺 灌溉面積133,300畝即 8,880公頃 自流渠 70,000畝即4,667公頃 流量 3.15秒立方公尺 第一高水渠 63,300畝即4,213公頃 流量 2.85秒立方公尺
用水計劃	堰築於黃壁庄之東北 偪水至海拔100公尺 堰頂寬3公尺 長480公尺 以洋灰混凝土及石砌成 堰之兩端各建洩水閘1座平時洩量為40秒立方公尺兩共為80秒立方公尺 閘各分3孔孔寬3公尺 石砌石為礅木為門閘台高度 定為104.5公尺南岸閘用上下兩臺閘門遇大水時可洩水約200秒立方公尺可減低堰上水位1公尺左右 於北岸洩水閘門成直角處築引水閘門引水沿河岸東流至忽冻村東以達進水口門是為引水渠長2,600公尺渠之東端設第二洩水閘門2孔 進水閘門築於引水渠東端北岸與第2洩水閘成直角閘共2孔各淨寬1.6公尺高2公尺 進水量6立方公尺/秒 幹渠自進水閘門起北行折而東北渠底寬2公尺水深2.6公尺 坡度為萬分之1 流速每秒0.523公尺幹渠越松陽河後止於崗頭村之北 共長5.8公里在經過忽冻村東及松陽河時分設渡槽以通渠水并於各交通要路分設橋樑 自流渠自崗頭村起東南經胡莊宏定繞白馬崗而止於北紀城之東長7.65公里 坡度1/10,000流量3.15立方公尺/秒 第一支渠長灌溉大佛一帶長4公里第二支渠灌溉南紀城南下等地長5公里第3支渠灌溉靈壽縣境之南北紀城及正定縣境之塔院韓樓等地長8公里 抽水廠1座建於崗頭村北置抽水機數架可提高水位至105.00公尺 進水量為2.85立方公尺/秒 第一高水渠引水東北經南托東托北托及行唐縣之小韓樓正定縣之陳家疃而至磁河長12.9公里該渠設支渠4道 1沿靈壽縣城東之高崗長3公里 1在東托之西長2公里半 1在南䜣之東長3公里半 1在行唐及正定縣界孔村之東長3公里半
排水計劃	自流渠之支渠3道分洩於松陽河 高水渠洩於磁河 其支渠之沿靈壽縣城北之高崗者及在東托之西者洩於衛水河 在南䜣東者洩於自流渠在行唐及正定縣界孔村之東者如有餘水任其漫流故應設閘1座以資節制餘則皆可暢流無阻
備　考	上述計劃由華北水利委員會河北省政府建設廳等機関組織滹沱河灌溉工程委員会設工程處從事實施於民國24年6月 第一期工程完成定名為仁壽渠河北省政府設仁壽渠管理局管理之对灌溉農田已有所表見之自民26年倭人入寇地方混亂仁壽設施多遭破壞 並以28年大水攔水堰大部冲毁河北唯一有規模之灌溉組織無形毁滅敵偽時期雖仍利用該堰加以改修於修築石津運河之餘擬兩岸 引水灌田而迄勝利止仁壽復舊工程仍未舉辦也

第二節第二項第二目

修正永定河金門閘南岸放淤工程計劃說明

位置	金門閘南岸沿河一帶
興築之目的	為試辦沿河沙鹼之地增加生產鞏固河防特利益昭著之後兩岸人民得自動仿效舉辦以期補利民生永保堤岸
計劃概要	該修正計劃放淤範圍分放淤淤灌兩部放淤区仍分一二兩区設進水口门洩水口门築放淤圍堤挑挖引水渠及淤灌区渠道並建引水渠節制閘以調節水量設橋樑以利交通
用水計劃	進水口門原已建成者3座茲擬以原第一第三口門为淤灌区進水口門而以原第二口門为第二放淤区進水門另於進水渠里程1.3公里處添建一座为第一放淤区進水口門共計四座放淤区圍堤重新分劃堤頂均定高出水面半公尺頂寬2.5公尺内坡1比2外坡1比3. 淤灌区渠道按地勢自引水渠起西向分置淤灌幹渠兩道第一渠自第二進水口門起沿第一放淤区南堤边经陶家营及李渠南至合西村西注入小清河共長8.45公里第二渠自第四進水口門起西南經村頭馮莊至任村注入大清河支溝共長7.12公里引水渠沿渠規定置進水口門四座輪流啟閉放水入各放淤区及渠道为避免水面降落起見於第二進水口門迤下引水渠里程2.127處設置節制閘一座並連帶建造通永定河大堤橋樑以資操縱水位便利交通閘分3孔每孔2.4公尺
流量及淤灌面積	引水渠流量原为每秒12.84立方公尺第一放淤区着水量为4,500,000立方公尺第二放淤区为1,820,000立方公尺淤灌区以淤灌1次水深2公寸計需水量为13,240,000立方公尺3共19,560,000立方公尺按供水量算每18天可輪灌3区一次第1.2兩放淤区面積約92頃即613公頃淤灌区在放淤区之西大小清河之東岸南達固安縣界計地108,000畝即7200公頃
排水計劃	兩放淤区洩水口門因範圍改變地位亦异第一区洩水口門在該区西南貼近淤灌区第一区放淤後澄清之水由口門洩於短洩水道折入第一渠下洩第二区洩水口门在該区東南距離引水渠僅100公尺水由口门洩放於短洩水道轉入引河渠再由第四進水口门洩入第二渠
備考	其他建築物为通過第一二兩渠之橋樑6座 本計劃於民國二十五年由永定河中上游工程處施工事變前已大致完成.

第二節第二項第三目

永清縣西北隅東鹼鋪永定河引水放淤工程計劃

位置	永定河南岸永清縣東西鹹鋪附近
建築之目的	前長芦鹽區改良鹼地委員会在永清縣政府請以該地土壤瘠薄人民生活困难多流为盜匪影响農村經濟地方治安殊甚故計劃改良鹼地以維民生而保治安
計劃概要	該會二次派員測量東鹹鋪永定河南岸處施工困难擬用虹吸管在永定河引水以淤灌該處之鹼地餘水則分洩於天然之河溝及永定河中
用水計劃	用虹吸管引水其地点選在東鹼鋪設防沙閘門以防沙引水池以導水溝渠以淤灌鹼地. 引水池較普通地高1.3公尺 水頭4.98公尺=16.3呎 虹吸径3呎
流量及淤灌面積	流量95.3立方呎秒 以每1立方呎秒淤灌315畝計可淤灌30,000畝即2,000公頃
排水計劃	淤灌後之水排洩於天然之河溝餘水則用抽水机排之永定河内 設排水廠裝設130馬力之抽水机抽水並設排水池排水溝以排洩之
備考	

第二節第二項第四目

金鐘河新開河間窪地排水及灌溉計劃

位置	天津市東北近郊総車站東
興築之目的	以該地地勢低窪每年夏秋之候雨水停滞無法宣洩止賴蒸發需時數月始克逐漸乾涸故耕作頗感困难土地廢棄損失莫大為籌謀排水救濟乃擬是排水及灌溉計劃俾实行以蘇民困
計劃概要	華北水利委員会調查以金鐘河新開河間地勢低窪且其西部濱臨市區海拔較高故雨水貯溜排水困难擬開渠導水使入新開河且同時可引新開河水以灌溉擬建防水堤、排水渠、灌水渠、貯水池揚水設備等
用水計劃	為防該地西方積水浸入起見在該地西界築圍堤一道頂高沿海面上4.0公尺頂寬1.5公尺長凡2.4公里 灌水渠分東西幹渠坡度萬分1 断面梯形堤高3.5公尺 頂寬0.6公尺側坡1比2東幹渠底寬0.70公尺以上渠底高出各出水口處2公尺西幹渠底寬0.9公尺渠底高出各出水口處2公尺總長4,300公尺
流量及灌溉面積	每分 7.900加倫擬灌田面積約7.000畝即約466公頃
排水計劃	排水渠係根據地形開挖設幹渠1道支渠3道渠底最低處較地面低1公尺各渠坡度萬分之一幹渠至洩水口門標高1.2公尺各渠横断面均為三角形各渠道排水量兩量及蒸發量一併領及各渠之適當断面以一個月间能排除净尽为基礎總長6.900公尺 排水廠側築貯水池一個周圍圍以圍堤並築排水渠之出水口門一箇灌水渠出水口門2箇池底長50公尺寬10公尺深1.4公尺 按設排水開水兼用裝置之10寸径抽水机4架建抽水廠一座
備考	該計劃分全水田半水田 此係全水田計劃之設備 該計劃於民國二十四年華北水利委員会 河北省農田水利委員会等机関完竣

第二節第二項第五目

薊運河下流灌溉初期計劃

位置	本灌溉區域位於薊運河下流西岸北以罾口河为界西南以七里海東引河为界
興築之目的	薊運下流以每日受潮後影响兩岸略帶鹹性沿河部分亦有溝渠之開鑿施引人力灌溉土地肥沃多以栽培蔬菜距河之數里則之白堿紅草而已然未開地雜草繁茂僅缺乏灌溉耳且薊運河下流一帶地勢平坦土地皆高於最高潮位不虞水患只引水困难非用机械力不可農民財力有限施行困难且小規模机構灌溉亦不經濟故該会擬舉办灌溉工程以改良之也
計劃概要	本計劃於薊運河罾口河合流点下流運河西岸起開挖幹渠一道於北寧鉄路東引河橋上流入東引河設調制閘一座以資調節下流設閘一座以防潮水幹渠兩側開挖縱橫支渠數道以便全區平均灌溉塘沽或其他適当處設總發電所全區內架設電線建築抽水所裝置電動机及抽水机以便全區灌溉
用水計劃	於幹渠上口設調制閘一座閘門高出大沽水平面4.70公尺（並附木橋以利交通）幹渠一道底寬10公尺岸坡1比2最低水位時平均水位1.5公尺坡度1/20,000至北寧鉄路東引河橋上流入東引河長21.08公里堤防高度上口臨閘處4.5公尺下口臨閘處4.0公尺高出大沽最高水位1.0公尺渠底上口較大沽水平面低0.3公尺 鋼鉄製揚水船4隻長8公尺寬3公尺吃水量各1公尺各揚水船裝石油机及抽水机各1台甲板上附起重机等裝設昇降出水管以便灌溉兩岸土地
流量及灌溉面積	流量春季乾旱時不超過5立方公尺/秒　初期灌溉面積約70,000畝　4,666公頃
排水計劃	排水於東引河幹渠下流入東引河處設排水閘一座水門高度4.2公尺以防潮而利排水并附橋樑
備考	此為華北水利委員会之計劃 未施工

第二節第二項第六目

崔興沽模範灌溉工程計劃

位　置	本灌溉場位於薊運河北塘入海處上流35公里之大灣曲處崔興沽村西一帶
興築之目的	因該處附近荒地甚多皆含鹼性農產不良故設模範灌溉場引水改良鹹地以促增產並劃出場地10分之1作為純模範區灌溉各種主要農作物將其結果布告全國以為灌溉之資
計劃概要	設引水渠導運河水至抽水場，抽水場按裝抽水机吸水入貯水池，池下設進水渠及分水渠等，俟水由池將泥沙略沈澱後放入進水渠以入水分渠分水溝等再導入灌溉地餘水由排水渠排洩之並於各衝要處分設橋樑以利交通
用水計劃	引水渠自薊運河左岸起沒渫舊渠道至崔興沽折向西南別挖新渠以達抽水場坡度1/50由渠底大沽標高零点起向薊運河方面傾斜至渠口渠底標高大沽水準下0.23公尺本設備可供排水用水兼用退潮時運河所挾之泥沙排出甚易 進水渠及分水渠溝設進水渠與貯水渠相接渠底坡度1/10.000底寬0.7公尺分水渠6道各於分水口設閘門並設分水溝若干道 抽水場位於本場東北角與貯水池連結抽水場建築物之面積以能容6架抽水机及其動力部分為限 貯水池最高容量6.300立方公尺約容2抽水机1日之揚水量
流量及灌溉面積	進水渠容量0.75立方公尺/秒，如用11吋口徑27馬力抽水机2架抽水每分流量7.45立方公尺每日抽水10時可32日內可灌全場一週全場面積4.875畝即325公頃純灌溉面積約4.700畝即約313公頃內試驗場在全場之東部佔地450畝即30公頃餘為模範灌溉場計分8區
排水計劃	本場排水設備分總渠，分渠，分溝及支溝本地之土質含鹹若排水及灌溉不良鹹性將易加重故支溝渠底最少較地面須低1公尺總渠總点渠底較地面低2.3公尺各渠溝之縱坡依此定之築道之排水量雨量及蒸發量均計在內以1日能完全排除為度而定斷面又為防止潮水逆流於總水渠終点上流100公尺處建閘1座以防鹽水而利排水
備　考	本計劃為華北水利委員会設計事變前業已修建，民國24年正式成立農場開挖溝渠從事灌溉淪陷後由建設總署接管而委託華北墾業代辦

第二節第二項第七目

高陽縣百尺小閻村等虹吸灌溉工事計劃

位置	高陽縣百尺小閻村等處
興築之目的	該地区土帶鹹性禾稼不良民生飢苦故前長芦塩區改良鹹地委員会擬興办灌溉改良計劃以圖農產物增産而後興農村經濟
計劃概要	於瀦龍河畔設置閘門節制水流用虹吸管引水至千里堤下吸水池再導水至鹹地河水於鹹地經流後入排水溝再用抽水机排之河中
用水計劃	引河從瀦龍河至千里堤地間水路一道長450公尺其斷面根據流量設計引河口內側建築舊式石質閘门一座　虹吸管直径31吋 吸水池一座.虹吸管末端設引水池幹渠自引水池始東北行約800公尺轉向經百尺村直達小閻村民地長約3.66公里南北幹渠上東北向設支渠3道間隔0.5公里
流量及灌溉面積	虹吸流量66.55秒立方呎以每次灌水深0.5呎以1個月為期可灌田25,000畝即1,666公頃有餘
排水計劃	排水溝自小閻村東北起至小閻村正南千里堤西南插抽水場溝底較灌溉面積內低地低2公尺坡1/4000抽水場排水池處挖深4至5公尺 瀦龍河設置排水吸水場約為灌溉流量1/4每秒排水10秒立方呎用60匹馬力離心式抽水机抽排之
備考	本計劃正實施時旋值事变未及完成

第二節第二項第八目

開鑿平鄉縣自流井灌漑改良鹼地計劃

位置	平鄉縣大小宋油家節固店一帶
興築之目的	該地帶鹹地數萬畝民生飢苦匪徒出沒盤踞起伏該地之勢較高含鹹不重如灌漑得宜不難變荒原為沃野故擬改良之以維民生而清亂源
計劃概要	該地區距滏陽河約十里開渠工費浩繁民意糾紛且該河時呈枯竭水源有限地下水非掘至四五百尺深不能得淡水故該地以鑿自流深井為宜故決定鑿自流井開挖溝渠引水改良鹹地並裝設排水机以防自流之失敗及井水之乏
用水計劃	經桑神父之調查根據地狀態認為平鄉縣節固店附近必得大量水源 測量區劃大小宋油莊一帶30,000畝鹹地決定深井位置溝渠方向井深暫定1,500呎若自流湧水不見時繼續至2,000呎井管用15吋徑鉄管水井完成後一日湧水量最低150萬加倫如欲多灌漑田畝裝設揚水机使水量加倍不幸自流井失敗時裝設抽水机1日湧水量300萬加倫
流量及灌漑面積	湧水量及抽水量1日300萬加倫 灌漑面積約20,000畝約1,333公頃
備考	

譯自北支水利及水利灌漑事業調查（東亜研究所詳鹹地月刊）

第二節第二項第九目

北運河模範灌溉工程計劃

位　置	營兒港河北岸迤北運河東岸由中豐莊起東至普賢院北至刘庄一帶
興築之目的	北運河流域自通縣迤下地形平坦而低窪土質雖屬膠性而因雨水不克宣洩浸蝕日久鹹性上泛從來良田漸变不毛但此項田畝一經灌溉再謀適当排水方法則不难化鹽鹹之地为沃野故有灌溉工程之計劃
計劃概要	擬修築涵洞挑挖幹支渠以灌溉中豐莊普賢院及刘莊一帶之鹽鹹地並設排水渠及抽水廠以洩餘水
用水計劃	修築涵洞一座以引水 挑挖幹渠一道長21公里坡度1/6000底寬3.5公尺1比1.5水深1.5公尺 支渠共長54公里{幹渠以南支渠共3道 幹渠以北支渠共6道}底寬1公尺水深1公尺每一支渠進水口設用水閘一座以資調制水量并分設橋樑6座以利交通
流量及灌溉面積	流量4.84秒立方公尺 灌溉面積250,000餘畝即16,666餘公頃
排水計劃	排水渠共長72公里 一於各支渠中修排水渠各一道底寬1公尺挖深2公尺岸坡1比1.5共長40公里南退水渠一道長12公里北退水渠一道長20公里排水渠之下口修築机器廠一座裝柴油机兩架排洩小部分積水
備　考	

第二節第二項第十目

桑乾河第一淤灌區堰閘工程計劃

位　置	桑乾河沿岸羅莊附近
興築之目的	本計劃肇源於攔沙而終之以淤灌淤灌者引渾河以灌地地得淤泥無異施肥生產既豐而淤泥亦得沈澱之所差桑乾兩岸地多沙城人口稀少肥料不足故收穫甚微倘經淤灌則收穫量当倍蓰下流河道可減少危險誠一舉双得也
計劃概要	在羅莊附近攔河築堰於兩端各設洩水閘并於堰之兩端洩水閘傍南北各設進水閘一座設南北淤灌幹渠各一道以便引水溉灌
用水計劃	堰頂高度海拔1053.0公尺距低水位1.7公尺距河底2.3公尺以青石料用洋灰膠泥砌成頂寬3公尺長130公尺堰之兩端南北各設洩水閘1座閘各3孔閘孔總長約為原河寬度之12分之1堰之長度7.2分之1其洩量共可達320秒立方公尺与堰之洩量相加適為23年之最大洩量閘底高度定為1050.5公尺略底於当時之河底閘台之高度為1057.5公尺高於高水位1公尺翼墻俱用青石砌. 進水閘築於洩水閘之側其中線与洩水閘成直角南北各五孔孔各3公尺閘底高度為1051.0公尺較洩水閘之底高0.5公尺以減少淤積閘台高度与洩水閘同閘礅閘墻亦均以青石砌成 幹渠自進水閘以下為鞏固計(假定水深為1.5公尺)以長100公尺為限渠道底坡均用混凝土舖面並增高至水面上1公尺底寬15公尺又於水面上1.5公尺處築一平階兩側各寬5公尺以利視察距進水閘100公尺處起幹渠應加深至2.5公尺寬度仍為15公尺南幹渠沿河部份擬至距進水閘550公尺處山溝边並設退水閘一座使能洩50秒立方公尺之水北幹渠則於富山村舊渠相交處設退水閘一座
流量及淤灌面積	南北二進水閘流量各定為50秒立方公尺 淤灌面積　黃水河南　255,900畝(南渠) 　　　　　黃水河北　227,100〃(南2渠252,800畝南3渠74,300畝) 　　　　　南岸共計　583,000〃 　　　　　北岸共計　547,700〃　總計1,130,700畝即75,380公頃
排水計劃	本計劃只為堰閘計劃故對於幹渠水淤灌後如何排洩未詳
備　考	本計劃工程於民25年興工26年大致完成一只幹渠未興工旋值事変閘日人於事変期間並完成利用然究如何待考

第二節第二項第十一目

海河放淤工程述略

位　置	北運河筐兒港河迤西新開河迤北之塌河淀及淀北低濕地區在天津武清兩縣界內
興築之目的	以永定河水每屆汛期攜帶大量泥沙下流海河阻礙航運故擬謀使永定洪流一度經過放淤區沉沙沉澱後清水分運入海以減少海河之淤塞可使放淤區之卑濕地變為可耕之高田
經過概略	海河為天津唯一通海之航路其通塞關係華北之榮替上源五河以永定洪流最大發源最遠泥沙最多永定河之泥沙不施管制流入海河則海河必致淤墊雖浚渫不停而民國16年海河淤墊過甚吃水八呎以上之輪船不能行駛入口天津商埠幾有廢棄之勢爰由省市政府會同各有關機關於18年組織整理海河委員會擬定海河放淤計劃付諸實施其主要工程為 1. 擇塌河淀卑濕之區為永定河泥沙沉澱之處一方減少入海河之泥沙一方可使卑濕逐漸成可耕之高田 2. 在屈家店修建操縱機關計節制閘新引河，新引河進水閘，船閘等 3. 修建放淤區周圍堤防計筐兒港河西堤放淤區南堤及各村圍堤等 民國21年工程完竣伏汛開始放淤22年繼放春伏兩汛後海河呈顯著之改善，航道由8呎增至14呎，23年整理海河委員會改組為整理海河善後工程處增闢淀南放淤區拆除原有放淤區南堤改修分界堤23年春伏汛仍在淀北施放但商得以後在淀北放淤區施放春汛，淀南放淤區施放伏汛24年海河放淤工作奉令由華北水利委員會接辦25年放淤順利完成唯淀北放淤區東部村民以地勢偏遠且極低窪連放春汛不但受惠極微且存水不能耕種要求伸長引水河並放伏汛以得淤泥於是有對年輪放之新辦法26年由河北省政府接管辦理七七變起華北淪陷暫由海河工程局辦理

第二節第三項 淪陷期中之灌溉工程計劃

第一目 滹沱河藁城晋縣間旱田灌溉工程計劃

位置	由石德鉄路藁城站東方2公里起至晋縣站東方6公里間在該鉄路南方横亘藁城晋縣一帶之農地
興築之目的	藁城、晋縣、束鹿、深縣及武強等縣一帶土壤多沙每年雨量不均水井較少水質大都不良故擬利用水流実施灌溉以資増產
計劃概要	滹沱河水利建設事業之石津運河経過藁城晋縣束鹿深縣及武強等地擬於石津運河鑿成後引水灌溉并於運河本水路開通以前暫於滹沱河本流建臨時進水門設幹線用水路支線小支線用水路引水至石德鉄路以南先辦藁晋兩縣之旱田灌溉後設排水幹支線以資排洩餘水
用水計劃	於藁城縣西南方石津運河上設進水門由此開鑿幹線用水路向南經石德鉄路橋下折東沿該鉄路南方並行直至本地區東端為止更自幹線用水路向南每隔1000公尺開挖用水支線1道再由用水支線向東每隔400公尺開挖用水小支線1道以便灌溉農地並於幹線用水路及用水支線上設制水門多處以資操縱水量現以石津運河幹灌溉水路尚未完成通水乃於進水門預定地点北方之梨元村附近由滹沱河南岸設臨時進水門及臨時導水路以便応急取水
流量及灌溉面積	最大引水量4.74秒立方公尺平時引水量3.16秒立方公尺全面積52,900公頃藁城地區11,900公頃
排水計劃	設幹線排水路支線排水路以謀排水之完善
備考	藁城晋縣地區之灌溉排水設施已大概完成而表現成績 收穫之利益——小麥可較工程実施前増收3成，棉花可増收2倍之譜

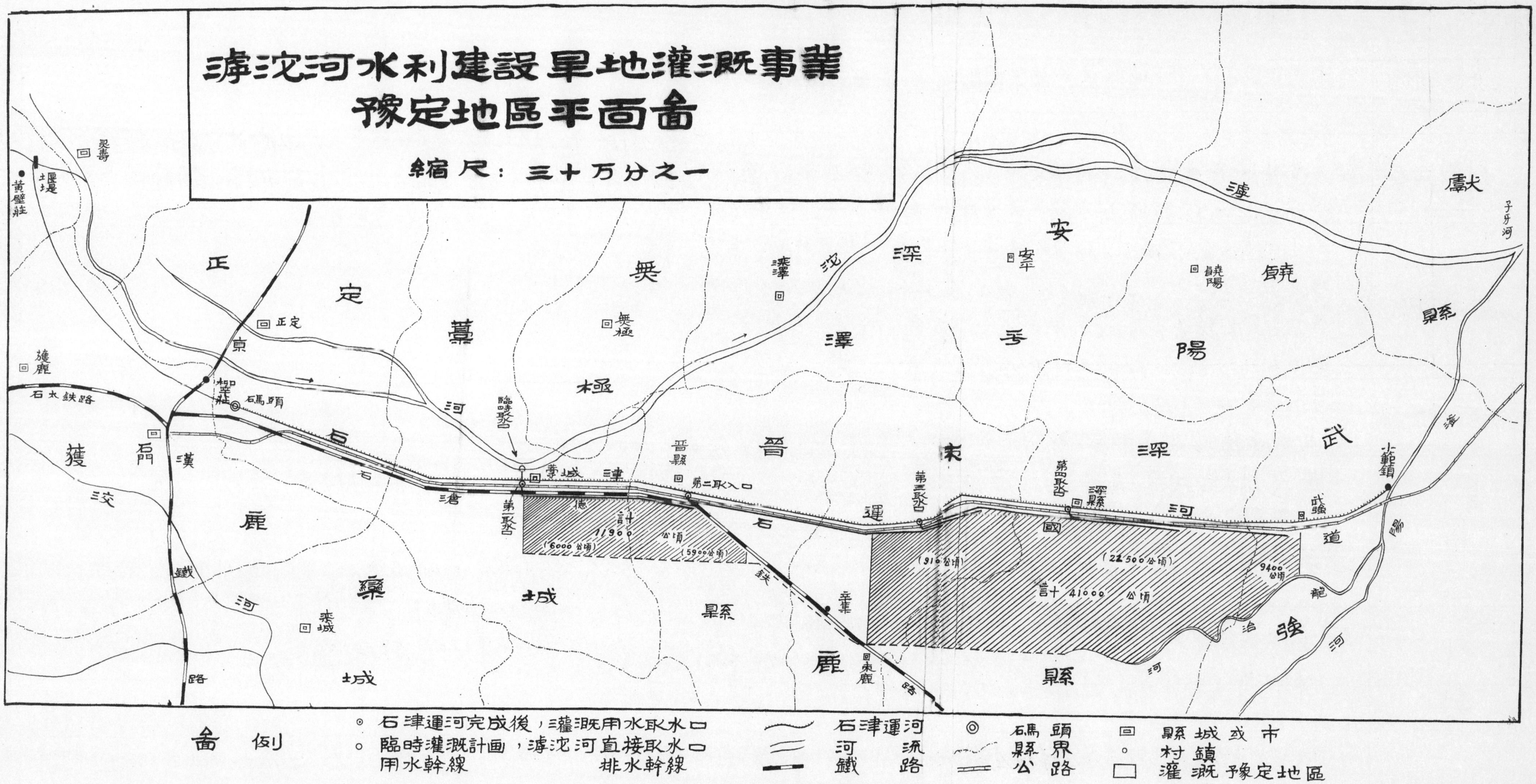
滹沱河水利建設旱地灌溉事業
豫定地區平面圖
縮尺：三十万分之一
正定
無極
深澤
安平
饒陽
獻縣
晉縣
束鹿縣
深縣
武強
欒城
藁城
石太鉄路
石碼頭
第一取水口
第二取水口
第三取水口
第四取水口
計 41000 公頃
(22500公頃)
圖例
石津運河完成後，灌溉用水取水口
臨時灌溉計画，滹沱河直接取水口
用水幹線
排水幹線
石津運河
河流
鐵路
碼頭
縣界
公路
縣城或市
村鎮
灌溉豫定地區

第二節第三項第二目
衛津河旱田灌溉地區計劃

位　置	天津特別市東南方約12公里處白河右岸及衛津河左岸間之地
建築之目的	該地區雨水不均土地瘠薄禾稼不良擬引水灌溉以資增產
計劃概要	在白河右岸天津縣下河圈附近取白河水沿舊津浦鉄路開挖導水路導水入衛津河以增加其水量在合流点下流由衛津河開挖幹線用水路2道北流按需要情形設置支線以人力或畜力揚水灌溉導水路自白河右岸取水口下流與津沽公路交叉處設制水門以調節供水平行幹線用水路開挖幹線排水路3道並開挖幹線排水路連絡其他3排水路以達地區東北方排水於舊白河
用水計劃	取水口構造白河右岸南600公尺津沽公路交点設制水門1座高1.4公尺寬1.5公尺3孔 導水路長1662公尺底寬9.0公尺坡度1/20,000平均水深1.2公尺 第1号用水路長6,000公尺坡度1/20,000底寬1.5公尺平均水深1.4公尺 第2号　〃　4,900公尺坡度1/20,000底寬3.0公尺　〃　1.4公尺
流量及灌溉面積	取入水量2.778秒立方公尺 灌溉面積1,600公頃第1號用水路支配600公頃第2号用水路支配1,000公頃
排水計劃	第1号排水幹線集水面積1,370公頃地區外900地區內470排水量1,753秒立方公尺 a 3+000～6+000 b 0+000～3+000 區間排水量 0.876 1.573 秒立方公尺 流量 1.125 1.83 秒立方公尺 >0.876 >1.753 坡度1/20,000底寬 0.5 2.0 公尺共長6,000公尺 第2号排水幹線集水面積866公頃排水量1,108秒立方公尺流量1,374秒立方公尺>1,108坡度1/20,000底寬1.0公尺長4,200公尺 第3号　〃　〃　1,344　〃地區外400地區內944排水量=1.72秒立方公尺測点 3+000～6+000 0+000～3+000 區間與第1号排水幹線排水路断面 a同 b同 共長6,000公尺 第4号幹線排水路 a 断面3+440～5+300區間與第1号幹排断面b同；b：0+000～3+440排水量2,861秒立方公尺流量2,957秒立方公尺>2,861坡度1/20,000底寬4.5公尺；c：0+000至舊白河合流点流量=4.659>4.581坡度1/20,000底寬8.0公尺 共長6,332公尺 排水口第4号幹線排水路末端與舊白河連絡舊白河下流2,900公尺處與白河連絡
備　考	為防洪水第1幹排右岸第4幹排左岸(0+000～5+000)第3幹排(0+000-3+000)之內堤高4.5公尺頂寬3公尺作為防水堤 并沿第2幹線用水路橫貫地區中央設6公尺寬幹線道路一道沿各幹線水路用排水路兩側設2-3公尺寬之道路與地區外之主要道路衔接 收穫於工程施行後預計可增加22,600石 本工程業於民國32年由偽河北省公署修築竣事

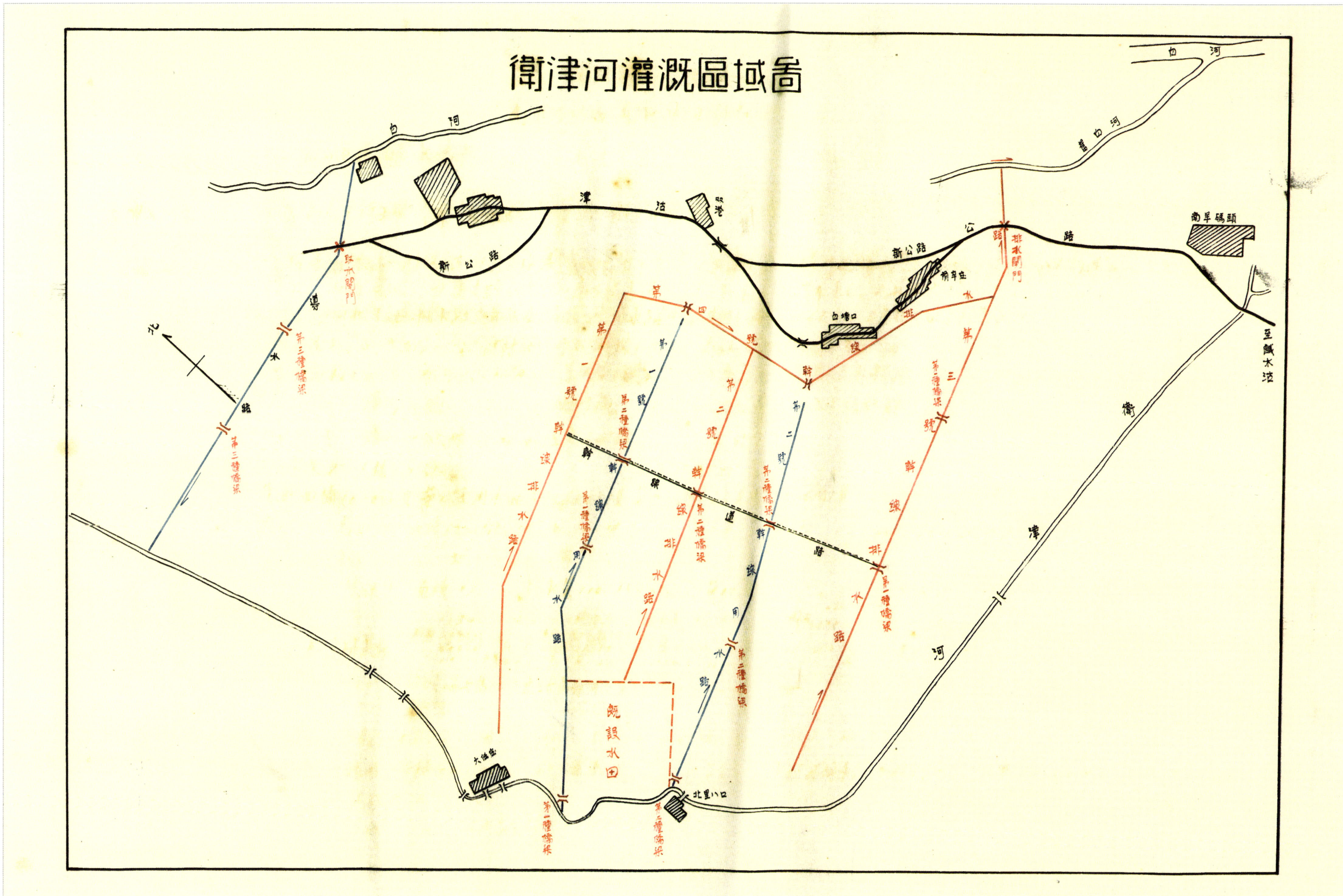
衛津河灌溉區域圖
白河
舊白河
津沽
新公路
取水閘門
導水路
排水閘門
第三種橋梁
第二種橋梁
第一種橋梁
第一號幹線
第二號幹線
第三號幹線
第四號幹線
第一號排水路
第二號排水路
既設水田
衛津河
幹線道路
至鹹水沽
北

第二節第三項第三目

灤河沂河下流地區灌漑地區計劃

位置	沂河下流柏各莊南荒蕪地區
興築之目的	沂河下流地區接近海濱土性鹹鹼荒蕪一片擬引水灌漑以資增產
計劃概要	於灤縣城南設取水閘門開挖導水路西南下至灤縣第3區樂家營地方再沂河合流於灤縣魏各庄導入柏各庄南方預定開發之農地
用水計劃	進水閘門在灤縣前窑村地方建設，閘為鉄筋混凝土造共3.5孔每孔寬3公尺 導水路由閘門起至樂家營長16公里底寬17公尺岸坡1比3深3公尺坡度1/4500落差工4處 沂河由灤縣樂家營至魏各庄1段長28公里并施曲部截灣取直及河岸築堤以期流水暢適 魏各莊以下仍有導水路約27公里直達開墾地區。　於重要交通處導水路上3.設橋樑。
流量及灌漑面積	導水路流量24秒立方公尺　灌漑面積9,000餘公頃
排水計劃	該開發地區臨近海濱排水甚易其詳細計劃未詳
備考	本工程於事變期間已完成，灌漑施設約3,000公頃

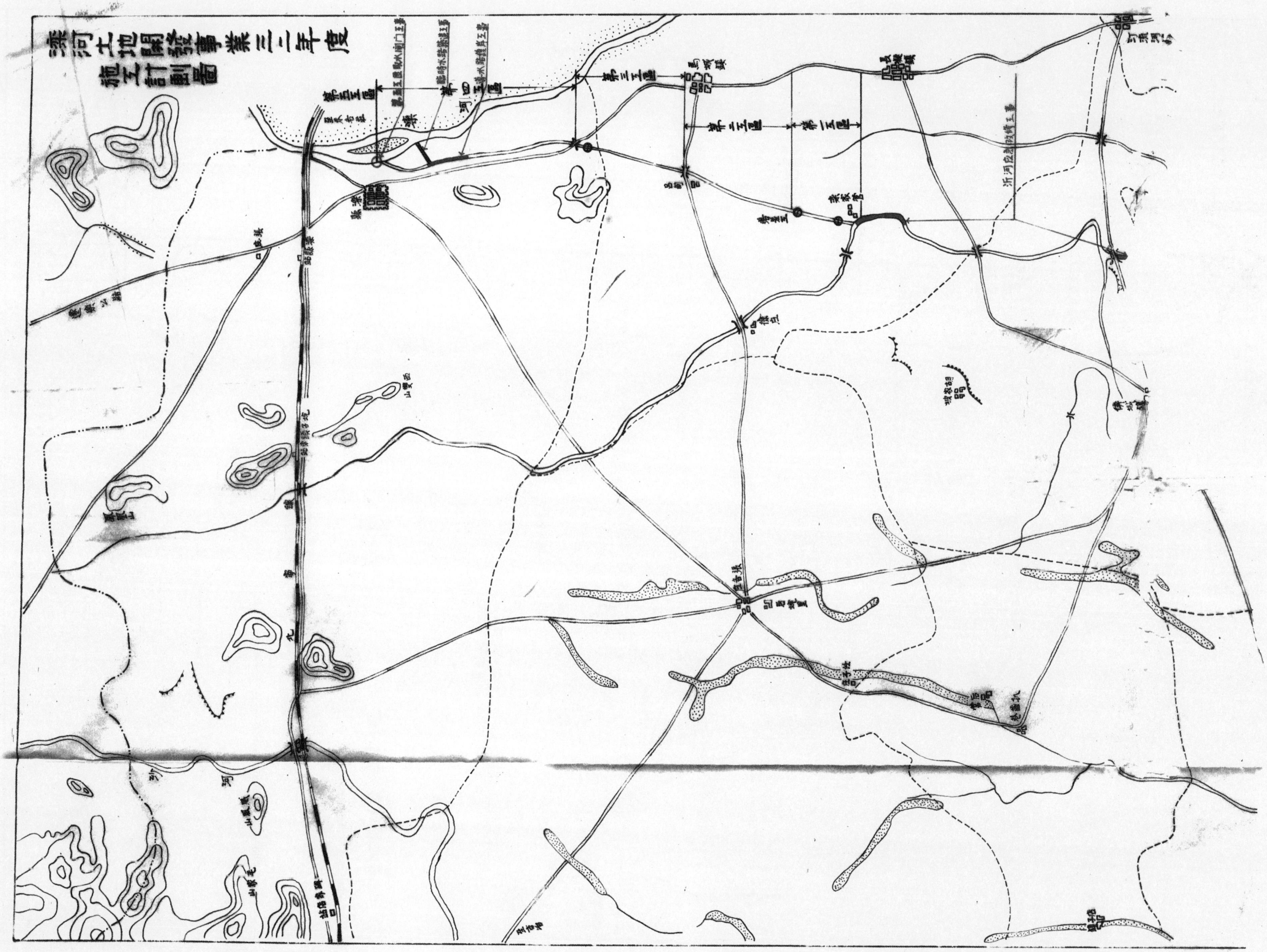
灤河土地開發事業三年度
施工計劃圖

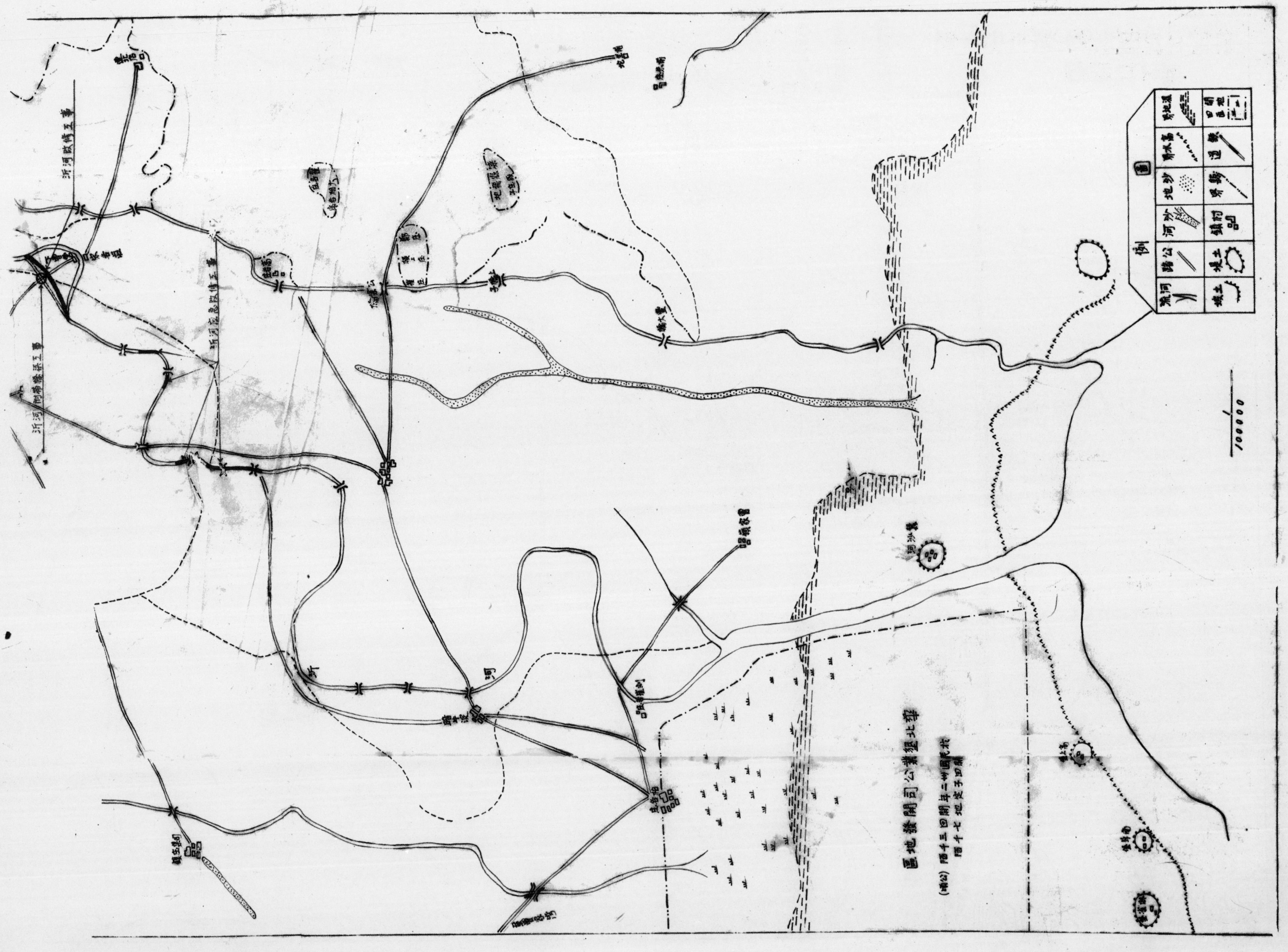
華北墾業公司開發地區

第二節第三項第四目

薊運河煤河地區農地開發事業計劃

位　置	本地區位於寧河縣蘆台鎮東北方3公里煤河薊運河合流点以北苗家庄張圓莊等處以南連綿至豐潤縣境
興築之目的	開發煤河薊運河合流点以北苗家莊張圓莊以南之荒蕪地以期雜穀增產
計劃概要	本計劃擬在薊運河左岸苗家庄北側地區向東開挖用水幹線2道分岐南流以人力畜力揚水灌溉排水仍排入薊運河
用水計劃	於苗家莊薊運河左岸側設閘取水平均滿潮位2.80公尺平均干潮位1.20公尺取水時間晝夜2次每次十時 導水路長4100公尺水深1.8公尺底寬2.5公尺坡度1/20,000 用水幹線第1.2号用水幹線同一斷面坡度1/20,000 底寬1.5公尺第1号長6,000公尺在導水路2,100處分岐第2号導水路長5,000在導水路4,100處分岐
流量及灌溉面積	導水路流量為2.635秒立方公尺　第一二号用水幹線均為1.163秒立方公尺 全面積2030公頃　耕地面積1,600公頃　第一用水幹渠支配960公頃　第二用水幹渠支配640公頃
排水計劃	第1号排水幹線(排水口)排水面積2030公頃 排水量3.36秒立方公尺坡度1/20,000長10,486公尺 第2号　〃　(第1号排水幹線合流点)排水面積1100公頃 排水量2.0976秒立方公尺長5,500公尺 坡度1/20,000 第3号　〃　(　〃　〃　)　〃　625　〃　〃　1.088　〃　長6,700公尺 坡度1/20,000 並設洩水涵洞
防水及道路計劃	第2号排水幹線縱貫幹線道路寬9.0公尺高4.0公尺并於總幹線第15号第47号設橫幹線道路寬9.0公尺高4.0公尺 民國28年洪水位標高3.8公尺防水堤高5.0公尺頂寬3.0公尺長4950公尺
備　考	本計劃由偽河北省公署於民國三十二年設計興工

第二節第三項第五目

薊運河沿岸農地開發事業計劃

位　置	薊運河漢沽鉄桥上流約16公里薊運河与還口河合流處 薊運河還口河東引河川河川包圍中之地域地势平坦由北向南傾斜坡度約30,000之1
興築之目的	該地爲堿性棄置居多薊運河高潮時居民引水灌田耕地逐漸增加故擬開發之以期米穀增產
計劃概要	盧家塢下流北寧線漢沽桥上流處薊運河截湾取直縮短河道 閉塞舊河道於短縮河道上設置閘門以防海水逆流并保持上流水位至(+)2.5公尺設用水及排水路俾導水灌溉舊田開發舊荒 民國28年薊運洪水約達3.8公尺擬用排幹線開挖之土築防水堤以禦洪流
用水計劃	短縮河道(捷水路)長2,800公尺坡度1/5,000底寬100公尺岸坡1比3 頂高(+)5.0公尺 〃 設置閘門由短縮河道起500公尺處設閘門基礎標高(-)1.00公尺 閘門上流堰上水位(+)2.5公尺 舊河道堵閉工程長170公尺頂高(+)5.00公尺頂寬10公尺側坡1:3及1:2.5 在還口河附近取水取水口處水位(+)2.5公尺 第1号用水幹線長1,000公尺 坡度1/20,000底寬57公尺側坡1比2.5 水深2.0公尺 堤頂寬6.0公尺高(+)5.0公尺 第2号 〃 1,620 〃 〃 1/20,000 〃 25 〃 〃 1比2.5 〃 2.0 〃 〃 6.0 〃 高(+)5.0 〃 第3号 〃 4,400 〃 〃 1/20,000 〃 3.5 〃 〃 1比2.5 〃 2.0 〃 第4号 〃 24,200 〃 〃 1/20,000 〃 30 〃 〃 1比2.5 〃 2.0 〃 〃 6.0公尺高(+)5.0公尺 下流用金鐘河合流處設置閘門以調節水位水量閘門基礎標高(-)0.76公尺 揚水計劃按照地形大体以600公頃为一區用揚水机抽水導入支渠以灌溉
流量及灌溉面積	薊運河加入箭桿河流量最少每秒約43立方公尺月平均 灌溉面積約13,000公頃需水約29.475秒立方公尺 而第一用水幹線通水量50.52秒立方公尺 第二用水幹線22.9秒立方公尺 第三用水幹線4.29秒立方公尺 第四用水幹線27.61秒立方公尺
排水計劃	設排水幹線4. 第1.2号之水向薊運河放流 第3.4号之水向金鐘河放流 第1号排水幹線 排水面積895公頃長6,000公尺 坡度1/5,000底寬2.5公尺 側坡1:2 排水量3.51秒立方公尺 排除時間2晝夜 第2号 〃 〃 435 〃 〃 4,500 〃 〃 〃 〃 1.2 〃 〃 1:2 〃 1.70 〃 〃 〃 第3号 〃 〃 6,510 〃 〃 20,200 〃 〃 1/10,000 〃 20.0 〃 〃 1:25 〃 25.50 〃 〃 〃 水深2.0公尺 出口底標高(-)0.3公尺 第4号排水幹線 排水面積11,190公頃長20,80公尺 坡度1/10,000底寬35.0公尺 水深2.0公尺 側坡1:25 出口底標高(-)0.3公尺 流量48.83秒立方公尺 排除時間2晝夜
備　考	收獲增加之利益 施行後收獲量可增收3倍.　　本計劃淪陷期已施工完成渠道部分工程50%以上

第二節第三項第六目

白洋淀補堤築閘工程

位　置	安新縣雄縣等縣界內白洋淀周圍
興築之目的	白洋淀北起小清河南迄瀦龍河為十數河流滙歸之所向者該淀周圍雖有堤埝以防泛濫第以年久失修非缺損坍塌即已潰決淹沒已失其防水功能每值汛期水發則下流之滙泉水所歸不但無堤之處勢必漫溢有堤之處亦時潰決人畜飄沒廬舍為墟災情奇重故擬修補圍堤以防泛濫建造水門以利灌溉
計劃概要	(一)添築圍堤及補修工程　該工程總長為152.672公里 1. 第1号堤. 甲. 新安鎮附近補修雜堤長7,000公尺 2. 第2号堤. 甲. 新安至留通之間補修河堤長16,000公尺. 乙. 留通至十里鋪之間補修河堤長14,400公尺 丙. 十里鋪至趙北口之間補修河堤長1,000公尺 丁. 趙北口至十方院之間補修河堤長1,600公尺 3. 第3号堤. 甲. 十方院至大苟各莊之間(趙王河右岸)補修河堤長12,800公尺 乙. 大苟莊至北舍奥村之間(趙王河右岸)補修河堤長22,200公尺 4. 第4号堤. 甲. 雄縣縣城至北舍奥村之間(大清河右岸)補修河堤長14,000公尺新築河堤長1,300公尺 5. 第5号堤. 甲. 東田各莊至銅口鎮補修河堤長17,600公尺. 乙. 銅口鎮至北馮村間補修河堤長3,800公尺 6. 第6号堤. 甲. 北教台至大白莊之間補修河堤長18,830公尺 7. 第7号堤. 甲. 補修瀦龍河右岸堤長4,780公尺. 乙. 修補瀦龍河左岸堤 丙. 孟仲峰至北教口之間補修河堤長885公尺 (二)附加引水門工程 1. 安新縣銅口鎮北馮村,曲堤,閻城,端村等地方共築混凝土引水門7處每處為3孔每孔淨寬1.0公尺有閘板以司启閉 2. 〃 楊庄地方築造混凝土水門1處. 1孔淨寬3公尺有閘門以司启閉
備　考	築堤工程於民國32年3月開工同年9月竣工.　引水門工程8月開工12月竣工 1. 对於白洋淀南岸地區. 因本工程完成後較小水患得藉以防止後以端村楊庄間8處引水門之添築沿岸居民既可引水灌溉亦可排洩浸水該區面積之耕地面積約為850平方公里如以小麥及雜穀每畝收量150斤計則總收量約為20,655,000市斤 即(10,300公噸) 2. 对於白洋淀西岸地區. 白洋淀西堤迤西地區面積約為200平方公里. 該地土質素含鹹性不適耕種但自端村銅口鎮四處水門修建以後其土質已逐漸變佳.

第二節第三項第七目

漳河滏陽河灌溉計劃概要

位置	平漢線右岸磁縣、邯鄲、成安及肥鄉一帶地域
興築之目的	該地區雨量不均土質多沙，禾稼不良，擬引用河水灌溉以資增產
計劃概要	漳滏二河綜合水利計劃，計分觀台鎮水庫、水力發電灌溉、邯館運河等數項，茲僅就灌溉方面計劃概略言之 連絡導水路。發電所放出之水不令返漳河，使其由觀台鎮對岸橫斷漳滏2河之分水嶺至彭城鎮附近注入滏陽河，以增加其水量，並設導水路及幹線用水路以便引水灌田
用水計劃	導水路。於磁縣城東北方甘草營附近滏陽河設取水閘門導水至本縣興善村北方本地區南端東方至成安縣南方經同縣北莘鄉北向經肥鄉城東與邯館運河連接，長49公里 幹線用水路。在導水路每隔4公里處向北設用水路1道，計8道，以灌溉全地區，總長87公里
流量及灌溉面積	導水路流量15.4立方呎/秒。灌溉面積約23,700公頃
增收之利益	該地以旱田為主，主要作物以小麥、棉花為大宗，餘為雜穀。如工程實施可增加60%以上
備考	本計劃未施工。 此外偽河北省公署並於民國31年在磁縣北來村附近利用滏陽河水穿過平漢鐵路築幹渠1道、支渠2，灌溉農田。適以夏期河水氾濫，將所修工程大部冲毀，受益無多，即未續修

第二節第三項第八目
惠民土木事業計劃概略

敵偽時期所謂惠民大土木事業乃日寇欲暢遂其掠奪我資源之野心而興辦之綜合利水事業是也其第一次五年計劃經選定灤河地區薊運河地區白洋淀地區滹沱河地區東平湖地區自民國三十年十二月逐次施工推進其中東平湖地區尚未施工而以黃河取水工程代之茲將其實施之地區概述如下.

一. 灤河地區

1. 計　劃

建設水庫於羅家屯謀其平時水量之增加以確保水利發電灌溉及工業用水.

2. 工程之實施

(一) 羅家屯水庫　民國三十年由偽華北電業股份有限公司實施工程旋因故中止.

(二) 建設灤縣農場工程　農場水田預定計劃9,000餘公頃中已完成3,000公頃(詳第三目)

二. 薊運河地區

1. 計　劃

建設防潮堰堤於薊運河漢沽上游地点以防止潮害波及上游并保其上游之一部水位而防止洪水之流下且將之導入蓬鳳河以南開墾10,000餘公頃之水田

2. 實施工程.

(一) 薊運河防潮堰堤及開鑿水路工程尚未興工.

(二) 開墾農産工程.　民國三十一年四月興工幹線排水路工程已完成50%以上開發水田計劃10,000餘公頃已完成旱田2,000公頃(詳第五目)

三. 滹沱河地區

1. 計　劃

在滹沱河分流治河城州鎮建設水庫確保水源謀其平時水量之增加並在黃壁莊取水引至石門市而導入新運河

(一) 開發水運

石津運河(石門至天津)以石門碼頭為起点延至武強縣小範鎮之131公里開鑿新運河自小範鎮至天津間乃將子牙河加以修改掘鑿以增加水運效能而利用之預定輸送能力概為年間1,000萬噸運費約為鉄路運費之一成

(二) 灌溉事業.　利用運河灌溉藁城、晉縣、武強、束鹿等縣地區其灌溉面積約為52,000公頃

(三) 水利發電　從略

2. 實施工程

(一) 城州鎮水庫.進行調查未興工

(二) 黃壁莊取水設施工程

(1) 取水堰堤工程基礎工程完成30%

(2) 取水水門完成

(三) 導水路工程完成

落差地点之發電廠基礎工程現已完成

(四) 運河工程

(1) 石門碼頭工程.　尚未施工

(2) 運河開挖工程.　石門晉縣間大致完成

(五) 灌溉設施工程

藁城晉縣地區已經完成而着成效該地區擬灌溉之面積約12,000至15,000公頃(詳第一目)

四. 白洋淀地區.　修築堤防填設閘門工程(詳第六目)

五. 黄河取水工程

1. 計劃

(一) 第一期取水　每秒20立方公尺

灌漑新鄉地區旱田18,000公頃

增加衛河及南運河之水量以强化其水運並在下游地域用於灌漑

(二) 第二期取水　每秒40立方公尺

謀衛河南運河之水量增加以擴大下游地域之灌漑事業

2. 工程計劃

(一) 取水門工程

在平漢鉄路黄河鉄橋附近上游建設基礎水門以便取水在水門西側建設防堤並由黄河北岸大防堤及平漢鉄路防堤互相連結以防護水門及導水路

(二) 導水路工程

導水路乃係横貫平漢鉄路北岸河堤並在堤内平行平漢鉄路至新鄉附近接入衛河

(三) 沈沙地

黄河平時亦有0.6%程度之含沙如該含沙流入水路則短時間内即可淤塞水路故在適當地点必謀沈沙所幸黄河北岸防堤有二層部份本工程乃在此項部份導水以達沈沙目的

(四) 附帶工程

横斷平漢鉄路橋樑一座黄河北岸堤通水門一處導水路落差工程四處

(五) 新鄉地區灌漑設施工程

建設完善之灌漑地區乃在平漢鉄路西側有5,000公頃在其東側有13,000公頃定為産棉地並行有計劃取水及生産指導

3. 実施之工程

(一) 取水水門工程

該工程業經完成掘鑿及安置基礎水路之混凝土水管但遭轟炸黄河鉄橋以致停止以臨時取水口代之

(二) 導水路工程

導水路除其一部之掘鑿外餘已完成但其路床及水路外層洋灰混凝土工程尚未完工

(三) 沈沙地

沈沙地業已完全表現其效能將其流入濁水净化後導入於堤外導水路

(四) 附帶工程　均經完成

(五) 新鄉地區灌漑事業已由河北省担任實施正準備中因停戰而中止該項取水工程乃於民國三十三年三月完工民國三十四年四月完工而試驗通水取水量原定第一期計劃每秒20立方公尺但因臨時取水口及導水路尚未完善故限為每秒10立方公尺

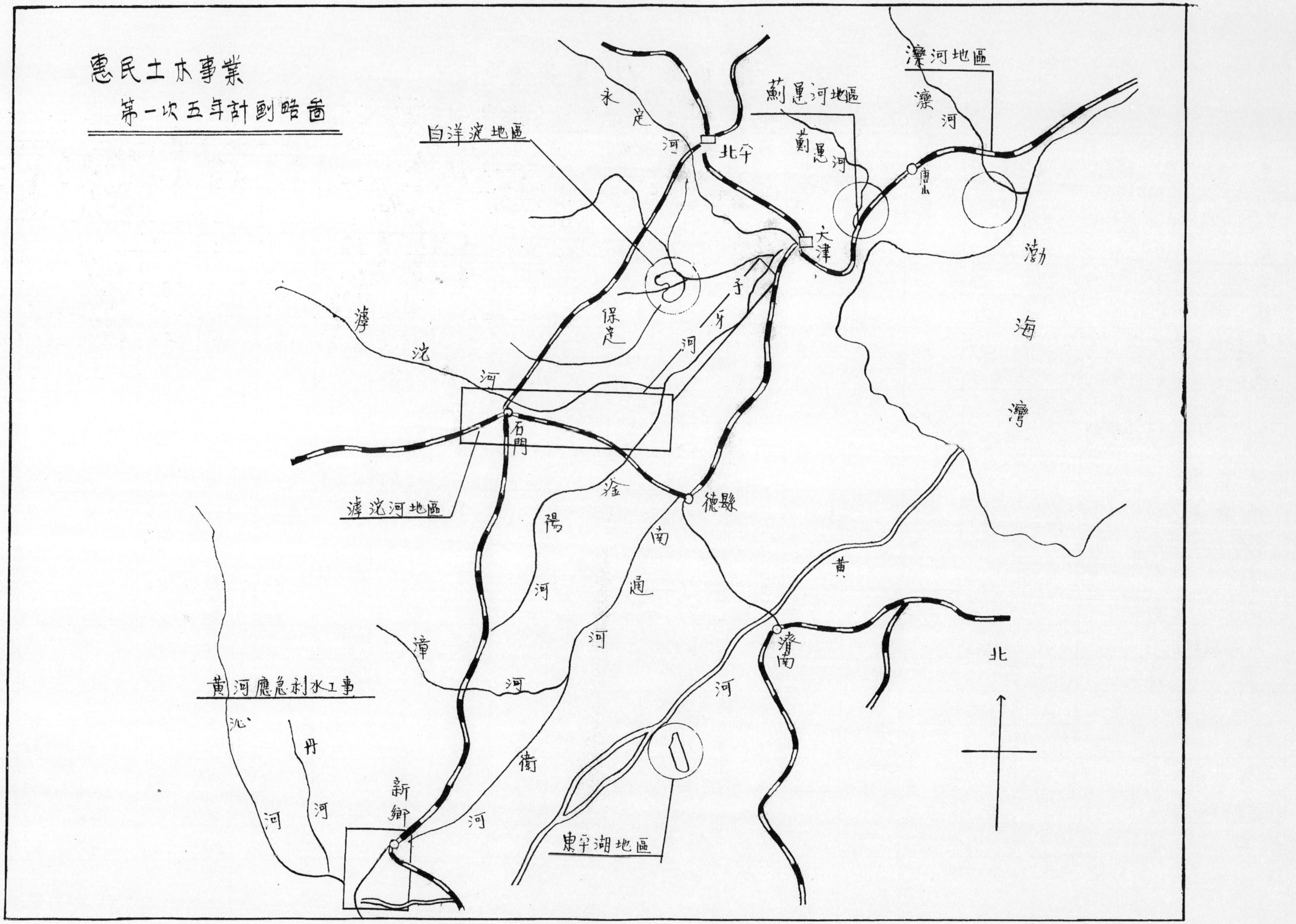
惠民土木事業
第一次五年計劃略圖
白洋淀地區
薊運河地區
灤河地區
滹沱河地區
黃河應急利水工事
東平湖地區
永定河
薊運河
灤河
北平
天津
唐山
保定
子牙河
滹沱河
石門
滏陽河
德縣
衛河
漳河
沁河
丹河
新鄉
黃河
濟南
渤海灣
北

第二節 第四項 農場情況

第一目 天津附近地區日僞農場水稲經營狀況及灌溉設施略表

1.

農場名	地區名	水系	總面積	逐年經營面積 30年 水田	30年 旱田	30年 荒地其他	30年 收穫量	31年 水田	31年 旱田	31年 荒地其他	31年 收穫量	灌溉設施及揚水方法 原動機	馬力及台數	抽水機及台數	喞筒口徑	吸水時間	平均揚程	用排水路配置	每畦面積	一日減水深	成立年月
			公頃	公頃	公頃	公頃	公噸	公頃	公頃	公頃	公噸				吋				反	公厘	
北倉土地改良合作社	天津北边	北運河	1150	20		1130	53	150		1000			自然流入					用排交互用一用60	0.6	60	30年3月
藤田	〃	〃	20						15.5	4.5		畜	馬3頭 人6	水車5		4	2			50	31.1.
北洋	〃	〃	60					60				電	馬力 台数 75 1	竪式7	9	7	2.7	用排兼 10.0	1.0	90	31.1.
楊柳青	〃	西河	956	60	896		128	700	256			〃	100 102 60 50 各1	离心式5 又3	22 8	13	4.0	用排交互用一用600	4.0	30	30.3.
愛路恵民研究所	〃	〃	27	14	5	8		14	5	8		〃	10 1 5 2	离心式3	7.5	24	2.0	用排交互用一用100	1.0	45	29.4.
國光	〃	〃	3			3	不明		3												30.3.
計			2216	94	901	1141	181	924	279.5	1012.5											
南海	天津周边八里台	白河	26.2					12.2	2.2	11.8		發	6—1	水車—2		24	0.9	用排交互用一用40	3.0	60	31年4月
河合第一	〃	〃	18	18			61	18				〃	5—1	〃—7		10	0.8	〃 80	1.2	35	30.3.
河合第二	〃	〃	21.6					21.6				電	10—1	〃—2		10	0.8	〃	1.2	45	31.2.
稲月	〃	〃	9	9			36	9				發	5—1	〃—1		24	1.0	〃 30	0.6	45	31.3.
東亞	〃	〃	100					100				電	50—1	竪式—2	22	24	2.0	〃 114	0.6	60	31.4.
岡島	〃	〃	672	15	27	25.2	22	23	27	17.2		發	2.5—1 3.5—2	〃—3	15	24	1.0	〃 30	9.0	60	29.9.
八里台精穀公司	〃	〃	56					48		8.		電	34—1	离心式—1 〃—1	10 8	24	2.2	〃 50	9.0	60	31.1.
島崎	〃	〃	50					37		1.3		〃	15—2	水車—6		10	0.6	〃 36	1.0	60	30.12.
三和第一	〃	〃	38.4					19.2		19.2		〃	10—2	〃—4		7	0.6	〃 35	0.6	60	31.2.
大康	〃	〃	12					12				〃	5—1	〃—1		24	0.6	〃 29	0.2	60	31.3.
共商會	〃	〃	1.5	1.2	0.3		6	1.2	0.3			〃	5—1	〃—1		24	0.4		0.3	35	28.3.
裕與合義記家莊	〃	〃	41.3	41.3			174	41.3				〃	15—1 6—1 3.5—1	〃—6		8	0.9	〃 40	1.0	45	30.4.
三谷	〃	〃	17.4	15.6	1.8		80	15.6	1.8			〃	10—1	〃—2		24	0.8	〃 30	0.1	45	29.3.

第二節第四項第一目

天津附近地區日偽農場水稻經營狀況及灌溉設施略表

2.

農場名	地區名	水系	總面積	近年經營面積								灌溉設施及揚水方法									成立年月
				30年				31年													
				水田	旱田	荒田其他	收獲量	水田	旱田	荒地其他	收獲量	原動机	馬力及台数	抽水机及台数	喞筒口径	吸水時間	平均揚程	用排水路配置	每畦面積	一日減水深	
			公頃	公頃	公頃	公頃	公噸	公頃	公頃	公頃	公噸				吋				反	公厘	
三榮	天津週边八里台	白河	6.4	6.4			4.5	6.4				電	7.5—1	水車—1		24	0.6	用排交互用一用100	6.0	45	30年3月
田(民)中	〃	〃	9.3	9.3			23	7.5		1.8		〃	7.5—1	〃—2		15	0.8	〃 40	0.6	45	30〃3〃
佐野	〃	〃	6.0	6.0			5	6.0				〃	5.0—1	〃—1		24	1.4	兼用 〃 20	0.6	45	30〃
川德	〃	〃	16.5	16.5			146	16.5				〃	10—1	〃—2		24	0.6	〃 60	不同	45	30〃3〃
山下(保)	〃	〃	3.2	3.2			9	3.2				畜	2頭	〃—1		24	0.7	不同	1.2	45	30〃5〃
東亜公司	〃	〃	5.0	5.0			4	5.0				電	5—1	〃—1		24	0.7	〃	不同	45	30〃3〃
島本	〃	〃	2.0	2.0			13	2.0					由東亜公司分水			24		〃	1.8	45	
酒井	〃	〃	3.4	3.4			3	3.4				電	5—1	水車—1		24	1.2	〃	5.0	45	28〃3〃
金井斎	〃	〃	2.5	2.2		0.3	3	2.2		0.3		畜	2頭	〃—1		24	0.9	交互用一用30	0.1	45	27〃3〃
中日學院	〃	〃	1.2	0.7	0.5			0.7	0.5			電	5—1	竪式—1	5.0	24	0.7	僅有幹線	不同	30	
計			514.1	154.8	29.6	25.5	630	411	31.8	71.3											
裕興合義王姑娘	鹹水沽	白河	138.0	6.0		132	20	60	60	18		發	10—1 5—2 3.5—2	水車—8		8	1.1	用排交互用一用60	9.0	60	30〃3〃
天津產業第一	〃	〃	22	18		4	120	22				〃	3.5—3	〃—3		24	0.6	〃 160	7.0	30	28〃3〃
興華	〃	〃	24	24			28	24				〃	3—1 7—1	〃—3		24	1.5	〃 40	0.6	60	30〃20〃
長泰	〃	〃	116	18		98	73	76		40		電發	15—3 3—1 7.5—1	〃—18		24	1.4	〃 40	3.5	60	26〃12〃
大和	〃	〃	280	20		260		80		200		發	25—2	〃—15		8	1.8	〃 45	1.0	60	30〃3〃
增興	〃	〃	300					100	100	100		〃	60—1	〃—13		8	1.8	〃 45	1.0	60	31〃1〃
裕興合義灰堆	〃	〃	63.3	63.3			127	63.3				電	23—2	〃—8		20	1.0	〃 40	0.6	45	30〃3〃
陸合祥	〃	〃	18.4	12		6.4	24	18.4				發	10—1	〃—2		9	1.0	〃 40	0.6	60	30〃4〃
三大	〃	〃	10.1	10.1			29	10.1				發	75—1	〃—2		9	1.2	不同	0.6	45	30〃3〃
利農公司	〃	〃	150	150			68	150				蒸	35—1	〃—24		12	1.3	〃	4.0	45	30〃3〃
藤井第一	〃	〃	468	360	108		639	360	108			蒸	45—1 75—1	管{1 2}	33 36	12	1.5	用排交互用一用50	0.3	24	29〃5〃
森山	〃	〃	24	20	40		129	20	40			發	6—2 4—2	水車 4		12	1.0	〃 50	0.6	30	29〃3〃
古賀	〃	〃	45	15		30	44	45				發	12—2 5.5—1 2.5—1	〃 6		16	1.4	〃 40	0.6	45	30〃4〃
坂江	〃	〃	112.4	30		82.4	120	89.9		22.5		畜	馬18頭	〃 18		不				明	30〃6〃
計			1771.2	746.4	112	612.8	1,421	1118.7	272	380.5											
唐官屯第一	小站	馬厰减河	100					100				畜	馬25頭	水車 15		24	0.6	用排交互用一用40	0.3	45	30〃1〃
藤井第三	〃	〃	1120	500		620	1,428	470	30	620		互	80—1 200—1	管{—1 —1} 水車—41	33 36	24	1.0	〃—30	0.3	24	30〃3〃
香川	〃	〃	350				737	280	20	50			從藤井第三分水					〃—30	0.3	24	31〃2〃
大安第一	〃	〃	522	138	18	366	411	246	18.0	258		發畜	35—18 人力及畜力	水車75		24	1.0	〃—100	1.0	24	30〃2〃
東一	〃	〃	467	250		217		300		167		人發畜	4—3 3.5—7 2.0—3 畜120頭	〃 133		24	0.4	〃 45	1.0	30	29〃3〃
唐官屯第二	〃	〃	200			200			200												30〃11〃
藤井第四	〃	〃	1284						230	1054											31〃1〃
東興	〃	〃	1204.2		48	1156.2			90	1114.2											30〃1〃
計			5247.2	888	66	2559.2	2,576	1396	588	3265.2											

第二節第四項第一目

天津附近地區日偽農場水稻經營狀況及灌溉設施略表

3.

農場名	地區名	水系	總面積	近年經營面積 30年 水田	30年 旱田	30年 荒地其他	30年 收穫量	31年 水田	31年 旱田	31年 荒地其他	31年 收穫量	灌溉設施及揚水方法 原動机	馬力及台數	抽水机及台數	唧筒口徑	吸水時間	平均揚程	用排水路配置	受益面積	一日減水深	成立年月
			公頃	公頃	公頃	公頃	公噸	公頃	公頃	公頃	公噸				吋						
信義(華北墾業)	葛沽	白河	291.2	115	95.3	80.9	1,689	120	94	77.2		畜		水車 64		7	1.4	用排交互 用一用 100	0.6	45	27年3月
春央	〃	〃	387.5		60	327.5			60	327.5											30.3.
計	白河左岸	〃	678.7	115	155.3	408.4	1,689	120	154	404.7											
新盛	〃	〃	350	200	50	100	349	300		50		電	150-1 150-1	離心式 2 豎式 2	30 15	8	1.0	用一用 60	6.0	60	30.4.
本田	〃	〃	24					9	15			發	85-1	水車 6 離心式 2	6	24	1.8	用排交互 用一用 40	1.0	60	31.3.
山下(良)	〃	〃	12	12			16	12				〃	3.5-2	水車 2		8	1.5	〃 -40	1.0	60	30.4.
近松	〃	〃	223	165	21	37	868	165	21	37		〃	7-3 5.5-7 3.5-14	〃 27		10	1.3	〃 -40	0.1	36	30.4.
中野	〃	〃	350.8	310.1	22.7	18	1,573	329.1	21.7			電	200-1	〃 70		10	1.0	〃 -40	1.0	30	26.1.
大陸	〃	〃	720	220		500	1,602	480		204		〃	50-6 60-1	豎式 4 3 離心式 3 3	3.0 1.1 2.8 2.2	12	1.4	〃 -150	6.0	60	30.1.
新民会訓練所	〃	〃	36	10	15	11		10	15	11		〃	20-1	離心式 2	6.0	10	1.5	〃 -80	1.0	45	
田口	〃	〃	1.6		1.6				1.6			畜	馬一頭	水車-1		10	1.4			50	30.1.
富士	〃	〃	15		15			2	13			〃	馬二頭	〃 -2		10	2.0			50	30.5.
永康	〃	〃	55.2	18		37.2	88		18	37.2		電	7-2	〃 -4		10	1.5	用排交互 用一用 50	0.6	50	30.4.
志田	〃	〃	24.6	0.3	040	23.9		42	9	11.4		發	6-1 3.5-1	離心式-1 水車-1	6	10	1.5	〃 40	0.6	50	30.3.
天津產業第二	〃	〃	4		4.0			1	3			仝	3.5-1	水車-1		8	0.9	用排兼	0.6	60	28.3.
近江絹絲	〃	〃	26.5		26.5				26.5			人力		〃 -10		12	1.2			50	26.1.
計			1842.7	935.4	156.2	727.1	4,496	1312.3	143.8	386.6											
大安第二	軍糧城	〃	255	120		135	294	120	135			發	60-2 20-1	水車-50		6	1.5	用排交互 用一用 50	4.0	60	30.3.
央農公司	〃	〃	490	120		372	187	260		230		電	50-2 15-1	〃 -45		8.5	1.8	〃 -30	4.0	60	30.4.
東洋民生	〃	〃	700	200	465	35	214	235	465			蒸	150-1	〃 -38		14	1.8	〃 -100	3.0	22	27.1.
華北產研	〃	〃	162	125	95	32		125	5	32			由華北墾業分水								
華北墾業軍糧城	〃	〃	856	700	95	61	534	700	97	59		電	50-2 70-1 100-2	離心式 6 2	20.0 18.0 22.0	20	3.5	用排交互 用一用 25	7.0	34	30.3.
軍糧城精穀試園	〃	〃	6	4	2			4	2			〃	75-1	管 1	17	8	1.8	〃 40		36	30.12.
三和第二	〃	〃	106		101.4	4.6			101.4	4.6											30.1.
敦任	〃	〃	180						180			發	54-1 24-1	水車 22		10	1.4	用排交互 用一用 60	1.8	60	30.5.
永澤	〃	〃	396		0.1	395.9			60	336		畜	馬 1	〃 1		10	2.0	〃 200	1.0	60	29.12.
計			3151	1269	668.5	1033.5	1229	1444	1045.4	661.6											
芦台模範農村	芦台	薊運河	3500	1960	400	1140	6,937	2000	400	1100		重發	120-2 200-1	離心式 2 137	45 37	24	2.0	〃 200	4.0	23	26.10.
華北墾業任鳳莊	〃	〃	659	450	79	130	668	659				蒸	100-1 25-2 10-1	〃 5	20	20	1.3	〃 80	4.0	33	30.3.
華北墾業茶淀	〃	〃	1,000	700	60	240	614	700	60	240		〃 重發	30-2 45-1 50-1 85-1 100-1 100-1 75-1	〃 10 1 2 2 5	8 17 14 20 20	10	1.8	〃 80	4.0	34	30.3.
〃崔央沽	〃	〃	120	58	12	50	120	58	12	50		〃 〃	50-1	離心式 1	15	10	1.8	〃 80	4.0	24	30.3.
北支机械	〃	〃	1400	150	50	1200	338	1100	50	250		蒸	100-1 50-1	豎式 3	16	24	2.0	〃 800	80.0	75	30.3.
鐘淵啟明	〃	〃	7212	15	200	6997	13	457	200	6555		〃	230-2	離心式 3	30	24	1.8	〃 80	0.6	22	26.3.
計			13891	3333	801	9757	8,690	4974	722	8195											

第二節第四項第一目

天津附近地區日偽農場水稻經營狀況及灌溉設施略表

4.

農場名	地區名	水系	總面積	逐年經營面積及收穫量								灌溉設施及揚水方法									成立年月
				30年				31年													
				水田	旱田	荒地其他	收穫量	水田	旱田	荒地其他	收穫量	原動機	馬力及台數	抽水機及台數	節筒口徑	吸水時間	平均揚程	用排水路配置	每畦面積	一日灌水深	
			公頃	公頃	公頃	公頃	公噸	公頃	公頃	公頃	公噸										
華山公司	冀東	灤河	1440					150		1290		自然流入						用排交互用一用200	4.0	20	31年2月
七里海	〃	〃	810	6.0		804	5	500		310		〃						〃 200	3.0	60	31.3.
華北殖產第一	〃	釘沙河 欽為河	1960	90		1170	88	90		1170		〃						用排兼用	6.0	45	30.3.
格奥	〃	洋河	90.3	50		40.3	80	60		30.3		〃						距離100 僅有用水幹線	6.0	45	27.3.
西河南	〃	〃	60	45		15	121	50		10		〃						〃	6.0	30	27.7.
華北殖產第二	〃	灤河	1500							1500											30.3.
田中（利）	〃	洋河	90.4	6		14.4	20	18		24		發	10—1	豎式 1	6	24	0.9	僅有用水路	0.6	60	
計			5180.7	197		2043.7	314	868		4312.7											
合計	88地區		34492.6	7732.6	2889.6	18308.2	21226	12568	3236.5	18688.1											

附註：本表所列各項為天津敵日陸軍特務機關調查之日人及日偽特種團体所設農場之經營狀況及灌溉設施概要
　　其中崔奥沽農場即事變前我國完成之農場淪陷期由偽建設總署接管而委託偽華北墾業經營者

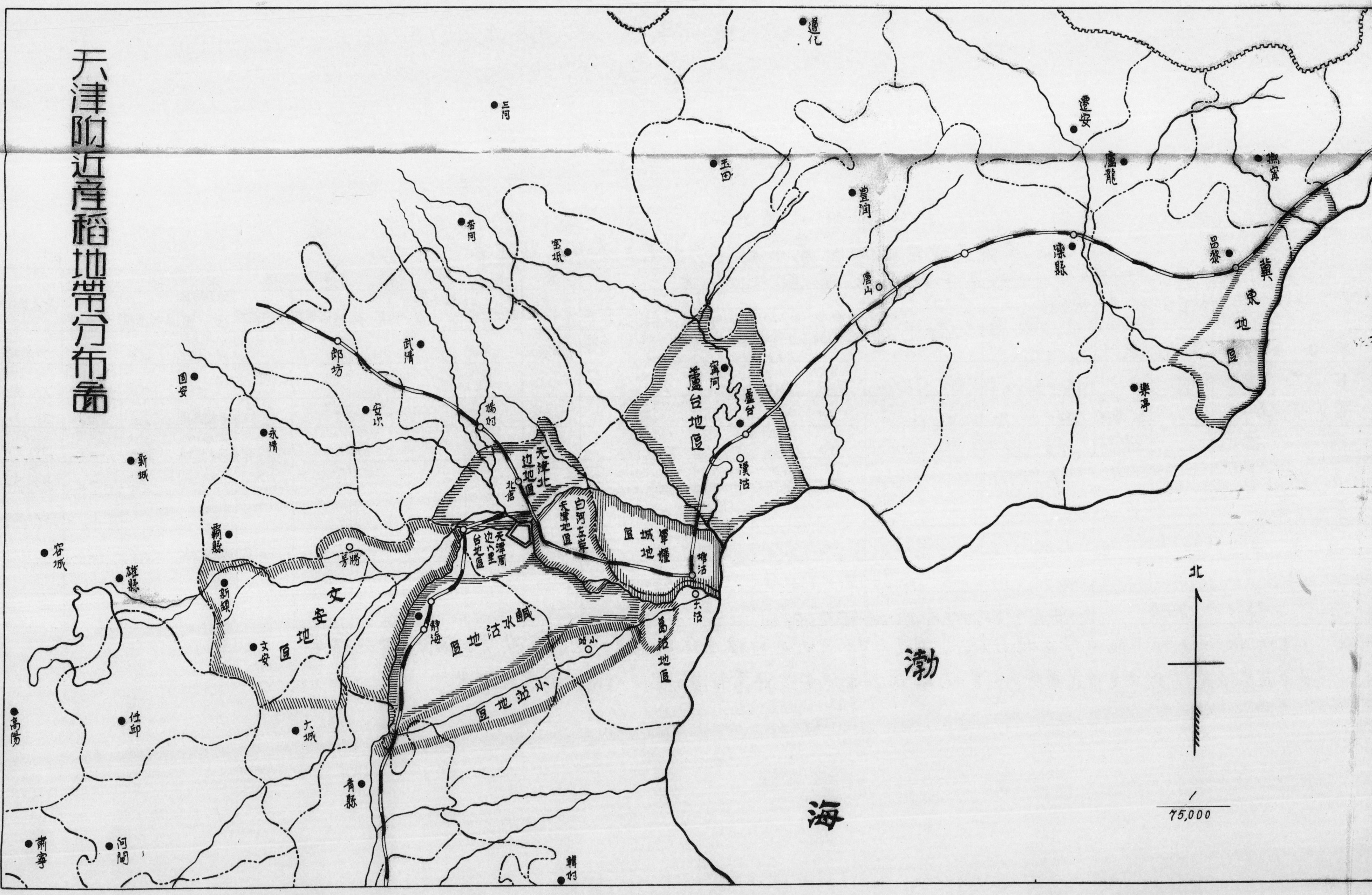
天津附近産稻地帯分布圖
天津北辺地區
白河左岸天津地區
軍糧城地區
蘆台地區
冀東地區
天津南辺八里台地區
文安地區
鹹水沽地區
小站地區
葛沽地區
渤海
北
1/75,000

第二節第四項第二目

天津地區華人經營之灌溉面積一覽

地區名	縣名	大鄉	水系	30年度耕種面積(公頃)	31年度耕種面積(公頃)	30年度收穫量
天津週邊八里台	天津市		白河	530	655	1,903
				530	655	1,903
鹹水沽	天津縣	第一大鄉	白河	464.5	464.5	3,387
〃	〃	〃二〃	〃	1056	1056	3,318
〃	〃	〃三〃	〃	774	774	1,930
〃	〃	〃四〃	〃	283	283	407
〃	〃	〃六〃	〃	460	460	1,278
〃	〃	〃七〃	〃	291	291	268
〃	〃	〃八〃	〃	75	75	142
〃	〃	〃九〃	〃	114	614	758
〃	〃	〃十一〃	〃	147	147	59
	計			3664.5	4164.5	11,547
葛沽	天津縣	葛沽大鄉	〃	284	334	1,004
〃	〃	盤沽〃	〃	548	570	2,061
〃	〃	汪家園大鄉	〃	325	325	1,190
〃	〃	新城大鄉	〃	114	114	460
〃	〃	小站鄰接地區	〃	109	109	434
	計			1380	1452	5,149
白河左岸天津	天津縣	張家鄉	〃	525	525	2,832
〃	〃	軍糧城鄉	〃	696	773.1	3,351
〃	〃	吳家鄉	〃	108	108	1,197
				1329	1406.1	7,380
軍糧城	寧河縣	袁莊鄉	〃	270	399.3	1,436
〃	〃	軍糧鄉	〃	360	445.9	1,915
〃	〃	蘇莊鄉	〃	99.6	140.4	530
〃	〃	鄭莊鄉	〃	89.7	265	477
〃	〃	河頭鄉	〃	60.7	117.8	321
				879.7	1368.4	4,679
小站	天津縣	營田局管內	馬廠減河	3018	3018	16,056
〃	〃	金館大鄉	〃	140	169	904
		鹹水沽地區內第十一大鄉	〃		351	
				3,158	3538	16,960
蘆台	寧河縣	蘆台鎮	薊運河	3.0	3.0	10
〃	〃	皇姑鄉	〃	239	239	985
〃	〃	趙莊鄉	〃	96	96	357
〃	〃	北潤鄉	〃	600	600	2,474
〃	〃	南潤鄉	〃	1252	1252	5,162
〃	〃	園泉鄉	〃	6.0	6.0	20
〃	〃	苤淀鄉	〃	11.0	11.0	44
〃	〃	俵口鄉	〃	180	180	718
〃	〃	漢沽鄉	〃	14.0	14.0	47
〃	〃	蘆家鄉	〃	360	360	1,245
〃	〃	楊家鄉	〃	3.0	3.0	12
〃	〃	康家鄉	〃	50	153	186
〃	〃	東莊鄉	〃	10	10	33
	計			2,824	2,927	11,293
文安	文安縣	崔莊子鄉外七鄉	利用積水	1038	7550	1,657
〃	大城縣	第二區第五區	〃	900		1,556
〃	靜海縣	第一區第四區	〃	480		638
〃	新鎮縣		〃	150		140
	計			2518	7550	3,991
	合計			16333.2	23061	62,902
	合計	文安地區除外		13765.2	15,511	58,911

第二節 第五項 灌溉井設施

第一目 華北各地水井眼數及灌溉面積表

1.

省名	縣名	耕地面積	灌溉面積	水井眼數	備考
河北	遷安	30,000公頃	26.6公頃	20眼	
	固安	41,533.3	22.6	17	
	新城	58,866.6	361.3	271	
	涿縣	33,133.3	2,486.6	215	
	淶水	23,910.7	1346.1	836	
	易縣	43,626.9	634.6	371	
	良鄉	12,158.6	306.6	230	
	高陽	21,235.9	105.3	79	
	定興	25,778.1	8,336	6,252	
	徐水	32,609	658.6	494	
	滿城	19,115	1369.1	772	
	清苑	55,984	17,473.3	13,105	
	望都	18,410.9	1,391.7	929	
	定縣	80,137.8	32,776	24,582	
	安國	36,751.1	22,158.6	16,619	
	博野	21,733.3	1.116	1,000	
	蠡縣	45,933.3	3,925.3	2,944	
	安平	38,716.8	552	414	
	新樂	10,072.6	5,369	4,000	
	行唐	26,100	1,634.1	1,155	
	正定	38,182.2	23,116.3	20.000	
	獲鹿	39,819.2	21,556	175	
	平山	36,187.4	5,516.6	53	
	靈壽	26,772.7	986	220	
	井陘	31,009	404.6	5,380	
	藁城	48,033.8	20,000	15,000	
	無極	48,106	12,000	9,000	
	深澤	19,805	322.2	248	
	束鹿	73,133.3	7,008	5,880	
	晉縣	42,987.3	725.3	544	
	新河	24,148.8	18.6	14	
	威縣	50,438.4	40	30	
	廣宗	38,475	306.6	230	
	欒城	24,692.2	3,571.3	2,677	
	趙縣	54,860	202	250	
	寧晉	80,580.6	1,892	1,419	
	柏鄉	21,118	18	25	
河北	高邑	19,332.1公頃	558.9公頃	500眼	
	贊皇	32,927.9	4,666.6	2,000	
	元氏	35,310.6	16,662.3	6,217	
	任縣	23,934.2	4,559.1	2,500	
	南和	29,748.9	1,313	557	
	平鄉	44,800	3,356	2,517	
	沙河	92,944.6	2,471.8	2,820	
	隆平	31,147	1,333.3	1,000	
	堯山	21,866.6	3,385.3	2,539	
	內邱	20,349.6	365.3	274	
	邢台	168,862	3,306.6	320	
	邯鄲	45,891.1	9,400	3,000	
	磁縣	50,207	12,666.6	3,500	
	成安	35,060	55.3	50	
	廣平	21,851.4	733.3	450	
	肥鄉	49,012.5	150.6	113	
	永年	40,000	34,666.6	3.600	
	臨城	15,966.6	106	124	
	曲周	69,898.8	1,186.6	890	
	南樂	134,268.7	492.6	372	
河北總計	五十七縣	2,357,535.2公頃	301,168.7公頃	168,793眼	
河南	臨漳	51,054.2			本縣灌溉面積及水井數目不詳
	彰德	104,077.6	30,000	20,000	
	內黃	68,493.5	200	120	
	湯陰	43,849.6			本縣水井眼數目不詳
	濬縣	79,125.4	3,333.3	500	本縣灌溉面積不詳
	淇縣	20,230.6	4,033.3	2.800	
	滑縣	177,145.9			本縣灌溉面積及水井數目不詳
	汲縣	34,810.4	4,533.3	2,600	
	延津	35,083.2	333.3		本縣水井數目不詳
	封邱	43,703.9			本縣灌溉面積及水井數目不詳
	武安	62,129.4			〃
	輝縣	79,699.5	2,240		本縣水井數目不詳
	新鄉	39,761.6	40		〃
	陽武	34,916.4	4,000		〃
	獲嘉	35,844.3	900		〃
	原武	11,5644			本縣灌溉面積及水井數目不詳

第二節第五項第一目

華北各地水井眼數及灌溉面積表

省名	縣名	耕地面積（公頃）	灌溉面積（公頃）	水井眼數（眼）	備考
河南	修武	44,8882	2,866.6		本縣水井數目不詳
	武涉	39,125.8			本縣灌溉面積及水井數目不詳
	沁陽	55,5356	23,066.6		本縣水井數目不詳
河南總計	十九縣	1,061,039.5	75,546.4	26,020	
山東	德縣	93,000		702	本省無灌溉面積之調查
	恩縣	82,794.1		3,090	
	平原	65,621		1,761	
	禹城	58,000		802	
	夏津	46,1838		1,382	
	武城	54,010		1,233	
	清平	49,200		32,894	
	臨清	50,490.6		3,291	
	邱縣	28,047		515	
	冠縣	68,311.5		115	
	莘縣	36,874		1,129	
	博平	42,567.7		647	
	茌平	57,333.3		1,764	
	長清	33,107		2,332	
	齊河	75,666.6		992	
	章邱	91,566		33,008	
	濟陽	38,034.9		192	
	臨邑	29,400		1,722	
	陵縣	21,194.4		1,743	
	鄒平	39331.3		5,967	
	陽信	68,140		4,131	
	無棣	99,018		2,031	
	蒲台	26,404.4		731	
	利津	114,800		505	
	滋陽	45,291.8		3,306	
	汶上	80,117.6		13,607	
	東阿	43,200			本縣水井數目不詳
	肥城	55,000		4,800	
	泰安	102,000		22,470	
	新泰	28,363.4		672	
	泗水	30,808.3		1,870	
	寧陽	52,386.7		3,494	
	曲阜	18,174.5		1,916	
山東	鄒縣	78,137.3		4,475	
	滕縣	66,763		6,930	
	嶧縣	73,133.3		764	
	魚台	54,326.5		420	
	鄆城	113,333.3		2,294	
	壽張	40,000			本縣水井數目不詳
	陽穀	68,371.4		9,710	
	定陶	54,933.1		1,040	
	益都	81,775.6		15,425	
	博山	7,409.9		34	
	淄川	42,400		893	
	長山	41,666.6		134	
	桓台	37,066.6		12,145	
	高苑	16,866.6		678	
	博興	36,4243		502	
	臨淄	35,032		7,038	
	廣饒	86,653.3		255	
	壽光	73,292		2,637	
	昌樂	52,466.6		1,458	
	濰縣	106,066.6		105	
	安邱	80,000		1,417	
	臨邑	29,400		845	
	蒙陰			1,005	
	臨沂			10,000	
	費縣			4,550	
	臨朐				本縣水井數目不詳
山東總計	五十九縣	3,187,954.0		239,568	
三省總計		6606,528.7	376,715.1	434,381	以上灌溉面積為河北河南兩省之總計

第二節第五項第二目

水井之灌溉能力

水井之灌溉能力乃由湧水量與汲水量兩者之比較而言.當其平衡時即謂之安全供給水量根據此種原理即可推算水井之灌溉能力從若干調查後之水井中選擇約40眼.就華北平均水深水位大小及土壤周圍之物理狀態諸方面算得每小時之湧水量約為13立方公尺為便於計算暫以每小時10立方公尺計.華北一般農户向多用畜力迴轉式水車其汲水量約為每小時7—11立方公尺亦可謂為極安全之汲水量關於灌溉需要之水量則從土壤之滲透量蒸發量及植物之生理必要需水量等以決定.土壤之滲透量係由平原地帶採集若干種土壤經實驗結果每小時可約2.3公厘之數字如按每日灌溉6小時計算則適約13.8公厘土壤之蒸發量係據偽濟南.昌黎青島測候所記錄為7.2公厘設將以上二者相加則得21公厘再加以灌溉中其他水之損失則可推知作物必需之水量

偽華北產業科學研究所於北平苗圃並對小麥施行每次30公厘之灌溉全耕種期中共行7次石門分場施行每次50公厘之灌溉共計9次結果後者灌溉之水量約当日本水田平均灌溉水量之半數根據以上之實驗及其推算当可得到水井之湧水量滲透量及蒸發量等之略近似數值再根據此種數值亦可算定灌溉水量因亦可測出每眼井水對小麥之灌溉能力經推算每眼井對小麥之灌溉能力約為20公畝至40公畝之間。

第二節第五項第三目

謀小麥棉花雜穀增產之鑿井計劃

河北山東山西河南四省作物分類增產鑿井計劃表　（民國三十三年）

省名	作物名	鑿井		既設井改修（眼）	自流井
		大井（眼）	小井（眼）		
河北省	小麥	5,767	3,284	20,643	17
	雜穀	2,534	1,421	6,160	—
	棉花	6,489	2,037	30,212	
山東省	小麥	3,573	12,275	10,644	2
	雜穀	728	2,366	3,583	—
	棉花	599	353	1,571	
山西省	小麥	3,085	724	6,060	4
	雜穀	724	250	1,586	—
	棉花	171	26	332	4
河南省	小麥	2,978	—	6,820	3
	雜穀	612	—	1,360	—
	棉花	1,910	—	3,820	
計	小麥	15,403	16,283	44,167	26
	雜穀	4,598	4,037	12,689	—
	棉花	9,169	2,416	35,935	4

二．河北省各道市作物分類增產鑿井計劃表　（民國三十三年）

道市名	作物名	鑿井		既設井改修（眼）	自流井
		大井（眼）	小井（眼）		
北平市	小麥	410	—	819	5
	雜穀	90	—	181	—
燕京道	小麥	758	505	1,515	8
	雜穀	565	377	1,131	—
	棉花	967	860	2,365	—
保定道	小麥	2,480	2,204	6,065	4
	雜穀	1,453	936	2,574	—
	棉花	967	860	2,365	—
真定道	棉花	3,000	—	19,000	—
順德道	小麥	988	198	3,950	—
	雜穀	255	51	1,020	—
	棉花	1,357	251	5,030	—
冀南道	小麥	1,131	377	8,294	—
	雜穀	171	57	1,254	—
	棉花	198	66	1,452	—
計	小麥	5,767	3,284	20,643	17
	雜穀	2,534	1,427	6,160	—
	棉花	6,489	2,037	30,212	—

三．山東省各道市作物分類增產鑿井計劃表　（民國三十三年）

道市名	作物名	鑿井		既設井改修（眼）	自流井
		大井（眼）	小井（眼）		
青島市	小麥	169		423	
	雜穀	31		77	
登州道	小麥	312	412	412	
	雜穀	88	88	88	
萊濰道	小麥	394	788	1,970	
	雜穀	85	169	422	
	棉花	21	43		
青州道	小麥	568	1,624		
	雜穀	132	370		
濟南道	小麥	328	1,314		
	雜穀	94	376		
	棉花	78	310		
東臨道	棉花	500			
曹州道	小麥		846		
	雜穀		154		
兗濟道	小麥	1,718	6,872		
	雜穀	282	1,128		
泰安道	小麥	84	419		
	雜穀	16	81		
計	小麥	3,573	12,275		
	雜穀	728	2,366		
	棉花	599	353		

四．山西省各道市作物分類增產鑿井計劃表　（民國三十三年）

道市名	作物名	鑿井		既設井改修（眼）	自流井
		大井（眼）	小井（眼）		
雁門道	小麥	517	172	1,148	2
	雜穀	383	128	832	—
冀寧道	小麥	1,065	164	2,046	2
	雜穀	182	28	350	—
	棉花	33	8	102	—
河東道	小麥	1,287	172	2,145	—
	雜穀	75	10	125	—
	棉花	138	18	230	4
上黨道	小麥	216	216	721	—
	雜穀	84	84	279	—
計	小麥	3,085	724	6,060	4
	雜穀	724	250	1,586	—
	棉花	171	26	332	4

五．河南省各道市作物分類增產鑿井計劃表　（民國三十三年）

道市名	作物名	鑿井		既設井改修（眼）	自流井
		大井（眼）	小井（眼）		
豫北道	小麥	2,545	—	5,090	3
	雜穀	545	—	1,090	—
	棉花	1,910	—	3,820	—
豫東道	小麥	433	—	1,730	—
	雜穀	67	—	270	—
計	小麥	2,978	—	6,820	3
	雜穀	612	—	1,360	—
	棉花	1,910	—	3,820	—

第二節 畜產資源

第一項 華北五省家畜家禽頭數

（單位頭隻）

家畜家禽名	山東省	河北省	山西省	察哈尔省	綏遠省	合計
水牛	24,000	72,000	2,000			98,000
黃牛	2,320,000	1,148,000	577,000	43,000	367,000	4,455,000
馬	467,000	413,000	157,000	32,000	154,000	1,223,000
騾	689,000	757,000	335,000	31,000	45,000	1,857,000
驢	2,201,000	1,349,000	557,000	104,000	129,000	4,340,000
山羊	1,478,000	958,000	2,188,000	206,000	563,000	5,393,000
綿羊	1,791,000	878,000	2,099,000	377,000	1,283,000	6,428,000
豚	4,253,000	3,974,000	735,000	172,000	337,000	9,471,000
鷄	24,201,000	14,320,000	4,664,000	714,000	893,000	44,792,000
鴨	2,597,000	734,000	66,000	9,000	14,000	3,420,000

第二節第一項第一目

華北五省每一農戶家畜及家禽數

（單位頭）

家畜家禽名	山東省	河北省	山西省	察哈尔省	綏遠省
水牛	0,004	0,017	0,001		
黃牛	0,392	0,270	0,308	0,140	1,469
馬	0,079	0,100	0,089	0,104	0,614
騾	0,116	0,180	0,179	0,101	0,180
驢	0,372	0,320	0,297	0,337	0,517
山羊	0,250	0,230	1,167	0,666	2,254
綿羊	0,303	0,210	1,130	1,221	5,139
豚	0,719	0,940	0,392	0,555	1,350
鷄	4,089	3,390	2,489	2,311	3,578
鴨	0,439	0,170	0,035	0,030	0,058

華北之家畜以豚為最多除內蒙外一般農戶咸飼之為副業其次為羊而以山西最多為華北五省之冠察綏亦夥僅略遜於山西華北多小規模之農戶故耕驢甚多牛則以山東為第一河北次之其他如水牛馬騾等亦不甚多而以馬較少因飼養方面不如牛之經濟也家禽以鷄為最多農家幾於無戶無之鴨亦所在多有.

華北之牛皮肉俱佳淪陷期間敵日對皮毛革統制收買以供軍需亦以牛為最多牛肉復被大量吸收以為軍用罐頭並輸日供其民間食用故農村動力之家畜已被摧殘殆盡

關於最近畜產資料尚未發現詳確之記載茲將較舊之家畜數量表列之以供參考

第四節 水產資源

第一項 水產概況

華北水產事業以漁業為主其區域為山東 河北兩省沿海部分渤海灣黃海等處及內陸之淡水河湖 淡水魚產額殆無足重輕 沿海漁產始為一大水產資源 水產物蝦類居首位 次為黃花魚 秋刀魚 鱸鯖等 又次為海參等 貝類則有蠔 蟶 蛤 蜊等 海獸則有海豚等 并產少許海藻 加內陸河魚 族共約三千餘種 捕魚方法. 約分釣魚業 網魚業及雜漁業等三大類 一般仍沿襲舊法利用帆船捕魚 尠用新法者 茲將華北漁業狀況表列如下

第一目　河北省水產業

漁業區域在渤海灣內及其沿海區域其主要者計有臨榆. 撫寧. 昌黎. 灤. 樂亭. 豐潤. 寧河. 天津. 滄. 鹽山等縣

河北省漁場

寧河漁場　北塘——白河河口

黑神漁場　石白坨——豐潤縣黑沿子神堂

秦石漁場　秦皇島——樂亭縣石臼坨

主要漁業地方

天津. 樂亭. 灤. 寧河. 撫寧各縣

主要魚類

鯛. 鰆(馬鮫魚) 比目魚. 大口魚. 刀魚. 蟹

淡水魚類

鯉. 鮒(鯽魚) 鯰. 鱧(圓魚) 河蝦. 河蟹

一. 河北省沿海各縣漁業狀況

縣名	漁戶數	漁船數	重要漁港
天津	25,000	1,500	大沽. 驢駒河. 草頭沽
寧河	22,000	1,200	高沙嶺. 北塘. 蟶頭沽
滄縣	15,055	800	岐口. 馬棚口
鹽山	11,000	500	趙家滿. 徐家堡
豐潤	28,000	700	神堂. 潤河
灤縣	30,000	500	南堡. 北堡
樂亭	25,000	300	石臼坨. 大清河
昌黎	20,000	300	赤羊口. 園林
撫寧	15,000	250	西河南. 洋河口
臨榆	12,000	200	秦皇島
合計	203,055	6,250	

二. 河北省各縣河川漁業狀況

縣名	漁戶數	漁船數	重要漁港
文安	6,000	600	勝芳. 石各莊
大城	5,000	500	合頭窪
霸縣	3,000	200	蘇橋
安新	6,000	400	端村 安新
任邱	7,000	500	白洋淀
雄縣	2,000	300	趙北口
其他各縣		300	
合計	29,000	2,800	

三. 河北省河沼捕魚狀況

品名	漁場	漁期	捕魚數量(斤)
鯉魚	安新. 文安	二月——十一月	2,400,000
鯽魚	任邱. 大城	二月——十一月	3,500,000
青蝦	各沼湖河口	三月——七月 九月——十月	2,000,000
河蟹	〃	七月——十月	1,500,000
江草蝦	〃	三月——六月	200,000
厥魚	〃	三月——六月 八月——十月	250,000
連魚	〃	十一月——三月	1,600,000
白魚	〃	十一月——三月	1,200,000
其他	〃		2,000,000
合計			14,700,000

第四節第一項第二目

山東省漁業統計表

一、山東省漁業統計

縣別	漁戶數	漁民數	漁船數
濰縣	201		29
昌邑	483		146
掖縣	1,000		800
黃縣	240	780	50
招遠	110		48
蓬萊	1,865		1,334
長山八島	5,370		1,510
福山	472		182
煙台		19,600	6,720
牟平		1,300	260
榮城	2,794		1,545
文登	2,895		587
海陽	2,117		346
即墨	2,070		1,620
諸城	2,400		
日照	3,000		
膠縣	880		
無棣 濱縣 利津 霑化		8,000	2,700
廣饒 壽光		2,476	463
青島	4,201	7,123	1,695
威海衛		2,509	634
總計	30,098	41,788	20,660

二、山東省水產額統計

種類	產額 (斤)
石首鯖	19,800,000
鯖魚	4,520,000
大周魚	30,000
鱠魚	34,000
撥尾魚	35,000
鯊魚	480,000
馬鮫魚	2,500,000
敏子魚	600,000
落子魚	900,000
小米古魚	3,800,000
鰲魚	2,000,000
扁口魚	1,500,000
秋刀魚	3,200,000
大口魚	1,800,000
白米魚	780,000
鮭魚	300,000
蟹	85,000
海參	30,000
對蝦	5,500,000
江瑤柱	9,000
雜魚	12,000,000
合計	59,803,000

四、河北省沿海捕魚狀況

品名	漁場	漁期	捕魚數量
對蝦	沿海各縣	三月—五月 八月—十月	15,000,000 尾
蟹	〃	三月—五月	4,000,000 斤
鱠魚	〃	五月—六月	8,000,000 尾
晃蝦	天津、寧河 鹽山、滄縣	二月—四月 八月—九月	200,000 斤
毛蝦	灤縣	四月—五月 八月—九月	80,000,000 〃
黃花魚	沿海各縣	四月—六月	15,000,000 〃
青蛤	豐潤縣	二月—四月	600,000 〃
麻蛤	天津、寧河	二月—五月 九月—十月	3,000,000 〃
海蜇	臨榆、昌黎	八月—十月	8,000,000 〃
刀魚	沿海各縣	全年	4,000,000 〃
沙魚	〃	〃	8,000,000 〃
其他魚類	〃		2,000,000 〃
合計			124,800,000 斤 又 23,000,000 尾

第五節　林産資源

第一項　華北林産概況

華北因無森林資源所需木材胥賴散在各地所生産之樹木該項木材除一部充作採煤用枕木及窑木外並可充作低級土木建築用材包装用材及棺材等至重要資材之木材大部仰給海外輸入及由本國各地運來

七七事変以前華北所需本國木材多運自福建東北各地海外木材則仰給北美南洋及日本等地輸入民國二十五年運入及輸入木材之數量約計140萬石即約388.890噸其用途詳(本項第二目)

七七事変後日寇為暢遂其攫奪主義對華北經濟開發事業日形進展因此需要木材之數量亦顕然増加(見本項第三目)各方均待供給遂感缺乏在此時期除仰給日方木材外别無他策而且正在建設高度國防亦亟需木材且自第二次大战發生後因船舶不足運輸力減退更需要供南洋之需要等種種關係日對華北木材之供給漸薄

其後雖實施所謂造林五年計劃綠化運動等等然十年樹樹談何容易而華北之木材摧殘日盡矣

第一項 第一目

華北現地木材生産表　(單位石)

材種＼年次	民國25年	民國28年
窑木	191.808	162.025
建築材	136.205	105.960
其他	1.600	268
枕木		7.334
小計	329.613	275.587
薪炭用材	943.832	1.133.678
桐材	19.975	19.432
小計	963.807	1.1[illegible].110
合計	1.293.420	1.428.697

註：北支經濟調查所「北支五省主要物資需給供況調查」

石為日制＝83.3方
日制300方＝1立方公尺
1立方公尺＝36石

第一項 第二目

民國二十五年華北輸入木材用途表

用途	數量
枕木	130.000石
建築用材	700.000
傢俱材	150.000
其他	420.000
計	1.400.000

第一項 第三目

華北木材需要量　(民國30年)　(單位万石)

三種材	枕木	120
	電桿	15
	窑木	140
	小計	275
一般材	車輛船舶用	10
	土木建築用	104
	其他	33
	小計	147
合計		422
民需	建築薪炭	150
	總計	572

第五節第一項第四目

華北五省森林面積統計概數

省名	總面積 公畝 千畝	林作地面積 合計 公畝 千畝	合計 對各省總面積 %	森林地 公畝 千畝	森林地 對各省總面積 %	森林地 對各省林作地 %	可能植林地 公畝 千畝	可能植林地 對各省總面積 %	可能植林地 對各省林作地 %
河北省	1,405,260	421,578	30.0	12,647	0.9	3.0	408,931	29.1	97.0
山東省	1,537,110	461,133	30.0	10,760	0.7	2.3	450,373	29.3	97.7
山西省	1,618,420	647,368	40.0	97,105	6.0	15.0	550,263	34.0	85.0
察哈尔	2,588,150	750,564	29.0	15,529	0.6	2.1	735,035	28.4	97.9
綏遠	3,040,580	912,174	30.0	24,325	0.8	2.7	887,849	29.2	97.3
華北五省計	10,189,520	3,192,817	31.3	160,366	1.6	5.0	3,032,451	29.8	95.0

註：公畝 ═══ 0.15 市畝

華北五省樹木種類

山東——馬尾松.黑松.側柏.榆.栗楸.柞椿.楊檜.麻櫟.黄檗.泡桐.胡桃.黄蓮木.槐.白松.梓

河北——桐.馬尾松.黑松.側松.檜槐.榆椿.楊柳.麻櫟.穿天榆.白臘.栗.白松.槐.樺.皂莢.楸椵

山西——馬尾松.黑松.柏.槐.榆.楊柳.栗.檞.雲杉.胡桃.白臘.白楊.青楊.槭.麻櫟.黄蘗.白松

察哈尔——榆.柳.楊

綏遠——榆.柳

第五節第二項

華北木材需給狀況

第二次世界大战以前中日商社存貯木料數量及需要者存貯木料數量為數尚多且輸入亦相當順利頗有供求相衡之勢然而战争發生後由日輸入數量遂頓形減少尤以船舶不足關係既定之木料輸入計劃發生阻碍即以民國三十一年度配定數量而論最初係根據物動計劃分配數量及分配船舶所推定(見本項第一目)但實際未能實行因船舶不足以致民國三十年度分配部分未能輸入者尚有38萬噸之多同時三十一年度分配由船舶輸入者約25萬噸因此三十一年度之所要求完全輸入勢須移歸三十二年度計劃之内而華北木商(輸入組合統制之下)及配給機構之存貯量與民國三十年度三月之71萬石比較三十一年度已減少15200%

為完全達到民國三十一年度華北各種計劃起見木材總需要量為4.282.819石必須由日輸入對一般及民需極度緊縮對於元生產部門加以考慮之節縮最少須絕對確保約70萬噸之分配船舶方能運輸

三十一年度物動計劃船舶分配數量為需要之35%再加以去年度輸入未完部分共需船舶約105萬噸而配定之船舶僅為25萬噸較需要量減少233%不得已祇有輸入東北木材以為對策但用貨車輸送亦有限度終不能緩和供給之迫切總之由是時起華北木材之供求已告破產矣

第五節 第二項 第一目

民國三十年度及三十一年度華北木材分配對照表

資源名	單位	民國30年度	民國31年度	比率
電桿	根	80.000	83.430	104%
窰木	石	842.000	398.080	47%
枕木	根	1.733.600	490.100	29%
一般材	石	5.91.785	175.480	30%

註:民國31年度分配數量為31年5月14日興亞院本院經濟第四課所作

第五節第三項

察綏及晉北偽蒙疆政府時期三十年造林計劃

偽蒙疆林業行政之方針決於其所謂之「林業政策要綱」(民國二十九年)偽林政當局以擬定林業政策要綱之年度為開始年度樹立三十年造林計劃經四十年後始允許開始伐木並擬於七十年後蓄積一億三千四百八十萬平方公尺之森林其價格約值當時偽蒙幣七億三千八百萬元(民國二十九年)由偽蒙疆全地區中劃出三千萬公頃為造林區域更由此造林區域中劃出三百萬公頃為優先造林地分三期九十年完成造林工作其第一期造林計劃即所謂三十年造林計劃佔地約百萬公頃

第一目

預定造林面積表

年度	造林総面積 公頃	官營 公頃	民營 公頃	公司營 公頃	累計 公頃
1—5	50,000	40,000	26,100	23,900	50,000
6—10	166,000	40,000	73,900	52,100	216,000
11—15	196,000	40,000	100,000	56,000	412,000
16—20	196,000	40,000	100,000	56,000	608,000
21—25	196,000	40,000	100,000	56,000	804,000
26—30	196,000	40,000	100,000	56,000	1,000,000
1—30	1,000,000	200,000	300,000	300,000	1,000,000

註：官營造林民國三十四年開始　每公頃＝15市畝

第二目

預定擴充苗圃面積表

年度	苗圃総面積 公頃	官營 公頃	民營 公頃	公司營 公頃	累計 公頃
1—5	1,207	230	486	491	1,207
6—10	3,539	842	1,534	1,163	4,746
11—15	4,195	895	2,050	1,250	8,941
16—20	4,195	895	2,050	1,250	13,136
21—25	4,195	895	2,050	1,250	17,331
26—30	4,195	895	2,050	1,250	21,526
1—30	21,537	4,662	10,210	6,654	21,526

1. 官營苗圃面積每所約佔千公頃設置十所
2. 民營苗圃面積每市縣旗營者約佔5公頃設置60所
   其他民營苗圃面積約佔100公頃
3. 公司營苗圃面積約佔250公頃分為七公司每公司設置一至三所

第六章　華北工業

第一節　動力

第一項　火力發電電力

第一目　戰前華北之電氣事業

七七事變前華北之電氣事業電灯廠計民營者三十四處公營者三處由英美法日等外資成立者七處其投資額計民營為一八,〇一一,八四四元公營為七一,〇〇〇元外資為一〇,八〇〇,〇〇〇元發電總容量為一四五五〇六KW以平津區為中心之河北省佔全容量百分之五十七東省約佔百分之四十山西及其他二省不過佔百分之三佔全發電容量百分之九十七之河北山東兩省電力事業狀況如下

河北省—電灯廠民營者八處公營者二處外資者六處共十六處總投資額二六一一,三二〇元發電容量八一四六二KW

山東省—民營者二十一處公營者一處共二十二處總投資額五,〇七二,七八六發電容量五八四九五KW

此外各場礦自設發電廠計河北省為十四處發電容量為九一一五〇KW山東省為十一處發電容量為五〇三九九KW山西及其他二省約一三九七〇KW

第二目　淪陷期間華北火力發電之發展概況

民國二十八年日人之興亞院華北連絡部為期華北電氣事業之統一決定將華商電灯公司天津電業公司冀東電業公司三電氣事業公司歸併設立華北電業股份有限公司該公司於二十一年正式成立資本金一億元由中日合辦以供給平津冀東地區之電灯電力為第一期目標同年二月一日開始統制全華北之發送電事業同時施行既設發電廠之整備及新發電廠之建設工作並更改訂統一電費規正價費以確保電力之供給

民國三十年十二月將徐州開封石门太原等地軍管理之電廠解除管理實行歸併增加資本二百五十萬元積極擴充

太平洋戰起日人在華北之重工業飛躍發展故增電力之需要愈益增加故關於發電輸電事業更為積極華北電業公司於三十一年四月將膠澳電氣濟南電力芝罘電業實行歸併資本金增為一億一千九百萬元七月為擴充事業起見又將資本增為一億七千七百萬元九月接受委託經營軍管理之前美商北京電灯公司後又整頓及新設發電廠約三十餘處日人曾樹立第一次及第二次兩五年水火力發電計畫但因日寇戰事之不利一切器材斷絕故完成者寥寥水力發電除拒馬河紫荊關發電廠之土木工事完成三分之一外並無其他建設

第三目　勝利前華北火力發電狀況

一. 華北電業公司發電設備一覽表

地區	發電廠名	設備容量 K.W.	可能發電量 K.W.	鍋爐 種類	鍋爐 蒸發量T/h	鍋爐 座數	原動機 種類	原動機 容量KW	原動機 台數	發電機 種類	發電機 容量K.W	發電機 電压V	發電機 周波数	發電機 台数
北平	北平	30,000	21000	竪型水管式	40	2	STEAM TURBINE	15000	1	3φ A.C.	15000	6500	50	1
				日立製鉄の罐型水管式	41	1	〃	10000	1	〃	10000	6500	50	1
				Bd W Co 横水管式	9	6	〃	5000	1	〃	5000	5000	50	1
				Bd.W Co. 〃	5	4				〃				
	密雲	750	600	Bd. W Co WIF型	36	2	〃	950	1	〃	750	3300	50	1
天津	天津第一	30,000	27000	Bd W Co. CTM〃	80	3	〃	5000	2	〃	15000	5500	50	2
	天津第二	7,000	4000	Bd W Co. WIF〃	71	1	〃	1000	1	〃	1000	5500	50	1
				Bd W Co CTM〃	13.6 18.2	1 1	〃	1000	1	〃	1000	5500	50	1
				Bd W Co WIF〃	12.2	1	〃	2500	2	〃	2500	6500	50	2
	天津第三	20,400	15000	水管式	7.5 6.5	2 2	〃	3000	1	〃	3000	5000	50	1
				〃	6.5 7	2 2	〃	3000	1	〃	3000	1000	50	1
				竪型水管式	27 25	2 2	〃	6000	1	〃	6000	5000	50	1
				Bd W Co WIF型	7.5	2	〃	7500	1	〃	7600	5000	50	1
	滬縣	192	120		1.5	1	STEAM ENGINE	172	1	〃	172	3300	50	1
唐山	唐山	25,000	15000	Bd W Co CTM型	70	2	STEAM TURBINE	10000	1	〃	10000	6600	50	1
							〃	15000	1	〃	15000	6600	50	1
	秦皇島	2,000	1200		20	2	〃	500	1	〃	500	2300	50	1
				Bd W Co WIF型	55	3		1500	1	〃	1500	3300	50	1
	灤縣	100	50	火管式	1.5	1	STEAM ENGINE	100	1	〃	100	3300	50	1
	四方	35,000	15000	Bd W Co CTM型	40	4	STEAM TURBINE	15000	2	〃	15000	11000	50	2
				Bd W Co WIF〃	15	2		5000	1	〃	5000	3300	50	1

華北電業公司發電設備一覽表

地區	發電廠名	設備容量KW.	可能發電量KW	鍋爐 種類	蒸發量T/H	座數	原動機 種類	容量KW.	架數	發電機 種類	容量KW.	電壓V	周波數	架數
青島	高密	95	65				STEAM ENGINE	35	1	3φ	35	2200	50	1
						1		60	1	A.C.	60	2300	50	1
	坊子	3,600	1500	Bd W Co	8	2	STEAM TURBINE							
				〃	20									
					12	1		1600	2	〃	1500	3300	50	2
	益都	90	60	火管式			STEAM ENGINE	40	1	〃	40	400	50	1
						2	STEAM TURBINE	50	1		50	200	60	1
濟南	濟南	18,400	8000	Bd W Co CTM型	24	2	STEAM TURBINE	7500	1		7500	5500	50	1
				Bd W Co WIF〃	12	2	〃	5000	1	〃	5000	6600	50	1
					8	1								
				〃 〃	6	1	〃	1600	2		1600	2200	50	2
				〃 〃	6	2	〃	1200	1	〃	1200	3300	50	1
							〃	1000	1		1000	5500	50	1
							〃	500	1	〃	500	2200	50	1
	德縣	360	200		4	1	STEAM ENGINE	120	2		120	2300	60	2
					0.6	1	〃	120	1	〃	120	2300	60	1
	平原	33	20	機車鍋爐	0.6 0.5		〃	50	1	〃	33	1000	50	1
	臨清	75	60	〃	0.8	1	〃	80	1	〃	75	400	50	1
	泰安	120	80	Bd W Co WIF型	2.2	1	〃	48	1		40	2300	60	1
				〃 CTM〃	2.1	1	〃	97	1	〃	80	2300	50	1
	華豐	1200	800	Bd W Co WIF型	5.0	1	STEAM TURBINE							
				〃 〃	7.0	1								
				〃 〃	8.0	1		1200	1	〃	1200	2300	50	1
	兗州	150	100	Bd W Co. WIF型	2.5	1								
					1.6	1	〃	97	2	〃	75	220	60	2
博山	博山	13000	10000	Bd W Co WIF型	12	2	〃	5000	2		5000	3300	60	2
				〃 〃	30	2	〃	3000	2	〃	3000	3300	60	1
	南定	800	300	橫水管式	10	1		1000						
				〃	6	1	〃		1	〃	800	3300	〃	1
芝罘	芝罘	3,750	2000	Bd W Co. CTM型	11	1	〃	1600	1		1000	3300	〃	1
				〃 WIF〃	9	1	〃	1600	1	〃	1600	3300	〃	1
				〃 〃	4	1	STEAM ENGINE	500	1		500	〃	〃	1
				〃 〃	13	3	〃	150	1	〃	150	〃	〃	1
								100	1		100			
	龍口	288	100			1	〃	100	1	〃	100	3300	50	1
石門	石門	2000	2000	Bd W Co WIF型	7.1	2		2600	1	〃	2000	〃	60	1
	保定	2355	1500	〃 〃	5.5	2	STEAM TURBINE	1000	1		1000	〃	60	1
				〃 〃	6.5	1	〃	880	1	〃	880	2300	50	
					3	1		300	1		300	〃	50	1
				〃 〃	2.5	1	〃	175	1	〃	175	〃	60	1
	微水	5,000	4000	Bd W Co WIF型	11.3 9.9 11.4	1 1 1	〃	5000	1	〃	5000	3300	60	1
	易縣	2,000	1000	Bd W Co	9	3	〃	2000	1	〃	2000	6200	60	1

華北電業公司發電設備一覽表

地區	發電廠名	設備容量 KW	可能發電量 KW	鍋爐 種類	鍋爐 蒸發量T/H	鍋爐 座數	原動機 種類	原動機 容量KW	原動機 架數	發電機 種類	發電機 容量 KW	發電機 電壓V	發電機 周波數	發電機 架數
	順德	188	150	Bd W co	4	2	STEAM ENGINE	224	1	3φ	128	2300	50	
									1	A.C.	60	2300	〃	1
	邯鄲	330	200	Bd W co WIF型	7.6	2	〃	410	1	〃	330	5500	50	1
	彰德	368	200				STEAM TURBINE	270	1	〃	268	2300	60	1
				Bd W co WIF〃	6	2	〃	125	1		100	2300	〃	1
	磁縣	5000	3000		11.3	1								
					9.7	1								
				Bd W co WIF〃	11.4	1	〃	5000	1	〃	5000	3300	50	1
開封	開封	2,535	1500	Bd W co	8.2	2	〃	2000	1		2000	3300	60	1
				Bd W co CT	5.9	1	STEAM ENGINE	375	1	〃	375	〃	50	1
				——	2.1	2	〃	100	1		100	〃	60	1
				Bd. W co FW	1.4	1	〃	60	1	〃	60	7	50	1
	新鄉	2000	800				STEAM TURBINE	1000	1		1000	3300	50	1
				——	7	2	〃	1000	1	〃	1000	〃	60	1
	商邱	875	600	Bd. W co CTM	1.5	1	STEAM ENGINE	145	1		145	〃	50	1
				Bd. W co WIF	3.6	2	〃	750	1	〃	750	〃	50	1
太原	太原城內	1,150	1000	Bd. W co WIF	11.2	1								
					3.2	1	STEAM TURBINE	1150	1	〃	1150	2300	50	1
				Bd. W. co WIF	6.1	1								
				——	15.0	1								
	太原城外	8200	4500	Bd. W. co. WIF	17.0	2	STEAM TURBINE	4200	1		4200	2300	50~60	1
				——	7.6	2	〃	1200	1	〃	1200	〃	66	1
				——	15	1	〃	3000	1	〃	3000	〃	60	1
	太谷	80	20		0.4	2	STEAM ENGINE	60	1		50	240	D.C.	1
					0.2	1	〃	30	1	〃	30	〃	D.C.	1
	忻縣	24	26	——	0.3	1	〃	26	1		26	220	50	1
				Bd W co WIF	0.2	1	〃	18	1	〃	18	230	50	1
	潞安	300	220		6.5	1		300	1	〃	300	3300	50	1
	臨汾	214	180		1.7	1		198	1		166	220	50	1
					0.5	1		57	1	〃	48	400	50	1
	運城	232	215	Bd. W co. WIF	2.7	2		232	1	〃	232	2300	60	1
	陽泉	3,150	2500	Bd. W co 〃	3.2	2		630	1		650	3300	60	1
				〃 〃	7.8	3		2500	1	〃	2500	7	〃	1
	汾陽	300	240	——	3.5	1	STEAM TURBINE	300	1	〃	300	2300	60	1
合計	44廠	228324	145716											

二. 華北電業公司變壓設備表

地區	變壓所	所址	容量 K.V.A.	電壓器 單位容量 K.V.A	電壓V 一次	電壓V 二次	電壓V 三次	相	周波數 CYCLE	架數 常用	架數 預備	製造廠	裝置年月
北平	東城		9000	3000	30000	6000		1	50	3		明電舍	32-12
	南苑		15000	5000	77000	33000		1	〃	6	1	芝浦	31-12
	前門	內二區順城街	15600	2600	33000	3300		1	〃	6	1	M. V.	光緒32
	北城	內五區	9000	2000	33000	3300		1	〃	3	1	AEG	22-9
				1000	33000	3300		1	〃	3		AEG	
	西城	內二區花園宮	9000	1000	33000	3300		1	〃	3	1	三菱	30-12
	青龍橋	西郊青龍橋	2000	2000	33000	5250		3	〃	1		AEG	22-3
	門頭溝	東站路	100	100	33000	5250		3	〃	1			
	中興	圍門外	200	200	33000	5250		3	〃	1			
		圍門內	300	300	33000	5250		3	〃	1			
	豐台	豐台縣	1500	500	33000	3300		1	〃	3		大阪變壓器	27-11
	長辛店		2000	2000	33000	5250		3	〃	1		AEG	27-10
天津	裕豐紡	天津市第十二區	6000	6000	22000	3300		3	〃	1		AEG	32-3
	利用造紙	天津縣高莊子	150	50	23000	5250		1	〃	3	1	日立	
	特一區	天津市特一區	4500	1500	22000	5500		1	〃	3	1	日立	26-11
	河北	天津市河北	3000	1000	22000	5500		1	〃	3		日立	29-7
	楊柳青	天津縣楊柳青	300	100	22000	5250		1	〃	3		日立	30-6
	興亞化學	天津市鄭家莊	450	50	22000	5250		1	〃	3		日立	30-8
				100	22000	5250		1	〃	3		日立	
	張貴莊	天津市張貴莊	450	50	22000	5250		1	〃	3		日立	
				100	22000	5250		1	〃	3		日立	
	軍糧城	寧河縣軍糧城	1500	500	22000	3300		1	〃	3		小島	
	塘沽		11500	5500	77000	33000		1	〃	3		芝浦	30-11
唐山	北戴河		450	150	22000	3300		1	〃	3			30-10
	溝東	唐山市內	4350	2500	33000	3300		1	〃	2	1	三菱	
	山海關	山海關	1500	500	22000	3300		1	〃	3		大阪變壓器	
	昌黎	昌黎縣	450	150	22000	3300		1	〃	3			

變壓設備表

地區	變壓所	所址	容量 KVA	變壓器									
				單位容量 KVA	電壓 一次	電壓 二次	電壓 三次	相	周波數 CYCLE	架數 常用	架數 預備	製造廠	裝置年月
青島	廣州路	青島廣州路	6664	600	22000	3300V		1	60	2			
				1875	11000	〃		1	〃	3	1		26
	台東鎮	青島市内台東鎮	7339	700	11000	〃		1	〃	7	2		27
					22200	〃		1	〃	2			31-3
	李村	青島市李村	21000	350	11000	〃		1	〃	6	2		29
	滄口	青島市滄口	5625	1875	11000	〃		1	〃	3	1		25-5
	白沙河	青島市白沙河	1060	350	11000	〃		1	〃	3			28
	黄埠	青島市黄埠	1060	382	11000	〃		1	〃	3			31-3
	坊子	山東濰縣坊子	260	150	11000	〃		1	〃	2		川北電氣	
	大日本行	青島市	6000	2000	22000	〃		1	〃	3			
博山	張店	山東省張店	520	300	22000	〃		1	〃	2		川北變压器	28-9
	金嶺鎮	山東張店縣金嶺鎮	520	300	22000	〃		1	〃	2		芝浦	
	淄川	山東博山	6928	8000	22000	〃		1	〃	2	1	芝浦	32
	奧亞一坑	山東博山	1500	500	22000	〃		1	〃	3		奧村電机	30-4
	奧亞二坑	山東博山	40	40	22000	〃		1	〃	1			
	黑山	山東博山	520	300	22000	〃		1	〃	2		奧村電机	30-4
	萬山	山東博山	866	500	22000	〃		1	〃	2			
	西河	山東博山	1732	1000	22000	〃		1	〃	2	2		
	山東電化	山東博山	1732	1000	22000	〃		1	〃	2			
	張店製鋁廠	山東淄川縣	520	300	22000	〃		1	〃	2		大阪變压器	33-1
	總計		142,266										

三. 華北電業公司輸電綫路一覽表

綫路名	送受地點		電圧KV	距離(m)	回線數	回線長度(m)
南苑天津輸電綫	南苑变压所	天津發電廠	77	114400	1	114400
天津塘沽輸電綫	天津發電廠	塘沽变压所	77	39200	1	39200
唐山塘沽輸電綫	唐山發電廠	塘沽变压所	77	71200	1	71200
北平南苑輸電綫	北平發電廠	南苑变压所	77	23320	2	46600
共計				968120		271440

地區	電壓(KV)	線長(m)
北平分公司	33	327651
天津分公司	22	232574
	33	39154
唐山分公司	33	24528
	22	137660
博山分公司	22	276874
青島區	20	184218
	10	30502

地區	電壓(KV)	線長(m)
濟南分公司	33	104314
太原分公司	33	22878
石門分公司	33	20600

四. 華北電業公司各電廠發電實況表(三十四年四月調查)

地區	發電廠名	月發電量KWH	最大發電量KW	月煤消費量(T)	單位消費量KG/KWH	發電時間
北平	北平	5,517,350	21,000	10,510.0	1.9	連續
	密雲	140,710	420	886.0	6.3	〃 〃
天津	天津第一	11,272,000	25,650	10,110.0	0.9	〃 〃
	天津第二	1,733,000	3,800	2,756.0	1.7	〃 〃
	天津第三	4,517,825	11,770	7,341.0	1.6	〃 〃
	滄縣	3,116	118	115.0	3.6	—
唐山	唐山	4,644,020	21,000	6,545.6	1.6	〃
	秦皇島	196,080	780	1,276.0	6.5	〃
	灤縣	—	—	—	—	—
青島	四方	5,834,500	12,800	9,518.0	1.6	〃
	高密	7,150	30	109.0	15.3	—
	坊子	—	—	—	—	—
	益都	25,290	59	137.0	13.1	12小時
濟南	濟南	3,174,760	7,020	5,180.0	1.46	連續
	德縣	33,516	90	230.0	6.9	
	平原	1,195	30	29.0	24.3	
	臨清	10,717	44	—	—	12小時
	泰安	22,317	90	219	9.8	
	華豐					
	兗州	17,960	72	173.6	7.7	12小時
博山	博山	3,001,000	6,800	4,140.0	1.68	連續
	南定	—	—	—	—	—
芝罘	芝罘	440,695	2,100	839	1.9	連續
	龍口	20,153	77	175	8.7	12小時

華北電業公司各電廠發電實況表（三十四年四月調查）

地區	發電廠名	月發電量KWH	最大發電量KW	煤消費量(T)	單位消費量 瓩/KWH	發電時間
石門	石門	456,100	1350	1,503,0	3,25	連續
	保定	373,550	1170	1,825	4,88	〃 〃
	微水					試發
	易縣					
	順德	40,127	172	445,5	11,2	12小時
	邯鄲	54,861	264	803	14,7	11小時
	彰德	40,710	220	622,8	12,8	
	磁縣	664,400	1300	1,461,9	2,21	連續
開封	開封	125,770	300	1,738,5	12,8	〃 〃
	新鄉	62,100	230	732,0	11,7	〃 〃
	商邱	178,247	610	1,002,0	7,1	〃 〃
太原	太原城內	343,640	890	1,230,0	3,58	〃 〃
	太原城外	1927,587	4,610	3,178,0	1,66	〃 〃
	太谷	4,676	15	255,0	55,7	7小時
	忻縣	12,390	70	145,0	11,7	7小時
	潞安					
	臨汾	40,709	191	126,0	3,09	12小時
	運城	—	—	—	—	—
	陽泉	875,450	1,890	1,801,0	2,01	連續
	汾陽	—	—	—	—	—

II）蒙疆電業發電輸電變壓設備概況表

一、發電設備表

廠名	發電設備容量	備考
口泉發電廠	11000 KW	1000KW(2) 3500KW(1) 2000KW(2) 1500KW(1)
下花園發電廠	15000 KW	1000KW(2) 1500KW(2) 1000KW(1)
張家口發電廠	2280 KW	1000KW(1) 1200KW(1)
豐鎮發電廠	400 KW	400KW(1)
包頭發電廠	1000 KW	1000KW(1)
厚和發電廠	1000 KW	1000KW(1)
平地泉發電廠	500 KW	500KW(1)
大同城北發電廠	400 KW	200KW(2)
大同發電廠	15000 KW	15000KW(1)
薩拉齊	340 KW	100KW(1) 240KW(1)
合計	46920 KW	

二、變壓設備表

區別	容量
宣化變壓廠	350 KVA×3
城北變壓廠	1000 KVA×4 1000 KVA×3
口泉變壓廠	7500 KVA×4
	3000 KVA×4
鷲毛口變壓廠	2000 KVA×4
石拐子變壓廠	1000 KVA×4
應家堡變壓廠	2500 KVA×4
合計	72050 KVA

三、輸電設備表

區別	電壓	線長
口泉城北輸電線	22 KV	23.2 KM
下花園宣化輸電線	33 KV	27.3 KM
宣化張家口輸電線	33 KV	25.6 KM
口泉鷲毛口輸電線	44 KV	18.6 KM
包頭石拐子輸電線	33 KV	27.2 KM
大同口泉輸電線	77 KV	18 KM
下花園應家堡輸電線	77 KV	35 KM
合計		179.7 KM

華北煤礦自設發電廠設備概况及總容量表

廠名	省別	原動机種類	發電机 種類	發電机 容量 KW	發電机 電圧 V	發電机 回轉数 R.P.M	發電机 周波数 CYCLE	架数 常用	架数 預備	設備総容量 KW
長城	河北省	STEAM TURBINE	3φ A.C.	750 750	3000 3000	3600 3600	60 60	1	1	1500
柳江	〃	STEAM TURBINE	〃 〃	1860KVA 1560KVA	2300 2300	1200 3600	60 60	1 1		3160
開灤	〃	〃	〃 〃	11000 6000	2200	1500	25	1 2		29000
林西	〃		〃	3000					2	
唐山	〃	STEAM ENGINE	〃	1040	2200	1260	25	1	2	3120
秦皇島	〃	STEAM TURBINE	〃	1000	3150	3000	50	2		2000
中英	〃	STEAM TURBINE	〃 〃	750 750	6250	3000 3000	50 50	1	1	1500
井陘	〃	STEAM ENGINE	〃 〃	72 155	2360 〃	257 360	60 60	2 1	1	299
正豐	〃	STEAM TURBINE	〃 〃	240 1500	5000 3300	125 3000	50 50	1		1740
磁縣	〃	STEAM ENGINE	〃	200	3500	320	60~50	1		200
六河溝	〃	STEAM TURBINE 〃 ENGINE	〃 〃	1000 1000	3300 2200	3000 108	50 25	1	1	2000
焦作	〃	STEAM TURBINE	〃	350 750	3000 2200	375 3000	50 〃	1 1		1100
陽泉	山西省	STEAM ENGINE	〃 〃 〃 D.C. D.C.	45 15 50 4 2	480 240 240 110 125	1280 1200 300 1350 850	60 60 60	1 1 1 1 1		116
西山	山西省	S.E.	D.C. 3φA.C.	27 100	220 2300	600 225	D.C. 60	1 1		127
博山	山東省	S.T.	3φ A.C. 〃	1000 400 300	2300 2300 2300	1000 375 375	50 50 50	1 1 1		1700
淄川	山東省	S.T.	3φA.C. 〃 〃	1000 5000 8000	3000 3600 3000	3000 3000 3000	50 50 25	2 1 1		15000
章邱	山東省	S.E. S.T. S.T.		320 1000 1250	2300 2300 3000	375 1000 3000	50 50 50	1 1 1		2570
赤柴	山東省	不明	D.C.	125	220	2000	D.C.	1		125
樫德鎮	山東省	S.T.	3φ A.C.	1000	3300		50	1		1000
中央	山東省	S.T. S.E.	3φ A.C.	1600 720	3000 3000	3000 125	50 50	1	1 1	4640
合計 19廠										70887

紡織廠自設發電廠設備概況及總容量表

廠名	省別	原動機種類	發電機 種類	容量 KW	電壓 V	回轉數 R.P.M	周波數 CYCLE	架數 常用	架數 預備	設備總產量 KW
恒源紡績	河北	STEAM TURBINE	3φ A.C.	2000	600	3600	60	1		4000
			〃	1250	600	〃	〃		1	
		〃	〃	750	600	〃	〃		1	
北洋紡績	河北	〃	〃	800	600	3600	60		1	3800
			〃	1000	600	3600	60	1		
			〃	2000	600	3600	60	1		
天津紡績（第一第二）	〃	〃	〃	3000	600	3000	50	1		7400
			〃	1500	600	3000	50		1	
			〃	1400	600	3000	50		1	
			〃	750	600	3000	50		2	
裕豐紡績	〃	〃	〃	2800	3300	3000	50	2		5600
鐘紡公大第六	〃	〃	〃	1250	600	3600	60	1		2850
				800	600	3600	60	2		
（第一）（第二）	〃	〃	〃	2500	3300	3600	60	1		2500
鐘紡公大第七	〃	〃	〃	5000	600	3600	60	1		5000
石門大興紡廠	〃	〃		1500	600	3600	60	1		1530
				30	600	3600			1	
魯豐紡廠	山東省	STEAM ENGINE	3φ A.C.	25	675	220	60	1		3800
			〃	22	600	220	60	1		
			〃	9	525	110	60	1		
			〃	9	〃	110	60		1	65
成通紡廠	山東省	STEAM TURBINE	〃	2000	600	1000	50	1		2000
仁豐紡廠	〃	〃	〃	1000	545	1000	50	1		1000
國光紡績	〃	〃		1875	600	3000	50	1		1875
公大第五	〃	〃		4000	3000	3000	50	1		4000
大日本紡績（青島）	〃			8000	3300	3000	50	1		11700
				2500	3300	〃	50		1	
				1250	3350	〃	50		1	
內外棉紡（青島）	〃			2500	3150	〃	50	1		7500
				5000	3150	〃	50		1	
上海紡績（青島）	〃			2000	3150	3000	50		1	5000
				3000	〃	〃	50	1		
新絳紡績	山西省			1000	3500	3000	60	1		1000
竹縣染織廠	〃	STEAM ENGINE		230	400	151	60	1		230
合計	19廠									70,850

1

其他礦廠自設發電廠設備概況及總容量表

廠名	省別	原動機種類	發電機					臺數		設備總容量
			種類	容量 KW	電壓 V	回轉數 R.P.M.	周波數 CYCLE	常用	預備	
石景山製鐵	河北省	STEAM ENGINE	3φA.C.	250	250	150	60	1	1	600
太原鐵廠	山西省	STEAM TURBINE	3φA.C.	5000	2300	3600	60	1	1	10000
陽泉鐵廠	〃	STEAM ENGINE	〃 〃	60 75	200 200	1200 720	〃 〃	1 1		135
招遠礦山	山東省	〃 〃	〃	64 56		395 753	〃 〃	1 1		120
啟新洋灰	河北省	STEAM TURBINE	〃	8000 4800 1120	2200 〃 〃	1500~3000 3000 1500	25 〃 〃	1 1	1 1	13920
東洋化學	〃	〃	〃	700 700	3300 3300	3600 〃	60 〃	1 1		1500
				100	600	1200	〃		1	
渤海拓記化學	〃	〃		120 160	400 〃	750 375	50 〃	1	1	260
全記化學	〃	STEAM ENGINE	D.C.	24	110	1200	D.C.	1		24
長蘆鹽務		〃	3φ A.C.	20	400~230	150	50	1		20
華北鹽業(黃沽)	〃	〃	3φA.C.	48	200	428	50	1	1	96
大清化學工業	〃	Gas ENGINE		7	230	1750		1		7
石門煤炭	〃	STEAM ENGINE	D.C.	20	230	730	D.C.	1		20
東洋製紙	〃	〃	3φA.C.	2500	3300	3000	50	1		2500
永利化學工廠	〃	〃	〃	1000 500	440 〃	225 160	60 〃	1 1		2100
				300	〃	180	〃	2		
石門製粉	〃	〃	〃	15	240	1800	60	1		15
保定福和製粉	〃	〃	〃	6	230	1500	50	1		6
保定乾義製粉	〃	〃	D.C.	8.2	115	720	D.C.	1		8.2
邯鄲製粉	〃	〃	3φA.C. D.C.	5.6 5.2	400 125	1500 1700	50 D.C.	1 1		10.8
彰德軍管第四廠	〃	〃	3φA.C.	5	220	1500	50	1		5
彰德軍管第六廠	〃	〃	D.C.	4	110	1400	D.C.	1		4
彰德軍管第三廠	〃	〃	D.C.	20	230	850	D.C.	1		20
大和恒製粉	〃	〃	3φA.C. 3φA.C.	10 20	400 115	1500 〃	50 〃	1 1		30
彰德松本製粉	〃	〃	D.C.	45	220	〃	D.C.	1		45
新鄉軍管第八廠	河南省	〃	D.C. 〃	24 24	115 110	875 1500	D.C. D.C.	1 1		98
			D.C. 3φA.C.	5 45	125 240	1200 1800	D.C. 60	1 1		
開封軍管第九廠	〃	〃	D.C. 3φA.C.	12 4.5	115 240	1000 1500	D.C. 60	1 1		16.5

其他礦廠自設發電廠設備概況及總容量表

廠名	省别	原動機種類	發電機							設備總容量 KW
			種類	容量 KW	電壓 V	回轉數 R.P.M.	周波數 cycle	台數 常用	台數 預備	
開封[illegible]廠	〃	Steam Engine	D.C.	16	230	1050	D.C.	1		16
〃〃〃大廠		〃	〃	8	220	1700	〃	1		8
		〃	D.C.	24		1000	D.C.	1		24
華北車輛山海関	河北省	〃	D.C. D.C.	220 110	220 220	450 435	D.C.	1	1	330
華北車輛青島	山東省	〃	D.C.	250	230	375	D.C.	1	1	500
磁縣採礦	〃		D.C.	4		1400	D.C.	1		4
			D.C.	13		1700			1	13
大沽造船廠	〃	〃	3φA.C. D.C.	30 45	230-400 290	1000 600-618	50	1 1		115
			D.C.	20	290	500-600		1		
耀華玻璃廠	〃	〃	D.C. D.C.	175 75	500-550 480			1 2		325
頤中公司	山東省	〃	D.C. D.C.	235 30	235 235	375 625		2 1	1	750
東亞蛋業	山東省		3φA.C.	125	240	1000	—	2		250
合計 36廠										33782.5

華北交通自設發電廠設備概況及總容量表

廠名	省別	原動機種類	發電機 種類	容量 KW	電壓 V	回轉數 R.P.M.	周波數 CYCLE	架數 常用	架數 預備	設備總產量
海濱	河北	STEAM ENGINE	3φ AC D. C.	100 24.4	2300 220	600	50	1		126.4
北站	〃	〃	D. C.	54	230	350		2	1	162
楊村	〃	〃	3φ AC.	2	220	1500		1		2
黃村	〃	〃	D. C.	5	220	1800		1		5
廊坊	〃	〃	3φ AC	6	220	750	50	1		5
唐官屯	〃	〃	D. C.	5	220	1800		1		5
滄縣	〃	〃	3φ AC.	30	220	750	50	1		30
泊頭	〃	〃	〃	6	220		50	1		6
唐山鉄工廠	〃	〃	D. C.	11.5 8.2 9.7 14.9 17.5 111.0 220.0 510.0				1 1 1 1 1 1 1 1		902.8
長辛店鉄工廠	〃	〃	D. C. D. C. D. C. D. C.	10 40 60 220	250 120 250 110	440 430 500		4 1 1 1		330
長辛店	〃	〃		3				1		3
豐台	〃	〃		15				1		15
車[illegible]	〃	〃		20				2		40
高碑店	〃	〃	3φ A.C.	10	220	1800	60	1		10
定縣	〃	〃	〃	10	〃	1800		1		10
高邑	〃	〃	〃	10	〃	750		1		10
衡水	〃	〃	〃	32	220	1500		1		32
禹城	山東	〃	〃	5	〃	〃		1		5
大汶口	〃	〃	D. C.	5	〃	〃		1		5
張店	〃	〃	3φ AC	100 100	3300 3300	600 〃		1	1	200
坊子	〃	〃	3φ AC.	170 170	3300 3300	150 〃	50 〃	1	1	340
濟南鉄路	〃	〃	D. C. D. C.	200 200	200 200	150 〃		1 1		500
		〃	D. C.	100	200	150		1		
臨城	〃	〃	3φ AC.	48	220	1000	50	1		48
壤廣	〃	〃	A. C.	6	220			1		10

華北交通自設發電廠設備概況及總容量表

廠名	省別	原動機種類	發電機							設備總產量
			種類	容量 KW	電壓 V	回轉数 R.P.M.	周波数 CYCLE	台数 常用	台数 預備	
新鄉	河南省	STEAM ENGINE	1φAC	15	220	1500	50	1		15
寧武	山西省	〃	3φAC	30	〃	1000	〃	1		30
臨汾	〃	〃	〃	15	〃	1500	〃	1		15
運城	〃	〃	〃	30	〃	1000	〃	1		30
芦家莊	〃	〃	〃	3	〃	1500	〃	1		3
坡頭	〃	〃	〃	2	〃	〃	〃	1		2
靈石	〃	〃	〃	2	〃	〃	〃	1		2
娘子關	〃	〃	〃	5	〃	〃	〃	1		5
岩倉	〃	〃	〃	3	〃	〃	〃	1		3
陽泉	〃	〃	D.C.	19.2	125	1700		1		19.2
太原	〃	〃	〃	60	130				1	60
合計 35廠										3049.4

第四目　日人之華北及蒙疆五年發電變壓及輸電計劃

華北五年發電計劃

地區別 \ 年度別	三十年度可能發電量	第一次五年計劃 (KW)					合計
		三十一年	三十二年	三十三年	三十四年	三十五年	
京津冀東	72.066	唐山豐潤 10.750	北平唐山 50,000	唐山 15,000	唐山 25,000	唐山 25,000	126,750
石門	2.848	陽泉井陘 3.500	微水 6,000	微水 6,000	微水 10,000	—	23.500
太原	7.625	太原汾陽 4.300	太原 15,000	太原 6,000	太原 26,000	太原 25000	74,300
磁縣	570	磁縣 5,000	—	磁縣 5,000	—	磁縣 10,000	20,000
開封	1.840	新鄉焦作 2.200	開封 1,600	平北 5.000	平北 5,000	—	13.800
徐州	600	柳泉 1.250	柳泉 5,000	—	柳泉 5,000	—	11,250
海州	650	海州 1,600	海州 3.000	海州 5,000	—	海州 5,000	14,600
濟南淄博	12.880	博山華豐 6.200	博山 16.500	[illegible] 23.000	博山 16,500	明水 16,500	78.700
青島	30.000	青島 5.060	—	—	青島 25.000	—	30.060
芝罘	3.000	龍口 1,200	芝罘 3,000	—	龍口芝罘 5,000	—	7.200
其他	2.750	1,090	3.000	—	—	1,500	5,590
小計	165,000	42,150	102,100	63,000	116,500	83,000	406,950

Ⅱ.變壓計劃表

電壓(KV)	各年落成容量					單位(KVA)
	三十一年	三十二年	三十三年	三十四年	三十五年	計
140				30.000	30.000	60.000
70	24,000	30,000	67,000	15,000		136,000
30	65.000	178.000	175.000	96.000	139.000	648.000
計	87,000	208.000	242.000	136.000	169.000	844,000

Ⅲ.輸電計劃表

(單位線長KM)

電壓＼年度表別	三十一年	三十二年	三十三年	三十四年	三十五年	三十六年	計
140KV				180			180
70KV	235	120	340			300	995
30KV	450	455	360	340	335	400	2.340
計	685	575	700	520	335	700	3.515

Ⅳ. 主要變壓計劃

地區	地點	落成年度	電壓(KV)	容量(KVA)
平津冀東	唐山	31	70	15,000
	羅家屯	31	70	3,000
	塘沽	31	70	3,000
	古冶	31	70	3,000
	南苑	32	70	30,000
	唐山	34	140	30,000
	天津	34		30,000
	秦皇島	34	70	3,000
	遵化	34	70	6,000
	南苑	34	70	30,000
	天津	35	140	30,000
	南苑	36	70	45,000
石太	石門	34	70	9,000
	陽泉	34	70	15,000
山東	濟南	33	70	15,000
	章邱	33	70	3,000
	博山	33	70	10,000
蒙疆	宣化	31	70	3,000
	龐家堡	31	70	7,500
	口泉	31	70	22,500
	雁崖	32	70	7,000
	張家口	32	70	6,000
	口泉	32	70	6,000

主要輸電計劃

地區	區間	落成年度	電壓(KV)	回數	線長KM.
平津冀東	唐山—灤縣—羅家屯	31	70	1	110
	唐山——塘沽	31	70	1	90
	北平——南苑	31	70	2	35
	唐山——天津	34	140	1	100
	羅家屯——遵化	33	70	1	60
	灤縣——秦皇島	33	70	1	70
	羅家屯——唐山	34	140	1	80
石太	微水——陽泉	32	70	1	70
	微水——石門	32	70	1	50
豫北	運城——三門峽	33	70	1	60
山東	博山—淄川—濟南	33	70	1	150
蒙疆	下花園——龐家堡	31	70	2	35
	大同——口泉	31	70	2	17
	口泉——雁崖	32	70	1	15
	下花園——張家口	32	70	1	85

Ⅴ. 自設電廠發電計劃

地區	地點	業種	發電量(KW)	落成年度
平津冀東	瑠璃河	洋灰	3000	31
	塘沽天津	製鉄	20,000	34
	塘沽	曹達	10,000	34
石太	太原	硫安	8,000	34
山東	萊蕪	煤	2,000	31
	赤柴(樓德)	〃	2,000	31
	中興	〃	4000	33
	張店	洋灰	3,000	35
合計			62,000	

第二項　日人之華北十年水力火力發電計劃

第一目　總論

太平洋戰與日人對華北之地位更形重視蓋日人深知太平洋戰爭亦即資源獲得之經濟戰爭故竭力開發華北之豐富資源欲於十年內使華北各種生產最低限度亦在下表所列之上：

產物	年產量
煤	一億噸
鐵	五千萬噸
鹽	二百五十萬噸
曹達及曹達灰	九十萬噸
阿爾米納	十六萬噸
鋁	五萬噸
人造石油	九十萬噸
炭化鈣	三十萬噸
洋灰	二百四十萬噸
棉花	一千萬噸
硫安	六十萬噸

其他有機合成物及農產品(食糧)需達自足程度

上列產業之生產十年內最少亦需3,000,000KW之發電設備能力計火力發電約1,300,000KW水力發電約1,700,000KW當時民國(三十年)華北之發電設備能力僅為248000KW全年發電量約為十億KWH故日於達成其生產計劃及樹立華北十年水力火力發電計劃

第二目　發電計劃之具體方案

I 火力發電於門頭溝唐山太原正豐井陘磁縣六河溝焦作柳泉淄川博山等地在礦山附近設發電廠利用粗雜產煤先以開發附地區之資源為目標然後再計劃送電連絡在技術及經濟上之可能範圍內於都市或工廠地帶建設特別高压輸電線以完成大規模輸電網

II 水力發電預定民國三十一年開始拒馬河紫荊關3,000KW發電廠之工程民國三十二年開始灤河羅家屯50,000KW發電廠及滹沱河支流黃壁莊2000KW發電廠之工程民國三十三年開始滹沱河上流忻州4000KW發電廠之工程並預定於三十四年開始黃河三门峽三十六年開始在垣曲着手此項工程

第三目　火力發電計劃資料

I. 平均建築費用及需用資材及人工表

發電設備能力	單位	資金(元)	資材(噸) 鋼	銅	鋁	洋灰	人工
1000KW以下	KW	900	400	12	0.4	200	30
1000KW以上	KW	700	400	12	0.4	160	20
3000KW以上	KW	600	300	10	0.3	120	15
5000KW以上	KW	500	250	8	0.2	100	12
10000KW以上	KW	400	200	7	0.1	80	10

輸電線設備電压	單位	資金(元)	資材 鋼	鋁	洋灰	人工
30000V	KM	11000	11000	600	5000	348
70,000V	KM	18000	8000	1200	[illegible]000	750
140,000V	KM	30000	25000	1920	9000	1030
220000V	KM	40000	40000	2800	11000	1890

變壓設備能力	單位	資金(元)	資材				人工
			鋼	銅	鋁	洋灰	
1,000KVA以下	KVA	70	20	7	0.4	50	28
1,000KVA以上	KVA	47	16	4	0.3	24	12
5000KVA以上	KVA	31	10	3	0.2	14	0.8
10,000KVA以上	KVA	24	7	2	0.1	8	0.4

附註：資金係二十八年至三十年之平均實際數目

II 發電計劃完成後各地區發電設備能力及用煤消費量表

發電地點	平均發電能力KW.	最大發電能力KW	使用煤產地	消費率(kg)	煤質	發電地與用煤產地之距離	使用水
北平地區	42,2000	107,000	門頭溝及附近產煤	0.850			河水
唐山地區	74,5000	202,000	開灤煤	1.000	無煙不粘結	約7KM	河水
獲水地區	51000	95,000	井陘正豐煤	0.740	有煙	原地	河水
磁縣地區	37,800	70,000	磁縣煤六河溝煤	0.940	瀝青煤粘結性	約20KM	河水
焦作地區	9000	15,000	焦作煤	0.920	無煙不粘結	原地	地下水
柳泉地區	25300	46,200	柳泉煤	0.900	瀝青強粘結	原地	地下水
淄博地區	81200	148,700	淄川煤博山煤 章邱煤	0.870	無煙弱粘結	原地	河水,地下水
太原地區	66400	144000	西山煤	0.870	無煙不粘結	約12KM	河水,地下水
青島地區	59500	105000	淄川博山煤	0.800	無煙弱粘結	約320KM	海水,地下水
計	464,900	930,900					

第四月　水力發電計劃資料

I，平均建築費及平均資材使用量表

河流	發電地点	建築費			鋼材使用量			洋灰使用量		
		總建設費(千元)	每KW(元)	每KWH(角)	總量(噸)	每KW(噸)	每KWH(公斤)	總量(噸)	每KW(噸)	每KWH(公斤)
灤河	羅家屯	30000	600	13.6	8600	0.173	0.039	58,250	1.165	0.265
	潘家口	28000	728	14.0	5850	0.153	0.029	90,000	2.308	0.443
拒馬河	紫荊關第一	78000	545	12.0	5630	0.171	0.038	35,000	1,061	0,233
	紫荊關第二	3000	600	13.0	700	0.180	0.039	8000	1,600	0,348
滹沱河	代州	2000	500	14.6	700	0,175	0.051	1000	0,250	0,073
	黄壁莊	2200	1100	13.7	470	0,210	0.027	500	0,250	0,032
黄河	三門峽	202600	368	7.4	62600	0.112	0.023	380000	0.069	0.138
	清水河	316000	675	14.1	63000	0.135	0.028	380000	0,081	0,170
	垣曲	424570	354	7.1	109000	0.091	0.018	710000	0,059	0.118
計及平均		計1,026,710	平均487	平均8.8	計266,820	平均0.109	平均0.022	計1,662,750	平均0.707	平均0,143

Ⅱ. 各地点之平均發電能力

十年計劃之全華北九處水力發電其平均發電力約二十六萬KW其中威州黃壁荘兩處利用以灌溉運河為主要目的之工作紫荆関第二在地形上利用紫荆関第一所殘餘之低減動率此三者均為小規模之水力發電應將之除外再將黃河及其他加以平均計黃河平均為七十三萬五千KW灤河拒馬河之平均為40,960KW其詳細方分如下

河流	發電地点	最大發電能力KW	每年發電能力(億KWH)	備考
灤河	羅家屯	50000	2,200	
	潘家口	39000 (78000)	2,030 (4,060)	總發電能力中之一半供華北
拒馬河	紫荆関第一	33000	1,500	
	紫荆関第二	5000	0,230	
滹沱河	威州	4000	0,137	
	黃壁荘	2000	0,158	
	三门峡	550000	27,500	
黃河	清水河	468000	22,400	
	垣曲	1200000	60,000	
計		2,351,000	116,155	

每地点平均值

羅家屯	總發電能力 122,000	每年總發電量 5,930
潘家口	每地点平均值	每地点平均值
紫荆関第一	40,700	1,910
黃河	總發電能力	每年總發電量
三門峡	2,218,000	109,900
清水河	每地点平均值	每地点平均值
垣曲	739,000	36,630

Ⅲ. 華北包藏之水力資源

河流	發電地点	最大發電能力KW	每年發電電量(億KWH)	備考
黃河本流	11	8,810,000	448900	
灤河本流	5	260,000	12500	東北之124000KW在内
永定河(桑乾河在内)	12	240,000	10690	
拒馬河	3	24,900	2030	
滹沱河	13	270,180	14511	
潮白河	2	28,500	1742	
汾河沁河漳河等		440,900	26700	
計	46	10,066,280	517143	

第五目　十年計劃一覽表

Ⅰ. 華北第一第二次五年水力火力發電設備一覽表

Ⅱ. 十年後電力擴充總量表

Ⅱ.

發電設備KW		需用電力KW及電量KWH	
水力	1,633,000	1491,000KW	8941KWH×10⁶
火力	1,360,750	447,000KW	2684KWH×10⁶
計	2,939,750	1,938,000KW	11632KWH×10⁶

I. 華北第一次及第二次五年發電設備計劃表

地區別＼年度別	三十年度可能發電量	第一次五年計画（KW）三十一年	三十二年	三十三年	三十四年	三十五年	合計	第二次五年計画（KW）三十六年	三十七年	三十八年	三十九年	四十年	合計	十年間增加電量（KW）	可能出力全量
京津冀東	72,065	唐山密雲 10,750	北平唐山 50,000	唐山 15,000	唐山 25,000	唐山 25,000	125,750	北平第二 50,000	—	唐山第二 50,000	唐山第二 50,000	—	150,000	275,750	367,815
石門	2,845	陽泉保定 3,500	微水 5,000	微水 5,000	微水 10,000	—	23,500	微水 25,000	—	微水 25,000	—	微水 25,000	75,000	98,500	101,345
太原	7,625	太原汾陽 4,300	太原 15,000	太原 5,000	太原 25,000	太原 25,000	74,300	—	太原 35,000	—	太原 35,000	—	70,000	144,300	151,925
磁縣	570	磁縣 5,000	—	磁縣 5,000	—	磁縣 10,000	20,000	—	磁縣 25,000	—	磁縣 25,000	—	50,000	70,000	70,570
開封	1,840	新鄉焦作 2,200	開封 1,600	予北 5,000	予北 5,000	—	13,800	予北 5,000	—	—	—	—	5,000	18,800	20,640
徐州	600	柳泉 1,250	柳泉 5,000	—	柳泉 5,000	—	11,250	柳泉 10,000	—	—	柳泉 25,000	—	85,000	46,250	46,850
海州	650	海州 1,600	海州 3,000	海州 5,000	—	海州 5,000	14,600	—	海州 10,000	—	海州 25,000	—	35,000	49,600	50,250
濟南淄博	12,850	博山華豐 6,200	博山 16,500	明水[illegible] 23,000	博山 16,500	明水 16,500	78,700	—	明水 35,000	明水 35,000	—	—	70,000	148,700	161,550
青島	30,000	青島 5,060	—	—	青島 25,000	—	30,060	—	—	青島 25,000	—	青島 50,000	75,000	105,060	135,060
芝罘	3,000	龍口 1,200	芝罘 3,000	—	龍口芝罘 5,000	—	7,200	—	—	芝罘 5,000	—	—	5,000	14,200	17,550
其他	2,750	1,070	3,000	—	—	1,500	5,570	5,000	5,000	5,000	5,000	5,000	25,000	30,590	33,540
小計	155,000	42,150	102,100	63,000	116,500	83,000	406,750	75,000	119,000	145,000	165,000	80,000	595,000	1,001,750	1,156,750
黃河以外之水力發電計画					紫荊關 33,000 黃壁莊 2,000	威州鎮 4,000	39,000	羅家屯 [illegible] 紫荊關第二 5,000	羅家屯 25,000		潘家口 78,000 (39,000)		33,000 (94,000)	172,000 (133,000)	172,000 (133,000)
合計	155,000	42,150	102,100	63,000	116,500	87,000	445,750	125,000	135,000	145,000	243,000 (204,000)	80,000	728,000 (667,000)	(1,223,750) (1,234,750)	1,478,750 (1,439,750)
黃河水力								三門峽 垣曲 清水河	180,000 100,000	184,000 200,000	183,000 250,000 100,000	300,000	550,000 550,000 400,000	550,000 550,000 400,000	1,500,000
總計	155,000	42,150	102,100	63,000	111,500	87,000	445,750	125,000	418,000	529,000	796,000 (737,000)	380,000	2,228,000 (2,189,000)	2,823,750 (2,784,750)	2,963,750 (2,924,750)

附註：（1）第一次五年計画完成部分，
三十一年唐山、密雲（10750KW）陽泉保定（3500KW）
太原汾陽（4800KW）磁縣（5000KW）新鄉焦作（2200KW）
三十二年度北平唐山（25000KW）

（2）第二次五年計画欄內括弧內之數字係減去對偽滿送電量之數字

（3）紫荊關水力發電之土木工事已完成[illegible]

第二節 主要工業

第一項 鋼鐵冶煉工業

第一目 七七事變前之概況

七七事變前僅保晉公司之陽泉鐵廠有二十噸熔礦爐一座建設中者有西北實業公司太原鐵廠有一百二十噸爐及四十噸爐各一座此外龍烟公司石景山鐵廠之二百五十噸爐將完成百分之八十後建設即陷於中止狀態

第二目 抗戰期間日人之建設情形及其發展計劃

事變後日寇首置石景山鐵廠於軍管理下以日本製鐵之技術人員繼續建設於二十七年末完成陽泉太原兩鐵廠後亦為日人所獲由大倉礦業之技術人員負責相繼於二十七年二十八年建設完後同時日人為使該工廠近代化對煉焦設備輸送設備副產物處理設備工作設備等之補充及新設曾傾全力以謀改進結果各廠漸形擴大生產量亦逐年增加以華北豐富之製鐵資源論該三廠之設備規模實嫌過小其生產量生鐵約十萬噸鋼材包括天津中山製鋼不過二萬噸左右以之供給全華北之需要當屬不足日人有鑒於此故計劃自民國三十一年起由日本製鐵之技術人員建設一年產百萬噸生鐵之近代化製鋼連續工場其調查及研究工作雖進展甚利但因太平洋戰起使日本輸入建設之資材漸告困難後該計劃遂漸中止

民國卅一年末至石景山天津唐山青島太原陽泉宣化各地日人新設簡易熔礦爐五十座以謀生鐵之增產但各爐因建設急迫其附帶設備工作設備輸送設備等未能完備因此其作業不能與規範完善之廠比較然因日人慘淡經營民國三十三年度之生鐵生產量超出二十萬噸亦非易事也

生鐵生產量雖增加不大但最終成品之鋼材其設備及生產量仍偏寥寥鐵鋼連續工廠祇小規模之太原鐵廠一處而已

日人於三十三年末計劃至石景山唐山建設正式製鋼壓延工廠為謀迅速實現之計劃起見其設備及主要技術人員擬由日本製鐵移設且已自三十四年春起開始輸送日人之上項計劃是使華北之鐵鋼界由從來之生鐵偏重主義一變而為鋼材重點主義其建設主要目標如左

一、建設石景山洗煤工場
二、建設石景山唐山平爐工場
三、建設唐山大型壓延工場
四、建設石景山小型壓延工場
五、促進石景山六百熔鐵爐之建設
六、促進石景山煉焦工場之增設

自三十四年春始鐵路因敵空軍及游擊隊之破壞故日人之對冶煉工場輸送原料漸告困難因此各工場咸感原料缺乏且覺品質低劣故日人之生鐵生產遂陷於悲境

第三目　民國三十二年至民國三十三年之生鉄生產實際表及各項統計表

原有鉄炉

鉄廠名稱		炉容量	座數	全年生產量(噸)	備考
北支那製鉄		200噸	1	24,876,990	與原計劃比率為60.8%
		380〃	1	4,839,020	〃 49.2%
		小計	2	29,516,010	〃 58.7%
山西產業	太原	40噸	1	10,067,860	〃 79.9%
		120〃	1	22,633,240	〃 65.6%
		小計	2	32,701,100	〃 69.4%
	陽泉	20噸	1	4,070,569	〃 84.8%
		30〃	1	5,854,222	〃 63.6%
		小計	4	9,924,791	〃 70.8%
	合計		4	42,625,891	〃 69.7%

特設鉄炉

鉄廠名称	炉容量	座數	全年生產量(噸)	與原計劃比率(%)	備考
北支那製鉄	20噸	5	10,358,030	34.5	
天津製鉄	20〃	2	4,786,202	45.6	
青島製鉄	250〃	1	1,275,000	15.1	
開灤炭礦	20〃	12	10,629,100	27.2	
山西產業太原工廠	40〃	2	2,577,710	27.9	
〃 陽泉工廠	20〃	1	1,723,017	70.4	
龍烟鉄礦	20〃	3	4,427,541	15.11	
蒙疆興華宣化鉄礦	20〃	2	2,965,220	20.4	
合計		32	38,856,022	17.75	

總共產量 110,999,923噸

占原計劃百分率 33.6%

民國三十三年華北各製鉄廠生產鑄鉄統計表

原有鉄炉

鉄廠名称		炉容量	座數	全年生產量(噸)	備考
北支那製鉄		200噸	1	26,081,000	
		380〃	1	26,408.900	
		小計	2	52,497,900	
山西產業	太原	40噸	1		
		120〃	1		
		小計	2	13,703,553	
	陽泉	20噸	1		
		30〃	1		
		小計	2	11,516,010	
		計	4	24,258,560	
合計			6	76,758,460	

特設鉄炉

鉄廠名称	炉容量	座數	全年生產量(噸)	備考
北支那製鉄	20噸	11	16,162,420	
天津製鉄	20〃	5	20,487,152	
青島製鉄	250〃	1	37,084,111	
開滦炭礦	20〃	20	47,310,007	
山西產業太原工廠	20〃	2	2,406,310	
〃 陽泉工廠	20〃	1	4,516,823	
龍烟鉄礦	20〃	10	10,395,024	
蒙疆興華宣化鉄礦	20〃	5	6,675,441	
合計			223,614,848	

各製鉄廠原料使用統計表（民國三十二年度）

製鉄廠	出鉄量（噸）	使用數量（噸）				
		鉄鑛石	焦炭	石灰石	裝入合計	煤
龍烟	4,408	10,800	14,200	4,100	29,100	47,900
宣化	2,912	7,000	7,100	3,100	17,200	21,400
石景山	46,435	92,200	106,800	76,600	275,600	206,400
開灤	10,157	28,000	41,900	23,300	93,200	104,000
太原	35,328	77,700	70,300	67,200	235,200	155,600
陽泉	11,856	26,400	27,800	15,600	71,800	56,400
天津	4,845	14,200	18,200	3,100	37,300	30,300
青島	1,275	2,100	1,900	1,000	5,000	29,300
合計	116,216	278,400	290,000	176,000	744,400	657,100

註：使用數量一部係估計數

各製鉄廠原料使用量與出鉄量比率表

製鉄廠	每噸鑄鉄原料使用量				
	鉄鑛石	焦炭	石灰石	裝入合計	煤
龍烟	2.46	3.22	0.93	6.611	10.89
宣化	2.40	3.46	1.07	6.93	7.40
石景山	2.04	2.36	1.69	6.09	4.55
開灤	2.76	4.13	2.30	9.19	10.30
太原	2.76	2.06	1.90	6.66	4.40
陽泉	2.23	2.32	1.32	6.09	4.69
天津	2.94	3.92	1.05	7.91	6.27
青島	1.64	1.49	0.78	3.91	23.00
平均數	2.40	2.50	1.69	6.59	9.18

華北熔鉄炉一覽表

鉄廠名称	所在地	容礦噸数	炉内容量	炉子形式
北支那製鉄	石景山	20×11	每座 90m³	
〃	〃	380×1	620m³	
〃	〃	200×1	400m³	
天津製鉄	天津	20×5	每座 69m³	
開灤炭礦	唐山	20×20	70m³	
青島製鉄	青島	250×2	416m³	
山西產業	太原	40×2	每座 100m³	
	〃 〃	40×1	〃 〃 100m³	
	〃 〃	120×1	〃 〃 260m³	
	陽泉	20×1	77.5m³	
	〃 〃	20×1	67.5m³	
	〃 〃	20×1	77.5m³	
龍烟鉄礦	龍烟	20×10	54.4m³	
蒙疆興業	宣化	20×5	72m³	
合計		62座		
		大型1		
		小型56		
		原有5		

華北各鉄廠使用原料産地表

製鉄廠	鉄鑛石	石炭	焦炭	石灰石
石景山	煙筒山，利國，武安，龍家，金嶺鎮，大冶，鳳凰山	井陘，中央，新泰，大同，磁縣，黑山，赤柴，正豐	石門、土法焦炭	將軍嶺，金嶺鎮，周口店，平旺
天津	煙筒山，利國，武安	井陘，大同，中央，博山	土法焦炭	野西，色樹坟，雷莊，唐山
開灤	煙筒山，司家營，利國，土法鉄，武安	開灤，微粉，一號，特粉，大同，井陘	土法焦炭	雷莊
青島	金嶺鎮，利國	博山，新泰，中央，赤柴	土法焦炭，石門	金嶺鎮
太原	煙筒山，定襄，東山，靈石，西山，陽泉鎮，寧武，武安	富家灘，井陘，（大同西山，軒崗鎮，壽陽）	土法焦炭	西山
陽泉	煙筒山，定襄，武安	井陘，壽陽	土法焦炭	王渡村
龍烟	煙筒山，福鉄鑛	大青山，大同，開灤（正豐，鷄鳴）	土法焦炭	大同平旺，門頭溝，下花園，苦灰石（水磨）
宣化	煙筒山	大青山，大同，開灤	土法焦炭	

註　1. 山西大同製鉄所，山東金嶺鎮製鉄所，均未出貨，故未列入

2. 第2表内鑄鉄生産總量爲110,7797.923噸，較第三表内所列爲少，差殊不符，惟第三表一部係估計數字，以第二表較爲確實。

第二項　機械工業

第一目　概論

中國早年手工業及家庭工業此種工業至今仍有相當數目繼續存在。自滿清與各國開始通商以來(一)因中國國情及政治關係(二)對中國成立不平等條約及關稅不自主等因，該項工業製品已被迫來優良且低廉之製品所壓倒陷於不振之勢，後雖有多數工場興起，又以(一)產業資本不甚豐富(二)一般缺乏企業心理(三)工場管理方法不當等原因，故發達亦非常遲緩。

機械工業係隨其他生產工業而發達，故必須使培養工業存在方能促進機械工業之發達，自不待言，中國之機械工業主要隨紡織工業而發達，中國其他各種工業均無近代裝備，結果機械工業當然發達最緩。

事變後三四年間日人在華北對機械工業並無若何發展，待太平洋戰起，華北之機械工業量及質兩方面始有長足進步，其主要原因要不外仰給重要工場之需要日多，而日偽滿朝鮮及外國輸入之機器已形杜絕，一般民需與日俱增等，故遂不得不自身求發展。華北機械工業以天津青島為中心，其他各地區之機械工業量及質均不足論。天津、北平、青島三地區主要日人機械工場為八十，員工約一萬伍千名，其生產額民國三十二年約達六億元以上。其他各地區之工場亦均強化內容，生產力日漸增加。民國三十三年七月日政府曾派遣華北機械工業調查團，由工業學博士關口八重吉担任團長，約經兩個月期間視察華北主要機械工場，調查之結果，其結論認為機械工作在二級程度，產業機械在一百馬力以下之各種機械華北各工場，尚可製造。華北開發公司為迅速實施調查團之結論起見，該公司於資部乃整備機械課之陣容，對於主要機械工場能力之增進、技術之提高、員工之補充、資材食糧之圓滑配給等問題，極積援助，但因生鐵品質之低劣，鋼材及銅材來源之不易，於機械之製造終影響甚巨。同時機械工場為軍需品製造工場，以致華北開發公司計劃陷於遲遲不進之狀態。

民國三十四年開發公司為提高資材(以生鐵鑄品為最)之品質起見，特聘日本林兼重工業董事兼技師長齋藤弄月來華指導華北各地主要機械工場之改善，為期約三月，結果鑄物之品質方面已形改善，機械生產能率亦已提高。

第二目　工作機械工業

機械工業之基礎在於工作機械，太平洋戰起後，外國輸入之機械陷於絕途，日人欲使華北依本身力量以謀開發，必需機械之自給自足，故極整備及育成生產機械中樞之工作機械工業。

華北工作機械之需要逐年增加，民國三十三年度已超過一千架，而其輸入之供給因日本及東北杜絕供給，致當地工場多加緊生產以供需要。同時需要者對於品質毫不顧及，一味購買，而製造者又多趨向粗製濫造，結果成績甚劣，影響機械工業之基礎極大，故日人採取下列各種對策：

第一條：使當地在質及量的方面製造最高及最大限度之工作機械以應急需。

第二條：按適當價格施行配給以折價格之暴漲

第三條：統一規格獎勵製造者之生產能力以期製品品質之提高。

第四條：劃定工場相互之生產分野，以期第三條發生效力及製造工場之育成整備而確立工作機械之基礎。

華北開發公司根據以上各條於民國三十三年五月大量定製工作機械，第一期預定三十四年六月完成。

華北開發定製之工作機械數量為2,40架，勝利前完成數量僅80架，其主要原因為鋼材之支給不甚圓滑。

華北開發公司定製工作機械一覽表

種類	製造廠名	製造架數	製造能力
鏇床 6'-0"	豐田式鐵廠 (青島)	40	75
鏇床 6'-0"	立宮精機工廠 (天津)	40	75
鏇床 8'-0"	東和工廠 (天津)	50	200
鏇床 12'-0"	立宮精機工廠 (天津)	10	50
平鉋床 24"	豐田式鐵廠 (青島)	20	50
平鉋床 12'-0"	東和工廠 (天津)	10	10
立鉋床 16"	天昌鐵工廠 (天津)	10	20
鑽孔機 20"	天昌鐵工廠 (天津)	30	50
鑽孔機 24"	東亞重工業工廠 (青島)	30	50

第三目　產業機械工業（礦山機械包括在內）

I. 抗戰期間日人對華北機械工場之建設及勝利前各場概況

產業機械華北本地製造者極為寥寥民國三十三年六月前主要仰給日本朝鮮及東北各省之生產其後因日人戰爭之不利情勢日劣該項機械之輸入陷於絕望日人認為本地製造之必要開發公司動員各地區機械工場於民國三十三年八月對於緊急增產之礦山機械實行配量之定製（參照第二表）而此緊急增產機械之製造成績與工作機械相同亦因鋼材不足之原因至勝利時此大半多為半成品堆積於工場內。

民國三十三年九月日人為謀華北機械之自給自足及技術水準之提高起見特導入日本住友機械工業株式會社（工場設天津）以製造大型礦山機械為主。

華北機械工業株式會社天津工場日人將來擬育成為天津地區機械工場之母場勝利時正實施增加機械設備及試驗器具中。

華北當地之機械工場殆全部活用其設備能力者頗少其原因多因資材之不易獲得及勞工之不足有以致之。

青島地區工場具有相當大型產業機械之生產能力在華北並有推進力之素質北平天津兩地區亦有相當之生產。

華北各地區機械工場咸感技術人員缺乏尤以設計技術為甚故華北開發公司計劃將日本之技術人員導入預定自民國三十四年八月起有相當人數之技術人員由日渡華嗣因日人投降遂行中止該公司並擬具員工養成計劃案預定於民國三十四年九月開始訓練結果亦未克實現。

II. 日人對承造工場之利用

日本經營華北各主要工場其利用承造工場之成績均不甚佳按利用承造工場之方法有兩特點：

(一) 依此以謀本身增加生產

(二) 除依指導育成以提高技術而謀增加本身生產外同時並提高此等多數承造工場之技術

III. 主要地區主要機械工場一覽表

北平地區（見第一表）

天津地區（見第二表）

青島地區（見第三表）

綜合統計（見第四表）

IV. 產業機械年產能力（見第五表）

第四目　汽車製造工業

I. 抗戰時間日人對汽車工業之建設，日人欲加強交通運輸起見極思從速開闢公路故同時亦積極擴充或創設製造汽車工廠民國三十年五月系之豐田汽車公司主持下創立華北汽車股份有限公司工場設於天津從事製造各種零件及修理裝置第之作頗著成績後因時勢之演变经日人之華北交通公司糾合華北汽車公司及日系中央兵器廠與其他各有関汽車同業形成統一企業之華北汽車托辣斯即由民國三十三年五月將華北汽車公司改為華北汽車工業股份有限公司然汽車製造業與汽車運輸業之合作目標頗難一致製造業雖竭力於企業之整備及促成工場本身之健全而所獲成績欠佳且運輸業所要求者修理及零件機械因受製造工場之牽掣致修理工作之能率不克進展民國三十四年初由日本應輸入之資材又陷於絶望故工場所受影響愈形重大天津汽車工場除自製車架車身及零件外尚從事裝配改成汽車机械之工作華北淪陷期間因汽油被日軍部所統制乃加緊趕製木炭瓦斯發動機後更製造漲圈活塞汽缸座汽缸蓋偏心軸冷卻唧筒等各種零件成績尚称不恶然距完整之汽車工業相距水準尚遠如再施以擴充增設機械可能自力製造新車如能理想整備後可能月產載重汽車一百輛修理約至四百輛以上

開發公司於民國三十四年初因戰事告急痛感汽車各零件之製造有以自力維持之必要乃樹立一汽車零件生產計劃與華北汽車股份有限公司協力創設汽車用品製作技術委員会從事研究頗著成效但不久即因投降而終止矣

Ⅱ.勝利前華北汽車製造工場設備及製造情形

一、能自力製造之機件

(1) 汽車用汽筒

(2) 漲圈活塞汽缸座汽缸蓋偏心軸冷卻器用唧筒

(3) 各種齒輪

(4) 蓄電池及蓄電器

(5) 各種石棉墊

(6) 橡皮輪

(二) 能自力製造而較困難之機件

(1) 各種迴轉軸類(特種鋼之製造須整備鍛壓机械

(2) 吸入栓及排氣栓配合特種鋼之供求

(3) (由華北碍子株式会社研究中設法鎢鋼之自足

(4) 發電机(華北電机股份公司稍加充実即可製造)

(5) SPAHK PLUG(由華北碍子株式会社研究中設法鎢鋼之自足)

(6) 各種管子(須設鋼管製造工場)

第五目 電氣器材工業

Ⅰ.華北電機股份有限公司之創設及其生產計劃

開發公司為実現華北電氣器材之自足於民國三十三年十一月経東京芝蒲電氣公司之協助於天津河北西站前街創設華北電機股份有限公司從事製作電動机变壓器及修理等工作民國三十四年且擬定下列之電動机及变壓器生產計劃

(一)民國三十四年度電動机生產計劃(該年度以100馬力以下者為目標)

電動機

馬力	架數
7.5	200
15	200
50	80
75	50
100	20
合計	550

上表所列之550架之製造分同期完成除製外對電動机之修理改造能力約為650架以上

(二)民國三十四年度变壓器生產計劃(該年度以50KVA以下為目標)

變壓器

KVA	座數
5	200
10	600
20	300
50	200
合計	1300

上表所列之1300座之製造系同期完成除新製外對變壓器之修理改造能力約至700座以下

Ⅱ.勝利前日人之電氣器材製造事業概況（平津地區）

（一）機器

種類	公司名	年生產能力	備考
電力机器	華北電机股份有限公司 東光電氣股份有限公司 新廣電氣有限公司 其他	電動机修理3000架 變壓器修理20000架 變壓器製造10000座	華北電机為東京芝浦電氣之分設獨立公司故其技術人員皆係由日本移入及鷹任者
通信機	東京芝浦電氣股份有限公司 住友通信工業股份有限公司	1000架	東京芝浦電氣已開始工作但住友通信正在設備中
電燈泡	東京芝浦電氣股份有限公司 東光電氣股份有限公司	2,500,000个 240,000个	三十四年初東京芝浦電氣与東光電氣合併月產達20,000个已超出華北一年需要量

（二）材料：

（1）電線：事變前華北所產之電線多由各小電氣工廠所製作者其規格頗不一致且當時華北又無電氣分解之設備故電氣用銅之製造異感困難事變後始由日系之華北電線太平電線岩崎電線等公司移設日本國內之機械於天津正式積極工作

（2）絕緣体：太平洋戰爭起後始由華北碍子股份有限公司於北平市東郊成立工廠並曾準備由日本移設机械及招聘技術人員

（3）絕緣材料：華北所用雲母以察綏產者為多但對電流較大之整流工作則多用印度產品之絹絲及綿布絕緣用礦物油日人已研究以東北產之大豆油代替使用

（4）矽素鋼板：此為製造電氣机器不可缺之特殊薄鋼板而華北產品不足應用華北開發為解決此項困難曾計劃由日本輸入誘導電氣爐[illegible]利而未能實現

（5）生鐵：日人所用為二號生鐵

主要地區重要機械工廠概況

（民國卅二年十二月調查）

北平地區（第一表）

工廠名	技術者日人	員工華人	機械台數	鑄品設備（電炉）	熔解炉	其他	製造機械種類
小島重機工廠	12名	約400名	約120台	三噸者一座	三噸者一座	一噸一座	壓縮機、捲上機、唧筒、炭車
今村製作所	4名	120名	30台		五噸者二座		製鉄用機械、碾礦機械
久保田鉄工廠	12名	500名	34台		八噸者三座一噸一座		鑄鉄管、工作機械用品一座
横山製作所	2名	170名	15台		〃		鑄鉄異形管、水道用弁
北京鍛造	5名	200名	40台		〃	一噸一座	農業用、送風機、唧筒
鐘淵工業會社	5名	200名	100台		一.五噸一座	0.五噸三座	船用機械、工作機械
中華鉄工廠	4名	160名	50台		三噸一座	0.五噸二座	鑛務用機器
北京鑄造	2名	100名	15台		一.五噸一座	0.五噸一座	鑄鉄管、異形管
川住鉄工廠	4名	40名	12台			〃	機械修理
中興工業	2名	60名	15台		一.五噸一座		專用工廠
松岳鉄工廠	3名	45名	16台			0.五噸二座	可鍛鍊鉄製品
淺香鉄工廠	3名	60名	23台				圓形鋼、平鋼、線
大洋精機工廠	2名	50名	30台		八噸二座 三噸[illegible] 一.五、五、	一噸[illegible]座 0.五、八、五	工具類
合計	60名	2,105名	501台				
其他小工廠	39名	163台					

天津地區（第二表）

工廠名	技術者日人	員工華人	機械台數	鑄品設備（電炉）	熔解炉	其他	製造機械種類
華北機械工業株式会社	20名	760名	400台		一.五噸一座	0.五噸二座	捲上机、送风机、压縮机、選礦机
恒昇機械工廠	10名	570名	170台	一噸一座	三噸一座	0.五噸二座	兵器、農器具
北支電机株式会社	10名	200名	90台				電動机、變壓器
謙實鉄廠	6名	38名	5台		一.五噸一座		压縮机、粉碎机、木工机械
華北自動車株式会社	10名	240名	300台	一噸一座	一噸一座	0.五噸二座	自行車零件
昌和工廠	10名	600名	320台		一.五噸一座		自行車
東和工廠	4名	100名	45台		一.五噸一座	0.五噸一座	工作機械
岩堂精机工廠	5名	200名	53台		三噸一座		工作机械、唧筒、縫品
大信工廠	5名	150名	40台		大噸[illegible]一座 五〃一座		唧筒、炭車
石丸製作所	6名	170名	65台		一.五噸一座	0.五噸一座	兵器
大中工廠	4名	200名	40台		三噸一座	-	兵器、炭車
中山鋼業所	10名	700名	260台				製鉄、壓延、鑄鉄、鑄鋼
山本製鋼所	10名	100名	20台	六噸一座 三噸一座	二噸三座 一.五〃五〃 一〃二〃		壓延
合計	20名	4208名	1598台	一噸二座			
外有小工廠二十三處		1,162名	615台				

青島地區（第三表）

工廠名	技術者日人	員工華人	機械座數	熔鉱設備(電炉)	溶解炉	其他	製作機械種類
豐田式鉄廠	36名	650名	350座	五噸一座	一.五噸一座 六〃一〃 三〃二〃		可製紡紗機車輛零件運搬機械
東亞重工業	28名	700名	140座	五噸一座 一.五〃一〃	三噸一座		鉚釘工作機械 化學機械
青島工廠	15名	700名	90座	三噸一座	一.五噸一座 三〃一〃		造船機械 船舶修理
合計	73名	2050名	480座	三噸二座 五〃二〃 一.五〃一〃	一.五噸二座 三〃四〃 六〃一〃		
其他小工廠		1018名	364座				

綜合統計（第四表）

地區別	技術者日人	員工華人	機械數	熔鉱設備(電爐)	溶解爐	其他
北平地區	60名	2499名	664台	三噸一座	八噸三座 五〃三〃 三〃四〃	0.5噸八座 一〃二〃
天津地區	110名	5370名	2013台	一噸二座	六噸一座 五〃一〃 一.五〃五〃 一〃三〃 三〃三〃	0.5噸八座
青島地區	73名	3068名	800台	一.五噸二座 三〃一〃 五〃二〃	一.五噸二座 六噸一〃 三噸四〃	
總計	243名	10937名	3521台	一噸二座 一.五〃一〃 三〃二座 五〃二〃	八噸三座 六〃二〃 五〃一〃 三〃十一〃 一.五〃十〃 一〃二〃	0.5噸十六座 一〃二座

附表(四)產業機械生產能力(十七工廠)　第五表

五種資材之供給可達100%

(1) 100馬力以下空氣壓縮機 24座
(2) 20馬力以下各種喞筒 1000個
(3) 50馬力以下空氣捲上機 50座
(4) 100馬力以下送風機 36座
(5) 15馬力以下粉碎機 24座
(6) 中型捲揚機 120座
(7) 十噸之起重機 10座
(8) 移動式搬運機寬一米長十米 36座
(9) 此外尚有鋳鉄管化學機械從事自行車等

備考：自(1)至(8)1,300座機械所需之資材如下

(1) 鋼材約1,100噸
(2) 生鉄約16,000噸
(3) 鑄鋼約1,400噸
(4) 銅合金約350噸
(5) 焦炭約6,000噸

第三項　化學工業

第一目　肥料工業

I. 華北窒素肥料股份有限公司之沿革

華北之土地率因農民無知使用方法使之逐漸貧瘠收量減少日人欲謀華北農產之自給自足擬以人造肥料以改造之故日人於蘊藏大量可造硫安石膏之產地山西設立華北窒素肥料股份有限公司

硫安之主要原料為硫化鐵礦但至華北因該礦之缺乏故僅能以石膏代替其結果亦甚優好

該公司之技術人員為由曾有多年製造硫安經驗之日本窒素公司聘來者

II. 概況

一、設立年月日——民國卅一年九月一日

二、資本金——100,000元

三、生產狀況——因開工日淺且設備尚未完成尚未開始製造此期中只向朝鮮購入硫安販賣（三十三年輸入量為8000噸）又為準備製造硫安已開始採取石膏但產因之為碑灰副原料向朝鮮東北輸出

四、設備能力 (1)硫安 計劃目標——500千噸

第一期建設計劃目標——125千噸

(2)石膏

計劃目標——150千噸

最近一年石膏採掘實績——83千噸

第二目　鹽加工工業

I. 概況

據民國二十五年之調查華北鹽田面積約為238000畝其生產量約在70至75萬噸左右加工工業方面僅永利工廠很製造曹達事變後日人思發展華北之化學工業深感原鹽產量之過小故於二十七年華北開發公司成立後即積極恢復舊有之鹽田及開闢新鹽田並計劃至適宜地點建設以鹽為中心之各種工廠

開闢鹽田之計劃至民國三十二年已大体完成長蘆地區新闢者約有267,750畝其中百分之八十已成熟田每產量增為150萬噸左右約為二十五年產量之二倍

鹽之加工工業因戰爭影響建設器材缺乏至勝利時日人直後若何建樹僅立一加工工業基礎而已

將來欲根與華北化學工業需使鹽田增為　　　　使鹽之年產量成為200萬噸

II. 生產量及計劃生產量表

三十三年鹽及鹽加工工業生產表及卅四年生產量計劃表

製品名	民國二十五年	民國三十三年	民國三十四年計劃	備考
原鹽	740,000噸	1,430,000噸	1,890,000噸	
苛性曹達	3,000噸	(32年)3,450噸	3,600噸	永利有限得參與改造中
曹達灰	30,000噸	(32年)33000噸	43,800噸	〃
鹽化加里		750噸	1400噸	
鹽化苦土		18500噸	30,300噸	
臭素		196噸	690噸	

第三目　輕金屬工業

I. 華北輕金屬股份有限公司之沿革

日人製鋁向以墨卜賽土為主要原料自太平洋戰爭起墨卜賽土之輸入漸成問題故改用朝鮮之明礬石製鋁後又至華北及東北採覓用礬土頁岩製成鋁漸有進展經審查豐富之東北朝鮮兩日本精製後因運輸關係始計劃至原料生產地設立精煉工廠故有華北輕金屬股份有限公司之設立

工廠地址經多次檢討始決定設於山東省之張店民國三十三年二月間始建築以曹達石灰法製鋁預計年產量為六萬噸

II. 勝利前概況

(一) 公司設立年月日　民國三十三年十一月廿日

(二) 資本金　30.000.000元

(三) 職工人數

地區	北平	天津	張店	計
華人	34	9	3500	3542
日人	107	12	489	608
勞工			15000	15000
計	141	21	18989	19151

(四) 生產狀況　因設備尚未完成未開始製造鋁僅能製造自用之水泥

(五) 張店工場建設狀況

當初係計劃建築一年六萬噸之工場建築開始後因資材及運輸等問題中途縮小計劃改建一年產二萬噸之工場勝利時之建築情形分述如下

(1) 土木工程　完成97%

(2) 建設工程　燒煉工場 90%
分解精製工場 100%
蒸發分離工場 98%
石灰爐 100%
發電廠 90%
抽出脫珪工場 95%
煅煉工場 90%
曹達灰乾燥場 90%
煤氣發生工場 90%
工作場 100%

(3) 機械工程　處理原礦設備 90%
燒煉工場 100%
分解精製工場 99%
蒸發分解工場 60%
石灰爐 100%
發電廠 100%
抽出脫珪工場 95%
煅煉工廠 60%
曹達灰乾燥工場 100%
煤氣發生工場 60%
工作場 100%

III. 設備遷移狀況

(一) 硫安工場

自三十一年春已開始建築至三十三年開始定購機器測量土地準備建築基礎等工作已大部完成惟主要機器尚未運到

(二)石膏工場

採掘石膏礦區共三處，一為高家灘，一為靈石，一為太原西山，三十三年高家灘三十四年靈石礦區之相繼停工後只採掘太原石山一礦並設有自動捲卸綫

第四項　紡　織　工　業

(1)　紡　紗　業

名稱	所在地	組織	設立年月	三十年資產総值	華人職工			生産設備	産品	実際生産量	
					男工	女工	計			二十九年度	三十年度
公大第六廠 (鐘紡)	天津	株式(日)	大正7.4	34,000,000	2836	2229	5,065	精紡机 98,632錠 撚線机 5,376〃 普通織机 3,015台	綿絲 綿布	5,880 1,391,142	7,900 1,125,890
公大第七廠 (鐘紡)	天津	株式(日)	大正7.11	29,000,000	1541	790	2331	精紡机 60,123錠 撚線机 5,720〃 普通織机 1,530台	綿絲 綿布	2,236 684,986	4,540 551,945
裕豊紡績株式会社天津工場 (東洋紡)	天津	株式(日)	昭和11.	40,000,000	2367	1457	3824	精紡机 102,384錠 撚線机 7,200〃 [illegible]織机 2,028台	綿絲 綿布	4,687 1,169,896	8,012 1,193,557
天津紡績公司	天津	株式(日)	大正11.1	19,100,000	1920	980	2900	精紡机 56,848錠 撚線机 2,520〃 普通織机 748台	綿絲 綿布	17,016 275,088	20,990 399,753
裕大紡織股份有限公司	天津	株式(華)	民國10.1	10,000,000				精紡机 48,672錠 撚線机 2,400〃	綿絲	10,911	12,505
雙喜紡織株式会社 (福島紡)	天津	株式(日)	昭和11.11	15,000,000	812	585	1402	精紡机 30,040錠 普通織机 700〃	綿絲 綿布	7,453 245,538	6,739 271,520
上海紡績株式会社天津支店	天津	株式(日)	昭和12.3	8,239,052	523	754	1277	精紡机 27,948錠 撚線机 1,440〃 自動織机 700台 麻紡績設備 1套	綿絲 綿布	6,321 199,705	5,779 178,460
大日本紡織株式會社天津工場	天津	株式(日)	昭和18.	7,131,186	591	301	892	精紡機 30,000錠 自動織机 500台	綿絲 綿布	4,116 82,148	5,765 126,372
恒源紡織股份有限公司	天津	株式(華)	民國19.5	13,302,253	565	809	1354	精紡机 36,592錠 自動織机 460台 普通織机 150〃	綿絲 綿布	7,945 174,490	7,796 194,765

紡紗業

名稱	所在地	組織	設立年月	三十年資產總值	華人職工			生產設備	產品	實際生產量	
					男工	女工	計			二十九年度	三十年度
北洋紡織股份有限公司	天津	株式(華)	民國10.9	12,757,404	387	999	1386	精紡機37,632錠	綿絲	13,173	15,064
達生製線廠	天津	合資(華)	民國21.11	1,906,188	253	220	473	精紡機9,072錠	綿絲	3,548	3,532
華新紡織有限公司(東洋紡)	唐山	株式(日華)	民國9.	4,000,000	976	1,109	2085	精紡機45,232錠 撚綫機8,000錠 普通織機504台 染色加工1套	綿絲 綿布	13,060 320,021	16,657 400,517
大興紗廠	石門	軍管理	民國10.10	7,438,480	691	724	1415	精紡機30,144錠 普通織機266台 染色加工1套 綿毛布設備1〃	綿絲 綿布	4,057 105,540	3,831 131,494
大日本紡績株式会社青島工場	青島	株式(日)	大正8.11	26,291,541	675	343	1018	精紡機54,980錠 撚綫機4,956〃 自動織機1,200台	綿絲 綿布	7,120 569,400	6,551 462,490
内外綿株式会社青島支店	青島	株式(日)	大正6.12	14,990,000	712	867	1579	精紡機49,252錠 撚綫機5,880〃 自動織機600台	綿絲 綿布	10,102 349,560	10,323 355,520
日清紡績株式会社青島工場	青島	株式(日)	大正11.4	11,302,779	651	741	1392	精紡機44,000錠 撚綫機3,200〃 自動織機500台	綿絲 綿布	8,915 307,152	9,690 230,460
株式会社豊田紡織廠青島支店	青島	株式(日)	昭和10.4	7,948,290	524	931	1455	精紡機38,500錠 撚綫機6,000〃 自動織機600台	綿絲 綿布	6,347 213,550	5,778 280,876
上海紡織株式会社青島支店	青島	株式(日)	昭和10.3	13,983,482	631	1048	1675	精紡機43,984錠 撚綫機3,960〃 自動織機800台	綿絲 綿布	4,500 325,019	6,022 285,070

紡紗業

名称	所在地	組織	設立年月	三十年資産総値	華人職工			生産設備	產品	實際生産量	
					男工	女工	計			二十九年度	三十年度
鐘淵紡績株式會社青島支店	青島	株式(日)	大正9.3	9.167.000	881	493	1374	精紡机33,000錠 撚綫机3,000" 自動織机400台 染色加工1套	綿絲 綿布	6.001 369.266	5.230 314.377
公大第五廠(鐘紡)	青島	株式(日)	大正12.7	20,000.000	1257	871	2128	精紡机54,984錠 普通織机1,700台	綿絲 綿布	2.856 1.115,902	— 609.712
富士瓦斯紡績株式会社青島工場	青島	株式(日)	大正10.10	8.524.263	417	535	952	精紡机32,720錠 自動織机600台	綿絲 綿布	5.138 281.378	5.988 229.716
同興紡織株式会社青島工場	青島	株式(日)	昭和10.7	8.818.927	636	696	1332	精紡机38,240錠 撚綫机5,000錠 自動織机700台	綿絲 綿布	6.089 410.830	4.348 338.167
魯豐紗廠	濟南	軍管理	民国5.	8.607.087	369	672	1041	精紡机28,016錠	綿絲	3.569	6.992
成通紗廠	濟南	軍管理	民国21	5.104.886	344	480	824	精紡机19,600錠	綿絲	4.414	6.601
仁豐紗廠	濟南	軍管理	民国22	—	346	325	671	精紡机15,384錠 自動織机240台 染色加工1套	綿絲 綿布	3.725 165,292	4.421 246.905
惠德貧民工廠	濟南	個人(華)	民国9.9	222,778	289	—	289	精紡机1,600錠 足踏机械70台	綿絲 綿布	=	842 28.548
太原紡織廠	太原	軍管理	民国17.	232,147,645	240	180	420	精紡机6,000錠 織机252台	綿布	—	
榆次紡織廠	榆次		民国8.6	4,242,584	995	450	1445	精紡机41,744錠 自動織机300台 普通織机180" 綿毛布設備1套	綿絲 綿布	5.130 168.860	5.611 150.980

紡紗業

名稱	所在地	組織	設立年月	三十年資產總值	華人職工			生產設備	產品	實際生產量	
					男工	女工	計			二十九年度	三十年度
新絳紡織第一廠	新絳	軍管理	民國11.	446.823.482	838	360	1.198	精紡机 18.480錠 撚絲机 1.080" 普通織机 499台	綿絲 綿布	41.016 84.603	28.743 70.039
新絳紡織第二廠	新絳	軍管理	民國20.	189.766.622	525	205	730	精紡机 8.600錠 普通織机 160台	綿絲 綿布	11.025 16.259	887 28.485
廣益紗廠	彰德	軍管理	光緒29.	820.539	445	307	752	精紡机26.224錠	綿絲	2.608	3.845
華新紗廠	汲縣	軍管理	民國11.7.	1.343.528	268	292	760	精紡机22.400錠 撚絲机 2.000" 足踏織机 38台	綿絲 綿布	3.969 18.619	4.617 31.236
鉅興紗廠	新鄉	軍管理	昭和16.	1.340.856	240	46	286	精紡机6.980錠	綿絲	1.312	659

(2) 毛織物業

名稱	所在地	組織	設立年月	三十年資產総值	華人職工 男工	女工	計	生產設備	產品	實際生產量 二十九年度	三十年度
満蒙毛織株式会社天津工場	天津	株式(日)	昭和15.3	2,250,000			387	織機 73台	サージ 羅紗	91,853米 76,815〃	147,771米 250,763〃
公大毛織廠	天津	株式(日)	昭和14.5				500	精紡機 7台 織機 50台	服地 毛布	39,449米 27,178枚	126,243米 7,347枚
東亜毛呢紡織股份有限公司	天津	株式(華)	民国21.4	14,000,000			1,026	毛織機械1套 麻袋織機械1套	毛糸 ラクダ織 麻袋	265,531磅 51,162碼 6,434枚	82,133磅 8,348碼 1,801,222枚
仁立公司毛呢紡織廠	天津	株式(華)	民国20.	12,895,188			482	精紡機 19台 織機 85〃	絨氈	168,200米	207,900米
北京製呢所	北平	軍管理	光緒33	2,321,506			741	精紡機(400錘)12台 織機 58台	羅紗 毛布 毛糸	29,559米 130,994枚	214米 203,217枚 68,304磅
満蒙毛織株式会社厚和毛織廠	厚和	株式(日)	昭和12.2	851,000			367	ミユール精紡機(360錘)1台 (390〃)1〃 輪式精紡(40〃)3台 織機 21台	毛布	93,800米	83,765米
太原毛織廠	太原	軍管理	民国23.	552,571			264	輪式精紡(60錘)5台 織機 41台	毛布 嗶嘰	31,754枚 28米	39,712枚 18米

(3) 繅絲業

名稱	所在地	組織	設立年月	三十年資產總值	華人職工			生產設備	產品	實際生產量	
					男工	女工	計			二十九年度	三十年度
日華興業株式會社張店絲廠	張店	株式(日)	大正12.12	750,000			592	繅絲釜 420台	生絲 副蠶絲	657担 473"	709担 511"
(4) 織布業											
日華興業株式會社	青島	株式(日)	大正5.2	2,500,000			1,615	織机 400台 染織机 1套	綿布 絹布 人絹布 加工綿布 加工絹布 加工人絹布	935,110疋 1,800" — 1,071,305" 1,800" —	764,335疋 2,300" 27,237" 1,009,364" 2,100" 26,430"
五福工廠	青島	合資(日)	昭和13.7	600,000			560	織机 400台	綿布 絹布 人絹布	935,110疋 1,800"	764,335疋 2,300" 27,237"

(5) 染織業

名称	所在地	組織	設立年月	三十年資産総値	華人職工			生産設備	産品	実際生産量	
					男工	女工	計			二十九年度	三十年度
信豊染織股份有限公司	濰県	株式(日華)	民国22.8	518,591			260	染織机　1套	加工綿布	129,500疋	179,100疋
德聚染廠	濰県	合資(日華)	民国26.6	350,000			63	染織机　1套	加工綿布	——	11,000"
元聚織染工廠	濰県	株式(日華)	民国21.9	573,500			62	染織机　1套	加工綿布	——	64,718"

(6) 軋棉業

名称	所在地	組織	設立年月	三十年資産総値	華人職工			生産設備	産品	実際生産量	
					男工	女工	計			二十九年度	三十年度
正定軋花廠	正定	軍管理	昭和10.8	49,884			11	軋棉机 30台	軋棉	161担	1,812担
磁県軋棉工廠	磁県	軍管理	民国23.	36,128			30	軋棉机 50台	軋棉	4,031担	6,201担

(7) 其他

名称	所在地	組織	設立年月	三十年資産総値	華人職工			生産設備	産品	実際生産量	
					男工	女工	計			二十九年度	三十年度
株式会社青島伊藤棉行濟南支店	濟南	株式(日)	昭和13.10				150	織布机 12 ガラ紡机 10 廻切机 11 両面机 7 梳棉机 7 脱脂棉圧压机 2	製綿 脱脂綿 再生綿 綿花加工 繃帯 再生木綿	669瓩 24" 200" 249" —— ——	
北支再生纖維紡廠	濟南	合名(日)	昭和15.8	300,000	—	—	—	織布机 20 廻切机 10 ガラ紡織 20 整毛机 1 撚糸机 20 ホツプ机 5	綿毛布 ガラ紡糸 製綿	—— —— —— —— —— ——	

第三節　工廠統計表

說明

1. 本表係根據民國三十二年北平日本大使館事務所出版之「北支工場名簿」統計而成，該名簿為天津日本總領事館，滿鐵華北經濟調查所，華北開發公司調查局，華北交通公司資業局等机關所共同調查
2. 本表所包括之工廠為工人在十人以上及有動力設備者
3. 本表所列數字係民國三十一年十二月末之実況

紡織工業

地域	資本国別	工廠数	資本額	生産額	職工数
総数	総数	1,902	691,928,071	929,701,312	100,314
	中国	1,734	119,488,774	261,298,873	43,614
	日本	147	509,496,764	597,091,061	45,602
	中日合弁	19	62,562,533	71,307,706	10,985
	其他	2	400,000	3,672	13
北平市	総数	106	10,332,564	19,352,983	3,580
	中国	96	9,227,501	17,645,423	3,069
	日本	10	1,105,063	1,707,560	511
	中日合弁				
	其他				
天津市	総数	742	264,943,559	467,004,654	38,648
	中国	682	71,512,163	164,458,042	17,676
	日本	59	193,081,396	302,546,612	20,972
	中日合弁				
	其他	1	350,000		
青島市	総数	179	311,619,021	289,596,745	22,239
	中国	140	14,860,781	21,846,586	5,238
	日本	37	295,708,240	266,327,297	16,240
	中日合弁	1	1,000,000	1,419,190	748
	其他	1	50,000	3,672	13
河北省	総数	165	31,395,320	8,640,417	7,132
	中国	159	5,934,187	5,840,009	3,161
	日本	3	321,133	346,826	130
	中日合弁	3	25,140,000	2,453,586	3,841
	其他				
山東省	総数	533	45,746,086	99,072,117	15,883
	中国	506	16,562,554	46,848,000	10,328
	日本	17	4,159,747	4,465,810	1,441
	中日合弁	10	25,023,785	47,758,307	4,114
	其他				
山西省	総数	155	14,791,273	24,043,717	10,278
	中国	137	1,262,088	2,340,457	3,825
	日本	17	13,279,185	20,332,956	6,178
	中日合弁	1	250,000	1,370,304	275
	其他				
河南省	総数	16	13,029,548	21,450,323	2,396
	中国	9	80,800	1,795,000	273
	日本	3	1,800,000	1,349,000	116
	中日合弁	4	11,148,748	18,306,323	2,007
	其他				
江蘇省	総数	6	90,700	540,356	85
	中国	5	48,700	525,356	44
	日本	1	42,000	15,000	14
	中日合弁				
	其他				

金属工業

地域	資本国别	工廠數	資本額	生産額	職工數
總數	總數	308	86,630,420	64,201,502	14,059
	中国	265	23,633,473	28,072,502	5,765
	日本	41	62,590,327	36,506,235	8,163
	中日合办	2	406,600	322,765	131
	其他				
北平市	總數	56	12,661,219	12,571,000	1,647
	中国	53	11,660,004	11,327,276	1,397
	日本	3	1,001,215	1,243,724	250
	中日合办				
	其他				
天津市	總數	61	23,310,729	15,235,078	3,678
	中国	40	3,490,800	5,987,751	1,355
	日本	20	19,444,929	8,939,887	2,209
	中日合办	1	375,000	307,440	114
	其他				
青島市	總數	76	5,118,862	8,290,916	1,464
	中国	68	2,023,580	4,410,977	1,087
	日本	7	3,063,682	3,864,614	360
	中日合办	1	31,600	15,325	17
	其他				
河北省	總數	34	24,674,585	10,536,193	2,030
	中国	30	4,717,461	3,319,167	1,003
	日本	4	19,957,124	7,217,026	1,027
	中日合办				
	其他				
山東省	總數	62	2,043,845	3,054,360	807
	中国	61	1,543,845	2,559,360	752
	日本	1	500,000	495,000	55
	中日合办				
	其他				
山西省	總數	15	18,750,180	14,893,160	4,477
	中国	9	126,783	147,175	115
	日本	6	18,623,397	14,745,985	4,362
	中日合办				
	其他				
河南省	總數	2	23,000	245,000	26
	中国	2	23,000	245,000	26
	日本				
	中日合办				
	其他				
江蘇省	總數	2	38,000	75,796	20
	中国	2	38,000	75,796	20
	日本				
	中日合办				
	其他				

機械工業

地域	資本國別	工廠數	資本額	生産額	職工數
總數	總數	639	222,209,441	124,440,091	38,397
	中國	464	20,441,417	25,402,105	9,064
	日本	153	105,989,139	60,998,948	13,400
	中日合辦	22	95,878,885	38,038,038	15,933
	其他				
北平市	總數	117	15,841,585	9,817,152	4,193
	中國	96	2,662,096	4,664,550	1,669
	日本	21	12,329,489	4,749,968	2,272
	中日合辦		850,000	402,634	252
	其他				
天津市	總數	143	83,499,624	40,752,187	11,038
	中國	78	8,182,968	10,326,888	291
	日本	56	40,207,671	22,375,664	2,870
	中日合辦	9	35,108,985	6,049,135	5,257
	其他				
青島市	總數	176	46,246,276	29,131,484	7,239
	中國	135	4,345,854	5,532,318	1,906
	日本	40	41,770,422	23,577,866	5,295
	中日合辦	1	130,000	21,300	38
	其他				
河北省	總數	50	50,901,257	29,971,080	9,461
	中國	36	613,659	1,476,874	575
	日本	8	5,782,243	3,323,752	1,173
	中日合辦	6	44,505,355	25,150,454	7,713
	其他				
山東省	總數	100	7,473,708	6,159,096	2,415
	中國	89	4,200,232	2,938,342	1,681
	日本	10	2,273,476	2,484,956	443
	中日合辦	1	1,000,000	735,798	327
	其他				
山西省	總數	39	13,095,521	5,627,103	3,015
	中國	25	334,618	341,163	254
	日本	12	1,634,198	1,783,972	988
	中日合辦	2	11,126,705	3,502,968	1,773
	其他				
河南省	總數	10	1,507,050	793,398	407
	中國	4	11,950	76,770	53
	日本	5	1,325,100	494,705	318
	中日合辦	1	170,000	221,926	36
	其他				
江蘇省	總數	4	3,744,380	2,188,591	593
	中國	1	70,000	46,200	15
	日本	1	666,540	189,068	41
	中日合辦	2	3,007,840	1,953,323	537
	其他				

窯業

地域	資本国别	工厰数	資本数	生産数	職工数
総数	総数	331	84.033.919	59,805.737	27.748
	中国	215	49.612.854	32.755.438	15.074
	日本	104	20.508.745	15.759.546	9.969
	中日合办	11	12.912.320	10.736.817	2.271
	其他	1	1,000.000	553.936	454
北平市	総数	34	9,150,000	6.656 986	3,841
	中国	12	1.662,100	2.311,443	665
	日本	21	5.987.900	3.820.543	2.426
	中日合办	1	1,500.000	525,000	750
	其他				
天津市	総数	41	5.669.703	6.178.012	2.076
	中国	28	857.902	2.844.154	1.207
	日本	136	4.811.801	3.333.858	860
	中日合办				
	其他				
青島市	総数	28	3.735.629	2.627.761	2.252
	中国	14	1.013.500	1.378.053	1.302
	日本	13	3.593.129	1.266.723	985
	中日合办	6	130.000	82.985	65
	其他				
河北省	総数	102	54.316.435	33.685.161	8.214
	中国	71	42.000.080	23.126.488	4.963
	日本	29	1.194.900	2.067.726	2.209
	中日合办	1	10.031.458	8.937.011	608
	其他	1	1,000.000	553.936	434
山東省	総数	49	6.714.670	4,677.693	6.309
	中国	40	3.844,772	3.163.138	3.512
	日本	7	1,899.008	1,232.244	609
	中日合办	2	970.890	382.311	188
	其他				
山西省	総数	28	3,498.707	3,878.636	2,833
	中国	13	50.700	357.662	541
	日本	13	3.398.007	3.272.727	1.955
	中日合办	2	50.000	248.247	337
	其他				
河南省	総数	10	519,000	1,140.425	1,200
	中国	1	20,000	200,000	240
	日本	6	289,000	523.625	658
	中日合办	3	310,000	376.800	302
	其他				
江蘇省	総数	39	429,772	961 663	1,032
	中国	36	74,800	434.500	744
	日本	2	335.000	242.100	267
	中日合办	1	19.972	284.463	21
	其他				

化學工業

地域	資金国别	工廠數	資本額	生產額	職工數
總數	總數	498	230.949.456	261.628.298	23.394
	中国	352	66.886.663	101.620.520	9.107
	日本	127	119.463.026	136.504.945	12.213
	中日合办	15	41.622.767	21.978.792	2.008
	其他	4	2.977.000	1.524.041	71
北平市	總數	37	7.647.543	7.407.445	959
	中国	23	1.624.510	2.566.745	313
	日本	14	6.023.033	4.841.300	646
	中日合办				
	其他				
天津市	總數	104	92.211.193	93.480.940	8.992
	中国	44	23.463.263	49.340.493	4.305
	日本	51	36.165.065	29.325.735	3.406
	中日合办	6	29.730.865	13.491.931	1.222
	其他	3	2.852.000	1.322.781	59
青島市	總數	110	75.119.876	96.499.498	5.527
	中国	79	21.656.222	20.209.067	1.134
	日本	28	52.763.654	74.149.320	4.222
	中日合办	3	1.300.000	2.141.111	181
	其他				
河北省	總數	96	30.316.185	27.868.536	2.884
	中国	86	9.266.427	7.182.876	820
	日本	8	13.533.396	18.272.117	1.733
	中日合办	2	7.516.362	2.413.523	331
	其他				
山東省	總數	109	17.822.232	24.926.984	3.282
	中国	99	9.563.341	17.969.639	2.252
	日本	7	5.367.351	8.438.358	782
	中日合办	2	2.766.540	3.317.727	236
	其他	1	125.000	201.260	12
山西省	總數	19	4.860.427	3.782.879	1.038
	中国	8	124.900	256.518	87
	日本	10	4.726.527	3.515.231	939
	中日合办	1	9.000	11.130	12
	其他				
河南省	總數	7	372.500	1.345.569	366
	中国	3	53.500	115.700	30
	日本	4	319.000	1.229.869	336
	中日合办				
	其他				
江蘇省	總數	16	1.999.600	6.316.447	336
	中国	10	1.134.500	3.980.082	166
	日本	5	565.000	1.733.015	150
	中日合办	1	300.000	603.350	20
	其他				

食品工業

地域	資本国別	工廠数	資本額	生產額	職工数
總數	總數	1,839	279,480,198	449,896,513	20,272
	中国	1,572	89,023,764	243,431,436	10,042
	日本	242	167,993,728	151,532,515	8,785
	中日合辦	16	12,866,416	51,381,037	906
	其他	8	9,596,270	3,531,525	539
北平市	總數	128	29,431,149	35,943,161	1,862
	中国	93	18,376,603	25,530,129	1,025
	日本	35	11,054,546	10,413,032	837
	中日合辦				
	其他				
天津市	總數	632	75,854,976	175,651,161	6,506
	中国	567	25,973,784	126,652,962	3,135
	日本	57	40,738,422	45,006,638	2,964
	中日合辦	3	1,529,000	1,480,996	206
	其他	5	7,613,770	2,510,565	201
青島市	總數	355	32,833,665	61,041,126	3,040
	中国	309	7,452,716	17,004,283	1,161
	日本	45	25,358,449	43,916,883	1,871
	中日合辦				
	其他	1	22,600	120,960	8
河北省	總數	298	42,597,851	45,090,509	3,209
	中国	273	20,415,427	35,074,034	2,120
	日本	24	22,072,434	9,800,495	1,034
	中日合辦	1	110,000	216,000	55
	其他				
山東省	總數	323	73,033,271	93,300,404	3,590
	中国	281	14,168,457	35,093,095	2,090
	日本	32	48,032,448	10,462,531	668
	中日合辦	8	8,872,366	46,845,798	502
	其他	2	1,960,000	900,000	330
山西省	總數	60	6,738,052	8,214,587	766
	中国	38	1,089,414	1,107,479	356
	日本	22	5,650,638	7,107,108	410
	中日合辦				
	其他				
河南省	總數	26	10,068,514	18,734,133	978
	中国	5	1,463,063	2,608,424	120
	日本	18	6,350,401	12,380,605	719
	中日合辦	3	2,255,050	3,745,104	139
	其他				
江蘇省	總數	17	8,922,720	12,920,612	321
	中国	6	86,300	362,250	35
	日本	10	8,726,420	12,465,223	282
	中日合辦	1	100,000	93,139	4
	其他				

電気工業

地域	資本国別	工廠数	資本数	生産数	職工数
総数	総数	57	96.189.732	46.388.717	2.765
	中国	7	6.695.950	3.408.453	290
	日本	2	10.643.136	9.018.085	221
	中日合弁	47	71.788.717	33.802.372	2.156
	其他	1	7.061.929	159.807	98
北平市	総数	1	450.000	222.810	28
	中国				
	日本	1	450.000	222.810	28
	中日合弁				
	其他				
天津市	総数	4	26.210.049	18.520.238	493
	中国	1	3.950.076	2.187.874	98
	日本	1	10.193.136	8.795.275	193
	中日合弁	1	5.004.908	7.377.282	104
	其他	1	7.061.929	159.807	98
青島市	総数	1	8.748.954	6.064.237	147
	中国				
	日本				
	中日合弁	1	8.748.954	6.064.237	147
	其他				
河北省	総数	14	26.224.742	12.293.670	859
	中国	3	1.742.248	826.085	144
	日本				
	中日合弁	11	24.482.494	11.467.585	715
	其他				
山東省	総数	20	23.852.255	6.075.365	593
	中国	3	1.003.626	394.494	48
	日本				
	中日合弁	17	22.848.629	5.680.871	545
	其他				
山西省	総数	10	5.488.486	1.060.508	441
	中国				
	日本				
	中日合弁	10	5.488.486	1.060.508	441
	其他				
河南省	総数	4	3.219.200	1.121.778	120
	中国				
	日本				
	中日合弁	4	3.219.200	1.121.778	120
	其他				
江蘇省	総数	3	1.996.046	1.030.111	84
	中国				
	日本				
	中日合弁	3	1.996.046	1.030.111	84
	其他				

製材及木製品工業

總數	總數	197	37.733.639	62.691.561	6.288
	中國	86	5.089.087	8.262.771	1.681
	日本	110	33.344.572	53.076.417	4.527
	中日合辦	2	1.300.000	1.352.373	80
	其他				
北平市	總數	38	5.206.000	7.061.062	942
	中國	1	20.000	1.755	6
	日本	37	5.186.000	7.059.307	936
	中日合辦				
	其他				
天津市	總數	37	13.663.417	28.577.093	2.089
	中國	13	2.182.035	2.927.004	424
	日本	24	11.481.382	25.650.089	1.665
	中日合辦				
	其他				
青島市	總數	56	13.553.400	18.873.576	1.540
	中國	39	1.579.900	3.396.731	605
	日本	15	10.673.500	14.124.472	855
	中日合辦	2	1.300.000	1.352.373	80
	其他				
河北省	總數	21	3.335.389	2.653.621	422
	中國	10	290.200	321.732	230
	日本	11	3.045.189	2.331.889	192
	中日合辦				
	其他				
山東省	總數	23	2.495.500	2.657.387	478
	中國	12	930.500	756.865	163
	日本	11	1.565.000	1.900.522	315
	中日合辦				
	其他				
山西省	總數	18	1.226.552	2.439.495	781
	中國	11	86.432	668.684	253
	日本	7	1.140.120	1.770.811	528
	中日合辦				
	其他				
河南省	總數	2	178.381	160.447	20
	中國				
	日本	2	178.381	160.447	20
	中日合辦				
	其他				
江蘇省	總數	3	75.000	68.860	16
	中國				
	日本	3	75.000	68.860	16
	中日合辦				
	其他				

印刷及製本業

地域	資本国別	工廠數	資本數	生產數	職工數
總數	總數	229	21.043.868	39.605.599	6.928
	中国	151	6.651.935	14.782.245	3.229
	日本	71	9.380.203	15.730.008	2.356
	中日合办	6	4.934.230	9.075.346	1.336
	其他	1	77.500	18.000	7
北平市	總數	36	7.710.730	15.363.904	2.083
	中国	12	1.852.000	1.914.470	479
	日本	21	1.474.500	5.478.306	510
	中日合办	3	4.384.230	7.971.128	1.094
	其他				
天津市	總數	41	4.460.426	8.628.830	1.206
	中国	25	1.227.626	4.538.578	529
	日本	15	3.082.800	3.866.296	585
	中日合办	1	150.000	223.956	92
	其他				
青島市	總數	50	4.542.466	5.281.954	1.391
	中国	25	820.700	1.693.722	733
	日本	12	3.144.266	2.689.970	501
	中日合办	2	500.000	880.262	150
	其他	1	77.500	18.000	7
河北省	總數	34	901.900	2.023.710	585
	中国	27	558.400	1.239.481	433
	日本	7	343.500	784.229	152
	中日合办				
	其他				
山東省	總數	46	1.898.581	5.198.652	968
	中国	38	1.136.581	3.292.495	653
	日本	8	762.000	1.906.157	315
	中日合办				
	其他				
山西省	總數	14	1.290.465	2.410.636	528
	中国	11	830.828	1.919.499	379
	日本	3	459.637	491.137	149
	中日合办				
	其他				
河南省	總數	4	95.600	459.513	122
	中国	1	11.000	84.600	17
	日本	3	84.500	374.913	105
	中日合办				
	其他				
江蘇省	總數	4	143.800	238.400	65
	中国	2	114.800	98.400	26
	日本	2	29.000	140.000	39
	中日合办				
	其他				

雜工業

地域	資本国別	工廠數	資本額	生產額	職工數
總數	總數	379	233.556.775	378.980.770	34,912
	中国	244	20.101.911	62.776.626	11.006
	日本	126	192.755.613	281.746.599	21.646
	中日合办	9	20.699.251	34.457.545	2.260
	其他				
北平市	總數	43	14,401,558	36.285.232	4,069
	中国	18	2.372.620	2.378.049	952
	日本	25	12.028.938	33.907.183	3.117
	中日合办				
	其他				
天津市	總數	130	83,417.045	111.830,953	10,476
	中国	67	4,430,989	11.488.729	2.349
	日本	63	78.986,056	100.342.224	8.127
	中日合办				
	其他				
青島市	總數	86	112,840,200	185.500,408	11.691
	中国	46	11,017,036	33.231.745	2.840
	日本	36	88.349.913	130,568.102	7,600
	中日合办	4	13.473.251	21.700.561	1.251
	其他				
河北省	總數	51	2.933.450	5.179,556	1.002
	中国	46	2.264,450	3.830,646	856
	日本	4	599.000	1.284,218	120
	中日合办	1	70.000	64,692	26
	其他				
山東省	總數	54	16.562.946	27.876,145	5.227
	中国	42	8.022.246	8.618.298	3.267
	日本	9	1.434.500	6.787,755	895
	中日合办	3	7.106.000	12,470,092	1.065
	其他				
山西省	總數	16	9.430.134	6.521,795	1.710
	中国	12	267.400	1.693,170	332
	日本	4	9.162.734	4.828.625	1.378
	中日合办				
	其他				
河南省	總數	17	628.672	1.609.608	334
	中国	12	195.200	213.950	221
	日本	4	383.472	1.173.458	95
	中日合办	1	50.000	222.200	18
	其他				
江蘇省	總數	2	3.342.940	4,177,073	503
	中国	1	1.531.940	1.322.039	189
	日本	1	1.811.000	2.855.034	314
	中日合办				
	其他				

華北日人及日華合辦工廠統計表

說　明

1. 本表係民國卅三年之統計
2. 本表僅包括日人及日華合辦之工廠　日本軍管理及開發公司（北支那）所管各廠不在內

工業類別	工廠數	資金（千元）	職工數 中國人	日本人	合計
(一) 紡織工業	188	392.613	33879	1647	35526
1.生絲製綿業	1	54500	556	8	564
山東省	1	54500	556	8	564
2.棉絲紡織業	18	195.886	12981	618	13599
天津	5	132.880	7762	357	8119
青島	5	27984	1850	113	1963
河北省	2	3001	451	22	473
山東省	3	21269	1557	65	1622
冀東地區	1	3594	868	33	901
開封地區	2	7158	493	26	521
3.麻絲紡織業	1	100	164	9	173
青島	1	100	164	9	173
4.毛絲紡織業	3	9609	966	60	1026
北平	2	7109	899	56	955
天津	1	2500	67	4	71
5.綿織物業	57	60755	8614	452	9066
北平	3	570	242	12	254
天津	13	8673	1139	82	1221
青島	22	35423	5969	312	6281
河北省	2	3000	451	22	473

工業類別	工廠數	資金（千元）	職工數 中國人	日本人	合計
山東省	4	12366	117	14	131
山西省	9	373	667	3	670
冀東地區	1	100	3	2	5
開封地區	3	250	26	5	21
6.絹織物業	12	3567	1128	28	1156
北平	3	815	440	16	456
天津	1	100	39		39
青島	2	1742	245	10	255
山東省	6	910	404	2	406
7.麻織物業	2	85	270	2	272
青島	1	85	270	2	272
河北省	1				
8.毛織物業	5	7450	1059	48	1107
天津	4	7150	979	46	1025
山東	1	300	80	2	82
9.人造絲織物業	4	1370	465	12	477
青島	4	1370	465	12	477
10.菓大小製造業	20	20170	3015	115	3130
天津	8	12400	2079	87	2166
青島	5	7600	901	28	929

工業類別	工廠數	資金（千元）	職工數		
			中國人	日本人	合計
山西省	4	170	35	—	35
開封地區	3	—	—	—	—
11. 綿布染色精練漂白加工業	21	22761	1599	140	1739
北平	6	440	73	15	88
天津	4	9500	321	44	365
青島	8	9708	1053	67	1120
山東省	3	3113	152	14	166
12. 絲綿業	4	1690	268	4	272
青島	2	250	103	2	105
河北省	2	1440	165	2	167
13. 製棉業	30	9294	1757	96	1853
北平	5	665	166	13	179
天津	11	5292	989	39	1028
青島	4	1080	211	20	231
河北省	3	1695	159	13	172
山東省	3	390	179	8	187
山西省	4	162	53	3	56
14. 其他紡織業	10	5396	1037	55	1092
天津	7	4421	266	31	297
山東省	3	975	771	24	795

工業類別	工廠數	資金（千元）	職工數		
			中國人	日本人	合計
(二) 金屬工業	67	71289	5654	568	6222
15. 金屬製錬業	15	32473	2137	224	2361
北平	6	3505	260	54	314
天津	7	10468	1029	86	1115
冀東地區	1	10000	—	42	42
開封地區	1	8500	848	42	890
16. 銑鉄鋳物業	20	9980	1580	150	1730
北平	5	5370	937	99	1036
天津	1	600	20	7	27
青島	1	800	89	4	93
河北省	7	1170	60	14	74
山西省	6	2040	474	26	500
17. 羅絲釘等製造業	13	3724	334	25	359
天津	5	3282	251	18	269
青島	2	342	83	7	90
山西省	6	100	—	—	—
18. 蹄鉄業	1	350	35	6	41
河北省	1	350	35	6	41
19. 針類製造業	2	650	11	5	16
青島	2	650	11	5	16

工業類别	工廠數	資金（千元）	職工數		
			中國人	日本人	合計
20.建設材料製造業	2	2600	176	20	196
北平	2	2600	176	20	196
21.其他金屬品製造業	14	21512	1381	138	1519
天津	11	19118	1330	117	1447
青島	1	1744	4	14	18
山東省	1	650	31	4	35
山西省	1		16	3	19
(三)機械器具工業	140	344497	10416	1294	11710
22.普通機械製造業	58	32576	3296	335	3630
北平	11	5745	598	76	674
天津	17	18718	1555	160	1715
青島	19	6373	816	70	886
山東省	3	960	123	9	132
山西省	6	630	157	11	168
開封地區	2	150	46	9	55
23.工作機械製造業	2	1260	92	40	132
北平	2	1260	92	40	132
24.精密機械製造業	20	13141	1380	171	1551
北平	7	2226	415	41	456
天津	7	8780	183	95	278

工業類别	工廠數	資金（千元）	職工數		
			中國人	日本人	合計
青島	1	126	23	2	25
山東省	1	189	549	17	566
山西省	3	320	89	6	95
開封地區	1	1500	121	10	131
25.電氣機器及器具製造業	17	46360	1004	164	1168
北平	6	906	184	40	224
天津	11	45454	820	124	944
26.車輛及鐵道用品製造業	30	233028	3247	395	3642
北平	8	1685	209	33	242
天津	5	226601	2628	301	2929
青島	6	1600	219	21	240
河北省	2	112	11	3	14
山東省	4	1560	122	16	138
山西省	4	820	56	19	75
開封地區	1	650	2	2	4
27.造船業及船具製造業	7	17124	1220	171	1391
天津	1	600	93	17	110
青島	2	16184	881	134	1015
冀東地區	4	340	246	20	266
28.其他機械製造業	6	1008	178	18	196

工業類別	工廠數	資金（千元）	職工數 中國人	職工數 日本人	職工數 合計
北平	2	75	34	3	37
天津	2	[illegible]	76	13	89
青島	1	500	63	2	65
山東	1	50	5	—	5
(四)窯業	136	33149	9437	290	9727
29陶瓷器製造業	13	3175	731	31	762
天津	1	1350	198	6	204
河北省	3		50		50
山東省	5	1643	375	18	393
山西省	3	167	103	2	105
冀東地區	1	15	5	5	10
30玻璃工業	11	5366	574	67	641
北平	1	700	121	12	33
天津	6	1192	388	36	424
青島	3	3174	37	10	47
山東省	1	300	28	9	37
31普通煉瓦製造業	59	8846	5726	74	5800
北平	20	3520	2122	36	2158
青島	6	1940	641	14	655
河北省	17	1669	896	1	897
山東省	2	60	31	—	31

工業類別	工廠數	資金（千元）	職工數 中國人	職工數 日本人	職工數 合計
山西省	8	1327	1533	19	1552
開封地區	6	330	503	4	507
32特殊煉瓦製造業	14	9192	928	42	970
北平	1	500	41	6	47
天津	1	150	66	6	72
青島	1	26	40	2	42
河北省	1	100			
山東省	2	7800	393	13	406
山西省	5	351	159	8	167
冀東地區	2	250	171	5	176
開封地區	1	15	58	2	60
33セメント製造業(水泥)	1	1209	292	14	306
山東省	1	1209	292	14	306
34セメント製品製造業	15	2706	330	26	356
北平	4	437			
天津	2	1549	78	8	86
青島	2	250	155	2	157
山東省	1	20	11	6	17
山西省	4	350	75	8	83
冀東地區	1	100	11	2	13
開封地區	1	—	—	—	—

工業類別	工廠数	資金（千元）	職工数		
			中國人	日本人	合計
35.石炭製造業	7	1060	527	13	540
北平	1	150	52	5	57
河北省	2	610	176	5	181
山東省	1	50	31	—	31
山西省	3	250	268	3	271
36.屋根瓦製造業	13	175	111	3	114
青島	3	—	—	—	—
冀東地區	1	50	54	2	56
開封地區	9	125	57	1	58
37.其他窯業	3	1620	218	20	238
天津	2	300	81	9	90
山東省	1	1120	137	11	148
四.化學工業	154	248,112	12142	1568	13710
38.製藥業	25	12264	982	187	1169
北平	10	4058	340	39	379
青島	7	3340	189	53	242
天津	7	4866	453	95	548
39.工業藥品製造業	15	41599	1853	189	2042
北平	1	625	21	4	25
天津	6	4844	158	54	212
山東省	2	13075	196	34	230
山西省	2	2280	385	20	405
冀東地區	4	20775	1093	77	1170
40.染色製造業	7	18245	528	72	600
天津	5	7245	202	32	234
青島	2	11,000	326	40	366
41.塗料顏料業	8	756.9	284	32	316
天津	7	6869	249	30	279
山東省	1	700	35	2	37
42.石鹼製造業	26	11755	475	73	548
北平	1	150	10		10
天津	7	3487	155	22	177
青島	5	3009	95	25	120
河北省	5	187	16	5	21
山東省	3	4600	160	14	174
山西省	2	112	16	5	21
開封地區	3	210	23	2	25
43.火藥類製造業	1	2454	376	36	412
山東省	1	2454	376	36	412
44.鑛油製造業	1	4688	40	25	65

工業類別	工廠數	資金(千元)	職工數			工業類別	工廠數	資金(千元)	職工數		
			中國人	日本人	合計				中國人	日本人	合計
青島	1	4688	40	25	65	天津	4	1182	160	8	168
						冀東地區	1	150	1	2	3
45.大豆油以外植物油製造業	8	16465	800	80	880						
天津	2	1200	313	34	347	50.煉炭製造業	6	417	47	3	50
青島	3	14530	392	35	427	北平	1	170	11	—	11
河北省	1	420	53	6	59	山東省	2	147	28	3	31
開封地區	2	315	42	5	47	山西省	2	80	6	—	6
						冀東地區	1	20	2	—	2
46.製紙業	10	72005	1676	346	2022						
北平	1	4812	205	32	237	51.橡膠製造業	24	36147	3473	354	3827
天津	1	40000	552	174	726	北平	5	1356	207	25	232
青島	3	3152	228	54	282	天津	10	16919	1103	182	1285
山東省	3	19441	550	59	609	青島	8	17572	2156	140	2296
冀東地區	2	4600	141	27	168	山西省	1	300	7	7	14
47.人造肥皂製造	1	5650	367	43	410	52.其他化學工業	13	8587	617	66	683
天津	1	5650	367	43	410	北平	4	493	69	17	86
						天津	5	6780	419	31	450
48.製革業	4	6935	463	52	515	河北省	2	750	116	14	130
北平	1	1500	77	5	83	山東省	2	564	13	4	17
天津	2	4730	326	40	366						
山東省	1	705	59	7	66	六.食品工業	335	163,510	9677	1383	11060
						53.日本酒釀造業	47	26071	974	296	1270
49.焦炭製造業	5	1332	161	10	171	北平	14	5232	225	86	311

工業類別	工廠數	資金（千元）	職工數		
			中国人	日本人	合計
天津	9	6025	427	96	523
青島	7	9819	226	45	271
河北省	5	930	22	20	42
山東省	3	1291	48	30	78
山西省	6	606	24	16	40
冀東地區	3	170	2	3	5
54.中国酒釀造業	2	510	8	2	10
山東省	1	500	4	2	6
山西省	1	10	4	—	4
55.啤酒釀造業	22	24725	597	111	708
北平	6	6880	92	24	116
天津	8	2199	111	36	147
青島	5	12763	291	47	338
山東省	1	2733	97	3	100
山西省	2	150	6	1	7
56.味精醤油釀造	54	20423	1609	172	1781
北平	10	4531	302	36	338
天津	7	7450	864	60	924
青島	12	6382	162	29	191
河北省	5	518	43	7	50
山東省	8	2147	167	24	171

工業類別	工廠數	資金（千元）	職工數		
			中国人	日本人	合計
冀東地區	1	20	3	1	4
開封地區	5	205	22	8	30
山西省	6	1170	66	7	73
57.清涼飲料製造業	31	11.55	855	94	949
北平	6	661	121	18	139
天津	7	2.219	288	29	317
青島	9	6450	189	22	211
河北省	3	525	84	12	96
山東省	2	330	15	2	17
山西省	1	500	66	3	69
冀東地區	1	150	34	1	35
開封地區	2	320	58	7	65
58.製氷業	22	9285	1020	14	1160
北平	8	1250	111	18	129
天津	1	2000	29	12	41
青島	2	2300	49	21	70
河北省	2	500	17	8	25
山東省	3	1400	783	66	849
山西省	1	500	15	6	21
冀東地區	1	700	1	2	3
開封地區	3	635	15	7	22

工業類別	工廠數	資金（千元）	職工數		
			中國人	日本人	共計
59.製粉業	24	35657	823	104	927
北平	2	1560	92	11	103
青島	2	8318	163	13	176
河北省	5	4060	159	32	191
山東省	7	11280	127	6	133
山西省	3	535	16		16
冀東地區	1	50	7	4	11
開封地區	4	9854	259	38	297
60.澱粉製造業	3	1850	208	12	220
北平	1	850	102	7	109
天津	1	500	92	4	96
山西省	1	500	14	1	15
61.製糖業	1	161	31	6	37
天津	1	161	31	6	37
62.製菓業	45	9866	1364	161	1525
北平	8	1250	111	18	129
天津	7	2263	781	79	860
青島	5	3465	280	18	298
河北省	2	215	12	7	19
山東省	2	1070	51	21	72
山西省	14	573	106	17	123

工業類別	工廠數	資金（千元）	職工數		
			中國人	日本人	合計
開封地區	7	750	23	1	24
63.罐頭製造業	5	2280	216	15	231
天津	2	780	46	9	55
青島	3	1500	170	6	176
64.畜産品製造業	11	8242	485	71	556
北平	1	1000	—	9	9
天津	4	409	151	42	193
青島	3	6420	279	16	295
河北省	1	60	—	—	—
開封地區	2	353	55	4	59
65.水産品製造業	7	3528	270	24	294
北平	2	110	5	6	11
山東省	2	68	4	—	4
冀東地區	3	3350	261	18	279
66.製麵業	10	555	90	13	103
北平	4	201	48	6	54
青島	1	30	6	2	8
河北省	1	300	36	5	41
山西省	4	24	—	—	—

工業類別	工廠數	資金(千元)	職工數		
			中國人	日本人	合計
68. 精穀業	9	4.120	378	64	442
天津	1	2500	256	37	293
河北省	1	300	—	—	—
山東省	2	860	49	9	58
山西省	3	460	4	12	16
開封地區	2	—	69	6	75
69. 其他食料品業	36	5532	619	72	691
北平	13	1170	366	23	389
天津	5	3000	164	34	198
青島	6	868	39	9	48
河北省	3	3	—	—	—
山東省	1	330	31	2	33
山西省	8	161	19	4	23
(七) 製材及木製品工業	138	142,595	5360	576	5936
70. 製材業	47	27.448	3140	394	3534
北平	9	3.510	200	50	250
天津	8	6969	2277	201	2478
青島	10	8935	419	64	483
河北省	7	2600	66	27	93
山東省	7	3038	125	20	145
山西省	3	2010	22	19	41
冀東地區	3	386	31	13	44

工業類別	工廠數	資金(千元)	職工數		
			中國人	日本人	合計
71. 木製品製造業	91	115,147	2220	182	2402
北平	42	4525	964	71	1035
天津	26	69042	525	65	590
青島	3	40000	60	4	64
河北省	4	382	86	12	98
山東省	8	739	214	16	230
山西省	7	409	366	13	379
冀東地區	1	50	5	1	6
(八) 印刷及製本業	72	14418	1994	202	2196
72. 印刷及製本業	72	14418	1994	202	2196
北平	34	4236	654	63	717
天津	10	4721	660	71	731
青島	12	2840	379	30	409
河北省	5	392	29	5	34
山東省	8	2126	258	30	288
山西省	3	103	14	3	17
(九) 雜工業	181	158.554	18680	1008	19688
73. 皮革製品製造業	13	9056	1004	158	1162
天津	7	8808	947	151	1098
山東省	5	168	31	3	34
山西省	1	80	26	4	30

工業類別	工廠數	資金（千元）	職工數 中国人	職工數 日本人	職工數 合計
74.纖維業	97	31,877	8670	408	9078
北平	37	6590	2968	144	3112
天津	26	16988	6256	168	6624
青島	1	400	99	8	107
河北省	2	20	110	9	119
山東省	16	3879	857	53	910
山西省	15	4000	380	26	406
75.火柴製造業	8	11,660	2633	52	2685
天津	2	2717	636	23	695
青島	5	8133	1558	22	1580
山東省	1	810	239	7	246
76.煙草製造業	6	97,794	4971	170	5141
北平	1	8388	602	13	615
天津	2	61186	3141	93	3234
青島	3	28220	1228	64	1292
77.帽子製造業	1	50	18	—	18
天津	1	50	18	—	18
78.履物製造業	1	100	10	61	71
北平	1	100	10	61	71

工業類別	工廠數	資金（千元）	職工數 中国人	職工數 日本人	職工數 合計
79.線香製造業	1	30	5	2	7
北平	1	30	5	2	7
80.其他雜工業	54	7987	1569	157	1,726
北平	7	961	134	48	182
天津	13	5364	972	58	1030
青島	17	1073	253	31	284
河北省	1	15	4	—	4
山東省	3	216	76	3	79
山西省	13	356	130	17	149
總計	1411	1,568,727	107239	8536	115775

華北主要工廠一覽表——機械工業之部

工業類別	工廠名稱	地點	資本數	生產品	主要設備	員工數(民國34.3)			備考
						員	工	合計	
1.機械工業類	小糸重机工廠	北平市	3.000.000円	壓縮机 捲揚机.唧筒炭車	工作机 120台 電動机 廿三部 化鉄炉一座	12	400	412	
	合村製作所	〃	60.000円	製鉄机械 遠鏡机械	工作机 30台,化鉄炉一座	4	120	124	
	横山製作所	〃	100.000円	鋳鉄管,工作机械	工作机,15台 化鉄炉一座	2	170	172	
	北京鋳造	〃	700.000円	送風机,唧筒農器具	工作机 40台.化鉄炉一座	5	200	205	
	鐘淵ディゼル	〃	750.000円	船用机械 工作机械	工作机 100台	6	200	205	
	中華鉄廠	〃	770.000円	暖房用机器	工作机 50台	4	400	404	
	北京鋳造	〃	60.000円	鋳鉄管 異形管	工作机 15台 化鉄炉一座	2	100	102	
	川住鉄工廠	〃	70.000円	机械修理	工作机 13台.	4	4	44	
	中央工業	〃	80.000円	鍛工、鋳工	工作机 15台、化鉄炉一座	2	60	62	
	松安鉄工廠	〃	80.000円	↓ ↓	工作机 16台	3	45	48	
	浅香鉄工廠	〃	100.000円	伸線	工作机 23台	3	60	65	
	大澤精机工廠	〃	70.000円	縫紉及其他工具	工作机 30台	2	50	52	
	北支鉄工廠	〃	5,130.000円	兵器	工作机 300台	15	600	615	
	久保田鉄工廠	河北宛平	1.380.000円	鋳鉄管 工作机械	工作机 34台 化鉄炉四座	2	500	512	
	日華鉄工廠	北平市	220.000円	鑛山机械及織机	工作机 23台,電動机四部27馬力	7	264	271	
	横河橋梁製作所	北平豐台	250.000円	鉄橋鉄塔	工作机 20台,電動机 五部53馬力	6	121	127	
	華北機械	天津	12.000.000円	捲揚机 壓縮机 送風机,選礦机	工作机 200台,化鉄炉3座 動力300馬力	20	760	780	
	昇恒機械工廠	〃	4.370.000円	兵器 農具	工作机 170台,化鉄炉4座 動力300馬力	10	750	760	
	華北自動車	〃	10,000,000円	氣体發生炉	工作机 300台,化鉄炉4座 動力740馬力	10	240	250	
	昌和工廠	〃	1.750.000円	自轉車	工作机 320台,化鉄炉一座,動力120馬力	10	600	610	
	東和工廠	〃	320.000円	工作机械	工作机 45台 化炉二座 動力 45馬力	4	100	104	
	安宅精机工廠	〃	282,000円	工作机械	工作机 53台.化鉄炉一座 動力50馬力	5	200	205	
	大信工廠	〃	100.000円	唧筒炭車	工作机 40台 化鉄炉三座 動力100馬力	5	200	205	

工業類別	工廠名称	地點	資本数	生産品	主要設備	員工数(民国34.3) 員	工	合計	備考
	石丸製作所	天津	200,000円	兵器	工作机65台 化鉄炉二座 動力50馬力	6	170	176	
	大中工廠	〃	200,000円	兵器炭車	工作机74台 化鉄炉一座 動力30馬力	4	200	204	
	中山鋼業所	〃	5,000,000円	製鋼圧延伸線, 鋳鋼	工作机240台 動力1250	10	700	710	
	山本製鋼所	〃	700,000円	伸鋼, 圧延	工作机20台 動力300馬力	10	100	110	
	謙保鉄廠	〃	200,000円	鑛山机械	工作机15台 化鉄炉一部 動力50馬力	6	38	44	
	北支電机株式会社	〃	10,000,000円	電動机, 変圧器	工作机90台	10	200	210	
	青島工廠	青島	3,500,000円	造船造机, 船修理	工作机90台 化鉄炉三座 動力1500馬力	15	700	715	
	豊田式鉄廠	〃	1,500,000円	可鍛鋳鉄製品	工作机250台 化鉄炉三座 動力530馬力	30	650	680	
	東亜重工業	〃	2,000,000円	喞筒工作机械化学机械	工作机140台 化鉄炉二座 動力360馬力	28	700	726	
	中央製作所	太原	80,000,000円	兵器, 鑛山机械	工作机125台 化鉄炉一座				
	蒙疆実業電化工廠		5,000,000円	鑛山机械 土木机械	工作机71台				
	新華電机	北平市	6,000,000円	小型電動机					建設中
	住友通信	〃	37,500,000円	電話机 小型無線電机					建設中
	芝浦電気	〃	225,000,000円	真空管 電球					建設中
	華北電線	北平天津	12,000,000円	電線		102	259	361	
	天津鉄路工廠	天津		鉄道車輛修理	工作机72台		754		
	唐山鉄路工廠	唐山			工作机299台		2423		
	石门〃〃〃	石门			工作机119台		1184		
	南口〃〃〃	昌平			工作机188台		1213		
	長辛店〃〃〃	宛平			工机 164台		2313		
	済南〃〃〃	済南			工作机156台		2927		
	太原〃〃〃	太原			工作机124台		1331		
	張家口〃〃〃	張家口			工作机 95台		733		

工業類別	工廠名称	地點	資本数	生產品	主要設備	員工数(民國34.3)			備考
						員	工	合計	
	徐州鉄路工廠	徐州		鉄路車輌用具修理	工作机41台		750		
	華北車輌張貴莊工廠	河北張貴莊	30,000,000圓	鉄路用品					
	〃〃〃〃山海関工廠	河北臨榆		鉄路用品					
	〃〃〃〃青島工廠	青島		鉄路車輌	工作机400台 動力3050馬力		2500		

第七章　華北交通

第一節　鉄路

第一項　戰前鉄路幹線支線及里程狀況

鉄路	幹線及支線	起點	終點	路長(公里)
北寧	幹線	前門	遼寧	422.339(僅關內段)
	通州支線	東便門	通州東站	21.895
	北戴河支線	北戴河	海濱	9.974
	西沽支線	天津總站	西沽	3.719
	蘆溝橋支線	豐台	蘆溝橋橋梁	5.639
	計			463.566
平綏	幹線	豐台	包頭	816.147
	平門支線	西直門	門頭溝	25.954
	環城支線	西直門	東便門	12.627
	口泉支線	大同	口泉	20.247
	計			874.977
平漢	幹線	前門	漢口	1.212.558
	坨里支線	良鄉	坨里	16.318
	周口店支線	琉璃河	周口店	15.182
	新易支線	高碑店	良各莊	42.482
	清苑南關支線	清苑縣	清苑南關	4.348
	臨城支線	鴨鴿營	臨城	16.700
	豐台支線	長辛店	蘆溝橋橋梁	3.618
	道清支線	三里灣	陳莊	163.210
	遊新支線	遊家墳	新鄉	2.440
	六河溝支線	豐樂鎮	六河溝	18.405
	計			1.495.262
膠濟	幹線	青島	濟南	393.236
	張博支線	張店	博山	39.213
	淄礦支線	淄川	礦山	6.975
	金鉄支線	金嶺鎮	鉄山	6.561
膠濟	黃台橋支線	黃台橋	黃台	2.717
	坊子支線	坊子	坊子炭坑	2.390
	計			451.092
津浦	幹線	天津總站	浦口	1.009.156
	良陳支線	良王莊	陳唐莊	25.460
	濼口支線	濼口	黃台橋	5.990
	滋濟支線	滋陽縣	濟寧縣	31.528
	臨棗支線	臨城	棗莊	31.460
	輪渡軌道	浦口	江岸	2.241
	計			1.105.835
正太	幹線	石家莊	太原	239.900
	榆谷支線	榆次	太谷	35.953
	井陘支線	微水	井陘	12.000
	鳳山支線	南張村	鳳山	6.953
	計			294.806
同蒲	幹線	寧武	風陵渡口	701.840
	忻窰支線	忻縣	甲子灣	52.369
	西山支線	太原	白家莊	19.400
	平汾支線	平遙	汾陽	33.100
	原陽支線	原平	陽明堡	42.000
	洋灰廠支線	王門溝	西銘村	3.870
	計			852.579
隴海	幹線	連雲	寶雞	1.232.962
	臺趙支線	趙墩	台兒莊	30.500
	大浦支線	新浦	大浦	2.824
	計			1.266.286
合計	幹線			6.028.138
	支線			776.265
	計			6.804.403

接右表

備考：(一) 上表所列各路自1881年起至1937年止費時約56年始告建設完成，平均每年僅建設百廿公里。

(二) 淪陷後之各路局路線劃分及里程參閱22項。

第二項　淪陷期間營業里程及軌道延長比較

第一目　淪陷期間營業里程比較

年度	營業里程(公里)	指數
民國廿七年	4375	100
民國廿八年	4375	100
民國廿九年	5539	127
民國三十年	5945	136
民國三十一年	6002	137
民國三十二年	6009	138
民國三十三年	6066	139
民國卅四年三月末	5894	135

第二目　淪陷期間軌道延長比較

年度	民國26年	27年	28年	29年	30年	31年	32年
幹線	2.251.674	4.374.722	5.572.601	6.109.011	6.154.411	6.243.961	6.371.549
支線	672.576	1.281.637	1.563.678	1.641.197	1.651.529	1.689.191	1.770.792
計(公里)	2.924.250公里	5.656.359	7.136.279	7.750.208	7.805.940	7.933.152	8.142.341

第三項　戰前及淪陷期間運輸概況

第一目　戰前及淪陷期間客貨運輸情形

年度	客運人數(千人)	指數	貨運噸數(千噸)	指數
民國23年	15639	53	24360	96
民國24年	16159	53	24849	100
民國25年	不詳			
民國26年	不詳			
27年	14485	49	21883	56
28年	29617	100	30226	143
29年	40230	136	35773	170
30年	38905	131	38779	207
31年	56500	191	40643	234
32年	91404	309	39022	247
33年	80937	273	34326	217

註：前表民國二十五、六兩年因受戰事影响資料多已紛失，不克統計。

第二目　戰前及淪陷期間貨物分類運輸情形(單位千噸)

年度	鑛產類				林產類	農產類	畜產類	其他	工業類及其他	合計	指數
	煤炭	鉄鑛石	其他	計							
民國23	12.759		1.612	14.407	217	3.414	285		2.160	20.483	117
24	13.289		1.693	14.982	196	3.041	300		2.318	20.837	119
27	7.601	116	1.525	9.242	267	1.994	143	160	2.147	13.953	80
28	10.747	279	971	11.997	478	2.260	209	258	2.260	17.462	100
29	13.826	449	1.788	16.063	687	2.216	256	574	2.771	22.567	129
30	17.042	653	1.808	19.503	820	2.075	226	465	2.846	25.935	149
31	18.377	1.044	1.669	21.090	1.149	1.919	172	714	3.023	28.067	161
32	15.786	1.114	1.535	18.435	1.175	2.132	172	958	3.540	26.412	151
33	11.561	1.009	1.804	14.374	916	1.518	127	621	3.017	20.573	118

第三目　淪陷期間鉄路貨物水陸聯運情形

年度	陸運					海運						
	經由山海関	經由蚌埠及徐州	合計	指數	比率	經由塘沽	經由秦皇島	經由青島	經由連雲	合計	指數	比率
28	285	507	792	100	13%	309	3626	1.142	46	5.123	100	87%
29	704	525	1.229	155	16	578	3.766	1.360	588	6.291	123	84
30	2.303	525	2.827	357	29	774	3.077	1.671	1.425	6.947	136	71
31	3.144	2.091	5.235	661	45	927	2.768	1.169	1.560	6.424	125	55
32	4.296	2.250	6.546	827	62	543	1.774	704	1.061	4.080	80	38
33	4.025	1.996	6.021	760	76	224	485	628	519	1.856	36	24

第四月　　淪陷期間華北鐵路運輸量及保有車輛情形

區分＼年度			戰前(24)	淪陷時(26.9)	27	28	29	30	31	32	33	勝利時(34.8)
輸送量(單位万)	客運人數		1886		1.449	2.962	4.023	3.890	5.650	8.875	8.097	
	貨運噸數		2600		2.035	3.053	3.604	3.720	4.098	3.982	3.433	
保有車輛	機車		1.036	241	909	1.017	1.108	1.239	1.254	1.311	1.352	1.331
	客車		1.373	320	870	894	997	1.201	1.308	1.384	1.410	1.362
	貨車		14.545	2875	11.154	15.082	16.010	17.152	17.321	18.414	18.709	18.532
	事故復舊用起重機		1	1	2	6	5	10	9	9	10	10
戰前指數100	輸送量	旅客	100		77	157	219	206	300	471	429	
		貨物	100		78	117	139	151	157	153	132	
	保有數	機車	100	23	88	98	107	119	121	126	130	128
		客車	100	23	63	65	73	87	95	101	103	99
		貨車	100	20	77	104	110	118	119	127	129	127
		事故復舊用起重機	100	100	200	600	500	1.000	900	900	1000	1000

註　(1)所謂年度者係指由該年四月起至翌年三月為止.
(2)車輛保有數係指該年度末而言.

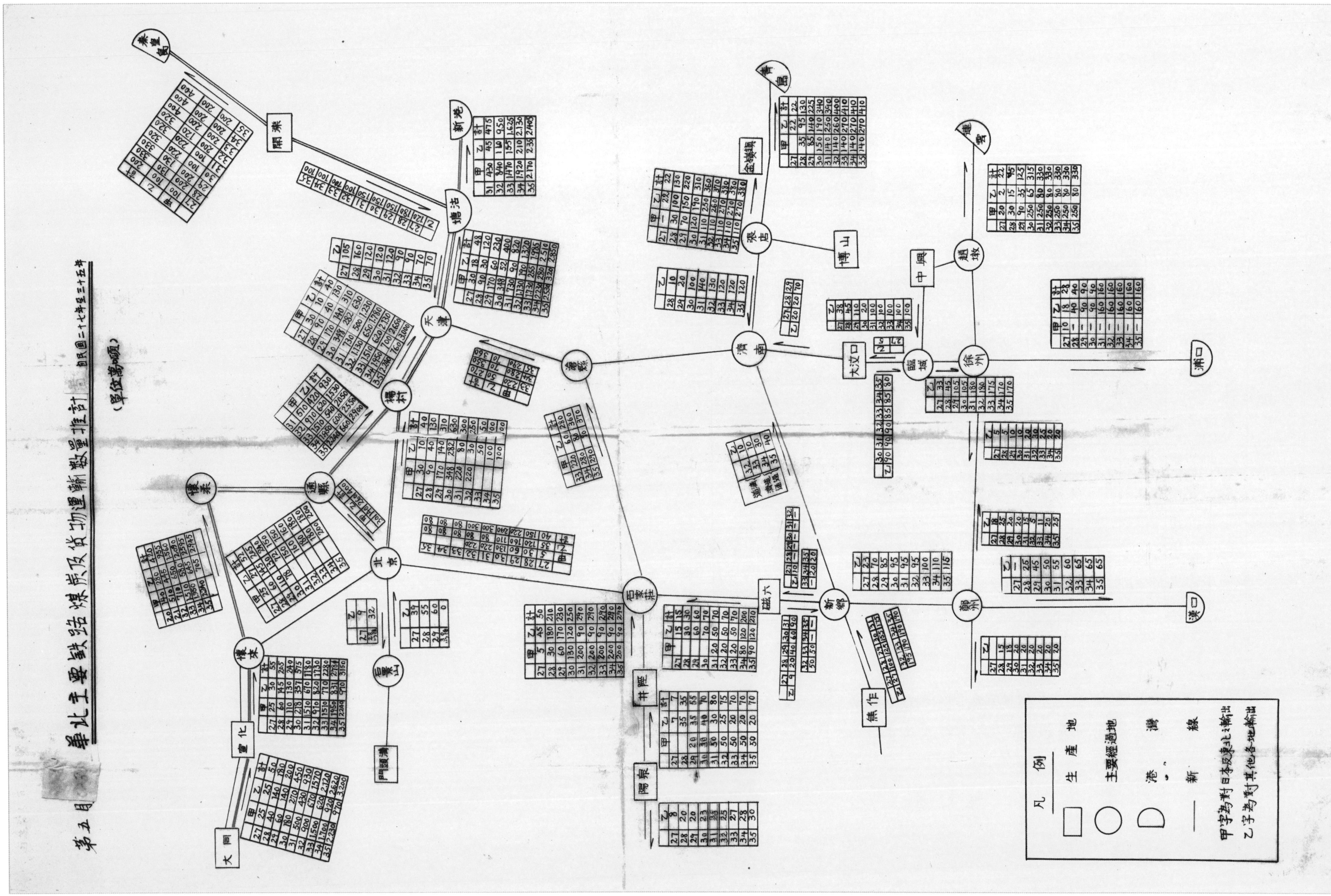
第五圖 華北主要鐵路煤炭及貨物運輸數量推計
（單位萬噸）
秦皇島
開灤
新港
塘沽
天津
唐山
楊村
通縣
懷來
北京
門頭溝
長辛店
宣化
大同
張家口
石家莊
井陘
陽泉
滄縣
濟南
張店
博山
青島
金嶺鎮
大汶口
臨城
中興
徐州
趙墩
連雲
浦口
新鄉
磁縣
焦作
鄭州
漢口
凡例
生產地
主要經過地
港
新線
甲字為對日本及東北之輸出
乙字為對其他各地輸出

第四項　淪陷期間各路線變動概况

第一目　淪陷期間新線中止情形

線名	起——迄	路程	中止年月
同塘線	南豐臺——沙城	106.0公里	民國33年9月
石太線	陽泉——太原	118.0公里	34年4月
新泰線	南新泰——新泰	8.0公里	33年10月
萊蕪線	新泰——萊蕪	38.8公里	33年10月
天津附近短線	天津北站—南貨廠	8.2公里	34年8月
	計	279.0公里	

註：民國33年以來，敵人因太平洋戰事告急，海運被美軍封鎖，對其原計劃之新建路線中，多因路軌、枕木以及其他資材輸入困難，兼以物價上騰，不得已遂將民國廿九年所着手新修之五線，合計279公里之工程，竟告中止。

第二目　淪陷期間拆除路線情形

線名	起——迄	拆除里長	備考
雪花山線	井陘——雪花山	0.500公里	新線(32年度)
史家崗線	蔣村——史家崗	7.600	新線(33年度)
民興運炭線	鳳山支線途中分歧—民興	2.800	新線(33年度)
甲子灣線	河邊——甲子灣	14.800	既設線(33年度)
海濱線	北戴河——海濱	10.000	既設線(33〃)
汾陽支線	平遥——汾陽	3.100	仝上
京漢線	西便門——長辛店	15.000	仝上
黄台橋線	黄台——黄台橋	2.700	仝上
陽明支線	原平——崞源	18.300	仝上
	33年度計	104.800	
大青山線	包頭——石拐溝	41.400	新線(34年度)
東潞線	沁縣——潞安	86.700	仝上
懷慶線	懷慶——常口	26.100	新線18公里 既設線8公里(34年度)
東章邱運炭線	普集——東章邱	4.000	新線(34年度)
坨里線	良鄉——坨里	16.500	既設線(34年度)
易縣線	高碑店——易縣	42.500	仝上
保定南站線	保定——保定南站	4.300	仝上
京山線	唐山古附近	4.200	仝上
	34年度計	225.700	
總計		330.500	新線161.000公里 既設線169.000

註：民國33年以後，敵人因太平洋戰勢危急，海運困難，空襲緊張，破壞慘重，為加强陸路聯繫(日本—朝鮮—東北—華北—華中—華南—法屬安南—南洋)起見，除對平漢、津浦兩主要幹線努力維持外，以所儲資材罄盡，輸入絶望，為補救急需，乃將上列既設各鉄路拆除，而建設重要工程。

第三目　淪陷期間華北鉄路建設新路狀況

年度	線名	起——迄	里長	開工年月	竣工年月	備考
民國26	京漢線	丰台——長辛店	10公里		26.11	短路線
27	通古線	新通州——古北口	125.8	26.9	27.4	
27	北同蒲線	平旺——朔縣	139.3	27.10	28.2	
27	北同蒲線	朔縣——原平	104.5	27.10	28.3	同時改軌
27	鳳山運炭線	南張村——鳳山	6.6		27.4	
28	新開線	小冀——開封	86.2	27.10	28.5	
29	石灘線	軒崗——石灘	2.7	29.4	29.4	
29	大台〃	門頭溝——大台	30.4	28.10	29.5	
29	大青山〃	包頭——石溝	41.4	28.6	29.7	34年度撤除
29	史家崗〃	蔣村——史家崗	7.6	29.4	29.9	33年度撤除
29	西佐〃	馬頭——西佐	10.6		29.11	
29	石德〃	石門——德縣	180.7	29.6	30.2	
29	東路〃	東觀——潞安	174.8	28.6	30.3	34年度一部撤除
29	八徒〃	博山——八徒	9.3	29.3	30.2	
30	赤柴〃	東大平——赤柴	25.3	29.8	30.6	
30	懷慶〃	清化——懷慶	18.0	30.3	30.8	34年度撤除
30	雪花山〃	井陘——雪花山	0.5	30.8	30.9	32年度撤除
30	憑心運炭〃	常口——憑心	2.6	30.7	30.9	
30	西郊〃	西便門——西郊	4.0	30.1	31.2	
30	東章邱運炭〃	普集——東邱章	4.0	30.7	31.2	34年度撤除
30	黄丹溝〃	壽陽——黄丹溝	15.4	30.5	31.3	
30	中興運炭〃	山家林——陶莊	4.2	30.8	31.3	
30	南苑〃	永定门——南苑	7.6		30.9	
30	新河碼头〃	新河——碼頭	2.0		30.8	
31	民興運炭線	鳳山縣途中分歧——民興	2.0		30.8	
31	金嶺鎮運炭〃	金嶺——鉄山	7.1	31.8	31.9	
32	焦作運炭〃	李封——王村	1.2	30.7	32.5	
32	羅家莊運炭〃	南定——羅家莊	6.6		32.9	
32	南新泰運炭〃	赤柴——南新泰	48.0	30.11	32.7	
33	磁山運鑛〃	邯鄲——磁山	44.5	32.8	33.6	
33	鸄毛口運炭〃	懷仁——鸄毛口	9.5		34.2	
34	北寧(関内段)	新塘沽附近	1.2		34年度	
		合計	1.114.6			

註：淪陷期間日人為開發華北資源及增強戰時軍需運輸對新路建設不遺餘力總長竟達1.100公里以上。

第四目　淪陷期間擴充路線計劃

線名	起——迄	延長	竣工年月	備考
懷柔線	沙城——懷柔	141.0公里	28.5	地形測量
同蒲線	半坡——石牛山嶺	19.0	33.4	仝上
黄沙嶺運炭線	常村——黄沙嶺	8.3	30.4	調查測量
湯陰運炭〃	湯陰——鶴壁集	26.0	30.10	仝上
博蕪〃	博山——萊蕪	36.0	30.11	仝上
西章邱運炭〃	明水——炭礦	16.0	31.1	仝上
北陽運炭〃	定縣——靈山	51.1	31.1	仝上
武安運炭〃	邯鄲——武安	29.6	31.5	仝上
同蒲〃	蒲州——風陵渡	24.6	31.5	仝上
八徒〃	八徒——蘇家溝	1.5	31.6	仝上
莊庄運炭〃	柳泉炭礦——韓場	3.0	31.7	仝上
膠張〃	膠縣——諸城	68.4	31.11	仝上
長城,柳四運炭〃	長城——秦皇島	28.0	31.11	仝上
新湯〃	南新泰——湯頭	120.0	32.9	仝上
膠黄〃	膠縣——黄島	44.0	32.9	仝上
高莒〃	高密——莒縣	138.5	30.11	実地測量
潞邯〃	潞安——响掌鋪	70.0	30.12	仝
清路〃	潞安——清化鎮	155.0	31.3	仝(經由天井関丹河口)
懷洛〃	懷慶——洛陽	72.0	31.6	仝(黄河以内未完)
懷濟〃	懷慶——濟源	33.0	31.7	仝(黄河以南測量未完)
潞邯〃	响掌鋪——武安	80.0	31.7	仝(一部測量未畢)
甲子灣〃	河邊——神代橋	8.0	31.10	仝
天高〃	天津——高碑店	133.5	31.11	仝
天徐〃	新縣——徐水	67.6	32.3	仝
同蒲〃	寧武——太原	230.0	32.4	仝(經由静樂線一部測量未完)
棗莒〃	莒縣——棗莊	169.1	32.5	調查測量
濰芝〃	濰縣——芝興	295.0	32.7	仝
張多〃	張北——多倫	209.0	32.8	仝
包安〃	包頭——安北	76.0	32.10	仝
同塘〃	沙城——大同	334.0	32.10	仝
巴音博庫多〃	厚和——巴音博庫多	220.0	33.8	仝
	包頭——巴音博庫多	158.0	仝上	仝
	計	2.348.7		
	總計	2.970.3		

第五項　淪陷期間鉄路設施概況

第一目　淪陷期間車輛設施

（工）　機車調整計劃及修理狀況

年度	修理＼工廠	唐山 一般	唐山 局部	天津 一般	天津 局部	長辛店 一般	長辛店 局部	石門 一般	石門 局部	南口 一般	南口 局部	張家口 一般	張家口 局部	大同 一般	大同 局部
28	實績	55	210	0	48	26	167	準1 米6	42 69	11	75	6	88		
29	計劃	73	185			53	134	20	50	22	55	17	42		
	実績	70	234	0	2	44	149	17	82	16	84	19	76		
30	計劃	96	243			56	143	21	55	23	59	18	46		
	実績	84	244			70	173	27	106	60	54	22	83		
31	計劃	112	255	23	52	73	165	23	52	25	56	20	45		
	実績	79	210	29	37	68	164	27	37	31	69	25	60		
32	計劃	124	244			87	171	26	50	27	54	22	44		
	実績	65	200			60	161	24	94	32	67	33	74		
33	計劃	128	262			89	81	26	54	28	57	23	47		
	実績	83	263			88	114	29	164	42	51	32	48		
34	計劃	132	268			96	194	28	54	30	60			66	134
	実績	(114)	(381)			(81)	(201)	(24)	(147)	(24)	(126)	(30)	(57)		
35	計劃	128	272			96	204	64	136	30	65			72	153
備考		由33年6月以後約增加2倍人員		停止機車修理，機車廠改為內燃機車廠		民國31年計劃使用之机車困机械工廠建築工程未竟，故未達目的		製缶工廠之新築、鑄造作業廠增築、機車工廠新築計劃		再生品工廠之新築 鑄造工廠之增築		計劃在大同新設工廠自34年度起開始業務			
管轄線		北平山海關		津浦		平漢		石太		平綏		平綏			

年度	修理＼工廠	濟南 一般	濟南 局部	徐州 一般	徐州 局部	青島 一般	青島 局部	太原 準 一般	太原 準 局部	太原 米 一般	太原 米 局部	計 一般	計 局部	保有輛數 計劃 実績{一般 局部
28	實績	39	189	0	105	34	164	0	16	24	153	202	1.326	960
29	計劃	50	126	10	25	8	21	13	34	37	122	303	794	920
	実績	51	162	0	80	8 (華北車輛委託)	30	5	49	22	129	252	1.075	1.040{343 1.000
30	計劃	59	151	12	29			15	38	39	128	339	892	1.035
	実績	70	193	0	93	19 (〃)	23	0	40	61	178	413	1.187	1.140{376 1.100
31	計劃	71	161	15	34			17	38	49	134	405	940	1.205
	実績	97	132	0	109	1 (〃)	45	14	56	65	149	407	1.031	1.230{418 1.040
32	計劃	87	171	17	34			2	57	50	85	469	910	1.365
	実績	76	134	0	75	4 (〃)	32	2	64	26	146	352	1.045	1.280{423 860
33	計劃	99	201	33	67			3	67	50	85	509	1.021	1.530
	実績	67	105	6	122	1 (〃)	55	10	52	45	118	403	1.122	1.280{423 860
34	計劃	102	208	46	94			36	74	50	85	586	1.174	1.760
	実績	(42)	(39)	(12)	(126)	(66) (〃)	57	(9)	(51)	(12)	(57)	(414)	(1.242)	1.280{423 860
35	計劃	109	231	48	102			38	82	50	85	635	1.320	1.965
備考		鑄造工廠之增築 內燃機廠之新築 机車工廠之新築 33年度開始業務計劃		動力室倉庫鑄造工廠之新築 機車廠分散設施		由29年即讓与華北車輛公司 但関一部分之修理工作曾受其委託		發電所之新設、機車工廠之整備 自28年度起開始修理標準軌車輛之工作						
管轄線		津浦		隴海		膠濟		同蒲						

(III) 客車調整計劃及修理状況

年度	修理＼工廠	唐山		天津		長辛店		石門		南口		張家口		大同		濟南		徐州		青島		太原 準		太原 米		計		保有車輌 計劃 実績{一般 局部
		一般	局部	一般	局部	一般	局部	一般	局部	一般	局部	一般	局部	一般	局部	一般	局部	一般	局部	一般	局部	一般	局部	一般	局部	一般	局部	
28	実績	144	72	23	12	68	93	準15 米19	12 29	61	42	31	38			54	16	0	21	61	8	2	6	60	28	538	378	880
29	計劃	190	70	30	11	110	41	46	17	46	17	38	14			76	28	15	6	40	15	18	6	105	30	714	255	900
	実績	237	151	19	4	109	55	69	26	61	18	40	33			106	15	0	21	59	2	19	11	80	18	799	354	940{730 260
30	計劃	228	84	38	14	141	52	61	22	53	20	46	17			91	34	17	6			20		107	30	802	286	1.015
	実績	232	160	—	—	106	33	13	30	61	28	31	26			108	15	0	7	40	1	28	16	68	31	737	348	1.100{860 10
31	計劃	266	77	44	13	153	44	73	21	66	19	58	17			110	32	22	6			31	9	102	25	925	263	1.23
	実績	240	154	—	—	136	52	71	31	72	17	41	11			126	16	1	5	29	3	36	15	90	16	842	318	
32	計劃	347	119	58	20	168	58	88	30	80	28	73				146	51	19	10			37	13	102	25	1128	378	1.007
	実績	281	59	—	—	138	41	102	29	90	24	50	30			118	19	7	9	7	0	47	32	81	22	921	25	1.520{0.50 330
33	計劃	354	132	60	23	167	63	87	33	87	33	80	30			147	35	30	11			45	17	102	25	1159	422	1.942
	実績	235	117	—	—	159	104	139	39	79	26	50	25			111	13	5	11	11	11	36	17	56	32	881	395	1.380{950 350
34	計劃	380	146	65	25	175	68	91	35	91	35	84	33	65	25	159	61	33	13			52	20	102	25	1299	486	1.942
	実績	(372)	(105)	—	—	(219)	(60)	(12)	(15)	(57)	(36)	(45)	(30)			(51)	(9)	(6)	(3)	(12)	(0)	(12)	(0)	(33)	(33)	(819)	(291)	1.410{950 350
35	計劃	390	150	72	28	728	280	98	38	98	38	91	35	104	40	195	75	36	14	169	65	64	24	102	25	2147	812	3.432
備考				由29年度起停止修理客車		新設客車工廠自35年度起開始業務						新築倉庫及塗漆廠		新設工廠自34年度起開始業務		新設塗漆工廠自35年度開始業務				自29年度起委託華北車輌手(会社)青島設工廠由35年度起開始業務								

(Ⅲ) 貨車調整計劃及修理狀況

年度	修理＼工廠	唐山		天津		塘沽		長辛店		石門		南口		張家口		大同		濟南		徐州		青島		太原 準		太原 米		計		保有輛數 計劃 / 実績 {一般 局部
		一般	局部	一般	局部	一般	局部	一般	局部	一般	局部	一般	局部	一般	局部	一般	局部	一般	局部	一般	局部	一般	局部	一般	局部	一般	局部	一般	局部	
28	実績	1.031	822	369	111			422	535	準56 米182	291 296	336	175	128	159			859	186	8	541	575	605	1	8	431	380	4.344	2.857	13.000
29	計劃	1.360	1.220	470	420			660	600	350	320	430	380	250	230			900	300	230	210	390	350	120	100	750	400	5.910	5.030	14.788
	実績	1.039	1.043	510	271			356	1.280	537	408	268	286	155	373			1.001	694	6	920	447 (華北車輛委託)	196	40	48	574	324	4.923	5.846	15.400 {6.160 5.400
30	計劃	1.480	1.330	510	450			700	630	470	420	430	380	270	250			780	870	250	230			200	180	750	400	6.550	5.140	4.000
	実績	357	1.039	733	288			395	522	488	582	363	330	281	380			815	812	103	547	404 (〃)	93	169	82	789	373	5.337	5.056	16.500 {6.600 5.280
31	計劃	1.640	1.440	600	530			760	670	560	490	80	420	320	280			1.160	1.020	300	260			280	250	75	400	6.850	5.760	16.788
	実績	586	557	474	121			495	181	399	480	296	426	292	284			936	748	156	421	510 (〃)	74	107	414	0	821	4.631	4.528	17.200 {6.850 5.850
32	計劃	1.720	1.160	680	600			760	660	580	51	490	430	380	320			1.300	1.140	330	290			310	27	50	400	7.300	5.780	18.338
	実績	590	247	472	176			796	265	514	295	402	226	346	330			996	556	170	364	73 (〃)	97	139	280	708	389	5.206	3.225	17.600 {6.860 5.860
33	計劃	1.790	1.610	670	590	760	680	760	680	610	540	490	440	400	360			1.400	1.260	380	340			420	370	750	400	8.430	7.270	21.738
	実績	846	750	472	312			856	935	566	755	312	440	312	554			379	943	113	854	51 (〃)	43	90	185	229	518	4.226	6.289	18.300 {6.950 6.040
34	計劃	1.720	1.660	660	600	840	810	720	700	600	580	470	460	400	390	350	340	1.400	1.360	370	360			450	440	750	400	8.680	8.100	24.188
	実績	(1.134)	(1.380)	(144)	384			(1.020)	(996)	(246)	(354)	(279)	(291)	(462)	(798)			(107)	(204)	234	(624)	108 (〃)	(156)	(33)	189	288	(402)	(4.050)	(5.788)	18.700 {7.100 6.170
35	計劃	1.700	1.700	600	600	880	880	1.840	1.840	610	610	480	480	410	410	370	370	1.420	1.420	370	370	780	780	480	480	750	400	10.690	10.340	30.788
備考						於塘沽新建貨車修理工廠自33年度起開始業務		新建貨車工廠自35年度起開始業務		貨車工廠分散設備		貨車工廠之整備				新建大同工廠自34年度起開始業務						自29年度一部分委託于華北車輛、於青島新建之貨車工廠由35年度起開始業務								

第二目 淪陷期間車站設施

(Ⅰ)大規模改築狀況

線名	站名	施行要旨	設施概要	施行期間 26	27	28	29	30	31	32	33	34	客車能力	
北平—山海關	山海關	淪陷期間日人為加強關內外戰時運輸，對該站之機、客、停車、貨車配線有加以整備擴充之必要	機務檢車設施遷移及其他各設施之擴充					12.1				3.31	200	720
	古冶	因幹線列車增加及有關開灤炭礦之運輸，對該站內之停車配線有整備擴充之必要	1.檢車設施增設 2.趙各莊運炭配線變更 3.貨廠設施之新設及其他部分之擴充						7.14			3.31	450	950
	唐山	因幹線列車增加及為促進開灤炭与同製鉄所出入貨車之運輸有効計，对該站內之停車配線有整備擴充之必要	1.檢車設施遷移 2.貨廠設施之增設及其他部分之擴充				10.1					3.31	300	1080
	新塘沽	為適應白河沿岸各碼頭出入貨車之增加，對於站內停車設施有新建之必要	停車設施之新設					3.22	3.31					450
	天津	為適應白河沿岸各碼頭出入貨物之增加及該市工廠區之貨運与过站車輛之紛繁，对站內停車配線有新建之必要	1.檢車設施遷移擴充 2.停車設施新設及其他部分之擴充					10.1	3.31		2.1	3.31		1,630
	豊台	為適應北平山海關間及平漢、平綏各幹線過站車輛紛繁計，對站內停車配線有大舉擴充之必要	停車配線之擴充			10.1			3.31					1,550

接看右表

線名	站名	施行要旨	設施概要	施行期間 26	27	28	29	30	31	32	33	34	客車能力
北平—山海關	北平	本站与他站不同者為純粹旅客車站，為適應平漢、平綏兩線旅客列車增加起見，對站內之各設施有調整擴充之必要，至於貨車之出入皆以前門西站為中心	1.貨廠設施迁移前門 2.旅客月台增設及配線變更				10.1		3.31				
	東便門	為適應平綏、平漢兩線列車之增加，對站內之設施有擴充之必要	1.旅客列車站內配線增設 2.檢修設施擴充				3.3			3.31			
	前門	本站為緩和前門街道之雜乱，僅办理与日常生活有関之貨物，至於其他貨物之裝御多移于永定门、廣安門、西直门、西便门各站	1.旅客設施廢止 2.貨廠設施扩充				10.1		3.31				150
津浦	濟南	以津浦站為旅客站 以膠濟站為貨物站	1.津浦旅客站胎增設 2.膠濟站內貨物廠設施之改築 3.機務檢車設施擴充 4.配線準備擴充		10.1		3.31						1,090
	徐州	本站係津浦隴海兩線之交叉点，為適应各該幹線運輸量之增加，对站內停車配線有擴充之必要	1.檢車設施之新設 2.客車配線之新設 3.機務設施之擴充					11.20				3.31	780
平漢	石門	本站為平漢、石德、石太三線之交叉点，為適應各該幹線運輸量之增加，对站內停車配線有擴充之必要	1.站內配線變更 2.檢車設施之新設			10.1		3.31					1,030

接下頁

線名	站名	施行要旨	設施概要	施行期間 26	27	28	29	30	31	32	33	34	客車能力	
平綏	大同	本站為平綏、同蒲、口泉線之分歧点，為適応各該幹線運輸量之增加對站內停車設施有整備之必要	1.機務機車設施 2.貨物廠之新設 3.站內客車配線擴充				12.13		3.31					650
	口泉	本站為適應大同煤運輸量之增加對站內設施有整備之必要	站內客車配線設施之整備						1.21		3.31			350
	石景山	本站因石景山製鉄所之擴充及原料製品運輸之增加，對站內設施有整備擴充之必要。	1.旅客站移設 2.站內客車設施擴充							5.18		3.31	80	400
膠濟	張店	本站為淄川博山分歧点，為適応山東煤運輸量之增加及膠濟过站之頻繁對站內設施有擴充之必要	1.机務設施擴充 2.站內客車設施擴充。					10.1			3.31		450	1080
	青島碼头	碼头貯貨能力年约600万噸，故对港後鉄路連絡設施有整備擴充之必要	1.客車設施扩充 2.機務設施之新設 3.貨物廠設施之新設			10.1			3.31					900
隴海	連雲	由于碼头之擴張對港後鉄路連絡之設施有整備扩充之必要	1.碼头連絡線之新設 2.機務檢車設施之新設 3.站內客車設施之新設				10.1		3.31					

接上页

(Ⅱ) 普通改築狀况

線名	站名	施行要目	備考
北平—山海關	秦皇島	平関下行補助線之調整	
津浦	德縣	因新設石德線變更站內配線	
	東大平	因南新泰線之新設對連絡設施加以整備	
	兗州	補助線及貨物廠設施移設	
	臨城	有効長度延長及補助線之增設。	
平漢	新鄉	站內連絡線之調整	
	新南	因黄河北岸線新設及變更站內配線	
隴海	開封	因新開線之新設變更站內配線	
平綏	西直門	因石景山製鉄出入貨物量之增加調整扩充站內各配線	
	南口	站內各配線之變更	
	康莊	整備及變更站內之配線	
	宣化	因龍烟鉄礦之增産擴充站內設施。	
	張家口	增設補助線擴充貨廠設施。	
膠濟	青島	擴充貨物廠及站內配線增設	
同蒲	太原北站	因石太線改軌，變更站內配線。	
	榆次	因石太線改軌，改築貨物廠之設施	

第三目 淪陷期間橋梁改築狀况

(Ⅰ) 加强改築橋梁之概况（民國33年度末）

	北平山海關	津浦線	平漢線	膠濟線	平綏〃	石太〃	隴海〃	臨趙〃	汾陽〃	懷慶〃	北寧線(関內)双軌工程	合計
座數	32	84	334	16	148	17		4	1	4	51	766
長度(米)	7.004	6.095	7.487	521	1.542	2.036	1.171	171	143	64	2.327	22.261

(II) 主要橋梁加强情形

線名	强度之提高		計劃强度	備考
	民國29年以前	民國33年度末		
北平-山海關	最小強度 L.S-9(E.20)	最小強度 L.S-R(E.26) L.S-15(E.33)	L.S-22(E48.5)	
津浦線	〃L.S-9(E.20)	〃L.S-10(E.22) L.S-14(E.30)	L.S-20(E.44)	計劃強度(將來) L.S-22(E48.5)
平漢線	〃L.S-5(E.11)	〃L.S-7(E.15) L.S-10(E.22)	L.S-20(E.44)	
膠濟線	〃L.S-9(E.20)	〃L.S-14(E.36) L.S-18(E.40)	L.S-20(E.44)	計劃強度(將來) L.S-22(E48.5)
平綏線	〃L.S-9(E.20)	〃L.S-9(E.20) L.S-12(E.26)	L.S-20(E.44)	
隴海線	〃L.S-9(E.20)	〃L.S-11(E.24) L.S-14(E.30)	L.S-20(E.44)	
石太線	〃L.S-5(E.11)	〃L.S-5(E.11) L.S-10(E.22)	L.S-20(E.44)	

註 華北各橋梁之鉄木建築工程悉由山海関鉄路工廠及丰台横河橋梁工廠两處承辦.

第四目 淪陷期間通信電線機器設施.

(I) 通信電線設施

年度	電線路長	電線總長(鐵線)	電線總長(銅線)	電桿
27年度末	3.614公里	26.414	28.033	64800根
28年度末	3.805	27.567	28.776	69.000
29年度末	4.888	36.955	37.162	98.800
30年〃〃	5.425	40.475	39.099	103.000
31年〃〃	5.547	41.192	47.687	105.680
32年〃〃	5.729	42.185	53.159	110.253
33年〃〃	5.577	41.008	47.574	111.737

II 通信機器設施

年度	搬送電話裝置(三通話路)端局	搬送電信裝置(一通信路)端局	電信機(個)	電話中繼器(磁石式)(處)	電話中繼器(自動式)(處)	電話機(各種)個	無線送受信機台	閉塞機
28年度末	42	20	206	103	6	8.000	59	189
29〃	60	23	375	128	8	15.000	75	921
30〃	66	23	399	144	9	17.000	92	1.056
31〃	70	30	639	168	10	23.600	184	1.237
32〃	71	32	742	171	10	25.464	218	1.293
33〃	62	32	424	167	10	20.944	184	1.161

第五目 供水設施新舊比較

線路名	現存舊設施 供水站數	水源設備 淺井(眼)	水源設備 深井(〃)	水源設備 其他(處所)	揚水設備 機器室(間)	揚水設備 揚水機數量	供水塔(所)	供水塔(〃)	供水塔(〃)	供水塔(〃)	供水柱 幹線(所)	供水柱 支線(〃)	管路(Vm)	新設施 供水站數	水源設備 淺井(眼)	水源設備 深井(〃)	水源設備 其他(處所)	揚水設備 機器室(間)	揚水設備 揚水機數量	供水塔(所)	供水塔(〃)	供水塔(〃)	供水塔(〃)	供水柱 本線(所)	供水柱 側線(〃)	管路(km)	線路名
北寧	18	19	11	3	18	36	13	2	24	3	20	22		18	20	14	3	20	38	8	1	17	11	37	37	37.3	北寧
津浦	21	19	1	9	25	48	13		11		37	22		28	17	14	11	25	59	16	10	16	7	61	25	47.7	津浦
平漢	23	29	0	2	18	32	12		10		28	9		28	19	18	7	27	56	18	[illegible]	12	11	48	18	29.4	平漢
平綏	31	32	2	1	9	50	25	1	6		24	20		29	22	3	8	26	43	14	2	14	7	36	28	27.3	平綏
膠濟	20	18	0	11	14	29	13	4			37	6		20	15	1	7	19	35	9	4	3	5	38	14	47.8	膠濟
石太	13	18	0	2	11	21	14		2		32	7		13	12	2	3	11	19	12		2	1	23	8	83	石太
同蒲	25 06	43 21	7	2	24 06	48 06	35 06	2	1		35 06	2		43	40	15	9	47	66	39	1	3	3	53	10	17.2	同蒲
隴海	16	19	6	3	8	15	17		2		14	4		13	13	10	3	12	20	11		6	2	19	5	15.7	隴海
平古														4	1	4		5	6	6		1		8		3.6	平古
石德														4		1		4	4	4				6		1.5	石德
計	167	199	27	33	127	279	142	9	56	3	234	92		200	164	82	51	206	346	137	18	74	49	329	145	230.5	

註: (1) 水源設備中所謂其他者係指導引河川水之設備及導引净水場(有沈沙池, 沈澱池, 濾过池等之設備)貯水池或都市水道諸設備而言.

註(2) 揚水機包括連結原動機在內.

(3) 管路總長即指吸水.送水.配水用管路而言.

(4) 所增設之100m^3以上之供水塔,其高度皆為20m以上者,但以往供水筒之高度為10m以下

(5) 本表對於已撤廢路線中之既存新舊供水設施並未列入.

(6) 帶△者係為淪陷當時所建未經完成者.

(7) 各線之支線皆包括在內.

第六項　接收偽華北交通公司所屬鐵路設施,備品之統計

第一目　機車數量

類別	種類	式別	輛數
標準軌	Pacific	4-6-2	160
	Mcuntian	4-8-2	2
	Malla	2-8+8-2	14
	〃	0-6+6-0	3
	〃	2-4+4-2	3
	Americantype	4-4-0	4
	Mogual	2-6-0	53
	Piairia	2-6-2	75
	Double tenden	2-6-4	1
	to wheel	4-6-0	36
	Consolidation	2-8-0	145
	Mikado	2-8-2	668
	小計		1181
窄軌	6 wheel coupled	0-6-0	1
	Ferney 4 Coupled	0-6-4	30
	Mogul	2-6-0	5
	Prairia	2-6-2	63
	Consolidation	2-8-0	26
	Decapod	2-10-0	25
	小計		150
合計			1331

備考:本表係根據交通部平津區特派員辦公處接收總報告所載.

第二目　　客車數量

路軌別	分區別	用途	客車：瞭望車	頭等卧車	一二等卧車	二等卧車	三等卧車	一等飯車	二等飯車	三等飯車	一等車	一二等車	二等車	二三等車	三等車	三等行李車	行李車	行郵車	郵政車	計	特種車：包車	公務車	宣慰車	遺骸車	衛生車	醫務車	電信車	計	總計
標準軌	天津	現有	1	1	3	3	3	1	1		1	2	22	12	146	9	25	7	3	240	1	3	3	1		1	2	11	257
標準軌	天津	列車掛用		1	3	1							5	4	78	3	11	4		110									110
標準軌	天津	備用				2		1					6		38		9	1		57	1	1	3	1		1	1	8	65
標準軌	天津	修理	1				3		1		1	3	11	8	30	6	5	2	3	75		2					1	3	76
標準軌	北平	現有	2	6		6	2	8				7	28	16	190	17	20	17		319		1	7	1	12		1	22	341
標準軌	北平	列車掛用		2		1						5	10	6	104	7	10	6		151									151
標準軌	北平	備用	2	2		4		5					7	3	33	1	6			13		1	7	1	12		1	22	85
標準軌	北平	修理		2		1	2	3				2	11	7	53	9	4	11		105									105
標準軌	張家口	現有										2	3	7	24	2	8	2		48		1	8		1			10	58
標準軌	張家口	列車掛用										2	2	5	16	2	3	1		31									31
標準軌	張家口	備用													1		2			3		1	3		1			5	8
標準軌	張家口	修理					2						1	2	7		3	1		14			5					5	19
標準軌	濟南	現有		3		6	2	1			6	2	10	9	148	5	20	10	2	224		1	14	1			1	17	241
標準軌	濟南	列車掛用		2		3	2				2		6	7	100	5	12	6	2	147									147
標準軌	濟南	備用				1					1				4		2	2		10		1	14	1			1	17	27
標準軌	濟南	修理		1		2		1			3	2	4	2	44		6	2		67									67
標準軌	太原	現有		3								5	9	4	48		12	3		84		1	2	1	1			5	89
標準軌	太原	列車掛用		2								1	3	3	28		6	3		46									46
標準軌	太原	備用										1	1		4		1			7		1		1				2	9
標準軌	太原	修理		1								3	5	1	16		5			31			2		1			3	34
標準軌	開封	現有		3	3	6					1	4	5	1	49	2	15	4		93		1	18		7			26	119
標準軌	開封	列車掛用		2	1	3						1	3	1	37		5	2		55									55
標準軌	開封	備用										1	1		2		1	1		6		1	13		7			26	32
標準軌	開封	修理		1	2	3					1	2	1		10	2	9	1		32									32
標準軌	石家莊	現有		2	1	5				4	2		8	2	42	2	5	2	1	76			14	1	10			25	101
標準軌	石家莊	列車掛用		1	1	2					1		6	1	29	1	3	1		46									46
標準軌	石家莊	備用				1							1		2					4			14	1	10			25	29
標準軌	石家莊	修理		1		2				4	1		1	1	11	1	2	1	1	26									26
標準軌	徐州	現有		2		2					2		5	1	22	4	8	1		47					25			25	72
標準軌	徐州	列車掛用									1		2	1	14	4	5			27									27
標準軌	徐州	備用		1		1											2			4					18			18	22
標準軌	徐州	修理		1		1					1		3		8		1	1		16					7			7	23
標準軌	總計	現有	3	20	7	28	7	10	1		12	22	90	52	669	41	113	46	6	1,131	1	8	66	5	56	1	4	141	1,272
標準軌	總計	列車掛用		10	5	10	2				4	9	37	28	466	22	55	23	2	613									613
標準軌	總計	備用	2	3		9		6			1	3	16	3	84	1	23	4		154	1	6	59	5	48	1	3	123	277
標準軌	總計	修理	1	7	2	9	5	4	1	4	7	11	37	211	179	18	35	19	4	364		2	7		8		1	18	382
窄軌	太原分區	現有								3	2	3	4	4	45		2	5		73		1	2	1	8	1		13	86
窄軌	太原分區	列車掛用										1	1	1	15		2	1		21									21
窄軌	太原分區	備用													3					3		1	2	1	2	1		7	10
窄軌	太原分區	修理								3	2	7	3	3	27			4		49					6			6	55

附註：
1. 原有標準軌客車1,276輛，又有滿鐵借入2輛及新造5輛，而过軌减少11輛，現有1,272輛。
2. 本表數字外，尚有標準軌工具車56輛，窄軌工具車12輛，共68輛，未計入特種車欄內。
3. 本表數字均係依據偽華北交通公司34年8月上旬狀況推定者。
4. 破損車輛包括在修理欄內。
5. 臨時小修車輛包括在備用欄內
6. 包車爲高级官員乘用之客車　宣慰車爲對站員及綫路附近村民宣傳慰勞用之客車，遺骸車為運輸日敵死亡者骨灰箱所用之車，電信車爲收發無線電之通訊用車輛。
7. 此表係根據交通部平津區特派員辦公處接收總報告所載。

第三目　貨車數量

軌別	區別	狀況 ＼ 車種類	蓬車	高邊車	碴斗車	計	備考
標準軌	天津	運用車	557	2125	135	2817	
		修理車	145	200	65	410	
		計	702	2325	200	3227	
	北平	運用車	330	1020	140	1540	
		修理車	120	180	80	380	
		計	500	1150	220	1370	
	張家口	運用車	265	990	55	1250	
		修理車	40	80	25	150	
		計	250	1070	80	1400	
	濟南	運用車	700	1170	120	2000	
		修理車	200	330	120	650	
		計	900	1510	240	2650	
	太原	運用車	100	275	40	415	
		修理車	50	155	30	235	
		計	150	430	70	650	
	開封	運用車	210	810	70	1099	
		修理車	220	300	80	600	
		計	410	1110	150	1690	
	石家莊	運用車	200	566	35	801	
		修理車	150	224	25	399	
		計	350	770	60	1200	
	徐州	運用車	570	1040	75	1685	
		修理車	230	265	45	540	
		計	300	1305	120	2225	
	計	運用車	2922	8005	670	11598	「碴斗車1140輛內有255輛不能作斗車用」
		修理車	1160	1684	470	3314	
		計	4082	9690	1140	14912	
窄軌		運用車	166	473	148	787	「關浦南段」
		修理車	70	195	65	330	
		計	216	668	213	1117	
合計			4818	10358	1358	16029	

備考：1. 本表尚有標準軌起重車27噸一輛，45噸9輛，共計十輛。

2. 本表係根據交通部平津區特派員辦公處接收總報告所載。

第四目　各路局電訊設備情形

	項目	單位	數量	附註
通信	電桿	根	93.100	
	電線	公里	97.000	
	電纜	〃	304	
	電報機	具	420	
	電話機	具	21.500	
	閉塞機	具	1.100	
	手動交換機	台	275	
	自動交換機	回線	5.000	
	載波電話電報機	具	110	
	無線電收發報機	組	96	
號誌	進站號誌	組	1.953	
	出發號誌	〃	1.055	
	通過號誌	〃	308	
	遠距號誌	〃	610	
	第一種機械聯動裝置	處	51	
	第二種機械聯動裝置	〃	597	
	第一種電氣聯動裝置	〃	1	
	第二種電氣聯動裝置	〃	65	
	第一種電氣機械聯動裝置	〃	5	
	第一種電空繼電器聯動裝置	〃	1	
電力	電桿	根	18.734	
	電線	公里	2.908	
	電纜	公尺	76.500	
	屋外燈	個	10.757	
	投光器	〃	739	
	屋內燈	〃	115.354	
	變壓器	台	1.262	
	工事發電車	輛	2	
	蒸氣原動機	台	26	
	內燃原動機	〃	84	
	電動機	〃	1	
	水力發電機	〃	1	
	直流發報機	〃	29	
	交流發報機	〃	84	
機器	天津電氣修理廠各項工作機器	〃	41	
	長辛店電氣修理廠各項工作機器	〃	42	
信鴿	基本鴿	隻	1.250	
	後補基本鴿	〃	440	
	新產雛鴿	〃	260	

備考：此表係根據交通部平津區特派員辦公處接收總報告所載

第五目　各單位機械數量

接收修理機車車輛使用之各種機械.

機廠：接收偽華北交通公司所屬各鐵路工廠之機械計有3,180台（附屬工廠管理處接收之偽華北車輛会社所屬之山海關、青島、張貴莊三廠之機械數量未計在內）各工廠機械數量如下：

唐山工廠	887台	長辛店工廠	465台	濟南工廠	411台
太原工廠	362〃	石家莊工廠	285〃	南口工廠	278〃
張家口工廠	216〃	天津工廠	150〃	徐州工廠	128〃

機務段檢車段　接收偽華北交通公司所屬各路局機務段及檢車段之機械計共有1,146具各段配置數量如下.

段別	機械數量	段別	機械數量	段別	機械數量	段別	機械數量
天津	83	濟南	75	豐台	65	青島	59
北平	56	大同	55	石家莊	55	山海關	51
張店	45	古冶	43	張家口	37	開封	36
南口	36	厚和	30	唐山	27	坊子	27
彰德	25	天津北	29	徐州	24	太原北	24
兗州	20	長辛店	20	新鄉	19	康莊	19
陽泉	18	太原	17	運城	16	秦皇島	16
臨汾	15	德縣	15	塘沽	14	包頭	13
西直門	13	臨城	11	沁縣	9	介休	7
寧武	7	武安	7	連雲	6	原平	6

接收偽路局供水機械、軌道動車及橋秤.

路局＼機械	供水機械	軌道動車	橋秤	計
天津路局	166	95	11	272
北平路局	109	84	3	196
張家口路局	104	108	2	214
濟南路局	125	98	9	232
太原路局	198	51	1	250
開封路局	49	68	1	118
石家莊路局	79	45	2	126
徐州路局	54	54	3	111
工事事務所		34		34
計	884	637	32	1,553

備考：（1）其他尚有該公司附屬機構之各種機械若干因單位過多故從略.

（2）此表係根據交通部平津區特派員办公處接收總報告所載.

第六目　各路局路線劃分及里程

路局別	路線名	起点	迄點	延長	附註
天津鉄路局	北寧幹線	北倉南倉間	山海関萬家屯間	391.159	原長296.583新塘沽北塘間断距5.600.山海関萬家屯間重距0.176実际里程291.159
	津浦幹線	天津北站	德縣黄河涯间	239.952	原長240.000独流静海间断距48m実际里程239.952
	石德幹線	貞家台衡水間	德縣	69.650	
	西沽支線	天津北站	小王莊	2.805	原長3.730距分岐点.925m実际里程2.805
	天津南站支線	天津東站	天津南站		
	計			605.916	
北平鉄路局	北寧幹線	北平站	北倉南倉间	127.500	
	平漢幹線	前門站	定縣寨西店间	196.870	原長211.000因拆去西便门長辛店間軌道断距14130実际里程196.870
	平綏幹線	豊台站	昌平南口間	50.085	原長46.000豊台廣安门间重距4.085.実际里程50.085
	平古幹線	東便门站	下会古北口間	142.466	原長142.535双橋新通州重距20m 順義懷柔間断距65m 懷柔密雲間重距10m断距1m.下会古北口間断距33m実际里程142.466
	平門支線	西直門站	大台站	56.460	
	通縣支線	双橋站	通縣東站	6.030	原長9.770距分岐点3.740實际里程6.030
	周口店支線	琉璃河站	周口店站	15.200	
	西郊支線	西便門站	西郊站	5.070	
	南苑支線	永定門站	南苑站	7.590	
	環城支線	西直門站	東便門站	12.453	
	西廣連絡線	西便门站	廣安門站	2.887	
	豊長連絡線	豊台站	長辛店站	9.650	
	計			632.261	
張家口鉄路局	平綏幹線	昌平南口间	包头站	767.174	原長767.230三堡青龍桥间断距56m実际里程767.174
	同蒲幹線	大同站	前寨陽加口間	153.270	
	口泉支線	平旺站		9.700	
	計			930.144	
濟南鉄路局	津浦幹線	德縣黄河涯间	兗州穆家莊間	271.000	
	膠濟幹線	青島站	濟南站	292.833	
	南新泰支線	東太平站	南新泰站	66.380	
	博山支線	張店站	博山站	29.220	
	八陡支線	博山站	八陡站	9.330	
	黌山支線	淄川站	黌山站	6.980	
	羅家莊支線	南定站	羅家莊站	6.560	
	青島碼头支線	大港站	四方站	3.750	
	計			796.053	
太原鉄路局	正太幹線	南峪娘子関間	太原北站	170.730	原長177.535娘子関程家间重距2.429断距12m程家下盤石间断距70m下盤石岩会间断距9.405実际里程170.730
	同蒲幹線	前寨陽加口間	蒲州站	680.680	内窄軌線480.350
	沁縣支線	東觀站	沁縣站	88.130	窄軌
	蔣村支線	忻縣站	蔣村站	30.750	
	白家莊支線	新城站	白家莊站	24.450	
	黄丹溝支線	海陽站	黄丹溝站	15.330	
	西銘支線	王門溝站	西銘站	3.870	
	計			1.013.940	
開封鉄路局	平漢幹線	彰德宝蓮寺間	小冀站	114.757	原長115.660朱台小集間断距903m実际里程114.757
	隴海幹線	楊集刘堤圏间	開封站	175.260	
	新開支線	小冀站	開封站	88.913	
	常口支線	新鄉站	常口站	71.528	原長72.350新鄉大台营間断距822m実际里程71.528
	黄河北岸線	小冀站	黄河北岸站	35.590	
	計			486.048	
石家莊鉄路局	石德幹線	石家莊站	貞家台衡水间	111.000	
	正太幹線	石家莊站	南峪娘子関间	68.702	原長68.000南峪娘子関间重距702m実际里程68.702
	平漢幹線	定縣寨西店间	彰德宝蓮寺间	301.019	原長301.000柳辛莊石家莊间重距19m実际里程301.019
	西佐支線	馬头站	西佐站	20.600	
	六河溝支線	豊樂站	六河溝站	18.080	
	磁山支線	邯鄲站	磁山站	44.070	
	鳳山支線	南張村站	鳳山站	6.000	
	井陘鑛支線	微水站	井陘煤礦	11.110	
	計			581.181	
徐州鉄路局	津浦幹線	兗州程家莊间	徐州高家栄间	163.470	原長163.000臨城卄里溝间重距470m実际里程163.470
	隴海幹線	連雲站	楊集刘堤圏间	325.000	
	臨趙支線	臨城站	趙墩站	103.946	
	柳賈支線	柳泉站	賈汪站	15.860	
	大浦碼头線	新浦站	大浦碼头站	2.820	
	計			611.096	
總計				5.656.639	

接看右表

註：1、此表係偽華北交通公司之組織

2、根據交通部平津區特派員办公處民國35年5月之接收總報告

第七項　將來華北建設新路之計劃（係華北交通公司所擬）

線名	起迄	總長(公里)	備考
同塘	丰台——沙城	105	
新膠	新泰——膠縣	270	
清路	清化——潞安	160	
丰潞	六河溝——潞安	105	
丰東	丰樂——東太平	275	
同塘	沙城——平旺	280	
張多	張家口——多倫	255	
新張	新泰——博山	120	新泰、萊蕪間40公里工程中34年10月中止
包寧	包頭——寧夏	580	
平蘇	平地泉——西蘇尼德	195	
風潼	風陵渡——潼關	7	
晉塘	晉縣——塘沽	265	
通冶	通州——古冶	155	
咸延	同官——延安	243	
平林	汾陽——離石	110	
新海	新泰——海州	210	
太嵐	太原——岢嵐	180	
懷洛	懷慶——洛陽	90	
包蘇	包頭——百靈廟	170	
宝蘭	宝雞——蘭州	465	
煙濰	煙台——濰縣	290	
德商	德縣——商邱	440	
高津	高碑店——天津	120	
延神	延安——神水	430	
寧神	寧武——神水	255	
高原	梁各莊——原平	300	
洪潞	潞安——洪洞	170	
寧蘭	寧夏——蘭州	430	
洪延	洪洞——延安	275	
棗莒	棗莊——莒縣	150	
兗商	濟寧——商邱	140	
膠島	膠州——黄島	40	
平藤	平旺——威縣	140	
威清	威遠——清水河	80	
朔厚	朔縣——厚和	300	
平潞	陽泉——潞安	240	
滄張	滄縣——張店	240	
靈同	靈邱——大同	120	
城文	城陽——文登	220	
煙文	煙台——文登	120	
咸寧	咸陽——寧夏	560	
小運炭線及短路線		700	
	合計	10,000	

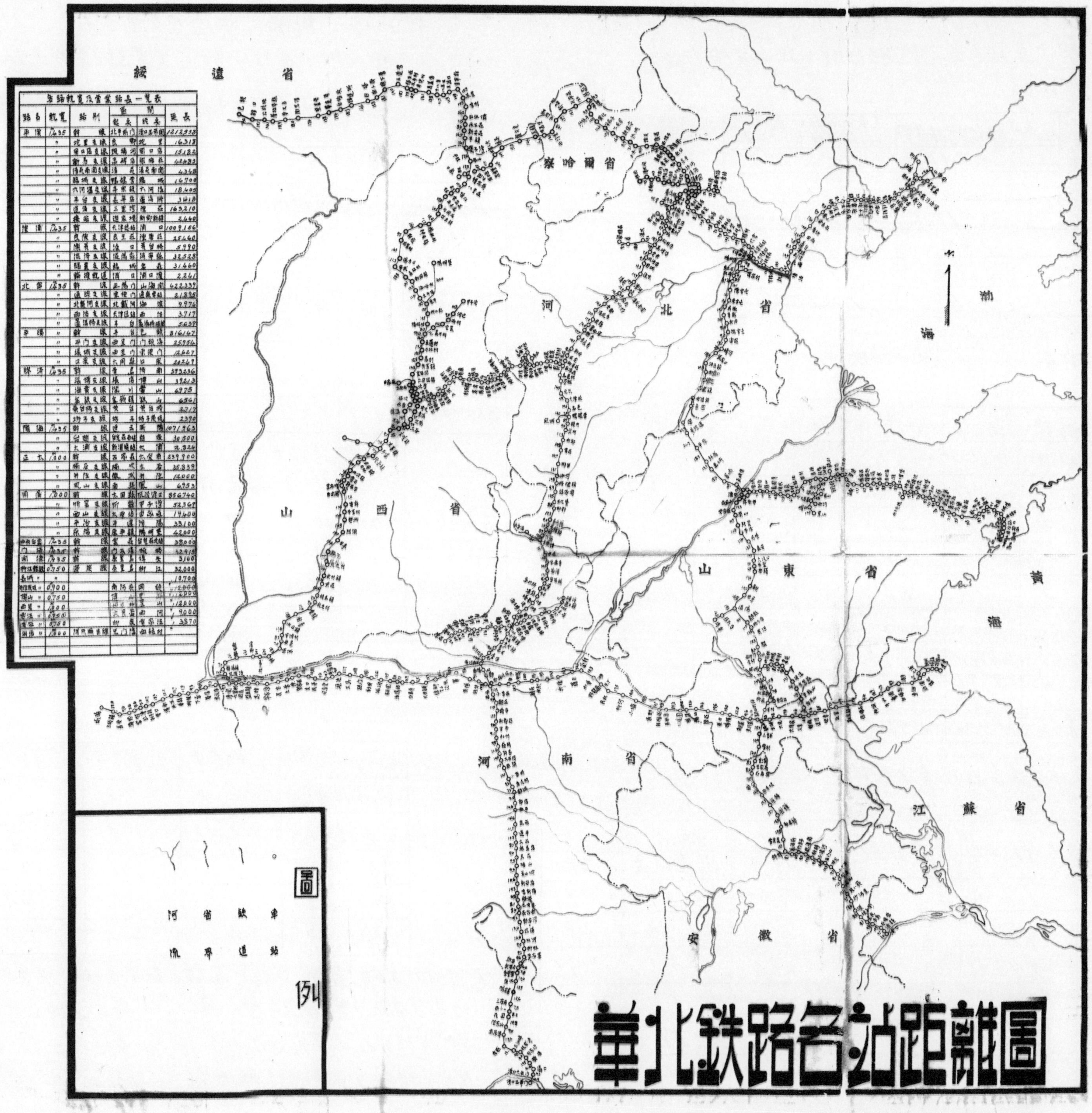
華北鉄路各站距離圖
綏遠省
察哈爾省
河北省
山西省
山東省
河南省
江蘇省
安徽省
渤海
黄海
圖例
車站
鉄道
省界
河流

第二節　公　路

第一項　戰前華北各省汽車可能行駛公路与实際行駛公路比較

省　名	汽車可能行駛路(公里)	汽車实际行驶路(包括停運者)(公里)
河北省	4.931	3.709
察哈尔	5.069	1.132
綏遠省	3.540	1.142
山東省	7.418	6.829
山西省	2.640	1.452
計	23.598	14.264

第二項　战前華北各省市汽車分類状况

省市别	自用車	客車	貨車	其他	計
河北省	40	281	31	—	352
山東省	60	615	224	5	904
山西省	167	120	41	—	328
綏遠省	—	16	57	—	73
察哈尔	60	15	26	—	101
北平	1.454	109	165	63	1.791
天津	235	149	61	13	458
青島	819	137	233	16	1.205
計	2.835	1.442	838	97	5.212

第三項　战前華北各省長途汽車事業概况

省别	行駛路線數	里程(公里)	營業者數	車輛數		
				公共汽車	載重汽車	計
河北省	37	3.705	99	259	19	278
山東省	57	6.829	3	570	23	593
山西省	8	1.452	5	134	41	175
察哈尔	8	1.132	9	20	31	51
綏遠省	5	1.142	10	25	78	103
計	115	14.264	126	1.008	192	1.200

第四項　戰前公營汽車交通事業

第一目　華北汽車公司營業路線及車輛

(I)　營業路線

所管公司名	線名	起——迄	里程	經過地	備考
山建汽車公司	山建線	山海関—建昌營 山海関—南海	100 5	(秦皇島撫寧抬头營建昌營)	民國25年4月1日開始行駛(指頭營建昌營間停駛中) 民國25年7月開始行駛
民新汽車公司	唐喜線	唐山——喜峰口 玉田——林南倉 唐山——胥各莊	171 13 10	丰润玉田平安城遵化三屯营	民國25年5月唐山丰润间開始行駛26年5月達達喜峰口 民國26年5月開始行駛 民國25年5月開始行駛
承平汽車公司	承平線	北平——古北口	132	高麗營怀柔密雲	民國25年4月開始行駛
張多汽車公司	内蒙線	張家口—多倫 張北—商都 張北—徳化 張北—康保 張北—平定堡	329 126 121 109 164	張北 尚義 公會	民國25年7月開始行駛 民國26年4月〃〃 民國26年4月〃〃 民國26年4月〃〃 民國26年4月〃〃
計			1.280		

(II)　車輛

公司 \ 車型	公共汽車	載重汽車	計
山建汽車公司	4	2	6
民新汽車公司	8	5	13
承平汽車公司	16	4	20
張多汽車公司	15	30	45
合計	43	41	84

註：民國25年4月，満鉄々路總局為擴大對華運輸上侵畧起見在該局天津事務所内設立華北汽車公司，但為避免國人妬視，將公司負責人偽拟國人名義以混淆視聽，此外并在山海関、唐山、北平、張家口等地各創設山建、民新、承平、張多汽車公司，對敵軍事運輸上輔助良多。

第二目　山東省公營汽車行駛路線、距離及營業狀況

段别	車路	路線名	起点及終点	距离(華里)	主要經過地名	行駛回數(括弧内係單行時間)
煙濰榮段(備有汽車一二〇輛)	官車路(一、二七三公里)	煙濰路	煙台——濰縣	334	黄縣、龍口、掖縣、沙河	特别車每日往復一次(8.00)普通車每日往復一次(10.45)
		煙福路	煙台——福山	17		每30分鐘發車(0.30)
		煙威路	煙台——威海衛	104	牟平、酒館	每日往復二次(4.25)
		威榮路	威海衛—榮城	66	孟格莊、蒲柳莊	每日往復一次、直通路往復一次(2.45)
						迂迴路往復一次(4.05)
		威石路	威海衛—石島	118	孟格莊、崖头、常家莊	每日往復一次(40.5)
		威俚路	威海衛—俚島	75	孟格莊、蒲柳莊	威榮路迂迴
		石榮路	石島—榮城	100	崖頭、俚島	每日往復一次(4.30)
		煙徐路	煙台——徐家店	104	汪遠、鉄口、桃村	每日往復一次(3.50)
		煙石路	煙台——石島	190	牟平、酒館、文登	每日往復一次(8.40)
		煙海路	煙台——海陽所	142	牟平、通海、夏村	每日往復一次(5.55)
		煙萊路	煙台—萊山	23	黄務	每日往復三次(1.00)
	商車路(三〇七公里)	柳岞路	柳疃—岞山	60	昌邑、石埠	每日往復一次(3.30)
		石家路	石埠—新河營	40	密城、夏店	每日往復一次(1.40)
		蓬辛路	蓬萊—大辛店	35	龍山店	每日往復二次(1.30)
		通海路	通海—海陽	72	育黎、劉格莊	每日往復一次(2.40)
青煙海段(備有汽車八〇輛)	官車路(一、六三五公里)	青煙路	青島——煙台	302	流亭、即墨、萊陽、棲霞	每日往復一次(12.00)
		青金路	青島——金家口	104	流亭、即墨、店集	每日往復一次(4.30)
		青海路	青島——海陽	192	即墨、牛齐埠、行村、東村	每日往復一次(8.15)
		青黄路	青島——黄縣	162	即墨、柳家莊、招遠、黄山館	每日往復一次(12.25)
		青威路	青島——威海衛	328	即墨、海陽、夏村、文登	每日往復一次、二日行程、住宿海陽
		青沙路	青島——沙河	187	即墨、右峴、平度、店子	每 〃 (8.15)
		藍掖路	藍村——掖縣	138	東莊、平度、店子、馬驛	每 〃 (7.20)
		膠東路	膠縣—東宋	138	兰底、平度、店子、沙河	每 〃 (8.15)
	商車路(三三一公里)	膠里路	膠縣—里岔	46	関王廟、冷家村、張应	每日往復一次(2.05)
		膠王路	膠縣—王哥莊	58	関王廟、五台、張倉	每 〃 (3.00)
		北泊路	北安子—泊兜	69	王哥莊	每 〃 (4.30)
		煙招路	煙台——招遠	158	大辛店	每 〃 (8.00)

接下表

段别	車路	路線名	起点及終点	距离(華里)	主要經過地名	行駛回數(括弧内係單行時間)
台高濰段(備有汽車四五輛)	官車路(一、一二六公里)	台濰路	台兒莊—濰縣	455	安邱、諸城、莒縣、臨沂	每日往復一次(二日行程)
		高諸路	高密——諸城	69	柴溝、岳構、百尺河	每日往復二次(4.35)
		臨棗路	臨沂——棗莊	120	傅家莊、向城	每日往復一次(7.40)
		黄安路	黄旗堡—安邱	29		每 〃 (1.20)
		周青路	周村—青城	76	長山、鄒平	每 〃 (3.35)
		益羊路	益都—羊角溝	111	口埠、壽光、黑塚子	二日往復一次(9.15) 益都—壽光 每日往復一次(1.25)
		青沂路	青州(益都)—沂水	150	臨朐、蔣峪、沂水	每日往復一次(9.00) 青州—臨朐 每日往復一次(2.00)
		坊蔣路	坊子—蔣峪	75	朱翰、高崖	每日往復一次(3.50)
		辛廣路	辛店—廣饒	41	臨淄	每日往復二次(1.30)
	商車路(二五二公里)	棗辛路	棗園—辛寨	43	章邱、舊軍	每日往復一次(2.10)
		周博路	周村—博興	58	長山、樞台、高苑	每 〃 (5.50)
		日莒路	石臼所—莒縣	104	日照	每 〃 (6.50)
		濰壽路	濰縣—壽光	47	稻田	每 〃 (2.10)
濟利霑段(備車五台輛)	官車路(七八六公里)	濟利路	濟南—利津	122	河套圈、小清河、通地	每日往復一次(8.50)
		濟霑路	濟南—霑化	129	洛口、臨邑、商河、無棣	每 〃 (10.35)
		濟樂路	濟南—樂陵	106	洛口、臨邑、商河、德平	每 〃 (9.00)
		濟々路	濟南—濟東	129	河套圈、濟土、濟台	每 〃 (4.55)
濟東濮路(備車四〇輛)	官車路(一、五四四公里)	濟冠路	濟南—冠縣	140	洛口、濟河、八里莊、聊城	每日往復一次(10.50)
		濟濮路	濟南—濮縣	285	洛口、八里莊、壽張、范縣	每 〃 (11.30)
		濟華路	濟南—華縣	243	洛口、八里莊、壽張、范縣	每 〃 (10.30)
		濟臨路	濟南—臨清	204	洛口、濟河、禹城、高唐	每 〃 (10.15)
		德邱路	德縣—邱縣	216	恩縣、夏津、臨清、館陶	每 〃 (10.05)
		德大路	德縣—大名	244	恩縣、夏津、臨清、館陶	每 〃 (8.00)
		禹東路	禹城—東昌	112	高唐、博平	每 〃 (4.40)
曹濟鄆段(備車三五輛)	官車路(一、一四二公里)	濟菏路	濟寧—菏澤	138	嘉祥、鉅野、沙土	每日往復一次(6.20)
		濟城路	濟寧—城武	135	金鄉、單縣	每 〃 (5.05)
		濟鄆路	濟寧—鄆城	144	嘉祥、鉅野、鄆城	每 〃 (6.45)
		滋臨路	濟寧—臨沂	239	滋陽、曲阜、泗水、費縣	每 〃 (9.30)
		平蒙路	平陰—蒙陰	230	肥城、泰安、新泰	每 〃 (10.30)
		歷濟路	濟南—濟寧	256	長清、平陰、東阿、汶上	每 〃 (8.20)

上表計 57線 8296華里

内 官車路 45線 7506華里 商車路 12線 790華里

第五項 戰前民營汽車交通事業

第一目 河北省民營長途汽車事業概況

(I) 冀東區長途汽車行駛狀況

路線名	起点及終点	里程	經過地名	行駛回數	營業者數目
通縣路	北平—通縣	18公里		每日往復25次	6
通縣通安路	北平—河西務	64	通州	每〃〃〃5次	10
通安路	通縣—河西务	42		每〃〃〃1次	1
平順路	北平—順義	40	高力营	每 〃	1
通縣通香路	北平—香河縣	70	通州	每 〃	1
通縣通三路	北平—三河縣	56	通州.夏店	每日往復3次	2
通縣三夏平路	北平—平谷縣	80	通州.三河	每日〃〃1次	1
通縣通夏宝路	北平—宝坻縣	95	通州.香河	每三日往復2次	3
通縣通三宝路	北平—玉田縣	115	通州.三河	每日往復1次	2
通縣通三薊遵路	北平—遵化	147	通州.三河.薊州	每 〃	2
立高密古路	北平—古北口	132	懷柔.密雲	每日往復2次	5
立湯路	北平—湯山	27	馬士方	每日往復1次	1
明陵路	北平—十三陵	55		每 〃	1
寶屯路	天津—宝坻縣	80	漢溝大口屯	每日〃〃〃〃	1
	天津—林亭口	76		每 〃	
	天津—新開口	76		每 〃	
	天津—香河	98		二日往復1次	
丰盧路	丰台—盧台	34		每日往復1次	1
爭盧路	爭河—盧台	17		每 〃	1
山建路	山海関—抬头營	68	撫寧	每 〃	2
唐喜路	唐山—遵化	133	玉田丰润	每日往復3次	3
	唐山—胥各莊	10		每日往復7次	1
唐寶路	唐山—寶坻	85		每日往復1次	1
昌姜路	昌黎—姜各莊	35		每 〃	1

接右表

路線名	起点及終点	里程	經過地名	行駛回數	營業者數目
津遵路	天津—遵化	175公里	林亭口.新安鎮	每日往復1次	1
津喜路	林南倉—喜峰口	119	玉田.遵化	每 〃	1
昌樂路	昌黎—樂亭	48	王各莊	每 〃	1
	昌黎—唐家河	54	王各莊	每 〃	
	樂亭—馬头營	20	閆各莊	每 〃	
灤縣路	灤—樂亭	41	馬城.汀流河	每日往復2次	
	灤—胡各莊	57	長凝.倴城	每日往復1次	
	灤—新寨	60	汀流河	每 〃	
唐樂沽	唐山—樂亭	79	胡各莊.新寨	每 〃	1
灤遷路	灤—遷安	41		每 〃	1

(II) 冀察區長途汽車行駛狀況

路線名	起点及終点	里程	經过地名	行駛回數	營業者數
津保線	天津—保定	212公里	馬厰.大城.任邱	每日往復三次	5
津白線	天津—白溝河	110	霸縣	每 〃	3
津河肅線	天津—肅寧	180	河间	每日往復二、三次	4
津鹽線	天津—慶雲	200	鹽山	每 〃	4
津固線	天津—固安	95	永清	每日往復三次	1
津葛線	天津—小站	43	鹹水沽.葛沽	每 七次	1
津南線	天津—南宮	330	獻.冀縣	每 三次	3
津倉石線	天津—新集	280	滄州.深縣	每 五次	1
津平線	天津—河西务	68		每 三次	7
石鹿線	石家莊—束鹿	98	藁城.晉縣辛集	每日往復二、三次	5
石深線	石家莊—深縣	126	晉縣.藁城	每 〃	5
安保線	保定—安國	60	良寨.楊村	不定期	1
肅保線	保定—肅寧	70		不定期	2
滄慶線	滄州—慶雲	75	鹽山	每日往復一次	1
大邯線	大名—邯鄲	70	成安		7

第二目　山西省民營長途汽車交通事業概況

公司	大同長途汽車公司	太晉長途汽車公司	交通太軍汽車公司	大風汽車公司
所在地	太原霸陵橋街	太原昌義閔街	同左	同左
營業種類	客貨運輸	同左	同左	同左
開始營業	民國二十一年	二十一年	二十一年	二十一年
營業路線	太原—大同 357公里 忻州—五台 52公里 陽明堡—大營 100公里 計 509公里	太原—晉城 400公里	太原—汾陽 138公里	太原—軍渡 300公里 介休—汾陽 40公里 平遥—靈石 65〃〃 計 405公里
車輛	公共汽車 49輛 載重貨車 12輛 計 61輛	公共汽車 28輛 載重貨車 18輛 計 46輛	交通公共汽車 15輛 載重貨車 4〃 計 19〃 太軍公共汽車 11輛 載重貨車 4〃 計 15輛 合計 34輛	公共汽車 31輛
行駛狀況	各線每日往返一次	每日往返一次	每日往返兩次	每日往返一次太原軍渡間二日行程宿于汾陽

第三目　察哈尔民營長途汽車路線及營業概況

地域別	路線名	起點及終點	里程(公里)	經過地名	營業者 稱號	營業者 所在地	營業者 營業者姓名	備考
察哈尔盟	張德線	張家口—德化	168	張北公会	文林洋行	張家口	奈良敎文	
	張尚线	張北—商都	132	尚義	東魯公司	張家口	小西修一	
	張康線	張北—康保	200	土城子	萬國公司	張家口		
	德商線	德化—商都	60		大北公司	張家口		
	張宝線	張北—宝昌	92	正鑲二台	坂田組	張家口		
	張多線	張家口—多倫	252	張北	張多汽車公司	張家口	太田雅夫	車輛共約三十五輛
察哈尔省	張懷線 張蔚線	張家口—懷安 張家口—蔚縣	60 168	左衛 宣化、化稍營	德原汽車行 協記汽車行 華通汽車行	張家口 張家口 張家口	胡光耀 張廣升 張名倩	車輛共約四十輛

第四目　綏遠省民營長途汽車路線及營業概況

段別	起點及終點	里程(公里)	經過地	車輛	行駛回數
歸托西	綏遠—托克托	92	三兩莊	三線之旅客車二輛各乘二十人	每週單車往復三次
歸和西	綏遠—和林	69	薩尔沁		每週單車往復二次
歸涼西	綏遠—涼城	103	西溝門		每週單車往復二次
虎口西	涼城—殺虎口	35	廠汗營		每週往復二次因道路不良貨車寥寥而停止行駛

備考：各線均為新綏汽車公司所經營

第六項　淪陷期間修築公路情形

年度	費別	路線名称	施工地點	道路長度(公里)	橋梁長度(公尺)	工費(萬元)
27	改善	北平塘沽線	北平塘沽間	121		166
		北平太原	北平头泉 太原壽陽　間	152	350	216
		太原西安	介休臨汾	34		50
		北平市内		6		34
		天津市内		4		18
		濟南市内		20		25
		北平濟南	北平黄村	24	200	27
		天津大同	高碑店西陵	52	236	25
	修補	各路線		687	814	64
		計		1100	1700	627
28	改善	北平太原	涿縣井陉 陽泉榆次　間	125	185	138
		北平塘沽	北平塘沽	96	105	73
		天津大同	天津淶源	124	216	61
		北平南口	北平南口	40	880	59
		太原西安	靈石趙城	58	274	53
		濟南順德	濟南順德	236		48
		北平古北口	懷柔古北口		1120	26

接下頁

年度	費別	路線名称	施工地點	道路長度(公里)	橋梁長度(公尺)	工費(萬元)
28	改善	其他路線				101
	修補	各路線		449		54
	災害	〃		772	3320	153
	其他					468
		計		1900	6100	1234
29	建設	天津太原	滄縣二十里堡	214		219
		北平塘沽	天津塘沽	29		86
		天津大同	安次十里堡	75		76
		北平太原	井陘橋		110	44
		〃	正定石門	11	380	30
		北平濟南	黄村固安	32		29
		其他路線		32	588	89
	修補	各路線		983	3621	190
	災害	〃		539	2910	167
	其他			8	11	81
		計		1923	7620	1011
30	建設	北平太原	井陘平定	26	426	47
		北平塘沽	天津塘沽	30		43
		北平濟南	黄村霸縣	29	12	28
		天津大同	大龍華浮圖塔 固城吠營鎮間	62	160	77
		青島芝罘	滄口城陽	9	352	40
		長治河津	澤州陽城	60		22
		其他各路線		6	795	74
	改善	北平天津	通州天津	14	9	90
		北平濟南	北平南苑	8		33
		天津塘沽	天津飛機場線	10		33
	修補	各路線		1742	2777	475
	維持	〃		2304	635	120
	其他			53	7.6	32
		計		4353	5242	1114

接右表

年度	費別	路線名称	施工地點	道路長度(公里)	橋梁長度(公尺)	工費(萬元)
31	建設	北平塘沽線	潘家莊新河間	25		50
		北平濟南	霸縣、德縣	213		138
		北平太原	段廷村、太原	51		60
		太原汾陽	汾河橋		700	62
		太原西安	靈石、霍縣	53		60
		其他各線		1	61	144
	改善	北平天津	北平天津	53		141
		北平萬壽山	北平萬壽山	3		6
		濟南太原開封等飛機場		22	22	70
	修補	各路線		932	1001	361
	災害	〃		5	1124	60
	維持	〃		3319	2323	100
	其他			60	1830	98
		計		4740	7061	1350
32	建設	太原西安	介休、老張灣	58		59
		北平太原	壽陽側石	36		105
		太原汾陽	汾河橋			28
		開封青島	泗水、高密		1370	57
		北平塘沽	天津、塘沽	39		45
		北平濟南	固安橋		320	9
	改善	北平天津	北平天津	30		151
		北平濟南	南苑固安 德縣、景縣間	30		106
		太原西安	太原飛機場 榆次間	14		28
		新鄉商邱開封各地飛機場		12		53
	修補	各路線		633	61	158
	災害	〃		27	1228	109
	維持	〃		1935		110
	其他			92	902	529
		計		2906	3881	1547
33	建設	北平塘沽	天津新河	32	60	100

接下頁

年度	費別	路線名稱	施工地点	道路長度(公里)	橋梁長度(公尺)	工費(萬元)
33	建設	北平太原	滹沱河橋		700	22
		太原開封	長治天井関間	90		70
		太原包头	原平鎮軒崗鎮間	40		100
	修補	各路線		1099	474	684
	維持	〃		8810		150
		計		10071	1234	1277
34	修補	济南青島	膠州青島		100	200
		北平南口	北平清河鎮	5		50
		北平塘沽	天津張貴莊	3		100
		其他各路線				380
	災害	各路線				1320
	維持	〃				380
	其他			60		9204
		計				11634

第七項　淪陷期間華北公路客貨運輸情形

年度	運輸人員	貨物噸數
民國29年度实績	7.993.980	117.410
民國30年度实績	8.955.972	229.439
民國31年度实績	8.330.115	337.590
民國32年度实績	7.311.507	409.803
民國33年度实績	9.381.000	394.000

註．本表係根據華北開發公司之調查．

第八項　淪陷及勝利當時華北公路概況

第一目　淪陷期間公路幹道情形

路線號數	起迄地點	經過地點	長度公里數(公里)	路面寬度(公尺)	路面狀况	橋梁座數	汽車能否通行	備考
1	通縣—楊村	河西務	70		洋灰沙石			現改國道
2	北平—省境	門頭溝	99		土道		現况不詳	
3	邦均村—遵化	薊州	120	7.0	礫石.土道	20	〃	
4	楊村—喜峰口	寶坻遵化	100	7.0-8.0	礫石.土道	20	〃	
5	唐山—遵化	丰润	85	10.0	土道	16	〃	
6	樂亭—冷口	滦縣.遷安	136	6.0	〃	17	〃	
7	樂亭—撫寧	昌黎	75	6.0	〃	43	〃	
8	天津—塘沽	軍糧城	42					現改國道
9	天津—大沽	鹹水沽	52	7.0	土道	2	現况不詳	
10	天津—德縣	鹽山.德平	290	5.5	〃	3	〃	
11	保定—馬廠	任邱.大城	150	9.0	碎石.土道	5	〃	
12	霸縣—徐水	容城	60	15.0	〃	1	〃	
13	保定—晉縣	安國.深澤	100		土道		〃	
14	滄縣—定縣	蠡縣.河间	160	12-15	碎石.土道	2	〃	
15	定縣—一縣	曲陽.五台	250	6-12	土道	2	〃	
16	曲陽—涞源		80		〃		〃	
17	晉縣—德縣	束鹿.衡水	135	6.0-8.0	〃	2	〃	
18	石家莊—臨清	南宫.清河	200		碎石.土道	3	〃	
19	順德—博平	平鄉.臨清	158	8.0	礫石.土道	15	〃	
20	廣平—獻縣	衡水.南宫	210	8.0-12.0	土道		〃	
21	社縣—德県	夏津.臨清	115	6.0-9.0	碎石.土道	5	〃	
22	大名—開封	清丰.長垣	184	8.0	土道	4	〃	
23	大名—長治	彰德.平顺	185	5.0-1.0	礫石.土道		〃	
24	夏津—惠民	高唐.臨河	160	6.0-12.0	碎石.土道	9	〃	
25	東昌—東河		50		土道		〃	
26	济南—商河	济陽	90		〃		〃	

接下頁

路線號數	起迄地點	經過地点	長度約數(公里)	路面寬度(公尺)	路面狀況	橋梁座數	汽車能否通行	備考
27	濟南—利津	青城	165	6.0-12.0	土道		現况不詳	
28	泰安—海州	新泰.沂州	256	8.0-12.0	碎石.土道	48	〃	
29	濟南—商邱	平陰.濟寧	325	4.0-16.0	礫石.土.混凝土	27	〃	
30	濟南—沁陽	壽張.新鄉.焦作	450	5.0-12.0	土道		〃	
31	張店—新泰	淄川.萊蕪	110		〃		〃	
32	青州—石臼所	臨朐.莒縣	300	6.0-8.0	礫石.土	10	〃	
33	濰縣—諸城	坊子.安邱	110	6.0-7.0	〃	20	〃	
34	徐州—金鄉	豐縣.魚台	115	7.0-8.0	土道	35	〃	
35	濰縣—慶雲	利津.霑化	200		〃		〃	
36	即墨—威海衛	海陽.文登	240		〃		〃	
37	海州—膠州	贛榆.日照	190		〃		〃	
38	沂州—徐州	台兒莊	140	6.0-8.0	〃	36	〃	
39	藍村—萊州	平度	80	7.0-8.0	〃		〃	
40	太原—汾陽	交城	107	7.0-8.0	礫石.土	7	〃	
41	太原—嵐縣	大陽坡	170		土道		〃	
42	忻州—興縣	樂靜	175	6.0	〃		〃	
43	忻州—平定	盂縣.陽泉	133		〃		〃	
44	平定—洪洞	遼縣.沁源	335		〃		〃	
45	遼縣—涉縣		90		〃		〃	
46	臨汾—永和	蒲縣.大寧	128		〃		〃	
47	運城—臨晉	猗氏	80		〃		〃	
48	潼關—保德	臨晉.大寧	295		〃		〃	
49	曲沃—垣曲	絳縣	80		〃		〃	
50	風陵渡—新鄉	垣曲.沁陽.武陟	379	4.0-12.0	礫石.土	7	〃	

計 8,045公里

註：各路情形係根據偽華北工務總署資料編造。

第二目 勝利當時公路主要國道情形

路線號數	路線名稱	實際 起	實際 迄	長度(公里)	寬度(公尺)	路面狀況	主要橋梁	能否通行汽車	備考
1	北平塘沽線	北平	塘沽	160	7.0	北平天津間為洋灰路面天津塘沽間路基寬30公尺路面為碎石路		可	
2	北平濟南線	北平	濟南	410	6.0	北平龐各莊間已鋪設路面龐各莊德縣間為砂礫道.德縣附近一部份有路面德縣濟南間為土道	固安橋.新鎮橋.黃河橋.水府橋	可	
3	北平太原線	北平	太原	529	6.0-13.0	北平盧溝橋間為洋灰盧溝橋保定石家莊間為土道.石家莊太原間砂礫道	唐河橋.沙河橋.滹沱橋.娘子關泉橋.陽泉橋	可	北河店橋梁損壞陽泉橋冲毀
4	北平開封線	石家莊	開封	440	6.0	土道.僅開封新鄉間鋪有砂礫路面		可	
5	北平南口線	北平	南口	41	6.0	全線為砂礫路面	過水路面橋二座	可	
6	北平古北口線	北平	古北口	125	6.0	北平密雲間為砂礫道.密雲古北口間為土道	〃 〃 〃 三座	可	
7	北平山海關線	北平	山海關	300	6.0	通縣三河間為砂礫道.三河山海關間為土道	白河橋.外河橋.燕郊橋.沿河橋	可	薊縣橋梁損壞
8	天津山海關線	塘沽	山海關	335	6.0	塘沽唐山間無道路.唐山山海關間為土道一部份曾鋪有砂礫路面		可	
9	天津濟南線	天津	德縣	240	5.0-8.0	土道		可	
10	天津太原線	滄縣	石家莊	224	7.0	土道在石家莊附近鋪有碎石路面	小范鎮橋	可	
11	天津大同線	天津	代州	350	10.0	天津經堂二里至紫荆關鋪有砂礫路面.餘為土道	大清河橋.紫荆關〃	天津紫荆關間不通車	
12	天津青島線	滄縣	張店	230	8.0	土道	小清河橋	可	
13	濟南青島線	濟南	青島	400	6.0	土道.張店附近一部份鋪有砂礫路面	河橋	可	
14	濟南威海衛線	濰縣	威海衛	382	6.0-8.0	土道.一部份鋪有砂礫路面	昌邑橋.過水路面橋多座	可	

路線號數	路線名稱	實際起	實際迄	長度(公里)	寬度(公尺)	路面狀況	重要橋梁	能否通行汽車	備考
15	青島芝罘線	青島	福山	224	6.0	土道一部份鋪有砂礫路面		可	
16	濟南徐州線	濟南	山東边境	280	4.0-8.0	土道		可	
17	濟南順德線	〃	博平	83	6.0-8.0	土道，僅濟南至齊河及威縣至順德間鋪有砂礫路面	臨清橋	〃	
18	太原大同線	太原	廣武鎮	160	6.0	土道一部份鋪有砂礫路面	牧馬河橋、雲中河橋	〃	
19	太原包头線	原平鎮	偏關	230	6.0	〃		〃	
20	太原西安線	太原	風陵渡	504	5.0-8.0	太原榆次間為砂礫路面，榆次風陵渡間土砂道，一部份鋪有砂礫路面	瀟河橋、烏河橋	〃	瀟河橋損壞
21	運城開封線	東鎮	新鄉	302	4.0-7.0	砂礫路面，一部份為土道		可	
22	太原蘭州線	太原	軍渡	235	5.0-8.0	砂礫路面	汾河橋、文峪河橋		汾河橋未完成
23	太原開封線	長治	博愛	120	6.0	土道，一部份為砂礫路面	丹河橋	〃	
24	開封連雲港線	開封	河南边境	227	5.0-10.0	〃		〃	
25	開封青島線	開封	高密	680	5.0-10.0	〃	泗水橋、河橋	〃	
						內有一部份為沙質地帶	百尺河橋		
	共計			7.137					

註：1. 此表係根據34年10月交通部公路總局第八區公路工程管理局接收偽華北政務委員會工務總署之報告，至日本投降後情形，因治安關係未能詳細調查。

2. 蘇淮地區公路建設狀況未列入。

3. 路線號數參照附圖。

4. 表列狀況依據調查報告與實地情形，或有不符之處。

第九項　接收偽華北交通公司公路設施及車輛之統計

第一目　路線及里程

鐵路局名稱	路線數	里程(公里)	附註
天津鐵路局	59	3.281	蒙疆汽車股份有限公司所管路線之里程數未計算在內。
北平鐵路局	43	2.169	
濟南鐵路局	71	5.105	
太原鐵路局	29	2.589	
開封鐵路局	20	1.555	
石家莊鐵路局	31	2.425	
徐州鐵路局	13	895	
鄭州事務局	17	890	
合計	283	18.909	

備考：本表係根據交通部平津區特派員辦公處之接收總報告所載。

第二目　分區公路汽車概況

分區	接收輛數	可用者	破損者	備考
北平分區	319	313	6	除由第一營業所撥留卡車二十輛、第二營業所撥留客車五輛外，移交公路局為二九四輛
北平分區	637	637		此項為交通部平津區辦事處各單位接收偽華交其他車輛，計卡車四九八、汽車一三一、三輪卡車八
天津分區	389	120	269	
開封分區	108	15	93	內包括新鄉、開封、焦作各營業所者
徐州分區	148	12	136	
濟南分區				不詳
太原分區				不詳
石家莊分區				不詳
合計	1.601	1.097	504	

註：1. 張家口未能接收，故無法統計。
2. 濟南、太原、石家莊各分區之報告中並無所錄。
3. 本表係根據交通部平津區特派員辦公處之接收總報告所載。

華北汽車公［司］

A行駛路線

民國三十二年四月一日調查

局名	營業所名	營業類別	路線名	距離自	距離至	路程(公里)	建設年月日	備考
天津	秦皇島	營業	京山線第三號線	山海關	撫寧	54	25.4.1	
		〃	駐操營線	〃	駐操營	45	28.3.27	
		〃	昌抬線	昌黎	抬頭營	43	26.7.1	
		〃	昌胡線	〃	胡家坨	47	30.5.18	昌黎—樂亭59公里
		計	4			189		
	灤縣	營業	京山線第二號線	灤縣	盧龍	97	27.4.1	
		〃	冷口線	盧龍	冷口	56	27.4.1	
		〃	灤清線	灤縣	大清河	88	27.4.1	馬頭營—大清河15公里17.12.29.
		〃	胡各莊線	長凝鎮	胡各莊	25	27.4.1	灤縣—胡各莊51公里
		〃	湯家河線	樂亭	湯家河	20	27.4.1	
		計	5			216		
	唐山	營業	京山線第一號線	唐山	邦均鎮	103	25.11.5	北平—唐山99公里
		〃	林南倉線	玉田	林南倉	13	26.6.1	
		〃	栢各莊線	唐山	栢各莊	64	28.3.10	大新莊—栢各莊28公里 17.12.29.
		〃	遵化線	豐潤	遵化	52	31.2.29	
		〃	唐石線	唐山	石门鎮	103	27.1.26	
		〃	邦喜線	石门鎮	喜峰口	11	27.1.26	邦均鎮—喜峰口121公里
		〃	馬蘭峪線	〃	馬蘭峪	10	26.6.1	
		〃	黄各莊線	胥各莊	黄各莊	9	31.12.29	
		〃	蘆台線	新軍屯	蘆台	69	32.3.26	
		計	9			491		
	天津	營業	京津線	安平	塘沽	124	26.8.20	
		〃	津高線	天津	高家莊	91	28.1.22	霸縣—高家莊10公里16.3.10.
		〃	津大線	〃	大沽	56	27.6.20	
		〃	小站線	鹼水沽	小站	11	27.12.1	
		〃	勝芳線	堂二里	勝芳	13	28.1.22	
		〃	信安鎮線	郎坊	信安鎮	56	29.1.20	郎坊—永清30公里17.5.12.
		〃	堂二里線	小營	堂二里	38	31.5.12	
		〃	河西務線	郎坊	河西務	30	31.5.12	
		〃	白家務線	〃	白家務	20	32.3.26	
		〃	落岱線	武清	落垡	12	32.3.26	
		〃	津德線	天津	唐官屯	79	27.1.26	天津—滄縣141公里
		〃	唐保線	唐官屯	任邱	84	28.5.6	
		〃	京德線	南孟鎮	任邱	76	30.3.10	史各莊—任邱43公里17.2.13
		〃	文安縣	史各莊	文安	18	30.9.20	
		臨時營業		勝芳	文安	38	27.3.1	
		〃		天津	韓村	110	31.12.20	
		計	16			856		
	滄縣	營業	滄張線	滄縣	惠民	125	28.4.1	滄縣—張店228公里
		〃	韓村線	〃	韓村	50	28.7.1	
		〃	羊二莊線	鹽山	羊二莊	57	28.3.1	
		〃	無棣線	板打營	無棣	16	30.9.20	
		〃	滄石線	滄縣	小範鎮	95	29.12.15	滄縣—石門262公里
		〃	滄河線	〃	河間	90	28.6.1	
		〃	獻縣線	陵上寺	獻縣	15	32.3.26	
		〃	泊衡線	泊頭鎮	衡水	113	28.6.20	
		〃	泊聖線	〃	聖佛寺	57	30.2.20	
		〃	京德線	河間	阜城	13	29.8.28	
		〃	禹鹽線	鹽山	樂陵	55	29.7.1	鹽山—禹城180公里
		臨時營業		大城	河間	64	31.11.1	
		計	12			810		
	德縣	營業	連寧線	連鎮	寧津	61	28.11.15	
		〃	德臨線	德縣	臨邑	66	28.6.16	
		〃	德平線	陵縣	德平	38	28.7.10	
		〃	德南線	德縣	鄭家口	37	28.6.17	
		〃	衡水線	石槽	衡水	74	31.2.13	
		〃	德夏縣	德縣	夏津	73	28.6.10	
		〃	武城線	二十里鋪	武城	55	28.7.24	
		〃	京德線	阜城	德縣	60	30.5.25	阜城—景縣25公里18.3.26
		臨時營業		寧津	德平	47	31.8.1	
		臨時營業		德縣	边臨鎮	30	31.12.1	
		計	10			541		
		合計	56			3,103		
北平	北平	營業	京津線	通州	安平	34	26.8.20	
		〃	京山線第一號線	北平	邦均鎮	95	27.1.26	北平—唐山199公里
		〃	邦喜線	邦均鎮	石門鎮	44	27.1.26	邦均鎮—喜峰口121公里
		〃	京古線	北平	密雲	95	25.4.10	
		〃	京南〃	〃	南口	69	27.4.11	
		〃	京德〃	〃	南孟鎮	90	26.9.10	南苑—南孟鎮77公里17.2.13
		〃	京保〃	〃	琉璃河	56	27.2.25	北平—高碑店99公里
		〃	丰台〃	〃	丰台	17	26.9.10	
		〃	河南村〃	良鄉	河南村	33	28.11.10	
		〃	周口店〃	〃	周口店	28	28.11.10	
		〃	長溝鎮〃	琉璃河	長溝鎮	16	28.11.10	
		〃	平谷〃	三河	平谷	23	31.5.27	
		〃	門頭溝〃	北平	門頭溝	40	31.5.27	
		〃	峪口〃	夏店	峪口	32	31.9.30	
		〃	永樂店〃	北平	永樂店	56	31.9.20	
		〃	采育鎮〃	南苑	采育鎮	32	31.12.29	
		〃	牛欄山〃	北平	牛欄山	50	31.12.29	
		計	17			811		
	保定	營業	津高線	高家莊	高碑店	67	26.2.25	新城—高家莊47公里16.3.1
		〃	昝崗〃	完全莊	雄縣	31	31.2.13	雄縣—昝崗14公里17.9.30
		〃	雄縣〃	十里鋪	趙北口	40	31.2.13	雄縣—趙北口7公里17.9.30
		〃	高萊〃	高碑店	梁各莊	57	31.2.13	
		〃	唐保〃	任邱	保定	78	28.3.27	高陽—任邱35公里16.4.25
		〃	滿城〃	保定	滿城	26	28.6.11	
		〃	新安〃	〃	新安	61	28.6.11	
		〃	完縣〃	望都	完縣	25	29.1.20	
		〃	唐縣〃	〃	唐縣	25	30.1.12	
		〃	保南線第一號線	保定	張登	33	28.6.20	
		〃	蠡縣線	張登	蠡縣	27	30.11.15	
		〃	京德〃	任邱	河間	32	29.8.28	
		〃	定蠡〃	定縣	蠡縣	74	28.3.29	
		〃	定曲〃	定〃	曲陽	37	28.9.20	
		〃	大百尺〃	高陽	大百尺	17	31.5.29	
		〃	白溝河〃	徐水	白溝河	38	31.9.30	
		〃	肅寧〃	蠡縣	肅寧	40	31.9.30	
		臨時營業		趙北口	鄭集鎮	8	32.3.5	
		〃		高陽	河間	46	32.3.5	
		〃		河間	肅寧	26	30.10.20	
		計	20			788		
	石門	營業	滄石線	小範鎮	石門	167	29.10.1	武強—小範鎮17公里 15.12.15.
		〃	東鹿〃	晉縣	東鹿	49	27.1.15	
		〃	石井〃	石門	井陉	72	27.6.10	
		〃	石無極〃	〃	無極	67	30.3.25	
		〃	靈壽〃	正定站	靈壽	31	30.2.25	
		〃	行唐〃	東長壽	行唐	20	31.12.29	
		〃	石臨〃	石門	南宮	150	29.3.11	
		〃	贊皇〃	寧晉	贊皇	67	29.10.15	
		〃	內邱〃	固城鎮	內邱	53	30.11.15	
		〃	〃	唐山	隆平	8	30.11.15	
		〃	冀縣〃	新河	冀縣	35	27.2.16	
		〃	保南線第二號線	深縣	安平	23	28.12.16	
		臨時營業		南官	辛集	56	31.12.16	
		〃		辛集	新壘頭	10	31.12.10	
		〃		晉縣	安平	50	31.12.10	
		〃		辛集	新河	50	31.12.10	
		〃		深縣	磨頭	27	31.12.10	
		計	17			955		
	順德	營業	順南線	順德	南宮	124	29.10.1	
		〃	禹順〃	臨清	順德	152	29.3.1	威縣—臨清68公里15
		〃	曲周〃	大石鎮	曲周	31	30.3.25	
		計	3			307		
	邯鄲	營業	高邯線第二號線	大名	邯鄲	91	28.4.10	
		〃	磁縣線	成安	磁縣	44	30.2.25	
		〃	彭城鎮〃	磁縣	彭城鎮	43	30.2.25	峯峯—彭城鎮15公里
		〃	邱縣〃	邯鄲	曲周	59	28.11.6	
		〃	邯大〃	邯鄲	成安	34	28.4.10	
		〃	開大線第二號線	清丰	大名	62	30.2.25	
		計	6			333		
		合計	63			3,194		
濟南	濟南	營業	濟順線	濟南	齊河	30	27.12.23	
		〃	濟章〃	棗園寺	章邱	12	28.2.12	
		〃	濟惠〃	濼口	惠民	127	27.12.29	濟南—惠民127公里
		〃	濟寧〃	濟南	東平	146	28.2.2	東阿—東平40公里18
		〃	濟南局地〃	濟南	市內	6	27.3.13	
		〃	泰沂〃	泰安	蒙陰	104	29.3.27	
		〃	泰平〃	〃	平陰	80	27.12.2	肥城—平陰44公里18
		〃	萊蕪〃	〃	萊蕪	60	31.8.18	
		〃	德商〃	商河	德平	27	31.8.18	
		〃	下窪〃	惠民	下窪	67	28.6.20	
		〃	利津〃	〃	利津	70	28.6.1	
		〃	惠楊〃	〃	楊安鎮	45	30.9.10	
		〃	禹順〃	禹城	臨清	108	28.4.30	禹城—順德258公里
		〃	冠縣〃	臨清	冠縣	58	30.9.10	
		〃	高邯線第一號線	高唐	堂邑	78	30.2.3	
		〃	新清平線	趙家寨	新清平	25	28.2.1	清平—新清平15公里
		〃	壽張〃	東昌	壽張	56	30.7.16	
		〃	禹鹽〃	禹城	樂陵	125	29.11.2	禹城鹽山180公里
		〃	程子口〃	無棣	程子口	58	31.4.12	
		〃	黄夾鎮〃	樂陵	黄夾鎮	12	31.4.12	
		臨時營業		濟南	臨清	150	31.10.25	
		〃		下窪	富國鎮	25	31.9.26	
		〃		蒲台	利津	36	31.6.15	
		〃		萊蕪	吐絲口	16	31.8.27	
		計	24			1,519		
	濟寧	營業	濟寧線	東平	濟寧	78	28.3.1	
		〃	寧沂〃	濟寧	兗州	30	29.1.1	
		〃	寧荷〃	〃	荷沢	120	28.3.1	
		〃	鄆城〃	鉅野	鄆城	32	28.7.15	
		〃	寧徐線第一號線	八里廟	魚台	67	28.7.15	濟寧—魚台75公里
		〃	曹縣線	金鄉	曹縣	84	30.3.5	
		〃	單縣〃	〃	單縣	40	31.3.27	
		〃	荷商〃	荷澤	曹〃	53	30.3.5	
		〃	濟寧局地〃	濟寧	市內	5	27.10.27	
		計	9			509		
	兗州	營業	寧沂線	兗州	沂州	185	29.1.1	
		〃	汶上線	〃	汶上	56	29.10.10	
		〃	沂棗〃	沂州	棗莊	120	29.12.11	
		計	3			359		
	張店	營業	滄張線	惠民	周村	110	28.6.10	滄縣—張店256公里
		〃	桓台〃	周村	桓台	23	28.7.25	
		〃	張濱〃	張店	濱縣	116	28.7.25	
		〃	張廣〃	〃	廣饒	60	28.7.10	
		〃	益羊〃	益都	羊角溝	100	28.6.14	
		〃	益臨〃	〃	臨朐	26	27.11.20	
		〃	郭坦〃	昌樂	郭坦	31	32.1.16	
		臨時營業		臨朐	沂水	130	31.11.25	
		〃		桓台	索鎮	43	31.6.15	

路路線表

局名	營業所名	營業類別	路線名	距離 自	距離 至	路程(公里)	建設年月日	備考
济南	維縣	計	9			639		
		營業	煙濰線	濰縣	掖縣	109	28.2.15	新河鎮—掖縣53公里17.8.18
		〃	濰城〃	〃	諸城	106	28.4.1	景芝鎮—諸城45公里17.1.15
		〃	坊子〃	柳溝	坊子	3	28.4.1	
		臨時營業		店子	沙河	20	31.9.15	
		計	4			232		
	青島	營業	膠掖線	膠縣	掖縣	123	28.3.18	
		〃	膠王〃	膠縣站	王哥莊	55	28.8.15	
		〃	青煙〃	青島	萊陽	125	28.2.5	青島—芝罘240公里
		〃	金家口〃	即墨	金家口	52	28.2.5	青島—金家口97公里
		〃	城蘭〃	城陽	蘭底	57	28.2.20	青島—平度112公里
		計	5			412		
	高密	營業	高沂線	高密	莒縣	142	27.10.18	
		〃	沂水〃	莒縣	沂水	32	28.3.20	
		〃	高平〃	高密	平度	53	30.9.10	
		臨時營業		莒縣	沂州	80	31.12.1	
		計	4			307		
	芝罘	營業	煙濰線	永福園	掖縣	188	28.12.20	黄山館—掖縣56公里17.8.18
		〃	招遠〃	黄山館	招遠	26	28.11.10	
		〃	青煙〃	萊陽	芝罘	115	28.1.25	
		〃	煙榮〃	芝罘	榮城	149	28.2.20	
		〃	文登〃	宋家窪	文登	33	29.4.1	
		〃	芝罘局地〃	芝罘	市內	6	27.6.10	
		計	6			615		
	合計		64			4,448		
太原	太原	營業	雁平線	雁門関	平遥	295	27.8.13	
		〃	大營鎮〃	代縣	大營鎮	83	29.12.10	繁時—大營鎮48公里17.3.27
		〃	太谷〃	太原	太谷	65	30.7.13	経由徐溝
		〃	太柳〃	〃	柳林鎮	267	28.2.22	
		〃	介休〃	汾陽	孝義	18	29.7.1	
		〃	太原局地〃	太原	市內	13	28.12.12	
		〃	五台〃	忻縣	五台	70	31.7.17	
		〃	嵐縣〃	離石	圪洞鎮	46	32.2.27	
		〃	中陽〃	天口村	中陽	19	32.2.27	
		臨時營業		寧武	五寨	63	31.11.1	
		〃		楡次	徐溝	33	31.11.15	
		〃		圪洞鎮	嵐縣	89	31.12.1	
		計	12			1.961		
	陽泉	營業	陽沁線	陽泉	遼縣	153	27.12.25	和順—遼縣44公里17.7.17
		〃	盂縣〃	〃	盂〃	50	31.3.27	
		計	2			203		
	臨汾	營業	臨新線	臨汾	新絳	65	31.7.13	
		〃	侯河〃	侯馬鎮	河津	79	29.2.1	
		〃	侯沁線第一号線	〃	沁水	102	29.2.1	翼城—沁水56公里18.2.27
		〃	浮山線	臨汾	浮山	45	32.2.27	
		〃	臨汾局地線	臨汾	市內	3	29.2.2	
		臨時營業		侯馬鎮	垣曲	120	31.10.1	
		計	6			414		
	運城	營業	運榮線	運城	榮河	103	28.5.11	
		〃	夏縣〃	〃	夏縣	30	30.5.20	
		〃	蒲州〃	蒲州站	蒲州	6	30.10.23	
		〃	蒲芮〃	蒲州	芮城	80	31.7.17	
		〃	萬泉〃	猗子	萬泉	35	31.7.17	
		計	5			255		
	潞安	營業	太清線	太谷	清化	550	29.10.1	
		〃	潞城〃	潞安	潞城	22	30.4.1	
		〃	長子〃	〃	長子	26	30.4.1	
		〃	侯澤線第二号線	澤州	陽城	77	31.3.27	
		計	4			675		
	合計					2607		
開封	新鄉	營業	新彰線第一号線	新鄉	濬縣	100	28.6.12	
		〃	新封線	〃	封邱	65	29.7.1	
		〃	新輝〃	〃	輝縣	20	28.3.6	
		〃	修武〃	修武	武陟	20	29.6.1	
		臨時營業		陽武	源武	20	31.12.1	
		計	5			225		
	彰德	營業	彰清線	彰德	清丰	100	29.3.20	楚旺鎮—清丰48公里17.5.10
		〃	彰水〃	〃	水冶鎮	23	28.2.1	
		〃	新彰線第二号線	〃	湯陰	22	28.6.1	
		計	3			145		
	懷慶	營業	済源線	清化	済源	55	28.2.10	懷慶—済源35公里17.2.13
		〃	温縣〃	懷慶	温縣	25	31.7.17	
		〃	孟縣〃	〃	孟縣	30	31.7.17	
		臨時營業		済源	蘇村	50	31.1.20	
		計	4			160		
	開封	營業	開大線第一号線	開封	濮陽	138	30.3.23	
		〃	開商線	〃	杞縣	59	28.6.20	開封—商邱站159公里
		〃	通許〃	陳留	通許	25	28.9.19	開封—通許53公里
		〃	開封局地〃	開封	市內	16	28.5.18	
		〃	兰東〃	兰封	東明	80	32.1.17	
		計	5			318		
	商邱	營業	開商線	杞縣	商邱站	100	28.6.20	
		〃	商拓〃	商邱	拓城	50	29.8.5	
		〃	商亳〃	〃	亳縣	65	29.8.5	
		〃	荷商〃	商邱站	曹縣	60	32.1.17	
		臨時營業		拓城	淮陽	70	32.1.28	
		〃		商邱	虞城	35	32.1.26	
		〃		城商	鹿邑	45	32.3.1	
		計	7			425		
	徐州	營業	徐連線第一号線	徐州	宿遷	123	28.4.13	
		〃	單徐線第二號線	豐縣	徐州	88	28.5.5	
		〃	宿淮線	宿遷	淮陰	108	28.4.13	
		〃	沛縣〃	鄭集	沛縣	38	29.1.11	
		〃	蕭縣〃	徐州	蕭縣	32	28.11.10	
		〃	徐州局地〃	〃	市內	4	31.2.13	
		〃	宿遷〃	宿遷	新安鎮	50	31.4.12	
		〃	泗縣〃	固鎮	泗縣	80	32.1.17	
		臨時營業		新安鎮	馬頭鎮	45	32.2.5	
		計	9			568		
	海州	營業	徐連線第一号線	淶陽	連雲港	117	28.6.13	
		〃	海王線	海州	王營鎮	159	28.6.13	
		〃	海青〃		青口鎮	30	28.2.1	
		〃	大浦〃		大浦	8	28.6.13	
		計	4			314		
	合計		37			2155		
	總行駛路程		249			15557		
停運路線								
天津	灤縣	營業	新寨線	汀流河	新寨	25	30.8.21	
	唐山	〃	趙各莊〃	唐山	趙各莊	32	28.2.1	
	天津	〃	津德〃	滄縣	唐官屯	62	27.1.26	
	滄縣	〃	〃	〃	南皮	37	28.2.20	
	〃	〃	鹽山〃	馬馬營	鹽山	42	29.3.7	
	〃	臨時營業		韓村	岐口	38	31.12.20	
	德縣	營業	平原〃	德縣	平原	40	27.12.20	
	〃	〃	〃	恩縣	〃	18	27.12.20	
	〃	〃	高唐〃	〃	高唐	36	28.6.7	
		計	9			330		
北平	北平	營業	京古線	密雲	古北口	51	25.4.10	
	北平	營業	京昌線	立水橋	昌平	31	29.1.20	
	〃	〃	京保〃	高碑店	琉璃河	43	27.2.25	
	保定	〃	〃	〃	保定	86	27.2.25	
	〃	〃	完縣〃	保定	望都	46	29.1.20	
	〃	〃	保南線第二号線	安國	安平	36	28.8.8	
	〃	〃	饒陽〃	安平	饒陽	29	28.8.8	
	石門	〃	東鹿〃	藁城	東鹿	20	27.1.15	
	順德	〃	南和〃	任縣	南和	19	28.4.10	
	邯鄲	〃	邯大〃	成安	大名	35	30.9.5	
	〃	〃	邱縣〃	曲周	邱縣	22	28.11.6	
		計	11			418		
济南	济南	營業	禹城線	齐河	禹城	39	27.12.22	
	〃	〃	済章〃	済南	棗園寺	51	27.6.15	
	〃	〃	明水〃	棗園寺	明水	9	27.6.15	
	〃	〃	済曲〃	済南	大汶口	110	27.11.20	
	〃	臨時營業		齐河	高唐	58	30.6.19	
		〃		章邱	張家林	18	30.8.15	
	兗州	營業	濟曲線	大汶口	曲阜	54	27.12.29	
	張店	〃	滄張〃	張店	周村	21	28.5.18	
	〃	〃	張來〃	〃	博山	44	27.2.21	
	〃	〃	黌山〃	淄川	黌山	5	27.2.21	
	青島	〃	紅石崖〃	王台	紅石崖	12	27.10.20	
	〃	〃	塔埠島〃	膠縣	塔埠島	11	27.10.15	
	〃	〃	劉家莊〃	即墨	劉家莊	30	28.3.16	
	〃	〃	城高〃	城陽	膠縣	39	27.6.26	
	〃	〃	南村〃	南村	平度	38	28.2.20	
	高密	〃	城高〃	膠縣	高密	27	27.6.26	
		計	16			566		
太原	臨汾	營業	汾城線	臨汾	汾城	49	29.12.15	
		計	1			49		
開封	新鄉	營業	封邱線	新鄉	封邱	80	28.7.5	
	〃	臨時營業		道口鎮	濮陽	40	30.9.15	
	開封	營業	蘭封〃	杞縣	兰封	35	28.12.20	
	〃	臨時營業		開封	〃	52	30.12.17	
	徐州	〃		淮陰	淮安	18	30.11.20	
	海州	營業	楊家集〃	大浦市	楊家集	25	28.12.1	
		計	6			250		
		合計	43			1.613		
	總計		292			17.170		

路線總括

局名	運行路線 營業	運行路線 臨時營業	運行路線 計	停運路線 營業	停運路線 臨時營業	停運路線 計	合計
天津	2.814	289	3.103	292	38	330	3.433
北平	2.912	282	3.194	418		418	3.612
济南	3.998	300	4.498	490	76	566	5.064
太原	2.397	305	2.702	49		49	27.51
開封	1.890	265	2.155	140	110	250	2.405
計	14.01	1.641	15.652	1389	224	1.613	17.265

備考 民國三十一年度成立路線53 計2452公里
本表根據華北交通株式会社之調查

淪陷時期公路建設狀況圖

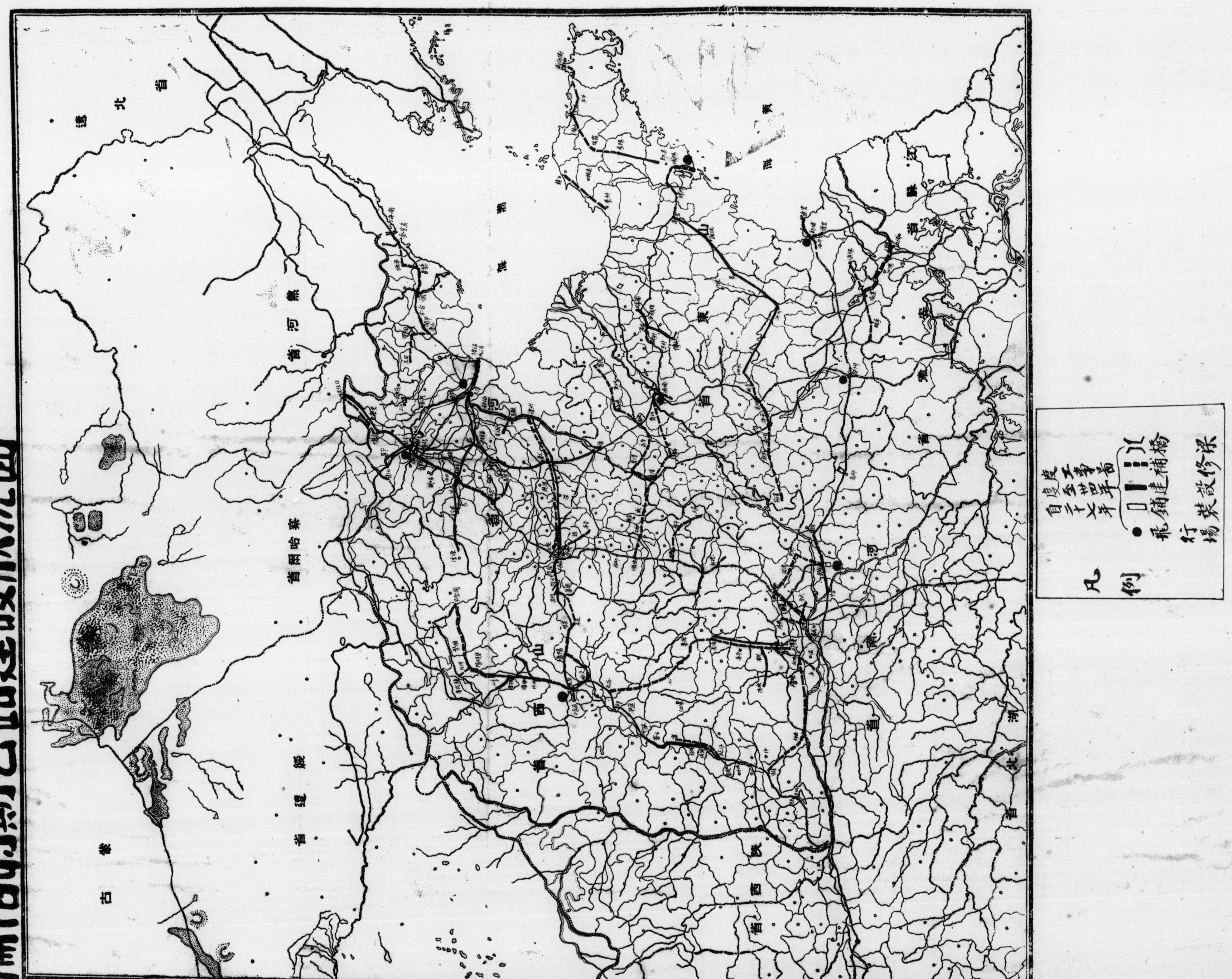

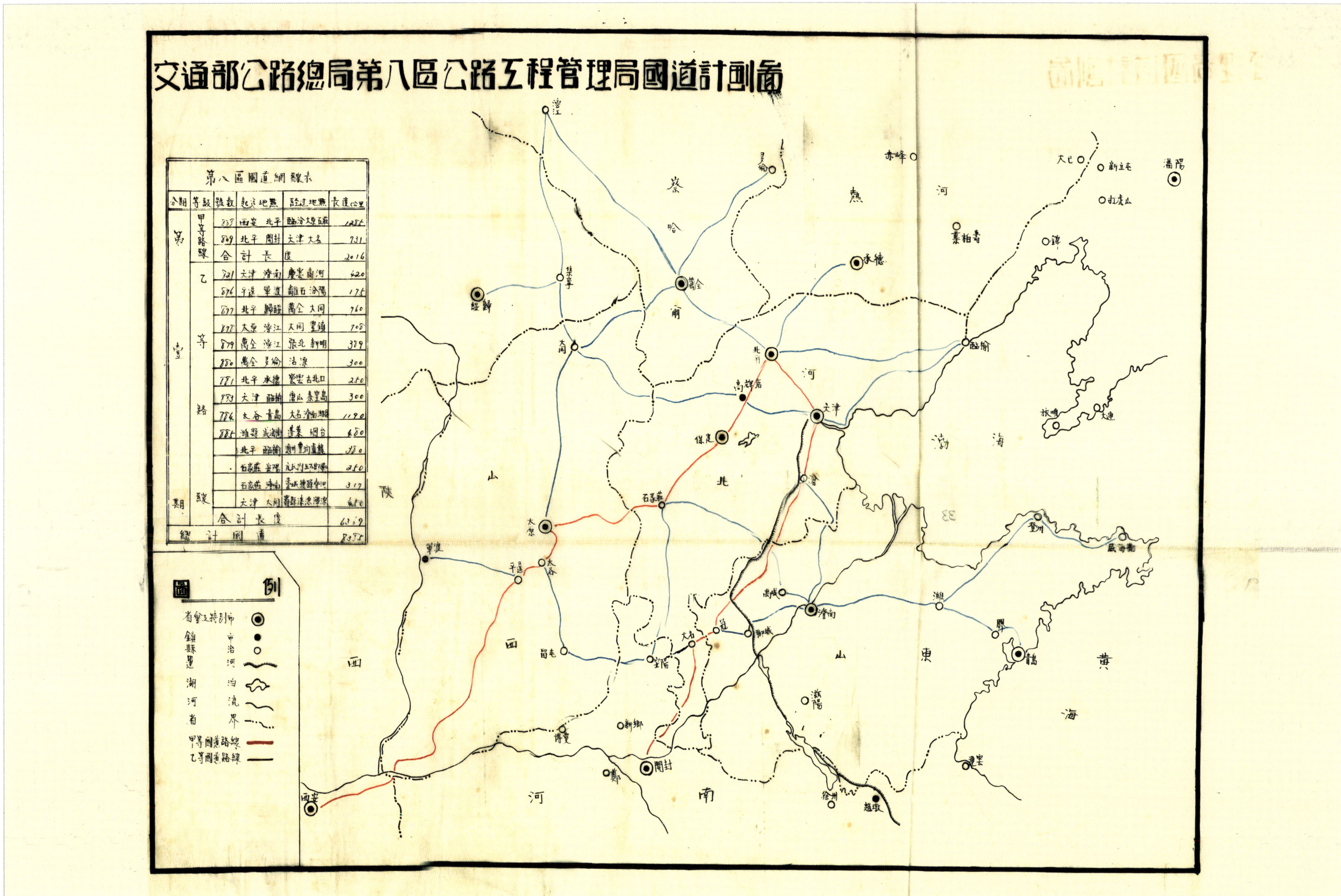

第八區國道網線表

分期	等級	號數	起迄地點	經過地點	長度（公里）
第壹期	甲等路線	833	西安 北平	臨汾 太原 石莊	1285
		809	北平 開封	天津 大名	731
		合計長度			2016
	乙等路線	821	天津 濟南	慶雲 商河	420
		876	平遙 軍渡	離石 汾陽	175
		877	北平 歸綏	萬全 大同	760
		878	太原 滂江	大同 豐鎮	708
		879	萬全 滂江	張北 新明	389
		880	萬全 多倫	沽源	300
		781	北平 承德	密雲 古北口	250
		883	天津 臨榆	唐山 秦皇島	300
		784	太谷 青島	大名 濟南 濰縣	1190
		885	濰縣 威海衛	蓬萊 烟台	480
			北平 臨榆	通州 豐潤 盧龍	380
			石家莊 安陽	[illegible]	250
			石家莊 濟南	臺城 德縣 齊河	317
			天津 大同	霸縣 淶源 渾源	450
		合計長度			6369
總計國道					8385

第三節 內河航運及港灣

第一項 華北可航河川狀況

水系	本支流名稱	可航區域	距離(公里)	航行期間
大運河	南運河	天津—臨清	540	增減水期均可航行
	馬廠減河	馬廠—大沽	90	〃 〃
	衛河	臨清—道口鎮	390	僅增水期可航行
		道口鎮—新鄉	60	〃 〃
	山東南運河	姜溝—台兒莊	290	減水期航行困難
子牙河	本流	天津—第六堡	30	增減水期均可航行
		第六堡—臧家橋	140	減水期航行困難
	滹沱河	臧家橋—呂溪	30	僅增水期可航行
		呂溪—高家營	160	增水期中型以上船航行困難
	滏陽河	臧家橋—小範鎮	30	減水期航行困難
		小範鎮—十字河	150	〃 〃
		十字河—馬頭鎮	200	僅增水期可航行
大清河	本流	天津—第六堡	30	增減水期均可航行
		第六堡—張青口	90	減水期航行困難
		張青口—白溝河	75	僅增水期可航行
	南拒馬河	白溝河—定興	60	〃 〃
	琉璃河	白溝河—琉璃河	120	〃 〃
	府河	王各莊—保定	140	減水期航行困難
	豬龍河	西淀—流羅	180	僅增水期可航行
黃河	上流	寧夏—河曲	1.300	增水期航行困難
	下流	臨濮集—利津	560	〃 〃
小清河		濟南—羊角溝	260	減水期航行困難
東北河川	白河	順義—通州	50	僅增水期可航行
	北運河	通州—天津	140	減水期航行困難
	薊運河	薊州—北塘	220	增減水期均可航行
	箭桿河	八門城—下王各莊	20	僅增水期可航行
	潮河	平谷—三河	35	〃 〃
		三河—白龍港	45	〃 〃
東北河川	還鄉河	江洼口—窩洛沽	20	僅增水期可航行
	金鐘河	天津—北塘	50	增減水期均可航行
	煤河	河頭—胥莊	35	〃 〃
灤河		灤州—潘家口	200	〃 〃
	合計		5.710	

註：華北河川之增水期為3.4.7.8.9月減水期為5.6.11.12月結冰為12月

第二項 各河水路

第一目 大運河

起迄	增減水期	水深(米)	可航民船噸數	流速(每秒米)
天津—德州	增水期	2.20	120	0.30—1.00
	減〃〃	1.50		
德州—臨清	增水期	2.20	100	0.30—1.00
	減〃〃	1.50		
臨清—金灘鎮	增水期	2.00	120	0.30—1.00
	減〃〃	1.30		
金灘鎮—元村集	增水期	1.50	100	0.30—1.00
	減〃〃	1.00		
元村集—道口鎮	增水期	1.50	100	0.30—1.00
	減〃〃	0.80		
道口鎮—新鄉	增水期	1.50	80	0.30—1.00
	減〃〃	0.80		

第二目　黄河

起迄	水路	最大(米)	最小(米)	平均(米)
董口鎮—姜溝	水寬	1.500.0	150.0	400.0
	水深	8.0	2.0	2.5
	流速(每秒米)	2.5	1.5	2.0
姜溝—濼口	水寬	600.0	150.0	200.0
	水深	6.0	3.0	3.0
	流速	2.5		1.5
濼口—利津	水寬	500.0	200.0	300.0
	水深	5.0	2.0	2.5-3.0
	流速			1.5

以下子牙河大清河、小清河、北運河、薊運河等因各流域间之水路廣狹、深淺、流速、概不規整無法列表比較統計、茲分別簡单説明於後：

第三目　子牙河

(Ⅰ) 天津至第六堡、長約30公里處河身甚寬、減水期水深仍保持二米、利于民船航行、

(Ⅱ) 第大堡至河口鎮間、長約百四十公里、減水期水位降至卅糎不能航行、但至七月上旬增水期、則水深達二米五十糎、民船可自由航行、

(Ⅲ) 滏陽河当減水期多乾涸、至增水期距天津三百五十公里上游之十字河、水深一米五十糎、至二米五十糎、由十字河溯航二百公里至邯鄲縣馬頭鎮间、普通大型民船均可航行、

(Ⅳ) 滹沱河大部未经人工修建、淤淺四季均無法航行

(Ⅴ) 河口至呂溪間、河狀整然、除漲水時右岸有氾濫之虞外河道安堅無変化、平水時頗適於民船航行、

(Ⅵ) 呂溪至柳林堡間、河身甚寬、但以河道易変遷、平水時水深不満一米、非船運之良好區域、

第四目　大清河

(Ⅰ) 天津白溝河間減水時水深亦在一米以上、卅噸至六十噸、吃水七十糎、至八十糎之民船、可航行、增水期間由天津大紅橋可航行吃水一米之小汽船至白溝河鎮、

(Ⅱ) 白溝河鎮琉璃河间、減水期可通行吃水二十糎至卅糎之五噸至大噸之民船、增水期可航行吃水一米餘之三十噸民船、

(Ⅲ) 小清河因永定河多泥沙流入、其水甚淺、吃水二十糎至卅糎之民船勉强可通航至距長辛店下流二公里處、

(Ⅳ) 白溝河鎮至定興间雖於減水期間仍能保持其五十糎至六十糎之水位、吃水三十糎之民船可航行、增水期可航吃水一米之民船、

(Ⅴ) 十方院至張青口間減水期僅可航行二十噸之民船、增水期水位可漲至二米至三米、通新安鎮可航吃水一米之小汽船

(Ⅵ) 新安鎮至保定間、普通称之為府河、有水閘七處、可自由調節增減水期之水位、平均增水期六十噸及減水期二十噸之民船可航行、

(Ⅶ) 白洋淀内無論增減水期、其水位经常為二、三米、故民船可自由航行、

(Ⅷ) 潴龍河每逢減水減水期即乾涸、遇增水期二十噸民船可溯航至流羅、

第五目　小清河

睦里莊閘至濟南城北之林家橋約長十六公里水量甚少河道廣狹無定、且多灣曲、林家橋至金橋閘約長百四十二公里、素称小清河上流區域、河槽比較整齊平均河寬二十米、水深在一米以上、金橋石村上流至海口約七十五公里、河寬水深均為增大、羊角溝附近河寬五百米該區受海潮影响甚大、海口有長一公里二百米之沙洲、普通滿潮時水深約二米、低潮時約六十糎、

該河發源自湧泉常保持適當之水温、由水源地至張家林间雖嚴冬亦不结氷、四季均可航行、但張家林下游由十二月下旬结氷無法航行、該河距水源甚近、水量之調節因有湖泊為之助、夏季河水高漲時并不妨碍船舶之航行、

第六目、北運河

通州至天津長百四十三公里、有水時河寬最小三十米、最大六十米、平均為四十米、流速每秒在0.五米内外、近以疏於水路之保護以至水路淤塞河道変遷、增水時水深達一米至二米、平時亦有淺至三十糎乃至四十糎

時為調節水時之水流并預防北運河及海河沿岸之洪水為害，防止泥沙之堆積等，到處均有排水閘及排水鉄管之設施。增水期為陰曆六、七、八月，減水期為三、四、五、九、十、十一月，結冰期，十二月下旬迄三月上旬，通州上流之牛欄山附近約五十公里間，僅解冰時及增水時可以航行。

第七目　薊運河

薊運河航行區域為距北塘上流二百十七公里處至五里橋間，五里橋上流多洲，增水時可航行小船，由五里橋下流至上倉鎮間水寬十米至三十米，增水時水深五十糎至一米，減水期約三十糎，流速每秒三十五糎至七十糎。

自上倉鎮閭洵河合流點至白龍港間，增水時水寬四十六米，水深二米五十糎，河道屈曲多灣，減水期水深最小七十糎，洵河白龍港侯家營間長十七公里，水深在二米以上，自侯家營上行水面不寬，水位不深，非良好之水路。白龍港下流至江窪口間，增水時水深三米至六米，減水時約二米。

於高家沽合流之棠耀河，河身狹小，不能航船，於江窪口合流之還鄉河，滿潮時民船可以溯航，河寬平均約二十米，至十七公里上流窩洛沽水深六十糎至一米，江窪口下流至北塘間河面最寬，水深四米至六米，除結冰期外，普通吃水三米以下之汽船可航行，溪沽下流有風浪時五噸之小民船航行困難，北塘江窪口間潮汐影响甚大，民船上航非滿潮時無法行駛。於船沽合流之芦台運河，水漲時被北運河支流青龍灣河流下之土砂淤塞，不能通至金鐘河，僅青龍灣河合流点之俵口可以航行。

北塘上流約二公里地點合流之金鐘河，發源於天津新開河，北塘下流十三公里歡坨之上流與舊金鐘河會合，過歡坨會合筐兒灣減河及永定河之洪水期放淤區所排之水併入薊運河，河寬六十米至百米，水深二米以上，為一良好水路。

於閻莊合流之煤河，自閻莊至河頭長卅五公里七，為人工開鑿之運河，河寬二十米至三十米，流速因有閻莊閘門之調節每秒不足十糎，水深一米二至一米六，為良好之水路。此外薊運河水系之結冰期為十一月中旬至三月上旬，增水期為七、八、九三個月。

第三項　各河民船統計

河名	隻數	船型（噸）
南運河	約1.100	30—120
山東南運河	〃900	5—25
子牙河	〃1.500	15—100
大清河	〃900	20—100
黄河	〃3.000	10—50
小清河	〃1.200	10—20
北運河	380	10—40
東北諸河川	〃1.000	20—100
灤河	〃1.200	5
合計	〃11.180	

第四項　各河航程及所需時日

河名	起迄	距離（公里）	所需時日 上航	所需時日 下航
南運河	天津—獨流	24	1.0日	1.0日
	天津—靜海	53	2.0	1.0
	天津—唐官屯	85	2.0	2.0
	天津—滄州	158	4.0	3.0
	天津—泊鎮	222	5.5	4.0
	天津—東光	245	6.0	4.5
	天津—連鎮	262	6.5	4.5
	天津—桑園	302	7.5	5.5
	天津—德州	338	8.5	6.0
	天津—故城	378	9.5	6.5
	天津—鄭家口	418	10.0	7.5
	天津—武城	467	11.5	8.0
	天津—油房	499	12.5	8.5
	天津—臨清	539	13.5	9.5
	天津—館陶	602	15.0	10.0
	天津—龍王廟	714	18.0	12.5
	天津—元村集	759	19.0	13.0
	天津—楚旺鎮	799	20.0	14.0
	天津—道口鎮	926	23.0	16.0

註：天津至泊頭鎮小型汽船下航需二十一小時，上航需三十小時。

接次頁

河名	起　迄	距離(公里)	所需時日	
			上航	下航
山東南運河	姜溝——安山鎮	28	1.0日	1.0日
	安山鎮——濟寧	80	2.0	1.5
	濟寧——南陽鎮	50	1.5	1.0
	南陽鎮——韓莊	90	2.0	2.0
	韓莊——台兒莊	40	2.0	0.5
子牙河	无津——王家莊(本流)	53	2.0	1.0
	无津——沙河橋(本流)	125	6.0	3.0
	无津——臧家橋(本流)	171	7.0	3.0
	无津——小範鎮(滏陽河)	203	8.5	4.0
	无津——圈頭(滏陽河)	235	10.0	4.5
	无津——衡水(滏陽河)	262	11.0	5.5
	无津——大学河(滏陽河)	353	14.5	7.0
	无津——馬头鎮(滏陽河)	550	23.0	11.0
	无津——呂漢(滹沱河)	200	8.0	5.0
	无津——欒馬(滹沱河)	277	11.0	7.0
	无津——崇城(滹沱河)	324	13.0	8.0
	无津——柳林舖(滹沱河)	361	15.0	9.0
大清河	无津——蘇橋鎮	86	3.0	2.0
	无津——張家口	120	4.0	3.0
	无津——雄縣	160	5.0	4.0
	无津——白溝河鎮	193	6.0	5.0
	白溝河鎮——琉璃河	120	4.0	3.0
	白溝河鎮——新安城	60	2.0	1.5
	无津——新安鎮	187	6.0	4.5
	无津——保定	263	9.0	6.5
	新安鎮——同口村	33	1.0	1.0
	同口村——端村	12	4.0	4.0
	无津——流羅河	30.0	11.0	7.5
	无津——同口村	20.0	6.5	5.0

註：保安至新安鎮無論上下航均為一日行程，但膳馬庙上流有水閘七個，如將候開閘之空費時間計入，則此間之行程最少需二日。

河名	起　迄	距離(公里)	所需時日	
			上航	下航
北運河	順義——蘇莊	12.0	36.0時	9.0時
	蘇莊——通州	21.0	36.0	9.0
	通州——馬頭	26.0	7.0	5.0
	馬头——河西務	26.0	10.0	7.0
	河西務——南蔡村	23.5	7.0	4.0
	南蔡村——楊村	19.5	5.0	3.5
	楊村——曲家店	22.5	6.0	4.0
	屈家店——北倉	4.5	3.0	2.0
	北倉——无津	11.0	3.0	2.0

註：无津至通州上航要五日至六日，下航要三日半至四日。

河名	起　迄	距離	上航	下航
薊運河	北塘——溪沽	26.3	3.40時	3.30時
	溪沽——船沽	25.5	2.40	2.40
	船沽——芦台	12.0	2.30	2.10
	蘆台——閻莊	2.6	0.35	0.30
	閻莊——寧河	32.9	5.00	4.40
	寧河——北埋珠里	22.2	5.00	4.30
	北埋珠理——江窪口	3.0	0.45	0.35
	江窪口——官埜堆	15.0	5.00	4.00
	官埜堆——石舊窩	14.0	5.00	4.00
	石舊窩——新安鎮	26.0	9.00	7.50
	新安鎮——白龍港	16.2	5.40	5.00
	白龍港——大倉鎮	5.8	1.50	1.30
	大倉鎮——上倉鎮	18.0	6.00	5.20
	上倉鎮——五里橋	17.4	6.50	5.00
	計	216.9	58.30	51.15

河名	起迄	距離(公里)	所需時日	
			上航	下航
箭桿河	八門亭—林亭口	11.0	3.30時	3.30時
	林亭口—下王各莊	6.0	2.00	2.00
洵河	平谷—三河	34.0	13.00	9.30
	三河—新集鎮	23.0	9.30	8.00
	新集鎮—侯家營	6.0	2.30	2.00
	侯家營—三岔口	10.0	4.40	3.40
	三岔口—嘴頭莊	6.0	2.50	2.00
	嘴頭莊—白龍鎮	1.0	0.20	0.20
還鄉河	江窪口—丰台	4.8	1.00	1.00
	丰台—窪洛沽	12.0	4.00	3.00
金鐘河	天津—歡坨	14.0	3.40	3.40
	歡坨—北塘	35.0	9.30	9.30
煤河	河頭—白莊	35.7	8.30	8.30

註、河頭至天津上下航均經由金鐘河需三日至五日.

河名	起迄	距離(公里)	上航	下航
黃河下流	臨濮集—董口鎮	13.0	4.00時	1.00時
	董口鎮—陶城埠	130.0	32.50	8.00
	陶城埠—姜溝	20.0	5.00	1.50
	姜溝—滑口	23.0	6.00	1.50
	滑口—齊河	112.0	28.50	7.00
	齊河—濼口	24.0	6.00	1.50
	濼口—濟陽	66.0	16.00	4.00
	濟陽—台子	47.0	12.00	3.00
	台子—清河鎮	26.0	6.50	1.50
	清河鎮—十里堡	59.0	15.00	3.50
	十里堡—利津	36.0	9.00	2.00

黃河上流

起迄	船別	航行所需日數	
青海—包頭	皮筏子	50.0	
蘭州—包頭	〃〃	40.0	
寧夏—包頭	民船	上航40-60	下航12-18
磴口—包頭	〃〃	〃〃25	〃〃10
秀花堂(臨河)—包頭	〃〃	〃〃20	〃〃6-8
義和渠口(五原)—包頭	〃〃	〃〃11-17	〃〃4-7
包頭—河口鎮	〃〃	〃〃5-8	〃〃3

小清河

起迄	距離(公里)	起迄	距離(公里)
黃台橋—鴨旺口	28	博興—金家橋	30
鴨旺口—張家林	22	金家橋—石村	6
張家林—歸蘇	9	石村—柏台閘	11
歸蘇—魏家橋	11	柏台閘—八面河	51
魏家橋—水牛寨家	14	八面河—羊角溝	10
水牛寨家—岔河	37	羊角溝—河口	25
岔河—博興	27		

註、黃台橋至羊角溝之航行所需日數，下航五日至七日，上航十日至十二日.

燃料	煤油	煤	鉄	石類	沙土	獸骨	皮革	毛類	禽畜	海產	魚類	陶器類	化學製品	鴉片	藥材	甘草	雜貨	紅白糖	煙草	紙張	乾貨	火柴	其他	合計
		145.000																					19.000	318.000
	19.000	25.000										2.000					104.000	61.000		5.000				247.000
		50.000																					2.000	139.070
																	2.820							2.820
								1.000	2.000															91.000
																	100.000							100.000
							1.000		19.500								900						6.100	141.100
																		1.200					4.000	89.600
								7.200						400	100	1.800			3.600		100			21.300
																		200	240					23.310
							3.100	100	46.300															357.500
	11.100	16.100															3.900	1.000	2.100			1.700		42.100
										6.000														144.720
	2.200	39.000	1.900									1.500			1.200									45.800
																								19.000
																								48.300
1.000		3.500		22.000	300	380	190		400		150	9.000	800						100				4.000	93.120
																	22.000						20.000	97.000
000	32.300	278.600	1.900	22.000	300	380	4.290	8.30	68.200	6.000	150	12.500	800	400	1.300	1.800	233.620	63.400	6.040	5.000	100	1.700	55.100	2020.740

路輸送至道口鎮轉以衛河及南運河水路民船運輸之
自三分之一

中心地.

運往天津之主要物資概為小麥豆類雞蛋棉花玉米等

第五項　各河運輸狀況

貨物集散地＼數量(單位:噸)＼品名	米	麵粉	小麥	雜糧	高粱	粟	玉蜀黍	豆類	豆餅	落花生	雞蛋	蔬菜	鹽	油	酒	茶	水菓	棉線	棉花籽	棉花	洋布	葦	麻	木材
南運河沿岸—天津			83000			15.000	16.000													40.000				
天津—南運河沿岸	16.000	12.000																			3.000			
山東南運河—濟寧			3.870	70.000	1.300			1.900																
濟寧—山東南運河沿岸																								
子牙河沿岸—天津			30.000	3.000						3.000	2.000						6.000			14.000				
天津—子牙河沿岸																								
大清河沿岸—天津	5.800		42.600	100	1.100		2.300	15.000		7.500	3.400	4.600					2.400	800		12.000		16.000		
天津—大清河沿岸		5.000		60.000									10.900	8.500										
黃河上流流域—包頭				7.200									900											
包頭—黃河上流流域										22200						120								
黃河下流流域—濼口			92.100	42.700				97.000			9.500	700					59.000							7.000
濼口—黃河下流流域	100	3.600											1.600			100		1.800	15.000					
小清河沿岸—濟南					4.200					600		120	96.000							12.000		2.400		8400
濟南—小清河沿岸																								
北運河沿岸運出																								
北運河沿岸運入																								
薊運河—天津				24.500						4.000	2.000	7.000		400	600		3.000		3.000	3.500		2.000	800	500
天津—薊運河		10.000		45.000																				
計	21.900	30.600	251.570	252.500	6.600	15.000	18.300	113.900		37.300	16.900	12.420	109.400	8.900	600	220	70.400	3.150	18.000	111.500	3.000	20.400	800	15.900

說明
(1) 南運河(包括衛河)沿岸之物資主要為雜糧、煤、棉花三種雜糧中尤以小麥為最多大部均運往天津。煤以道清鉄路沿綫之焦作無煙煤為主、由福中公司經營，經道清鉄
(2) 山東南運河沿岸物資之集散，概以濟寧為中心，濟寧為南運範圍又以汶上、鄆城、鉅野、嘉祥、金鄉、魚台諸縣為主。物資之運輸以陸運為主水運次之、水運約佔陸運幾、
(3) 子牙河及滹沱河、滏陽河沿岸，向以西河棉產著稱，年產額佔河北省全省產量百分之六十、
(4) 大清河沿岸所產主要物資為小麥、高粱、玉蜀黍、粟、豆類、落花生等其所產物資及其所要之日用雜貨等大部均由水運，以天津為中心集散地。
(5) 黃河上流之運輸，除包头北平間通有鉄路外，其他甘肅、寧夏、綏遠等處所產之物資向賴該河水運輸往歸綏之河口鎮(河灣)、民國十二年平綏路通至包头後，包頭即為其物資集散之
(6) 黃河下流之水運，貨物以濟南黃河河港、濼口為中心集散地，各縣水運貨物均於濼口登陸，自濼口車站或濟南由膠濟、津浦鉄路轉運各地。
(7) 小清河水運以歷城、章邱、齊東、鄒平、長山、桓台、高苑、博興、廣饒、壽光等十縣之各種出產品為主、其物資集散地，以濟南為中心。
(8) 北運河水路運輸，以天津、武清、香河、通縣、順義、密雲、懷柔等縣產品為主、以天津為中心集散地、由天津水路運出貨物以麵粉為主，雜貨、棉線、布、木材、小麥、雜糧、油、鹽等次之，至由北運河
(9) 薊運河本支流縱橫於河北省東北地區，其水運以天津為中心，以所謂東八縣之平谷、三河、寶坻、寧河、丰潤、玉田、薊縣、香河等縣所產物資為其主要運輸對象。

第六項　河川改修計劃

華北治水及利水計劃機関,以黄河水利委員會及華北水利委員会,各省建設廳,河務局等為主.從前治水及利水計劃概況如次.其在淪陥期間敵人亦以此為改修之根據.雖有各種工程計劃之方案,但依計劃実施者寥々無幾.

第一目　永定河治水計劃.

(I)　建築太子墓貯水池以調節洪水量.

(II)　設蘆溝橋節制閘,引永定河之洪水一部入小清河.

(III)　河道之整理.

(IV)　泥沙之堰止(対於支流桑乾河,東洋河,南洋河等堰砂設施之修繕).

(V)　建築南北放淤區.

第二目.　獨流入海減河計劃.

第三目　大清河築堤工程計劃.

第四目　滹沱河流域灌漑計劃.

第五目.　衛河,南運河之増加水深計劃.

第六目　崔興沽灌漑排水計劃.

第七目　箭桿河,薊運河改修計劃.

第八目　北運河,青龍灣河,金鐘河,鳳河之改修計劃

第九目　臨清黄河間運河之復原計劃.

第十目　黄河東平湖間之水路復原計劃,及独山,微山兩湖水路浚渫計劃.

第十一目.　滹沱河,滏陽河,上流間之運河計劃.

第七項　華北主要港灣設施概況

華北主要港灣設施概況一覽表

（民國三十三年二月底調查）

港別＼區分	停泊設備	停泊能力及水深（英尺）	主要貨物保管能力	艀行設備及其他	自民國三十二年一月至十二月重要物資輸出實績	備考
秦皇島 （開灤礦務局經營）	大碼頭　五繫船區 （延長572米） 小碼頭　二繫船區 （延長245米）	一萬噸級 1隻 30 八千噸級 1〃 30 六千〃 1〃 29 五千〃 1〃 26 三千〃 1〃 23 四千〃 2〃 21	（以千噸為單位） 煤場 870 礬土場 272 雜貨場 11 倉庫（雜貨） 6 長城煤場 50	1.艀行人數 6120人 2.起重機 10噸二台 5噸三台 3.裝運（公定）煤3000噸 電船2隻 礦石1000〃 4.浚渫船2隻 機艇2隻	煤 1944 礬土 121	1.各期結冰設備 2.小型船修理設施 3.自由航路制度 4.乾滿潮差 五英尺 5.開港 1901年
天津　天津錨地	東亞碼頭　六繫船區	二千五百噸級 3隻 一千〃 2隻 五百〃 1隻 5	柳江煤場 50 雜貨場 19 倉庫（雜貨） 127	1.艀行人數900｛長工300 臨時600 2.艀船22隻（500噸型）		1.乾滿潮差 6英尺 2.開港1860年 3.自由航路制度
天津　天津錨地	大連汽船碼頭　六繫船區 延長（449米）	二千噸級4隻 9	雜貨場 28 倉庫（雜貨） 8	1.艀行人數500人｛長工200 臨時300		
天津　天津錨地	運輸碼頭　四繫船區 （延長日租界170英尺，法租界330英尺） 大通碼頭　二繫船區 （延長166英尺） 陳唐莊碼頭　一繫船區 （延長70英尺）	一千五百噸級 2隻 9 ｛一千〃 2〃 ｛一千五百〃 2〃 12 二千〃 1〃 15	雜貨場 13 倉庫（雜貨） 8 木材雜糧 50	1.艀行人數 810人		
天津　天津錨地	三井碼頭　二繫船區 （延長94英尺）	一千五百噸級2隻 13	倉庫（雜貨） 38	1.艀行人數 250人		
天津　塘沽錨地	華北交通公司經營 新河碼頭（延長600英尺）八繫船區 招商局碼頭（延長170英尺）三〃 塘沽碼頭（延長600英尺）六〃 北砲台碼頭（延長330英尺）三〃	二千噸級 17隻 13 一千五百噸級2〃 13 一千噸級 1隻 13	新河煤場 140 招商局礦石場 87 ｛塘沽雜貨場 4 ｛〃倉庫 6 ｛北砲台煤場 42 ｛〃礦石廠 75	1.起重機 15噸一台 2.艀行人數 2650人 3.裝運（公定） 煤、礦石 600噸	煤 325	
天津　塘沽錨地	三井碼頭 （延長272英尺）二繫船區 東亞公司碼頭　一〃 （延長105英尺） 南海官土屯　二〃 漢沽　七〃	三千噸級 2隻 15 二千五百〃 1〃 15 一千〃 2〃 13 五百〃 7〃 7	鹽場 1050 木材場 50 倉庫（雜貨） 9	1.艀行人數 1200人 2.電船 4隻 艀船 9〃 機船 5〃 浚渫船 2〃	鹽 108	
天津　塘沽錨地	塘沽新港 第一碼頭（延長700英尺）四〃	二千五百噸級4〃 20	煤場 100	1.艀行人數 800人 2.裝運（公定） 煤 600噸	煤 232	1.第一碼頭業完成一部自三十一年七月開始接岸裝卸 2.預定三十五年底港灣能力以八百萬噸為目標。 3.乾滿潮差 8英尺。
天津　大沽口外錨地	天津艀船公司經營 (1) 每年艀行能力 2600（千噸） 煤 600　礦石 500 鹽 500　雜貨 1000 (2) 使用中電船 22隻（在籍31隻） 〃〃〃艀船 77隻（〃〃121〃） 此外並有中國拖駁船組合所屬電船18隻、艀船25隻 3.本船一隻平均每日最高裝卸能力為煤、礦石15000噸、2000噸 4.大沽口外之貨物由本船及艀船捲揚機共同裝卸 5.艀行人數 850人 6.裝運（公定）｛鹽 800噸 ｛煤 600〃 7.大沽口外受氣候之支配最甚，尤以冬季其能率更顯然低下。 8.乾滿潮差 8英尺。					

接下頁

港別＼區分	停泊設備	停泊能力及水深(呎)	主要貨物保管能力	腳行設備及其他	自民國三十二年一月至十二月重要物資輸出實績	備考
青島 (青島碼头公司經營)	第一碼頭 八繫船區 (延長1314米) 第二碼头 〃 (延長1122米) 第三碼头 〃 (延長1118米) 第四碼头 二 〃 (延長173米) 第五碼头 六 〃 (延長942米) 第六碼头 二 〃 (延長300米)	七千噸級 10隻 27 六千 〃 2〃 五千 〃 13〃 三千 〃 1〃 二千 〃 6〃 一千 〃 2〃	煤場 2100 礦石場 22 塩場 200 雜貨場 14 倉庫(雜貨)25	1.腳行人數4000人{長22500 臨時1500 2.起重機 600噸1台 400噸1台 3.船舶 曳船 9隻 解船12〃 4 裝運(公定) 煤塩礦石1400噸 礬土 1000噸	煤 744 礦石 37 礬土 72 塩 301	1.現正實現改良及擴充工程三十四年度末裝卸能力以七百二十萬噸為目標 2.小港為小輪船在沿岸停泊之港灣其能力為600万噸 3.乾滿潮差 9英尺 4.開港1923年(1891年修築砲台棧橋) 5.船路制度
連雲 (連雲港灣局經營)	第一碼头 三繫船區 (延長250米) 第二碼头 三 〃 (延長360米)	三千噸級 3隻 17 三千噸級 3隻 20	煤場 100 礦石場 18 塩場 9 雜貨場 4 倉庫(雜貨) 1	1.腳行人數3500人 2.曳船 3隻 解船(小型)65隻 3 裝運(公定) 煤礦石塩1000噸	煤 939 鉄鉱 58 燐灰石 68 塩 59	1.現正實現改良及擴充工程三十五年度末裝卸能力以五百萬噸為目標 2.乾滿潮差 12英尺 3.開港(1933年動工) 4.航路制度
芝罘 (芝罘港務局管理)	碼頭 一繫船區 (延長242米) 錨泊 十六 〃 (内繫船浮標二)	七千噸級 1隻 18 三千 〃 2隻 二千噸級以下16隻	煤場 53 礦石場 2 塩場 12 倉庫(雜貨)13	1.腳行人數700人 華北運輸公司 2.裝運(公定) 煤 500噸		1.乾滿潮差 7英尺 2.開港 1860年 3.航路制度
龍口 (龍口港務事務所管理)	船舶 用錨停泊 (無繫船浮標) 小型輪船棧橋三	外港 三千噸級 1隻 內港 一千噸級 3隻 五百 〃 20隻	礦石場 8 倉庫(雜貨)2	1.腳行人數140人 (華北運輸公司) 2.曳船 1隻 解船(小型)142隻		1.乾滿潮差 7英尺 2.開港 1915年 3.無航路制度
威海衛 (威海衛港務科管理)	船舶 用錨停泊 (無繫船浮標) 小型輪船棧橋三	外港 大型船 8隻 中型船 10隻 內港 二千五百噸以下可以錨泊	煤場 2 塩場 1 倉庫(雜貨)1	1.腳行人數140人 (華北運輸公司) 2.解船(小型)54隻		1.乾滿潮差 7英尺 2.開港 1930年 1888年作為中國之軍港 3.無航路制度

第八項　華北各港灣主要物資運輸狀況統計表　（三十二年）（單位噸）

32年月	出口港名	煤		鹽		鐵鑛石		礬土		燐灰石		合計	
		隻數	載重量	隻數	載重量	隻數	載重量	隻數	載重量	隻數	載重量	隻數	載重量
1	秦皇島	29	193.039	-	-	-	-	3	9.090	-	-	31	202.129
	塘沽	37	71.558	17	39.570	17	44.860	-	-	-	-	71	155.988
	青島	14	84.052	20	47.740	1	6.500	5	6.654	-	-	40	144.846
	連雲	40	104.550	2	5.827	1	3.150	-	-	1	4.008	44	117.535
	合計	119	453.199	39	93.137	19	54.510	8	16.744	1	4.008	186	620.498
2	秦皇島	24	152.305	-	-	-	-	5	18.469	-	-	29	170.774
	塘沽	33	61.430	16	43.635	12	22.820	-	-	-	-	61	127.885
	青島	17	100.404	16	39.020	1	4.260	3	7.285	-	-	37	150.969
	連雲	41	102.366	10	15.774	2	5.380	-	-	3	10.145	56	133.655
	合計	115	416.495	42	98.429	15	32.460	8	25.754	3	10.145	183	583.283
3	秦皇島	61	204.361	-	-	-	-	3	8.500	-	-	64	212.861
	塘沽	22	29.340	25	70.890	19	35.804	-	-	-	-	66	136.034
	青島	14	79.096	6	16.550	2	5.773	3	5.961	-	-	25	107.380
	連雲	50	123.300	10	21.247	3	9.550	-	-	5	12.572	68	166.759
	合計	147	436.187	41	108.687	24	51.127	6	14.461	5	12.572	223	623.034
4	秦皇島	47	198.599	-	-	-	-	1	3.400	-	-	48	201.999
	塘沽	32	60.070	11	27.525	5	1.280	-	-	-	-	48	94.875
	青島	12	70.877	9	23.720	3	17.290	3	7.577	-	-	27	119.464
	連雲	30	74.740	4	10.072	4	11.430	-	-	1	2.945	39	99.187
	合計	121	464.286	24	61.317	12	36.000	4	10.977	1	2.945	162	515.525
5	秦皇島	54	197.350	-	-	-	-	6	16.212	-	-	60	213.562
	塘沽	30	44.390	11	30.350	-	-	-	-	-	-	41	94.740
	青島	16	60.301	5	18.802	-	-	1	3.214	-	-	22	82.317
	連雲	44	118.566	2	4.936	2	6.390	-	-	2	6.360	50	136.252
	合計	144	420.607	18	54.088	2	6.390	7	19.426	2	6.360	173	506.871
6	秦皇島	37	188.152	-	-	-	-	3	8.350	-	-	40	196.502
	塘沽	31	54.430	9	22.585	-	-	-	-	-	-	40	77.015
	青島	12	44.259	11	27.512	-	-	3	6.897	-	-	26	78.668
	連雲	39	105.017	-	-	2	6.370	-	-	2	6.077	43	117.464
	合計	119	391.858	20	50.097	2	6.370	6	15.247	2	6.077	149	469.649
7	秦皇島	28	129.670	-	-	-	-	2	6.600	-	-	30	136.270
	塘沽	29	57.929	12	25.620	-	-	-	-	-	-	41	83.549
	青島	10	37.070	9	20.989	-	-	2	2.647	-	-	21	60.706
	連雲	30	85.627	-	-	2	9.105	-	-	2	4.349	34	99.081
	合計	97	310.296	21	46.609	2	9.105	4	9.247	2	4.349	126	379.606

接次頁

32年 月	出口港名	煤		塩		鉄鑛石		礬土		燐灰石		合計	
		隻數	載重量	隻數	載重量	隻數	載重量	隻數	載重量	隻數	載重量	隻數	載重量
8	秦皇島	42	143.667	—	—	—	—	6	13.780	—	—	48	157.447
	塘沽	28	39.670	9	18.900	—	—	—	—	—	—	37	58.570
	青島	14	57.615	11	20.978	—	—	4	9.869	—	—	29	88.462
	連雲	25	63.858	—	—	1	3.300	—	—	1	1.527	27	68.685
	合計	109	304.810	20	39.878	1	3.300	10	23.649	1	1.527	141	373.164
9	秦皇島	33	116.850	—	—	—	—	4	7.690	—	—	37	124.540
	塘沽	30	45.165	8	17.130	—	—	—	—	—	—	38	62.295
	青島	8	33.913	4	8.357	—	—	—	—	—	—	12	42.270
	連雲	23	58.697	1	1.184	1	2.855	—	—	2	5.187	27	67.925
	合計	94	254.625	13	26.671	1	2.855	4	7.690	2	5.187	114	297.028
10	秦皇島	47	166.176	—	—	—	—	4	7.570	—	—	51	173.746
	塘沽	19	25.820	8	19.350	—	—	—	—	—	—	27	45.170
	青島	9	42.402	5	14.691	—	—	6	11.404	—	—	20	68.497
	連雲	25	63.719	—	—	—	—	—	—	2	5.521	27	69.240
	合計	100	298.117	13	34.041	—	—	10	18.974	2	5.521	125	356.653
11	秦皇島	37	126.452	—	—	—	—	2	5.800	—	—	39	132.252
	塘沽	17	25.870	11	23.700	—	—	—	—	—	—	28	49.570
	青島	15	75.968	12	24.640	—	—	1	1.870	—	—	28	102.478
	連雲	29	73.483	—	—	—	—	—	—	2	5.956	31	79.439
	合計	98	301.773	23	48.340	—	—	3	7.670	2	5.956	126	363.739
12	秦皇島	40	127.242	—	—	—	—	6	15.746	—	—	46	142.988
	塘沽	24	41.640	10	23.450	—	—	—	—	—	—	34	65.090
	青島	13	57.900	13	38.435	1	3.110	4	8.143	—	—	31	107.588
	連雲	27	64.900	—	—	—	—	—	—	2	3.361	29	68.351
	合計	104	291.772	23	61.885	1	3.110	10	23.889	2	3.361	140	384.017
合計	秦皇島	478	1.943.865	—	—	—	—	45	121.207	—	—	523	2.065.070
	塘沽	332	557.312	147	362.705	53	110.764	—	—	—	—	332	1.030.781
	青島	154	743.857	121	301.434	8	36.933	35	71.521	—	—	318	1.153.745
	連雲	403	1.038.993	29	59.040	18	57.530	—	—	25	68.008	475	1.223.571
	合計	1367	4.284.025	297	723.179	79	205.227	80	192.728	25	68.008	1848	5.473.167

華北各港灣主要物資運輸狀況統計表（三十三年）

（單位噸）

33年月	出口港名	煤		鹽		鉄鑛石		礬土		燐灰石		合計	
		隻數	載重量	隻數	載重量	隻數	載重量	隻數	載重量	隻數	載重量	隻數	載重量
1	秦皇島	22	95.992	-	-	-	-	3	7.040	-	-	25	103.032
	塘沽	23	31.290	16	31.350	-	-	-	-	-	-	39	62.640
	青島	5	22.767	7	23.340	-	-	2	3.120	-	-	14	49.227
	連雲	26	64.567	-	-	-	-	-	-	-	-	26	64.567
	計	76	214.616	23	54.690	-	-	5	10.160	-	-	104	279.466
2	秦皇島	15	93.181	-	-	-	-	1	3.850	-	-	16	97.031
	塘沽	10	15.980	14	29.630	-	-	-	-	-	-	24	45.610
	青島	8	43.640	6	8.889	-	-	5	7.303	-	-	19	69.832
	連雲	20	55.963	-	-	-	-	-	-	3	9.644	23	65.607
	計	53	208.764	20	48.519	-	-	6	11.153	3	9.644	82	278.080
3	秦皇島	7	50.170	-	-	-	-	5	11.690	-	-	12	61.860
	塘沽	16	24.640	13	33.000	-	-	-	-	-	-	29	57.640
	青島	10	52.889	6	14.111	-	-	7	16.043	-	-	23	83.043
	連雲	22	60.570	-	-	-	-	-	-	2	4.272	24	64.842
	計	55	188.269	19	47.111	-	-	12	27.733	2	4.272	88	267.385
合計	秦皇島	44	239.343	-	-	-	-	9	22.580	-	-	53	261.923
	塘沽	49	71.910	49	93.980	-	-	-	-	-	-	92	165.890
	青島	23	119.296	19	56.340	-	-	14	26.466	-	-	56	202.102
	連雲	68	181.100	-	-	-	-	-	-	5	13.916	73	195.016
	計	184	611.649	62	150.320	-	-	23	49.046	5	13.916	274	824.931

第四節　電信電話

第一項　戰前及淪陷期間華北電信電話業務情形比較

年度	電報回數		指數	市外通話數		指數
	年度總回數	月平均回數		年度總次數	月平均次數	
戰前	965.000	80.416		760.595	63.383	
電政總局時代	1.926.603	175.118		557.741	79.677	
民國二十七年度	1.001.289	333.763	100	263.781	87.927	100
民國二十八年度	7.162.607	596.884	179	1.659.174	138.264	157
民國二十九年度	5.898.578	1.179.715	353	1.636.581	327.396	372
民國三十年度	16.304.687	1.358.724	407	4.559.518	374.959	432
民國三十一年度	19.348.596	1.612.383	483	5.432.727	452.727	515
民國三十二年度	11.894.014	1.824.501	548	6.332.827	517.736	600
民國三十三年度(計劃)	25.514.000	2.126.166	637	7.490.000	624.166	710

第二項　淪陷期間華北電信電話設施情形

年度	電信電話局數	指數	電信回線	指數	電話回線	指數	電話用戶數	指數
戰前	740		36		不詳		33.178	
電政總局時代(民27.1.1)	103		17		141		12.208	
敵偽電信電話公司成立當時	123	100	48	100	167	100	26.718	100
民國二十七年度末	128	104	54	112	170	102	29.106	109
民國二十八年度末	154	125	80	167	184	110	37.009	138
民國二十九年度末	238	193	120	312	168	100	52.786	197
民國三十年度末	290	236	172	358	206	123	59.056	221
民國三十一年度末	315	256	193	402	220	132	66.045	247
民國三十二年度末	396	322	210	438	257	154	71.818	269
民國三十三年度末(計劃)	400	325	270	563	277	166	74.500	279

註：本表係根據華北開發公司之調查.

第三項　華北各省既設電信電話局數統計

河北省

種類 \ 局名		石家莊	保定	唐山	山海關	秦皇島	通縣	滄縣	灤縣	昌黎	定縣	廊房	密雲	涿縣	古冶	胥各莊	北戴河海濱	定興
等級		1	2	〃	〃	〃	3	〃	〃	〃	4	〃	〃	〃	〃	〃	〃	〃
電報	國際																	
	國内	○	○	○	○	○	○	○	○	○	○	○	○	○	○	○	○	○
電話	市内	○	○	○	○	○	○	○	○	○	○	○	○	○	○	○	○	
	長途	○	○	○	○	○	○	○	○	○	○	○	○	○	○	○	○	○

種類 \ 局名		漢沽	蘆台	正定	南口	順義	懷柔	石匣鎮	琉璃河	開平	北戴河	静海	北塘	安山	青龍橋	昌平	撫寧	良鄉
等級		4	〃	5	〃	〃	〃	〃	〃	〃	〃	〃	〃	〃	處	〃	5	〃
電報	國際																	
	國内	○	○	○	○				○	○	○	○	○		○	○		
電話	市内	○	○		○	○	○	○		○	○		○				○	
	長途	○	○	○	○	○	○	○	○	○	○	○	○	○	○	○		○

山東省

種類 \ 局名		濟南	青島	濰縣	張店	德縣	周村	兗州	泰安	坊子	高密	即墨	膠縣
等級		1	〃	2	〃	〃	3	4	〃	〃	〃	〃	〃
電報	國際		○										
	國内	○	○	○			○			○	○	○	○
電話	市内	○	○	○	○	○	○	○	○	○	○	○	
	長途		○	○						○	○	○	○

接看右表

山西省

種類 \ 局名		太原	大同	運城	鄉寧	臨汾	榆次
等級		1	2	4	〃	〃	〃
電報	國際						
	國内	○	○	○	○	○	○
電話	市内						
	長途			○	○		

綏遠省

種類 \ 局名		歸綏	包頭	薩拉齊	五原	陝壩	扎薩克旗	臨河
等級		1	2	4	〃	〃	〃	5
電報	國際							
	國内	○	○	○	○	○	○	○
電話	市内							
	長途							

民國三十五年　月

註：(一)本表根據交通部第七區電信管理局之調查。
(二)平津兩處為電信總局直轄未列入。

第四項　華北電信電話五年計劃

年度別＼區分		電信局數	電話局數	電信回線	電話回線	市內電話用戶數	自動電話分局	事業費
民國二十九年度末之設施		局 157	局 160	回線 149	回線 170	名 51.000	局 6	
五年計劃	民國三十年度	49	15	31	32	6.700	1	22.956(千圓)
	民國三十一年度	52	20	22	33	6.700	2	24.093
	民國三十二年度	52	21	19	33	7.700	3	24.955
	民國三十三年度	52	21	20	40	8.700	3	25.935
	民國三十四年度	52	22	18	42	9.700	3	27.735
	計	257	99	110	180	39.500	12	125.674
民國三十四年度末之設施		414	259	259	350	90.500	18	

註：本表係根據敵偽時期華北電電之計劃.

第五節 郵政

第一項 "華北郵政總局"所轄五區局所數目

局別＼區別	北平	河北	山東	山西	河南	共計
郵政管理局	1	1	1	1	1	5
一等郵局	2	1	2		1	6
二等郵局	8	17	23	5	30	83
三等郵局	56	63	105	24	43	291
郵政支局	18	16	16		10	60
簡易局	29	10	17		7	63
代辦所	530	593	863	143	287	2.416
共計	644	701	1.027	173	379	2.924

第二項 "華北郵政總局"及所轄五區員工概况

職別＼局別	華北郵政總局	北平郵區	河北郵區	山東郵區	山西郵區	河南郵區	共計
局長	1						1
秘書	3						3
辦事員	9						9
僱員	15						15
郵務長	1	1	1	1	1	1	6
副郵務長	5	2	4	2	1	2	16
甲等郵務員	12	35	38	21	8	3	119
乙等郵務員	32	247	272	219	34	46	350
郵務佐	111	454	294	366	91	79	1.395
差工	83	1.109	980	1.210	213	516	4.111
共計	272	1.848	1.589	1.819	348	649	6.525

第三項 "華北郵政總局"所轄五區各種郵務里程

郵區	郵差路 幹路（公里）	郵差路 支路（公里）	自行車路 幹路（公里）	自行車路 支路（公里）	航路（公里）	火車路（公里）	汽車路（公里）	共計（公里）
北平	418	396	3.219	21.262		2.806	1.737	29.838
河北	246	688	3.232	3.911	10	687	1.715	10.489
山東	4.757	8.522	8.748	21.507	175	747	3.101	47.557
山西	1.192	70	1.524	82		859	695	4.482
河南	3.670	2.685	211	3.973		871	715	18.125
共計	10.283	12.361	16.934	50.735	185	5.970	7.963	104.431

第四項　淪陷期間華北郵務營業概況

年份	業務／局所	交寄函件件數：普通	交寄函件件數：特殊	交寄函件件數：航空	交寄函件件數：總計	包裹件數
廿六年	北平	52.860.725	2.798.180		55.658.905	1.077.773
	河北	63.593.729	2.286.492		65.880.221	836.497
	山東	59.337.842	2.688.985		62.026.827	606.830
廿七年	北平	19.734.996	800.831		20.535.827	274.999
	河北	32.507.993	1.859.452		34.367.445	387.565
	山東	23.169.769	854.246		24.024.015	313.787
廿八年	北平	35.753.961	1.124.109	498.221	37.376.291	466.644
	河北	47.952.262	2.301.207	767.055	50.620.534	626.091
	山東	35.781.409	1.803.226	266.921	37.851.556	470.802
廿九年	北平	65.925.518	2.257.516	995.831	69.178.865	552.479
	河北	58.901.313	2.842.413	125.296	62.369.002	661.712
	山東	48.468.034	2.628.399	511.365	51.607.798	533.844
	河南	4.068.875	335.307	69.840	4.474.022	25.934
	山西	2.325.753	103.408	94.099	2.523.260	30.684
卅年	北平	58.385.061	2.196.966	838.526	61.420.553	524.532
	河北	50.448.915	2.820.023	679.653	53.948.593	637.708
	山東	48.897.753	2.751.886	512.783	50.162.422	480.933
	河南	9.070.814	708.236	164.820	9.943.870	56.316
	山西	5.573.982	293.318	100.661	5.967.961	88.782
卅一年	北平	58.657.597	2.409.605	104.943	61.172.145	645.195
	河北	53.902.026	3.225.767	72.919	57.000.712	924.292
	山東	47.748.873	3.178.942	40.113	50.967.928	535.618
	河南	9.880.843	889.941	111.761	10.812.545	59.550
	山西	5.095.231	388.639	13.514	5.497.384	122.461
卅二年	北平	65.905.990	185.183	77.894	69.139.067	524.715
	河北	63.751.093	454.840	32.442	67.238.375	571.448
	山東	50.367.977	4.517.650	16.004	54.901.631	437.354
	河南	10.424.464	1.247.381	31.831	11.703.676	73.318
	山西	9.037.325	426.002	5.912	9.467.239	166.450
卅三年	北平	49.585.094	2.696.168	29.772	52.361.034	266.223
	河北	50.880.243	2.869.782	39.712	59.789.747	328.804
	山東	47.277.717	4.226.343	12.829	51.316.889	254.739
	河南	6.928.336	731.090	7.927	7.667.353	39.903
	山西	9.783.379	439.965	4.565	10.227.909	82.821
卅四年	北平	19.364.054	1.379.769	25.250	20.769.073	120.637
	河北	22.631.382	1.283.375	23.333	23.938.090	93.486
	山東	21.127.586	2.211.190	2.062	23.340.838	95.417
	河南	2.953.249	282.654	372	3.236.275	15.783
	山西	4636.074	206.536	1.427	4.844.037	27.234

附註：(1)山西、河南兩區管理局於民國二十九年始成立，故以前並無統計。

(2)民國二十六年及二十七年因尚無航空郵件，故無統計數字。

第八章 經濟

第一節 財政

事變以後華北先有臨時政府之組織，繼復改組為華北政務委員會，惟無論前者或後者均含有獨立之意義，財政上亦自成系統，与南京之偽組織不相統屬，其財政最高機關，於臨時政府時代為財政部，於華北政委會時代初為財務總署繼代之以財務廳，後則為華北財務委員會。八年以來，其財務設施可得而述者，約為次之數端

(1) 財務機關之改設

(2) 海關之攫取及關稅之改訂

(3) 統稅之擴大

(4) 田賦徵實制度之制定

茲縷述如下：

第一項 財務機關之改設

偽臨時政府成立後，以財政部為最高財務行政機關，其後南京偽組織成立，華北臨時政府降格為華北政委會，而財部亦改為財務總署，惟其仍為不相統屬之財務行政單位則初無二致。卅二年華北政委會改組，財務總署改為經濟總署，財務行政權移於直隸華北政委會之財務廳，卅三年又形改組，復設華北財務委員會為財務行政機關，此外改會計年度為歷年制，設立審計處，以核定預算等則為內部之設施焉。

與華北政委會平行者，為偽蒙古聯合自治政府，該政府於民國廿八年九月一日繼前由偽察南自治政府及蒙古聯盟自治政府合組之蒙疆聯合委員會而誕生，其財務行政機關初為財政部，繼于卅年四月改組，合併財政產業二部為經濟部仍主管財務行政為偽蒙之最高財務行政機關。

華北政務委員會廿九年度之預算為一億二千萬元，卅年度為二億一千四百萬元，卅一年度為三億三千一百萬元，卅二年度約四億二千二百五十四萬六千元，至卅四年遂躍而為二十億元，每年俱增而稅收之重點則由關稅轉移至國內稅，即統稅、鹽稅、所得稅以及战時利得稅，其中以統稅占最主要地位，而新設之所得稅亦有顯着之增加焉。

第二項 海關之攫取及關稅之改訂

偽臨時政府之關務行政始於民國廿六年十二月，海關之攫取。二十七年遂有第一次關稅之改訂，同年五月又有二次之改訂，其後復陸續有重要之改訂，其大者如左：

(a) 減免「必需品」之進口稅率。偽南京政府於廿八年九月頒布海關減征進口稅辦法，規定凡在非常時期禁止進口物品辦法」未经禁止之物品其進口稅一率照現行稅率三分之一征收，藉以充裕人民生活必需品之輸入，實則便利日貨之傾銷也。

(b) 免征出口稅　凡與战爭資源無大關係之物品，於廿八年六月起免征出口稅，藉以便利日人所需原料之出口。

(c) 改訂轉口稅制　轉口稅原非良稅，事變前本有分期裁撤之計劃，偽政府成立之初，財政異常困難，曾予擴大徵收範圍，至廿八年十二月又為便利結滙貨物之輸出起見，特定表目，將应結外滙之出口貨物，概准免征轉口稅，以利对日輸出。

(d) 從量關稅之廢止　民國廿年制定之進口稅則，以從量為單位，战時物價暴漲，從量稅頗難適应，於是乃於三十三年二月一日從新改訂，將所有從量稅品稅率，一律改為從價稅徵收，關稅雖得增加，惟对外貿易已成尾声，稗益亦不大耳。

(e) 海關金單位之廢止　由於对欧美貿易之斷絕，海關金單位制度之設置殊覺累贅，遂廢棄金單位制，關稅之支付，一以當地通用貨幣為準。

第三項 統稅之擴大

我國統稅自民國十七年創辦以來僅為五種貨物稅，即捲菸、麥粉、棉紗、火柴、水泥是也，其後更擴為八種包括薰菸、啤酒、火酒等，偽組織成立，初仍舊貫僅將汽水一項於印花稅中劃歸統稅，擴為九種。其後關稅收入減少，鹽稅及田賦之收入亦頗不振，於是一方為挽救頹風，一方為節約經費，更將不屬貨物稅性質之賦稅，一併劃歸統稅局代辦，所代辦者為所得稅、菸酒稅、印花稅、礦產稅、通行稅，後復舉辦战時利得稅，連原有之貨物稅，則統稅機關所辦稅收實有十五種之多。

第四項 田賦徵實制度之制定

華北於淪陷期間，以食粮問题嚴重，日人於厲行增產对策外，推行食粮之收買及配給兩制度，完全由日人主持（詳食粮之收買及配給節中）民國三十二年曾將食粮收買行政劃交華北政委員主管，以成績不良復行收回另設食粮公社仍由日人主辦，如此原有田賦，形同虛設成績毫無。卅二年中原战役後，日軍佔領区擴大，且該擴大区原有中央施行之田賦徵实制度成績良好，不但棄之可惜，抑且急圖仿傚，因之除於卅三年度即在河南新佔領区推行軍管下之田賦徵实外，其他華北地区亦統定於次年開始实施。

附表

(1) 華北政務委員會卅四度預算表.
(2) 華北國稅徵收機構表.
(3) 華北統稅總局各分局稅收統計表.
(4) 華北統稅總局卅年度各分局稅收總額分項統計表.
(5) 華北統稅總局卅一年度各分局稅收總數分項統計表.
(6) 華北統稅總局稅收總額分月統計表.
(7) 華北統稅總局各項稅收統計表.
(8) 華北鹽斤產銷統計表.
(9) 鹽稅收入統計表.
(10) 河北省地方稅收統計表
(11) 山東省地方稅收統計表.
(12) 山西省地方稅收統計表.
(13) 河南省地方稅收統計表.

(1) 三十四年度華北政務委員會預算表

歲入 歲出

項別	數額(元)	項別	數額(元)
關稅	30,000,000	政務費	176,441,609
塩稅	100,000,000	内務費	2,643,123
統稅	1,861,000,000	財務費	101,223,029
雜稅	20,000,000	綏靖費	346,369,012
合計	2,011,000,000	經濟費	85,119,181
		教育費	57,413,946
		農務費	272,915,838
		工務費	442,991,346
		司法費	36,123,919
		清鄉工作費	162,690,000
		第二預備	327,068,997
		合計	2,011,000,000

（2）華北國稅徵收機構表

- 財務委員會（委員長 汪時璟）
  - 華北統稅總局（總局長 張夢熊）
    - 天津統稅局（局長 范興伯）
      - 稽徵所 13所
      - 駐廠辦事處 13處
    - 青島統稅局（局長 江瀚）
      - 稽徵所 13所
      - 駐廠辦事處 50處
      - 駐礦辦事處 1處
    - 北平統稅局（局長 戚雲峯）
      - 稽徵所 26所
      - 駐廠辦事處 17處
      - 駐礦辦事處 5處
    - 濟南統稅局（局長 于德五）
      - 稽徵所 31所
      - 駐廠辦事處 25處
      - 駐礦辦事處 5處
    - 唐山統稅局（局長 尹保光）
      - 稽徵所 24所
      - 駐廠辦事處 3處
      - 駐礦辦事處 6處
    - 太原統稅局（局長 蘇峻山）
      - 稽徵所 19所
      - 駐廠辦事處 15處
      - 駐礦辦事處 5處
    - 開封統稅局（局長 鄭國興）
      - 稽徵所 13所
      - 駐廠辦事處 11處
      - 駐礦辦事處 2處
    - 烟台統稅局（局長 姜世顯）
      - 稽徵所 13所
      - 駐廠辦事處 7處
    - 石門統稅局（局長 吳子光）
      - 稽徵所 10所
      - 駐廠辦事處 6處
      - 駐礦辦事處 3處
  - 長芦塩務管理局（局長 李鵬圖）
  - 山東塩務管理局（局長　　）
  - 山西塩務管理局（局長 邱性純）
  - 河南塩務局（局長　　）
  - 青島塩務局（局長　文　）
  - 津海關監督公署
    - 津海關
    - 秦海關
  - 膠海關監督公署 — 膠海關
  - 東海關分關監督公署 — 東海關分關

（框內：總稅務司公署直轄）

(3) 華北統稅總局各分局稅收統計表

單位千元

資料來源：華北統稅公署

局別＼年别	28	29	30	31
總計	58,543	95,682	140,872	221,423
天津局	23,004	59,093	54,672	68,525
青島局	20,485	32,064	56,663	95,959
北京局	4,469	6,549	6,259	22,294
濟南局	3,399	5,994	7,164	10,589
唐山局	3,765	4,602	7,564	8,741
石門局	460	776	1,497	1,932
太原局	914	3,244	3,289	7,793
烟台局	990	2,155	2,642	2,876
開封局	552	1,251	1,118	2,710

(4) 華北統稅總局三十年度各分局稅收總額分項統計表

（單位：千元）

稅别＼局别	總計	天津局	青島局	北京局	濟南局	唐山局	石門局	太原局	烟台局	開封局
總計	140,872	54,672	56,663	6,257	7,164	7,564	1,497	3,289	2,642	1,118
公賣費	1,095	150	32	252	104	317	38	59	63	76
菸酒稅	1,983	267	175	160	114	358	59	432	326	89
印花稅	3,498	1,087	402	759	340	260	100	185	231	130
通行稅	8	8	–	–	–	–	–	–	–	–
捲菸稅	90,123	39,946	45,752	1,980	482	15	641	1,105	111	69
薰菸稅	2,566	0	848	–	1,586	–	–	46	0	83
棉紗稅	8,719	4,431	2,894	–	334	332	130	355	73	166
麥粉稅	3,847	2,078	397	259	388	271	52	125	86	186
火柴稅	6,931	1,613	3,299	401	1,239	–	–	248	129	–
水泥稅	1,570	122	152	–	57	1,085	–	132	19	–
火酒稅	336	32	244	3	55	0	–	0	0	–
啤酒稅	1,001	10	687	275	–	–	0	0	8	–
汽水稅	100	28	46	1	14	4	0	3	1	0
礦產稅	5,179	72	17	161	1,672	2,505	299	205	12	232
所得稅	13,909	4,803	1,714	1,983	774	2,412	174	387	1,575	82

（5）華北統稅總局三十一年度各分局稅收總額分項統計表

（單位千圓）

稅別＼局別	總計	天津局	青島局	北京局	濟南局	唐山局	石門局	太原局	烟台局	開封局
總計	221,423	68,525	95,959	22,294	10,589	8,741	1,932	7,793	2,876	2,710
公賣費	954	145	25	176	127	284	39	114	—	41
菸酒稅	3,316	523	219	318	179	468	137	885	400	182
印花稅	6,383	2,122	684	1,582	609	309	193	323	281	195
通行稅	7,530	1,130	105	6,275	—	12	—	—	7	—
捲菸稅	141,502	43,676	82,718	8,366	1,400	25	454	3,582	625	652
薰菸稅	3,603	0	1,138	—	2,046	—	—	93	0	234
棉紗稅	13,623	6,277	4,704	—	674	488	388	667	45	376
麥粉稅	2,260	755	324	163	598	30	68	136	7	175
火柴稅	5,928	1,668	2,521	422	904	3	—	254	154	—
水泥稅	2,140	3	3	—	39	1,890	—	195	7	—
火酒稅	617	267	282	—	67	—	—	—	[illegible]	—
啤酒稅	1,463	39	928	448	—	—	0	—	18	—
汽水稅	80	12	28	1	21	5	2	4	3	1
礦產稅	8,089	106	39	221	2,720	3,339	352	706	34	567
所得稅	23,955	11,794	2,233	4,318	1,199	1,802	295	828	1,289	193

（6）華北統稅總局稅收總額分月統計表

（單位千元）

月別＼年別	二十八年	二十九年	三十年	三十一年	三十二年
總計	58,543	95,682	140,872	221,423	304,619
一月	6,152	7,177	12,205	15,051	22,972
二月	5,311	5,252	11,275	12,251	18,961
三月	6,007	7,897	11,164	14,792	29,293
四月	4,638	6,751	10,411	18,831	22,651
五月	7,738	6,786	9,204	19,084	24,211
六月	4,380	4,606	9,748	20,842	20,983
七月	4,296	10,336	11,263	21,117	22,972
八月	2,836	9,334	10,163	12,927	24,225
九月	2,785	8,471	10,899	15,177	21,314
十月	4,506	10,734	15,973	19,476	24,966
十一月	5,034	9,596	12,247	24,830	36,178
十二月	4,856	8,734	16,315	27,040	35,887

(7) 華北統稅總局各項稅收統計表

（單位千元）

稅別＼年別	28	29	30	31	32
總計	58,543	95,682	140,872	221,423	296,061
公売費	953	1,179	1,095	954	498
菸酒稅	874	1,276	1,983	3,316	7,590
印花稅	1,527	2,013	3,498	6,383	6,498
通行稅	—	—	8	7,530	17,660
捲菸稅	31,826	54,529	90,123	141,502	209,612
薰菸稅	1,272	2,626	2,566	3,603	2,578
棉紗稅	4,433	5,147	8,719	13,623	3,232
麥粉稅	2,197	1,962	3,847	2,260	1,564
火柴稅	6,491	5,667	6,931	5,928	3,907
水泥稅	952	1,216	1,570	2,140	1,599
火酒稅	188	220	336	617	758
啤酒稅	585	671	1,001	1,436	1,708
汽水稅	19	44	100	80	148
礦產稅	3,038	3,960	5,179	8,089	7,280
所得稅	1,391	8,896	13,909	23,955	31,420
禁烟清查費	2,789	6,490			

(8) 華北盐斤產銷統計表

（單位：千担）

年月別＼局別	合計		長芦盐務局		山西盐務局		山東盐務局		青島盐務局		河南盐務局	
	產量	銷量	產量	銷量	產量	銷量	產量	銷量	產量	銷量	產量	銷量
民國29年1月	—	—	—	—	—	—	—	—	—	—	—	—
2	—	—	—	—	—	—	—	—	—	—	—	—
3	—	—	—	—	—	—	—	—	—	—	—	—
4	1,700	1,603	804	1,171	3	58	67	134	825	135	—	102
5	4,596	2,091	3,095	1,308	76	68	217	183	1,206	355	—	175
6	5,505	1,931	3,088	1,230	127	36	324	180	1,964	346	—	138
7	2,862	1,623	2,610	1,054	37	27	168	189	44	307	—	44
8	144	1,801	109	1,249	1	16	33	203	—	300	—	29
9	265	2,478	—	1,606	1	31	75	258	186	520	—	60
10	1,048	3,277	77	2,190	1	52	138	284	830	642	—	107
11	216	2,904	4	1,874	1	51	33	311	178	498	—	169
12	95	2,510	—	1,458	0	56	94	285	—	533	—	177
	16,432	20,222	9,790	13,144	251	401	1,154	2,032	5,235	3,639	—	1,005
30年1月	18	2,065	—	1,246	1	38	17	117	—	541	—	120
2	23	1,561	—	1,167	1	22	22	78	—	156	—	136
3	143	2,222	—	1,461	2	48	55	112	85	447	—	153
4	3,660	2,805	2,297	1,934	2	30	435	149	925	511	—	179
5	7,636	1,986	4,824	1,090	107	38	799	130	1,905	547	—	179
6	4,296	1,085	1,853	527	227	28	613	166	1,601	311	—	50
7	2,840	1,172	1,869	313	60	34	509	101	401	641	—	82
8	2,384	1,955	1,057	878	39	48	153	147	1,134	818	—	62
9	5,113	2,717	2,665	1,408	28	23	258	159	2,161	1,084	—	42
10	1,986	2,541	848	1,433	20	23	373	319	743	694	—	69
11	1,038	2,701	444	1,586	2	23	219	392	371	600	—	98
12	98	2,919	—	1,412	1	22	97	427	—	996	—	60
	29,241	25,733	15,860	14,459	494	383	3,555	2,302	9,330	7,352	—	1,236
31年1月	55	2,898	—	1,506	1	13	53	285	—	1,057	—	35
2	23	1,880	—	1,083	1	48	21	118	—	592	—	38
3	47	1,737	—	1,060	2	31	44	43	—	549	—	51
4	3,066	1,822	2,010	1,070	1	28	296	160	757	498	—	64
5	5,488	2,241	3,277	1,149	16	33	795	165	1,399	820	—	71
6	12,976	2,087	9,053	1,523	40	15	814	100	3,067	421	—	26
7	6,139	2,180	3,325	1,496	112	47	632	184	2,069	390	—	61
8	333	2,242	53	1,405	69	53	210	152	—	585	—	45
9	1,037	2,480	338	1,770	33	62	105	169	559	425	—	52
10	922	3,109	441	2,018	10	58	105	219	395	752	—	60
11	543	3,390	34	2,243	0	55	50	292	428	772	—	26
12	41	4,369	—	2,356	0	60	40	454	—	1,382	—	114
	30,674	30,441	18,506	18,684	291	510	3,171	2,346	8,706	8,250	—	649

〔註〕1.產量種目中包括：長芦豐財場盐（場於塘沽盐鄧沽盐新河盐大沽盐等）芦台場盐（場於漢沽盐等）其他大清河盐山西山東青島潞盐土盐等類.

2.銷……：長芦山西所出產之冀岸商盐工業盐原料盐演盐軍用免税盐外区借用之盐（蒙疆,河南）其他緝獲私盐等類.

(9) 盐税收入統計表

（單位千圓）

局別 年月	合計				長芦盐務局				山西盐務局				山東盐務局				青島盐務局				河南盐務局			
	計	盐税收入	附加收入	雜項收入	計	盐税收入	附加收入	雜項收入	計	盐税收入	附加收入	雜項收入	計	盐税收入	附加收入	雜項收入	計	盐税收入	附加收入	雜項收入	計	盐税收入	附加收入	雜項收入
民國29年1月	-	-	-	-	-	-	-	-	-	-	-	-	-	-	-	-	-	-	-	-	-	-	-	-
2	-	-	-	-	-	-	-	-	-	-	-	-	-	-	-	-	-	-	-	-	-	-	-	-
3	-	-	-	-	-	-	-	-	-	-	-	-	-	-	-	-	-	-	-	-	-	-	-	-
4	4,198	3,990	198	9	2,650	2,605	40	5	326	170	155	0	442	440	1	0	410	407	-	2	367	367	-	0
5	4,357	4,161	182	13	2,341	2,331	3	5	345	180	163	2	639	622	15	1	349	345	-	3	651	681	-	0
6	2,584	2,383	191	10	1,066	986	73	6	185	96	87	1	386	355	30	0	482	480	-	1	463	463	-	0
7	2,429	2,325	97	5	1,211	1,186	20	3	123	64	57	1	345	325	19	0	583	583	-	0	164	164	-	0
8	2,549	2,466	73	8	1,645	1,626	11	6	102	52	48	1	417	403	13	0	303	303	-	0	80	80	-	0
9	3,495	3,403	69	13	1,886	1,863	11	11	118	61	55	1	705	704	1	0	536	535	-	1	239	239	-	0
10	7,035	6,906	116	12	4,576	4,553	14	9	184	95	81	1	981	765	15	0	931	929	-	1	362	362	-	0
11	5,452	5,289	139	24	3,560	3,526	13	20	224	116	106	1	996	977	18	0	76	74	-	1	594	593	-	0
12	4,341	4,060	252	28	1,940	1,822	94	23	261	119	142	1	1,377	1,360	15	1	59	57	-	1	701	699	-	1
	36,430	34,983	1,137	122	20,871	20,498	279	92	1,873	957	905	11	6,292	6,155	131	5	3,735	3,719	-	14	3,656	3,652	-	1
30.1	3,160	3,028	106	24	2,089	2,067	0	22	186	80	106	0	66	65	0	0	409	407	-	1	407	407	-	0
2	3,195	3,095	90	9	1,999	1,979	12	7	235	235	0		138	60	28	0	332	331	-	1	489	489	-	0
3	4,129	3,917	203	8	2,841	2,762	72	6	224	95	128	0	262	260	2	0	274	273	-	0	527	526	-	0
4	5,143	5,010	122	10	3,363	3,343	10	9	192	82	110	0	442	440	1	0	482	481	-	0	661	661	-	0
5	3,791	3,671	117	9	2,662	2,646	10	5	161	69	90	0	303	292	10	0	59	56	-	2	605	605	-	0
6	2,849	2,710	127	11	1,732	1,719	9	3	195	85	109	0	323	310	9	3	342	340	-	1	256	253	-	3
7	1,745	1,596	104	45	729	710	2	15	170	74	95	0	339	331	6	1	335	307	-	28	171	170	-	0
8	2,578	2,397	154	26	1,471	1,453	12	5	226	97	128	0	416	401	14	0	415	396	-	19	49	49	-	-
9	3,633	3,505	96	30	2,498	2,429	42	26	93	41	51	1	492	488	3		306	303	-	2	242	242	-	0
10	6,777	6,633	124	19	4,785	4,726	41	17	132	57	73	0	956	946	9	0	530	529	-	1	372	372	-	0
11	4,446	4,314	100	31	2,641	2,608	9	23	120	53	66	0	1,272	1,248	24	0	208	207	-	0	203	196	-	0
12	4,404	4,175	197	31	1,603	1,462	110	30	134	58	75	0	2,303	2,292	10	0	184	183	-	0	178	178	-	0
	45,850	44,057	1,480	258	28,417	27,910	273	173	2,074	1,033	1,035	5	7,316	7,188	170	6	3,881	3,820	-	61	4,165	4,154	-	9
31.1	2,414	2,285	93	36	1,843	1,808	10	24	220	140	79	0	69	66	3	0	54	43	-	10	225	224	-	0
2	1,791	1,698	87	4	1,221	1,211	7	2	140	136	2	1	219	142	77	0	30	29	-	0	178	178	-	0
3	2,511	2,306	170	28	1,438	1,322	89	26	230	150	79	0	279	271	7	0	19	69	-	0	493	493	-	0
4	3,552	3,412	121	18	2,029	1,995	20	13	279	181	98	0	482	479	2	0	103	102	-	0	657	654	-	3
5	3,283	3,153	121	7	1,900	1,880	14	5	278	179	99	0	566	558	7	0	97	97	-	0	438	438	-	0
6	3,647	3,510	130	7	1,843	1,828	10	4	281	183	98	0	973	952	21	0	75	74	-	1	473	473	-	0
7	2,996	2,783	191	21	887	859	11	16	469	306	163	0	1,069	1,051	17	1	162	159	-	3	407	406	-	0
8	3,657	5,413	203	40	2,276	2,227	14	33	496	319	176	0	602	589	12	0	71	67	-	3	210	208	-	2
9	6,758	6,551	199	7	5,160	5,137	19	4	385	217	167	0	730	717	12	0	227	225	-	2	253	253	-	0
10	8,154	7,936	198	19	5,913	5,890	8	14	494	316	177	0	1,243	1,029	11	2	238	236	-	2	464	463	-	0
11	6,249	8,064	172	12	5,495	5,476	11	7	432	278	153	0	1,688	1,678	6	3	143	141	-	1	489	489	-	0
12	8,033	7,659	334	39	3,938	3,762	146	29	476	306	168	1	2,663	2,634	20	7	361	360	-	0	596	595	-	0
	55,050	52,771	2,030	243	33,950	33,401	365	183	4,186	2,714	1,466	5	10,387	10,171	199	16	1,636	1,608	-	28	4,888	4,879	-	5

[註] 1. 盐税收入内包括：粗製食盐税，精製食盐税，蒙疆借用盐税，河南盐產税，出口盐税.

2. 附加收入内包括：渔盐税，硝滷税，蝦油醬税，工業盐税，硝黄收入.

3. 雜項收入内包括：功盐罰金，利息收入，雜項，牌照費.

河北省地方稅收統計表

單位：千元

稅目別＼年度別	二十九年度	三十年度
田賦	2,447	2.639
契稅	2,988	2,859
牲畜稅	973	1,353
屠宰稅	638	729
牙稅	2,622	4,597
営業稅	594	-
菸酒牌照稅	222	276
田房中用	746	-
費用	—	651
合計	11,234	13,108

山東省地方稅收統計表

單位：千元）

稅目別＼年度別	二十七年度	二十八年度	二十九年度
田賦	348	4.609	6,704
契稅	0	156	500
雜稅	30	143	412
営業牌照稅	107	736	1.666
行政收入	56	4	279
財產收入			46
事業收入			445
司法收入			54
其他	0	7	943
合計	544	5.657	11.051

山西省地方稅收統計表

單位：千元

月別＼年度別	二十九年度	三十年度
一月	115,986	128,677
二月	86.387	123,785
三月	137.793	187,646
四月	165,223	149,806
五月	136,284	134,898
六月	112,425	139,902
七月	114,094	126,788
八月	135,841	117,386
九月	129,259	152,562
十月	114,573	129,014
十一月	114,814	137,901
十二月	152,011	214,688
合計	1,514,695	1,743,063

河南省地方稅收統計表

單位：千元

月別＼年度別	二十九年度	三十年度
一月	342,362	62,690
二月	172,060	42,355
三月	443,598	74,972
四月	508,652	72:116
五月	446,891	55,667
六月	510,651	47,524
七月	565,606	50,196
八月	523,853	44,315
九月	479,268	44,693
十月	500,284	46,693
十一月	602,486	65,192
十二月	698,419	82,040
合計	5,794,137	682,458

第二節　貨幣與金融

第一項 華北貨幣

第一目　事變前華北貨幣

民國二十四年我國貨幣始行統一，之前，仍為銀本位制度，且紙幣之發行極為紊亂，不能統一。迨二十四年十一月四日財政部實行通貨管理政策，白銀收歸國有，以中央、中國、交通、中農四行發行鈔票為法幣，自此以後，一切公私款項之收付，概以法幣為限，是以中國之通貨完成統一。

第二目　事變後華北貨幣

七七事變時，幣制統一未久，華北當時使用之法幣，以中央、中國、交通三行所發行之紙幣為最多。唯是時中交鈔票仍保留區域制，流通於華北者，仍印有天津、青島及山東等字樣。此外各地有地方銀行之鈔票，亦多有未收回者，如河北省銀行、冀東銀行、山西省銀行，以及商業銀行中之中南、中國實業、北洋保商、中國墾業、浙江興業、大中、邊業、中國農工、晉北鹽業銀號等所發行之鈔票，山東民生銀行所發行之輔幣券皆是，輔幣尤為紊亂。茲據偽臨時政府對於民國二十七年二月七日公布普通貨幣整理辦法內附華北區內各銀行紙幣流通額表及華北交通公司資業局調查，民國二十六年七月時之紙幣流通量，如下表：

(一) 舊中央銀行及特許銀行發行之紙幣　　(單位：元)

銀行名	數額
1. 中央銀行	65,083,000
中國農工銀行	1,500,000
中南銀行	1,500,000
共計	68,083,000
2. 中國銀行	164,957,700
北洋保商銀行	3,000,000
共計	167,957,700
3. 交通銀行	83,045,000
中國農業銀行	1,750,000
中國墾業銀行	90,000
浙江興業銀行	20,000
大中銀行	560,000
邊業銀行	50,000
共計	85,515,000
4. 中國農民銀行	10,397,000
四行共計	331,952,700

上表數字中國、交通兩行根據華北交通公司資業局之調查，其餘則為偽臨時政府公布者，惟中國農民銀行紙幣在華北之流通數，則無可靠之資料，此則根據民國二十六年六月該行發行總額二萬萬零七百九十五萬一千餘元，按百分之五估計，當時中央銀行發行紙幣總額為三萬萬七千五百八十三萬九千餘元，流通於華北者為六千五百零八萬三千餘元，比例約為百分之十七，中國農民銀行紙幣在華北之流通額較少，約當中央銀行紙幣在華北流通額三分之一計。

(二) 地方銀行或地方金融機關發行之紙幣　　(單位：元)

銀行名	數額
1. 河北省	
河北省銀行	50,000,000
冀東銀行	8,000,000
河北銀錢局	1,000,000
共計	59,000,000
2. 山東省	
山東省民生銀行	4,540,000
山東省平市官錢局	1,136,560
青島農工銀行	12,901
共計	5,689,461
3. 山西省	
山西省銀行	18,269,139
晉北鹽業銀號	525,000
綏西墾業銀號	554,760
晉綏鐵路銀號	30,316,237
共計	49,665,036
4. 河南省	
河南農工銀行	321,865
四省合計	95,327,564

以上數字，因係地方金融機關發行之紙幣，缺乏真確之統計，僅為估計之數字。

(三) 外國銀行發行之紙幣　　(單位：元)

銀行名	數額
橫濱正金銀行	400,000
麥加利銀行	142,000
滙豐銀行	36,000
花旗銀行	197,000
華北銀行	11,000
合計	786,000

（四）　私人發行之紙幣

私人發行之紙幣，為數頗多，不易統計，約略估計如下：

（單位：元）

名　　稱	數　額
山西省陰陽縣銀號村信用合作社券	1,600,000
山西省土地合作券	500,000
山西省錢莊典當發行帖券	500,000
其他雜券	8,470,000
合　計	11,070,000

（五）　圓系通貨

（單位：元）

銀　行　名	數　額
日本銀行	10,000,000
朝鮮銀行	80,000,000
滿洲中央銀行	20,000,000
察南銀行	200,000
共　計	110,200,000

上表日本銀行券，在華北市面流通者數額甚少，察南銀行券祇在平津及河北省北部有少數之流通，故分別估計如上。

（六）　硬幣

在聯銀未收回各種貨幣以前，華北境內尚有山西省內不流通之銀元，在市面流通之銅元，及鎳質輔幣，其後漸絕跡市場，無法統計。新增之硬幣有日本銀行發行之硬輔幣，滿洲中央銀行及冀東銀行之硬輔幣三種。據郵政儲金匯業局統計法幣實行後，各地民眾存藏之銀幣額共計五千八百三十萬零一千元，至二十七年六月底調查，現銀行之被民間存藏者，其數額已增至七千零十八萬一千元。

在事變以後，聯銀未收回各種貨幣以前，上述六種貨幣之流通總額計六億一千九百五十一萬七千二百六十四元，事變後，于民國二十七年三月十日成立中國聯合準備銀行，並公布中聯銀行貨幣發行章程及整理舊幣辦法，同時，將印有天津，山東，青島，濟南，煙台，龍口，威海衛，臨清等地名字樣之中國，交通券，與河北省銀行，冀東等銀行之紙幣，自該辦法施行之日起，以一年為限，准其流通。中央銀行紙幣及其他中交銀行紙幣並其他流通之紙幣，則規定於三個月後禁止流通，並規定新舊通貨等價兌換。嗣於二十七年八月八日偽臨時政府財政部公布舊通貨貶值命令，中交二銀行所發行之紙幣按九折兌換，至同年十二月三十日又公布，由二十八年二月二十日起，再貶為六折，其後則完全禁止使用。

民國二十九年五月中國聯合準備銀行為取締日，滿，蒙，鮮各種紙幣，曾公布日滿鮮幣收回辦法，圓系通貨收付限制令，滿洲中央銀行及蒙疆銀行鈔票流通取締辦法，及中外通貨管理法等。華北境內繼國內各銀行紙幣整理之後，外幣亦漸絕跡矣。

華北流通之舊輔幣問題，當局於二十七年五月三十一日公布小額紙幣及輔助硬幣整理辦法五條，規定各銀行所發行之未滿一圓之小額紙幣及輔助硬幣可於三年內與中聯銀行之小額通貨等價流通，嗣後小額通貨亦隨本位幣兩次貶值，自三十年十一月一日起，所有冀東，滿洲，蒙疆五角以下之紙幣，河北省銀行之銅元票，一律收回，截至三十年十二月三十一日止，完全禁止使用，唯天津租界中尚有舊法幣之存在使用，迨至三十年十二月八日，租界收回，始完全統一。

舊法幣禁止使用後，華北臨時政府於民國二十七年二月頒佈中國聯合準備銀行條例，同年三月，以資本金五千萬元成立該行，發行貨幣，茲將歷年來發行列表如下：

中國聯合準備銀行貨幣發行年表

發行年別	發行額
民國二十七年底	161,925,777.40
二十八年	458,042,109.58
二十九年	715,154,445.52
三十年	966,457,251.20
三十一年	1,592,508,991.06
三十二年	3,828,272,976.00
三十三年	16,225,175,321.49
三十四年八月十六日止	103,268,541,915.43

偽蒙疆政府之中央銀行「蒙疆銀行」，於二十七年十一月依公佈之組織辦法成立，資本金為一千二百萬元，其歷年發行貨幣列表如下

蒙疆銀行貨幣發行年表

發行年別	發行額
民國二十六年底	14,172,000
二十七年	38,105,000
二十八年	65,092,000
二十九年	99,740,000
三十年	121,516,000
三十一年	150,875,000
三十二年	359,000,000
三十三年	1,059,300,000
三十四年六月底	2,198,142,000
三十四年八月二十日	3,529,218,000

第二項　華北金融

第一目　事變前華北金融組織

(一)　河北省

事變前河北省之銀行業共計四十九處，為河北省銀行，中國，交通，金城等其分支行等。錢業三十家，典當業二十四家。

(二)　山西省

山西省之銀行業，事變前僅交通，中國及陝北地方實業銀行三家之外，山西省銀行總分行共二十八處。錢業加入太原錢業公會者凡三十九家，其他各縣亦多錢莊，典當業各城市均有三五家不等，惟無確實統計數字。

(三)　山東省

山東省之銀行業，華商銀行共三十五處，其中仍以中國交通二行分支行最多，外商銀行二家，錢莊共七十四處，典當業亦無詳密之統計。

(四)　河南省

河南省之銀行業計五十處，錢業二十一家，典當業則無統計。

(五)　北平市

平市銀行業初為外商銀行所獨佔，國人初創大清銀行及交通銀行，大清於民國成立後改稱中國銀行，而商業銀行如金城，大陸，中南等銀行亦次第成立。至民國二十五年，因政府南遷，自五六十家減為二十家，唯分支行仍有五十餘處。

北平外商銀行共九家，日商天津銀行及橫濱正金銀行分行二家；法商中法工商銀行，及東方滙理銀行分行二家；美商花旗銀行，及運通銀行分行二家；英商麥加利銀行及滙豐銀行分行二家，德商為德華銀行。

平市錢業至民國二十五年止，計三十餘家，典當業二百餘家。

(六)　天津市

津市之華商銀行始於光緒二十八年設立之直隸官銀號，繼而戶部，交通，北洋保商，殖業等銀行之成立，民國六七年以降，鹽業，金城，中孚，大陸，大生，浙江興業等銀行開設，截至民國二十五年，天津市銀行總行八家，分支行五十八處，共計六十六處。

津市外商銀行至二十五年共有十六家，有外商國外滙兌銀行公會之組織，入會者有滙豐，麥加利，花旗，正金，東方滙理，華北，華義，德華，運通，中法工商，朝鮮，大通等十二家，並推滙豐銀行經理為理事長。

天津之錢業，按其派別，可分為山西，本地，南宮，與其他各幫（北京）四派，民國二十五年，共計七八十家之多，典當業則有五十七家。

(七)　青島市

青島市華商銀行于民國二十五年，共十五家，外商銀行七家，全市共計有銀行二十二家，于民國二十年成立同業公會。

錢業至事變止，其營業以存放款滙兌為主要者約六七家，以兌換為主者十七八家，錢莊性質者三四家。

第二目　事變後華北金融組織

(一)　偽中國聯合準備銀行

蘆溝橋變起，華北中央金融機構隨政府西遷，迨偽政府成立，為統制華北金融，仍于民國二十七年三月十日創立中國聯合準備銀行，資本總額五千萬元，已收二千五百萬元，其主要業務為代理國庫，發行國幣，生金銀外國通貨之買進，代收各種票據之款項，政府及商業各項證券票據之貼現，金銀及貴重物品保管，各項存放款及往來存款透支等，據民國三十三年六月底統計，中聯銀行在華北之分佈狀況如下：

中國聯合準備銀行各地分佈表

行別	改組開業年月
北京總行	27.3.10.
天津分行	27.3.10.
青島分行	27.4.8.
濟南分行	27.4.8.
石門分行	27.4.15.
唐山分行	27.4.20.
太原分行	27.10.1.
烟台分行	27.10.1.
山海關分行	27.2.28.
新鄉分行	28.2.6.
臨汾分行	28.2.18.
運城分行	28.2.23.
開封分行	28.4.20.
徐州分行	28.4.20.
潞安分行	30.4.10.
保定分行	32.1.4.
塘沽分行	32.1.5.
商邱分行	33.3.1.
鄭州分行	33.9.
威海衛辦事處	28.2.6.
龍口辦事處	28.6.6.
秦皇島辦事處	28.10.14.
天津北馬路辦事處	29.7.15.
兗州辦事處	33.5.1.
日本東京辦事處	29.7.15.

以上總分行十九處，辦事處六處，合計總分行及辦事處共二十五處。三十三年六月底存款總額達二，一〇七，一三一，〇〇〇元，放款總額達二，七〇八，二九九，〇〇〇元。

(二) 華北銀錢業

華北金融機關除中聯銀行外，則為聯銀轄下地方銀行、一般商業銀行及銀號，茲表之如下：

(甲) 聯銀轄下地方銀行

名稱	總行所在地	總分支行數目
1. 中國銀行	北平	6
2. 交通銀行	北平	7
3. 河北銀行	天津	25
4. 冀東銀行	天津	17
5. 大阜銀行	青島	6
6. 魯興銀行	濟南	11
7. 河南實業銀行	開封	6
8. 山西實業銀行	太原	10
9. 山東農業銀行	濟南	5
10. 華北儲蓄銀行	北平	6
11. 華北工業銀行	北平	2
計		101

以上各銀行除華北工業銀行于三十三年十月十六日成立，存放款尚無統計外，其他十家銀行至三十三年六月底之存款總額為五八七，四〇八，〇〇〇元，放款總額為二九九，五二七，〇〇〇元。

（乙）　一般商業銀行

名　　稱	總行所在地	總分支行數目
上海商業儲蓄銀行	上海	7
大中銀行	上海	6
大生銀行	天津	2
大陸銀行	上海	15
元安商業銀行	天津	3
中央儲蓄會	上海	—
中孚銀行	上海	6
中南銀行	上海	3
中亰商業儲蓄銀行	天津	2
中國農工銀行	上海	4
中國實業銀行	上海	5
中國墾業銀行	上海	1
天津市市民銀行	天津	1
四行儲蓄会	上海	2
金城銀行	上海	11
東萊銀行	上海	3
信誠銀行	北平	2
浙江興業銀行	上海	3
唐山農商銀行	唐山	2
國華銀行	上海	3
復豐銀行	海參威	3
殖業銀行	天津	1
華北商工銀行	北平	3
裕津銀行	天津	2
鉅豐銀行	烟台	1
新生銀行	天津	1
新華信託儲蓄銀行	上海	7
福順德銀行	烟台	8
聚興誠銀行	重慶	1
積生銀行	北平	1
塩業銀行	上海	3
計		112

以上三十一家商業銀行三十三年六月底存款總額為五七九,二九0,000元,放款總額為二七八,0二七,000元。

此外尚有三十三年七月由聚義銀號改組為銀行,及三十三年九月由同德銀號改組為同德銀行者二家,存放款數額無統計數字。

華北境內銀號總號二百家,各地分號計三百十家,三十三年六月底:

存款總額:五一四,六六一,000元

放款總額:三八二,七六五,000元

綜上所述,華北金融機關之銀行號總分支行號數目合計為五百四十五家:

存款總額:　三,七八八,四九0,000元

放款總額:　三,六六八,六一八,000元

附表:

華北金融機關分佈地區表

華北金融機關分佈地區表

地域別	中聯銀行	聯銀轄下地方銀行	一般商業銀行	銀號	金融機關合計
河北省					
北平	1	13	41	44	99
天津	2	9	51	124	186
石門	1	1		10	12
唐山	1	4	1		6
山海關	1	1			2
保定	1	1		8	10
塘沽	1	1		1	3
秦皇島	1	1			2
寧晉		1		1	2
正定縣		1		6	7
易縣		1			1
大名		1			1
樂亭		2			2
元氏縣		1			1
灤縣		1			1
遷安		1			1
胥各莊		1			1
密雲		1			1
遵化		1			1
豐潤縣		1		1	2
滄縣		2			2
昌黎縣		1			1
涿縣		1		2	3
定縣		1		3	4
邢台		1		4	5
邯鄲		1			1
磁縣		1		4	5
通縣		1		2	3
晉縣				1	1
趙縣				2	2
高邑				1	1
衡水				1	1
楊柳青鎮				2	2
辛集鎮				2	2
泊頭鎮		1		1	2
連鎮				1	1
五家[illegible]鎮				1	1
徐水				1	1
香河				1	1
古冶		1			1
計	9	57	93	223	382
山東省					
濟南	1	6	4	31	42
青島	1	3	8	8	20
烟台	1	2	4	13	20
威海衛	1		1		2
龍口	1		1	1	3
濰縣		2		1	3
德縣		1		3	4
周村		1			1
博山		1			1
濟寧		2		3	5
泰安		1		1	2
臨清		1			1
滕縣		1			1
掖縣				1	1
黃縣			1		1
張店		1			1
益都		1			1
高密		1			1
兗州	1				
膠縣					
計	6	24	19	63	112
山西省					
太原	1	1		6	8
臨汾	1	1			2
運城	1	1			2
潞安	1	1			2
汾陽		1		1	2
崞縣		1			1
曲沃		1		2	3
榆次		1		4	5
太谷				3	3
陽泉		1		1	2
平遥		1		3	4
忻縣				1	1
交城				1	1
祁縣				2	2
計				24	38
河南省					
開封	1	1			2
新鄉	1	1			2
彰德		1			1
清化		1			1
商邱	1	2			3
計	3	6			9
江蘇省					
徐州	1	1			2
海州		1			1
計	1	2			3
國外					
日本東京	1				1
計	1				1
共計	24	99	112	310	545

以上統計為民國三十三年六月底之數字，至該年年底則稍有不同。計中聯銀行於三十三年八月設鄭州分行一處，故中聯銀行總分支行連同上述之二十四行共為二十五處。中聯轄下地方銀行三十三年六月底計為九十九處，迨同年十月十六日新成立華北工業銀行，北平總行，天津分行二處，故轄下銀行共為一百零一處。一般商業銀行三十三年六月底為一百十二家，其後又有聚義、同德二銀號改組為銀行，截至同年十二月底商業銀行共為一百十四家。銀號則廿二家，為三百零八家。綜上所述，華北各地金融機關至民國三十三年底，總分支行共為五百四十八處。

第三目　金融統制

民國三十年十二月八日太平洋戰事爆發後，偽華北當局為將各種金融機關置於嚴格統制下，便於吸收民間資金，實行各種榨取百姓之國防金融政策，以強戰力，迺於十二月十一日公佈「金融機關管理規則」，將華北金融機關置於經濟總署管理之。在此規則公佈實施後，華北各地之銀號及兌換業不合要求者，俱增資或合併而紛紛改組，華北銀號在未整理前共四百八十四家，迨三十一年十二月十日止經「經濟總署許可者計一百九十九家，連同分號總計為二百四十家，被淘汰者已半數，三十二年底又增加至三百十五家，三十三年底則又減為三百〇八家。

金融機關之組織既經調整，其業務亦加限制，並嚴加監督，嗣又由中聯銀行公佈實行「金融機關管理規則之運用」，以對金融機關之資金運用，尤以放款一項恭嚴規定。

偽華北政務委員會經濟總署于三十三年又以為安定戰時華北物資金融名目下，實施調查平津之銀行號莊，作為金融機關之再整理，歸併及提高存放款之協定利率，將薄弱之金融機關重行淘汰，並決定自卅三年十二月一日起六個月內，規定實收資本數，銀行最低五百萬元，銀號最低三百萬元。

第四目　吸收游資政策

同時，又為吸收游資與通貨緊縮政策，乃加強國民儲蓄。華北當局首于三十一年五月起創辦有奬定期存款，三十三年二月暨十月又創辦第二次及第三次有奬定期存款。三十三年三月之後，連續舉辦第四次第五次。民國三十三年三月一日創辦之華北儲蓄銀行，即在中聯銀行長期吸收游資之政策下成立，資本額為一百萬元，共分一萬股，全數由聯銀負擔，總行設於北平，天津分行一處。

民國三十三年一月華北因農產物收買工作之進行，滯留內地之資金頗難收回，其收買資金放出額雖達若干億之巨，而收回者僅百分之十而已。聯銀乃聯絡華北交易統制總會，華北合作事業總會，華北食糧公社，華北纖維統制總會，推進收回內地游資工作，實行棉製品之綜合有系統之放出，並將生活必需物資向內地作有計劃之供出，以期圓滿達到吸收浮動購買力之游資。華北當局鑒于此種情勢，為防止惡性通貨膨脹，特以日本大使館金融課為中心，網羅金融機關，成立「通貨吸收對策委員會」，由官民協力，從多方面檢討防止通貨膨脹之方策。於三十三年八月十一日在聯銀舉行第一次會議，由日大使館，中聯，華北金融協議會日系各銀行，華北中央儲蓄增強委員會，郵政資金局等出席，提出：一、剩餘購買力之吸收方策，二、促進收回貸出款項之方策等。

民國三十三年一月二十二日聯銀為與金融界提倡節約儲蓄起見，制定華北金融機關行員特別儲蓄金暫行規則，由同年二月份起實行。又為鼓勵各金融機關努力吸收游資，供給開發產業資金起見，樹立三十三年度華北各金融機關增加存款之目標為五億元，以減輕通貨膨脹之危機。

第五目　證券交易所之創設

華北經濟當局鑒於物價之昂騰，購買力之浮動，而游資之過剩，實為刺激物價之最大原因，故後期華北各地之物價均有上漲之趨勢，迺決定在華北設立有價證券交易所，以期穩定經濟金融。故於三十三年十二月二十日對北平、天津、青島、濟南四大都市之銀行公會，錢業公會，及市商會，或相當於此等之經濟團體發出訓令，希望由各團體推出發起人，創設此一交易所，其資本金額定為二千萬元，一次繳足全額，由上述各團體分担之，計北平五百萬元，天津一千萬元，青島及濟南各二百五十萬元，預計于三十四年一月底以前募足，此外，新交易所開設市場之預定地點，因當時天津每日均有相當數量之股票交易，故暫在天津一處開設市場，以期大量吸收游資也。

第六目　存放款利率之調整

一、中聯銀行公定存放款利率

中國聯合準備銀行於民國三十一年十一月十六日製定「聯銀業務調整及公定存放款利率」，對管轄下銀行號之存放款利率規定如下：

(1) 存款利率

(甲) 對普通商業銀行號

定期存款	半年期年息三厘五毫	3.5%
	一年期年息四厘	4%
活期存款	年息一厘	1%
通知存款	年息二厘	2%
特種活期存款		

(乙) 對一般法人及個人存款

定期存款	半年期年息三厘五毫	3.5%
	一年期年息四厘五毫	4.5%
活期存款	年息一厘	1%
通知存款	年息二厘二毫	2.2%
特種活期存款	年息二厘	2%

(2) 放款利率表

同業抵押放款	半年期中聯定期存單作押者	年息四厘五毫	4.5%
	一年期中聯定期存單作押者	年息五厘	5%
	其他物件作押者	年息六厘以上	
同業抵押透支	半年期中聯定期存單作押者	年息四厘五毫	4.5%
	一年期中聯定期存單作押者	年息五厘	5%
	其他物件作押者	年息六厘五毫以上	

又，三十三年五月一日，聯銀改訂存放款利率如表：

(一) 存款利率

活期存款	年息二厘
特別活期存款	年息二厘五毫
定期存款（半年期者）	年息四厘
定期存款（一年期者）	年息四厘五毫

其与同業往來以外之存款交易及特別活期存款，均限中聯龍口兗州兩辦事處承做，其特殊關係存款之利率，當審查情形臨時酌定。

(二) 放款利率

1. 抵押放款

以半年期定期存款為抵押者	年息五厘
以一年期定期存款為抵押者	年息五厘五毫
以其他物件為抵押者	年息六厘五毫以上

2. 抵押透支

以半年期定期存款為抵押者	年息五厘
以一年期定期存款為抵押者	年息五厘五毫
以其他物件為抵押者	年息七厘以上

3. 以不動產或以不動產押放債權證做抵押放款者．

年息九厘以上．

二、銀行號存放款利率之協定

勝利前一時期華北金融機關之存放款利率相當高，各金融機關相互間且發生最顯著之差別，中聯銀行為減去此種無益之競爭，遂倡導各商業銀行號訂立存款放款利率之協定，由三十三年五月一日起，北平，天津，青島，濟南，唐山，保定，石門，及烟台，八都市分別實施。

存款利率按聯銀轄下銀行，商業銀行，及銀號三種，分別規定。

項別	存款別	期限別	利息別
轄下銀行之協定利率	定期存款	期限一年者	年息八厘以内
	定期存款	期限半年者	年息七厘以内
	活期存款		年息四厘以内
	官廳存款		年息四厘以内
	特種活期存款		年息五厘以内
	通知存款		年息六厘以内
商業銀行之協定利率	定期存款	期限一年者	年息一分以内
	定期存款	期限半年者	年息八厘以内
銀號之協定利率	定期存款	期限一年者	年息二分以内
	定期存款	期限半年者	年息一分五厘以内
	活期存款		年息八厘以内
	特別活期存款		年息一分以内
	通知存款		年息一分二厘以内
儲蓄機關之利率協定	活期儲蓄存款		年息六厘以内
	定期儲蓄存款，整存整付零存整付整存零付存本付息計四種利率一律	期限一年者	年息一分一厘以内
		期限二年者	年息一分二厘以内
		期限三年至五年者	年息一分三厘以内
		期限六年至十五年者	年息一分四厘以内
	團體儲蓄存款	期限在一年以上者	一律為年息一分

其次放款利率，轄下銀行、商業銀行及儲蓄銀行，最高利率一律定為年息二分四厘，銀號為年息三分六厘。

三、金融機關存放款利率之再提高

華北八大都市自三十三年十二月一日起實行改訂協定利率，存款利率將現行辦法内，轄下銀行與商業銀行之區別，加以廢止，有安定性存款利率之提高較短期存款利率之提高為多。

1. 存款利率協定

項別	存款別	利息別	提高率
銀行之協定利率	活期存款	年息五厘以内	提高一厘
	官廳存款	年息五厘以内	提高一厘
	特別活期存款	年息七厘以内	提高二厘
	通知存款	年息八厘以内	提高二厘
	定期存款（半年期者）	年息一分二厘以内	轄下銀行提高五厘 其他銀行提高四厘
	定期存款（一年期者）	年息一分四厘以内	轄下銀行提高六厘 其他銀行提高四厘
	儲蓄存款		
	活期儲蓄存款		提高一厘
	定期儲蓄存款		一律提高四厘
銀號之協定利率	活期存款	年息九厘以内	提高一厘
	特別活期存款	年息一分二厘以内	提高二厘
	通知存款	年息一分四厘以内	提高二厘
	定期存款（半年期者）	年息二分以内	提高五厘
	定期存款（一年期者）	年息二分四厘以内	提高四厘

2. 放款利率協定

放款利率，最低利率銀行銀號均提高一厘，為年息八厘，最高利率提高二分四厘，銀行為年息四分八厘，銀號為年息六分。

第七目　銀行號辦理共同放款

民國三十三年一月三十一日中聯銀行辦理合放款項詳細辦法，開發產業及統制收買資金之大宗放款，多由中聯銀行核定，由各金融機關合放，並指定其中一家為幹事銀行，代表辦理。凡屬合放之款項，由幹事銀行代表申請許可，借款金額均按中聯銀行核定各銀行經放成數分担，如借款人非一家時，亦應以每一借款所借款額按各銀行經放成分担認，借據由幹事銀行存執保管，其款項之放出及收回，担保品之保管，均由幹事銀行辦理之。

第一表　華北各主要都市銀錢業存放款數額表

單位：聯銀券

年月末		銀行			銀號			合計		
		家數	存款	放款	家數	存款	放款	家數	存款	放款
32	1	75	466,642,621	287,028,843	232	219,784,378	213,294,680	307	686,427,299	505,323,532
	2	75	476,079,240	287,885,668	236	253,578,236	246,798,683	311	729,657,476	534,684,351
	3	78	481,886,241	298,366,289	237	225,141,653	224,999,259	315	707,027,894	523,365,548
	4	78	516,696,428	301,599,430	241	258,527,652	244,422,414	319	775,224,080	546,021,844
	5	78	523,823,847	297,971,688	246	270,924,063	337,387,212	324	794,747,910	535,358,900
	6	78	561,288,258	280,422,107	246	329,296,368	254,206,341	324	890,584,626	534,628,448
	7	78	622,958,813	283,512,536	246	376,378,290	274,653,988	324	999,337,103	558,166,524
	8	79	614,142,576	311,878,557	245	368,555,580	317,297,056	324	982,898,156	629,175,413
	9	79	581,998,580	338,729,013	245	325,039,833	332,863,488	324	907,038,413	671,592,801
	10	79	603,383,803	366,820,850	245	291,123,181	314,301,008	324	894,506,984	681,121,858
	11	79	725,554,570	362,311,430	245	298,736,628	328,092,213	324	824,291,098	690,403,643
	12	79	612,812,553	394,322,776	244	290,457,017	327,971,105	323	1,903,269,578	722,293,881
33	1	85	653,014,686	428,469,011	238	268,709,844	277,106,299	323	921,724,530	655,575,310
	2	85	625,341,683	432,561,752	244	295,732,011	295,268,778	329	921,073,694	727,830,530
	3	88	710,654,937	458,660,500	244	315,445,761	278,441,273	332	1,026,100,698	737,101,773
	4	88	782,402,988	465,042,641	244	386,578,053	272,079,625	332	1,168,981,041	737,122,266
	5	90	897,975,832	492,468,135	244	425,892,870	323,633,637	334	1,323,868,702	816,101,772
	6	90	1,010,702,533	512,803,825	244	483,527,095	346,331,155	334	1,494,229,628	859,134,980
	7	93	1,072,617,002	600,760,092	241	482,418,721	434,769,749	334	1,555,035,723	1,035,529,841
	8	93	1,148,277,524	651,503,469	241	467,396,460	461,448,481	334	1,615,673,984	1,112,951,950
	9	97	1,114,938,781	706,993,600	239	509,445,422	474,801,992	336	1,624,384,103	1,181,795,592
	10	98	1,255,891,670	789,813,498	239	543,718,163	578,521,465	337	1,799,609,833	1,368,334,963
	11	98	1,259,396,336	854,641,983	239	645,426,209	639,463,519	337	1,904,822,545	1,494,105,502
	12	98	1,369,858,807	844,585,949	239	871,161,762	483,989,659	337	2,241,020,569	1,328,575,608
34	1	104	1,629,434,893	1,019,618,127	237	995,077,833	269,115,705	341	2,624,512,726	1,788,733,832

第二表 北平銀錢業存放款數額表

單位：　聯銀券

年月末		銀行			銀號			合計		
		家數	存款	放款	家數	存款	放款	家數	存款	放款
32	1	22	224,900,157	111,636,535	44	48,549,287	43,805,822	66	273,449,444	155,442,357
	2	22	228,409,303	110,085,686	44	54,872,651	47,955,706	66	283,281,954	158,041,392
	3	23	236,358,111	113,443,061	44	46,083,129	44,439,036	67	282,441,240	157,882,097
	4	23	257,859,940	109,498,300	45	53,600,144	40,762,128	68	311,460,084	150,260,428
	5	23	258,216,978	107,141,835	45	61,023,071	42,001,922	68	319,240,049	149,143,557
	6	23	266,297,087	105,090,800	45	83,281,225	44,254,186	68	349,578,312	149,344,986
	7	23	286,299,391	100,563,107	45	91,587,342	50,855,184	68	377,886,733	151,418,291
	8	23	289,207,147	104,058,677	45	90,426,451	60,303,263	68	379,633,598	164,361,940
	9	23	286,385,878	110,111,562	45	79,049,217	65,471,194	68	365,435,095	175,582,756
	10	23	284,417,633	113,476,231	45	69,952,681	66,437,031	68	354,370,314	179,913,262
	11	23	382,848,467	110,533,836	45	68,876,117	66,408,371	68	451,724,584	176,942,207
	12	23	271,879,119	112,333,158	45	72,545,618	67,399,122	68	344,424,737	179,732,280
33	1	24	278,158,200	119,619,780	44	68,930,054	45,429,538	68	347,088,254	165,049,318
	2	24	277,576,864	122,578,235	44	73,540,837	59,450,799	68	351,117,701	182,029,034
	3	24	327,290,397	126,459,655	44	74,970,765	61,350,240	68	402,261,162	187,809,905
	4	24	347,183,391	131,799,365	44	88,873,049	59,242,478	68	436,056,440	191,041,843
	5	24	376,146,527	140,541,766	44	105,945,465	63,371,612	68	482,091,992	203,913,378
	6	24	424,372,631	154,342,535	44	128,537,929	72,562,948	68	548,910,560	226,905,488
	7	25	458,873,874	194,633,399	43	115,949,104	91,648,810	68	574,822,978	286,282,209
	8	25	463,301,544	247,413,633	43	111,858,972	102,321,089	68	575,160,516	349,734,722
	9	26	466,088,221	256,588,351	42	119,083,327	106,218,609	68	585,171,548	362,806,960
	10	26	508,718,720	288,738,227	42	131,927,879	129,345,830	68	640,646,608	418,084,057
	11	26	515,169,100	301,420,277	42	155,573,344	143,471,559	68	670,742,444	449,891,836
	12	26	544,552,609	282,175,488	42	208,264,618	158,456,161	68	752,817,227	440,631,649
34	1	27	610,852,775	312,730,616	42	243,735,035	173,663,570	69	859,587,810	486,394,186

第三表 天津銀錢業存放款數額表

單位：聯銀券

年月末		銀行			銀號			合計		
		家數	存款	放款	家數	存款	放款	家數	存款	放款
31	12	28	182,259,620	114,861,473	119	120,034,649	112,060,320	147	302,294,269	226,921,793
32	1	28	172,628,783	118,953,746	119	119,991,418	113,299,683	147	292,620,201	232,253,429
	2	28	176,131,041	119,061,158	120	138,661,729	128,621,933	148	314,792,770	247,683,086
	3	29	170,110,188	120,424,788	120	123,567,668	118,895,315	149	293,677,856	239,320,103
	4	29	174,375,101	128,071,624	120	120,769,811	129,238,913	149	295,144,912	257,310,537
	5	29	182,795,136	125,835,984	120	134,294,718	121,678,896	149	317,089,854	247,514,880
	6	29	195,852,067	121,597,322	120	156,428,124	134,899,200	149	352,280,191	256,496,522
	7	29	220,715,458	125,092,800	120	179,838,650	145,445,304	149	400,554,108	270,538,104
	8	30	217,346,244	130,516,933	120	168,068,136	166,682,803	150	385,414,380	297,199,736
	9	30	195,481,830	139,728,456	120	154,377,579	173,343,652	150	349,859,409	313,072,106
	10	30	192,851,817	149,209,575	120	132,609,400	154,303,178	150	325,461,217	303,512,753
	11	30	204,811,931	153,228,042	120	134,500,057	161,268,352	150	339,311,988	314,496,394
	12	30	220,977,325	153,487,963	120	130,187,021	161,378,040	150	351,164,346	314,866,003
33	1	31	220,596,366	162,831,509	118	122,077,222	102,967,971	149	342,673,588	265,799,480
	2	31	199,454,387	164,526,750	124	140,304,071	147,609,231	155	339,758,458	312,135,989
	3	31	230,662,232	170,737,251	124	151,925,961	136,566,891	155	382,588,193	307,304,142
	4	31	246,896,267	176,105,640	124	181,615,803	130,630,463	155	428,512,070	306,736,103
	5	31	274,069,165	188,909,838	124	186,405,404	163,870,002	155	460,474,569	352,779,900
	6	31	299,808,149	200,914,723	124	210,001,795	182,759,778	155	509,809,944	383,674,501
	7	32	317,550,414	222,227,470	123	231,680,741	229,760,995	155	549,231,155	451,988,465
	8	32	377,132,816	228,804,969	123	232,080,807	242,125,416	155	609,213,623	470,930,385
	9	33	315,993,601	255,104,238	122	266,902,731	236,706,685	155	582,896,332	491,810,923
	10	33	367,382,261	291,813,360	122	268,765,102	309,827,028	155	636,147,363	601,640,988
	11	33	385,902,122	301,426,945	122	331,661,685	329,916,771	155	717,563,807	631,343,716
	12	33	403,754,378	282,024,443	122	450,476,438	156,835,517	155	854,230,816	438,869,960
34	1	35	472,898,635	358,552,635	122	523,439,140	411,760,572	157	996,337,675	770,313,207

第四表　青島銀錢業存放款數額表

單位：聯銀券

年	月末	銀行 家數	銀行 存款	銀行 放款	銀號 家數	銀號 存款	銀號 放款	合計 家數	合計 存款	合計 放款
31	12	7	23,390,967	16,317,308	7	14,108,913	11,378,464	14	32,499,880	27,695,772
32	1	7	21,413,933	17,080,678	8	13,923,331	12,548,431	15	25,387,264	29,609,109
	2	7	22,716,101	16,675,118	8	16,021,332	12,378,044	15	38,737,433	29,053,162
	3	7	22,255,527	17,016,936	8	16,483,366	13,008,789	15	38,738,893	30,025,725
	4	7	26,106,473	18,658,451	9	29,764,313	13,755,188	16	55,870,786	32,413,639
	5	7	25,333,816	19,274,821	9	22,926,238	16,688,903	16	48,260,054	35,963,724
	6	7	31,779,979	17,884,982	9	27,527,442	16,475,968	16	59,307,421	34,360,950
	7	7	33,425,534	17,081,225	9	37,243,735	15,974,671	16	70,669,269	33,055,896
	8	7	33,534,254	20,693,614	9	40,521,169	18,962,252	16	74,055,423	39,655,866
	9	7	31,143,962	18,827,573	9	28,044,974	21,996,500	16	59,188,936	40,824,073
	10	7	32,077,484	21,880,959	9	24,401,955	22,383,101	16	56,479,439	44,264,060
	11	7	34,789,373	22,880,819	9	28,842,948	25,907,105	16	63,632,321	48,787,924
	12	7	30,061,474	26,203,272	9	24,451,799	27,231,564	16	54,513,273	53,434,836
33	1	8	31,513,478	30,845,543	8	21,973,133	19,641,102	16	53,486,611	50,486,645
	2	8	33,669,693	26,006,917	8	26,372,894	22,285,813	16	60,042,587	48,292,730
	3	8	41,181,496	29,773,039	8	29,807,943	20,823,315	16	70,989,439	50,596,354
	4	8	53,497,136	29,664,542	8	45,953,143	22,556,007	16	99,450,279	52,220,549
	5	10	63,009,538	45,220,798	8	51,097,042	27,636,082	18	114,106,580	72,856,880
	6	10	65,263,897	46,910,727	8	55,109,405	32,411,351	18	120,373,302	79,322,078
	7	10	68,302,938	59,780,813	8	51,864,107	38,710,832	18	120,167,045	98,491,645
	8	10	72,292,452	50,194,199	8	37,997,212	34,986,299	18	110,289,664	85,180,498
	9	10	72,799,897	54,681,105	8	38,897,021	37,116,302	18	111,696,918	91,797,407
	10	10	115,932,495	62,314,810	8	55,297,821	42,464,348	18	171,230,716	104,779,158
	11	10	86,117,779	78,959,900	8	60,518,416	47,033,484	18	146,636,195	125,993,384
	12	10	112,581,072	92,424,003	8	80,496,317	45,347,582	18	193,077,389	137,773,585
34	1	11	124,070,594	142,054,894	8	80,134,076	55,134,535	19	204,204,670	197,228,429

第五表 濟南銀錢業存放款數額表

單位： 聯銀券

年月末		銀行			銀號			合計		
		家數	存款	放款	家數	存款	放款	家數	存款	放款
31	12	7	19,659,124	15,752,907	22	15,640,534	21,250,511	29	25,299,658	37,003,418
32	1	7	18,791,799	18,329,343	24	17,124,039	24,082,678	31	36,115,838	42,412,021
	2	7	20,397,969	19,685,165	25	19,896,588	30,503,650	32	40,294,557	50,188,815
	3	7	20,614,895	20,833,141	28	17,860,435	24,622,809	35	38,475,330	45,455,950
	4	7	22,665,873	24,931,679	28	25,936,837	32,531,643	35	48,602,710	57,463,322
	5	7	21,930,556	22,825,673	32	22,755,721	26,447,190	39	44,686,277	49,272,863
	6	7	21,813,131	16,614,047	32	29,543,499	27,455,933	39	51,356,630	44,069,980
	7	7	28,884,506	16,737,390	32	35,706,767	30,277,221	39	64,591,273	47,014,611
	8	7	28,645,163	21,982,729	32	36,148,006	39,261,958	39	64,793,169	61,244,687
	9	7	24,238,474	28,308,211	32	31,524,202	39,582,272	39	55,762,676	67,890,483
	10	7	26,677,936	31,775,142	32	32,060,025	38,578,811	39	58,737,961	70,353,953
	11	7	34,135,462	31,280,262	32	34,558,160	39,890,734	39	68,693,622	71,170,996
	12	7	30,320,820	33,330,394	32	31,229,057	36,208,868	39	61,549,877	69,539,262
33	1	8	35,085,713	41,029,973	31	28,521,969	31,958,353	39	63,607,682	72,988,326
	2	8	39,750,469	47,392,980	31	29,482,306	33,895,611	39	69,232,775	81,288,591
	3	10	35,251,555	50,210,714	31	30,897,014	30,265,466	41	66,148,596	80,476,180
	4	10	39,170,521	45,924,137	31	37,377,572	33,300,901	41	76,548,093	79,225,038
	5	10	53,855,820	36,396,136	31	43,362,515	41,325,451	41	97,218,335	77,721,587
	6	10	76,341,471	25,596,624	31	50,793,332	29,849,201	41	127,134,803	55,445,825
	7	11	78,115,697	28,749,201	30	45,211,340	36,176,790	41	123,325,037	64,925,991
	8	11	87,690,517	30,441,308	30	42,686,904	38,868,583	41	130,377,421	69,309,891
	9	11	88,005,908	41,220,904	30	42,804,672	43,204,764	41	130,810,580	84,425,668
	10	11	85,139,337	38,744,551	30	47,262,872	36,102,507	41	132,402,209	74,847,058
	11	11	81,072,284	41,614,415	30	52,462,062	49,147,442	41	133,934,346	90,761,857
	12	11	90,896,084	40,319,895	30	65,143,104	48,224,570	41	156,039,188	88,544,465
34	1	11	89,258,766	52,205,557	30	76,581,166	55,240,885	41	165,839,932	107,446,442

第六表　太原銀錢業存放款數額表

單位：　聯銀券

年月末		銀行			銀號			合計		
		家數	存款	放款	家數	存款	放款	家數	存款	放款
31	12	1	6,622,249	1,924,096	6	4,396,866	4,284,078	7	11,019,115	6,208,174
32	1	1	7,562,657	1,616,988	6	4,962,728	5,438,407	7	12,525,385	7,055,395
	2	1	7,582,081	3,337,414	7	5,680,316	5,787,656	8	13,262,397	9,125,070
	3	1	5,885,307	2,406,694	7	5,134,378	5,172,339	8	11,019,685	7,579,033
	4	1	6,322,181	1,758,112	7	5,347,189	5,965,402	8	11,669,370	7,723,514
	5	1	5,958,052	4,001,347	7	6,125,762	6,290,938	8	12,083,814	10,292,285
	6	1	7,496,401	7,025,311	7	5,940,554	5,723,986	8	13,436,955	12,749,297
	7	1	11,471,471	12,974,077	8	5,106,621	5,633,180	9	16,578,092	18,607,257
	8	1	12,638,763	18,001,887	6	4,869,174	4,151,013	7	17,507,937	22,152,900
	9	1	14,825,569	17,491,102	6	4,373,192	4,076,248	7	19,198,761	21,567,350
	10	1	15,612,009	24,497,451	6	4,999,808	5,575,169	7	20,611,817	30,072,620
	11	1	16,488,055	17,074,867	6	4,755,821	4,262,489	7	21,243,876	21,337,356
	12	1	20,654,519	38,957,192	6	4,268,554	4,878,720	7	24,923,073	43,835,912
33	1	1	21,645,557	42,917,818	6	4,101,983	3,772,184	7	25,747,540	46,690,002
	2	1	22,384,904	38,295,941	6	4,709,553	3,997,485	7	27,094,457	42,293,426
	3	1	26,400,422	48,434,974	6	4,771,019	4,312,306	7	31,171,441	52,747,280
	4	1	32,344,770	51,020,019	6	5,565,698	4,346,787	7	37,910,468	55,366,806
	5	1	37,891,978	52,272,614	6	5,365,237	4,016,875	7	43,257,215	56,289,489
	6	1	37,536,755	56,529,413	6	5,713,076	3,979,346	7	43,249,831	60,508,759
	7	1	38,442,171	58,025,963	6	6,859,374	3,630,777	7	45,301,545	61,656,740
	8	1	37,954,148	56,254,507	6	7,302,731	4,780,279	7	45,256,879	61,034,786
	9	2	35,128,031	54,336,322	6	6,140,543	5,632,620	8	41,268,574	59,968,942
	10	2	41,166,181	62,680,934	6	5,038,202	6,117,430	8	46,204,383	68,798,364
	11	2	54,942,754	87,859,397	6	5,301,084	5,500,767	8	60,243,838	93,360,164
	12	2	43,606,188	93,147,092	6	9,086,445	8,416,231	8	52,692,633	101,563,323
34	1	2	57,197,272	82,350,482	6	8,905,053	9,128,247	8	66,102,325	91,478,729

第七表　保定銀錢業存放款數額表

單位：聯銀券

年月末		銀行			銀號			合計		
		家數	存款	放款	家數	存款	放款	家數	存款	放款
31	12	1	3,950,051	616,545	8	2,823,114	2,783,872	9	6,773,165	3,400,417
32	1	1	3,805,409	1,201,082	8	2,608,219	3,204,456	9	6,413,628	4,405,538
	2	1	3,104,284	843,136	8	2,779,439	3,635,342	9	5,883,723	4,478,478
	3	1	5,157,886	1,421,799	8	2,413,041	3,599,034	9	7,570,927	5,020,833
	4	1	7,555,209	954,581	8	2,557,383	3,534,235	9	10,112,592	4,488,816
	5	1	5,308,914	865,720	8	3,110,798	3,718,749	9	8,419,712	4,584,469
	6	1	6,607,636	511,186	8	3,524,081	3,597,923	9	10,131,717	4,109,109
	7	1	5,578,128	361,781	8	3,365,703	3,897,838	9	8,943,831	4,259,619
	8	1	5,097,289	737,747	8	3,398,907	4,504,544	9	8,496,196	5,242,291
	9	1	4,947,524	1,048,793	8	3,271,056	4,063,424	9	8,218,580	5,112,217
	10	1	14,419,007	1,723,097	8	3,204,654	4,415,346	9	17,623,661	6,138,443
	11	1	14,459,745	1,778,543	8	3,255,255	5,019,335	9	17,715,000	6,797,878
	12	1	8,263,612	1,970,548	8	3,486,486	4,831,137	9	11,750,098	6,801,685
33	1	1	6,183,169	2,428,836	8	3,597,082	3,471,129	9	9,780,251	5,899,965
	2	1	7,716,475	2,862,331	8	3,926,209	5,922,068	9	11,642,684	8,784,399
	3	1	10,355,741	2,702,417	8	4,115,812	5,641,058	9	14,471,553	8,343,475
	4	1	14,814,977	2,160,144	8	4,428,405	4,861,689	9	19,243,382	7,021,833
	5	1	19,282,602	2,526,319	8	5,481,716	4,713,025	9	24,764,318	7,239,344
	6	1	26,374,611	2,509,239	8	5,582,867	5,662,975	9	31,957,478	8,172,214
	7	1	14,126,219	4,779,153	8	6,123,281	7,659,499	9	20,249,500	12,538,652
	8	1	17,341,422	4,243,553	8	7,648,090	9,302,936	9	24,989,512	13,546,489
	9	1	55,027,763	5,341,393	8	6,934,776	9,583,559	9	61,962,539	14,924,952
	10	1	23,241,214	5,351,584	8	6,926,861	9,978,069	9	30,168,075	15,329,653
	11	1	20,376,964	4,485,677	8	8,470,170	14,776,558	9	28,847,134	19,262,135
	12	1	56,772,163	2,887,548	8	13,030,848	18,817,673	9	69,803,011	21,705,221
34	1	2	103,258,087	18,265,135	7	10,042,301	12,179,682	9	113,300,388	30,444,817

第八表　石門銀錢業存放款數額表

單位：　聯銀券

年月末		銀行			銀號			合計		
		家數	存款	放款	家數	存款	放款	家數	存款	放款
31	12	1	2,500,375	826,335	7	4,667,956	4,723,204	8	7,168,331	5,549,539
32	1	1	3,974,957	2,009,968	9	4,552,647	7,184,512	10	8,527,604	9,194,480
	2	1	3,538,945	1,436,034	10	6,466,981	9,568,196	11	10,005,926	11,004,230
	3	1	3,576,913	3,312,053	8	3,965,951	5,997,178	9	7,542,864	9,309,231
	4	1	4,035,853	1,341,744	10	7,814,931	7,556,387	11	11,850,784	8,898,131
	5	1	1,570,409	1,491,749	10	7,950,629	8,508,933	11	9,521,038	10,000,682
	6	1	5,047,856	1,008,330	10	9,152,411	9,211,073	11	14,200,267	10,219,403
	7	1	4,244,518	1,249,671	10	9,794,127	10,206,427	11	14,038,645	11,456,098
	8	1	3,140,153	4,060,584	10	9,586,191	11,678,460	11	12,726,344	15,739,044
	9	1	3,908,408	5,618,028	10	10,024,436	11,587,069	11	13,932,844	17,205,097
	10	1	9,207,618	5,616,352	10	10,542,016	11,754,271	11	19,749,634	17,370,623
	11	1	11,957,522	4,750,508	10	11,144,035	13,401,073	11	23,101,557	18,151,581
	12	1	6,939,387	6,083,684	10	11,014,103	13,149,824	11	17,953,490	19,233,508
33	1	1	12,520,879	4,398,612	10	11,404,658	11,446,759	11	23,925,537	15,845,371
	2	1	10,998,732	4,827,485	10	9,960,041	13,560,574	11	20,958,773	18,388,059
	3	1	7,260,838	4,123,381	10	11,380,649	11,101,687	11	16,641,487	15,225,068
	4	1	9,278,218	2,229,838	10	13,613,739	9,521,331	11	22,891,957	11,751,169
	5	1	16,523,396	2,200,669	10	14,641,701	10,860,503	11	31,165,097	13,061,172
	6	1	15,702,417	1,908,092	10	16,677,456	10,783,970	11	32,379,873	12,692,062
	7	1	18,852,656	6,807,277	10	14,912,973	16,657,382	11	33,765,629	23,464,659
	8	1	8,498,547	7,314,514	10	17,087,390	18,394,828	11	25,585,937	25,709,342
	9	2	15,155,924	8,440,820	10	18,365,446	25,602,791	12	33,521,370	34,043,611
	10	2	20,392,163	7,452,432	10	18,059,257	34,152,107	12	38,451,420	41,604,539
	11	2	17,905,561	1,787,050	10	19,993,708	35,160,730	12	37,899,269	36,947,780
	12	2	21,760,368	1,528,399	10	28,520,443	32,674,800	12	50,280,811	34,203,199
34	1	3	26,409,734	8,076,498	9	27,937,876	35,253,696	12	54,347,610	43,330,194

第九表 烟台銀錢業存放款數額表

單位：聯銀券

年月末		銀行			銀號			合計		
		家數	存款	放款	家數	存款	放款	家數	存款	放款
32	1	3	1,423,177	3,732,383	14	8,022,709	8,730,691	17	9,445,886	12,463,074
	2	3	1,688,416	3,617,841	14	9,199,200	8,348,156	17	10,887,616	11,965,997
	3	3	3,860,902	4,395,501	14	9,633,685	9,264,759	17	13,494,587	13,660,260
	4	3	4,458,507	4,357,953	14	12,737,044	11,078,518	17	17,195,551	15,436,471
	5	3	2,961,472	4,610,618	15	12,737,126	12,051,681	18	15,698,598	16,662,299
	6	3	2,788,816	4,231,197	15	13,899,032	12,588,072	18	16,687,848	16,819,269
	7	3	2,448,692	4,222,202	14	13,735,345	12,364,163	17	16,184,037	16,586,365
	8	3	2,712,546	5,681,096	15	15,537,546	11,752,763	18	18,250,092	17,433,859
	9	3	2,856,545	6,160,029	15	14,375,177	12,743,131	18	17,231,722	18,903,160
	10	3	2,239,298	6,504,617	15	13,352,642	10,854,101	18	15,591,940	17,358,718
	11	3	2,253,585	6,262,764	15	12,804,135	11,934,754	18	15,057,720	18,197,518
	12	3	2,383,229	5,831,449	14	13,274,379	12,893,830	17	15,657,608	18,725,279
33	1	5	6,014,066	8,546,174	13	8,103,743	8,419,263	18	14,117,809	16,965,437
	2	5	7,536,312	11,778,923	13	7,436,100	8,547,197	18	14,972,412	20,326,120
	3	6	7,492,665	11,712,757	13	7,576,598	8,380,310	18	15,069,263	20,093,067
	4	6	10,893,959	12,642,818	13	9,150,644	7,619,969	19	20,044,603	20,262,787
	5	6	13,853,797	11,254,002	13	13,593,790	7,840,027	19	27,447,587	19,094,029
	6	6	13,372,145	11,107,431	13	11,111,235	8,321,586	19	24,483,380	19,429,017
	7	6	8,958,644	11,229,548	13	9,817,801	10,424,664	19	18,776,445	21,654,212
	8	6	9,048,090	9,312,903	13	10,734,354	10,669,051	19	19,782,444	20,061,954
	9	6	7,544,650	9,008,695	13	10,316,906	10,736,662	19	17,861,556	19,745,357
	10	6	8,628,659	9,108,296	13	10,440,169	10,533,546	19	19,068,828	19,641,842
	11	6	11,975,832	9,447,495	13	11,445,740	9,456,208	19	23,421,572	18,903,703
	12	6	15,133,182	11,163,694	13	16,143,549	15,215,125	19	31,276,731	26,378,819
34	1	6	17,470,515	11,599,114	13	19,303,186	16,714,518	19	36,773,701	28,313,632

第十表　開封唐山各銀行存放款數額表

單位：　聯銀券

年月末		開封			唐山		
		家數	存款	放款	家數	存款	放款
32	1	1	6,195,761	4,751,984	4	5,746,288	7,736,136
	2	1	7,646,734	6,427,739	4	4,864,366	6,716,382
	3	1	7,788,177	5,806,758	5	6,278,335	9,305,558
	4	1	4,261,117	3,723,519	5	9,056,179	8,303,467
	5	1	4,510,172	4,342,840	5	15,238,342	7,581,301
	6	1	6,751,532	2,926,988	5	16,853,753	3,531,944
	7	1	7,749,227	2,708,485	5	22,141,888	2,521,798
	8	1	7,290,733	2,786,454	5	14,530,284	3,358,636
	9	1	7,559,889	4,210,465	5	10,650,501	7,225,094
	10	1	8,812,611	3,356,650	5	17,068,390	8,780,776
	11	1	8,228,991	2,264,860	5	15,581,439	12,256,929
	12	1	10,438,178	4,915,809	5	10,894,890	11,209,307
33	1	1	16,926,798	3,515,214	5	24,370,460	12,335,552
	2	1	10,242,402	4,262,525	5	16,011,445	10,029,657
	3	1	11,793,327	4,328,421	5	12,966,264	10,177,881
	4	1	15,438,859	4,097,310	5	12,884,890	9,398,828
	5	1	27,905,751	4,265,679	5	15,437,258	8,880,314
	6	1	37,146,004	3,297,445	5	18,784,453	9,687,596
	7	1	38,509,495	4,066,875	5	30,886,894	10,460,393
	8	1	49,559,665	5,508,467	5	25,458,323	11,935,416
	9	1	46,374,259	8,404,140	5	12,820,427	13,867,632
	10	1	68,704,970	9,455,231	6	16,585,661	14,154,073
	11	1	65,720,051	12,649,413	6	20,213,889	14,991,511
	12	1	60,438,575	22,206,561	6	20,364,188	16,698,826
34	1	1	83,132,066	16,627,489	6	44,886,549	17,156,707

第八目　華北票據交換所

我國票據交換所之創議，遠在民國十一年間，當時上海銀行公會，曾組織票據交換所籌備委員會，擬訂章程，因各銀行意見不同，遂致中輟，經幾度集議，數度因故停頓未果。迨至民國二十一年三月上海銀行業聯合準備委員會成立，因鑒於同業間票據收解日繁，票據交換所之需要刻不容緩，乃於同年十一月完成草章，經委員銀行代表大会通過，於是擇定銀行公會為票據交換場址，於民國二十二年一月十日正式開幕。上海票據交換所之成立，寔為我國票據交換所之先河也。

華北金融當局鑒於貨幣流通額之增加，而現金停滯於各處，在不知不覺中即变為購買力，自物價政策上觀之，甚為危險，且種々付款，均用現金，亦覺消耗太甚，故欲使銀錢業資金清結便利，減少通貨數量，力使票據得以普遍發達，爰於民國三十一年四月二十八日，創立青島票據交換所，同年四月三十日創立北平票據交換所，六月一日創立天津票據交換所，六月十五日創立濟南票據交換所，復於三十二年二月成立天津票據交換所分所，最初成立時之各票據交換所之會員如下表：

票據交換所	會員銀行	中國方面銀行		日本方面銀行	
		家數	名稱	家數	名稱
北平	二十三	十八	中聯，中國，交通，金城，大陸，墾業，中南，河北，冀東，浙江興業，新華信託儲蓄，中孚，上海商業儲蓄，國華，中國農工，大中，中國實業，大生。	五	橫濱正金，朝鮮，滿洲中央，蒙疆，天津。
青島	十一	八	中聯，大阜，金城，大陸，上海商業儲蓄，中國實業，國華，東萊。	三	橫濱正金，朝鮮，濟南。
天津	二十九	二十三	中聯，中國，交通，金城，墾業，大陸，中南，河北，冀東，浙江興業，新華信託儲蓄，中孚，上海商業儲蓄，國華，市民，中國實業，中國農工，大中，大生，東萊，裕津，新生銀錢業同業合組公庫。	六	橫濱正金，朝鮮，滿洲中央，蒙疆，天津，益發。
濟南	十一	八	中聯，中國，交通，大陸，魯興，農業，上海商業儲蓄，東萊。	三	橫濱正金，朝鮮，濟南。

據民國三十二年八月份統計：北平票據交換所參加交換之會員銀行號及分支行共一百零五家，交換號數共三十六號，其中有代為交換者。天津票據交換所會員銀行迄三十三年二月參加交換者八十八家，交換號數共三十號；天津票據交換所分所會員銀號迄三十三年三月參加交換者共一百二十四家，交換號數三十六號。青島票據交換所迄三十二年十二月參加交換者二十家，交換號數共二十號。濟南票據交換所迄三十二年十一月份參加交換之銀行號共四十七家，交換號數十八號。

華北四大都市之票據交換所，自成立以來，其交換票據張數，金額及加入交換之銀行號俱有增加，茲將華北四大都市（平，津，濟，青）票據交換實況列表，以示其增加之趨勢。

票據交換坿表

一、華北各地等十表

第一表　華北各地票據交換所交換票據數額表

（民國三十四年一月份）

日期	交換張數（張）	交換總額（圓）		交換差額（圓）	差額對總數 %
		金額	每張平均		
1月	39,548	932,051,386.88	23,567.60	148,667,167.25	16
2	39,791	756,332,643.53	19,007.63	116,918,605.98	16
3	----	------	------	------	16
4	52,921	890,006,693.12	16,817.65	92,411,665.85	10
5	49,207	842,344,809.93	17,118.39	107,593,257.89	13
6	41,270	705,069,985.92	17,084.32	105,422,448.14	15
7	37,424	730,616,048.82	19,517.45	141,568,720.75	19
8	37,248	705,502,177.44	13,940.67	146,267,135.44	21
9	37,538	632,141,190.05	16,840.03	109,429,843.31	17
10	----	------	------	------	---
11	51,821	886,312,992.28	17,103.36	116,686,224.33	13
12	47,003	792,317,424.87	16,856.74	138,141,255.96	17
13	39,082	720,770,004.77	18,442.51	134,339,292.29	19
14	39,143	719,744,940.10	18,387.58	96,095,496.59	13
15	39,634	726,764,276.39	18,336.89	128,146,730.25	18
16	39,717	789,549,647.32	19,866.80	147,777,472.35	19
17	----	------	------	------	---
18	58,292	983,945,212.34	18,463.28	186,945,129.93	19
19	49,134	863,020,152.84	17,564.62	112,176,457.75	13
20	41,354	902,344,448.13	21,820.00	126,895,540.85	14
21	41,603	969,035,116.38	23,292.43	139,714,983.25	14
22	----	------	------	------	---
23	70,143	1,486,034,759.62	21,185.79	179,295,514.28	12
24	----	------	------	------	---
25	62,451	1,013,476,748.09	16,228.35	83,698,448.58	8
26	60,358	1,274,314,221.99	21,112.60	186,464,987.13	15
27	52,024	1,116,774,158.34	21,466.62	140,239,143.66	13
28	50,570	1,152,113,791.68	22,782.56	170,964,642.89	15
29	53,085	1,268,658,185.34	23,898.62	164,615,822.21	13
30	61,539	1,484,896,357.49	24,129.36	208,506,720.46	14
31	59,966	1,492,909,970.27	24,912.62	255,649,459.65	17
合計	1,246,876	24,837,847,379.93	19,919.82	3,686,632,167.02	15
最高	70,143	1,493,909,970.27	24,912.62	255,649,459.65	21
最低	37,248	632,141,190.05	16,228.35	83,698,448.58	8
平均	47,957	955,290,283.84	19,919.82	141,793,544.89	15

第二表　華北各地票據交換所交換票據數額表

（民國三十四年一月份）

年月	交換張數（張）		交換總額（圓）			交換差額（圓）		差額對總額%
	張數	每日平均	金額	每日平均	每張平均	金額	每日平均	
31	743,135	3,585	5,210,664,242.33	25,141,047.56	7,456.37	1,706,636,833.83	8,221,926.23	33%
32	6,331,136	20,641	30,205,623,233.38	98,394,220.02	4,991.87	8,328,414,470.10	27,117,301.16	28%
33	-----	-----	-------	------	-----	------	------	----
32　1	132,693	5,529	878,706,232.90	36,612,759.70	6,621.95	242,905,136.33	10,121,047.35	28%
2	112,518	5,114	828,071,439.83	37,639,610.90	7,360.11	230,302,353.81	10,468,288.81	28%
3	531,697	20,936	2,025,760,343.63	79,330,581.58	3,789.18	516,651,150.70	20,134,434.36	26%
4	534,997	21,081	2,279,031,721.07	89,169,085.88	4,229.83	619,984,548.73	24,129,245.06	27%
5	511,298	19,665	2,125,472,294.32	81,748,934.39	4,157.08	604,558,420.75	23,252,246.95	28%
6	557,802	22,312	2,227,909,904.86	89,116,396.16	3,994.10	643,505,539.96	25,740,221.60	29%
7	558,632	20,690	2,419,461,477.68	89,609,684.36	4,331.06	722,483,125.85	26,758,634.29	30%
8	576,276	22,165	2,754,665,395.54	105,948,669.06	4,779.99	770,229,613.75	29,624,215.91	28%
9	617,302	26,839	2,866,468,777.71	124,629,077.29	4,643.21	798,491,469.36	34,717,020.41	22%
10	665,316	25,589	3,311,982,978.05	127,383,960.67	4,978.07	942,380,925.79	36,245,420.22	29%
11	708,727	27,259	3,627,990,742.81	139,538,105.50	5,118.97	959,401,719.84	36,900,066.14	26%
12	823,898	30,515	4,860,101,924.98	180,003,775.00	5,898.86	1,277,520,465.23	47,315,572.79	28%
33　1	727,046	30,294	3,943,142,392.00	164,297,599.67	5,423.51	1,066,595,446.84	44,441,476.95	27%
2	587,403	23,496	3,789,905,958.29	151,596,238.33	6,451.97	1,027,224,401.53	41,088,976.06	27%
3	722,554	26,761	4,624,158,151.08	171,265,116.89	6,399.74	1,273,846,252.58	47,179,490.84	28%
4	673,228	26,929	4,554,977,445.17	182,199,097.81	6,765.88	1,292,125,625.02	51,685,025.00	28%
5	814,282	30,158	6,362,605,293.21	253,652,047.89	7,813.76	1,769,024,190.51	65,519,414.46	36%
6	768,543	29,559	6,504,078,544.38	250,156,867.09	8,462.87	1,920,189,846.43	73,853,455.13	30%
7	877,603	33,754	8,724,281,510.76	335,547,288.88	9,941.03	1,436,811,660.65	55,261,986.95	17%
8	945,068	36,349	10,008,707,253.16	384,950,278.97	10,590.46	1,700,295,440.04	65,395,978.40	17%
9	1,005,287	41,887	11,897,021,422.27	495,709,225.92	11,834.45	1,970,006,812.07	82,083,617.16	17%
10	1,138,77[illegible]	45,551	15,517,507,558.49	620,700,302.34	13,676.54	2,362,733,581.40	94,509,343.26	15%
11	1,176,279	47,051	18,822,696,954.35	752,907,878.17	16,001.90	2,648,969,412.89	105,958,776.52	14%
12	1,246,876	47,957	24,837,547,379.93	955,290,283.84	19,919.82	3,686,632,176.02	141,793,544.89	15%
34　1								

第三表　北平票據交換所交換票據數額表

民國三十四年一月份

日期	交換張數(張)	交換總額(圓)		交換差額(圓)	差額對總額%
		金額	每張平均		
1日	----	-----	----	-----	---
2	---	------	----	----	---
3	6,478	116,110,653.25	17,923.84	17,691,470.10	15
4	9,016	180,377,953.03	20,006.43	25,649,085.36	14
5	6,295	126,664,728.79	20,026.17	19,482,695.53	15
6	5,955	151,203,072.49	25,390.94	29,403,019.53	29
7	----	------	-----	-----	---
8	7,905	193,460,787.64	25,105.73	25,629,068.28	13
9	8,169	195,761,688.60	23,963.97	36,927,957.80	19
10	5,858	158,457,415.52	26,816.28	26,446,696.40	16
11	5,785	163,181,659.60	28,207.72	29,492,892.58	18
12	6,096	164,476,182.93	26,981.00	28,873,596.22	17
13	5,909	203,142,481.59	34,378.49	34,774,890.22	17
14	----	-----	----	-----	---
15	7,230	198,184,506.11	27,411.41	30,665,107.41	15
16	7,558	234,151,861.61	30,980.66	39,682,129.32	17
17	5,721	211,092,017.39	36,879.75	76,513,393.46	36
18	5,890	245,282,228.68	41,643.84	81,033,569.87	33
19	6,028	201,694,876.40	33,459.67	63,130,502.03	31
20	5,725	196,556,237.09	34,322.97	39,783,497.28	20
21	----	------	-----	-----	----
22	7,387	256,031,805.64	34,659.78	68,796,204.70	27
23	7,945	233,529,609.96	29,393.28	59,099,890.54	25
24	5,784	178,207,241.91	30,810.38	23,460,662.63	13
25	5,880	209,911,710.32	36,005.44	37,403,973.27	24
26	5,131	157,137,169.73	30,625.06	40,068,419.54	24
27	5,703	232,923,477.81	40,842.27	40,752,615.06	17
28	----	------	----	-------	---
29	7,018	210,282,749.40	29,963.34	28,226,294.30	13
30	7,342	289,537,289.90	39,435.75	128,568,363.14	44
31	5,386	237,018,349.02	44,006.38	84,927,960.67	36
合計	163,144	4,948,777,754.41	30,332.69	1,130,083,955.30	22
最高	9,016	209,537,287.90	44,006.36	128,563,363.14	44
最低	5,135	116,110,653.25	17,923.84	17,691,470.10	13
平均	6,526	197,951,109.70	30,332.69	45,203,358.25	22

第四表　北平票據交換所交換票據數額表

年月	交換張數(張)		交換總額(圓)			交換差額(圓)		差額對總額%
	張數	每日平均	金額	每日平均	每張平均	金額	每日平均	
31	68,978	341	788,802,775.27	4,048,129.01	11,630.87	393,935,937.78	2,024,280.12	50%
32	327,030	2,737	5,644,279,615.89	18,689,573.02	7,521.15	1,836,164,891.57	6,083,996.68	33%
33	---	---	-----	----	----	-----	-----	---
32 2	11,620	528	151,593,869.40	6,590,630.43	13,050.43	79,306,494.55	3,604,840.66	52%
3	78,700	3,148	380,763,619.28	15,230,544.77	4,838.17	93,419,721.67	3,736,788.87	41%
4	72,300	2,892	588,903,905.20	23,556,156.21	8,145.28	174,186,511.29	6,967,460.45	30%
5	77,404	2,977	442,137,903.47	17,005,303.98	5,712.23	139,468,227.60	5,364,162.60	32%
6	76,376	3,055	426,134,050.20	17,045,362.01	5,579.50	160,176,994.75	6,407,079.79	38%
7	66,419	2,460	424,521,413.32	15,723,015.31	6,391.47	175,328,845.16	6,493,660.93	41%
8	66,347	2,552	386,374,751.05	14,860,567.35	5,823.11	131,275,950.54	5,049,075.01	34%
9	78,449	3,411	444,199,454.13	19,313,019.75	5,500.72	128,215,828.56	5,574,601.23	29%
10	81,913	3,277	506,626,611.99	22,425,064.48	6,843.17	168,437,378.42	6,737,495.14	30%
11	94,628	3,785	709,368,467.63	28,374,738.71	7,496.63	202,238,491.94	8,089,539.68	29%
12	112,364	4,322	1,004,174,171.04	38,622,106.58	8,936.67	318,659,992.76	12,256,153.57	32%
33 1	103,638	4,711	815,416,766.97	37,064,398.50	7,867.93	204,477,030.89	9,294,410.49	25%
2	77,625	3,105	730,963,893.26	29,238,555.73	9,416.60	228,112,526.96	9,124,501.08	31%
3	92,551	3,560	989,445,762.70	38,055,606.25	10,690.82	318,221,356.32	12,239,282.93	32%
4	86,169	3,590	1,131,863,367.25	47,160,973.64	13,135.39	420,640,185.99	17,526,674.41	37%
5	103,495	3,833	1,367,000,435.19	50,629,645.75	13,208.37	556,499,478.52	20,611,091.80	41%
6	108,727	4,182	1,663,558,424.18	63,983,016.32	15,300.33	564,932,589.30	21,728,176.51	34%
7	118,988	4,576	1,619,330,455.57	62,281,940.13	13,609.19	462,022,008.80	17,770,077.20	29%
8	136,409	5,247	2,209,799,535.21	84,992,290.20	16,199.81	650,226,740.38	25,008,720.78	29%
9	144,817	6,034	2,487,451,309.40	103,643,804.54	17,176.51	695,527,777.71	28,980,324.07	28%
10	161,382	6,455	2,982,972,905.43	119,318,916.21	18,483.93	862,068,852.30	34,482,754.09	29%
11	172,971	6,919	3,411,891,666.51	136,475,666.66	19,725.22	721,918,125.92	28,876,725.04	21%
12	176,366	6,783	4,821,850,058.60	185,455,771.48	27,340.02	1,214,089,770.44	46,695,760.40	25%
34 1	163,144	6,526	4,948,777,754.41	197,951,109.70	30,332.69	1,130,083,955.30	45,203,358.25	22%
2	104,478	4,975	4,445,858,631.00	211,707,553.80	42,554.28	1,027,087,733.74	48,908,939.60	23%

第五表　天津票據交換所交換票據數額表

民國三十四年二月份

日期	交換張數(張)	交換總額(圓)		交換差額(圓)	差額對總額%
		金額	每張平均		
1月	35,125	982,857,044.68	29,675.18	134,516,969.63	13
2	23,212	890,789,511.15	27,653.96	94,664,667.83	10
3	32,335	797,540,036.69	24,664.91	94,975,032.17	11
4					
5	46,879	1,150,739,447.64	24,547.01	142,073,667.43	11
6	37,888	905,675,356.85	23,904.02	94,952,990.36	10
7	30,817	786,995,342.82	25,337.70	90,974,938.85	11
8	31,911	847,668,698.54	26,563.52	123,360,447.93	13
9	33,029	836,163,128.41	25,316.02	96,125,964.76	11
10	38,368	619,498,455.47	23,887.05	110,752,787.85	12
11	----	------	----	-----	---
12	60,773	1,249,510,823.00	20,560.29	179,187,787.11	14
13	----	-----	----	-----	---
14	----	-----	----	-----	---
15	----	-----	----	-----	---
16	17,415	406,406,418.05	23,338.29	81,454,297.58	20
17	5,311	249,451,871.09	30,014.66	49,495,106.45	20
18					
19	16,606	403,996,345.29	29,692.41	55,060,013.96	13
20	16,669	502,863,401.86	30,167.54	58,922,774.04	17
21	15,694	579,506,384.37	36,925.35	61,163,579.49	10
22	17,281	731,408,818.66	42,323.49	92,162,629.77	12
23	19,150	781,626,212.68	40,815.99	104,005,554.59	14
24	20,851	903,217,695.39	43,317.72	111,473,235.56	12
25	----	------	----	-----	---
26	29,452	1,098,757,212.07	52,295.66	108,371,593.75	9
27	23,870	838,935,446.56	35,146.62	105,572,912.19	13
28	20,482	802,615,354.97	39,186.28	107,115,019.93	13
29	----	-----	----	-----	---
30	----	-----	----	----	---
31	----	-----	----	----	---
合計	580,098	16,663,253,006.84	28,724.59	2,095,887,711.23	12
最高	60,773	1,249,514,823.00	43,317.72	179,187,787.11	20
最低	8,311	249,451,871.69	20,560.29	49,495,106.45	9
平均	27,624	793,488,238.42	28,724.59	99,804,176.73	12

第六表 天津票據交換所交換票據數額表

年	月	交換張數（張）		交換總額（圓）			交換差額（圓）		差額對總額%
		張數	每日平均	金額	每日平均	每張平均	金額	每日平均	
31		517,659	2,932	2,973,155,399.20	16,805,984.14	5,868.75	818,462,111.63	4,626,887.41	29%
32		4,900,276	4,116	18,217,608,225.73	20,308,272.60	4,942.24	4,861,117,048.55	8,363,562.04	42%
33		------	-----	------	-----	------	------	------	---
32	2	81,392	3,700	463,984,593.84	21,090,208.81	5,700.06	97,703,342.71	4,443,788.31	21%
	3	426,304	17,052	1,335,751,347.63	53,430,053.92	3,133.33	347,205,281.38	13,888,211.41	26%
	4	438,169	17,526	1,413,660,363.80	56,546,414.56	3,226.36	372,956,938.15	14,918,277.52	26%
	5	406,716	15,643	1,380,532,329.90	53,097,397.30	3,394.34	384,508,435.84	14,788,786.00	28%
	6	403,823	16,153	1,285,979,639.72	51,439,185.60	3,184.51	356,831,985.13	14,273,279.40	28%
	7	408,415	15,126	1,433,577,966.15	53,095,480.22	3,510.10	415,811,935.58	15,400,442.07	29%
	8	415,932	15,997	1,657,744,617.83	63,759,408.38	3,985.61	455,417,294.85	17,516,049.80	27%
	9	451,062	19,611	1,775,769,278.68	77,207,359.95	3,936.86	505,457,522.15	21,976,414.00	28%
	10	486,371	19,455	2,058,070,890.17	82,322,835.60	4,231.48	603,834,436.26	24,153,377.44	29%
	11	502,746	20,110	2,093,314,553.96	83,732,582.16	4,163.76	564,350,319.98	22,574,012.80	27%
	12	579,762	22,299	2,807,237,186.20	107,970,661.00	4,842.05	733,479,559.84	28,210,752.30	26%
33	1	539,580	24,526	2,406,539,932.54	109,388,178.77	4,460.02	693,257,286.89	31,511,694.86	29%
	2	427,993	17,120	2,263,599,478.12	90,543,979.12	5,288.87	638,542,128.43	25,541,685.12	28%
	3	525,961	20,229	2,692,296,649.96	103,549,871.15	5,118.81	769,701,369.65	29,603,898.84	29%
	4	485,138	20,214	2,430,983,405.97	101,290,975.25	5,010.91	654,403,969.40	27,266,832.04	27%
	5	575,336	21,309	3,531,060,489.99	130,780,018.14	6,137.39	914,217,988.71	33,859,925.51	26%
	6	530,630	20,409	3,278,384,446.46	126,091,709.46	6,178.29	901,360,436.67	34,667,709.11	27%
	7	602,005	23,154	4,916,050,440.91	189,078,863.11	8,166.13	479,518,686.38	18,443,026.40	10%
	8	655,201	25,206	5,631,558,029.97	216,598,385.77	8,595.16	577,295,843.86	22,203,686.30	10%
	9	702,478	29,270	7,058,194,183.85	294,091,424.33	10,047.56	855,363,070.67	35,640,127.94	12%
	10	803,981	32,159	9,380,264,861.00	375,210,594.44	11,667.36	946,305,960.84	37,854,638.43	10%
	11	794,543	31,782	11,307,256,819.22	452,290,272.77	14,231.15	1,214,236,224.89	48,569,449.00	11%
	12	872,863	33,572	15,001,848,579.42	576,994,176.13	17,186.95	1,628,029,231.29	58,770,355.05	10%
34	1	860,658	34,426	18,892,682,380.05	755,707,295.20	21,980.23	1,783,692,852.14	71,347,714.09	9%
	2	580,098	27,424	16,663,253,006.84	793,488,238.42	28,724.59	2,095,887,711.23	99,804,176.73	12%

第七表　　青島票據交換所交換票據數額表

民國三十四年二月份

日期	交換張數(張)	交換(圓)總額		交換差額(圓)	差額對總額%
		金額	每張平均		
1日	4627	205,919,649.83	44,503.92	27,994,000.70	13
2	4262	144,860,717.53	33,988.90	23,046,418.00	15
3	4315	158,695,764.13	36,777.69	29,173,570.33	16
4	----	-----	----	-----	----
5	5429	151,467,277.75	27,899.66	20,092,660.56	13
6	4746	171,780,454.35	36,184.25	32,098,428.72	18
7	4030	121,956,673.44	30,262.20	15,705,672.29	12
8	3796	121,382,918.51	30,976.53	20,331,925.47	16
9	3387	106,697,394.01	31,502.03	16,289,865.90	15
10	3526	116,047,613.16	32,911.97	16,130,769.06	13
11	----	-----	----	-----	----
12	3617	114,890,909.46	31,764.14	13,125,374.50	11
13	----	-----	----	-----	----
14	----	-----	----	-----	----
15	----	-----	----	-----	----
16	852	41,699,262.89	48,942.79	9,773,772.97	23
17	750	33,139,790.48	47,006.79	7,660,112.59	23
18	----	-----	----	-----	----
19	1200	50,214,633.82	41,845.52	11,083,407.43	23
20	1168	51,892,705.59	44428.68	11,109,473.78	21
21	1405	65,156,531.04	46,374.75	13,259,716.30	20
22	1273	66,805,080.81	52,478.46	16,173,964.97	24
23	1367	65,645,920.39	48,021.88	18,428,740.21	28
24	1597	75,360,723.22	47,277.74	15,995,238.83	21
25	----	-----	----	-----	----
26	2426	95,422,027.37	39,333.06	17,031,687.69	17
27	1864	98,028,566.69	52,590.43	22,239,856.28	22
28	1862	95,422,119.48	51,248.18	18,367,524.87	16
29	----	-----	----	-----	----
30	----	-----	----	-----	----
31	----	-----	----	-----	----
合計	57451	2,152,433,733.95	37,476.08	372,612,081.45	18
最高	5429	205,919,649.83	52,590.43	32,098,428.72	28
最低	750	33,139,790.48	27,899.66	7,660,112.59	11
平均	2735	102,497,082.56	37,476.08	17,740,432.45	18

第八表 青島票據交換所交換票據數額表

年	月	交換張數（張）		交換總額（圓）			交換差額（圓）		差額對總額%
		張數	每日平均	金額	每日平均	每張平均	金額	每日平均	
31		104,757	482	945,567,367.13	4,466,051.27	9,261.30	257,396,140.40	1,213,936.96	27%
32		424,503	1,543	3,499,614,015.12	11,402,347.21	8,297.51	700,211,896.45	2,290,702.21	20%
33		---	---	-----	-----	----	-----	-----	---
32	2	11,747	534	120,700,991.10	5,486,408.69	10,274.17	27,966,435.89	1,271,201.63	23%
	3	15,381	591	160,977,065.44	6,191,425.59	10,476.19	38,168,061.84	1,468,002.37	24%
	4	15,047	579	153,489,438.81	5,903,939.95	10,195.92	35,145,958.16	1,451,767.62	23%
	5	15,238	590	162,2[illegible]7,377.29	6,241,052.97	10,578.06	42,563,166.45	1,637,044.86	26%
	6	46,408	1,856	300,244,841.46	12,009,793.65	6,470.79	62,215,175.37	2,488,607.01	21%
	7	49,117	1,819	333,529,791.15	12,352,955.22	6,791.07	59,830,921.40	2,215,960.05	18%
	8	52,026	2,001	408,991,577.30	15,730,445.28	7,861.29	83,472,692.18	3,210,526.62	20%
	9	50,545	2,198	350,873,439.17	15,255,366.92	6,940.57	72,367,012.29	3,146,391.84	21%
	10	55,193	2,123	360,802,688.71	13,877,026.49	6,536.52	68,486,299.71	2,634,088.45	19%
	11	66,062	2,541	437,567,803.17	16,829,530.99	6,623.19	80,559,254.98	3,098,432.88	18%
	12	83,643	3,098	570,165,326.36	21,117,234.31	6,816.41	92,728,940.75	3,434,405.21	16%
33	1	52,243	2,176	394,528,167.10	16,438,673.63	7,551.79	73,741,311.86	3,072,554.66	19%
	2	50,454	2,018	491,337,088.01	19,653,483.52	9,738.52	90,596,523.53	3,623,860.94	18%
	3	61,512	2,278	509,532,245.31	18,871,564.64	8,283.46	83,034,746.88	3,075,361.00	17%
	4	60,516	2,421	549,943,479.75	21,997,739.19	9,087.57	114,889,907.45	4,595,596.29	21%
	5	81,255	3,009	797,859,560.60	29,550,354.09	9,819.21	153,622,306.71	5,689,715.06	19%
	6	80,768	3,106	786,560,763.07	30,252,337.04	9,119.46	162,703,742.69	6,257,836.25	21%
	7	96,001	3,692	1,115,611,535.13	42,908,135.96	16,120.83	184,290,602.78	7,088,100.10	17%
	8	94,222	3,623	1,135,004,502.78	43,654,019.33	12,046.07	190,060,830.54	7,310,031.94	17%
	9	96,541	4,197	1,279,275,454.67	55,620,671.94	13,251.11	199,608,960.18	8,678,650.44	16%
	10	103,882	4,156	1,629,112,394.88	65,164,495.79	15,682.33	228,097,056.56	9,123,882.26	14%
	11	140,053	5,602	2,228,079,941.01	89,123,197.64	15,908.83	362,769,784.37	14,510,791.37	16%
	12	123,966	4,767	2,648,047,405.96	101,847,977.15	21,361.07	471,618,838.15	18,139,186.08	18%
34	1	114,112	4,754	3,299,894,627.00	137,495,609.45	28,918.03	548,671,228.55	22,861,301.18	17%
	2	57,451	2,735	2,152,438,733.95	102,497,082.56	37,476.08	372,612,081.45	17,740,432.45	18%

第九表　濟南票據交換所交換票據數額表

民國三十四年二月份

日期	交換張數（張）	交換總額（圓）		交換差額（圓）	差額對總額%
		金額	每張平均		
1日	2,293	112,596,751.98	49,104.56	35,352,321.89	31
2	2,128	146,936,398.79	69,049.06	49,839,021.16	33
3	2,161	121,333,643.5	56,146.69	28,448,173.28	23
4	---	-----	----	-----	---
5	3,253	116,238,627.64	35,732.72	24,725,724.04	21
6	2,203	112,094,046.81	50,882.45	34,366,885.88	30
7	1,990	79,565,928.78	39,982.88	17,686,535.21	22
8	2,017	102,270,529.68	50,704.28	34,716,141.76	33
9	1,762	145,028,797.29	82,309.19	55,184,145.15	38
10	1,829	62,292,654.88	34,058.31	13,939,269.49	22
11	---	-----	----	-----	---
12	1,876	122,465,330.16	65,280.03	19,616,092.21	16
13	---	-----	----	-----	---
14	---	-----	----	-----	---
15	---	-----	----	-----	---
16	492	52,740,993.33	107,197.14	30,267,636.67	57
17	417	53,560,182.85	129,372.42	17,382,857.55	32
18	---	-----	----	-----	---
19	739	33,272,581.78	45,030.56	10,549,595.33	31
20	805	40,820,834.28	50,709.11	7,181,313.10	17
21	923	48,607,249.53	52,662.24	16,264,778.75	33
22	994	63,185,448.48	63,566.85	20,659,203.44	32
23	1,307	62,363,864.28	47,715.27	18,643,468.76	29
24	1,631	82,248,623.75	50,428.34	26,216,460.34	31
25	---	-----	----	-----	----
26	2,285	110,929,579.79	48,546.86	25,864,322.07	23
27	1,566	133,821,800.78	85,454.53	35,380,925.01	26
28	1,606	36,617,321.05	53,933.57	12,786,419.31	14
29	---	-----	----	----	----
30	---	-----	----	----	---
31	---	----	----	----	---
合計	34,274	1,888,996,189.41	55,117.76	535,071,291.20	28
最高	3,253	145,028,797.29	129,372.42	55,184,145.15	57
最低	414	33,277,581.78	34,058.81	7,081,313.10	15
平均	1,632	89,952,199.40	55,117.76	25,479,585.29	23

第十表 濟南票據交換所交換票據數額表

年月	交換張數（圓）		交換總額（圓）			交換差額（圓）		差額對總額%
	張數	每日平均	金額	每日平均	每張平均	金額	每日平均	
31	51,741	330	503,138,640.23	3,211,108.09	9,642.46	153,423,807.91	977,906.95	31%
32	329,324	1,141	2,844,243,376.67	9,872,663.60	9,699.67	840,858,690.53	2,920,759.03	30%
33	---	---	-----	------	----	-----	-----	---
32 1	---	---	-----	------	----	-----	-----	---
2	7,759	369	91,791,985.49	4,371,046.93	11,845.65	25,266,080.66	1,203,146.70	28%
3	11,292	471	148,268,311.28	6,117,846.30	12,989.05	37,857,081.81	1,577,378.41	26%
4	9,488	452	122,975,013.26	5,856,095.87	12,955.96	37,695,141.13	1,795,006.71	31%
5	11,840	474	140,534,683.66	5,621,387.34	11,859.46	38,018,550.86	1,520,743.63	27%
6	31,195	1,248	215,551,373.48	8,622,054.94	6,908.69	64,281,384.71	2,571,255.39	30%
7	34,681	1,445	227,832,307.06	9,493,012.80	6,569.55	71,511,423.71	2,979,642.65	31%
8	41,971	1,614	301,554,449.36	11,598,248.04	7,186.03	100,062,676.18	3,848,564.47	33%
9	37,246	1,619	295,626,605.73	12,853,330.69	7,939.06	92,451,106.36	4,019,613.32	31%
10	41,839	1,819	333,482,787.18	14,499,251.62	7,971.00	101,622,811.40	4,418,383.10	31%
11	45,291	1,969	387,739,918.05	16,858,257.22	8,561.83	112,253,682.94	4,880,954.90	29%
12	48,129	1,851	478,524,641.41	18,404,793.90	9,943.16	132,651,971.88	5,101,998.92	28%
33 1	31,585	1,436	326,657,525.39	14,848,069.53	10,342.17	65,119,817.20	4,323,628.05	20%
2	31,331	1,253	304,005,498.90	12,160,219.95	9,703.03	69,973,222.61	2,798,988.90	23%
3	42,530	1,636	432,883,498.11	16,649,365.31	10,178.31	102,888,779.73	3,957,260.75	24%
4	41,405	1,725	442,181,192.20	18,424,466.34	10,679.56	102,191,562.18	4,257,981.75	23%
5	54,196	2,007	666,684,798.43	24,692,029.57	12,301.37	144,684,461.57	5,358,682.09	22%
6	48,418	1,500	775,514,910.67	20,810,349.43	16,018.32	291,193,077.77	4,169,828.71	38%
7	60,609	2,331	1,073,289,079.15	41,280,349.20	17,708.41	310,980,362.69	11,960,783.18	29%
8	59,236	2,278	1,032,345,185.20	59,705,584.08	17,427.67	282,712,025.26	10,873,539.43	27%
9	61,451	2,560	1,072,100,474.35	44,670,853.08	17,446.43	326,201,711.70	9,146,125.15	20%
10	69,526	2,781	1,525,157,397.18	61,006,265.89	21,936.50	326,201,711.70	13,048,068.46	21%
11	68,712	2,749	1,875,468,527.61	75,018,741.10	27,294.63	350,045,277.71	14,001,811.10	19%
12	73,681	2,843	2,365,801,335.95	90,992,359.08	32,108.70	472,894,327.14	18,188,235.66	20%
34 1	61,196	2,448	2,526,630,889.02	101,065,235.52	41,233.85	686,515,954.07	27,460,638.17	27%
2	34,274	1,632	1,888,996,189.41	89,952,199.40	55,117.76	535,071,291.20	25,479,585.29	28%

第九目　華北證券市場

天津為華北証券交易之中心，觀其過去交易之情況，天津証券交易市場為公共組織，以民國十年成立之天津交易所為嚆矢，該所辦理有價証券、棉花、棉紗布、雜粮、毛皮等之交易，其証券部之交易單位開價、限月等，皆模倣日本內地交易所之制度與方法。該交易所組織內容如次：資本金五百萬元，上海交易所經營者二百萬元，北方各業公會二百萬元，經紀人一百萬元。經紀人合計一百六十人。証券、花紗、粮食、皮毛各部中有擔當一部者，及兼理數部者，皆須交納三萬元身份保証金，可以該交易所之股票代用現款。採取競爭買賣法。証券之種類：設立之初，僅以公債為主，股票之交易寥寥無幾；但漸次股票交易增多，而成為該交易所交易之中心。交易單位：公債面額一萬元，股票每五十股為一交易單位。証據金：普通証據金每一交易單位為四百元，行情變動時，由買賣雙方徵收相當額之緊急証據金。

當時，天津市內銀行銀號等金融業者，盛行實施對日、美、英及上海之匯兌，與銀塊之交易等，而投資者，因當局干涉，而左右其交易，故交易所不予接近。同時交易所經紀人，亦利用職權，以其設立之投機交易所為背景，任意操縱市場，結果，該交易所乃成為純粹之投機交易場，不久即陷於不能開盤之勢，該所遂告撤消。其後歷經民國二十四年幣制之改革，二十六年之中日事變，金融情勢及政策，屢行改變，對匯兌及銀塊之投機乃漸移向商品方面，尤其集中於棉紗、棉布、麵粉、黃金等之買賣，自民國三十年此種風氣漸影響於一般商品，尤於太平洋戰爭後更為顯著。先是英租界之英商永盛洋行，改設為交易所，開始棉紗、棉布、証券及昔日之公債交易，極為繁盛。但於日美英宣戰後，天津英租界接收，此交易所亦告停業。其後一部金融業者，因顧客之委託，實行股票之現物買賣，但買賣之成立不易，所獲甚微矣。

華北之証券交易，後期因當局對商品之統制，投機者乃集中於黃金、土地、証券方面。復以中聯銀行抑制金融機關之放款，結果利用過剩資金者，顯著增加，其成交額每日皆達相當巨額。當時天津一地，經營証券交易者，達三十餘家，其中主要者，計為宏孚公司、萬有行、隆泰公司、利和所、大興公司、裕津銀號、久安銀號、義記証券所、上海銀行、浙江興業銀行、新華銀行、瑞隆公司、廣安公司、合興行、四行信託部、聯新公司等。此等公司交易最多之証券，為啟新洋灰、江南水泥、開灤煤礦三種股票；其交易額均佔總交易額之百分之八十。其次，即為天津自來水、東亞毛呢、北京自來水、金城銀行、大陸銀行、中南銀行、耀華玻璃、中興煤礦等股票，其主要証券之交易情況如下表：

第一表　天津各種股票市價表

年	月	鹽業銀行 票面100元 最高	鹽業銀行 票面100元 最低	金城銀行 票面100元 最高	金城銀行 票面100元 最低	大陸銀行 票面100元 最高	大陸銀行 票面100元 最低	中南銀行 票面100元 最高	中南銀行 票面100元 最低	燿華玻璃 票面100元 最高	燿華玻璃 票面100元 最低
25		95.00	73.00	83.00	62.00	82.00	61.00	----	----	100.00	77.00
26		101.00	88.50	91.50	77.00	90.00	75.00	----	----	150.00	100.00
27		75.00	64.00	71.00	44.00	70.00	54.00	50.00	50.00	110.00	100.00
28		90.00	70.00	70.00	50.00	80.00	55.00	50.00	44.00	110.00	100.00
29		108.00	77.00	87.00	56.00	90.00	64.00	79.00	44.00	330.00	100.00
30		100.00	80.00	88.00	70.00	88.50	68.00	75.00	70.00	320.00	265.00
31		95.00	66.00	85.00	66.00	83.00	55.00	72.00	65.00	430.00	285.00
32		260.00	80.00	300.00	85.00	280.00	70.00	250.00	81.00	850.00	410.00
33		1,150.00	225.00	1,250.00	305.00	410.00 ※550.00	317.00 ※205.00	600.00	250.00	1,400.00 ※850.00	800.00 ※300.00
32	2	125.00	80.00	125.00	90.00	120.00	70.00	85.00	81.00	750.00	480.00
	3	120.00	100.00	125.00	115.00	100.00	95.00	----	----	750.00	750.00
	4	110.00	92.00	115.00	112.00	98.00	90.00	100.00	100.00	500.00	470.00
	5	100.00	85.00	115.00	100.00	92.00	75.00	----	----	480.00	450.00
	6	92.00	92.00	115.00	109.00	85.00	80.00	100.00	100.00	460.00	410.00
	7	96.00	92.00	120.00	110.00	90.00	87.00	110.00	100.00	800.00	440.00
	8	180.00	100.00	220.00	120.00	160.00	90.00	170.00	100.00	850.00	480.00
	9	222.00	160.00	240.00	180.00	190.00	150.00	190.00	140.00	800.00	700.00
	10	220.00	185.00	240.00	220.00	210.00	180.00	180.00	189.00	780.00	700.00
	11	250.00	190.00	275.00	220.00	230.00	180.00	250.00	180.00	725.00	700.00
	12	260.00	250.00	300.00	275.00	280.00	230.00	235.00	230.00		690.00
33	1	275.00	265.00	310.00	308.00	320.00	317.00	----	----	----	----
	2	277.50	265.00	315.00	310.00	330.00	320.00	250.00	250.00		
	3	272.00	255.00			340.00	340.00	----	----	1,050.00	800.00
	4	270.00	265.00	310.00	300.00	----	----	----	----	1,000.00	915.00
	5	283.00	280.00	320.00	300.00	360.00	340.00	250.00	250.00	950.00	935.00
	6	285.00	280.00	310.00	305.00	370.00	350.00	255.00	250.00	1,050.00	1,000.00
	7	290.00	280.00	330.00	305.00	380.00	360.00	260.00	250.00	1,400.00	1,000.00
	8	520.00	285.00	550.00	315.00	410.00 ※250.00	360.00 ※205.00	360.00	250.00	1,300.00 ※350.00	1,200.00 ※300.00
	9	790.00	500.00	800.00	550.00	400.00	300.00	400.00	260.00	450.00	300.00
	10	950.00	800.00	1,250.00	850.00	500.00	400.00	450.00	350.00	600.00	400.00
	11	1,100.00	950.00	1,250.00	1,050.00	600.00	500.00	550.00	450.00	800.00	550.00
	12	1,150.00	950.00	1,250.00	1,050.00	600.00	550.00	600.00	500.00	850.00	650.00
34	1	1,150.00	1,150.00	1,250.00	1,250.00	600.00	600.00	550.00	550.00	750.00	730.00
	2	2,800.00	1,150.00	3,000.00	1,250.00	1,500.00	600.00	1,800.10	550.00	1,500.00	750.00

第二表　天津各種股票市價表(續)

年	月	啓新洋灰 票面10元 最高	啓新洋灰 票面10元 最低	啓新債票 票面100元 最高	啓新債票 票面100元 最低	中原公司 票面100元 最高	中原公司 票面100元 最低	中興煤礦 票面100元 最高	中興煤礦 票面100元 最低	灤州礦務 票面15元 最高	灤州礦務 票面15元 最低
25		6.75	3.90	88.00	69.50	----	----	114.50	99.00	6.00	5.15
26		8.60	6.00	88.00	80.00	----	----	217.00	114.50	11.00	6.00
27		6.60	4.50	89.00	74.50	----	----	125.00	70.00	21.00	9.50
28		12.00	4.80	110.00	84.00	----	----	100.00	71.00	50.00	20.00
29		29.50	6.00	105.00	85.00	----	----	150.00	80.00	92.68	26.00
30		17.00	12.00	98.00	85.00	----	----	105.00	72.00	65.00	42.00
31		21.50	12.40	97.00	85.00	----	----	80.00	70.00	64.00	30.50
32		89.00	25.75	110.00	90.00	300.00	120.00	415.00	90.00	128.00	48.00
33		77.00 ※161.00	43.00 ※29.00	180.00	80.00	450.00 ※350.00	325.00 ※250.00	1550.00	400.00	850.00	51.50
32	2	49.00	30.00	110.00	98.00	140.00	130.00	200.00	130.00	70.00	51.00
	3	44.50	39.00	110.00	100.00	140.00	120.00	250.00	200.00	67.50	61.50
	4	43.00	31.00	105.00	100.00	250.00	140.00	260.00	210.00	65.00	54.00
	5	37.50	33.00	100.00	93.00	220.00	200.00	270.00	250.00	57.50	52.00
	6	37.75	35.50	100.00	93.00	230.00	210.00	270.00	245.00	56.00	52.00
	7	57.00	36.50	98.00	93.00	230.00	210.00	260.00	230.00	80.00	52.00
	8	87.00	62.00	100.00	98.00	230.00	210.00	360.00	230.00	128.00	80.00
	9	85.00	67.50	103.00	98.00	250.00	220.00	280.00	270.00	120.00	93.00
	10	72.00	59.50	100.00	90.00	300.00	220.00	380.00	275.00	95.00	82.00
	11	77.00	61.75	100.00	95.00	300.00	230.00	400.00	300.00	103.00	84.50
	12	71.50	60.00	----	----	----	----	415.00	400.00	93.00	85.00
33	1	77.00	63.50	96.00	96.00	----	----	----	----	92.00	85.00
	2	82.50	69.00	95.50	95.00	450.00	400.00	550.00	535.00	85.00	75.00
	3	72.00	54.00	----	----	----	----	550.00	450.00	74.00	60.00
	4	57.50 ※41.00	43.00 ※29.00	----	----	----	----	----	----	77.00	51.50
	5	40.50	36.50	95.00	84.00	400.00	400.00	500.00	400.00	36.00	70.00
	6	39.50	29.50	85.00	82.00	350.00	325.00	435.00	420.00	93.50	72.50
	7	48.00	27.25	85.00	80.00	390.00	335.00	425.00	400.00	155.00	72.00
	8	63.50	37.00	85.00	80.00	450.00 ※250.00	350.00 ※250.00	670.00	400.00	260.00	125.00
	9	104.00	63.00	110.00	85.00	350.00	300.00	900.00	650.00	650.00	302.50
	10	143.00	114.5	106.00	105.00	350.00	300.00	1,350.00	1,000.00	850.00	525.00
	11	143.00	93.00	110.00	85.00	300.00	300.00	1,550.00	1,200.00	700.00	450.00
	12	161.00	91.00	110.00	105.00	300.00	300.00	1,400.00	1,300.00	650.00	425.00
34	1	143.00	105.00	105.00	100.00	302.00	300.00	1,400.00	1,300.00	670.00	480.00
	2	360.00	127.00	100.00	100.00	600.00	300.00	1,800.00	1,300.00	1,300.00	505.00

第三表 天津各種股票市價表(續)

年月		灤州礦地		北京自來水		濟安自來水(天津)		江南水泥		北京電車	
		票面15元		票面10元		票面100元		票面10元		票面100元	
		最高	最低	最高	最低	最高	最低	最高	最低	最高	最低
25		----	----	----	----	195.00	169.00	----	----	----	----
26		----	----	----	----	180.00	90.00	----	----	----	----
27		----	----	----	----	103.00	87.00	----	----	----	----
28		9.60	3.60	----	----	145.00	97.50	6.70	3.50	----	----
29		15.20	3.60	----	----	150.00	97.50	12.50	4.50	----	----
30		10.50	7.00	----	----	134.00	92.50	10.60	6.90	----	----
31		46.00	25.00	----	----	125.00	95.00	9.50	7.00	----	----
32		130.00	32.00	60.00	5.50	520.00	130.00	74.50	15.30	300.00	100.00
33		400.00	40.00	95.00	21.00	1,250.00	275.00	110.00	20.50	250.00	180.00
32	2	61.00	38.00	6.50	5.00	200.00	130.00	29.00	17.50	100.00	100.00
	3	62.00	58.00	10.00	8.50	200.00	185.00	27.00	23.00	120.00	100.00
	4	60.00	49.00	10.00	8.50	185.00	155.00	25.50	18.50	135.00	120.00
	5	49.00	36.00	18.00	9.00	170.00	155.00	23.50	20.25	130.00	120.00
	6	42.00	39.00	18.00	14.00	160.00	150.00	24.00	21.75	130.00	120.00
	7	60.00	38.00	14.00	10.00	175.00	156.00	39.00	20.00	135.00	105.00
	8	90.00	81.00	42.00	15.00	490.00	380.00	72.50	40.00	160.00	130.00
	9	90.00	78.00	60.00	40.00	480.00	410.00	74.50	42.50	200.00	140.00
	10	80.00	75.00	48.00	36.50	500.00	430.00	49.50	29.50	300.00	190.00
	11	80.00	75.00	42.00	37.00	520.00	445.00	31.00	23.00	300.00	200.00
	12			36.00	28.00	482.00	445.00	29.50	20.50	280.00	272.00
33	1			37.00	27.50	580.00	537.00	36.50	25.50	----	----
	2	60.00	60.00	35.00	28.00	600.00	340.00	35.50	27.00	255.00	250.00
	3	55.00	40.00	27.00	26.00	305.00	275.00	27.00	22.50	----	----
	4			30.00	21.50	345.00	265.00	28.50	22.00	----	----
	5	40.50	40.00	30.00	28.00	405.00	353.00	28.50	25.00	200.00	200.00
	6	43.00	40.50	29.00	25.50	404.00	355.00	28.25	25.25	185.00	180.00
	7	55.00	40.00	30.50	21.00	465.00	315.00	34.00	20.50	185.00	180.00
	8	75.00	50.00	32.50	26.50	565.00	410.00	44.00	28.50	----	----
	9	200.00	75.00	15.00	30.00	950.00	610.00	84.00	50.00	250.00	200.00
	10	400.00	200.00	95.00	74.00	1,250.00	1,000.00	105.00	92.00	200.00	200.00
	11	200.00	75.00	15.00	30.00	950.00	610.00	106.00	73.00	200.00	200.00
	12	300.00	300.00	75.00	58.00	1,150.00	840.00	110.00	70.00	200.00	200.00
34	1	300.00	300.00	70.00	45.00	1,200.00	915.00	110.00	84.00	200.00	200.00
	2	700.00	300.00	130.00	46.00	2,500.00	925.00	260.00	83.00	400.00	200.00

第十目　華北滙兑統制

一、出口滙兑統制

華北之滙兑統制以民國二十八年三月二日施行之出口滙兑集中支配制為始，在此制度之下，出口商因貨物出口取得之外幣，皆須售与中聯銀行。与此制度有關之文件為海關監督公署之注意書及中聯銀行之公表文。此外又制定結算出口轉出口貨物之管理綱要，兹将出口滙兑集中支配制之内容分述如下：

1. 進出口貨物之規定

華北貨物出口，一部輸出國外，一部輸出華中華南然後再輸往外國。滙兑集中支配制之目的在集中此等出口貿易之滙兑，先将貨物出口之大宗者集中其滙兑，故海關監督注意書第一款即指定十二種貨物為出口之大宗者，並規定其出口須呈驗中聯銀行所確認之「滙兑賣出証明書」後，海關始予出口放行。十二種貨品為：①蛋及蛋製品，②核桃仁及核桃，③花生油，④花生，⑤杏仁，⑥棉子，⑦菸葉，⑧粉絲及通心粉，⑨煤，⑩毛地毯，⑪草帽緶，⑫塩。此外，中聯銀行為使貿易暢達起見，公佈進口優先品名稱表，以金屬品，化學用品，機械器具，圖書及粮食等商品共四十一種，此項進口優先品於進口時得向中聯銀行申請購進外滙。

兹将主要進出口品目列後：

（1）輸出主要物品表

1	猪	12	毛皮（已加工者）	23	杏仁	34	中入棉	45	古董及古器
2	馬騾及驢	13	魚類及海產物品	24	棉花籽	35	駱駝毛	46	人毛髮製網
3	猪毛	14	豆類	25	亜麻子	36	山羊毛	47	蓆類
4	鮮蛋	15	糠及麩子	26	煙葉	37	緬羊毛	48	鹽
5	加工蛋	16	落花生餅	27	蔬菜	38	綿織綫		
6	馬毛	17	胡桃（帶殼者及去殼者）	28	豆麪及空心麪	39	刺繡品		
7	獸腸	18	植物性香料	29	石炭（粉炭在内）	40	髮網及花邊		
8	鳥獸肉（生肉及冷凍肉）	19	植物性藥材	30	棉花	41	綠紬		
9	骨粉及碎骨	20	棉籽油	31	碎棉	42	絨毯		
10	皮革	21	花生油	32	大麻	43	鑛石		
11	毛皮（未加工者）	22	落花生（帶殼者及去殼者）	33	黄麻	44	麥稈		

（2）輸入主要物品表

1	棉織物	26	麪粉
2	棉花	27	大米及粗大米
3	麻織物	28	小麥
4	麻袋	29	果實（水菓及乾菓）
5	緬羊毛	30	砂糖
6	毛織物	31	煙葉
7	人造絲	32	硫酸亞母尼亞
8	絲織物	33	曹達灰
9	鐵及鋼	34	化學藥品
10	金屬器具	35	藥材
11	發電用機械及其零件	36	染料
12	機械及工具	37	顔料
13	原動力機及其零件	38	漆
14	鍋爐及其零件	39	汽油礦物油，揮發油
15	印刷機械及其零件	40	液體燃料
16	紡績機械及其零件	41	燈油
17	其他機械	42	機械油
18	汽車及其零件	43	印刷品（包裝用或再造用）
19	鐵路用零件（路軌除外）	44	紙
20	自行車及其零件（輪帶除外）	45	紙製品
21	配電用材料及器具	46	木材及原木
22	電氣器具及其附屬品	47	木製品
23	電信電話器及其零件	48	玻璃及其製成品
24	魚類及海產品	49	科學儀器及醫療機械
25	罐類及類似食品	50	膠皮鞋
		51	膠皮輪帶

二、進口滙兑統制

華北進口貨物統制分三種：

1. 可自由請求中聯銀行供給外滙而不必先經過核准手續者，如食糧品；
2. 須向中聯銀行請求核准者；
3. 無須向中聯銀行請求供給外滙者，即無滙兑輸入。

食糧品之輸入：包括麵粉、小米、小麥、米、高粱及包米等六項，此六項食糧品之輸入，只須依照滙兑集中支配之規定，由進口商提出已載有中聯銀行核准字樣之經滙銀行「買進滙兑申請書」，中聯銀行即可將外幣滙兑賣與之。

食糧品以外之商品輸入：凡由日滿以外之地域訂購食糧品以外之商品，而其輸入資金欲由中聯銀行供給時，該項訂購事件須經中聯銀行之核准，進口商須提出中聯銀行之核准書，始能向中聯銀行買進外滙。無滙兑輸入：凡由日滿輸入物品或由其他地域輸入而不向中聯銀行買進外滙時，須得有海關監督之「無滙兑進口許可證」，此項許可事務，由中聯銀行代行之。由華中華南之輸入有時係以日圓結價無中聯銀行之許可者，經滙銀行即不賣與日圓滙兑。中聯銀行自施行滙兑集中支配制以來，曾規定向日滿輸出者可向中聯銀行請領「無滙兑出口許可證」，自實施進口統制，又規定凡未領有海關監督之「無滙兑進口輸進口之許可證」者，即不能得有藉以抵充進口貨值之出口之許可，於是對無滙兑之出進口皆予以限制。此外進口統制要綱第六條規定：旅行行李及遷居什物、樣本、報紙及定期刊物等物品，不必請求無滙兑進口輸進口之許可。

三、申滙之統制與特別圓制度之廢除

民國三十年七月二十六日美國凍結中日在美資金，同時英國及其各自治領殖民地亦將中日資金予以凍結。華北當局於七月二十八日公佈「臨時特別交易取締法」，凍結美英在華北之資金，規定任何中國人與外人之交易均須先得當局之許可，華北與美英間之貿易遂告停頓。溯自華北實施滙兑集中支配制及進口許可制以來，迄凍結資金時止，歷經三載，其間用以作出進口外滙之結價標準者，於歐戰以前為英鎊，歐戰以後則改為美元。資金凍結後華北之對外貿易除日滿蒙鮮外，只限於華中華南；因而華北當局於七月卅一日特發表公告，將滙兑集中支配制基準通貨由美元而改為特別日圓矣。當時中聯券、軍票、日圓，皆等價聯繫，而特別圓與此等票券在名義上以至理論上彼此等價，然在滙兑計算上，既非經特別圓之輸合不可，而一經特別圓之折合，彼此間即發生實際上之差價也。「特別圓」滙兑，即以華北輸出地點為前提，在個人連繫制度下，以日圓清算之滙兑也。特別圓並非實有之貨幣，乃係用以作過帳之名目帳幣。中聯銀行將所有外滙及正貨按市價折為日圓，存入正金銀行，用為外滙基金。至民國三十三年五月一日起將華北對華中華南之交易滙兑許可制取消，凡華中華南間之交易滙兑向以特別圓為標準者，今後則一概以中儲券百元與中聯券十八元之比率直接清算，凡屬滙兑上之正常交易皆可自由通滙，不加限制。至此，華中對華北交易以及交易以外清算時之標準通貨悉改為中儲券本位，且辦理滙兑銀行，除日方正金及朝鮮以外，中儲銀行並指定中國方面之中國、交通、金城、大陸、浙江興業、浙江實業、上海商業儲蓄、中南、墾業等九行，為辦理華北滙款銀行，特別圓制度，由斯廢止矣。

華北自實施出進口之統制以後，除滙兑集中支配制之貿易以外，尚有以舊法幣結價之無滙兑進口貿易。此項貿易之形成，蓋因華中貨物悉以舊法幣計算，華北購入華中之工業品時，亦以法幣償付其債務，因舊法幣有代替中聯券以完成其對外通貨之性能；惟此種情形，足以增高舊法幣之價值，而使中聯券之價值降低。自凍結令發表後，滙兑集中支配制之結價標準改為特別圓，且對無滙兑進口許可制實有管理之必要，華北當局於三十年八月十一日公佈「華北滙兑管理規則」，對申滙加以統制，三十一年一月一日又施行「申滙統制要綱」，將一切舊法幣資金均集中於中聯銀行，舉凡一切滙兑之收付，悉由中聯銀行之法幣滙兑帳戶予以處理。中聯銀行於其代辦機關正金銀行開立「法幣滙兑帳戶」，以處理一切申滙之收付。至中聯券對法幣之行市，則隨時斟酌情形予以規定，至三十二年四月一日申滙行市訂定為十八元對百元之比率。

民國三十二年四月一日以後停止華中華南軍票之新發行，於是昔日華北對華中之滙兌清算之三種方式，即「特別圓制度」、「申滙」、「軍票」，而其中由軍票實行停發後，改為由中儲券直接清算，其比率乃由圓之等價原則計算，即中儲券百元對中聯券十八元。事變以來華中華北間滙兌清算上之三種方式為：軍票滙兌乃利用於特定物資交易時（華中華北之物資交易），特別圓利用於一般物資交易時，至于申滙則利用於其他滙款及無滙兌交易時。

蘇淮地區之通貨於事變後即使用中聯券，自三十二年十一月一日開始中儲券與中聯券並用。至三十三年三月一日起中聯券新發行停止。二月二十日先有中儲銀行徐州支行之開幕，嗣後又在該省所轄之海州、宿縣、淮陰、連雲港四地設中儲銀行辦事處，於三月一日正式成立，所有淮海省中聯銀行存款業務移交中儲銀行辦理。至該省與華北及華中間之滙兌管理，經財政部規定如下：1. 淮海省與華北間之滙兌，自三月一日以後，以中儲券滙兌之。2. 淮海省與華中間及淮海省與華北間滙兌統制：甲. 自淮海省滙往華中者任其自由；乙. 自華中滙往淮海省者，至三月底止，得視該省物資之收買情況，將以前所定無須許可之一千元限度，提高至五千元為止，四月一日以後，是否取消限制，當再視其物資之收買狀況決定之；丙. 自淮海省滙往華北者，至三月底止，任其自由；丁. 自華北滙往淮海省者與華北滙往華中者相同，由華北限制之。3. 自淮海省攜往華北之聯銀券，三月一日以後，應採取適當限制，惟因與旅行者之攜帶通貨亦有關係，故暫定為聯銀券一千元。該省之中聯券自三十三年四月十日起至二十日止，實行全面交換，五月份起不再使用中聯券。三十三年三月二十七日規定自華中向華北之滙兌，以五千元為限，四月二十六日又決定廢除此等限制，自五月一日起，財政當局廢止數量限制，對正常之資金滙兌，不加任何限制。自六月一日起淮海省禁用中聯券，淮海地區之通貨問題始告解決。

第三節 物價

第一項 前言

事變前，華北物價雖受海外物價之影響，但一般言來，尚稱平穩正常；唯自蘆溝變起，戰火彌天，烽烟遍地，經濟機構破壞，物價組織動搖，加以世界大戰繼起，交通阻塞，物資之供給來源日缺，囤積之風氣愈熾，遂致物價臻於目前暴漲無已之境。

七七事變後最初數月內，因華北各地秋收尚豐，人民生活比較安定，且各種物資猶多存儲，故實際上並未有多大變化；但自二十七年三月，即形普遍昂騰，雖于下半年稍呈回落，而二十八年三月後又復漲，嗣後即一漲無止境矣。

綜觀華北物價之升騰，可分為幾個階段，茲為便於明瞭計分列於下：

1. 始騰期：自二十七年三月至同年八月
2. 回落期：自二十七年八月至同年十二月
3. 昂騰期：自二十八年一月至二十九年五月
4. 安定期：自廿九年六月至三十年五月
5. 第二期昂騰期：自卅年八月至卅一年九月
6. 急騰期：自卅一年九月至卅二年五月
7. 暴騰期：自卅二年五月至現在

茲為便於研究起見，將華北各主要都市物價綜合暨分別列表如下：

1. 華北各主要都市零售物價指數表
2. 北平批發物價指數表
3. 北平暗盤批發物價指數表
4. 天津批發物價指數表
5. 天津批發物價指數表（附表）
6. 天津暗盤批發物價指數表
7. 濟南批發物價指數表
8. 石門批發物價指數表
9. 太原批發物價指數表
10. 青島批發物價指數表（中國商品）
11. 青島批發物價指數表（日本商品）
12. 張家口批發物價指數表
13. 天津工人生活費指數表
14. 北平日人生活費指數表
15. 北平各種勞動者工資指數表

華北主要都市零售物價指數表

第一表

年月	北平 民國廿六年四月基準					天津 民國廿九年基準單純幾何平均 ※民國三十二年以降以民國廿八年為基準					濟南 民國廿七年四月基準單純幾何平均				
	總指數	食物	棉布	燃料	雜品	總指數	食物類	服用類	燃用類	雜項	總指數	飲食類	服用類	燃用類	甜品類
	77項	50項	11項	7項	7項	54項	32項	9項	8項	5項	49項	27項	8項	9項	8項
民國26	100.0	100.0	100.0	100.00	100.0	—	—	—	—	—	—	—	—	—	—
27	131.4	117.3	121.0	156.8	119.9	127.6	126.2	98.2	165.7	119.3	100.0	100.0	100.0	100.0	100.0
28	178.2	161.5	196.3	191.8	163.2	172.3	169.2	156.0	211.4	179.0	129.7	146.3	146.2	107.6	124.3
29	320.1	333.6	370.2	279.0	297.6	321.2	313.2	324.8	356.0	350.2	206.0	246.6	279.2	145.5	177.6
30	383.6	403.7	462.2	328.1	337.7	381.7	368.4	381.1	474.6	370.0	256.2	298.8	333.1	180.4	240.1
31	333.1	584.0	621.7	415.2	511.5	552.2	531.0	511.5	723.5	602.0	321.5	409.2	467.1	195.2	275.3
31. 7	530.0	509.1	659.3	416.4	547.4	536.9	496.8	528.8	770.3	641.7	321.6	407.2	537.9	195.7	251.9
8	526.9	506.1	656.1	401.8	543.7	547.9	509.5	528.8	770.3	673.5	343.7	409.3	495.1	195.7	251.9
9	519.5	537.1	641.8	401.8	497.1	565.5	533.0	528.8	770.3	648.4	313.7	407.3	495.1	194.4	246.9
10	536.9	593.8	643.8	401.8	508.2	569.1	539.6	524.3	766.2	684.4	319.9	440.3	495.5	194.4	246.9
11	569.3	691.8	646.9	421.0	517.7	597.0	581.6	523.1	745.0	684.4	323.1	461.8	492.0	194.4	246.8
12	622.0	874.6	646.9	421.0	545.4	650.4	659.1	525.2	756.2	684.4	382.7	592.1	535.1	198.1	340.9
32 1	683.4	1,023.6	646.9	450.2	612.9	752.4	795.2	526.8	783.5	846.7	405.6	682.2	540.0	206.6	355.5
2	735.0	1,237.4	646.9	450.2	641.1	785.8	839.5	526.8	760.4	995.2	493.3	783.7	673.9	217.5	515.8
3	840.2	1,539.3	656.2	459.7	705.5	833.8	713.6	526.8	775.4	974.8	538.8	752.1	729.3	219.9	563.5
4	869.4	1,618.7	685.9	459.7	712.4	※464.4	540.9	887.0	270.3	577.9	603.0	1,021.7	900.3	219.9	652.3
5	932.1	1,691.9	685.9	581.7	789.2	499.1	607.7	380.1	281.5	585.3	651.3	1,054.9	900.3	256.0	740.3
6	883.7	1,480.0	685.9	582.1	781.8	492.2	576.2	380.1	309.4	602.5	642.4	1,074.7	791.2	277.4	722.0
7	862.5	1,403.5	685.9	587.1	773.5	497.2	571.7	380.1	339.3	607.7	649.4	1,079.8	610.3	267.2	760.8
8	---	---	---	---	---										
9	453.1	1,628.4	685.9	600.1	898.4										
10	1,005.2	1,643.8	685.9	619.5	1,071.6										
11	1,137.9	1,963.2	788.4	789.5	1,210.6										
12	1,166.8	1,844.7	788.4	832.1	1,202.1										
33 1	1,239.3	1,799.3	869.9	788.4	1,301.6										
2	1,288.9	2,067.0	788.4	710.3	1,381.1										

華北主要都市零售物價指數表(續)

年	月	青島 民國二十四年一月基準 單純算術平均								張家口 民國二十八年10,11,12三個月平均基準 單純算術平均							
		總指數	穀類及蔬菜類	調味及嗜好品	肉類及魚類	其他食料品	衣料類	燃料	雜品類	總指數	糧食品	副食品	調味及嗜好品	被帳及服着品	燃料燈火	建築材料	雜品類
		70項	13項	15項	9項	13項	8項	10項	4項	80項	14項	14項	16項	12項	8項	7項	9項
民國26		100.0	100.0	100.0	100.0	100.0	100.0	100.0	100.0	---	---	---	---	---	---	---	--
27		144.4	154.8	114.9	172.6	118.5	183.0	157.2	122.4	---	---	---	---	---	---	---	--
28		178.9	208.9	134.0	241.4	147.0	223.3	173.1	132.2	100.0	100.0	100.0	100.0	100.0	100.0	100.0	100.0
29		289.2	374.1	205.1	410.7	220.0	319.3	261.6	251.1	129.9	169.1	125.0	117.3	55.4	114.1	113.2	132.8
30		354.2	461.1	250.8	104.2	232.8	363.7	297.3	338.5	178.2	219.6	151.4	163.7	237.4	154.2	152.5	164.2
31		454.7	704.7	310.8	526.2	262.8	448.3	239.6	348.0	---	---	---	---	---	---	---	--
		967.4	213.8	344.8	1,810.1	432.2	704.7	567.3	855.9								
31	7	439.7	624.3	309.4	832.3	268.2	458.2	344.4	352.2	314.1	475.9	251.4	286.6	371.2	207.6	272.4	252.6
	8	443.8	700.8	304.4	781.6	281.3	434.2	349.6	352.3	307.4	485.0	227.8	286.7	369.9	200.5	272.4	250.1
	9	462.7	718.8	311.2	766.8	281.6	434.2	349.6	352.3	301.5	461.5	203.5	280.7	369.9	200.5	272.4	252.3
	10	480.2	696.0	321.9	714.6	280.1	436.0	345.0	352.3	398.5	445.1	99.7	280.7	324.5	205.9	272.4	245.6
	11	510.7	873.1	341.5	845.4	281.9	436.0	342.8	356.3	305.2	429.3	255.5	280.7	379.2	205.9	292.4	245.6
	12	587.1	1,142.6	397.5	1,093.4	332.5	441.1	401.0	356.3	325.8	465.7	278.8	318.8	342.0	244.1	292.4	289.5
32	1	638.3	1,281.0	336.2	1,131.4	318.7	513.0	407.0	356.3	312.6	493.0	208.5	228.6	334.0	237.9	290.7	271.2
	2	742.9	1,733.8	374.0	1,445.6	296.8	508.8	420.1	387.5	327.2	556.2	310.4	227.4	334.0	237.9	290.7	271.2
	3	878.9	2,025.6	321.2	1,589.4	405.5	527.8	466.4	866.8	345.0	610.8	358.5	328.6	334.0	237.9	290.7	271.2
	4	999.3	2,541.5	322.5	1,460.8	437.8	545.2	466.4	883.0	342.8	599.9	347.1	231.3	334.0	248.7	290.7	271.2
	5	1,024.4	2,540.3	312.9	1,543.1	426.3	698.1	444.2	928.2	332.5	607.5	276.2	231.3	334.0	248.7	290.7	271.2
	6	863.9	1,759.5	334.2	1,474.8	427.7	814.0	476.2	928.2	330.2	611.0	254.5	234.4	334.0	248.7	290.7	271.2
	7	955.1	1,832.3	339.8	1,825.1	430.7	960.2	567.5	928.2	347.1	618.1	293.7	244.4	396.9	245.1	290.7	271.2
	8	1,024.9	1,984.5	339.1	2,233.2	479.8	756.7	615.7	928.2	352.7	620.3	296.5	244.2	396.9	245.7	321.3	271.2
	9	1,050.5	2,231.3	358.0	2,048.7	485.2	811.8	624.4	1,057.3	365.9	627.8	334.5	245.6	396.9	259.4	365.5	271.2
	10	1,038.1	2,387.3	354.5	1,780.8	485.2	1,006.8	712.5	1,160.0	390.6	705.8	383.4	245.6	396.9	207.0	365.5	271.2
	11	1,105.4	2,541.3	354.5	2,085.2	489.0	1,006.8	712.5	1,160.0	384.7	630.5	418.1	245.6	396.9	304.9	365.5	271.2
	12	1,287.0	2,777.6	354.5	3,102.7	503.7	1,006.8	879.2	1,186.6	418.8	626.8	588.8	310.9	396.9	229.1	326.9	271.2
33	1	1,404.9	2,839.6	424.6	3,501.6	604.1	1,006.8	798.3	1,186.6	447.1	632.2	629.2	389.5	396.9	257.4	388.3	271.2
	2	1,770.9	2,586.5	433.6	4,269.5	699.1	1,006.8	387.7	1,186.6	465.0	632.2	721.1	403.0	396.9	257.4	388.3	271.2
	3	1,820.1	3,427.3	432.6	4,401.2	772.4	1,006.8	1,245.8	1,186.6	498.2	669.8	805.3	422.4	396.9	288.6	428.3	218.8
	4									538.7	181.1						

北平批發物價指數表

第二表

民國二十五年＝100

年　月	總指數	米麵雜糧	其他食物及嗜好品	布疋及其原料	金屬	燃料	建築材料	雜項
	80項	22項	16項	15項	5項	8項	8項	6項
28(1)	332.89	215.48	200.39	244.71	457.45	189.48	226.25	255.15
29	395.34	416.66	337.17	441.35	643.13	250.85	344.95	403.12
30	451.09	452.34	414.12	535.85	762.87	276.27	363.67	408.45
31	633.13	775.51	566.37	668.51	913.23	316.71	519.81	513.74
32	1,197.35	2,253.21	1,043.16	661.54	547.01	454.70	988.13	643.68
33	2,636.27	2,350.88	4,363.02	2,151.02	1,236.82	1,593.74	3,099.14	2,179.89
32　2	995.44	1,904.64	840.92	653.56	454.20	324.14	661.75	607.43
3	1,211.56	2,596.25	932.25	653.56	454.20	324.14	704.43	616.81
4	1,289.16	2,799.20	963.77	653.56	454.20	324.14	849.54	616.81
5	1,339.83	2,907.46	963.09	653.56	454.20	449.75	887.49	616.81
6	1,184.22	2,301.68	962.86	653.56	454.20	568.59	898.35	616.81
7	1,166.89	2,130.00	1,045.52	653.56	527.92	655.05	983.37	616.81
8	1,196.41	2,152.66	1,070.28	653.56	662.20	664.61	1,057.58	616.81
9	1,229.20	2,163.70	1,209.68	661.37	662.20	664.61	1,057.58	634.36
10	1,248.82	2,184.74	1,194.15	676.98	662.20	664.61	1,176.24	634.36
11	1,239.13	2,055.68	1,194.18	676.98	662.20	765.36	1,346.79	659.71
12	1,382.08	2,291.58	1,342.24	694.66	662.20	818.18	1,588.32	854.09
33　1	1,492.77	2,291.58	1,609.45	697.35	662.20	818.81	1,734.97	1,396.74
2	1,584.18	2,291.58	1,870.40	697.35	662.20	818.81	1,917.81	1,660.57
3	1,594.19	2,294.20	1,868.11	697.35	662.20	818.81	1,993.42	1,688.03
4	1,774.53	2,294.20	1,950.25	1,220.23	662.20	1,365.00	2,131.42	1,715.13
5	1,948.46	2,294.20	2,284.90	1,738.41	662.20	1,365.00	2,186.98	1,743.12
6	2,156.37	2,294.20	3,311.37	1,708.61	662.20	1,365.00	2,362.10	1,777.01
7	2,406.19	2,294.20	4,175.34	1,690.86	662.20	1,898.51	2,659.20	1,890.52
8	2,551.37	2,296.83	4,606.45	1,693.45	662.20	2,058.34	2,978.71	2,081.12
9	2,799.89	2,296.83	5,315.92	1,726.15	1,253.40	2,058.34	3,574.95	2,159.19
10	3,359.79	2,521.77	6,680.54	1,808.18	2,435.77	2,058.34	4,644.75	2,305.50
11	4,622.23	2,521.77	8,449.47	5,993.66	2,681.70	2,154.15	5,004.44	2,815.92
12	5,305.32	2,521.77	10,233.99	6,140.59	3,173.55	2,345.75	5,767.94	4,925.83
34　1	7,175.99	2,521.77	15,468.05	6,210.58	3,173.35	2,345.75	8,829.14	10,979.16
2	9,081.70	3,839.12	19,875.31	6,210.58	3,173.35	2,345.75	11,025.51	12,093.89
較上月增減百分數	+26.56%	+52.24%	+28.49	----	----	----	+24.88%	+10.15%

第三表

北平批發物價指數表(暗盤)民國二十五年基準 單純算術平均

年月	總指數	米麵雜糧	其他食物及嗜好品	布疋及其原料	金屬	燃料	建築材料	雜品
	80項	22項	16項	15項	5項	8項	8項	6項
民國25年	100.0	100.0	100.0	100.0	100.0	100.0	100.0	100.0
31. 1	584.0	560.0	565.7	625.6	945.0	721.8	392.5	435.9
2	597.7	581.0	586.8	647.7	951.3	718.1	393.7	447.6
3	616.0	592.5	575.8	667.8	1,013.1	766.5	418.0	459.5
4	661.1	655.3	594.3	702.9	1,088.5	840.6	449.9	490.2
5	701.2	685.0	605.5	728.4	1,430.1	859.5	453.0	494.7
6	721.8	705.0	633.1	719.3	1,628.2	849.5	454.7	491.7
7	768.9	740.8	624.0	877.2	1,628.2	828.9	476.6	577.2
8	802.5	818.9	624.5	840.3	1,955.4	804.4	634.9	555.0
9	826.7	876.0	643.3	776.6	2,071.0	797.0	638.7	551.9
10	280.2	1,104.1	719.6	646.3	2,071.0	753.8	650.4	551.9
11	1,006.9	1,492.9	775.8	391.6	2,071.0	791.8	659.3	551.9
12	1,170.9	1,854.5	892.9	804.6	2071.0	815.7	666.7	551.9
32. 1	1,347.6	2,195.1	1,093.0	888.5	2,071.0	839.3	681.3	590.5
2	1,567.4	2,837.3	1,195.8	978.2	2,354.1	868.1	792.7	608.0
3	1,833.7	3,453.5	1,311.6	1,125.5	2,662.8	948.5	830.1	616.8
4	1,994.5	3,654.6	1,424.3	1,221.9	2,919.1	1,286.0	988.7	616.8
5	2,096.2	3,808.1	1,532.9	1,272.5	2,950.9	1,506.9	1,055.9	616.8
6	1,854.7	2,889.3	1,614.8	1,259.2	2,950.9	1,651.3	1,043.8	616.8
7	2,185.9	3,150.1	1,660.3	1,678.9	4,324.6	1,786.2	1,022.0	1,447.0
8	2,465.9	3,587.8	1,754.6	1,819.7	6,256.7	1,810.9	1,076.5	1447.0
9	2,720.7	3,795.4	2,208.0	1,819.7	6,423.4	2,356.1	1,159.5	1,681.1
10	2,876.7	3,855.8	2,486.4	1,998.4	6,750.1	2,639.6	1,296.1	1,764.7
11	3,078.1	3,884.8	2,648.8	2,322.4	6,831.6	2,658.8	1,541.6	1,010.1
12	3,349.9	3,996.3	3,023.2	3,146.2	6,831.6	2,578.3	1,709.3	1,798.9
33. 1	3,901.5	4,358.7	3,557.2	4,214.0	6,873.3	3,081.2	1,888.3	4,159.3
2	4,648.7	4,990.3	4,420.9	5,075.8	7,736.1	4,461.1	1,999.0	5,009.4

第四表

天津批發物價指數表

民國二十五年＝100

年	月	總指數	食物	布疋及其原料	金屬	建築材料	燃料	雜項
		106項	43項	19項	15項	12項	12項	5項
21		102.08	93.97	108.56	103.68	109.32	112.48	105.29
22		90.93	79.53	98.79	96.08	102.03	104.49	97.82
23		82.97	68.85	91.58	90.71	95.92	99.63	98.97
24		86.26	81.81	87.78	85.08	92.73	93.30	91.00
25		100.00	100.00	100.00	100.00	100.00	100.00	100.00
26		117.50	110.69	119.08	153.39	108.43	105.99	130.86
27		152.06	135.38	136.25	207.07	159.40	171.67	167.48
28		226.69	194.52	220.43	359.56	230.69	226.77	231.37
29		399.74	366.48	448.03	665.37	337.07	290.27	396.38
30		450.19	406.00	527.93	746.28	387.39	319.67	426.27
31		599.15	616.86	609.72	818.47	469.04	443.16	654.31
32		893.82	1,395.31	628.61	846.54	691.77	533.46	553.13
33		1,814.54	2,399.32	1,482.72	1,147.87	1,953.09	1,432.94	2,218.75
32	2	761.78	1,109.34	620.72	822.56	559.11	406.03	490.20
	3	840.93	1,392.96	620.72	822.56	577.57	410.20	512.39
	4	896.67	1,586.48	620.72	822.56	633.48	410.20	517.43
	5	922.95	1,599.23	620.72	822.56	650.63	503.78	520.56
	6	897.19	1,438.00	624.69	826.97	662.62	550.55	520.56
	7	887.56	1,352.09	624.97	828.40	691.94	596.16	526.93
	8	891.58	1,331.00	626.11	847.52	710.02	615.13	533.41
	9	926.80	1,418.93	629.99	862.38	729.03	638.03	548.75
	10	975.18	1,485.86	629.99	893.92	862.90	655.18	620.29
	11	1,004.05	1,556.61	629.99	896.46	907.28	676.23	628.77
	12	1,035.55	1,597.86	626.07	896.46	918.14	678.33	794.82
33	1	1,065.20	1,625.30	682.59	907.84	997.80	682.75	839.06
	2	1,151.81	1,740.84	682.59	950.92	1,087.08	718.53	1,532.07
	3	1,191.51	1,827.83	682.59	950.80	1,136.05	732.95	1,768.12
	4	1,465.24	1,994.23	1,198.44	956.34	1,499.52	1,056.80	1,804.83
	5	1,617.70	2,215.95	1,478.87	969.18	1,643.08	1,071.45	1,829.92
	6	1,730.96	2,465.12	1,482.97	976.70	1,570.00	1,356.22	1,881.43
	7	1,783.71	2,441.17	1,499.79	1,001.59	1,604.64	1,648.77	2,039.57
	8	1,856.78	2,568.81	1,532.11	1,010.53	1,679.19	1,734.92	2,196.30
	9	1,974.09	2,678.88	1,546.00	1,046.60	2,177.55	1,818.08	3,339.05
	10	2,236.25	2,838.94	1,576.26	1,110.64	3,489.77	2,150.10	3,344.62
	11	3,198.15	2,970.93	4,215.20	2,284.84	5,203.11	2,356.78	3,745.83
	12	4,543.60	4,165.70	5,722.43	2,622.29	6,067.00	5,150.25	7,677.33
34	1	5,256.00	5,207.38	5,910.43	2,784.13	7,700.83	5,362.50	9,374.40
	2	6,699.00	8,691.60	5,915.88	2,968.87	8,365.80	5,841.57	10,286.98
較上月增減百分數		+27.45%	+66.91%	+0.09%	+6.64%	+8.64%	+12.80%	+10.05%

天津批發物價指數表（附表）

單純幾何平均　民國二十五年＝100

第五表

年月	總指數	農產品	動物產品	林產品	鑛產品	原料品	生產品	消費品	製造品
	106項	21項	7項	4項	9項	41項	26項	39項	65項
民國									
25	100.0	100.0	100.0	100.0	100.0	100.0	100.0	100.0	100.0
26	---	---	---	---	---	---	---	---	---
27	152.1	132.0	166.2	174.8	192.5	155.2	183.6	131.3	150.7
28	226.7	201.2	219.6	272.7	232.8	216.6	313.0	192.3	233.4
29	399.7	382.6	425.4	354.3	265.0	368.5	566.1	364.1	426.8
30	450.2	391.8	509.0	494.5	301.5	395.8	647.5	471.8	488.1
31	599.2	656.7	532.8	590.5	561.3	548.7	744.8	568.9	634.5
32	893.8	1,941.1	1,050.0	692.1	391.0	2,110.9	844.3	738.5	779.1
31. 7	593.2	652.9	504.1	592.1	355.3	540.3	743.6	563.0	629.0
8	605.7	694.4	514.3	596.6	355.3	560.0	744.6	572.8	636.1
9	610.4	723.1	500.9	606.8	355.3	571.5	739.6	572.2	636.0
10	633.6	836.3	523.4	599.5	355.3	618.0	742.8	584.6	643.3
11	648.0	900.7	527.9	597.6	355.3	642.7	745.9	594.6	651.0
12	680.1	1,082.7	574.3	603.8	355.3	714.9	750.8	604.8	659.4
32. 1	733.1	1,467.0	686.9	564.7	359.1	860.2	742.4	618.6	665.4
2	761.8	1,768.0	734.4	573.8	340.8	891.4	775.9	637.6	689.6
3	840.9	2,168.0	942.9	592.7	340.8	1,100.4	779.4	666.6	709.1
4	896.7	2,596.5	1,004.7	594.3	340.8	1,221.8	806.3	694.8	787.4
5	923.6	2,681.8	958.5	638.6	368.9	1,262.3	805.1	727.0	757.2
6	899.1	2,143.0	977.9	667.1	375.8	1,138.2	838.9	730.5	772.0
7	887.6	1,855.2	1,000.5	693.1	406.1	1,086.6	837.4	745.9	781.3
8	891.6	1,657.5	1,020.2	733.4	419.9	1,042.3	850.6	784.6	----
9	926.8	1,735.3	1,125.9	766.2	423.3	1,091.3	872.1	810.7	----
10	975.2	1,893.6	1,247.8	811.8	433.9	1,174.9	941.2	820.9	867.0
11	1,004.1	1,927.0	1,471.2	875.9	459.3	1,247.4	942.8	833.5	875.0
12	1,035.6	1,972.9	1,874.7	896.7	459.0	1,315.1	973.4	339.4	890.7

第六表

天津批發物價指數表（暗盤）

民國二十五年基準
單純幾何平均

年　月	總指數	米麵及雜糧	食料及嗜好品	布疋及其原料	金屬	建築材料	燃料及燈火	雜品	原料品	生產材	消費材
	106項	25項	18項	19項	15項	12項	12項	5項	41項	26項	39項
民國25年	100.0	100.0	100.0	100.0	100.0	100.0	100.0	100.0	100.0	100.0	100.0
32年											
4月下旬	1,843.1	2,344.4		886.3	3,312.6	997.3	734.5	1,221.3	1,632.7	2,297.5	1,806.5
5月上旬	1,803.2	2,249.2		1,878.6	3,544.8	937.3	767.2	1,123.3	1,605.2	2,222.2	1,771.8
中旬	1,837.7	2,261.0		1,920.0	3,605.5	952.3	826.5	1,129.7	1,650.1	2,244.5	1,799.8
下旬	1,807.1	2,188.0		1,875.2	3,948.6	960.3	992.4	1,103.7	1,681.8	2,342.8	1,790.1
6月上旬	1,797.3	2,046.2		1,919.6	3,324.9	973.1	1,028.0	1,142.2	1,615.4	2,166.4	1,774.0
中旬	1,750.8	1,913.1		1,853.9	3,513.1	994.4	1,024.5	1,131.2	1,542.9	2,222.0	1,704.0
下旬	1,719.4	1,797.6		1,839.9	3,657.1	1,002.5	1,042.6	1,131.1	1,480.0	2,266.0	1,673.1
7月上旬	1,735.5	1,807.3		1,840.8	3,743.3	1,042.4	1,037.9	1,139.2	1,498.5	2,260.2	3,698.3
中旬	1,788.3	1,830.9		1,983.6	3,809.3	1,069.2	1,075.5	1,181.5	1,537.5	2,311.9	1,766.4
下旬	1,831.5	1,852.8		2,047.8	3,926.7	1,093.0	1,098.7	1,294.8	1,551.8	2,407.9	1,816.4
8月上旬	1,878.5	1,766.9		2,349.8	4,399.0	1,100.6	1,118.3	1,325.7	1,425.6	2,713.5	1,936.1
中旬	1,908.2	1,821.4		2,283.8	4,438.6	1,119.9	1,135.7	1,427.0	1,474.9	2,742.4	1,904.2
下旬	1,894.4	1,846.8		2,082.4	4,482.6	1,131.2	1,147.2	1,427.0	1,488.1	2,633.7	1,960.1
9月	2,337.9	1,871.6	1,078.4	2,439.9	4,551.5	1,192.1	1,596.7	1,569.5	2,198.2	2,929.8	2,150.1
10	2,766.7	2,025.2	1,080.1	2,655.6	4,619.8	1,625.5	2,291.1	2,005.2	2,755.5	2,412.3	2,410.8
11	2,998.9	2,021.2	1,118.7	3,541.8	4,683.6	1,949.1	2,424.7	2,180.0	2,777.2	3,543.7	2,740.0
12	3,294.3	2,029.7	1,193.8	4,799.5	4,784.6	2,112.1	2,562.4	2,630.8	2,900.5	4,321.5	3,098.2

第七表

濟南批發物價指數表

民國二十五年全年平均＝100

年 月	總平均	米麵雜糧	其他食品及嗜好品	布疋及其原料	金屬	燃料	建築材料	雜項
	76項	13項	17項	15項	7項	7項	9項	8項
30	366.62	381.61	320.19	396.21	555.81	247.98	343.96	335.15
31	578.27	680.01	476.06	428.04	979.12	267.02	447.61	638.12
32	1,678.11	2,469.92	924.72	422.88	1,706.05	328.22	784.98	1,258.41
33	----	----	---	---	----	---	---	---
32 1	1,115.98	1,580.90	659.51	432.30	1,091.87	272.31	541.15	752.95
2	1,237.13	1,755.56	804.91	429.28	1,243.34	272.31	541.86	752.95
3	1,642.16	2,455.85	826.95	419.26	1,813.96	272.31	782.20	1,900.93
4	1,832.54	2,781.06	802.61	419.26	1,738.23	272.31	798.25	1,404.97
5	2,125.67	3,268.62	916.87	432.99	1,810.68	308.10	801.02	1,351.55
6	2,098.49	3,219.11	916.55	419.63	1,810.68	346.62	835.14	1,351.55
7	2,098.28	3,219.11	922.52	419.92	1,810.68	346.62	842.09	1,302.66
8	2,115.93	3,219.11	1,021.95	419.26	1,810.68	346.62	802.59	1,395.77
9	2,409.79	1,961.59	971.26	420.37	1,810.68	346.62	802.59	1,445.09
10	1,480.63	2,059.38	1,068.04	420.83	1,810.68	346.62	802.59	1,471.00
11	1,486.92	2,059.38	1,093.25	420.83	1,810.68	346.62	906.68	1,488.54
12	1,494.03	2,059.38	1,091.81	420.83	1,810.68	461.60	963.63	1,482.98
33 1	1,542.37	2,059.38	1,353.74	420.83	2,123.19	461.60	977.72	1,602.03
2	1,542.39	2,059.38	1,353.27	420.83	2,123.19	461.60	986.98	1,602.03
3	1,583.36	2,059.38	1,355.25	572.78	2,123.19	461.60	1,705.09	1,602.03
4	1,789.11	2,059.38	1,359.00	1,575.65	2,123.19	461.60	1,705.09	1,602.03
5	2,061.82	2,099.09	1,470.85	2,940.15	2,184.82	602.39	1,864.88	1,826.22
6	2,225.08	2,099.41	2,506.60	2,940.15	2,184.82	602.39	2,091.21	1,826.22
7	2,231.59	2,099.64	2,512.23	2,940.15	2,184.82	716.32	2,108.79	1,826.22
8	2,237.70	2,099.64	2,535.52	2,940.15	2,184.82	716.32	2,097.48	1,921.70
9	2,452.00	2,099.64	3,797.58	3,940.15	2,184.82	716.32	2,108.66	1,921.70
10	2,719.64	2,115.13	4,529.23	3,817.23	2,184.82	716.32	2,108.66	1,921.70
11	3,893.84	2,737.34	5,482.95	7,338.40	1,999.74	1,743.23	2,095.56	2,259.39
12	3,949.65	2,768.11	5,527.75	6,921.49	1,999.74	2,994.43	3,762.95	2,424.75
34 1	4,144.67	2,565.41	6,949.42	7,640.82	2,015.52	1,999.89	3,761.48	2,689.07
較上月增減百分數	+4.94%	-7.32%	+25.72%	+10.89%	+0.79%	-33.21%	-0.40%	+10.90%

第八表

石門批發物價指數表

民國二十五年＝100

年	月	總指數	米麵雜糧	其他食物及嗜好品	布疋及其原料	金屬	燃料及燈火	雜項
		76項	22項	19項	13項	5項	8項	9項
29		319.48	365.06	238.08	326.56	565.63	288.27	253.60
30		394.03	341.54	343.08	439.14	713.32	337.43	319.88
31		473.35	564.37	399.11	415.53	1,463.63	384.03	575.08
32		774.63	2,391.05	611.33	427.01	2,728.19	509.41	992.28
31	10	498.57	687.05	388.59	425.98	1,654.76	365.54	633.34
	11	484.81	554.23	391.70	425.65	1,654.76	365.54	633.34
	12	549.86	1,118.63	420.38	425.98	1,654.76	365.54	633.51
32	1	568.51	1,276.91	439.50	423.42	1,654.76	356.54	643.25
	2	633.71	1,641.57	490.55	423.42	2,063.30	356.54	669.83
	3	745.86	2,452.52	588.35	423.42	2,247.52	356.54	783.48
	4	792.45	2,547.22	603.30	425.65	2,963.30	356.54	755.66
	5	818.72	2,780.38	584.88	428.52	2,963.30	416.41	960.90
	6	793.21	2,463.42	604.28	428.52	2,963.30	465.71	1,123.39
	7	809.69	2,551.80	599.07	428.52	2,963.30	634.10	1,123.39
	8	814.94	2,595.75	602.10	428.52	2,963.30	634.10	1,127.00
	9	817.90	2,595.75	619.81	428.52	2,963.30	634.10	1,121.60
	10	831.84	2,595.75	700.36	428.52	2,963.30	634.10	1,127.00
	11	831.62	2,595.75	697.71	428.52	2,963.30	634.10	1,414.24
	12	837.15	2,595.75	705.95	428.52	3,006.29	634.10	1,129.40
33	1	910.15	2,595.75	1,046.61	428.52	3,411.00	634.10	1,125.40
	2	921.97	2,595.75	1,067.49	428.52	3,411.00	638.10	1,670.17
	3	1,066.11	3,840.07	1,087.40	428.52	3,411.00	634.10	2,246.88
	4	1,115.61	3,735.37	1,439.34	428.52	3,411.00	634.10	2,246.88
	5	2,517.35	3,525.90	1,439.24	2,566.31	5,900.27	634.10	2,246.88
	6	2,538.17	3,525.90	1,599.87	2,566.31	5,900.27	634.10	1,794.71
	7	3,271.79	4,950.47	2,350.79	3,138.69	9,047.81	634.10	2,204.83
	8	4,463.30	4,857.78	2,368.22	4,656.71	14,216.66	634.10	2,683.74
	9	4,639.08	4,758.25	2,510.66	4,832.07	15,421.13	634.10	2,840.27
	10	5,048.53	5,309.07	3,332.97	4,905.63	19,120.81	634.10	3,441.22
較上月增減百分數		+8.83%	+11.58%	+32.75%	+1.52%	+23.99%	----	+21.16%

第九表

太原批發物價指數表

民國二十五年=100

年	月	總指數	米麵雜糧	其他食品及嗜好品	布疋及其原料	金屬	燃料	建築材料	雜項
		80項	16項	18項	16項	8項	8項	7項	7項
25		100.00	100.00	100.00	100.00	100.00	100.00	100.00	100.00
26		118.37	126.14	125.96	117.61	105.08	109.45	110.00	118.70
27		143.91	128.18	165.39	145.18	129.59	136.69	127.91	162.34
28		186.70	184.69	210.53	177.55	178.49	202.49	136.78	192.21
29		292.19	334.99	295.58	300.97	293.77	282.14	210.49	255.98
30		340.33	328.04	351.93	366.95	430.13	320.35	273.03	265.22
31		389.34	334.08	390.34	392.80	630.17	345.48	325.43	350.92
32		628.65	427.23	479.11	429.82	1,126.97	469.77	373.71	651.17
33		771.55	544.62	724.96	547.86	1,851.94	858.98	580.92	777.31
32	2	400.87	333.25	399.32	396.51	636.64	347.98	268.19	475.08
	3	399.69	333.25	387.41	396.51	636.64	347.98	268.19	492.23
	4	395.64	333.25	369.51	396.38	636.64	347.98	268.19	492.23
	5	497.74	333.54	450.30	457.77	902.64	472.98	414.65	732.23
	6	573.23	333.54	518.19	460.94	1,493.42	472.98	420.37	732.23
	7	605.84	521.91	494.63	460.94	1,495.76	472.98	420.37	732.23
	8	597.52	521.91	474.00	460.94	1,459.02	472.98	420.37	732.23
	9	605.82	521.91	552.29	401.68	1,406.57	547.23	420.37	739.19
	10	613.58	521.91	557.81	438.93	1,406.57	568.06	386.15	738.89
	11	627.52	521.83	568.08	445.39	1,406.57	606.74	428.72	770.49
	12	632.34	521.83	578.54	445.39	1,406.57	631.32	428.72	770.49
33	1	635.46	537.46	578.54	445.39	1,406.57	631.32	428.72	770.49
	2	649.20	545.27	632.63	445.39	1,406.57	631.32	428.72	770.49
	3	655.28	545.27	659.68	445.39	1,406.57	631.32	428.72	770.49
	4	716.30	545.27	731.90	445.39	1,770.90	714.65	428.72	770.49
	5	752.45	545.27	769.95	459.50	1,953.06	780.24	428.72	770.49
	6	778.34	545.27	773.82	487.73	1,953.06	828.13	595.33	770.49
	7	778.31	545.27	773.82	487.73	1,953.06	828.13	594.96	770.49
	8	778.31	545.27	773.82	487.73	1,953.06	828.13	594.96	770.49
	9	792.63	545.27	821.23	487.73	1,989.62	826.73	594.96	770.49
	10	841.91	545.27	844.54	605.80	2,093.48	845.91	678.91	780.86
	11	940.21	545.27	669.77	888.29	2,168.68	1,380.23	884.13	806.21
	12	940.21	545.27	669.77	888.29	2,168.68	1,380.23	884.13	806.21
34	1	992.20	545.27	669.77	888.29	2,168.68	1,380.23	1,478.33	806.21
	2	992.20	545.27	669.77	888.29	2,168.68	1,380.23	1,478.33	806.21
較上月增減%數		----	----	----	----	----	----	----	----

青島批發物價指數表（中國商品）

第十表

民國二十五年四月＝100

年　月	總指數	糧食類	蔬菜類	果品類	雞肉類	魚類	調味類	皮革類	衣料類	建築類	燃料類
	82項	14項	15項	9項	5項	10項	8項	3項	4項	8項	6項
民國											
25	100.0	100.0	100.0	100.0	100.0	100.0	100.0	100.0	100.0	100.0	100.0
26	---	---	---	---	---	---	---	---	---	---	---
27	---	---	---	---	---	---	---	---	---	---	---
28	---	---	---	---	---	---	---	---	---	---	---
29	404.4	403.7	447.0	447.2	289.1	259.4	386.3	560.4	501.8	575.2	289.9
30	495.1	449.7	585.3	509.5	425.5	440.3	463.8	533.2	642.3	609.4	275.9
31	734.4	831.8	733.5	652.5	652.2	834.0	755.5	856.8	921.9	613.4	301.9
32	---	---	---	---	---	---	---	---	---	---	---
31. 7	654.3	755.6	667.6	519.4	581.8	676.0	664.8	794.7	1,054.8	635.5	285.7
8	622.0	839.3	659.5	524.8	587.6	884.3	664.9	751.3	861.5	814.3	237.5
9	727.5	896.0	700.0	620.6	670.6	778.4	689.4	857.0	985.5	524.5	267.5
10	763.9	956.0	826.1	730.6	675.6	872.0	758.9	867.0	970.5	384.8	277.8
11	888.1	1,187.1	840.8	817.0	758.6	1,193.8	940.3	867.0	970.5	384.8	287.8
12	1,304.5	1,721.5	1,559.0	563.7	922.8	1,878.0	1,261.6	1,353.3	1,052.0	825.0	414.5
32. 1	1,388.5	1,941.6	1,785.7	584.5	1,071.6	1,009.0	1,229.7	1,610.3	1,049.5	825.0	414.5
2	1,928.7	2,503.5	2,252.7	781.7	1,031.4	1,449.8	1,371.8	1,610.3	1,049.5	1,459.0	427.7
3	1,703.0	2,829.0	2,189.6	904.5	1,123.8	1,792.7	1,684.5	1,812.3	1,049.5	736.8	447.7
4	1,882.2	3,047.6	2,426.7	816.5	1,162.8	1,891.6	1,446.2	1,851.6	1,050.1	1,560.2	447.5
5	---	---	---	---	---	---	---	---	---	---	---
6	---	---	---	---	---	---	---	---	---	---	---
7	1,633.9	2,353.6	1,584.3	1,185.0	1,403.8	2,473.5	1,229.9	1,829.3	728.2	1,187.5	462.8
8	1,641.1	2,365.9	1,781.6	1,011.2	1,452.8	2,783.7	1,272.0	1,812.6	728.2	1,520.7	462.8
9	1,925.6	2,813.5	2,536.4	866.0	1,685.8	2,266.5	1,017.4	1,812.6	728.2	1,520.7	549.0
10	2,309.9	2,822.8	2,625.6	1,274.7	1,676.4	3,645.1	1,431.3	1,724.6	728.2	1,920.3	932.7
11	---	---	---	---	---	---	---	---	---	---	---
12	---	---	---	---	---	---	---	---	---	---	---

青島批發物價指數表（日本商品）

第十一表　　單純算術平均　　民國三十三年一月＝100

年　月	總指數	穀類及蔬菜類	調味及嗜好品	肉類及魚類	其他食料品	衣料品類	建築材料	燃料	雜品
	75項	12項	11項	6項	7項	6項	13項	10項	10項
民國									
25	100.0	100.0	100.0	100.0	100.0	100.0	100.0	100.0	100.0
26	----	----	----	----	----	----	----	----	----
27	156.0	185.7	134.8	130.3	143.1	195.4	172.4	153.1	126.5
28	208.4	303.2	107.0	142.6	132.5	253.6	235.4	171.7	200.5
29	374.1	631.2	249.4	239.8	321.7	436.6	429.1	262.0	789.5
30	432.9	733.5	301.3	303.0	294.4	458.6	517.4	286.8	431.2
31	674.0	1,173.4	411.8	462.6	345.7	539.6	982.0	322.7	689.6
32	155.7	3,763.4	1,019.9	1,226.6	577.9	619.7	1,732.6	522.1	1,915.3
31　7	641.1	1,090.4	401.4	391.2	370.9	511.0	1,003.3	322.1	653.8
8	651.1	1,133.6	401.4	407.0	370.9	511.0	1,014.6	323.3	652.1
9	681.9	1,216.6	412.2	420.6	384.7	511.0	1,067.0	311.3	671.3
10	702.2	1,297.7	415.7	444.8	288.5	646.8	1,040.4	336.3	788.4
11	798.3	1,565.7	459.8	509.2	231.2	646.8	1,082.7	346.3	874.6
12	977.9	2,211.0	471.0	645.0	328.2	646.8	1,122.5	286.7	1,148.4
32　1	1,089.1	2,509.6	485.4	719.2	356.0	646.7	1,162.8	402.7	1,388.2
2	1,188.2	2,895.4	665.5	932.8	460.8	664.5	1,235.4	425.8	1,777.8
3	1,508.5	3,880.1	684.2	1,024.4	473.8	664.5	1,991.3	459.5	1,899.8
4	1,656.2	1,266.9	684.2	1,040.4	500.4	664.5	1,814.4	467.4	2,051.8
5	1,829.7	4,840.7	702.7	1,040.0	536.0	663.2	1,770.4	461.7	2,792.0
6	1,480.7	3,588.1	1,040.0	1,097.4	536.0	404.6	1,612.7	636.0	1,843.7
7	1,364.9	3,114.3	1,040.0	1,122.0	536.0	554.0	1,563.8	503.4	1,796.2
8	1,367.3	3,585.5	1,040.0	1,165.8	536.0	554.0	1,495.0	477.2	1,545.4
9	1,606.8	3,861.1	1,158.5	1,287.0	536.0	642.8	1,926.5	497.5	1,728.4
10	1,739.8	3,828.3	1,337.4	1,461.4	821.0	642.8	2,096.6	577.2	1,993.2
11	1,813.0	3,733.4	1,382.2	1,587.0	821.0	642.8	2,096.6	574.0	1,994.7
12	2,114.4	5,100.8	1,418.7	2,241.8	821.0	642.8	2,337.9	762.9	2,047.7

張家口批發物價指數表

第十二表　　民國三十二年八月下旬＝100　　單純算術平均

年月	總指數	糧食品	調味嗜好品	紡織品	獸毛獸皮	燃料燈火	建築材料	雜品
	68項	9項	17項	10項	9項	8項	9項	6項
民國								
25	----	----	----	----	----	----	----	----
26	----	----	----	----	----	----	----	----
27	100.0	100.0	100.0	100.0	100.0	100.0	100.0	100.0
28	123.7	115.0	125.0	143.4	101.7	113.3	141.1	119.0
29	187.4	128.9	183.7	287.0	113.8	139.0	251.5	181.9
30	266.1	239.5	239.1	458.2	197.0	260.8	292.3	226.3
31	----	----	----	----	----	----	----	----
32	----	----	----	----	----	----	----	----
31. 7	443.6	642.0	365.0	675.5	176.7	270.8	652.7	291.5
8	448.8	674.5	368.6	676.6	175.2	270.8	652.7	299.5
9	443.6	627.4	370.5	677.1	177.7	270.8	652.5	301.9
10	433.2	549.2	368.5	678.1	177.1	273.9	652.7	302.8
11	431.5	531.3	368.0	678.6	181.7	273.9	652.7	302.8
12	422.6	510.0	369.7	602.8	183.6	311.3	652.7	302.8
32. 1	428.7	511.8	374.5	602.8	183.6	229.8	652.7	330.8
2	421.0	515.4	381.1	602.8	183.6	629.8	654.6	330.9
3	433.8	515.4	390.2	602.8	195.6	329.8	658.0	330.9
4	441.2	525.4	402.3	607.5	183.6	354.8	675.5	340.0
5	450.6	545.9	415.2	602.9	183.6	354.8	675.5	344.7
6	451.3	545.9	412.8	602.9	183.6	354.8	675.5	345.1
7	451.1	545.9	423.0	602.9	183.6	342.3	675.5	345.1
8	434.8	501.2	388.2	535.9	201.3	317.4	690.4	421.8
9	451.1	501.2	409.3	535.9	236.9	346.6	730.1	395.5
10	481.2	577.5	418.4	535.9	245.3	368.3	730.1	398.5
11	470.8	583.1	418.4	535.9	245.3	393.3	730.1	395.5
12	480.2	583.1	495.1	535.9	253.6	368.3	730.1	395.5

天津工人生活費指數表

第十三表

民國二十五年＝100

年	月	食料品 25項	衣服 6項	燃料與水 5項	房租 1項	總指數 37項	貨幣購買力	較二十五年增減百分數
21		85.77	116.51	104.98	107.60	93.28	107.20	7.20%
22		74.60	103.95	87.19	106.53	81.97	122.00	22.00%
23		70.50	98.87	87.78	106.53	79.51	125.77	25.77%
24		82.79	94.29	90.22	105.53	87.77	113.93	13.93%
25		100.00	100.00	100.00	100.00	100.00	100.00	----
26		112.80	115.24	103.43	99.97	109.39	91.42	8.58%
27		150.17	148.82	121.81	102.62	139.00	71.94	28.00%
28		250.35	233.90	174.69	128.76	221.34	45.18	54.82%
29		424.07	453.60	339.67	210.48	378.68	26.41	73.59%
30		420.97	555.29	434.08	274.57	407.17	24.56	75.44%
31		662.65	714.88	889.37	347.47	653.04	15.31	34.69%
32		1,918.23	2,409.56	1,696.82	479.80	1,701.36	5.88	94.17%
33		4,179.61	24,365.24	11,454.99	824.19	5,781.66	----	----
32	2	1,600.77	1,180.88	1,243.36	404.04	1,343.05	7.45	92.55%
	3	1,816.40	1,673.92	1,381.12	404.04	1,528.45	6.54	93.45%
	4	1,969.85	1,803.82	1,416.40	404.04	1,646.41	6.07	93.93%
	5	2,108.84	1,888.10	1,491.80	404.04	1,752.47	5.71	94.29%
	6	1,791.86	1,974.09	1,562.49	404.04	1,561.51	6.40	93.60%
	7	1,628.92	1,946.69	1,639.26	505.05	1,467.92	6.81	93.19%
	8	1,857.62	2,199.29	1,777.61	505.05	1,663.22	6.01	93.99%
	9	2,061.80	2,308.37	1,936.37	505.05	1,825.56	5.48	94.52%
	10	2,167.53	2,250.84	2,150.39	606.06	1,966.66	5.08	94.91%
	11	2,331.03	4,390.74	2,241.66	606.06	2,169.42	4.57	95.43%
	12	2,367.13	5,903.88	2,389.57	606.06	2,290.95	4.37	95.63%
33	1	2,470.72	10,009.85	3,021.69	606.06	2,658.97	3.76	96.24%
	2	2,783.81	11,302.90	5,390.21	606.06	3,283.44	3.05	96.95%
	3	2,880.52	11,545.57	6,744.55	606.06	3,561.79	2.81	97.19%
	4	3,008.74	10,909.09	6,999.86	732.32	3,678.95	2.72	97.28%
	5	3,004.48	12,211.07	7,215.51	732.32	3,774.91	2.65	97.35%
	6	3,064.44	13,119.13	7,680.47	732.32	3,930.46	2.54	97.46%
	7	3,311.58	16,438.60	9,047.08	959.60	4,500.29	2.22	97.78%
	8	4,174.55	24,177.96	12,277.66	959.60	5,943.78	1.68	98.32%
	9	4,281.17	25,948.12	12,620.98	959.60	6,154.91	1.62	98.38%
	10	4,839.48	33,157.68	16,842.70	976.41	7,492.47	1.33	98.67%
	11	5,392.13	52,035.57	20,052.57	1,010.10	9,284.89	1.08	98.92%
	12	8,544.05	71,526.67	27,599.17	1,010.10	13,453.87	0.74	99.26%
34	1	12,710.45	113,192.54	45,206.95	1,010.10	20,904.11	0.48	99.52%
	2	15,434.21	106,118.68	64,457.79	1,010.10	25,216.73	----	----
較上月增減百分數		+ 21.43%	− 6.25%	+ 42.58%	----	+ 20.63%	----	----

註：計算方法：加權綜合法

第十四表

北平日人生活費指數表

民國二十六年六月基準
加重算術平均

年　月	總指數	飲食費	被服費	居住費	文化費	光熱費	捐　稅
	178項	76項	31項	14項	49項	7項	1項
民國26年末	118.3	110.9	122.2	111.0	124.1	116.4	100.0
27	157.0	155.5	178.5	151.4	149.6	154.9	241.0
28	215.6	210.5	269.2	200.8	204.6	210.4	341.0
29	282.6	276.9	438.5	245.2	251.2	240.3	281.9
30	383.5	429.5	536.8	307.5	318.5	271.7	381.9
31	494.6	549.7	596.4	373.7	449.8	278.2	1,506.0
31. 7	425.6	423.2	585.4	346.0	401.2	252.8	1,506.0
8	430.9	423.9	585.4	346.0	426.3	253.5	1,506.0
9	441.9	440.4	585.7	346.3	448.5	253.5	1,506.0
10	443.1	431.8	590.1	364.0	448.0	253.5	1,506.0
11	446.1	481.9	595.9	372.4	449.8	259.2	1,506.0
12	494.6	549.7	596.4	373.7	449.8	278.2	1,506.0
32. 1	529.7	637.2	597.2	377.2	450.9	280.0	1,506.0
2	577.7	755.9	607.4	377.2	450.9	281.8	1,506.0
3	616.3	835.4	631.6	381.5	466.7	287.7	1,506.0
4	638.9	859.6	632.8	387.2	512.2	341.7	1,506.0
5	670.1	798.7	668.9	435.5	697.6	402.7	1,506.0
6	686.0	804.0	682.6	405.4	723.8	402.9	1,506.0
7	718.7	822.8	711.6	518.8	765.6	430.3	1,506.0
8	776.9	919.3	733.2	526.7	840.2	450.5	1,506.0
9	258.0	1,097.4	756.3	537.2	866.9	486.2	1,506.0

北平各種勞動者工資指數表

第十五表　　民國三十年平均基準

年月	總指數	纖維工業	金屬工業	機械器具工業	窯業	化學工業	食料品工業	被服及服着品製造業	製材及家具類製造業	印刷裝訂業	雜工業	交通勞動者	土木建築業	人力車夫及日傭人夫
民國29年12月	89.7 (100.0)	91.9 (100.0)	95.3 (100.0)	75.4 (100.0)	92.9 (100.0)	92.4 (100.0)	85.9 (100.0)	81.2 (100.0)	76.1 (100.0)	13.2 (100.0)	— (—)	94.7 (100.0)	84.6 (100.0)	106.2 (100.0)
30年平均	100.0 (115.2)	100.0 (108.2)	100.0 (118.6)	100.0 (119.8)	100.0 (111.9)	100.0 (109.0)	100.0 (117.6)	100.0 (123.7)	100.0 (129.6)	100.0 (125.2)	100.0 (—)	100.0 (101.7)	100.0 (118.81)	100.0 (98.8)
31年平均	127.2 (146.4)	140.5 (150.6)	142.7 (170.8)	135.9 (168.1)	126.1 (136.3)	123.7 (135.5)	115.7 (137.6)	123.3 (152.2)	119.0 (152.7)	122.4 (159.8)	134.9 (—)	119.1 (121.2)	126.9 (155.1)	126.4 (121.5)
31　1	109.9 (127.8)	114.7 (123.3)	115.5 (137.6)	128.4 (150.4)	102.1 (126.6)	105.9 (115.9)	107.1 (130.6)	100.3 (127.4)	108.3 (141.2)	106.0 (145.2)	125.8 (—)	96.7 (97.6)	99.9 (118.4)	102.5 (99.1)
2	113.8 (128.4)	126.4 (123.1)	123.6 (145.8)	126.1 (149.9)	107.4 (125.9)	108.3 (122.0)	108.1 (131.9)	106.7 (133.1)	106.6 (137.6)	122.4 (167.7)	119.7 (—)	103.6 (105.1)	114.7 (122.7)	102.5 (99.1)
3	115.3 (128.9)	124.9 (135.4)	124.2 (146.8)	133.4 (155.3)	103.3 (112.0)	106.6 (120.2)	104.9 (128.1)	106.6 (132.2)	118.3 (154.0)	105.5 (144.3)	125.8 (—)	117.5 (118.9)	104.7 (123.7)	102.5 (99.1)
4	118.8 (133.6)	126.3 (136.2)	121.7 144.4	120.7 (146.2)	113.3 (122.4)	110.0 (123.6)	103.1 (115.8)	114.2 (139.3)	118.9 (155.0)	117.3 (161.1)	121.2 (—)	109.8 (111.1)	126.9 (150.7)	113.4 (111.6)
5	119.5 (134.6)	125.2 (133.2)	132.7 (155.7)	126.0 (155.0)	109.5 (122.4)	113.3 (126.8)	107.4 (123.8)	116.9 (142.9)	117.4 (149.2)	117.7 (161.1)	136.4 (—)	113.9 (116.8)	126.9 (150.7)	129.1 (125.3)
6	124.8 (141.3)	138.2 (141.8)	137.8 (161.3)	129.8 (166.3)	114.9 (122.4)	117.7 (131.6)	110.0 (127.1)	116.9 (143.1)	115.4 (148.5)	127.2 (173.8)	137.9 (—)	114.5 (115.8)	137.1 (126.8)	130.9 (120.7)
7	125.2 (143.0)	139.8 (149.6)	139.9 (163.3)	131.8 (167.6)	120.9 (125.9)	114.3 (127.4)	111.8 (130.0)	119.7 (149.0)	113.5 (146.1)	119.3 (162.6)	137.9 (—)	118.0 (119.8)	127.1 (126.8)	132.7 (123.1)
8	126.1 (150.1)	144.9 (155.6)	142.5 (169.3)	134.6 (172.3)	126.1 (132.9)	117.6 (131.9)	114.8 (133.4)	126.2 (157.4)	119.3 (153.2)	116.3 (158.7)	136.4 (—)	123.3 (125.2)	137.1 (126.8)	132.3 (123.5)
9	134.1 (156.6)	153.5 (165.0)	155.9 (185.8)	144.5 (185.5)	128.5 (145.5)	126.7 (142.2)	114.8 (133.4)	129.1 (159.9)	120.4 (150.4)	125.4 (171.3)	131.8 (—)	125.5 (127.7)	137.1 (126.8)	134.9 (130.6)
10	138.5 (161.3)	156.7 (168.3)	151.7 (181.4)	144.6 (185.6)	137.8 (148.3)	131.9 (148.6)	121.2 (140.9)	136.6 (168.5)	122.4 (156.3)	123.5 (168.2)	134.9 (—)	134.8 (138.5)	137.1 (162.8)	133.5 (133.4)
11	146.6 (170.9)	161.8 (174.9)	171.6 (213.5)	153.7 (198.1)	167.1 (161.5)	140.0 (159.9)	132.9 (154.9)	151.8 (188.0)	132.4 (168.3)	134.1 (182.9)	156.1 (—)	129.9 (133.2)	137.1 (162.8)	147.0 (141.5)
12	156.3 (180.8)	174.9 (189.7)	195.8 (244.8)	158.7 (205.3)	181.6 (172.7)	154.9 (175.2)	150.6 (190.9)	160.0 (197.9)	135.2 (171.9)	154.5 (210.8)	154.6 (—)	142.2 (144.4)	137.1 (162.8)	150.5 (144.3)
32　1	211.6 (244.2)	257.7 (276.3)	233.9 (296.8)	172.1 (225.6)	258.4 211.9	186.4 (190.4)	205.2 (235.9)	198.8 (247.6)	181.9 (229.5)	166.1 (226.6)	248.5 (—)	180.1 (181.1)	260.7 (309.1)	227.0 (223.3)
2	227.5 (261.6)	289.2 (310.1)	234.0 (294.6)	175.6 (225.9)	303.0 (235.7)	211.0 (242.3)	212.8 (264.4)	222.3 (274.9)	205.2 (259.2)	190.6 (259.2)	272.7 (—)	185.2 (186.8)	260.7 (309.1)	238.3 (235.8)
3	233.8 (270.7)	292.7 (314.7)	240.7 (303.7)	200.8 (259.0)	290.3 (243.4)	220.2 (248.5)	227.1 (283.6)	229.7 (284.6)	200.4 (252.9)	176.4 (240.2)	254.6 (—)	190.7 (192.5)	260.7 (309.1)	242.4 (248.4)
4	248.4 (287.4)	333.2 (359.4)	268.3 (340.2)	192.7 (249.3)	309.6 (202.8)	226.1 (255.5)	239.7 (300.3)	256.3 (314.9)	205.4 (259.0)	193.8 (262.8)	243.9 (—)	205.8 (207.4)	260.7 (309.1)	282.6 (275.9)
5	261.8 (298.1)	335.6 (354.7)	276.6 (286.8)	195.5 (253.3)	342.5 (294.4)	252.9 (284.2)	286.1 (340.2)	287.9 (350.5)	217.5 (274.6)	208.5 (283.9)	271.2 (—)	207.5 (208.6)	300.2 (356.4)	312.6 (316.1)
6	282.7 (321.5)	350.4 (376.7)	311.4 (302.0)	228.7 (297.3)	359.1 (339.2)	291.6 (328.5)	324.8 (371.7)	312.9 (379.6)	231.7 (290.6)	224.6 (305.4)	295.5 (—)	205.4 (204.9)	300.2 (350.5)	316.1 (308.9)
7	300.2 (348.2)	370.4 (397.4)	323.4 (312.4)	232.5 (301.1)	375.9 (374.1)	303.8 (340.8)	332.8 (394.1)	323.6 (393.4)	235.6 (295.2)	233.4 (318.8)	295.5 (—)	205.4 (206.6)	328.6 (389.9)	337.3 (328.2)
8	314.8 (366.8)	377.7 (406.6)	363.2 (375.6)	245.9 (317.2)	398.8 (426.6)	314.0 (354.7)	352.3 (417.7)	341.8 (415.8)	243.9 (305.3)	233.0 (317.8)	310.6 (—)	213.3 (214.7)	373.9 (443.7)	365.1 (360.2)

第二項　物價騰漲原因

綜觀上列各表，華北物價僅二十七年後半及二十九年六月至三十年五月較安定，有時且呈下降情勢外，餘皆上騰不已，尤自三十一年九月後，飛漲益甚，三十三年四月以來益無止境矣。其原因極為錯綜複雜，大致有下列數端可指出者：

1. 物資供求之不均衡：　事變後治安紊亂，社會不寧，農業生產力大為減退，故物價之昂騰，每以棉製品及食糧為先導，加以運輸困難，原料品生產銳減，而為治安關係來各大都市避難者日多，消費增加，因而物價上騰。

2. 輸入品價格之增漲：　我國貿易向為入超，而華北雖自二十四年幣制改革後，呈出超之勢，但事變勃發，當即轉為入超，蓋華北之食糧及輕工業製品一大部均仰仗外洋之輸入也。事變後，輸入品價格逐日增漲，此為華北物價昂騰之第二原因。

3. 貨幣影響：　二十七年中國聯合準備銀行開業，發行新券與日元等價，同時公佈舊通貨整理辦法以統一強化其新通貨之基礎，唯一般人對新幣發行信用未堅，率以儲鈔不如存物，故換貨運動暢盛，通貨之流通速率增加，致使物價上騰。

4. 天災：

5. 經濟開發（重化學工業部門之重點開發）

6. 重要物資之對日供給

7. 作戰軍需品之就地徵用等

以上為前期物價騰貴原因，嗣後則純以物資缺乏，國外資金凍結，國內生產不足，國外輸入中斷，供給日蹙，消費卻增，遂自三十年七月起物價又再暴騰，試分述原因如下：

1. 物資輸入困難：　華北物資，多依賴國外之輸入，尤以工業原料為最，惟於事變後，日本以特殊地位，輸入額佔居前位，比至太平洋戰事起，海運斷絕，對英美等國之貿易悉數停止，故華北之輸入乃不得不以日本為唯一來源，而日本已窮於應付戰事，輸入日減矣。

2. 秘密輸出：　國內各地物價不等，而華北則比較為最低區域，故多數物資常秘密流往其他較高物價之各地，致華北本不能自給自足之物資益告匱乏。

3. 對日重要物資供給之增大

4. 作戰範圍擴大，軍需品現地大量徵收。

5. 物資移動之限制，更促成物資慢性恐慌。

6. 收買物資，往往放出大量通貨，此等通貨滯留於農村，乃形成過剩之浮動購買力，但同時都市中又缺乏日用品，致成為投機倒把之主因。

7. 投機流行：因以上種種原因，華北物資益感匱乏，而游資益趨囤積實物，物價愈漲之惡循環，投機倒把愈為盛行矣。

8. 統制不徹底，物價飛騰，民不聊生，當局往往實施不實際之各項對策以求平抑，惟統制機關愈多，物價愈見騰漲不已。

第三項　物價對策

過去華北當局平抑物價之對策，因每期誘導物價上漲之主要因素不同，故其着重點亦異，蓋於安定前期中，物價上漲既係受法幣之影響，故於二十八年十二月，華北對華中之陸路交易乃採取物物交換制度，同時更實施申匯及無匯兌輸入許可制度，以補二十八年三月十一日起始實行之集中匯兌制之所不足。

二十八年秋季，華北遭遇空前之大水災，因而食糧不足，華北當局乃實施儘先收取食糧辦法，更實行：

1. 限制旅行，
2. 對日本之商業取許可制，
3. 停止圓系通貨之收受，
4. 由滿洲國協力限制勞工及旅行者匯款，

三十一年為調濟華北食糧恐慌，開始買小麥，六月十日更實施「華北緊急物價對策」，而開始：

1. 物價統制機構之確立，
2. 生產費及利潤之釐定，
3. 一部商品合法價格之制定，
4. 統制消費，實施配給制度，
5. 吸收游資與生產資本之蓄積，
6. 健全金融通貨政策

7. 生活必需物資生產工業之助長等。

此時之物價統制機構為「物資調節委員會」，「物價處理委員會」，及「食糧運銷辦事處」，同時實施與物價平抑有關之金融政策，如三十一年五月起辦之有獎定期存款，及同年七月十六日開始辦理之華北郵政人壽保險，均為吸收游資而蓄積生產資本也。之外，更有三十一年七月十一日之暴利取締令。

比至三十二年春，物資調節委員會，物價處理委員會合併為「物資物價處理委員會」，附設食糧管理局及物資平衡資金運用委員會，其主要工作為：

1. 積極增產如春耕貸款，水利計劃，及合作事業之舉辦等。
2. 整理強化配給機構。
3. 輸入物資，以確保供給量。

三十三年一月華北政委會改組，因鑒於過去物資物價處理委員會組織之不健全，工作無成效，而解散之。改組前，華北經濟統制系統有下列三系：

1. 以財務總署為中心之財政金融統制系統。
2. 以實業總署為中心之實業，林礦，勞工，合作事業等之統制
3. 以物資物價處理委員會為中心之物資物價食糧統制系統。

嗣又改組，分由經濟與農務兩總署辦理，其組織如表：

- 經濟總署
  - 總務局
  - 金融局
  - 物價局
  - 勞工局
  - 稅務局
  - 實業局

- 農務總局
  - 總務局
  - 糧政局——食糧管理局
  - 合作局
  - 林牧局
  - 農產局

自此乃展開全面之物價統制，初則公佈戰時利得稅，以分配所得，平均消費，而達成間接穩定物價之目的。繼而設立工業銀行，以發展華北之輕工業，而求日用品之自給自足，以免除因輸入而受高物價地帶之影響，並促進收買農村物資時退還物資之供給圓滑，以消彌慢性之物資恐慌。嗣又於天津設立證券交易所，以誘導游動資，用謀減少投向日用品囤積之集中性也。

附表三張：

1. 勝利後三個月法幣與聯幣比價表
2. 歷年足金價格表
3. 三十五年上半年北平批發物價指數表

勝利後三個月法幣與聯幣比價表

第一表

日別＼月別	九月	十月	十一月
1日	—	5.50	4.65
2	—	5.50	4.80
3	—	—	4.50
4	—	5.25	—
5	—	4.20	3.55
6	—	—	3.90
7	—	—	4.30
8	—	5.75	4.20
9	4.00	4.70	4.275
10	—	—	4.375
11	—	4.05	—
12	—	4.15	4.20
13	—	5.20	4.40
14	4.40	—	5.20
15	5.00	5.00	4.70
16	3.60	5.05	4.60
17	5.00	5.15	4.65
18	5.50	6.10	—
19	5.50	7.00	4.70
20	5.20	5.50	4.375
21	5.00		4.15
22	—	5.70	4.75
23	—	5.60	4.80
24	5.50	5.60	4.75
25	5.00	5.10	—
26	5.00	4.90	—
27	4.25	4.50	—
28	4.50	3.74	—
29	5.00	3.85	—
30	—	4.25	—
31	—	4.00	—

歷年足金價格表

單位：市兩—偽聯銀券
調查地點：天津市

第二表

月別＼年別	二十九	三十	三十一	三十二	三十三	三十四	三十五
平均	477.4	404.02	461.04	1,381.42	6,211.36	146,403.18	(以法幣計)
1月		427.70	385.37	736.00	1,599.00	16,620.00	92,000.00
2〃		436.10	418.68	1,092.42	2,092.00	34,350.00	141,667.00
3〃		410.67	427.96	1,205.00	2,389.23	50,160.00	150,750.00
4〃		348.38	401.16	1,114.33	2,443.75	120,226.19	157,200.00
5〃		340.68	413.83	1,058.92	3,102.61	97,650.00	
6〃		357.90	476.00	1,068.92	4,083.00	143,180.00	
7〃	487.76	357.87	493.00	1,406.65	7,222.00	193,276.92	
8〃	562.37	401.67	480.50	1,870.00	9,101.92	252,250.00	
9〃	538.07	375.36	466.74	1,849.35	10,663.33	69,500.00	
10〃	439.85	416.00	434.62	1,727.80	10,495.65	163,500.00	
11〃	418.44	524.38	469.25	1,742.60	9,620.80	294,000.00 24,425.00	法幣
12〃	428.00	451.47	665.54	1,705.00	11,723.08	322,125.00	

三十五年上半年北平批發物價指數表

第三表　　算術平均　　民國二十五年全年平均＝100（法幣本位）

項目		米麵雜糧	其他食物及嗜好品	布疋及其原料	金屬	燃料	建築材料	雜項	總指數
三十五年	一月	175,101	210,612	378,302	136,933	139,545	110,060	174,197	216,012
	二月	296,822	303,202	555,674	279,727	376,048	183,587	322,966	340,966
	三月	287,318	327,049	581,419	372,845	440,704	273,344	372,697	372,636
	四月	277,613	343,271	639,662	384,848	452,655	281,095	398,525	388,172
	五月	415,858	370,950	628,034	426,225	327,133	294,646	469,323	428,590
六月	上旬	441,393	505,534	830,224	455,163	606,224	349,301	520,230	535,935
	中旬	498,145	518,742	772,292	523,743	635,653	466,824	624,847	570,561
	下旬	565,169	519,620	785,511	566,494	641,475	494,602	628,396	599,012
七月	上旬	679,965	549,504	763,537	510,357	699,775	492,291	654,453	636,027
	中旬	663,952	542,741	723,738	456,969	714,871	535,148	668,653	625,424
	下旬	623,338	531,466	671,342	471,684	717,486	590,704	584,405	602,789
	平均	655,752	541,237	719,539	479,668	710,711	539,381	635,837	621,413

第四節　投資

日本对華投資，以華北開發公司為主，遠在抗戰以前民國廿四年十二月，日人以資金一千萬元，成立興中公司，從事華北之經濟侵畧，華北淪陷後，興中公司由日佔領軍相表裡，把持華北經濟大權。其後以經營不力，未孚衆望。日國內資本家乃紛紛要求開放華北投資出路。日本政府遂於民國二十七年末成立華北開發公司，以代興中公司（興中公司旋即結束）資本金三億五千萬元，實收資本金二億一千八百萬元，開發事業繼續擴張，其投資及融資額累年增加，迄勝利當時，開發公司全部投融資總額達七百餘億聯銀券之鉅，詳情如附表。

開發以外，日本民間投資為數亦鉅。惟均係私人投資之小工商業，種類龐雜，当時既無詳細調查，現在尤感缺乏資料。依北平日本居留民團課金查定之分類，工商業種実有八十五類之多。民國廿九年度調查，僅北京一隅，工商業資本總額達六千餘萬元，而全華北此類投資計達一億五千萬元。如以衡之同年度華北開發公司投資額之二億六千一百萬元，則約達開發投資額百分之六十。此項工商業中，所謂商業，一部為個人小商店，不足重視外，其工業中，雖小部份為個人經營，然大部均屬公司性質，且全部參加日本商工會議所，受政府之統制，故其發揮之効能，実与開發公司經營者畧同。

附表

華北開發公司各關係会社年度別投融資數額表。
華北開發公司短期融資額調查表。
華北開發公司命令事業科目投融資額表。
華北開發公司对各部門短期融資總括表。
華北開發公司各關係会社投融資額一覽表（三十年底）
華北開發公司各關係会社投融資額一覽表（卅一年底）
華北開發公司各關係会社投融資額一覽表（卅二年底）
華北開發公司各關係会社投融資額一覽表（卅三年十一月底）
華北開發公司各關係会社投融資額一覽表（卅四年十月底）
民國卅一年度華北工廠資本額統計表
華北日人及日華合辦工廠數及分佈表。
華北日人及日華合辦工廠実出資金及分佈地区表。

華北開發公司各關係會社年度別投融資數額表

（單位圓）

年度別 \ 投融資別	投資	融資	總計
二十七年度	——	20,925,000.00	20,925,000.00
二十八年度	104,718,187.50	100,966,568.41	205,684,755.91
二十九年度	139,621,687.50	246,114,803.59	385,736,491.09
三十年度	56,708,959.33	227,685,666.99	284,394,626.32
合計	301,048,834.33	595,692,038.99	896,740,873.32

華北開發公司短期融資額調查表（北平部份單位千元）

34年8月底

關係部門	八月底當時數	34年度純增額
華北交通	15,030,000	13,590,000
塘沽新港	369,500	352,100
連雲港	300,550	259,155
華北運輸	183,500	66,500
天津艀船	247,940	223,580
青島埠頭	291,600	258,350
華北自動車	285,810	229,260
交通部門計	16,708,900	14,998,940
華北電々	731,800	692,500
華北電業	549,030	445,230
蒙疆電業	5,600	3,000
通訊電業部門計	1,286,430	1,140,730
大同炭礦	89,140	53,300
井陘煤礦	302,740	261,000
山東礦業	615,642	455,800
中興炭礦	227,290	184,000
大汶口炭礦	119,380	102,000
磁縣炭礦	298,810	218,500
山西炭礦	280,100	254,000
焦作炭礦	162,700	150,860
新泰炭礦	72,480	58,400
開灤炭礦	3,824,100	3,099,400
大青山炭礦	7,500	—
中日實業	8,100	6,900
炭礦部門計	6,007,983	4,844,160
龍烟鐵鑛	217,400	61,400
金嶺鎮	126,210	88,910
華北重石	305,000	273,500
北支採鑛	272,800	194,000
鑛山開發	136,500	134,000
利國鑛業	285,500	256,500
招遠鑛業所	48,000	48,000
鑛業部門計	1,391,410	1,056,310
華北塩業	1,007,855	815,000
山東塩業	381,500	324,900
塩業部門計	1,389,355	1,139,900
華北纖維	4,582,000	4,034,913
纖維部門計	4,582,000	4,034,913
北支製鐵	1,925,400	1,596,900
華北窒素	22,500	9,000
山東電化	18,600	16,500
東洋化学	75,200	68,200

關係部門	八月底當時數	34年度純增額
永利化学	304,780	207,600
華北電線	62,900	61,500
華北機械	34,500	34,500
華北碍子	17,000	14,000
北支電機	16,600	15,100
唐山製鋼	258,877	252,877
新華電機	42,600	42,600
佳友通信	121,000	121,000
芝浦電氣	116,400	116,400
製鐵及工業部門計	3,016,357	2,556,177
石炭販賣	1,250,000	728,500
鐵鋼販賣	43,000	13,000
化学製品	183,000	111,500
生計組合	1,064,500	590,500
同（食糧）	3,600,000	2,785,737
重要物資	5,928,500	3,876,000
蒙古鑛配	1,000	1,000
商業部門計	12,070,000	8,106,237
山西産業	828,730	718,000
醫療組合	330,100	244,000
東亜烟草	13,000	—
勞務組合	92,500	30,000
華北房産	335,700	286,500
華北洋灰	6,500	6,500
洋灰協議會	15,830	2,300
華北建設團	9,500	9,500
其他計	1,621,860	1,296,800
一般事項合計	48,074,295	39,154,167
華北礬土	663,300	415,000
華輕金屬	1,517,380	1,128,990
開灤炭礦	417,700	347,500
龍烟鐵鑛	64,000	38,000
北支製鋼	196,200	139,200
青島製鋼	555,000	326,000
同（金嶺鎮）	313,500	176,500
天津製鉄	191,910	143,270
宣化製鉄	29,800	15,450
山西産業	20,000	14,800
燃料化学	596,500	501,000
命令事業事項計	4,565,350	3,295,710
總計	52,639,645	42,449,877

華北開發公司命令事業科目投融資額表

民國三十四年十月三十一日（單位元）

會社名	總額	內計			
		投資	設備貸款	建設臨時科目	融資
華北礬土	223,187,000				223,187,000
輕金屬	826,989,000		1,272,188.[illegible]7	825,716,811.33	
開灤炭礦	163,688,000		27,380,686.27	103,227,313.73	33,080,000
龍烟鐵礦	143,074,000		17,316,624.48	76,957,375.52	48,800,000
北支製鐵	140,804,000				140,804,000
青島製鐵	204,158,000	12,500,000			191,658,000
青島陸軍特炉	153,888,000				153,888,000
山西產業	44,279,000				44,279,000
天津製鐵	35,722,000			26,393,000	9,300,000
宣化製鐵	77,110,000			55,390,000	21,720,000
燃料化學	83,903,000	10,000,000			73,903,000
合計	2,096,803,000	22,500,000	45,969,499.12	1,087,684,500.58	940,649,000

華北開發公司對各部門短期融資總括表

北平實行部份
34年八月末
（單位千元）

種別			三十四年八月底	百分比	三十四年度純增額	百分比
總額			52,639,645	100	42,449,877	100
內計	一般事項		48,074,295	91	39,154,167	92
	部門別	交通部門	16,708,900	32	14,978,940	35
		通信電業部門	1,286,430	2	1,140,730	3
		炭業部門	6,007,983	11	8,844,160	11
		礦業部門	1,391,410	3	1,056,310	2
		鹽業部門	1,389,355	3	1,139,900	3
		棉業部門	4,582,000	8	4,034,913	10
		製鉄及工業部門	3,016,357	6	2,556,177	6
		商事部門	12,070,000	23	8,106,237	19
		其他	1,621,806	3	1,296,800	3
	命令事業事項		4,565,350	9	3,295,710	8
參考	東京實行部份		62,400		58,000	
	張家口實行部份		406,700		196,150	

華北開發公司各關係會社投融資額一覽表

（民國三十年底　單位元）

會社別	投資額	融資額	會社別	投資額	融資額
華北交通	149,700,000	353,900,000	北支產金	2,650,000	—
塘沽運輸	3,600,000	2,995,000	華北礬土礦業	1,200,000	1,870,000
華北運輸	375,000	—	華北重石	1,250,000	—
青島埠頭	5,000,000	4,200,000	龍烟鐵礦	9,635,000	—
塘沽新港	—	76,967,122	石景山製鐵	6,059,000	—
華北電信	9,750,000	29,000,000	山西製鐵	3,679,000	1,450,000
華北電業	17,900,625	—	華北鹽業	17,250,000	2,000,000
濟南電力	625,000	1,175,000	山東鹽業	930,000	—
芝罘電業	300,000	450,000	山東電化	200,000	—
膠澳電氣	—	15,400,000	北支棉花	750,000	500,000
天津特別市政府	—	1,951,000	興中公司	10,000,000	—
蒙疆電業	8,325,000	4,000,000	合計	286,390,625	532,521,122
山東礦業	—	28,449,000	投融資額總計	818,911,747	
井陘煤礦	4,710,000	4,478,000			
中興炭礦	1,810,000	—			
柳泉炭礦	1,720,000	—			
大汶口炭礦	4,500,000	—			
磁縣炭礦	1,870,000	2,050,000			
焦作炭礦	5,992,000	—			
山西炭礦	1,960,000	1,460,000			
大同炭礦	10,000,000	—			
華北石炭販賣	4,350,000	—			
蒙疆礦產販賣	300,000	220,000			

華北開發公司各關係會社投融資額一覽表

（民國三十一年底 單位元）

會社別	投資額	融資額	會社別	投資額	融資額
華北交通	229,254,000	456,900,000	蒙疆礦產	400,000	220,000
華北交通（連雲港行）	—	2,610,000	北支產金	2,650,000	—
塘沽運輸	3,600,000	—	華北礬土	1,550,000	2,500,000
天津解船	—	4,520,000	華北重石	3,750,000	200,000
華北運輸	2,125,000	—	龍烟鐵礦	16,500,000	—
青島埠頭	10,000,000	4,200,000	北支那製鐵	12,500,000	—
塘沽新港	—	125,157,122	石景山製鐵	8,189,301.06	129,311.62
華北電々	13,000,000	38,200,000	山西製鐵	36,009.33	—
華北電業	59,812,475	34,900,000	華北鹽業	18,750,000	7,000,000
蒙疆電業	20,340,000	4,500,000	山東鹽業	1,350,000	—
山東礦業	—	35,115,000	山東電化	908,500	—
井陘煤礦	5,360,000	9,544,437	華北窯業	4,750,000	—
中興炭礦	2,610,000	—	北支棉花	1,000,000	300,000
柳泉炭礦	4,820,000	914,199.36	山西產業	13,557,700	3,500,000
大汶口炭礦	8,650,000	4,121,317.60	合計	476,359,985.39	746,468,378.16
新泰炭礦	720,000	—	投融資總計	1,222,828,363.55	
磁縣炭礦	2,470,000	9,263,334.94			
磁縣炭礦（薛村炭田村）	—	600,000			
焦作炭礦	11,192,000	691,661.49			
山西炭礦	3,165,000	5,481,994.10			
大同炭礦	10,000,000	5,900,000			
華北石炭	4,350,000	—			

華北開發公司各關係會社投融資額一覽表

（民國三十二年底單位元）

	會社別	投資額	融資額
一般事項	華北交通	229,254,000	565,700000
	塘沽新港	—	173,157,000
	連雲港	—	12,310,000
	華北運輸	1,500,000	—
	天津艀船	4,051,200	10,110,000
	青島埠頭	10,000,000	16,500,000
	華北電々	17,487,500	50,200,000
	華北電業	103,675,000	—
	蒙疆電業	26,980,000	4,500,000
	大同炭礦	18,000,000	5,300,000
	井陘煤礦	5,360,000	15,414,000
	山東礦業	29,124,200	18,344,000
	中興炭礦	5,000,000	2,840,000
	大汶口炭礦	10,000,000	6,391,000
	磁縣炭礦	5,000,000	15,213,000
	柳泉炭礦	8,379,000	2,204,000
	山西炭礦	4,000,000	10,661,000
	焦作炭礦	19,420,000	691,000
	新泰炭礦	3,210,000	—
	開灤炭礦	—	18,000,000
	龍烟鐵礦	24,500,000	—
	金嶺鎮	2,500,000	—
	華北礬土	1,550,000	3,425,000
	華北重石	6,500,000	3,810,000
	北支產金	900,000	—
	北支那製鐵	37,500,000	—
	石景山製鐵	8,189,301.06	—
	華北窒素	17,100,000	—
	山東電化	1,290,000	—
	東洋化学工業	3,000,000	3,600,000
	華北軽金屬	3,375,000	—
	華北塩業	18,750,000	15,800,000
	山東塩業	1,500,000	400,000
	華北石炭	4,350,000	—
	蒙疆礦產	1,150,000	—
	山西產業	36,536,100	—
	北支棉花	2,000,000	—
	山西製鐵	—	—
	開發糧穀組合	470,000	—
	華北纖維	24,070,000	—
	化学製品統制會	1,500,000	—
	小計	697,128,301.06	954,570,000
小型熔礦炉事項	華北交通	—	7,000,000
	山東礦業	—	1,100,000
	開灤炭礦	—	23,000,000
	龍烟鐵礦	—	37,825,000
	北支那製鐵	—	11,000,000
	青島製鐵	12,500,000	—
	中山製鋼	—	2,500,000
	山西產業	—	4,999,000
	小計	12,500,000	87,424,000
合計		709,628,301.06	1,041,994,000
投融資總計		1,751,622,301.06	

華北開發公司各關係會社投融資額一覽表

民國三十三年十一月末（單位千元）

種別	業種別	會社別	總額	內計 投資	內計 融資
一般事項	交通	華北交通	921,204	229,254	691,950
		塘沽新港	225,757	—	225,757
		連雲港	33,510	—	33,510
		華北運輸	14,500	1,500	13,000
		天津艀船	18,961	4,051	14,910
		青島埠頭	51,700	10,000	41,700
		華北自動車	3,000	3,000	—
		計	1,268,632	247,805	1,020,827
	通信	華北電々	84,675	21,975	62,700
	電業	華北電業	143,650	143,650	—
		蒙疆電業	41,740	36,580	5,160
		計	155,390	180,230	5,160
	鑛業	龍烟鐵鑛	36,000	36,000	—
		金嶺鎮	6,000	6,000	—
		華北礬土	55,815	4,050	51,765
		華北重石	24,580	6,500	18,080
		北支產金	850	850	—
		鑛山開發	5,000	5,000	—
		計	128,245	58,400	69,845
	製鐵	北支製鉄	119,680	50,000	69,680
	化工	華北窒素	26,500	26,500	—
		山東電化	3,342	1,842	1,500
		東洋化学	9,300	9,300	—
		輕金屬	196,000	13,500	182,500
		化学製品	1,500	1,500	—
		永利化学	6,000	3,000	3,000
		計	242,642	55,642	187,000
	炭業	大同炭礦	44,500	37,200	7,300
		井陘煤礦	38,174	5,360	32,814
		山東鑛業	69,168	29,124	40,044
		中興炭鑛	20,140	5,000	15,140
		大汶口炭礦	25,491	10,000	15,491
		磁縣炭礦	36,713	5,000	31,713
		柳泉炭礦	17,614	9,000	8,614
		山西炭礦	31,301	4,000	32,301
		焦作炭礦	28,151	27,460	691
		新泰炭礦	11,200	11,200	—
		開灤炭礦	43,600	—	43,600
		大青山炭礦	3,750	3,750	—
		計	374,802	147,094	227,708
	塩業	華北塩業	57,450	18,750	38,200
		山東塩業	5,900	1,500	4,400
		計	63,350	20,250	43,100
	商業	石炭販賣	4,350	4,350	—
		蒙古炭礦	1,900	1,900	—
		鉄鋼販賣	10,500	10,500	—
		計	16,750	16,750	—
	棉花	華北纖維	6,400	6,400	—
	其他	山西產業	77,613	42,113	35,500
		開発食糧組合	470	470	—
		華北電線	7,000	4,000	3,000
		醫療組合	2,500	2,500	—
		食糧公社	20,000	20,000	—
		北京生必組合	2,500	2,500	—
		華北機械	2,000	2,000	—
		山西生必組合	140	140	—
		計	112,223	73,723	38,500
	一般事項總計		2,602,789	878,269	1,724,520
小型熔鐵爐事項	製鐵	華北交通	9,000	—	9,000
		山東鑛業	628	—	628
		開灤炭礦	70,200	—	70,200
		龍烟鉄鑛	63,325	—	63,325
		北支製鉄	29,300	—	29,300
		青島製鉄	35,000	25,000	10,000
		山西產業	21,499	—	21,499
		天津製鉄	4,500	60	4,400
		宣化製鉄	2,700	—	2,700
		北支燃化	28,300	10,000	18,300
小型事項總計			264,452	35,060	229,392
全部總計			2,867,241	913,329	953,912

華北開發公司各關係會社投資融資及短期融資額一覽表

(命) 命令事業用款

民國三十四年十月三十一日

會社名	總額	内計		
		投資	融資	短期融資(北京部份)
交通部門	25,022,675,208元.32	247,805,200元.00	1,551,977,000元.00	23,222,893,008元.32
華北交通	22,125,947,008.32	229,254,000.00	1,042,700,000.00	20,853,993,008.32
塘沽新港	903,875,000.00	—	279,357,000.00	621,500,000.00
連雲港	509,660,000.00	—	74,110,000.00	435,550,000.00
華北運輸	285,700,000.00	1,500,000.00	78,700,000.00	205,500,000.00
天津艀船	409,401,200.00	4,051,200.00	17,410,000.00	387,940,000.00
青島埠頭	437,300,000.00	10,000,000.00	59,700,000.00	367,600,000.00
華北自動車	350,810,000.00	3,000,000.00	—	347,810,000.00
通信電業部門	2,600,172,500.00	221,212,500.00	134,560,000.00	2,224,400,000.00
華北電々	1,531,462,500.00	26,462,500.00	73,200,000.00	1,431,800,000.00
華北電業	1,001,880,000.00	143,650,000.00	59,200,000.00	799,030,000.00
蒙疆電業	66,830,000.00	21,100,000.00	2,160,000.00	13,570,000.00
炭業部門	8,840,040,883.41	149,844,200.00	513,612,000.00	8,176,584,683.41
大同炭礦	264,429,683.41	50,000,000.00	37,000,000.00	177,429,683.41
井陘煤礦	617,804,000.00	5,360,000.00	64,704,000.00	547,740,000.00
山東礦業	1,012,639,200.00	29,124,200.00	117,872,000.00	865,643,000.00
中興炭礦	409,430,000.00	5,000,000.00	17,140,000.00	387,290,000.00
大汶口〃	282,671,000.00	10,000,000.00	28,291,000.00	244,380,000.00
磁縣〃	436,723,000.00	5,000,000.00	52,913,000.00	378,810,000.00
山西〃	440,701,000.00	4,000,000.00	51,601,000.00	385,100,000.00
焦作〃	268,251,000.00	27,460,000.00	25,091,000.00	215,700,000.00
新泰〃	103,380,000.00	13,900,000.00	—	89,480,000.00
開滦〃	4,994,812,000.00	—	119,000,000.00	4,474,000,000.00 (命)401,712,000.00
中日實業	9,200,000.00	—	—	9,200,000.00
礦業部門	2,781,585,000.00	104,300,000.00	53,580,000.00	2,623,705,000.00
龍烟鐵礦	308,217,000.00	36,000,000.00	8,000,000.00	245,220,000.00 (命)18,997,000.00
金嶺鎮	215,710,000.00	7,500,000.00	10,000,000.00	198,210,000.00
華北礬土	282,928,000.00	4,050,000.00	—	(命)778,878,000.00
華北重石	401,580,000.00	6,500,000.00	28,080,000.00	367,000,000.00
北支採礦	422,800,000.00	40,000,000.00	—	382,800,000.00
北支產金	850,000.00	850,000.00	—	—

礦山開發	205,000,000.00	5,000,000.00	7,500,000.00	192,500,000.00
利國礦業	370,500,000.00	—	—	370,500,000.00
山東金礦	74,000,000.00	4,000,000.00	—	69,600,000.00
鹽業部門	1,668,105,000.00	21,750,000.00	61,000,000.00	1,585,355,000.00
華北鹽業	1,274,205,000.00	18,750,000.00	51,600,000.00	1,203,855,000.00
山東鹽業	393,900,000.00	3,000,000.00	9,400,000.00	381,500,000.00
棉業部門	6,817,000,000.00	6,400,000.00	—	6,810,600,000.00
華北纖維	6,817,000,000.00	6,400,000.00	—	6,810,600,000.00
製鐵部門	4,304,260,000.00	162,560,000.00	160,680,000.00	3,981,020,000.00
北支製鐵	3,317,276,000.00	150,000,000.00	160,680,000.00	2,915,400,000.00 (命) 91,196,000.00
青島〃	782,954,000.00	12,500,000.00	—	(命) (555,842,000.00 214,612,000.00
天津〃	198,010,000.00	60,000.00	—	(命) 197,950,000.00
宣化〃	6,020,000.00	—	—	(命) 6,020,000.00
工業部門	3,621,975,285.60	73,210,000.00	52,000,000.00	3,496,765,285.60
輕金屬	1,541,891,000.00	13,500,000.00	—	(命) 1,528,391,000.00
燃料化学	538,617,000.00	—	—	(命) 538,617,000.00
華北窒素	83,000,000.00	26,500,000.00	—	56,500,000.00
山東電化	34,310,000.00	2,210,000.00	2,500,000.00	29,600,000.00
東洋化学	107,200,000.00	10,000,000.00	—	97,200,000.00
永利化学	408,780,000.00	3,000,000.00	9,000,000.00	396,780,000.00
華北電綫	116,900,000.00	4,000,000.00	19,000,000.00	93,900,000.00
機械工業	65,500,000.00	2,000,000.00	19,000,000.00	44,500,000.00
華北碍子	19,500,000.00	2,000,000.00	—	17,500,000.00
北支電機	27,600,000.00	2,000,000.00	2,500,000.00	23,100,000.00
唐山製鋼	371,877,285.60	8,000,000.00	—	363,877,285.60
新華電機	45,100,000.00	—	—	45,100,000.00
住友通信	147,300,000.00	—	—	147,300,000.00
芝浦電氣	114,400,000.00	—	—	114,400,000.00
商事部門	11,419,225,000.00	39,655,000.00	—	11,379,570,000.00
石炭販賣	1,029,350,000.00	4,350,000.00	—	1,025,000,000.00
鐵鋼販賣	7,500,000.00	7,500,000.00	—	—
化学製品	190,000,000.00	1,500,000.00	—	188,500,000.00
生計組合	4,612,590,000.00	2,590,000.00	—	(必) 1,281,000,000.00 (食) 3,329,000,000.00
食糧公社	20,000,000.00	20,000,000.00	—	—
蒙古鑛配	7,440,000.00	3,000,000.00	—	4,440,000.00
蒙疆生必	205,000.00	75,000.00	—	130,000.00
山西生必	140,000.00	140,000.00	—	—
重要物資	5,552,000,000.00	500,000.00	—	5,551,500,000.00

其　他	1,990,297,389.50	55,627,389.50	132,800,000.00	1,801,870,000.00
山西產業	1,068,643,100.00	42,113,100.00	67,800,000.00	958,730,000.00
醫療組合	476,610,000.00	2,500,000.00	34,000,000.00	440,110,000.00
東亞烟草	13,000,000.00	—	—	13,000,000.00
華北房產	379,575,000.00	1,875,000.00	31,000,000.00	346,700,000.00
洋灰協議會	15,830,000.00	—	—	15,830,000.00
華北洋灰	21,939,289.50	3,939,289.50	—	18,000,000.00
華北建設團	14,700,000.00	5,200,000.00	—	9,500,000.00
合　計	69,065,336,266.83	1,082,364,289.50	2,660,209,000.00	65,322,762,977.33
居留民團貸付金	6,903,000.00	（北京外十民團）		6,903,000.00
棉花收買資金	450,045,972.61	（天津對纖維公司往來户透支項下）		450,045,972.61
東京實行短期融資	4,400,000.00	（民國三十四年二月二十一日）		4,400,000.00
張家口實行短期融資	861,644,000.00	（民國三十四年八月十五日）		861,644,000.00
總　額	70,388,329,239.44	1,082,364,289.50	2,660,209,000.00	66,645,755,949.94
清算項下貸方餘額	2,632,833,018.71			
命令事業項下投融資額	2,155,125,239.19			
累　計	75,178,287,447.34			

民國卅一年度華北工廠資本額統計表

工業類別	資本系統別	工場數	資本額	生產額
紡織業	總數	1,848	685,466,686	1,093,345,116
	日本	142	510,316,557	645,147,845
	中國	1,685	112,037,506	311,012,588
	合辦	20	63,062,623	137,047,981
	其他	1	50,000	36,702
金屬工業	總數	302	86,463,820	70,765,960
	日本	41	66,013,032	47,478,603
	中國	259	20,044,188	22,964,592
	合辦	2	406,600	322,765
機械工業	總數	641	231,596,871	157,502,934
	日本	155	114,741,652	85,314,542
	中國	462	20,647,674	32,521,353
	合辦	24	96,207,545	39,667,039
窯業	總數	327	81,966,068	62,916,865
	日本	101	17,699,364	17,064,063
	中國	212	49,920,004	33,691,474
	合辦	13	13,546,700	11,513,487
	其他	1	1,000,000	647,841
化学工業	總數	598	239,854,820	339,712,521
	日本	127	152,460,819	182,381,124
	中國	451	67,335,334	141,108,771
	合辦	16	171,081,667	13,988,668
	其他	4	2,977,000	2,223,958
食料品工業	總數	1,841	280,396,185	526,592,576
	日本	245	166,909,642	169,164,971
	中國	1,572	91,023,857	297,132,260
	合辦	16	12,866,416	56,711,520
	其他	8	9,596,270	3,583,825
電氣工業	總數	55	96,120,213	51,026,983
	日本	2	10,643,136	9,018,085
	中國	7	6,704,950	3,408,453
	合辦	45	71,710,198	37,010,638
	其他	1	7,061,929	1,598,807
製材工業	總數	189	39,562,621	65,191,741
	日本	108	33,173,572	54,675,297
	中國	79	5,089,049	8,999,171
	合辦	2	1,300,000	1,517,273
印刷及製本業	總數	226	24,722,967	38,479,878
	日本	71	13,066,403	15,081,539
	中國	148	6,644,834	14,296,380
	合辦	6	4,934,230	9,083,959
	其他	1	77,500	18,000
雜工業	總數	386	247,420,712	391,760,862
	日本	142	193,250,362	291,939,167
	中國	235	33,471,099	65,364,150
	合辦	9	20,699,251	34,457,545
總計	總數	6,143	2,013,570,963	2,797,295,337
	日本	1,134	1,278,274,539	1,517,265,236
	中國	5,120	412,918,495	930,499,192
	合辦	153	301,815,230	341,320,875
	其他	16	20,762,699	8,110,133
	減中國之餘	1,293	1,600,852,468	1,866,796,145

華北日人及日華合辦工廠數目及分佈表

民國三十三年八月

地區＼工場數＼類別	紡織工業	金屬工業	機械工業	窯業	化学工業	食品工業	木工業	其他	合計
北平市	19	13	36	27	24	75	51	81	326
天津市	54	24	43	12	57	55	34	61	340
青島市	54	6	29	15	30	59	13	38	244
河北省	10	8	2	23	8	28	11	8	98
山東省	24	1	9	14	15	32	15	33	143
山西省	17	13	13	23	7	60	10	32	175
冀東地區	2	1	4	5	8	8	4	0	32
開封區	8	1	4	17	5	18	0	0	53
合計	188	67	140	136	154	335	138	253	1411

註：軍管理及華北開發管下工廠不在内。

華北日人及日華合辦工廠實出資金及分佈地区表

民國三十三年八月（單位千元）

地区＼实出資額＼類別	紡織	金屬	機械	窯業	化工	食品	木器	其他	合計
北平市	9,599	11,475	11,897	5,307	13,164	24,695	8,035	20,305	104,407
天津市	182,916	33,468	300,536	4,541	103,772	30,236	76,011	99,834	831,314
青島市	85,342	3,536	24,783	5,390	57,291	57,415	48,935	40,666	323,358
河北省	9,136	1,520	112	2,379	1,357	7,411	2,982	427	25,324
山東省	93,823	650	2,659	12,202	43,686	22,099	2,779	7,199	186,095
山西省	695	2,140	1,770	2,445	2,772	5,187	2,419	4,541	21,969
冀東地区	3,694	10,000	340	415	25,545	4,440	436	—	44,870
開封區	7,408	8,500	2,300	470	525	12,117	—	—	31,320
合計	392,613	71,289	344,487	33,149	248,112	163,510	142,595	172,972	1,568,727

第五節　貿易

第一項　華北对外貿易概觀

華北对外貿易，在我國之地位，次於華中華南，以天津為中心在全國对外貿易中，較之上海及廣州其所佔比例數遠為輕微。第一次世界大战後，華北经濟事業漸趨發達，对外貿易額亦逐年增加，在全國对外貿易額中，其地位亦漸形重要，就輸出貿易言之，一九一四年，華北之輸出數額，佔全國輸出總額百分之七，至一九二一年則昇為百分之12·7至一九三一年左右，則約在百分之十二至十七之間，故就數量言之，華北之对外貿易，雖仍不能与華中南相匹敵，惟貿易額之增加，則殊堪重視，再華北对外貿易之特点，為長期之入超，華北淪陷後，此種情形更為顯著，三十二年以後海洋封鎖，对外貿易一落千丈，入超情形亦未改变也。

華北淪陷後，聯銀券代替法幣，華北包括於所謂「圓系通貨圈」与日圓集團各地区間之貿易，漸呈活躍，依存「日滿」之勢亦逐行增高，惟对第三國之貿易，或经由華中南与第三國之貿易，仍有其重要之地位，蓋僅恃对「日滿」方面之貿易，華北仍不能獲得其充分之需给也。民國廿九年十月，日、德、意三國同盟締結後，对英美貿易更形衰退，卅年六月德蘇開战，对德蘇兩國貿易中断，卅年七月資金凍結，及同年十二月太平洋海战勃發後，華北对欧美貿易遂完全斷絕，而在日軍佔領区之自给自足，更形必要，不得不放棄歷來之外滙政策，進而謀華北对日本，偽滿，華中，偽蒙間重要物資之再調整，貿易統制自屬必要，下表所示可以窺其大畧：

(一) 全國及華北六港別对外貿易總額表（民26至34年）
(二) 對外貿易主要國別輸出入表
(三) 華北商品類別輸出表
(四) 華北商品類別輸入表
(五) 華北國別輸出入圖
(六) 華北商品類別輸出入圖
(七) 華北六港別輸出入圖

全國及華北六港別貿易總額表

年月	全國			華南			華中			華北			天津		青島		芝罘		秦皇島		龍口		威海衛	
	計	輸出	輸入	計	輸出	輸入	計	輸出	輸入	計	輸出	輸入	輸出	輸入	輸出	輸入	輸出	輸入	輸出	輸入	輸出	輸入	輸出	輸入
民國26年	1.795.006	838.770	956.234	424.504	206.004	218.500	1.008.969	417.025	591.544	361.531	215.741	145.790	128872	24.061	58039	49.813	12.315	5.788	11.404	3.706	2.647	1.681	2.464	741
27	1.657.231	763.731	893.500	563.969	274.532	289.437	518.750	234.673	284.077	574.512	254.526	319.986	176.061	233.865	31.445	46.958	15.167	13.423	28.925	23.785	1.774	269	1.354	1.686
28	2.373.377	1.030.359	1.343.018	387.211	212.826	174.385	1.210.780	616.682	594.098	775.386	200.851	574.535	95.594	344.586	56.010	120.997	10.780	28.058	36.409	72.372	471	5.847	1.587	2.605
29	4.020.434	1.976.071	2.044.364	479.505	204.639	274.866	2.228.407	1.443.953	784.456	1.312.522	327.479	985.043	156.022	654.963	101.829	220.387	14.910	23.304	48.528	73.616	972	9.925	5.219	2.848
30	5.331.805	2.911.644	2.420.161	1.046.230	473.741	572.516	2.866.778	2.049.899	816.874	1.418.197	388.032	1.030.765	178.054	912.425	119.361	219.102	11.493	13.922	76.659	82.632	364	1.717	2.100	957
31	2.155.264	1.499.686	655.576	216.470	173.915	42.555	1.035.686	90.808	127.606	903.106	417.690	485.415	161.523	262.654	118.023	134.716	2.183	3.404	134.099	82.338	662	2.074	1.201	170
32	----	----	----	----	----	----	----	----	----	1.136.054	620.917	515.137	215.335	269.926	192.609	136.342	2.034	4.634	210.119	103.471	592	465	228	290
30 1	451.209	232.634	218.573	144.844	84.856	59.990	165.78	115.087	50.091	141.183	32.691	108.492	18.913	83.759	7.995	19.580	1.128	1.034	4.646	3.897	8	68	—	154
2	371.389	171.944	199.445	61.232	17.645	43.587	192.303	122.748	69.555	117.854	31.551	86.303	18.836	52.555	8.660	19.495	1.224	1.239	2.790	2.899	38	106	4	18
3	392.704	208.237	184.467	64.125	15.226	48.899	221.564	163.046	58.518	107.016	29.966	77.050	10.590	44.818	12.941	24.043	1.648	1.102	4.645	6.964	2	111	139	13
4	498.513	257.759	240.754	78.268	30.768	47.500	281.244	184.924	96.320	139.000	42.066	96.934	23.564	63.626	12.238	23.592	1.973	1.431	4.608	7.657	18	115	666	513
5	462.913	248.540	214.373	62.493	12.974	49.519	270.639	197.866	72.773	129.781	37.699	92.080	16.461	56.582	11.826	24.592	1.151	1.924	8.103	8.692	40	279	129	11
6	579.265	347.617	231.648	146.206	79.432	66.774	286.335	219.422	66.913	146.724	48.763	97.961	28.330	70.384	11.637	21.821	1.987	922	6.570	4.491	19	312	215	31
7	521.859	269.482	252.377	111.697	42.077	69.620	282.425	187.205	95.220	127.736	40.199	87.537	22.486	64.137	7.805	17.723	964	2.924	8.344	2.602	26	150	564	8
8	879.643	283.660	195.983	75.722	42.017	33.705	290.767	212.638	78.129	113.152	29.004	84.148	13.126	69.349	6.184	12.205	383	572	9.239	1.836	47	116	30	71
9	436.074	270.195	165.879	48.220	21.881	26.339	287.645	223.019	64.626	100.209	25.294	74.915	4.208	44.811	12.323	15.920	258	898	8.505	13.108	1	170	0	7
10	575.422	296.741	278.681	175.651	63.429	112.222	283.304	214.210	69.094	116.468	19.103	97.365	6.250	71.698	6.681	11.228	345	1.044	5.807	13.195	3	169	17	31
11	316.537	180.328	136.209	54.733	47.346	7.387	166.801	106.296	60.505	95.004	26.687	68.317	8.652	45.698	8.865	14.877	200	322	8.808	7.251	111	81	57	88
12	246.279	144.507	101.772	23.037	16.063	6.974	138.573	103.438	35.135	84.670	25.007	59.663	7.633	40.025	12.216	14.026	262	510	4.594	5.050	51	40	281	12
31. 1	135.921	74.856	61.065	41.278	28.412	12.866	40.323	27.867	12.456	54.322	18.578	35.744	7.073	20.032	6.285	10.650	160	184	4.793	4.828	85	37	182	13
2	120.371	67.278	53.093	4.567	3.005	1.562	54.988	45.884	9.104	60.818	18.390	42.428	6.822	19.176	5.210	11.487	138	364	6.187	11.254	31	136	-	11
3	150.166	82.796	67.370	11.634	10.044	1.590	49.176	40.204	8.972	89.357	32.549	56.808	11.329	26.063	14.047	11.466	109	169	7.060	19.091	2	20	-	0
4	244.213	183.291	60.922	5.800	4.647	1.153	136.419	127.312	9.107	101.995	51.332	50.663	27.246	21.173	10.355	13.493	442	322	13.190	15.587	99	62	-	26
5	179.336	117.035	62.301	24.662	22.000	2.662	69.164	57.263	11.901	85.511	37.772	47.739	22.506	28.294	6.545	12.887	169	296	8.174	6.133	—	66	308	65
6	146.097	95.427	50.670	6.341	3.595	2.746	63.848	55.280	8.586	75.908	36.552	39.356	15.552	21.366	11.693	11.852	150	173	9.050	5.894	72	64	15	7
7	216.111	160.366	55.745	23.879	20.296	3.583	113.834	100.801	13.033	78.398	39.269	39.129	15.000	24.310	13.022	11.011	109	309	10.790	3.435	71	46	196	18
8	192.082	150.770	41.312	19.125	17.083	2.042	92.448	84.753	7.695	80.510	48.935	31.575	18.119	19.910	4.501	8.744	117	336	21.133	3.027	65	58	—	—
9	236.939	192.372	44.567	17.389	14.463	2.926	159.154	151.504	7.650	60.396	26.405	33.991	4.424	17.934	6.699	11.520	295	410	14.854	3.839	66	280	67	7
10	182.489	132.556	49.933	18.960	14.930	4.030	92.742	77.970	14.772	70.786	39.656	31.130	11.681	17.976	11.195	7.360	32	103	10.432	4.883	35	792	228	16
11	147.964	96.183	51.781	14.599	11.323	3.276	66.440	55.598	10.842	66.925	29.262	37.663	6.268	20.672	11.078	14.468	206	464	11.585	1.696	19	362	106	3
12	203.575	146.758	56.817	28.237	24.117	4.120	97.152	83.646	13.506	78.187	38.995	39.192	15.500	25.749	12.393	10.279	176	337	10.851	2.673	48	151	27	3
32. 1	---	---	---	---	---	---	---	---	---	92.529	52.465	40.064	30.258	22.918	9.255	10.393	345	449	17.559	6.291	48	39	—	17
2	---	---	---	---	---	---	---	---	---	96.926	56.400	40.526	20.168	12.121	13.478	14.800	112	162	16.591	15.326	22	46	34	1
3	---	---	---	---	---	---	---	---	---	124.121	70.642	53.479	36.830	25.745	15.398	13.017	45	378	18.285	14.259	76	58	8	22
4	---	---	---	---	---	---	---	---	---	104.285	51.981	52.304	17.025	23.445	15.404	11.275	43	342	19.401	17.121	60	106	9	15
5	---	---	---	---	---	---	---	---	---	116.564	76.419	40.145	25.112	19.314	29.002	7.539	636	245	21.541	13.023	108	21	—	3
6	---	---	---	---	---	---	---	---	---	100.384	54.154	46.230	8.998	26.313	25.637	11.452	287	284	18.193	8.169	31	7	8	5
7	---	---	---	---	---	---	---	---	---	86.088	38.795	47.293	11.688	26.424	7.840	12.009	129	1.210	19.079	7.514	51	29	8	107
8	---	---	---	---	---	---	---	---	---	89.084	48.032	41.052	22.242	21.910	8.741	14.077	154	384	16.813	4.657	39	10	43	14
9	---	---	---	---	---	---	---	---	---	67.838	33.912	35.926	15.504	23.579	2.887	8.617	42	379	15.374	3.310	91	29	14	12
10	---	---	---	---	---	---	---	---	---	73.370	39.615	33.755	8.506	20.382	15.529	8.535	50	176	15.438	4.573	23	23	9	71
11	---	---	---	---	---	---	---	---	---	105.749	66.383	39.366	6.395	25.099	43.316	9.220	125	187	16.514	4.807	17	46	16	0
12	---	---	---	---	---	---	---	---	---	77.121	23.122	44.999	6.613	22.680	6.044	15.378	68	446	18.331	6.421	26	54	40	20

註：根據海關進出口貿易統計月報及華北六港貿易統計月報

華北國別輸入額表

單位國幣千円

年月	合計	日本				滿洲國並關東州			共榮圈									第三國
		計	内地	台灣	朝鮮	計	滿洲國	關東州	計	香港	菲律賓	安南	暹羅	緬甸	海峽殖民地及馬來	蘭印	北婆羅州	
		總額																
民國29年	1.311.546	511.241	466.143	23.285	21.813	132.558	---	132.558	184.578	40.235	1.644	68.769	18.866	2.140	9.224	43.632	86	482.969
30	1.418.748	601.678	506.411	48.734	46.534	100.460	---	100.060	196.866	33.048	1.127	71.147	11.845	24.436	6.493	48.554	217	520.143
31	903.780	646.381	579.420	35.519	31.442	219.609	158.409	51.292	26.003	5.355	38	3.174	8.167	2.240	122	7.008	-	21.648
32	1.139.389	806.782	739.535	27.159	40.088	284.216	241.951	42.265	24.290	9.792	-	9.112	4.730	-	1	655	-	24.101
32.1	92.472	71.440	65.442	2.288	2.709	15.631	12.969	2.662	3.159	2.736	-	408	-	-	-	16	-	2.263
2	96.933	64.399	81.333	1.892	1.172	26.124	23.150	2.974	4.693	1	-	4.062	-	-	-	631	-	1.719
3	144.195	87.817	83.841	1.815	2.161	32.402	26.155	6.446	2.097	2.097	-	-	-	-	-	1	-	1.678
4	104.394	67.950	63.882	956	3.112	33.248	27.896	3.352	63	32	-	30	-	-	-	1	-	3.133
5	117.275	86.216	82.403	1.842	1.900	29.573	26.094	3.479	497	130	-	367	-	-	-	-	-	1.009
6	102.452	72.044	66.159	2.609	3.296	25.674	21.216	3.958	3.686	189	-	2.626	872	-	0	-	-	1.047
7	86.296	59.097	53.539	2.947	2.610	25.523	20.197	4.824	1.048	594	-	38	416	-	-	-	-	628
8	89.099	67.386	57.908	4.500	5.788	17.129	17.656	3.565	115	-	-	57	53	-	0	3	-	4.469
9	69.902	48.001	40.243	2.631	5.127	20.012	17.627	3.085	614	191	-	116	229	-	-	-	77	575
10	73.371	53.979	48.870	979	4.129	18.536	15.700	2.836	602	457	-	-	144	-	-	-	-	254
11	105.793	79.341	74.828	902	3.611	14.078	11.752	2.426	3.092	2.335	-	215	540	-	-	2	-	9.282
12	77.120	49.168	46.896	2.444	4.521	21.295	18.537	2.758	3.765	1.031	-	1.194	1.540	-	-	-	-	2.391
		輸入																
民國29年	983.867	428.791	395.381	19.666	13.744	72.402	---	72.408	168.495	24.910	1.430	68.741	18.811	2.107	9.169	43.460	67	314.137
30	1.030.765	438.883	391.263	21.945	25.675	29.551	---	29.551	174.587	11.426	885	71.135	11.516	24.427	6.442	48.488	217	387.794
31	486.040	353.253	316.632	17.765	17.150	39.408	74.101	15.467	24.234	5.498	38	2.365	7.264	2.240	122	7.008	-	19.084
32	518.154	343.577	296.722	26.884	19.971	133.987	104.725	29.262	17.445	4.694	-	8.208	3.888	-	-	655	-	23.144
32.1	40.029	30.262	25.385	3.038	1.839	6.899	5.586	1.313	654	638	-	-	-	-	-	16	-	2.214
2	40.532	20.837	18.167	1.879	791	13.790	12.517	1.243	4.636	1	-	4.004	-	-	-	631	-	1.270
3	52.647	33.081	29.420	1.815	1.846	18.863	13.926	4.737	2	2	-	-	-	-	-	1	-	1.600
4	52.409	30.906	28.771	954	1.181	18.307	15.756	2.552	63	32	-	30	-	-	-	1	-	3.133
5	40.816	25.862	23.098	1.839	926	14.295	12.080	2.215	36	2	-	33	-	-	-	-	-	684
6	42.297	33.416	29.448	2.610	1.358	11.220	8.160	3.060	2.625	4	-	2.521	99	-	-	-	-	1.038
7	49.298	34.940	30.040	2.947	1.958	11.391	7.144	4.248	447	-	-	38	411	-	0	-	-	518
8	41.052	33.018	26.325	4.500	2.175	3.449	4.545	2.995	119	-	-	57	53	-	1	-	-	4.469
9	35.933	27.094	22.463	2.631	1.999	7.650	5.594	2.056	614	191	-	116	229	-	-	3	77	575
10	33.756	26.764	23.589	980	2.195	6.136	4.254	1.882	602	457	-	-	144	-	-	1	-	254
11	39.376	21.816	19.236	902	1.678	5.187	4.322	865	3.902	2.335	-	215	540	-	-	1	-	9.282
12	44.998	25.933	20.779	2.744	2.410	12.708	10.842	1.866	3.465	1.031	-	1.194	1.540	-	-	2	-	3.592
		輸出																
民國29年	327.779	82.450	70.768	3.619	8.069	60.149	---	60.149	16.083	15.525	214	28	55	33	54	172	2	168.796
30	387.983	162.795	115.148	26.789	20.859	70.510	---	70.510	22.378	21.622	241	12	329	7	50	67	-	132.350
31	47.690	293.127	262.788	18.154	12.286	120.231	84.408	3.583	1.768	156	0	809	803	-	-	0	-	2.564
32	621.235	463.205	442.813	295	20.117	150.229	137.226	13.003	6.844	5.098	-	404	842	-	-	-	-	957
32.1	52.414	41.100	40.057	250	870	8.732	7.384	1.349	2.505	2.492	-	408	-	-	-	-	-	49
2	56.400	43.560	43.166	13	381	12.333	10.633	1.701	58	-	-	58	-	-	-	-	-	449
3	70.648	54.736	54.421	-	315	13.739	17.230	1.509	2.092	209	-	-	-	-	-	-	-	79
4	56.984	37.144	35.111	2	1.931	14.447	14.140	800	-	-	-	-	-	-	-	-	-	-
5	76.419	60.353	57.306	3	1.045	15.279	14.014	1.265	46	128	-	333	-	-	-	-	-	326
6	54.153	38.628	36.710	-	1.918	14.454	13.556	898	1.062	184	-	105	773	-	-	-	-	9
7	38.993	24.157	23.500	-	657	14.132	13.556	576	599	594	-	-	5	-	-	-	-	110
8	48.048	34.368	30.703	0	3.595	13.680	13.110	570	-	-	-	-	-	-	-	-	-	-
9	33.969	20.908	17.780	-	3.178	13.062	17.033	1.029	-	-	-	-	-	-	-	-	-	-
10	39.615	27.215	25.281	-	1.934	12.400	14.446	953	-	-	-	-	-	-	-	-	-	-
11	66.416	57.525	55.592	-	1.933	8.891	7.430	1.461	-	-	-	-	-	-	-	-	-	-
12	32.122	23.236	21.117	8	2.111	8.580	7.695	892	-	-	-	-	-	-	-	-	-	299

註：根據華北六港外國貿易統計月報及華北貿易統制總會調查

商品類別輸出額表

單位 國幣圓

年月	合計	動物及其製品	皮革及皮毛	魚介及海產物	豆	穀類及其製品	植物性染料	鮮果乾果及貯藏果	藥材及香味料	油脂及蠟	種子	酒精飲料	砂糖	茶	煙草	蔬菜
民國26年	215.730.931	40.337.835	23.192.849	506.719	1.368.689	3.294.053	670	4.862.059	2.493.256	20.263.525	18.501.283	580.670	100	122.328	4.601.221	1.335.249
27	254.526.683	39.165.313	10.026.710	590.566	1.466.226	1.739.645	27.024	3.419.702	4.849.729	8.395.360	18.031.941	339.091	402	618.614	5.048.809	1.215.949
28	200.795.024	56.559.705	9.009.393	1.180.193	1.462.739	2.651.049	7.789	4.438.676	7.353.936	12.461.616	19.356.047	340.974	-	240.795	4.151.049	1.332.522
29	327.280.297	93.382.968	19.806.121	760.499	2.149.196	2.815.647	10.566	9.294.646	11.323.148	21.421.951	25.805.529	1.052.714	-	81.240	70.141	2.496.849
30	387.536.846	59.560.361	16.609.440	345.816	3.756.342	4.255.183	2.378	10.358.032	16.957.422	18.975.555	40.201.069	1.322.307	-	219	1.998.056	1.908.588
31	416.832.995	10.977.737	1.115.629	467.621	4.581.720	7.696.807	300	797.784	6.167.245	10.120.514	32.688.522	294.451	510	-	691.215	1.414.650
32	620.915.925	10.483.907	1.832.717	131.683	906.762	13.946.916	535	1.336.063	19.143.183	69.524.070	62.573.943	251.848	96	98.820	186.077	1.000.229
31.7	39.047.051	1.105.792	8.836	47.713	207.058	1.077.586	-	233.379	735.733	1.296.478	5.169.822	-	-	-	-	58.299
8	48.904.680	1.763.988	71.485	4.173	777.949	483.904	-	26.301	305.664	71.685	4.186.051	248	-	-	122	82.968
9	26.385.265	1.630.003	400.055	13.261	-	123.253	-	19.515	652.965	180	1.340.752	84.305	-	-	25	168.758
10	39.617.579	1.544.920	50.555	-	1.092.246	1.573.673	-	6.495	762.266	1.717.071	4.266.278	111.716	-	-	-	13.410
11	29.261.558	931.317	240.132	48	110.248	1.658.251	-	99	316.757	1.362.929	2.177.284	341	-	-	350.309	15.463
12	38.995.097	3.799.238	16.670	9.020	64.652	887.959	-	97.531	482.127	168	1.273.628	91.867	360	-	240.703	85.674
32.1	52.394.886	798.774	239	130.565	237.150	343.958	30	99.703	2.669.548	200	1.995.986	59.244	-	-	185.689	319.617
2	56.400.469	812.583	135.217	-	-	517.636	-	364.568	240.660	302.936	3.102.300	2.599	-	-	316	82.195
3	70.642.625	935.428	69.127	-	-	1.623.885	480	3.015	4.535.026	3.304.723	5.055.298	309	-	-	10	29.189
4	51.981.464	423.292	165.840	50	-	994.160	-	54.251	445.965	994.682	1.713.470	2.985	-	-	-	
5	76.418.707	669.850	57.174	-	259.547	2.166.246	25	8.683	671.581	9.228.514	13.541.482	25.703	-	-	-	54.708
6	54.152.941	238.935	508.189	927	86.219	1.586.277	-	4.826	1.028.445	6.859.827	10.453.967	228.719	96	-	-	265.886
7	38.774.320	94.484	-	-	291.187	601.714	-	20	1.208.410	2.768.245	6.326.545	8.691	-	-	-	179.438
8	48.032.646	125.851	348.356	20	-	2.292.883	-	439.694	1.170.513	1.662.872	10.418.360	385	-	-	-	17.690
9	33.914.863	39.068	164.677	-	32.659	2.305.800	-	204.882	5.254.088	831.002	3.799.129	2.870	-	-	-	3.480
10	39.614.736	31.658	237.234	47	-	1.130.940	-	16.000	1.343.455	8.002.573	4.865.872	222	-	-	-	40.000
11	66.383.030	5.909.549	84.724	10	-	253.962	-	3.618	264.663	35.111.356	1.129.368	644	-	-	-	12
12	32.112.038	414.835	63.750	64	-	669.455	-	36.813	1.000.529	387.170	172.066	9.497	-	98.820	62	10.014

年月	其他植物製品	竹及其製品	燃料	藤	木材及其製品	紙	紡織用纖維	絲織絲組物及編物	織物	其他紡織製品	鑛金屬及金屬製品	玻璃及玻璃器	石土砂及其製品琺瑯磁器及陶瓷器	化學藥及其調合品	印刷物	雜品
民國26年	3.274.863	31.340	12.903.922	149	536.217	59.871	53.354.674	4.594.576	2.478.79	7.009.372	595.78	118.817	703.734	3.292.462	84.707	5.238.086
27	2.587.681	113.297	14.561.256	8.115	392.212	1.523.685	108.216.403	3.598.304	2.263.840	7.176.379	4.987.859	80.432	1.727.375	3.759.609	408.807	5.106.397
28	1.048.480	413.941	28.556.140	24.443	536.483	897.650	10.237.134	3.168.397	739.327	9.269.224	3.584.813	210.699	2.964.835	4.606.453	224.551	15.865.738
29	1.142.571	309.561	59.318.960	48.369	785.699	816.862	14.684.488	4.265.811	229.710	15.458.150	6.831.640	424.209	3.340.160	9.256.685	261.187	21.985.017
30	2.528.427	149.845	111.373.573	36.884	1.188.294	1.185.660	12.614.258	2.910.366	9.509.568	22.840.053	13.492.175	518.812	4.887.888	14.836.385	215.927	72.996.998
31	1.356.903	104.024	137.768.565	665	701.688	1.489.828	124.078.098	331.678	775.268	1.400.607	18.710.658	79.693	4.449.584	31.693.949	443.689	10.243.195
32	1.197.489	35.713	176.220.089	22	904.170	877.658	159.524.789	49.133	3.027.408	7.019.347	33.254.124	173.736	4.480.340	45.628.089	41.034	6.365.944
31.7	188.205	10.935	10.379.012	-	292.372	-	13.154.741	11.400	111.400	135.410	1.356.627	14.371	463.161	3.128.502	1.010	200.411
8	118.458	-	20.969.654	-	80.869	49.915	13.918.600	275	275	303.560	2.511.124	29.300	254.775	2.065.380	34.613	654.316
9	465.729	-	12.304.740	-	45.126	165	231.946	11.445	11.445	268.483	3.006.172	-	352.606	4.016.410	500	998.592
10	182.209	44	14.931.853	-	29.492	40	5.903.981	173.598	173.598	168.581	1.987.145	10.040	386.241	4.164.161	-	541.152
11	12.115	-	12.167.525	665	12.830	802.507	1.364.273	76.140	76.140	258.283	1.620.294	6.000	847.244	2.880.538	91.299	1.928.678
12	39.488	3.765	14.124.787	-	11.769	56.385	10.619.854	28.263	28.263	262.535	2.060.959	235	409.344	3.557.448	247.283	761.403
32.1	30.338	-	15.680.186	-	48.663	652	22.566.408	4.575	146.699	124.777	2.800.673	52.800	536.293	2.824.225	3.090	734.814
2	96.304	-	14.737.130	-	51.544	-	27.712.785	929	919	37.425	2.851.740	-	314.782	4.132.943	2.470	770.849
3	125.282	-	13.403.728	-	281.366	540.144	33.712.013	13.315	506.497	128.543	2.364.030	47.436	637.504	2.551.141	11.700	1.296.036
4	519	-	14.575.613	-	223.005	317.518	20.250.195	-	1.185.495	420.694	3.788.182	-	168.849	4.907.284	9.324	1.274.889
5	660.992	24.200	16.925.978	-	104.195	-	23.492.430	9.500	646.705	690.873	3.399.494	-	136.373	2.769.540	5.000	654.316
6	133.685	13	14.682.737	-	60.208	-	7.590.973	16.791	434	786.129	3.562.051	73.500	318.078	5.590.920	300	156.876
7	11.692	-	15.400.572	-	87.758	-	4.606.221	-	537.322	130.731	3.082.204	-	438.509	3.143.619	-	38.315
8	44.639	-	13.754.338	-	14.982	-	9.158.503	-	150	1.402.111	2.393.253	-	463.903	2.212.308	250	126.065
9	22.463	-	12.491.240	-	-	19.344	2.675.005	-	260	460.900	2.422.820	-	442.961	2.438.425	9.200	153.000
10	540	-	14.108.958	-	20.577	-	954.562	4.023	660	1.145.567	2.563.222	-	602.830	4.208.886	-	469.591
11	1.598	11.500	11.824.531	-	6.651	-	1.629.969	-	884	1.004.860	2.431.697	-	274.870	6.000.482	-	437.994
12	19.449	-	16.675.284	22	5.200	-	5.104.705	-	1.384	668.734	1.584.758	-	145.298	4.838.325	-	255.183

商品類別輸入額表

年月	合計	棉布	染色棉布	印花綿布	雜類綿布	棉花、棉織紗及棉紗	雜綿製品	亞麻苧麻大麻黃麻及其製品	羊毛及其製品	絲人造絲及其製品	金屬及鑛	機械及工具	車輛及船舶	雜金屬製品	魚介及海產物	動物產品罐頭食品及食料品	穀物及穀粉	果實種子及蔬菜
民國26年	64.127.708	101.095	430.006	26.188	126.857	266.478	329.372	1.460.019	1.372.475	767.527	8.894.926	7.205.281	4.730.840	2.238.012	902.705	325.713	1.366.895	250.177
27	138.576.741	389.738	3.126.837	487.374	73.450	313.486	402.903	1.757.378	4.037.468	5.305.780	8.535.505	13.398.207	3.151.654	4.514.612	1.563.570	1.458.937	35.076.640	3.582.844
28	230.202.095	487.443	1.629.104	1.385.443	155.443	5.833.117	481.566	2.348.657	2.930.872	5.310.593	12.808.996	14.773.811	4.557.725	5.916.270	3.993.889	3.848.765	62.380.563	7.339.603
29	363.412.154	58.979	1.667.233	704.604	167.305	17.958.908	707.802	11.259.572	3.202.183	10.658.822	24.667.704	19.089.755	6.757.529	8.563.365	8.540.198	9.218.127	102.016.662	9.643.954
30	380.343.391	1.061.881	4.286.969	1.843.387	21.763	40.538.524	108.560	2.965.446	1.654.240	9.421.341	11.267.212	14.895.307	4.174.010	6.136.799	4.087.196	8.311.262	141.857.114	5.270.909
31	485.052.791	231.657	88.755	19.371	36.531	6.998.455	1.155.188	1.403.635	2.225.191	27.997.022	20.038.667	40.849.941	7.608.183	20.951.019	13.439.344	16.246.915	58.709.821	11.435.745
32	515.136.583	808.785	544.527	208	25.967	290.287	227.307	6.432.635	1.857.773	35.344.369	8.960.163	43.521.620	10.535.559	18.882.705	15.804.865	36.016.030	53.608.982	20.671.888
31.7	14.437.330	2.476	-	-	83	4.350	239.334	144.033	51.298	1.376.996	1.006.816	1.290.002	294.158	664.655	226.938	319.855	535.419	100.622
8	11.657.547	-	786	-	108	-	36.574	24.985	28.808	469.130	814.063	967.115	243.522	511.845	307.901	136.070	65.270	148.550
9	12.545.228	-	1.183	-	105	589.715	1.224	1.152	47.785	596.762	340.070	1.246.870	167.038	531.819	286.434	219.666	286.520	63.990
10	11.497.181	-	-	-	132	5.711	5.912	44.122	110.388	642.142	292.297	1.010.473	283.347	594.917	280.405	241.448	555.579	238.133
11	13.882.536	32.885	2.112	4	4.484	16.395	4.790	88.468	88.404	1.108.841	381.518	1.359.413	160.027	627.939	559.988	603.600	92.422	486.001
12	14.475.339	874	-	-	301	540	3.946	5.499	64.582	1.072.554	274.860	989.493	222.692	732.575	471.467	871.849	284.863	708.575
32.1	40.062.611	-	-	-	13.316	317	1.743	644.812	236.017	3.087.559	565.817	3.532.792	640.985	1.838.808	1.101.292	2.548.318	3.577.003	1.850.963
2	40.525.610	-	-	-	-	-	2.318	242.314	217.906	2.453.592	395.603	2.387.674	790.890	871.477	1.326.533	3.196.546	13.708.994	748.503
3	53.478.512	39.903	-	-	149	119.988	653	754.365	124.577	3.575.902	931.585	4.347.010	1.060.940	1.403.572	1.828.465	4.748.214	8.173.143	1.600.592
4	45.473.109	259.845	364.506	-	182	25.465	5.618	800.239	98.055	3.909.556	1.890.174	3.685.847	1.020.525	2.617.151	1.290.772	2.182.462	6.838	1.991.723
5	40.144.614	302.017	166.863	-	-	4.591	5.230	165.019	202.795	2.425.182	924.498	2.617.889	320.411	1.813.649	1.193.365	2.312.629	7.079.301	2.887.981
6	46.229.215	129.694	10.403	-	68	23.356	47.687	205.839	92.044	2.973.029	664.372	4.819.038	534.595	1.894.820	2.062.200	2.462.234	6.010.532	2.984.155
7	47.292.674	58.926	1.440	24	9.277	12.417	4.558	181.344	142.724	2.318.300	754.382	5.860.644	1.760.162	1.537.340	1.775.056	2.900.018	2.460.847	4.549.620
8	41.051.284	216	295	32	38	12.721	73.440	158.412	95.340	2.640.815	705.550	3.683.771	1.231.350	1.710.207	870.246	2.572.925	1.539.378	1.185.169
9	35.925.855	6.154	257	43	352	59.579	18.502	306.545	257.885	2.166.698	864.125	3.302.205	754.979	1.843.490	723.174	2.312.244	981.356	153.398
10	33.755.772	12.71	370	14	1.221	9.254	23.787	2.135.850	195.236	3.170.059	583.254	2.787.647	1.069.544	1.084.957	1.066.081	2.681.053	538.737	332.291
11	39.366.667	24	119	16	162	14.382	26.976	645.295	51.932	3.592.635	337.769	2.475.476	620.598	1.147.260	1.036.705	3.122.126	420.957	656.390
12	44.998.372	35	254	79	1.202	7.417	16.795	163.311	42.561	3.631.042	443.734	4.021.627	730.610	1.325.474	1.636.976	4.967.260	2.789.358	1.927.103

年月	藥材及香味料	砂糖	酒、麥酒、蒸溜酒及清涼飲料水等	煙草	化學藥及成藥	染料、顏料及塗料	蠟燭、鹼、油脂、橡皮及樹脂	書籍、地圖、紙及紙類	皮革及其他動物產品	木材	木、竹、藤、椰皮藤及其製品	煤、燃料及瀝青	磁器、琺瑯器及玻璃器	石土及其製品	雜品
民國26年	666.650	1.907.043	39.425	1.751.098	4.076.704	2.786.564	6.284.887	4.791.422	324.871	3.714.658	584.166	225.663	533.727	323.450	5.302.831
27	689.984	4.723.250	774.787	1.465.988	6.110.764	3.787.146	6.705.810	5.485.369	612.008	6.645.039	1.293.934	222.623	679.222	274.757	7.767.503
28	1.730.111	16.709.486	1.528.084	1.122.650	11.156.660	6.288.764	13.080.541	61.343.790	955.587	7.330.085	2.504.095	277.578	1.191.035	940.353	15.423.662
29	2.576.545	18.884.926	2.011.771	1.567.846	12.060.409	7.363.014	27.409.487	12.452.367	2.244.832	14.121.999	4.776.658	343.841	2.769.125	1.493.631	18.951.524
30	2.449.618	18.223.813	1.576.557	1.843.672	13.044.305	5.406.655	16.004.710	18.861.887	1.438.066	10.558.788	3.971.593	118.592	3.818.305	1.582.544	13.491.907
31	3.109.195	24.281.284	1.875.534	5.547.609	40.184.899	13.010.834	12.334.864	57.545.084	374.949	35.199.051	9.823.760	659.764	9.403.959	3.222.006	39.075.579
32	4.482.902	19.762.232	1.040.870	7.285.173	46.506.166	24.036.458	8.613.072	53.637.522	2.230.024	11.020.940	12.894.487	6.185.493	4.780.022	3.820.798	55.306.324
31.7	176.687	212.659	53.359	9.309	1.337.136	583.890	467.729	1.989.472	9.913	1.490.070	395.538	49.829	194.924	86.168	1.153.568
8	127.714	64.160	82.932	63.838	1.508.650	478.834	195.596	1.828.169	1.968	1.209.124	304.155	33.518	238.683	140.144	1.013.332
9	135.179	570.656	54.704	81.064	1.538.082	999.959	253.140	2.029.797	24.981	812.788	257.123	48.016	231.340	117.431	979.249
10	85.919	293.758	47.240	336.469	951.644	273.919	251.532	2.357.715	3.095	1.007.652	269.219	43.860	217.401	88.030	1.014.720
11	122.459	1.168.275	76.486	52.333	1.477.652	311.426	376.524	1.932.867	347	516.511	278.032	17.757	242.089	103.241	1.589.222
12	96.725	2.053.484	66.688	444.602	1.265.058	431.653	382.242	1.484.140	26.982	388.387	339.497	7.652	242.243	113.176	1.429.140
32.1	388.180	2.288.610	127.386	1.694.959	3.034.507	1.494.323	847.856	3.956.007	19.949	993.381	804.554	15.703	550.731	140.430	4.366.593
2	241.881	1.487.875	35.871	1.225.248	1.988.442	688.194	631.810	3.306.510	19.685	809.171	658.481	231.073	187.867	247.117	3.094.059
3	421.522	731.342	154.874	858.164	4.738.247	1.038.860	1.033.721	4.966.132	23.592	1.410.838	1.097.989	1.122.216	657.395	200.488	6.371.112
4	391.390	327.991	153.678	645.246	6.654.719	2.407.233	803.573	6.663.523	109.235	896.005	1.083.875	1.252.740	551.389	167.781	3.815.472
5	224.343	1.332.008	187.475	485.560	2.640.992	670.539	446.206	4.477.577	113.133	521.146	989.469	580.767	293.395	211.822	4.608.362
6	163.634	1.841.340	26.938	108.426	4.617.635	1.244.433	486.119	4.840.011	393.157	763.101	1.484.392	64.351	444.743	287.444	4.549.363
7	362.326	1.926.403	23.497	606.129	4.454.778	965.179	713.850	6.515.399	505.068	610.126	1.606.316	32.219	330.567	395.923	4.908.025
8	388.615	3.754.591	44.043	796.924	4.828.853	1.040.356	534.309	4.950.845	243.344	805.966	1.597.578	189.563	343.883	685.367	4.376.116
9	392.490	1.986.281	41.155	158.076	4.527.845	910.827	671.375	4.690.920	280.380	1.195.782	1.148.481	841.636	492.625	417.887	4.415.108
10	347.009	645.647	106	294.757	2.955.642	1.506.501	667.874	3.696.616	267.550	956.505	956.491	720.734	510.185	339.729	4.179.090
11	628.430	512.144	69.553	307.711	2.592.104	9.490.317	960.194	3.193.904	135.280	1.077.361	601.015	724.610	213.507	417.752	4.195.878
12	533.074	2.928.000	173.293	103.973	3.848.397	2.579.726	816.086	4.100.778	119.684	881.158	866.246	409.881	203.735	309.058	6.427.146

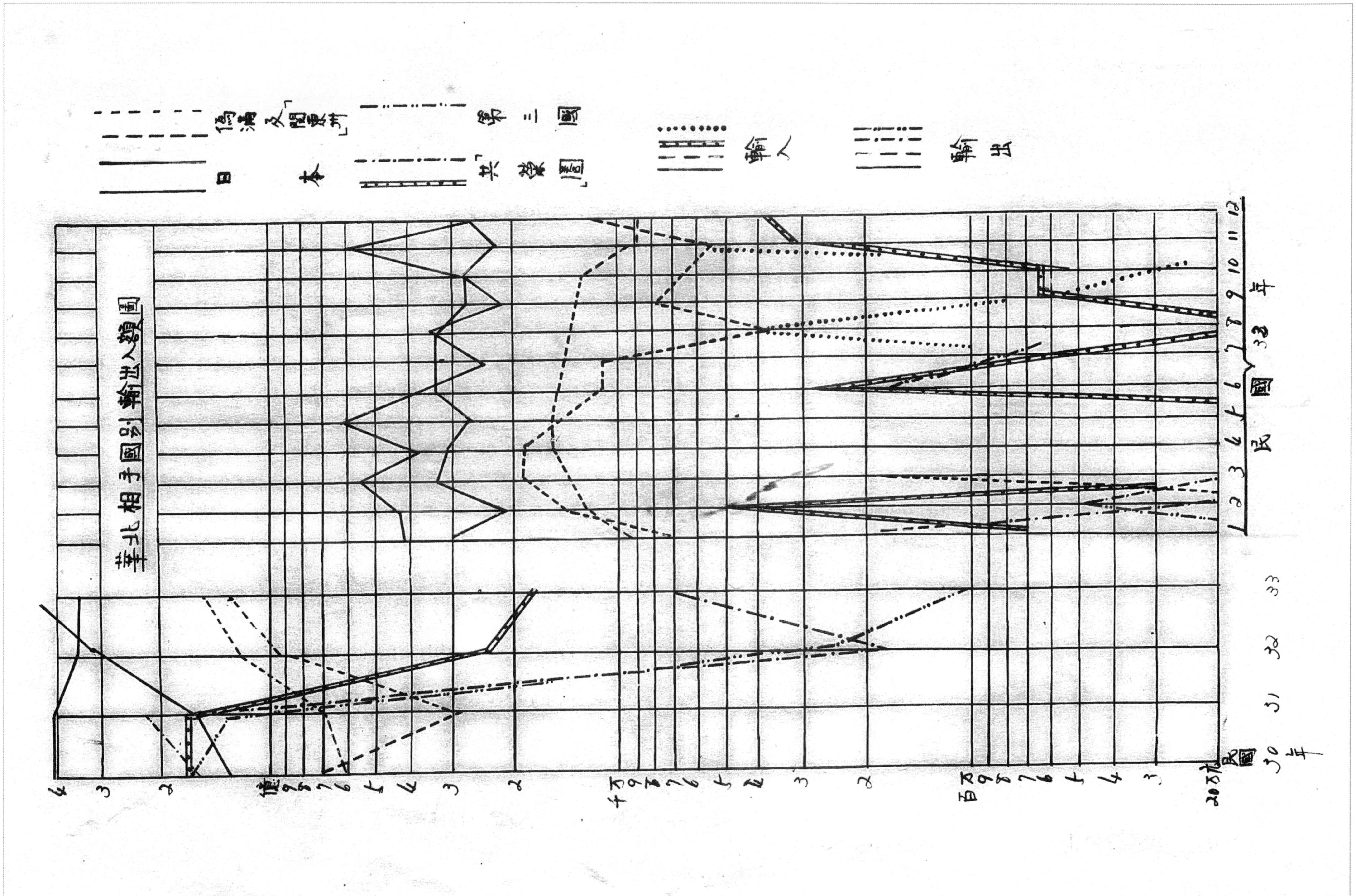
華北相手國別輸出入趨勢圖
日本
「滿洲及關東州」
第三國
「共榮圈」
輸入
輸出
民國
年

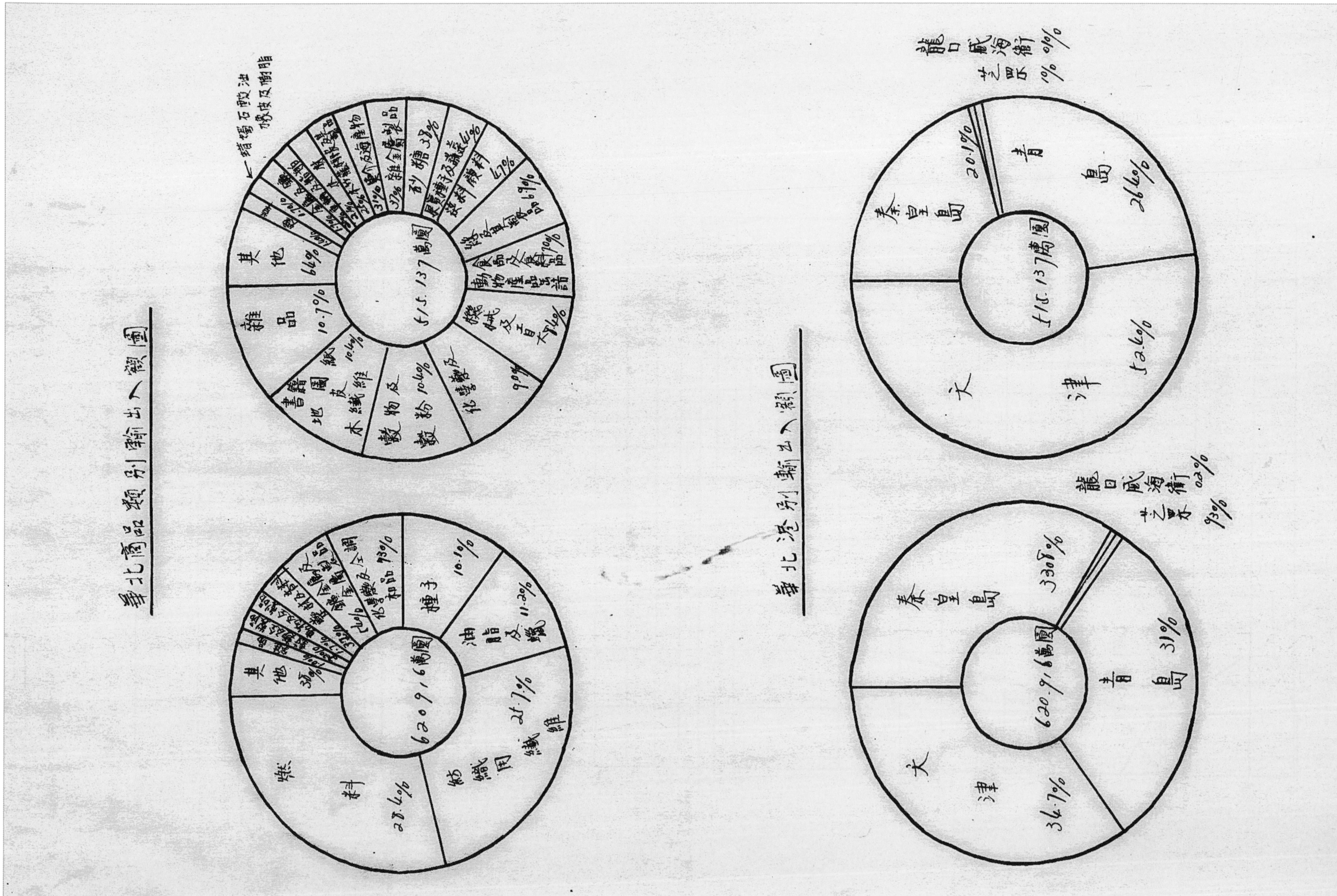
華北商品類別輸出入額圖
615.137萬圓
620.916萬圓
華北港別輸出入額圖
天津
秦皇島
青島
龍口威海衛芝罘

第二項　華北之貿易統制及交易計劃

第一目　日本之貿易統制

貿易統制我國前所未有，華北淪陷以後戰局日亟，貿易統制更為迫切，惟以日人對於貿易統制缺乏經驗，現地人事及各種關係異常複雜，統制機構亦極分歧，屢經調整，尚未能臻於完善也。

華北貿易為圓域貿易重要之一環，所謂圓域貿易即以日本為中心，包括華北、華中南、偽滿及「關東州」偽蒙及以後新佔地之貿易而言，域內各地貿易政策及統制機構多為應合日本貿易政策及圓域貿易統制政策之產物，故於敘述華北貿易統制機構之先，非先敘述日本貿易統制機構不可。

民國二十六年，華北淪陷，日政府為實行統制經濟，先着手貿易統制，爰於同年十月公佈施行「臨時輸出入許可規則」國防重要物資之輸出須經商工大臣之許可，民國二十七年，商工省施行強化纖維製品貿易之統制，對各種纖維製品之輸出入，施行連絡制，至民國廿八年九月十八日歐戰爆發後，日政府公佈「九一八物價停止令」此後日本國內物價漸得穩定；日本之物價與大陸之物價相差日巨，日政府為防止國內物資過度流入其他圓域地区，並為安定其國內物價，日本圓域輸出貿易乃全面入於管制之下，其所見於法令者即民國二十八年九月二十日，日政府公佈之「向關滿華輸出調整令」。依此項法令，日本之商品欲向圓域各地輸出，須得商工大臣指定之團体或地方長官之認可。此項調整令實行後，商品輸出之限制已甚嚴格，但對於價格方面仍缺少調整。惟當時其他圓域地區物價日趨高昂，華北漲勢尤猛，日本商品之輸出超過由其他地区之輸入甚巨。由「滿」「關」往華北之走私且日形猖獗，日本之低物價政策感受莫大之影響。且聯銀券對外轉換性不足，聯券與日元之等價不易維持，第三國輸入之物資，隨法幣之跌價，售價日昂，一般聯銀券之物價，勢非隨之騰漲不可，在此種情形下，勢須有確立圓系低物價圈，以隔絕華北高物價圈，並謀華北建設事業低廉物資之措施。同時並期此種新措施能收防止物資流入我抗戰地区之効也。此種時勢之要求乃促成民國二十九年九月價格之再度調整即日商工省令第六十六號公佈「圓域輸出入物資價格調整令」，其運用機關為貿易組合中央會及日本東亞輸出入組合聯合會，該聯合会管理工商大臣指定之向「滿」「關」華輸出之商品，故輸出於華北之商品，除去因軍需及資源開發，擴充生產用之緊急物資，由青津等地日本現地機關辦理輸配外，其餘民需輸入物資，悉依照價格統制法令，以聯合會所定適當統制價格輸入於華北。自「滿」「關」華輸入日本之商品亦依照價格統制法令，以統制價格輸入再依統制價格配售於販賣業者；如是圓域貿易之數量與價格即入於嚴格統制之下矣。

日本對中國貿易統制機構為貿易組合中央會及日本東亞輸出入組合聯合會。日本東亞必需物品輸出組合聯合會則於民國三十年一月解消，所屬十六組合均歸併於東亞輸出入組合聯合會，查日本組合之起源甚早，民國廿六年日政府公佈貿易組合法，根據此項法令，貿易組合分為輸出組合與輸入組合。此後各組合依法成立者甚多，並於民國二十七年六月十五日創立貿易組合中央會，為貿易組合統制之總機關，民國三十年四月，南洋貿易會成立，主管對安南暹羅等國貿易之統制，對「滿」「關」華之貿易則歸東亞輸出入組合聯合會統制之；對外貿易統制機構形成二元化。同年十二月復依據「重要產業團体令」設立貿易統制會，民三十一年一月一切準備完了，改稱為日本貿易會，繼復改稱為日本貿易統制會為日本貿易統制之綜合機構，下設總務局、東亞局、南洋局、企劃局四局，舊有之貿易組合中央會歸併於總務局，日本東亞輸出入組合聯合會，歸併於東亞局，南洋貿易會歸併於南洋局，貿易統制機構成一統之局。

此後戰局日促，貿易統制勢須再加調整強化，同時並因物資動員關係，一切共榮圈內之貿易，須由政府直接運營；於是日政府乃提出交易營團法案，於民二十二年正式成立，開始運營。交易營團事務所設於東京，並在華北於天津、北平、青島設立辦事處。自交易營團成立後，以前之貿易統制會即告撤消。該會及其他貿易統制團体大多歸併於交易營團。交易營團直接經營貿易事項，並調整对外交易之損益，前貿易統制會之任務僅限於統制指導，並不親自經營貿易，而交易營團則係依照國家之統制計劃，從事經營事業之企業團体，交易之盈虧概歸國家擔負，日政府並為調整交易價格之差額於民國二十二年四月設立外滙交易調整特別會計，是最後之日本對外貿易統制機關，極富於貿易國營之色彩，此日本歷年貿易統制機構之演变也。

第二目　華北貿易統制之演變

華北在此時期中，貿易主要為對日貿易，且華北為日軍之兵站基地，為適應日本之物資動員計劃，華北之貿易統制勢必與日本之統制機構相應合，建立相似之統制機構。其中最主要者即華北貿易組合之設立。考華北之貿易組合實起於民國二十八年成立之天津米穀輸入組合，此後組合之設立如雨後春筍。民國二十九年六月復決定添設各種輸入組合，或整理舊有之組合，以求完備，期使華北之貿易組合成為一元化之組織。各項組織除經営日本華北間之貿易外，並統制華北與其他圓域地区及圓域外各國間之物資輸出入。組合之種類分商品類別及地域類別兩大系統，是具有縱與橫之組織也。組合以外並有各種協會，協議會，其性質與組合大致相彷。華北貿易組合之中心地為華北兩大貿易港，天津與青島。天津之貿易組合兼掌北平偽蒙以及背後各地之貿易，而山東輸配組合只包括山東一省，此其大較也。民國二十九年九月天津輸配組合按商品類別組織者計有二十餘組，至十月末即達三十餘組，各地組合之統制機関為組合聯合會。天津之輸配組合聯合會成立於民國三十年二月，統轄天津北平兩地之貿易組合，同年三月北京貿易組合聯合會成立，脫離天津輸出入組合聯合會之羈範。青島之輸入配給組合始於民國二十八年九月以後，即因動員物資及生活必需品貿易之関係，各業開始結成組合，山東輸入配給組合聯合會於民國二十九年十月成立於青島。輸出方面，前青島本有對日貿易與對「滿」「関」貿易兩種組合，民國三十年十一月青島對日輸出組合聯合會，與青島對滿関輸出組合聯合會合併，並聯合山東輸入組合聯合會，組成山東輸出入組合聯合會，輸入方面，日本「滿」「関」原即一統辦理。山東輸入組合聯合會下，関於重要物資組合參加者計十組合，總計傘下組合共三十有八。會中設有生活必需品，食料品，金屬，化学，材料，纖維六分科會，以下並設有濟南與芝罘兩地方委員會，濟南委員會統轄濟南一地區，而芝罘地方委員會則統制芝罘，龍口，威海衛三地区，三者之本部均設於青島，蓋求與山東輸配組合聯合會連絡之便也。

至山東輸出入組合聯合會成立後，山東輸配組合之整備已相當成功。惟山東貿易組合之組織與天津者迥異。因山東地区市場範圍遠較天津地区狭小，天津之組合多為輸入批發，與零售組合分別組織，而山東為求二者統一之一貫性，多為綜合之組織，其職權且及於貿易外之商業交易範圍。

至天津與山東輸配組合聯合會皆已完成，乃有華北統一統制之必要，遂於民國三十年五月成立華北輸入總聯合會於北平，山東天津各輸入組合聯合會及商品類別之多種協議會參加，為空前之華北貿易統制機構。此後各地對日對「滿」「関」之輸出組合逐漸增加，各地輸出與輸入組合聯合會皆合併，故華北輸入組合總聯合會即改為輸出入組合總聯合會，總聯合會之任務為統制華北之整個對日貿易及其他地域之貿易，其主要職權如下：

(1) 輸出入需要量之計算與決定。

(2) 輸出入之數量及各組合之分配。

(3) 法定批發價格之規定。

(4) 辦理申請許可之手續及其他為各組合謀利之事項。

貿易組合為貿易統制之基本組織，其中輸入配給組合較輸出組合為多，參加輸配組合之商店更遠較輸出組合者為多。各地之商店洋行為獲得輸入品，多加入其所經営品類之輸入配給組合，按期繳納組合費，取得會員資格，參加此類組合之商店，以日本在華商人為主体，由組員中選出役員若干家，更由役員中選出組合長一名，然役員及組合長亦有由主管機関人員選充者，殊無一定之規也。華商則除少數特殊性質之組合外，鮮有能參加者。

華北輸出入組合總聯合會於民國三十一年一月解放，改組為華北貿易組合總聯合會，經営之範圍亦擴大為對「共榮圈」内各地之貿易。三十一年底華北貿易組合總聯合會再改為「華北交易統制總會」，青島及天津兩輸出入組合聯合會即改為該會之支部，會之下層機構亦日趨完備，該總會内部組織列表如下：

- 華北交易統制總會
  - 監理局
    - 生活必需品部
    - 農畜產部
    - 資料部
  - 總務局
    - 企劃部
    - 保有配給部
    - 交易部
    - 價格調整部
    - 對華中南部
    - 朝鮮交易連絡部
    - 秘書室
  - 出張所——東京，新京，上海
  - 駐在員事務所——京城，張家口

三十三年九月，特設「工業振興委員會」以統制華北輕工業為目標，中原戰後，並設立河南特別地区交易管理局，此外與朝鮮銀行連絡，並採用調整料辦法，以統制當地之物價，機能日益擴大。前貿易統制之機構多分在天津、青島組合總聯合會及華北交易統制總會相继成立後，各類商品之組合，大多在北平設立中央統制團体，北平遂成為統制之中心，各種貿易統制團体幾度改組後，大部括攏於傘下，組織漸趨一元化。華北交易統制總會之主要工作為貿易與配給之統制。而随戰局之進展，經濟統制機構各部門漸有統一綜合之要求，於是交易統制總會之任務漸自貿易，配給發展至生產貿易配給而漸趨於整個經濟統制之勢。三十四年一月，交易統制總會復改組為「華北交易配給統制總會」。内部未有重大變更，職權則仍有相當擴展耳。

附表

1. 華北交易統制總會傘下各中央統制團体表.
2. 華北交易配給統制總會傘下各中央統制團体表.
3. 華北交易統制總會各支部傘下組合表
   1. 天津支部.
   2. 山東支部.
   3. 獨立組合.

華北交易統制總會傘下各中央統制團体表

(1) 華北新聞紙輸入配給組合.
(2) 華北機械輸入組合.
(3) 華北石油協會本部.
(4) 華北鮮魚輸入配給組合.
(5) 華北纖維協會本部.
(6) 華北機械輸入配給組合.
(7) 華北亞鉛鐵板配給協議會.
(8) 華北亞鉛鐵板輸入商組合.
(9) 華北木材輸入配給組合.
(10) 華北線材製品輸入配給組合.
(11) 華北種苗協會.
(12) 華北生藥協會.
(13) 華北蛋業協會.
(14) 華北油料協會.
(15) 華北蔴葦股份有限公司.
(16) 華北纖維協會.
(17) 華北度量衡協會.
(18) 華北化学製品統制協會.
(19) 華北皮毛統制協會.
(20) 華北紙業協議會.
(21) 華北砂糖協會.
(22) 華北農機具協會.
(23) 華北醫理化器械需給統制協議會.
(24) 華北棉花協會.
(25) 華北鋼材輸入配給組合.
(26) 華北紙漿輸入配給組合.

地域類别者：

(27) 北京華中南交易公會.
(28) 濟南輸入組合.
(29) 河南省對華中交易組合（日人）
(30) 河南省華中交易公會（華人）

華北交易配給統制總會傘下各中央統制團体表

華北交易配給統制總會

- 華北油料協會（組合）
- 華北生藥協會（組合）
- 華北蛋藥協會（組合）
- 華北新聞用紙輸入配給組合（組合）
- 紙業部（輸入業者，生產業者，配給業者.）
- 華北皮毛協會（組合）
- 華北化学製品統制協會（組合）
- 砂糖部（紙業部及同業者直接參加.）
- 華北種苗協會（組合）
- 華北葦蓆股分有限公司（會社）
- 華北農機具協會（組合）
- 生必部（味增，醬油，度量衡等生必物資之生產配給，交易業者直接參加.）
- 醫療材料部（醫藥品関係業者直接參加.）
- 華北水產統制協會.
- 天津生活必需品輸入配給統制組合.
- 北京，天津，青島，濟南，芝罘，開封各地對華中交易組合.
- 青島，朝鮮交易促進會.

華北交易統制總會各支部傘下組合表

天津支部

(1) 天津洋灰輸入組合
(2) 華北砂糖協會天津支部
(3) 天津水電石輸入配給組合
(4) 天津對華中南交易公會
(5) 天津汽車輸入配給組合
(6) 華北機械輸入組合天津支部
(7) 華北鮮魚輸入配給組合天津支部
(8) 華北種苗協會天津支部
(9) 華北生藥協會天津支部
(10) 華北蛋業協會天津支部
(11) 華北油料協會天津支部
(12) 華北席子協會天津支部(已改組)
(13) 華北纖維協會天津支部
(14) 華北度量衡協會天津支部
(15) 天津化學製品輸入配給組合，下設四部(括號內為組合員數)
  a. 塗料部(23)
  b. 合成染料部(35)
  c. 工業藥品部(97)
  d. 農業殺蟲劑部(39)
(16) 華北皮毛統制協會
(17) 華北農機具協會天津支部
(18) 華北木材輸入配給組合天津日本木材部
(19) 京津紙輸入組合
(20) 天津米穀輸入組合
(21) 天津亜鉛鐵板輸入商組合
(22) 天津日本小麥粉輸入配給組合
(23) 天津滿洲糧穀輸入配給組合
(24) 華北紙漿輸入組合天津支部
(25) 華北鋼材輸入配給組合天津支部
(26) 天津生活必需品輸入配給組合(簡稱天津生必組合)
  a. 氮氣業(窒業)製造部(133)
  b. 罐頭部(49)
  c. 酒麵調味料部(64)
  d. 海產物部(81)
  e. 清果部(53)
  f. 茶葉部(56)
  g. 雜食料品部(101)
  h. 醫藥品部(68)
  i. 理化醫器械部(49)
  j. 化粧品部(45)
  k. 帽子部(36)
  l. 自行車部(16)
  m. 電氣機械部(101)
  n. 機械工具部(138)
  o. 橡皮製品部(30)
  p. 油脂蠟肥皂部(66)
  q. 雜品部(533)
(27) 天津三合板輸入配給組合
(28) 天津對日輸出統制組合——以下共分六部，為本地区物資對日輸出之一元統制機関。擔當除有特殊機関統制輸出以外商品之輸出統制事宜。

山東支部

(1) 華北交易統制總會山東支部輸入部——民國三十二年五月一日由山東輸入配給組合聯合會改組而來，統轄各輸入統制團体。
(2) 山東紙類輸入組合。
(3) 青島小麥粉輸入組合。
(4) 青島洋灰輸入組合。
(5) 青島砂糖輸入配給組合。
(6) 青島米穀輸入組合。
(7) 華北纖維協會山東支部。
(8) 華北纖維協會濟南支部。
(9) 華北石油協會山東支部。
(10) 華北新聞用紙輸入配給組合青島支部。
(11) 華北木材輸入配給組合日本木材部山東支部。
(12) 華北木材輸入配給組合滿洲木材部青島支部。
(13) 華北木材輸入配給組合青島三合板部。
(14) 華北亞鉛鐵板輸入商組合青島支部。
(15) 華北鋼材輸入配給組合青島出張所。
(16) 華北機械輸入組合青島支部。
(17) 山東金屬製品輸入配給組合。
(18) 華北紙製輸入配給組合青島支部。
(19) 山東自行車輸入配給組合。
(20) 山東汽車輸入配給組合。
(21) 華北電汽機器材料輸入配給組合。
(22) 山東機械輸入配給組合。
(23) 山東纖維機械配給組合。
(24) 山東醫藥品輸入配給組合。
(25) 山東縫針輸入配給組合。
(26) 山東鐘表眼鏡輸入配給組合。
(27) 山東文具紙製品輸入配給組合。
(28) 山東照像材料輸入配給組合。
(29) 山東肥料輸入配給組合。
(30) 山東建築材料輸入配給組合。
(31) 山東玻璃板輸入配給組合。
(32) 山東估衣屑物輸入配給組合。
(33) 山東朝鮮物產輸入配給組合。
(34) 山東雜品輸入配給組合。
(35) 山東食糧品輸入配給組合。
本組合以下分為八部，即穀粉，調味料，日洋酒麵，飲料水，罐頭，澱粉，麥酒，茶等部。
(36) 山東果實蔬菜輸入品組合。
(37) 山東水產物輸入配給組合。
(38) 山東染料輸入組合。
(39) 青島工業藥品輸入配給組合。
(40) 山東塗料輸入配給組合。
(41) 山東橡皮製品輸入配給組合。
(42) 青島雜穀輸入組合。
(43) 山東必需品輸入配給組合。
本組以下分為十二部，即：吳服，薪炭，化裝用品，家具裝飾品，玩具，日洋雜貨，食器具雜貨，肥皂，陶磁器，毛皮，鞋靴，草蓆花边等部。
(44) 青島華中南交易組合。
(45) 華北種苗協會青島出張所。
(46) 華北生藥協會青島支部。
(47) 華北蛋業協會青島支部。
(48) 華北蓆子協會青島支部（已改組）
(49) 華北度量衡協會青島支部。
(50) 華北皮毛統制協会青島支部。
(51) 華北交易統制總會山東支部輸出部——民國三十二年五月自對日輸出組合聯合會改組而成，統轄各輸出統制團体。
(52) 山東重晶石輸出組合。
(53) 山東螢石輸出組合。
(54) 山東獸類油脂輸出組合。
(55) 山東肥料輸出組合。
(56) 山東銅材輸出組合。
(57) 山東草帽辮輸出組合。
(58) 山東落棉輸出組合。
(59) 山東果菜輸出組合。
(60) 山東水產物輸出組合。
(70) 山東雜品輸出組合。
(71) 山東髮網營業組合。
(72) 青島植物油原料輸出組合。
(73) 青島植物油輸出組合。
(74) 青島雞卵及卵製品輸出組合。
(75) 濟南移出入組合。
(76) 山東輸聯芝罘地方委員会。
(77) 山東輸聯濟南地方委員会。
(78) 青島華商輸出入組合聯合會。
(79) 青島对关满輸出組合。

獨立組合

- 徐州海州組合
  - (1) 隴海地区輸入配給組合。
  - (2) 海州物資輸入配給組合。
  - (3) 海州木材販賣組合。
- 河南組合
  - (1) 河南雜穀輸出組合。
  - (2) 開封地方烟草批發配給組合。
  - (3) 河南特别地区交易管理局。
- 太原組合
  - (1) 山西省物資移入配給組合。

第三目　華北對日之貿易統制

日本之貿易統制機關為交易營團，華北之貿易統制機構則為華北交易配給統制總會，惟以在軍事時期兩機構雖屬貿易統制之主體，其直接許可經營輸出入之商品不過有限之數種，大部須經軍事當局、日本大使館及其他機關直接統制或運營。

根據日本物資動員計劃，有所謂動員物資與非動員物資之別。物資動員計劃為戰時經濟動員計劃之一部，分為供給與分配兩部，供給方面在求國內生產輸移入，與儲存等物資之計劃化，分配方面在求按照軍需生產擴充、官需、民需之次序，使物資分配計劃化。物資動員計劃在企劃院每會計年度由海陸軍與關係當局協議改訂（企劃院廢止後改為軍需省）。華北為日軍重要基地，在物資動員計劃中所佔地位自極重要，自廿七年實行以來，華北對日煤、棉、鹽、鋼鐵之供給及日本對華北開發資料材及資金之供給日繁，太平洋戰後，華北對日更大量供給鋁、礬土、輕金屬等。卅二年度物資動員計劃特置重點於鐵、煤、輕金屬、飛機、造船五項產業，另並包括金屬、非鐵金屬、植物性油脂及其原料並生藥類，範圍甚廣。至由日輸入品則有鐵、鐵製品、非鐵金屬類、各種機械、車輛及其零件、木材、紙漿、砂糖、紙、化學醫品、醫藥品、橡皮製品、纖維製品等，概以建設資材及生活必需品為主。

貿易品既有動員非動員之別，此二類物資輸出之管理及程序亦皆不同，並分屬於不同之機關，統制辦法自極複雜。同時因兩地物價相差懸殊，由日輸出之貨物，乃按華北物價指數與東京物價指數之差額徵收相當之保留金，由華北輸出之商品則補給相當之調查費。

附：華北日本間輸出入貿易物資類別及統制機構表

第四目　華北對華中之貿易統制

日本之於華北，視為主要兵站基地，而於華中則視為外圍地帶，無論軍事政治及經濟上，其重要性不可同日而語，故兩地在政治上形成不相統屬兩個系統，經濟上亦互不相涉，有如敵國。兩地之交易，實富含國際貿易之性質也，自民廿九年華北華中間實行物物交換制，兩地之貿易始漸趨計劃化。民廿八年三月以後，華北採行圈域外匯集中制，其實行範圍為對華中南與第三國之貿易，是華中南之貿易已劃入國際貿易之範圍也，民廿九年集中範圍擴大，然對華中南之貿易統制則予以放鬆，即於轉換外匯之物資輸向華中南時，如其抵償輸進華北者為重要物資或食糧品，則許其無外匯輸出入。此後由海路與華中特定物資之對等交易，華中財務官所核准之無匯兌輸出入及由陸路物物交換輸出入，皆入於統制之下，民卅年特別圓制產生，華北華中貿易清算之方法，除一部分聯銀券供給匯兌，而必須以市場中之申匯結算外（即無匯兌輸入部分）並有特別圓及軍票兩種方法，俱按貿易物品之種類而分別清理之。自民卅二年四月，軍票之發行廢止，所有以前一切關於軍票之貿易匯兌事項由中儲券與聯銀券直接匯兌，同時在管理下之申匯限制範圍亦行放寬。軍票發行廢止後聯銀券與中儲券匯率定為十八比一百，特別圓亦於民三十三年三月廢止，同年五月，華北對華中間之匯兌許可制亦行撤消，故兩地間之匯兌已呈自由狀況，而關於貿易物資之統制則不稍寬假，始終置於嚴格管理之下也。

華北對華中南之貿易統制機構一如對外貿易，除雙方特別協定之物物交換外，概須經關係當局之許可，歷年統制情形之變更略如上述，茲誌其統制機構之大略如下

(一) 卅二年度之貿易統制機構

(1) 一般物資之輸出入由青島之華商、對華中輸出入組合開封之「河南華中交易公會」及華商之「對華中輸出入組合」辦理之。

(2) 前項貿易統制中華商統制機關與日方統制機關統制數量之分配，由華北交易統制總會定之，並應於每月將結請之核準輸出入數量呈報日本大使館，一切有關華中輸出入物資之統制，亦應遵守日本大使館之指令。

(3) 關於機械汽車零件之輸入應得日本大使館之許可。

(4) 關於小麥粉、豆餅及硫安之輸入由華北食糧平衡倉庫依照日本大使館之指示對輸入之申請書副署。

(5) 對華中純粹無匯兌輸出入各地域之分配比例如下：
天津40%　青島20%　濟南15%　芝罘5%　開封5%　北平10%　太原及其他5%＝100%

(二) 卅三年後之貿易統制機構

華北華中間交易計劃大體由雙方協組織決定，實施統制時，除特殊物品外均由華北交易統制總會及華中商業統制總會擔當。重要產業開發必需之物資，重要物資，為收買物資而放出之物資仍屬統制範圍。其他皆可自由貿易，動員物資中，不受移動限制者，經雙方協議許可

後亦可自由販運。

民國卅三年一月，北平及天津華中南交易公會相繼成立，為華人方面貿易之主要統制機關，經營主持者，亦多為華人。惟華北對華中交易中对蘇淮地區之貿易分別辦理，蓋因蘇淮原為華北轄區政治背景及貿易機構與華中其他地區多有不同也。

民國卅三年華北與華中交易物資概可分為三類，即：

(1) 動員計劃物資。依合物資動員計劃之特定物資，優先輸運，優先滙兑，其數額為按照協定之責任供出額。

(2) 非動員物資。即一般物資，並無規定分配之交易數量，清算方法亦自由。

(3) 非動員物資中有特別確保必要之物資。非動員物資，但因華北本身之需要，須受輸出入限制者。

附：華北華中间輸出入貿易物資類別及统制機関表。

第五目　華北对偽「滿」及「関東州」之貿易统制

事变後，華北对偽滿之貿易漸次恢復。「関東州」雖屬日單單獨地帶，政治上與偽滿不相統屬，惟在貿易方面為便於统制，向属同一系统，故華北对两地區之貿易亦统一辦理。近一二年来華北对「滿」「関」貿易大体由民廿二年三月在長春所召開之貿易会議所决定。雙方議定華北輸出煤、礦產物、棉花、蓆子等，「滿」「関」供出雜粮、木材、鋼材、化学製品等。惟雙方物價政策不同，為使交易圓滑，須将貿易價格加以調整，其辦法為

(1) 偽滿及華北依各輸出地區之適当價格輸出物資。

(2) 輸入方基於其本地區之物價政策，必要時得对輸入物資徵收相当之調整費。

(3) 輸入方基於其本地區之物價政策，必要時得对輸入物資支付相当之價格平衡資金以压低輸入品之物價。

(4) 輸出入之一方應以其征收調整費之某定額支付他方，為抵償其價格平衡資金之用。

據此可知華北「滿」「関」间之貿易為協定制，且與日本之物資動員計劃緊密聯繫，故两方貿易物資亦有動員與非動員之别。華北对「滿」「関」间貿易統制機構与对華中偽蒙者相似，華北大部輸出入品之统制，由天津生活必需品組合承当，至生药、海產物、煤、紙、石膏、蓆子則由各該組合及協會统制之。自華北輸出之動員物資，「滿」「関」方面由各輸配組合及「滿州商事特殊公司」统制。其他雜項物品則須經華北之当地組合及其他統制組合之許可。

附：華北对偽「滿」及「関東州」間輸出入貿易物資類別及统制機関表

第六目　華北对偽「蒙」之貿易統制

事变後，華北與偽蒙间之貿易逐漸入於統制階段。民廿九年九月偽蒙政府為統制重要物資之貿易，實行外滙管理法及貿易统制法，華北与偽蒙間之貿易統制顿形强化。偽蒙之政治機構雖為獨立之個体，但疆界無稅関，故其对外貿易尚不能構成一單位。偽蒙之輸入多為向華北方面之再輸入，偽蒙对日期待之物資編入華北对日交易計劃範圍内，方概輸入物品到達天津後，将價格調整再輸入偽蒙。至分配數量，則由雙方当局協議决定之。民卅年三月偽蒙加入華北華中之物物交換協定，偽蒙对華中之交易结算以由華北向偽蒙輸入或由偽蒙向華北輸入之物資抵償，三者间構成三角之物資交換関係，故華北与偽蒙间之貿易一向甚為複雜也。

偽蒙貿易统制之下層機構亦為組合，偽蒙貿易組合始於民廿九年成立之「蒙疆木材洋灰輸入配給組合」，此後偽蒙政府增設各種物資輸配組合，綜營輸出入配給之組合亦日臻完備。「察南輸入配給組合」於民卅年七月在張家口成立，「晉北輸入配給組合」於同年同月於大同成立。「巴盟輸入配給組合」於同年八月在歸綏成立，後復联合察南、晉北、巴盟、察盟各地輸配組合組成「蒙疆輸入組合联合会」，其機構形態，与華北者大致相彷。此後随日本与華北貿易機構之改变，偽蒙之貿易统制機構亦随時發生变更，至民卅二年偽蒙政府復公佈「輸入許可規則」。按照此項規則輸出品统制之範圍較前擴大，輸入之重要物資统制亦强化，其他物資則以「外滙資金分配制」統制之，故輸入物資幾全部入於统制之下。

根據民卅三年度華北偽蒙貿易計劃，偽蒙供出食粮、家畜等廿餘項，華北供出棉紗、布匹、包装材料等廿八項。三十三年八月華北偽蒙「交易会議」議决自十月一日華北交易统制總会中由日輸入之偽蒙对日期待物資分配辦法，分配至偽蒙者由「蒙古生活必需品輸入公社」按原價由華北輸入，至張家口再实行價格之調整。至輸出入之手續乃与華北一体，大部須先经華北交易统制總会之許可。華北交易统制總会中，对蒙貿易或兼代偽蒙之对外貿易設有專部，实际貿易仍由交统会傘下各组合（大部為天津之各组合）運營，偽蒙方面亦設有相似之机構協同處理。

附：華北偽蒙间輸出入貿易物資類别及统制机関表。

第七目　華北对各臨近地区之交易計劃

太平洋战後，華北一方面為順应日本战時之要求，故对日本应作最大限度之輸出，他方為对第三國貿易之斷絶，更為减輕日本供应之負担，所需物資力求自給。因之華北之輸出入貿易，在僅有之日滿蒙華中南間，形成物々交換，互通有無之制度，被迫而実行战時之交易計劃，惟其中亦頗具「國土計劃」之規模，殊深玩味。

民卅一年於北平召開華北華中交易會議後，華北对各地区之交易会議，每年举行，以决定对各地区間之交易計劃，於每年初由日軍部，日本大使館及民間專家会同决定，更於年中檢討其実績，加以適當之改訂。其应行决定之交易計劃為

(a) 華北日本間之交易計劃

(b) 華北偽滿間之交易計劃

(c) 華北偽蒙間之交易計劃

(d) 華北華中間之交易計劃

(e) 華北蘇北間之交易計劃

此外尚有臨時举行之

(f) 華北朝鮮間之特别交易協定

(g) 華北華南間之特别交易協定

前述交易計劃之実施，以華北交易配給統制總会為主体，所有物資交易実績之統計，亦統由該会辦理。物資之輸出入，須分别向各主管統制機構申請核准。物資之輸出入，經核准後，由統制機構將申請書副本發还業者，即作為該物資之輸出入許可證。無許可證者，銀行不得配予滙票，華北交通公司亦不予運輸。對日貿易（朝鮮，台灣除外）則統由交易營團經辦之。另一部物資如自日本移設之機械類等，須經北平日本大使館及日本軍部之許可。近年華北对各地区间交易計劃之要点如下：

(一) 对日本之交易計劃

太平洋战後，華北对第三國貿易斷絶，必要物資之輸入全賴日本，然由於日本物資動員計劃之實施，此種輸入又勢必减少，故華北於生活必需之物資，应盡量謀求自給自足，以减少对日之依賴，而於積極方面尤应致力於重要物資之輸出，以協助戰爭。綜觀卅一年度，在輸入方面，日本物動物資已趨减少，輸出方面頗有障碍，成績欠佳。卅二年度，以華北自給政策之推行，輸入量較上年度减少，輸出方面由於華北物資之開發，煤，鉄，棉，盐及其他非鉄金屬類皆預定对日鉅額輸出。卅三年度，於輸出方面更作最大限度努力，惟輸入方面製鉄，鋁及礬土業之生產資材仍須由日本及滿，關輸入。三十三年度華北六港对日貿易之總額中，輸出總值為二億七千二百五十餘萬元，輸入總值為二億七千三百三十餘萬元，尚呈入超之現象，則華北对日輸入期待之殷可知也。

(二) 对「滿」「關」之交易計劃。

華北对「滿」「關」之貿易向為出超，太平洋战後，对第三國貿易斷絶，由日輸入亦形减少，如鉄礦石，鋼鉄製品，木材，木炭及雜粮等均期待偽滿之大量輸入。卅一年度交易計劃之実績計輸出額為預定額之72%，輸入額為原定額之93%，貿易收支形成逆轉。雜粮之輸入，於華北之食粮政策，協助尤大。卅三年度之交易計劃，由偽滿輸入物資，高粱，苞米較前增加，礦工業開發所需鋼材，耐火磚，木材，水泥，醫藥品，化学工業藥品亦大量輸入，其輸出方面則為煤，鉄礦，棉花，蓆子，蔬菜等，尤以棉花蓆子之輸出曾費甚大之努力。惟就數量言之，卅三年度較之卅一年度実無大差異也。

(三) 对偽蒙之交易計劃

偽蒙雖在理論上為独立之經濟体，而実際上对日期待之物資均編入華北对日之交易計劃内与華北共同辦理。偽蒙对華北应供出之物資為食粮，家畜等二十種，華北对偽蒙应供出者為棉絲布及其製品，包裝材料等二十八種。卅三年八月華北偽蒙間召開之交易會議，於两地区对日期待物資之分配曾作協議，規定两地区之分配比率应為九比一。

(四) 对華中南之交易計劃（附对蘇北之交易計劃）

華北对華中南以貨幣之不同，在貿易上視同第三國，已如前述。民卅一年在平举行之交易會議，將两地区之物資交易分為特定物資及一般物資。滙兑方面則以特別圓為原則。交易計劃中之物資計輸入品為食粮品，雜粮等十三種，輸出品以石產為主共八種。此外一般物資中在華北应受移動者計輸出品三十五種，輸入品十三種。三十三年度特別圓制廢止，两地間除計劃物資仍受限制外，一般物資准按國内交易辦理。

華北对蘇北之交易計劃，輸入方面主要為食粮類十種，輸出方面計有收買交換物資，生活必需品，配給物資等共五十三種，主要為纖維及雜貨類。

附華北对各臨近地区交易計劃簡表（民國三十二年度）．

華北日本間輸出入貿易物品類別及統制機關表.

(一) 對日輸出動員物資統制機關

品目	統制機關		備註
	天津	青島	
1. 普通鋼鋼塊	日本大使館指令	日本大使館指令	
2. 普通銑鐵	仝	仝	
3. 屑鐵	仝	仝	
4. 鐵礦石	仝	仝	
5. 錳礦	仝	仝	
6. 鎢	仝	仝	
7. 耐火磚	仝	仝	
8. 礬土頁岩	仝	仝	
9. 螢石	—	山東輸出入組合輸出礦石部	
10. 高級石棉	日本大使館指令	日本大使館指令	
11. 普通石棉	仝	仝	
12. 普通雲母	仝	仝	
13. 紡織用棉花	華北纖維公司	華北纖維公司	
14. 彈棉用棉花	仝	仝	
15. 羊毛	華北皮毛統制協会		
16. 亜麻	日本大使館指令	日本大使館指令	
17. 苧麻	仝	仝	
18. 大麻	仝	仝	
19. 黄麻	仝	仝	
20. 有烟煤	仝	仝	
21. 無烟煤	仝	仝	
22. 工業塩	仝	仝	
23. 食料塩	仝	仝	
24. 植物油脂原料	華北油料協会	華北油料協会	菜種.蘇子除外。
25. 植物油脂	仝	仝	皮油.梓油蘇子油除外。
26. 生藥類	華北生薬協会	華北生薬協会	
27. 燐硫石及燐灰石	日本大使館指令	日本大使館指令	
28. 鴉片	仝	仝	
29. 麩子	仝	仝	
30. 大豆	華北食糧平衡倉庫	華北石料協会.	
31. 牛肉	天津対日輸出統制組合第三部	山東輸出入組合輸出食品部.	
32 猪肉	仝	仝	
33. 硫化鐵礦	—	日本大使館指令	
34. 臭素	日本大使館指令	仝	
35. 氯化鉀	仝	仝	
36. 氯化鎂	仝	仝	
37. 鋼塊	仝	仝	
38. 毛皮	華北皮毛統制協会	華北皮毛統制協会	
39. 皮革	天津対日輸出統制組合第一部.	山東輸出入組合輸出雜品部.	
40. 曹達灰	日本大使館指令	日本大使館指令	
41. 銅礦	仝	仝	

(二) 對日輸出非動員物資統制機關.

品目	統制機關		備註
	天津	青島	
1. 豆類	天津対日輸出統制組合第三部	—	
2. 雞卵及其製品	華北蛋業協會	華北蛋業協會	
3. 獸毛			
甲. 猪毛	華北皮毛統制協会	華北皮毛統制協会	
乙. 其他	華北皮毛統制協会天津対日輸出統制組合第一部	華北皮毛統制協会山東輸出入組合輸出雜品部.	
4. 獸骨			
甲. 膠原料用	—	—	
乙. 細工用	天津対日輸出統制組合第三部	山東輸出入組合輸出雜品部.	
丙. 肥料用	—	—	
5. 大豆油	華北油料協会	華北油料協会	
6. 牛油	仝	仝	
7. 猪油	仝	仝	
8. 甘草	華北生薬協会	華北生薬協会	
9. 生漆	天津対日輸出統制組合第三部	山東輸出入組合輸出雜品部.	
10. 繭皮屑繭	—	仝	
11. 副蠶絲	—	仝	
12. 廢舊纖維	天津対日輸出統制組合第三部	仝	
13. 滑石	仝	仝	
14. 石膏	日本大使館指令	日本大使館指令	
15. 桐材	—	山東輸出入組合輸出桐材部.	
16. 包席	華北席子協会	華北席子協会	
17. 骨粉	天津対日輸出統制組合第三部	山東輸出入組合輸出雜品部.	
18. 油糟	華北油料協会	華北油料協会	
19. 髮網	—	山東輸出入組合輸出雜品部.	
20. 草帽辮(麥稈真田)	天津対日輸出統制組合第三部	山東輸出入組合輸出草帽辮部.	
21. 重晶石	—	山東輸出入組合輸出礦石部.	
22. 膠	天津対日輸出統制組合第三部	山東輸出入組合輸出雜品部.	
23. 柞蠶絲.	—	仝	
24. 乾果類	天津対日輸出統制組合第三部	山東輸出入組合輸出食品部.	
25. 其他生薬類	華北生薬協会	華北生薬協会	

（三）自日輸入動員物資統制機關

品目	統制機關		備註
	天津	青島	
1. 米	華北食粮平衡倉庫	華北食粮平衡倉庫	
2. 小麥粉	仝	仝	
3. 麥芽	天津生活必需品組合	山東輸出入組合（雜貨品）	
4. 砂糖	天津砂糖	青島砂糖	
5. 洋灰	天津洋灰輸入組合	青島洋灰輸入組合	
6. 化学薬品	天津化学製品（工業薬品）	山東輸出入（工業薬品）	
7. 醫薬品	天津生必（醫薬品）	〃（醫薬品）	
8. 棉花及棉製品			
甲.棉紗、棉織物、棉製品	纖維協会	纖維協會	
乙.特免棉製品	開發公司	開發公司	
9. 人造絲及其製品	纖維協会	纖維協会	
10. 人造絲（人絹）及其製品	仝	仝	
11. 人造絲用纖維漿（人絹用パルプ）	華北パルプ	華北パルプ	
12. 羊毛製品	纖維協会	纖維協会	
13. 紙類	京津紙	山東紙	
14. 製紙用紙漿	華北パルプ	華北パルプ	
15. 麻及其製品	纖維協会	纖維協会	
16. 麻袋	天津生必（雜貨品）	山東輸出入（雜貨品）	
17. 皮革製品	仝	仝	
18. 像皮及其製品	天津生必（像皮製品）	山東輸出入（橡皮製品）	
19. 木材	華北木材	華北木材	
20. 土木建築用木材	仝	仝	
21. 一般用木材	仝	仝	
22. 非鐵金屬類	日本大使館指令 華北機械 天津生必	日本大使館指令 華北機械 山東輸出入	
23. 電線	華北機械	華北機械	
24. 鐵（只限於生材）	日本大使館指令	日本大使館指令	
25. 鐵製品	日本大使館指令 華北機械 天津生必	日本大使館指令 華北機械 山東輸出入	
26. 鐵路車輛及其零件	日本大使館指令	日本大使館指令	
27. 汽車及其零件	天津自動車	山東輸出入（自動車）	
28. 自行車及其零件	天津生必（第一課）	〃〃（自輪車部）	
29. 農器具	天津生必（機械璵）	〃〃（金屬製品）	
30. 醫療器械	天津生必（醫理化）	〃〃（醫理化）	
31. 國產金屬工作機械	華北機械	華北機械	
32. 其他機械器具及機械	天津生必（機械工具） 華北機械	山東輸出入（機械工具） 華北機械	

（四）自日輸入非動員物資統制機關

品目	統制機關		備註
	天津	青島	
1. 澱粉	天津生必（雜食料品） 天津化学薬製品（工業薬品）	山東輸出入（食料品） 仝（工業薬品）	
2. 農產物	天津生必	仝（青果蔬菜食品部）	
3. 蜜柑	天津生必（青果）	仝（青果蔬菜）	
4. 蘋果	仝	仝	
5. 茶	仝（茶）	山東輸出入（茶）	
6. 水產物			
甲.鮮魚介	華北鮮魚	山東輸出入（食料品）	
乙.鹽乾魚介	天津生必（海產物）	仝	
丙.其他	仝	仝	
7. 石花菜（寒天）	仝	仝	
8. 大醬（味噌）	天津生必（酒類調味料）	仝	
9. 醬油	仝（酒類調味料）	仝	
10. 清凉飲料水	仝（雜食料品）	仝	
11. 煉乳粉	仝（罐頭器）	仝	
12. 罐頭食料品	仝	仝	
13. 罐頭菜	仝	仝	
14. 麥酒	仝（酒精調味料）	仝	
15. 清酒	仝	仝	
16. 煙草	日本大使館指令	日本大使館指令	
17. 肥皂	天津生必（油脂蠟石鹼）	山東輸出入（石鹼）	
18. 化粧用品	仝（化粧品）	仝（化粧品首飾）	
19. 蠟燭	仝（油脂、蠟、石鹼）	仝（雜品）	
20. 殺蟲劑	天津化学製品（農薬殺虫劑）	仝（除虫薬製品）	
21. 新薬新製劑	天津生必（醫薬品）	山東輸出入（醫薬品）	
22. 熱藥（賣藥）	仝	仝	
23. 熱薬部外品	仝	仝	
24. 火柴	仝（雜品）	仝（火柴材料）	
25. 合成染料	天津化学製品（塗料）	仝（染料）	
26. 油漆	仝	仝	
27. 鉛筆	天津生必（雜品）	仝（紙製品及文房具）	
28. 墨水油墨	仝	仝	
29. 生絲	纖維協会	纖維協会	
30. 絹織物	仝	仝	
31. 帽子及製帽材料	天津生必（帽子）	山東輸出入（帽子及帽体）	
32. 紙製品	仝（雜品）（醫理化機械）	仝（紙製品及文房具）	

（續上）

品目	統制機關		備註
	天津	青島	
33. 陶磁器	天津生必（窯業製品）	山東輸出入（玻璃製品）	
34. 玻璃及玻璃製品	仝	仝	
35. 木製品	仝（雜品）（醫理化器械）（機械工具）	仝（雜品）	
36. 竹材	仝（雜品）	仝（竹材）	
37. 竹製品	仝	仝（雜品）	
38. 花席及草席	仝	仝（疊表花莚）	
39. 繩索包及蓆	仝	仝（蕎工品）	
40. 假象牙及其製品	仝（化装品）（雜品）	仝（雜品）	
41. 刷子	仝	仝（化粧品首飾）（雜品）	
42. 電燈泡電燈屬品	仝（電氣機器）	仝（電氣機器）	
43. 火藥及火工品	日本大使館指令	日本大使館指令	
44. 其他酒類	天津生必（酒類調味料）	山東輸出入（食料品）	
45. 其他調味料	仝	仝	
46. 雜食料品	仝（雜食料品）	仝	
47. 蜡類	仝（油脂蠟石鹼）	仝（工業藥品）	
48. 植物油	仝	仝	
49. 硬化油	仝	仝	
50. 洗劑類	仝	仝（石鹼）	
51. 身边装飾品	仝（化粧品）（雜品）	仝（化粧品首飾）	
52. 紐扣	仝（雜品）	仝	
53. 顏料填充料	天津化学製品（塗料）	仝（塗料）	
54. 農業殺虫剤	仝（農業殺虫剤）		
55. 布帛製品	纖維協会	纖維協会	
56. 脂肪酸	天津生必（油脂蠟石鹼）	山東輸出入（工業藥品）	
57. 生藥	生藥協会	生藥協会	
58. 種苗	種苗協会	種苗協会	
59. 毛皮	天津生必（雜品）	山東輸出入（雜品）	
60. 碎線（系屑）	仝	仝	

（81）

華北華中間輸出入貿易物資類別及統制機關表

（一）動員計劃物資

輸出		輸入	
品名	統制機構	品名	統制機構
(1) 煤	華北石炭，開灤炭礦，山東炭礦	(1) 小麥粉	華北平衡倉庫
(2) 石膏	華北窒素	(2) 大豆餅	仝
(3) 銑鐵	鐵礦販賣会社	(3) 雜穀（包含乾麪條）	仝
(4) 耐火磚	山東輸出入組合	(4) 硫安	仝
(5) 硫化鐵礦	山東煤礦	(5) 棉線布	華北纖維公司
(6) 玻璃板	天津生必組合	(6) 鐵礦石	華北石炭
(7) 重晶石	山東輸出入組合	(7) 水牛皮	華北皮毛統制協会
(8) 種子	華北種苗協会	(8) 明礬	華北化学製品統制協会
		(9) 塗料	仝
		(10) 染料	仝
		(11) 印刷用油墨	仝

（二）非動員物資

輸出		輸入	
品名	統制機構	品名	統制機構
(1) 生藥	華北生藥協会	(1) 生藥	華北生藥協会
(2) 乾果菓	天津生必組合 各地対華中交易組合	(2) 葡萄糖	華北化学製品協会
(3) 青果類	各地対華中交易組合	(3) 茶	各地対華中組合 天津生必組合
(4) 鮮蔬菜	仝	(4) 青果蔬菜	各地対華中組合
(5) 粗陶器	仝	(5) 竹材及竹製品	仝
(6) 玻璃製品	仝	(6) 新藥懸藥	仝
(7) 乾鹹魚	仝	(7) 其他	仝
(8) 其他	仝		

(三)非動員物資中有特別確保必要之物資

輸出		輸入	
品名	副署或許可關係機關	品名	副署或許可關係機關
(1)粮穀	華北平衡倉庫	(1)生絲及土絲	華北纖維協会
(2)油料原料及油脂	華北油料協会	(2)人造絲	仝
(3)豆類	華北平衡倉庫	(3)絲人造絲織物	仝
(4)肥料	仝	(4)毛織物	仝、華北纖維公司
(5)骨粉	仝	(5)麻製品	仝,麻產改進会, 仝
(6)卵及其製品	華北蛋業協会	(6)纖維屑	華北纖維協会
(7)皮革類及毛皮類	華北皮毛協会	(7)工業用氈	仝
(8)牲畜肉類	日本大使館	(8)工業藥品類(特殊規定者除外)	華北化学製品統制協会
(9)硝石	仝	(9)棉紙及其他中國紙	華北纖維公司
(10)豆素粉	華北交易統制總会	(10)草蓆(疊表)	華北交易統制總会
(11)纖維類及其製品	華北纖維協会,華北纖維公司,麻業改進会	(11)電燈泡(電球)	仝
(12)紙類及其製品	華北紙業協会,華北交易統制總会	(12)工業用澱粉類	仝
(13)木材及其製品	華北木材組合, 仝	(13)農產種子	華北種苗協会
(14)木炭	華北木材組合	(14)機械類	華北機械輸配組合
(15)工業藥品類	華北化学製品統制協会	(15)汽車零件	天津自動車組合,山東輸出入組合
(16)塗料類	仝	(16)醫藥品	華北交易統制總会
(17)澱粉類	仝	(17)米紙	華北紙業協会
(18)砂糖類	華北砂糖協会		
(19)紙屑	華北交易統制總会		
(20)桑條及桑皮	仝		
(21)生漆	仝		
(22)橡皮製品及生橡皮	日本大使館		
(23)膠	華北交易統制總会		
(24)藁工品	仝		
(25)油脂蠟製品	仝		
(26)席子(去平)及葦	華北席子協会		
(27)葉烟草	日本大使館		
(28)鹽	仝		
(29)礦石類(特別規定者除外)	仝		
(30)鋼材及其製品	仝		
(31)非鐵金屬及其製品	仝		
(32)機械器具及其零件	華北機械輸配組合 華北交易統制總会		
(33)洋灰	日本大使館		
(34)石油類	華北石油協会		
(35)火柴類	日本大使館		
(36)对日滿期待品	華北交易統制總会		

華北對偽"滿"及"關東州"間輸出入貿易物資類別及統制機關表

輸出:

品名	統制機關		備註
	天津	青島	
(1)鐵礦石	日本大使館指令	日本大使館指令	
(2)錳(滿俺)礦	仝	仝	
(3)硫化鐵礦	仝	仝	
(4)煤	仝	仝	
(5)石膏	華北窒素肥料股份有限公司		
(6)紡織用棉花	華北纖維公司		
(7)赤棉	仝		
(8)雜棉	仝		
(9)勞力服(冬)	華北纖維協会		
(10)估衣(古着)類	仝		
(11)棉雜品	仝		
(12)毛皮類	華北毛皮統制協会		
(13)蓆子	華北蓆子協会	華北蓆子協会	
(14)種子	華北種苗協会	華北種苗協会	
(15)漢藥	華北生藥協会	華北生藥協会	
(16)鮮蔬菜	天津生必配給組合	山東輸出入組合	
(17)桑條	仝		
(18)騾馬	日本大使館指令		
(19)其他	天津生必輸配組合	山東輸出入組合	

輸入：

品名	統制機關		備註
	天津	青島	
(1)糧穀	華北食糧平衡倉庫	華北食糧平衡倉庫	
(2)大豆餅	仝	仝	
(3)大豆油	華北油料協会		
(4)一般用木材	華北木材統制組合	華北木材統制組合	
(5)火柴用木材	仝	仝	
(6)火柴軸木	天津生必輸配組合	山東輸出入組合	
(7)枕木	日本大使館指令		
(8)硫安	華北食糧平衡倉庫	華北食糧平衡倉庫	
(9)農藥	華北化学製品統制協会		
(10)種馬	日本大使館指令		
(11)競走馬	仝		
(12)鋼材	仝		
(13)機械類	華北機械輸入組合 日本大使館指令		
(14)銑鐵	日本大使館指令		
(15)特殊鋼材	仝		
(16)工具類	仝		
(17)硅素類	仝		
(18)電線	仝		
(19)銅板	仝		
(20)銅管	仝		
(21)車輛	仝		
(22)車輛零件	仝		
(23)路線用品	仝		
(24)曳航船	仝		
(25)蓄電池	仝		
(26)蓄電池極板	仝		
(27)木材紙漿	華北紙業協会	華北紙業協会	
(28)草紙漿	仝	仝	
(29)紙類及紙製品	華北紙業協会 天津生必組合	山東輸出入組合	
(30)洋灰	天津洋灰輸入組合		
(31)硬燒苦土	華北化学製品統制協会	華北化学製品統制協会	
(32)輕燒苦土	仝	仝	
(33)滑石粉	仝	仝	
(34)浪型石板	天津生必品輸配組合		
(35)酒精	華北石油統制協会		
(36)塗料類	華北化学製品統制協会		
(37)粉狀石腦油精	仝	華北化学製品統制協会	
(38)無水阿摩尼亞	仝	仝	
(39)石蠟	華北石油統制協会		
(40)生色精	華北化学製品統制協会	華北化学製品統制協会	
(41)粗製殺菌藥水	仝	仝	
(42)硝安	仝	仝	
(43)天然蘇達	仝	仝	
(44)醫藥品	天津生必輸配組合	山東輸出入組合	
(45)柬光劑	仝	仝	
(46)生藥類	華北生藥協会	華北生藥協会	
(47)耐火磚	天津生必輸配組合		
(48)硅		山東輸出入組合	
(49)繩索	天津生必輸配組合		
(50)蓆	仝		
(51)学用品	仝	山東輸出入組合	
(52)粉條子	仝	仝	
(53)種子	華北種苗協会	仝	
(54)雜品	天津生必輸配組合 華北化学製品統制協会	仝	

華北偽蒙間輸出入貿易物資類別及統制機關表

(一)蒙疆產品輸入華北統制機關一覽表

品名	統制機關		
	京津地区	青島地区	山西地区
(1) 鐵礦石	華北石炭	華北石炭	華北石炭
(2) 煤	仝	仝	仝
(3) 雜穀	平衡倉庫	平衡倉庫	
(4) 馬鈴薯	仝	仝	山西省輸出入
(5) 牛	北京牛業公会 北京牛羊業公会 天津日華聯合牛業協会		
(6) 馬	華北賽馬会 種馬牧場		
(7) 羊	北京羊業公会 天津羊業公会		
(8) 獸毛皮	華北皮毛統制協会	華北皮毛統制協会	
(9) 其他畜產品	天津生必	山東輸出入	
(10) 農產種子	華北種苗協会	華北種苗協会	
(11) 特殊藥品	華北土藥業公会	華北土藥業公会	華北土藥業公会
(12) 亜麻仁	華北油料協会		
(13) 芥子	仝		
(14) 蔬菜	天津生必		
(15) 果實	仝	山東輸出入	
(16) 顏料	化学製品統制協会	化学製品統制協会	山西省輸出入
(17) 水電石	天津水電石組合	山東省輸出入	仝
(18) 膠	化学製品統制協会	化学製品統制協会	仝
(19) 甘草	華北生薬協会	華北生薬協会	
(20) 甘草羔	仝	仝	
(21) 甘草精	仝	仝	
(22) 其他薬材料	仝	仝	
(23) 雜品	天津生必	山東輸出入	山西省輸出入

(二)華北產品輸入蒙疆統制機關一覽表

品名	統制機關		
	京津地区	青島地区	山西地区
(1) 煤	華北石炭	華北石炭	華北石炭
(2) 石膏			華北螢素
(3) 機械	華北機械輸配組合	華北機械輸配組合	
(4) 自行車及其零件	天津生必	山東輸出入	
(5) 一般用木材	華北木材組合	華北木材組合	
(6) 米	平衡倉庫	平衡倉庫	
(7) 糯米	仝	仝	
(8) 釀酒米(酒造米)	仝	仝	
(9) 硝石	塩務管理局	塩務管理局	塩務管理局
(10) 工業薬品	化学製品統制協会	化学製品統制協会	山西移出入
(11) 橡皮製品	天津生必	山東輸出入	
(12) 代用汽油(モビル油)	華北石油協会	華北石油協会	
(13) 棉花(舊棉)	華北纖維公司	華北纖維公司	
(14) 棉絲	仝	仝	
(15) 絹人造絲織品	仝	仝	
(16) 布帛製品	仝	仝	
(17) 估衣	仝	仝	
(18) 雜纖維製品	仝	仝	
(19) 麻袋	麻產改進会	麻產改進会	
(20) 蓆子(安平)	華北蓆子協会	華北蓆子協会	山西移出入
(21) 砂糖	華北砂糖協会	華北砂糖協会	
(22) 紙類	華北紙業協会	華北紙業協会	
(23) 紙製品	天津生必	山東輸出入	
(24) 醫薬品	仝	仝	
(25) 蔬菜類	仝	仝	
(26) 鹹菜類	仝	仝	
(27) 乾鮮果類	仝	仝	
(28) 水產物	仝	仝	
(29) 麥酒	仝	仝	
(30) 清酒	仝	仝	
(31) 食料	華北油料協会	華北油料協会	
(32) 塩	蒙疆塩業組合	蒙疆塩業組合	
(33) 染料	化学製品統制協会	化学製品統制協会	
(34) 玻璃板	天津生必		
(35) 生薬類	華北生薬協会	華北生薬協会	
(36) 蔬菜種子	華北種苗協会	華北種苗協会	
(37) 特用農產品種子	仝	仝	
(38) 雜品	天津生必	山東輸出入組合	山西省移出入

(三)對日期待物資對蒙輸出統制機關一覽表

品名	統制機關	品名	統制機關
(1)澱粉	華北化学製品統制協会	(32)生絲	華北纖維協会
(2)農產物	天津生必	(33)絹織物	仝
(3)蜜柑	仝	(34)帽子及製帽材料	天津生必
(4)蘋果	仝	(35)紙製品	仝
(5)茶	仝	(36)陶磁器	仝
(6)鮮魚介	華北鮮魚組合	(37)玻璃及其製品	仝
(7)乾鹹魚介	天津生必	(38)木製品	仝
(8)其他	仝	(39)竹材	仝
(9)石花菜(寒天)	仝	(40)竹製品	仝
(10)大醬(味噌)	仝	(41)花蓆及蓆製品	仝
(11)醬油	仝	(42)繩蓆及花蓆	仝
(12)清涼飲料水	仝	(43)假象牙及其製品	仝
(13)煉乳粉	仝	(44)刷子	仝
(14)鐵製瓶罐頭	仝	(45)洋燈及其製品	仝
(15)玻璃瓶罐頭	仝	(46)火藥及火工品	日本火藥,日本油脂,東洋火藥.
(16)麥酒	仝	(47)普通鋼鋼材	北支那鉄鋼販賣株式会社
(17)清酒	仝	(48)特殊鋼鋼材	仝
(18)烟葉	東洋烟草	(49)紡織用棉花	華北纖维公司.
(19)卷烟	三井物產	(50)紙	華北紙業協会
(20)肥皂(石鹹)	天津生必	(51)馬尼拉麻	麻產改進会
(21)化粧用品	仝	(52)牛皮	華北皮毛協会
(22)蠟燭	仝	(53)生橡皮	三井產物,三菱商事
(23)殺虫劑	華北化学製品統制協会	(54)土木建築用木材	華北木材組合
(24)新藥新製劑	天津生必	(55)電線桿	仝
(25)熟藥(賣藥)	仝	(56)枕木	仝
(26)熟藥外部品	仝	(57)包裝木片	仝
(27)火柴	仝	(58)石油類	華北石油統制協会
(28)合成染料	華北化学製品統制協会	(59)苛性蘇達	華北化学製品統制協会
(29)油漆	仝	(60)硫酸	仝
(30)墨水	天津生必	(61)稀硝酸	仝
(31)鉛筆	仝	(62)金鷄納霜	天津生必

(續上)

品名	統制機關
(63)山道年	天津生必
(64)咖啡精	仝
(65)碘	仝
(66)葡萄糖	仝
(67)乳糖	仝
(68)酵母	仝
(69)國產工作機械	北支那鐵鋼販賣株式会社
(70)一般機械	仝
(71)砂糖	華北砂糖協会
(72)雜品	天津生必

(四)对日供給物資由蒙輸入統制機關:

品名	統制機關
(1)普通銑鉄	北支那鐵鋼販賣株式会社
(2)煤	華北石炭
(3)植物油脂原料	華北油料協会
(4)藥品	三井物產

三十二年度華北對日本間交易計劃表

輸入

品類	數額	金額
鋼材	125,000噸	
電氣銅	400〃	
枕木	1,500,000本	
木樁	900,000石	
電柱	85,000本	
炭化鈣	10,000噸	
米	500,000石	
砂糖	1,000,000擔	
茶	70,000百斤	
人造絲	1,800千磅	
人造絲織品	4,100千方碼	
生絲	10,000包	
毛絲	75,000碼	
毛織物	950千方碼	
新聞紙	21,345千方度	
印刷用紙	7,409千磅	
筆記用紙	150〃	
洋紙	4,930〃	
其他用紙	12,100〃	
皮革	930,125吋呎	
Packing	25,175坪	
生橡皮	3,000噸	
橡皮帶	11,250,000吋呎	
草包	12,900千枚	
化學藥品(硝酸硫酸硼砂甘油等)		4,000萬元(日本F.C.B.)
染料	1,500噸	
塗料	500〃	
火藥		
火藥粉	100,000箱	
電管	3,500[illegible]	
導火線	23,000〃	
醫藥品		3,000萬元
耐火煉火	20,000噸	
洋灰	50,000〃	
紙漿	20,000英噸	

輸出

品類	數額	金額
石炭	5,150,000噸	
鹽	1,254,000〃	
臭素	250〃	
銅片	500〃	
工場銑	40,000〃	
普通銑	30,000〃	
屑鐵	5,000〃	
錳	11,500〃	
重石	350〃	
銅	1,500〃	
銅鑛	11,500〃	
石棉	450〃	
雲母	100〃	
黑鉛	150〃	
礬土頁岩	250,000〃	
螢石	28,000〃	
石膏	20,000〃	
紡織用棉花	1,809,000擔	
製棉用棉花	171,000〃	
植物性油脂	30,000噸	

三十二年度華北偽「滿」間交易計劃表

輸入

品類	數額	金額
糧穀類	193,750瓲	41,656千圓
大豆	50,000	20,000
大豆粕	50,000	20,000
大豆油	900	724
薄板	270	87
厚板	2,000	538
軽軌條	3,100	815
大型溝型鋼	360	92
丸鋼	3,000	675
鉄線	700	189
電氣熔接棒	570	969
瓦斯管	500	210
鍋炉管	700	511
ビレット	350	92
線材	150	28
スケルプ	350	64
格落品	300	86
車用鐵鋼類	1,800	194
鋳鐵管	700	175
炭素工具類	310	305
バネ鋼	110	100
線路用品		1,150
鍬鏟	3,200丁	81
客車	26車	1,300
貨車	900	5,850
車輛用品		285
機械類		800
鋼芯用鋁	700瓲	1,791
鋳貨用鋁	300	1,930
枕木	1,490	7,920
木橋	5,000立方米	7,270
一般用材料	50,000	4,220
火柴用材料	25,000	1,121
火柴抽木	30,000俵	1,290
木炭	3,000	1,100
紙漿類	5,550	4,000
紙及製品		100
耐火煉瓦(甲)	11,800	7,080
耐火煉瓦(乙)	350	210

品類	數額	金額
碍子	500,000個	250
洋灰	10,000噸	550
復州粘土	300	20
軽焼鎂	3,000	420
硬焼鎂	3,000	426
滑石粉	2,500	275
浪石鉛鈑	200,000枚	960
塗料		500
純苯	300噸	141
アリニン油	30	62
Kreosot油	2,000	484
無水酒精	100瓲	357
含水酒精	300	857
甘油	20	115
瀝青	424	52
阿莫尼亜水	100	170
巴拉芬	140	149
粉状納弗他林	3,000袋	118
球状納弗他林	11,000箱	291
硫安	23,000噸	11,500
粗製アンソラセン	15,200 "	2
硫化黑	5,000箱	625
生薬		2,000
醫薬品		500
齒科用資料		480
青果類		500
絹油	10,000反	570
柞サンサーヂ	70,000米	560
種牡馬	100頭	100
競賽馬	80	160
種子		1,133
葉烟草	500噸	884
雜品		8,000
	合計	161,728

輸出

品類	數額	金額
石炭	2,900,000噸	95,265千圓
石膏	85,000	4,791
硫化鉄	15,000	497
滿俺	11,500	2,420
紡績棉花	150,000擔	32,565
雜棉	40,000	5,200
安平	5,000,000枚	14,500
土產紙		2,000
種子		1,535
生藥		4,000
固型苦汁	3,000噸	246
毛皮		3,600
鮮卵	5,000[illegible]	270
冷凍卵	100英瓲	300
卵粉		2,250
鮮魚介	150	500
乾鮮果類		2,000
鮮蔬菜		2,000
桑皮	3,000瓲	1,500
綿雜品		1,000
古著類		1,000
生漆	10,000斤	350
其他		10,000
	合計	187,699

三十二年度華北與華中間交易計劃表

輸入

品類	數額	金額
小麥粉	5,700千袋	142,500千
大豆粕	10,000噸	10,000
硫安	16,000〃	12,240
ローフークロス	2,700米	1,176
クリアラクロス	150疋	270
サイヂングサン フランネル	250〃	350
綿絲	17,500捆	38,500
綿布	11,500〃	34,500
機械生絲	1,000苞	2,900
機械器具		8,000
明礬	4,000噸	1,200
酸化亜鉛		1,000
染料		5,000
漆塗料		500
洋灰	25,000噸	4,500
水牛皮	5,000枚	400
其他工業藥品		4,000
印油		500
米紙	1,300捆	1,989
	合計	265,525
布帛製品		50,000
土絲		2,000
絹人絹布		30,000
纖維屑		2,200
毛絲毛織物		2,000
麻製品		1,000
葡萄糖		10
燒紙		5,000
茶		20,000
青果蔬菜		1,000
竹及竹製品		5,000
新舊賣藥		5,000
文具品		1,500
漢藥		15,000
其他		40,000
	計	179,700
	合計	448,235

輸出

品類	數額	金額
石炭	2,126千噸	68,032千圓
硫化鐵礦	10,000噸	430
重晶石	500〃	52
石棉	200〃	119
銑鐵	1,000〃	300
蘇打灰	2,000〃	994
石膏	5,000〃	425
落花生實	2,000〃	7,000
落花生油	1,700〃	10,370
胡麻子	2,000〃	7,000
木炭	1,500包	495
胡麻油	300噸	2,100
胡桃	400〃	1,600
紅小豆		400
無水芒硝	4,000	800
硅酸曹達	500	500
硫化曹達	600噸	600
板硝子	120,000函	2,640
	小計	103,857
各種橡皮製品		2,000
乾果菜		35,000
青果類		6,000
粉條		5,000
生藥		30000
鮮蔬菜		4,000
毛皮類		2,000
粗陶器		3,000
玻璃製品		1,000
鹽干魚		500
其他		50,000
	小計	138,500
	總計	242,357

卅二年度華北偽蒙間交易計劃表

輸入

品類	數額	金額
鐵礦石	460,000 噸	9,522 千圓
大同炭	1,310,000	24,235
穀物類	100,000	70,000
工業用馬鈴薯	110,000	5,000
澱粉	2,000	8,000
果實類		1,200
亞麻仁	100	170
芥子	1,000	1,500
生藥		600
牲畜		22,335
獸毛		1,000
毛皮		2,000
骨鐵		200
畜製品		2,000
炭化鈣		500
膠		200
其他		7,850
	計	206,712

輸出

品類	數額	金額
鐵鋼類		
素材	500 噸	400 千圓
製品	260	520
鑄鉄管	600	516
銑鉄	1,200	336
土法銑鉄	500	350
電線類		2,568
機械類		1,000
自動車部分品		500
自轉車 〃		300
車輛類		300
其他金屬製品		2,000
陽泉炭	9,000	270
Durbin油	10	43
機械油	80 噸	440
火藥類	77 〃	500
硝石		93
工業藥品		500
紙	5,000 千磅	5,000
棉布	30,000 反	18,000
土布		15,000
棉絲	500 捆	1,000
棉花	16,000 〃	3,240
布帛製品		12,000
絹人絹布及製品		2,000
米	28,300 石	4,596
砂糖	55,000 擔	5,500
食用油	1,500 噸	7,500
罐頭	10,000 箱	500
橡皮製品		1,000
烟草		16,350
蠟燭	5,000 箱	185
妥平	20,000 枚	400
小型熔炉礦資材		5,017
石膏	700 噸	39
雜品		45,196
	合計	137,963

以上以對日輸入品

三十二年度華北対朝鮮特殊交易協定

輸入

品類	數額	金額
高速度鋼	300 噸	600,000 圓
新義州紙漿	360 美噸	250,000
クーント紙漿	200 〃	67,000
紋田草包	100 萬枚	640,000
巴拉芬	20 噸	13,280
辨柄	20 〃	21.040
發電機	2 基	2,000,000
木橋	50 千石	550,000
白板	30 千枚	152,600
硫安	1,000 噸	148,400
葉煙草	300 〃	750,000
鍬鍾	1,000 丁	1.060
馬達苯	100 噸	40,000
純トルオール	2 〃	1,100

輸出

品類	數額	金額
綿土布	100000 反	200,000 圓
綿布	50,000 〃	680,000
去平	250,000 枚	425,000
落花生実	3,000 噸	552,170
綿実	1,000 〃	116,000
綿実粕	1,000 〃	193,000
胡麻子	1,000 〃	499,000
緑豆	500 〃	124,095
唐介子	100000 斤	480,000
石膏	250 噸	10,000
線材	200 〃	43,400
曹達灰	200 〃	32,096
桐材		100,000

第三項　華北之物資統制

第一目　概說

華北物資之統制機構異常複雜，系統不清，有屬於華北開發之系統者，有屬於華北交易配給統制總會之系統者，有屬於華北纖維統制總會之系統者，亦有屬於華北食糧公社之系統者，此外尚有若干獨立之半統制機構，實呈五花八門之象。惟就大体言之，可分中央統制機構及地方統制機構之兩類，另復可分為日本及華人之兩系，地方機構非盡為中央機構所統轄，華系機構泰半有名無實，組織亦不完全。故言物資統制機構，自以日系者為主。其中央統制機構之重要者如附表。

至地方統構大半為商工會及同業組合之性質，華系機構尚未達到統制之機能，形同虛設，此間暫置不論，其日系機構朝成夕改，隸屬複雜，然尚能發揮統制運營之機能，可分為商工會議所及同業組合之兩類，茲分述如次：

（一）商工會議所　日本內地各都市，皆設有商工會議所，事變後華北日人亦依法組織，大都市設商工會議所，小都市則設商工會，組織相彷，具体而微，在新体制之下，為商工業之監督機關。受當地領事館之指導，蓋依舊商工會議所法，該所實為自由經濟之產物，與戰時經濟統制之精神不合，惟以修改法律，牽涉甚大，實行匪易，故於機能上因時制宜加以變更，於維護商工業利益之外，復成為奉行國策，調整區內物資需給運營之機關焉。卅二年九月，天津日本工業組合聯合會事務改隸商工會議所，添設商工部，組織加強，各地亦起而仿效，卅三年十月，北京日本商工會議所改稱「北京日本經濟會議所」成為參加戰時經濟政策籌畫之一員，截至卅三年底止天津，太原皆已依式改組，青島，濟南，石門，張家口亦在進行改組中，茲列其各名稱如下：

經濟會議所　　北京，天津，太原。
商工會議所　　青島，濟南，石門，張家口。
商工會　　海州，德縣，張店，濟寧，芝罘。

（二）同業組合　事變後日人在華北各地成立各種組合，大体工商業分別辦理，民卅一年末曾依「華北輸移入及生產配給要綱」加以調整，河北，河南，山東，山西，偽蒙各地區各主要商品商皆組成批發組合直接對各零售組合批發，輸入品目則對各批發組合按照各該區人口之多寡實行配給，主其事者概為各種需給協議會及協會；故同業組合實為物資統制之實行機關直隸於各業中央統制機構而受各地領事館及商工會之監督。業種繁多，各地情形亦不一致，茲據三十四年之調查北平市工商同業組合計五十九種，有如附表。

第二目　分論

（一）華北開發公司

華北開發公司原為生產與統制之綜合機構，以礦工業及交通業為主，惟以經營事業範圍極廣，對本身所需物資，自不得不有統籌之計劃，早在開發機構下，設立物資調整部，對於鋼鉄，機械，木材，石油，洋灰，炭化鈣，火藥等重要物資實施管理。其後為加強組織復改稱為物資部，直接與日本大使館表裡一体，參畫實施華北物資動員計畫，其主要辦法為對日期待物資之確保，由偽滿朝鮮華中輸入之增強及現地生產之促進等，其需給之調整概有四種方法：

(1) 大使館直接統制事務，交由該部代行（機器及非鉄金屬內之一部。）

(2) 依協議會之方式，由該部統率生產業者，輸入業者及大需要者組成之機構行之。（自行車，洋灰，橡皮，火藥，炭化鈣，皮革製品，木材，耐火磚）

(3) 統制協會之方式，為較協議會更進一部對特定物資徹底加以統制，如因石油輸入激減，不得不研究代用品及混合品，及其增產與調整。故聯合石油，酒精，瀝青三協議會，改組為北支石油統制協會，為國家管理之代行機關，而關於化学製品方面，亦因加強現地之生產，解決人員及經費之困難起見，合併原來之工業藥品及塗料兩協議會改組為華北化学製品統制協會。二統制協會均為開發統制下之團体。

(4) 自營事業之方式，自民國卅一年三月起，開始自營事業，其項目約為：

(甲) 對日期待物資動員鋼材之統一輸入。

(乙) 偽滿對及現地產鋼之收買。

(丙) 土法生鉄，鉄屑，銅元，水銀黑鉛之收買。

(丁) 石棉，炭素及雲母製品之輸入。

(戊) 辦理小型熔礦炉藉以對日輸出生鉄。

(己) 合併華北鋼鉄協議會，華北銑鉄協議會，華北鋼鉄製品共同販賣組合等團体為北支那鉄鋼販賣株式會社。

(庚) 木材之輸入。

（二）華北交易配給統制總會

該會組織情形，已詳前項，所屬各單位，多係由各組合聯合組成，最初泰半為純粹日商，其後亦准許華商參加，自華北交易配給統制總會成立各附屬單位組織漸趨完密，各地多設支部，其統制機能亦漸趨健全焉。

(三)華北纖維統制總會

華北纖維性之物資，如棉，麻，毛等概有獨立之機構，民國三十二年日本根據其「對華新方針」對一切物資加強統制，遂於三十二年八月一日成立華北纖維統制總會統轄棉產改進會，華北麻產改進會，華北皮毛協會，華北紡織工業會，華北纖維公司，華北纖維協會等六團体。三十四年三月三十一日該總會復奉令解散，除華北皮毛協會改隸華北交易配給統制總會，華北纖維協會歸併華北纖維公司外，其他四團体獨立，分別執行該總會原有業務，惟無論分合，其業務原無何種顯着変更，茲將該總會所屬各團体沿革及業務簡述如次：

(1)華北棉產改進會

事変前華北之棉業指導機関，甚為複雜，計河北省依實業部「直轄棉業試驗場組織條例」曾設有正定棉業試驗場及其他各地實驗場指導所四五處，並設立河北省棉產改進會。同時山東省設有山東棉花改進協會，省立棉作改良場等。山西省設有軍人農事試驗場，省立臨汾棉業試驗場等，直隸於各省政府。惟均甚乏成就。華北淪陷後河北省棉產改進會由北京治安維持會接收。偽臨時政府成立後，該會復歸偽農業部管轄，民廿八年二月改組為華北棉產改進會，直至民三十二年華北纖維統制總會成立前，為華北棉花生產指導之中樞機関，同時與紡織商之統制機関北支棉花協會及華北棉業振興會協力統轄華北全域之棉花生產。至於棉花之收買機構，事変前全屬自由市場，淪陷後，日收買商於民廿七年於石門，彰德，山東等地設立京漢線棉花協會，濟南棉花買付組合等團体收買軍需棉花，華商不得参加，此後各團体組合北支棉花協會，設本部於北平，支部於天津，濟南，更於各產地設出張所，為日華双方業者之組織，於確保軍需之外，復有調整民需之任務，再後為加強棉花之統制，更有華北棉業振興會之組織，民卅二年華北棉產改進會，北支棉花協會並華北棉業振興會三者聯繫合作，以期統制機能之圓滑，同年八月華北纖維統制總會成立，三者始合併為新機構下之華北棉產改進會，華北棉產改進會設理事長一人（華人），副理事長一人（日人）理事六人（日華各三）監事二人（日華各一）其組織機構如下圖：

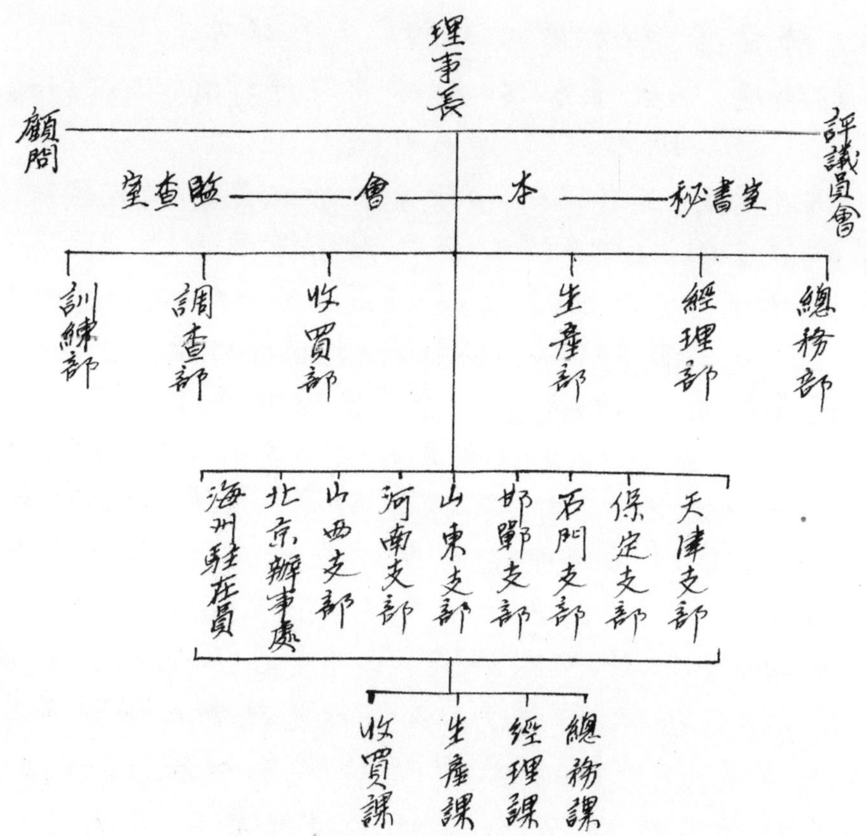

華北棉產改進會之業務範圍，據該會設立要綱所載為「統合舊有棉花生產並收買之指導統制各機関，並求中日棉業関係業者積極的活用，對棉花之增產，改良並收買配給實行一元化之指導統制」至其事業則在要領中列為：

(甲) 棉花，棉子之生產，收買配給並輸送之指導統制。

(乙) 有関棉花增產改良之實行及指導統制。

(丙) 以前各項附帶之業務。

新棉產改進會成立後，華北棉花之收買實行重點主義，即自民國卅二年按照棉花增產計劃將華北產棉地区以重點縣為中心，分為四大区十二分区，配置紡織業者（包括少数華商）及棉花商對各該地区棉花之生產，改進並收買實行一元化之統制其配置情形如下：

(甲) 第一棉業圑（担當地区：彰德，保定，臨清）

a. 紡織圑：鐘淵公大五厰同七厰，二豐紗厰，大典紗厰，廣延紗厰。

b. 棉花商圑：兼松洋行，鐘紡棉花部，遷華洋行，三昌洋行。

(乙) 第二棉業圑（担當地区：順德，天津，德縣）

a. 紡織圑：東洋紡績，唐山華新，衛輝華新，成大紗厰，双喜紡績，同共紗厰。

b. 棉花商圑：江商洋行，三菱公司，東洋紡棉花部，松本洋行。

(丙) 第三棉業團(担當地区:邯鄲,北平,張店)

a.紡織團:大康(青島)新鄉振華,天津紡織(北洋紡績,恒源紡績,達成紡績)

b.棉花商團:三共洋行,日綿產業,安宅產業,通成洋行.

(丁) 第四棉業團:(担当地区:石門,唐山,濟南)

a.紡績團:内外紡績,上績(青島),豐田紗廠,成進紗廠,富士紡績,倉敷紡績,日清紡績.

b.棉花商團:東洋海行,日華興業,東裕洋行(濟南).

民國卅三年河北省棉花統制又有变動,即自本年六月起,棉產改進會河北省内各支部辦事處之生產部及其所屬職員一律移歸合作社統轄。河北省合作社聯合會增設棉產部,各辦事處設支部。故河北省内棉花之生產指導即與一般農業部門之統制打成一片,由河北合作社統一運営。同時棉業團亦於七月一日取消,民卅三年度之棉花收買則由鐘紡及其他六家棉花公司擔任。惟實事上合作社与該會之聯繫至為徽弱,統制業務各行其是。卅四年三月纖維統制總會解散,該會獨立,以材料缺乏,改革詳情不明。惟在纖維統制總會管下,除麻產及皮毛外,幾皆與棉業有關之統制團体,其統制機能之關係,實屬錯綜複雜,茲列表以示其關係如下: 華北棉業統制系統圖:

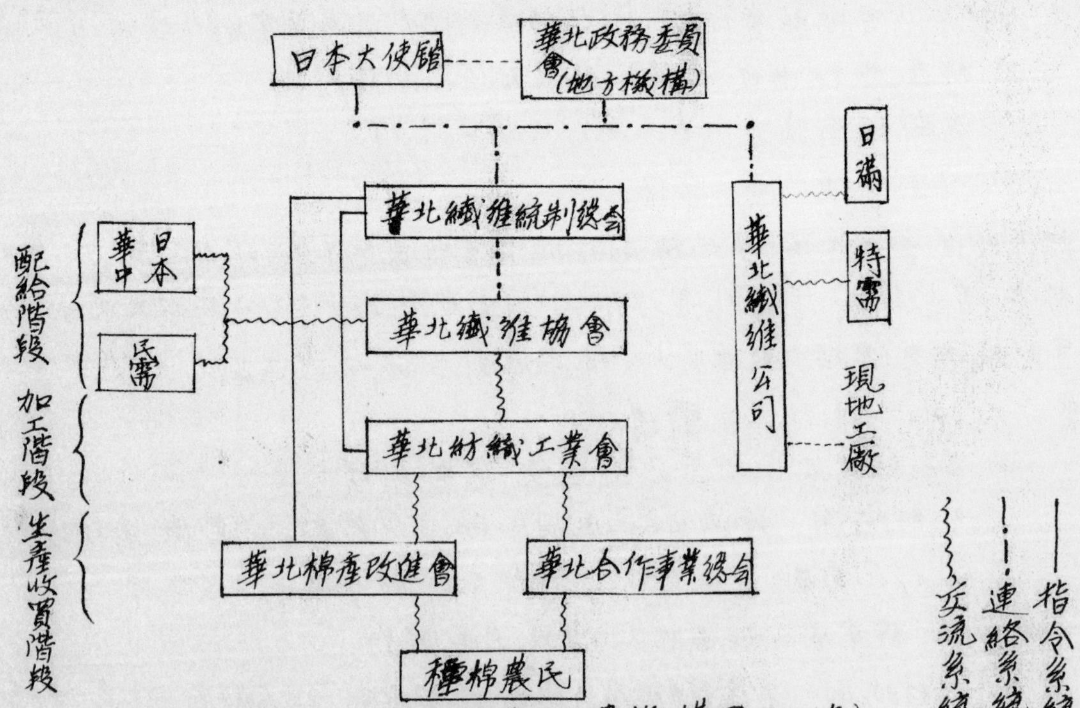

附表:邯鄲地区棉花統制收買機構圖(卅一年).
民國卅二年華北棉規格及價格表
民國卅二年華北棉實規格及價格表.

(2) 華北麻產改進會.

太平洋戰後,印度麻及麻製品来源斷絶,華北麻產之重要性乃驟形增大,華北麻產向極缺少,其增產及統制之需要乃成必要。先是收買統制由日軍指定之公司商店担任,民卅一年北平華商創北京麻業統制協會,卅二年五月濟南成立山東麻採買社,具有收買專權,但成績不佳。卅二年八月華北纖維統制總會成立,前二團体乃合併為華北麻產改進會隸屬於該總會其組織如下表:

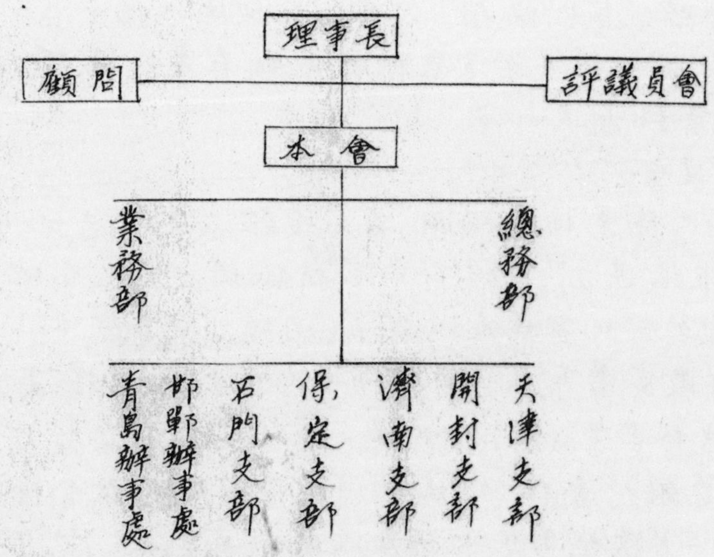

該會之業務範圍,據該會之設立要綱,為下之三種:

(甲) 麻類之生產,收買,配給及輸送之指導統制、

(乙) 麻類增產改良之指導統制.

(丙) 前兩項附帶之業務.

其業務之實行,大略如次:

(甲) 收買.

華北產麻可分為大麻及青麻二種,大麻之產区(偽蒙除外)約分三区,即(1)潞安区(2)順德区(3)泰安区.此外平漢線以望都為中心之定縣,唐縣,磁縣,彰德附近,隴海縣歸德南方亳縣地方,新安鎮南方土山地方,山東省萊蕪,滕縣,萊陽等地方產量亦豐。青麻之產区,山東,河北,河南,山西中南部地方皆為栽培区,其主要產地(1)為以天津為中心之西河,河北,東河地方。(2)山東濟寧(3)順德一帶(4)歸德附近。指定之收買團体為北京麻業協會,三井三菱大倉,同泰永,東亜毛呢等。

(乙) 增產.

實際麻類增產方針為選定工作縣,此外並設委托採種園及耕作模範圍，工作縣如下表：

支部別	工作縣及增產麻種別
天津支部	天津（洋麻、青麻）靜海（同）武清（同）保坻（同）滄縣（同）豐潤（同）寧河（青麻）遷安（青麻、線麻）安次（青麻）
保定支部	清苑（洋麻）雄縣（洋麻、青麻）
石門支部	正定（洋麻）藁城（同）高邑（洋麻、青麻）
濟南支部	萊蕪（線麻）泰安（黃麻、線麻）濟寧（黃麻）滋陽（同）滕縣（同）
開封支部	寧陵（青麻）民權（同）睢縣（同）

(3) 華北紡織工業會

華北紡織工業，事變前甚為繁盛，天津青島之日紡織業商發展尤速。淪陷時我軍破坏，繼以外棉斷絶，存底不豐，遂呈一蹶不振。

民國卅一年七月，興亞院華北連絡部發表「華北棉業機構整備要綱」華北紡織業乃正式開始整頓。嗣經華北棉業振興會成立，欲綜合華北棉業各部門加以統制。棉花業試範較易，已如前述。而紡織業者之整理統制則殊費周折。前華北本有日商之「在華紡績同業會華北支部」為日紡績商在華之自治團体。後經軍管工廠之連絡，組成日華紗廠聯合會。此後更統合中日之紡織業者，組織華北紡織工業會，華北纖維統制總會成立後，在華紡績同業會合併於華北紡織工業會，遂成為統制總會下重要之一員。其組織概如下表：

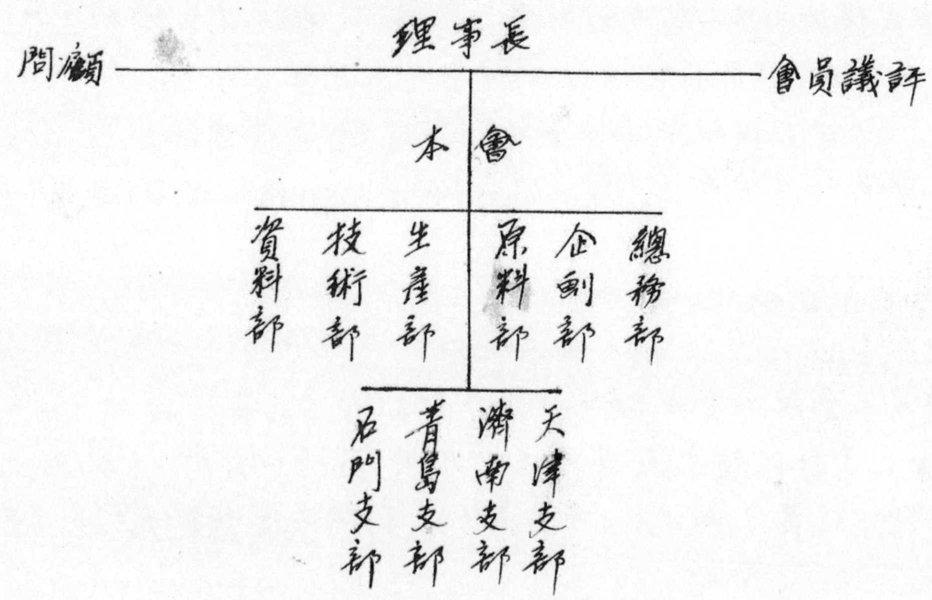

該會之業務為指定經營業者，並對指定業者營業之各方面隨時加以指示。其不遵守指示者得減少或取消其原料之配給及其指定之權利，故頗有統制之實權。至其運營之方針有「華北纖維工業管理要綱」其生產計劃除特別需用纖維品外，並兼顧一般民需，其要領如下：

(甲) 生產合理化。

a. 輔導推行紡織染色加工業之技術改善，能率增進，原料之適當處理及工廠經營之合理力。

b. 促進紡織染色加工之有機連繫，以期生產之增加。

(乙) 生產計劃化。

a. 依各紗廠之棉花供給及製品之需給狀況，分為四集團，分期施行生產計劃。

b. 各種纖維紡織工業亦順次組成數個集團，分期設定生產計劃。

c. 使各種織布染色，加工工業與紡織工業，各集團相連繫，以期實行一元化之生產計劃。

d. 使彈棉工業者暫時活用各組合，日後再分別組成集團。

附華北紡織工業會傘下機構表。

(4) 華北纖維公司

本公司為一綜合之機構，由北支棉花協會，華北棉業振興會，北支棉花株式會社，華北纖維協會及其他棉絲布收買組合所結成，雖為中國普通法人，然不循中國之公司法，資本六千萬元，規定中日各半，實則日方出資百分之七十，華方出資百分之三十，其出資內容如下：

出資者	出資額	現物	現金
華北政務委員會	9,000,000 -	4,354,749·84	4,645,250·16
華北開發公司	3,400,000	—	3,400,000 -
北支棉花株式會社	6,000,000	6,000,000 -	—
華北棉業振興會	4,500,000	4,255,630 -	244,370 -
日本棉業者	32,600,000	—	32,600,000
中國棉業者	4,500,000	—	4,500,000 -
合計	60,000,000	14,610,379·84	45,389,620·16

該會之組織如下表：

董事長

公司

總務部　經理部　原料部　製品部　事業部

天津支部　青島支部　濟南支部　石門支部　彰德支部

東京出張所　大阪出張所　保定出張所　唐山出張所　邯鄲出張所　德縣出張所　滄縣出張所　[illegible]城出張所　張店出張所　山東出張所

該會之業務範圍概為：

(甲) 特殊需用纖維品之管理，收買，配給，加工及輸出入。

(乙) 特殊需用棉子之管理，收買，配給，加工及輸出入。

(丙) 特殊需用纖維原料之打包及保管。

(丁) 特殊需用纖維製品之委托紡織及委托加工。

(戊) 特殊需用纖維製品之管理，收買，配給及輸出入。

(己) 以上各項之附帶義務。

三十四年三月華北纖維統制總會解散，本公司獨立，同時華北纖維協會亦行解消，本公司組織擴大及改革之詳情，以資料缺乏不明。

(四) 華北食糧公社

食糧為決定戰爭之要素，日人於抗戰之初早有認識，惟直迄勝利時止，華北食糧迄無日偽統一之統制機構，雖當為人之不感，戰爭之日迫需要之日增亦最大原因也。

華北淪陷之初，曾有「食糧燃料調節委員會」之設置，一年後成立「華北物資調節委員會」，其下設有「食糧聯合運銷辦事處」，食糧統制漸具端倪。卅一年六月華北政務委員會公佈華北緊急物價對策，設立「華北物價處理委員會」。卅二年三月，因物資物價問題日趨嚴重，乃合併物資調節物價處理兩委員會為「華北物資物價處理委員會」，下設「食糧管理局」，各省市設分局，着手對食糧問題為初步之計劃統制，食糧管理局之主要工作為平抑糧價，取締囤積，申報存糧，規定收買價格統制消費等。卅二年四月成立「食糧採運社」為輔助食糧管理局之採購組織。「華北食糧平衡倉庫」「小麥協會」及其改組後之「麥粉製造協會」則為與食糧管理局並列之統制機關。卅二年十二月間物資物價處理委員會取消食糧管理局劃歸農務總署，遂決定設立「華北食糧公社」為華北食糧之收買，配給統制機關。公佈「食糧公社暫行規程」華北食糧公社並於成立時制定華北食糧公社章程。該會出資者為：

華北政務委員會。

華北麥粉製造協會。

華北食糧平衡倉庫。

華北合作食糧總會。

華北開發公司。

其他經華北政委會承認之有關食糧之團体。

該會主要業務為：

主要糧穀之收買，

主要糧穀之貯藏及保管。

主要糧穀之製造及加工。（成立食糧加工社隸屬該公社，組織見附頁）

主要糧穀輸入之委托。

有關主要之食糧金融之調濟及周轉。

以前各帶附近之事項及為完成本公社目的必要之事項。

食糧公社之主要業務為收買食糧，華北食糧收買機構以前主由合作社担任，食糧採運社成立後，合作社收買如故，形成双重組織，及食糧公社成立，地方米穀之收買仍不得不依賴各地合作社，開發公司於其系統下歷來單獨收買。惟最後由三井，三菱，大倉，三興，三昌，安宅，兼松，大丸所組之北京雜穀同業組合改組為燕京道食糧組合，隸屬於河北省食糧公社，似為統一收買之先声。至天津米穀統制委員會則正單獨規定收買統制要綱，指揮其治下之收買團体與食糧公社平分春色，故華北食糧之統制距離統一尚極遥遠也。

茲述各省市收買概况如下：

(甲) 河南省

卅二年度之食糧收買機構為食糧管理局。該局以缺乏經驗及日系機構小麥協會之掣肘成績不佳，其規定於收買，同時由合作社配給之「見返物資」未能如約實行。輸送力之異常薄弱使各縣未運出數量甚多，均為失敗之原因。

河南省食粮公社於卅三年成立，由中央公社出資二百萬元，省政府二百萬元，合作社一百萬元，日系採運社員四百萬元，華系採運社員一百萬元組成。

(乙)山西省

該省食粮公社由省長兼任理事長，於確定收買計劃之初，由兼理事長依全省耕種面積，需要量(地方保有量，中央供出量)已往收買成績，增產期待量，治安狀况等為各道供出量之計算。由各道尹於考慮後命令各縣長就其轄區指令人民供出之。

a. 行政機關之任務

1. 各户供出之徹底及監督指導其實行。
2. 輸送工具及勞力徵用分配(馬車)。
3. 警備。

b. 各級合作社之任務

1. 由生產者收買付以代金。
2. 特配物資之配給。
3. 運至集積地点保管。

c. 食粮公社之任務

1. 合作社集積之食粮接收輸送分配。
2. 容器之分配。
3. 收買資金籌集。

d. 新民會之任務

1. 供出制意義之宣傳。
2. 農民自發供出運動之計劃指導實行。

(丙)山東省

山東省食粮公社由省政府食粮管理局，日本陸軍連絡部，日本領事館，合作社，麥粉製造協會，日華採運社員，及開發公司各代表者所組設立委員會決議成立。出資比例中央公社三百萬元，省政府三百萬元，合作社壹百萬元，採運社員及開發會社三百萬元。

(丁)青島市

青島市食粮公社於卅三年七月成立，青島市政府，華北食粮公社，青島地区合作社連合會，食糧收買聯合會，磨坊公會，青島工聯，華北海運振興會，日商粮穀組合等團体共同出資組成。

(河北平津兩市情形缺)

(五)華北石炭販賣會社

本會社為準開發事業，經營開發所屬各煤礦產煤販賣事宜，經售數量如下表：

(單位千噸)

年度別	計畫	實績	比率%
民國三十年度	6,484	6,356	98
〃 〃 卅一 〃 〃	10,072	9,873	98
〃 〃 卅二 〃 〃	15,693	10,895	69
〃 〃 卅三 〃 〃	15,589	—	—

附蒙疆礦產販賣公司經售煤量表　(單位千噸)

年度別	計劃	實績	比率%
民國三十年度	2,389	2,281	95
〃 〃 卅一 〃 〃	2,723	2,623	96
〃 〃 卅二 〃 〃	3,394	2,645	71
〃 〃 卅三 〃 〃	3,661	—	—

(六)華北鹽業公司(附山東鹽業株式會社及東洋化学工業株式會社)

華北鹽田，自淪陷以來經日人之鋭意經營，於民國卅一年已達四萬六千公頃，較之民廿七年之二萬一千公頃約增一倍強。而鹽之生產於民卅一年為1,384千噸，卅二年為2,615千噸，較之廿七年約為四倍。對日供給民卅一年度達1,157千噸，卅二年度達966千噸之鉅額。其生產能力之估計，如增至卅一年度之五倍亦不困難。經營鹽業之主要機構即華北鹽業公司是也。

華北鹽業公司之事業地為長蘆地区。民廿七年度僅有鹽田9,752公頃，五年後已復活鹽田6,941公頃，新闢鹽田15,660公頃，至卅一年末計擁有鹽田32,753公頃。至山東鹽業株式会社之山東鹽区，則於卅二年二月末於膠州灣地区擁有原有鹽田6,000公頃，復活鹽田120公頃，新闢鹽田842公頃，合計6,965公頃。又山東東岸地方鹽田約6,700公頃，以在我游擊区内，不得直接経营，惟每年仍得購入約十萬噸之鹽產。

華北鹽產量表　(單位千噸)

地区別＼年次	27年	28年	29年	30年	31年 計劃	31年 實績	32年 計劃	32年 實績	33年(計劃)	擴充計劃 35年	擴充計劃 45年
長蘆区(華北鹽業)	245	593	491	813	915	1,005	1,250	1,270	1,440	1,695	4,500
山東区(山東鹽業)	161	356	262	467	373	379	336	345	383	835	2,000
合計	406	949	753	1,280	1,288	1,384	1,586	1,615	1,823	2,530	6,500

華北盐對日供給表 （單位千噸）

會社別 \ 年次	27年	28年	29年	30年	31年 計劃	31年 實績	32年 計劃	32年 實績	33年（計劃）
華北盐業	370	296	567	467	600	745	600	655	751
山東盐業	251	172	160	356	370	412	336	311	360
合計	621	468	727	823	970	1,157	936	966	1,111

臭素生產實績及計畫表 （單位 噸）

會社別 \ 年次	31年實績	32年 計劃	32年 實績	33年計劃	35年計劃
華北盐業	50	135	89	250	340
東洋曹達（鹽業）	80	100	75	120	120
山東盐業	–	8	4	16	27
合計	130	243	168	386	487

（七）華北重石公司

重石礦為戰時重要軍需物資，華北淪陷後，日軍為奬勵開採，鼓勵競爭，不加統制，僅採收買產品辦法，民廿九年之最高產量曾達精礦（WO_3 60%）350噸之高峯。三十年後生產成績逐漸減低，究其原因蓋因

露天採掘之限度（約20米）已達最高紀錄。

礦床下部之礦况不佳。

掘下愈深品質愈劣。

故為處理大量貧礦乃創設華北重石公司，從事統轄開採，其礦区為

薊縣黄花山。

密雲縣沙場墻子路。

長城線熱河省境附近。

惟該公司成立後之採礦成績，亦未能達理想目的，民國三十年僅得精礦（55%）19噸，卅一年精礦（55%）50噸，卅二年度（50%）72噸，卅三年度精礦58噸。經費增加而品質低劣，故在天津附設電氣製煉工廠，從事精煉。惟本公司以礦况不佳（礦床下部水多，礦質低劣。）機械採掘之困難，治安不易保持（礦区及動力線時受游擊隊之破壞）如無新礦苗發見，勢有放棄經營之可能。

華北重石公司生產目標表 （單位 噸）

品目	32年度實績	33年度	34年度	35年度
精礦（60%）	24	80	200	400
Ferro-Tungsten（80%）	–	45	100	200

（八）華北礬土公司

華北礬土頁岩為重工業用耐火器材及研磨材不可缺之原料並為Beauxide（$Al_2O_3 \cdot 2H_2O$）之代用品為鋁之原料，冀東及山東之湖田灃水及博山埋藏量均極豐富，故特設華北礬土公司以統制之。

華北礬土生產實績及計劃表 （單位千噸）

種別 \ 年度	29年度	30年度	31年度	32年度	33年度計劃
生產量	190	292	162	332	1,018
對日供給	148	180	190	232	714

華北物資中央統制機構表

統制機構	傘下或附屬機構	物資種類	備註
華北開發公司	物資部	機械類非鉄金属類	
〃	華北洋灰需給協議会	洋灰	
〃	華北橡皮需給協議會	橡皮	
〃	華北炭化鈣需給協議会	炭化鈣	
〃	華北火葯類需給協議会	火葯類	
〃	華北自轉車需給協議会	自行車	
〃	華北皮革製品需給協議会	皮革製品	
〃	華北木材統制協會	木材	
〃	華北耐火錬瓦需給協議会	耐火磚	
〃	華北石油統制協會	石油類	
〃	華北化学製品統制協会	化学製品	
華北交易配給統制総会	華北油料協會	油料	
〃	華北生藥協會	葯材	
〃	華北蛋業協會	雞卵	
〃	華北新聞用紙輸入配給組合	新聞用紙	
〃	紙業部	普通紙	
〃	砂糖部	砂糖	
〃	華北種苗協議會	種苗	
〃	華北葦蓆協會	葦蓆	
〃	華北農機具協會	農機具、農葯	
〃	生必部	生活必需品（醬油、度量衡器等）	
〃			
〃	醫療材料部	醫療器械材料	
〃	華北水產畜產統制協会	水產、畜產	
〃	華北皮毛統制協会	皮毛、獸毛、原皮	華北纖維統制総会解散後改隸交易統会
華北纖維統制總會	華北棉花改進會	棉花之收買配給增產改良	三十四年三月表華纖総会解散各機構独立。
〃	華北麻產改進會	麻類之生產收買配給增產改良	
〃	華北紡織工業會	紡織製品	
〃	華北纖維公司	特殊需用纖維品、纖維原料、棉子等之管理收買配給加工	

統制機構	傘下或附屬機構	物資種類	備註
華北食粮公社	各地合作社		
〃	食粮採運社		
〃	開發公司收買部門	食粮之收買	
〃	燕京道食粮組合		
〃	天津米穀統制委員会		
〃	華北食粮平衡倉庫		
〃	軍粮城精穀株式会社		
〃	華北食粮平衡倉庫	食粮之貯藏及保管	兼事收買
〃	華北麥粉製造協會	食粮製造加工	兼事收買
〃	軍糧城精穀株式会社		
華北石炭販賣會社		煤之販賣	
華北塩業公司		塩	
華北重石公司		重石	
華北礬土公司		礬土	
北支那鉄鋼販賣会社		鋼鉄販賣	
華北烟草協會		烟草	
華北錬成体育用品需給協議会		体育用品	
華北醫葯品需給協議会		醫葯品	
華北伸鉄類需給協議会		伸鉄類	
華北銑鉄配給組合		生鉄	
中華火柴產銷聯営社		火柴	
華北日本造酒組合		日本酒	
日本漬物佃煮製造統制中央組合		醬菜	
華北菓子製造業統制委員会		點心	
華北調味料製造業統制委員会		調味品	

北平市工商同業組合名單

三十四年調查.

(1) 北京蔬菜官納組合.
(2) 北京日本酒配給統制組合.
(3) 北京地方烟草配給組合.
(4) 北京醬油配給統制組合.
(5) 北京工聯勞工食料共同購入組合.
(6) 北京日本菓子商組合.
(7) 北京凍菓同業組合.
(8) 北京食料雜貨商同業組合.
(9) 北京米穀配給組合.
(10) 北京清凉飲料水工業統制組合.
(11) 北京醬油釀造業同業組合.
(12) 北京青果小賣商組合.
(13) 北京精肉商同業組合.
(14) 北京石炭配給組合.
(15) 燕京道食糧組合（由北京雜穀同業組合改組而成）
(16) 北京烟草商組合.
(17) 北京日本人書籍雜誌商組合.
(18) 北京洗染業組合.
(19) 北京藥業組合.
(20) 北京印刷同業組合.
(21) 北京文具同業組合.
(22) 北京家庭用雜貨商同業組合.
(23) 北京紙商組合.
(24) 北京織物雜貨商組合.
(25) 北京小間物商同業組合.
(26) 北京製棉製絨工業組合.
(27) 北京裁縫商工業組合.
(28) 北京寢具商同業組合.
(29) 北京履物商同業組合.
(30) 北京文化機器同業組合.
(31) 北京寫真同業組合.
(32) 北京鍊成用品同業組合.
(33) 北京土木建築業組合.
(34) 北京電氣業組合.
(35) 北京看板業組合.
(36) 北京警防器自轉車商組合.
(37) 北京機械建材商同業組合.
(38) 北京家具商組合.
(39) 北京度量衡計量器同業組合.
(40) 北京醫理化器械同業組合.
(41) 北京橡皮工業組合.
(42) 北京地区木材配給組合.
(43) 北京鐵工機器製造同業組合.
(44) 北京三合板小賣組合.
(45) 北京現地木材統制組合.
(46) 北京朝鮮料理店組合
(47) 北京朝鮮旅館及下宿同業組合.
(48) 北京日本料理店組合
(49) 北京新興食堂組合.
(50) 北京日本旅館組合.
(51) 北京飲食店同業組合.
(52) 北京貸家組合.
(53) 北京日本貸間公寓業組合.
(54) 北京質屋營業組合
(55) 北京日本古物商組合.
(56) 北京日本古鐵商同業組合.
(57) 北京理容術同業組合.
(58) 北京運送業組合.
(59) 北京彫刻業組合.

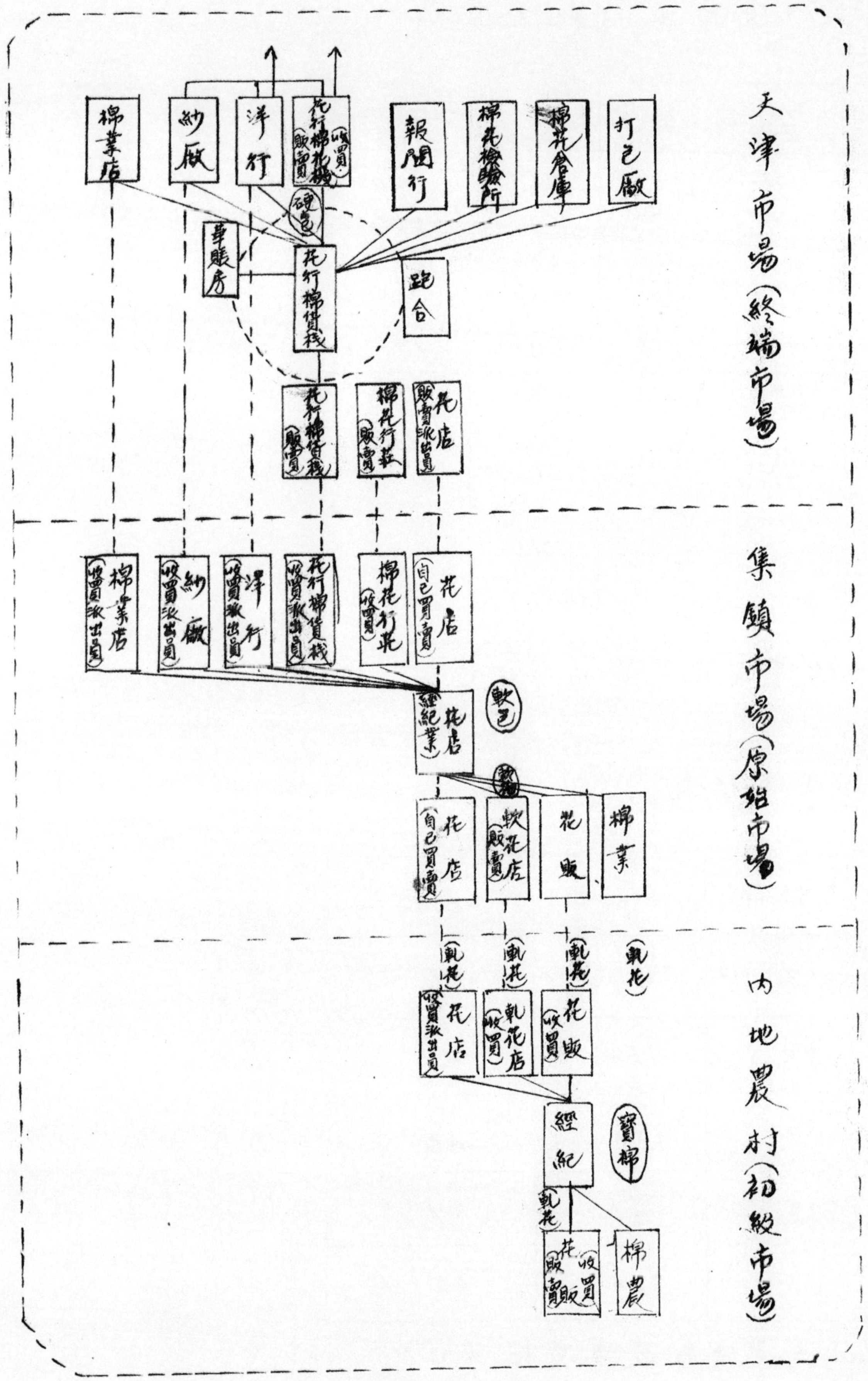
天津市場(終端市場)
集鎮市場(原始市場)
內地農村(初級市場)
棉業店
紗廠
洋行
報關行
棉花檢驗所
棉花倉庫
打包廠
華賬房
花行棉貨棧
跑合
花店
經紀
棉農

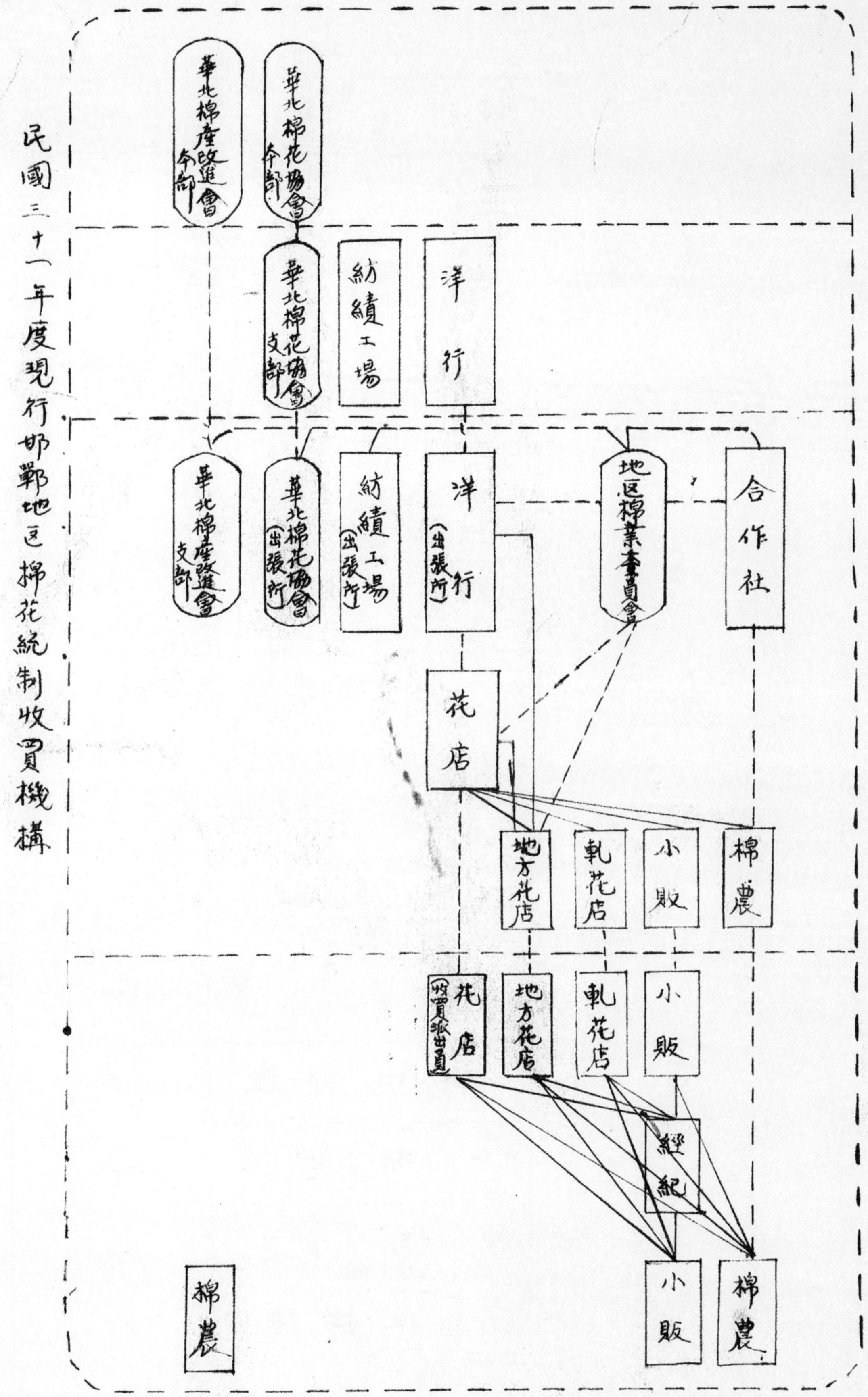
民國三十一年度現行邯鄲地區棉花統制收買機構
華北棉產改進會本部
華北棉花協會本部
華北棉花協會支部
紡績工場
洋行
華北棉產改進會支部
華北棉花協會出張所
紡績工場出張所
洋行出張所
合作社
花店
地方花店
軋花店
小販
棉農
經紀

民國三十二棉花年度華北棉規格及價格表（單位元）

種別	毛節／等級	3/4	13/16	7/8	15/16	31/32	1	1 1/32	1 1/16
細毛	1等	400	405	410	415	425	435	450	470
	2〃	395	400	405	410	420	430	445	465
	3〃	390	395	400	405	415	425	440	460
	4〃	385	390	395	400	410	420	435	455
	5〃	380	385	390	395	405	415	430	450
次白	1等	370	375	380	385	395	405	420	440
	2〃	365	370	375	380	390	400	415	435
赤棉	1等			350					
	2〃			330					
粗毛	1等			390					
	2〃			385					

本價格為每担（百日斤＝60Kg.）天津青島装車價格單位元

民三十二棉花年度華北棉實規格及價格表

種別		一級品	二級品	三級品	四級品	不及格品
等級／熟實比率		80%以上	70%以上	60%以上	40%以上	39%以下
陸地棉種		46	43	40	34	28
混合種	斯字脫字	43	40	39	32	25
	斯字金字	42	39	38	31	24
本地棉種		41	38	37	30	23

本價格為每担（百日斤＝60Kg.）天津青島装車價格單位元

華北紡織工業会傘下機構表

棉紡紗業

第一紡績團：鐘淵公大，大興，廣益，仁豐．

第二紡績團：裕豐，唐山華新，成大，衛輝華新，同興，双喜．

第三紡績團：大日本，天津紡，裕大，華北振華，北洋，恒源，達成．

第四紡績團：上海，内外棉，日清，豐田，倉敷，富士，成通．

毛紡織業

第一毛紡織團：満蒙毛織，北京毛織，開源呢絨．

第二毛紡織團：鐘淵公大，東亜毛呢，仁立，海同．

麻工業：

製麻業者：東亜毛呢，上海紡織．

製綱業者：永大製綱，大同製綱．

𣰽毛紡工業

第一𣰽毛紡團（北京，天津地区）：華興，天津製絨，泰興，調子．

第二𣰽毛紡團（青島地区）：東洋纖維，華新，興華，高橋製糸，三和，蓬莱，瑞豐，成興，信豐．

第三𣰽毛紡團（濟南地区）：北支更生纖維，伊藤棉行．

製棉業（彈棉業）

第一製棉團：北京地区．

第二製棉團：天津地区．

第三製棉團：濟南地区．

第四製棉團：青島地区．

第五製棉團：石門地区．

染色加工業

第一染色團：北京地区．

第二染色團：天津地区．

第三染色團：濟南地区．

第四染色團：青島地区．

絲織業人造絲織業

天津絹業團：天津，北京地区．

山東絹業團：山東地区．

華北食粮公社暫行規程

第一條　華北政務委員会為調整食粮及其製品之需給並統制食粮之價格及配給起見，設立食粮公社。前項主要食粮之種類為小麥，玉蜀黍穀子，高粱及其他經華北政委會限定之粮穀。

第二條　食粮公社為法人，由華北政委会監督之。食粮公社分為華北食粮公社及省或特別市食糧公社，非食糧公社不得使用食糧公社或其他與此類似之名稱。

第三條　華北食糧公社據本規程第一條規定，辦理主要食糧，及其製品之買入賣出貯藏加工保管配給等業務，應秉承華北政委会之意旨。

第四條　華北食糧公社之總事務所設立於華北政委会所在地，於經華北政務委員会許可時並得於其他必要地点設置分事務所。

第五條　華北食糧公社之資本金為國幣一萬萬元，分為一萬股每股金額為國幣一萬元整。

第六條　華北食糧公社設理事長一人，副理事長一人，理事八人以內，監事三人以內，均由華北政務委員任命之。

第七條　理事長代表華北食糧公社並總理社務。副理事長及理事輔助理事長分掌或參與社務。

理事長缺額時由副理事長執行社務，理事長有事故時由副理事長代行社務。

監事監察社務。

第八條　理事長副理事長之任期，理事之任期均為二年，監事之任期為一年。

第九條　華北食糧公社設顧問若干人，由理事長聘任之。顧問備理事長之諮詢，並得陳述意見。

第十條　華北政務委員会对華北食粮公社得命其辦理主要食粮及其製品在配給上之必要業務，關於其他業務並得發布公益上之必要命令。

第十一條　華北食糧公社得呈准華北政務委員会，向中國聯合準備銀行借入資金，但其總額不得超过已繳資本之五倍。

第十二條　華北食粮公社得呈唯華北政務委員会發行食粮公社債券，但其總額不得超过已繳資本之十倍。

第十三條　第十一條之借入資金及前條之食糧公社之債券，其本利由華北政務委員会保證之。

第十四條　華北食糧公社為調整主要食糧及其製品之價格，得依華北政務委員会之指示，提存平衡價格之資金。前項平衡資金價格之處分方法應呈准華北政務委員会。

第十五條　華北食糧公社每屆營業年度終有剩餘金時，應依章程之規定處分之。前項金額之分配，須对於華北政務委員会以外之出資額先發給年利百分之五，有贏餘時始能分配於華北政務委員会之出資額。

第十七條　華北政務委員会得命令華北食糧公社提出關於業務及財產狀況之報告及檢查社務，於必要時並得須發其他監督上之必要命令，或加以處分。

第十六條　華北食糧公社因經費不足，或事業經營上發生損失時，華北政務委員会應給予必要補助金以填補之。

第十八條　華北政務委員会認為華北食糧公社之議決案，或職員之行為違反本規程，或基於本規程之處分，或違反章程與危害公益，或有危害公益之虞時，得撤消其議決，開除其職員及停止或禁止其業務。

第十九條　華北食糧公社擬变更其章程時，應呈請華北政務委員会之許可。

第二十條　華北食糧公社得以華北政務委員会之命令解散之。

第二十一條　省或特別市食糧公社遵照省長或特別市長之命令辦理主要食糧之買入，及地方食糧之配給，並應向華北食糧公社出售主要食糧，以期達成本規程第一條所定目的。

第二十二條　省或特別市食糧公社之社址設於省政府所在地，或特別市，並應冠以所在地之省名或特別市名。

第二十三條　省或特別市食糧公社之資本金為一千萬元，但經省長或特別市長之核准時得增减之。

第二十四條　省或特別市食糧公社之資本金，除得以三分之一為限，由省或特別市出資外，並得以三分之一呈准華北政務委員会由華北食糧公社出資。

第二十五條　省或特別市食糧公社設理事長一人，理事若干人，監事二人及顧問若干人，由省長或特別市市長任命之。

第二十六條　第四條後段及第五條關於出資人資格之限制及第十條、而第十五條、第十六條、第十七條、第十八條、第十九條、第二十條之規定，於各省或特別市食糧公社用之。

附　則

第二十七條　本規程自公布之日實行。

第二十八條　華北政務委員會應任命設立委員使其處理關於設立華北食糧公社事務。

第二十九條　設立委員應作成章程呈請華北政務委員會核准。

第三十條　設立委員得就華北政務委員會所承認出資額以外之殘餘出資額募集出資人。

第三十一條　設立委員於募集出資人完了後，應向華北政務委員會提出出資請求書聽候審查。

設立委員於前項審查完竣後，應立使出資人繳納第一次出資款，第一次出資款繳納後應立即招集出資人總會。前項總會終結後設立委員應立將其事務移交於華北食糧公社理事長。

理事長接收前項事務後，理事長、副理事長、理事及監事全員應於總事務所所在地辦理設立登記。

華北食糧公社於其為設立登記時成立之。

第三十二條　前四條之規定於省或特別市食糧公社準用之。

食糧加工社組織規則

第一條，華北各省市食糧加工社（以下簡稱加工社）辦理各該地雜糧之精製或製粉事宜。北京天津由華北食糧公社指導監督之。青島由華北食糧公社授权，由青島食糧公社指揮監督之。各省由各該主管机関依必要情形組織，並指揮監督之。

第二條，各地糧店磨坊具有食糧加工設備生產動力，合於各該監督机关規定之標準者，皆得申請審定加入各該地食糧加工社。

第三條，審定合格入社之糧店磨坊由加工社發給社員證書。

第四條，社員在承受各該主管食糧机関委託，辦理食糧加工業務時間內，不得自行加工出售同類之食糧。

第五條，社員承受加工之食糧由社員依限向主管机関指定之處所自行送取，不得更換原品及攙入劣貨。

第六條，社員承受加工之食糧，由委託機関給付加工費，其辦法另訂之。

第七條，社員於加工配給食糧內攙雜雜品或有其他不正當之行為得取消其社員資格，其情節重大者並得交由主管机関依華北擾亂經濟統制緊急治罪條例第十條處罰之。

第八條，社員承受加工時對原料及製成品保管上應有之一切設備及包装材料充分供給使用。

第九條，社員承受加工時對原料及製成品之加工保管狀況，依公社之指示有隨時報告之責。

第十條，社員於公社對加工保管等事項有所調查時，應充分協助並供以便利。

第十一條，加工社設理事若干人，監事若干人，均由社員選舉之，設理事長一人。

第十二條，加工社理事会，每月举行一次。由理事長召集之，必要時得举行臨時会議。

第十三條，加工社監事会，由監事二人或二人以上提議召開之。

第十四條，加工社社員大会每半年举行一次，必要時由理事長隨時召開之。

第十五條，理事会開会時，以理事長為主席，理事長缺席時由常務理事代理之。監事会開会時由監事互推一人為主席，加工社社員大会開会時由社員互推一社員為主席。

第十六條，加工社理監事任期一年，但得連選連任。

第十七條，加工社設職員若干人，由理事長任用之。

第十八條，加工社社員入社時須繳納入会費，其数目由主管机関核准之。

第十九條，加工社經費由会員費充之，社員繳納会費辦法由加工社呈准主管机関施行之。

第二十條，加工社社員因受本規則第七條之處罰而出社時，對加工社之財產不得有任何要求。

第二十一條，加工社辦事細則及業務上必要之各種規則由加工社擬定呈准主管机関核准後施行。

第二十二條，本規則如有未盡事宜得隨時修正之。

第二十三條，本規則自華北政務委員会核准之日實行。

第六節　產業開發計劃

華北產業開發五年計劃，由興亞院華北連絡部，於民卅年末編成，其實行期間，定為卅一年至卅五年，因其繼承民國二十七年軍特務部所擬北支產業開發九年計劃之未完工作，故又稱為華北產業開發第二次五年計劃，內分鋼，鐵，煤，輕金屬，非鐵金屬，石油，火藥，有機合成品，曹達及鹽，化学肥料，洋灰，鐵道，港灣，鐵道車輛，電力及主要農產物等十五項，其中人造石油一項，另行提案，鐵道港灣及內河水道等之五年計劃另有「交通設施長期整備計劃」關於林業畜產水產及醫葯品則依「日滿支產業建設五年計劃概畧案作成要領」實行，總之本計劃採取重點主義，置增產重點於煤，鹽，棉花，其次非金屬，非鐵金屬，鐵礦石，輕金屬原料等國防資源，至有關重要國防資源開發及輸送之鐵道，港灣，車輛之整備及電力之充實，亦努力促其實現，其餘產業部門，大体以現地自給自足為目標。

華北產業開發第二次五年計劃生產目標數量表

品名	單位	生產目標數量		A/B %
		三十年度(A)	三十五年度(B)	
煤	千噸	20,966	50,550	244
鹽	〃	1,338	2,530	189
曹達灰	噸	34,675	156,950	452
苛性曹達	〃	4,380	49,275	1,125
鋼材	千噸	—	400(三十六年度)	
銑鐵	〃	766	800(三十六年度)	1,044
鐵鑛石	〃	200	700	350
重石	噸	300	950	317
鋁	千噸	—	35	
礬土頁岩	〃	330	1,100	333
石棉	噸	300	1,200	400
雲母	〃	300	800	267
螢石	〃	12,700	26,000	205
火藥	〃	580	11,935	2,058
炭化鈣	千噸	1.1	23.27	2,115
洋灰	〃	316	876	277
硫安	〃	—	250	
棉花	千担	2,500	7,542	302
米	千石	500	3,040	608
小麥	千担	6,281	20,386	324

華北產業開發第二次五年計劃總括表

（增加率以三十年度為100）（1）

品名	單位	年次	生產目標 數量	生產目標 增加率	國内需要 數量	國内需要 增加率	對日輸出 數量	對日輸出 增加率	對滿輸出 數量	對滿輸出 增加率	對華中南輸出 數量	對華中南輸出 增加率	所要資材（鋼材）數量（噸）	所要資材 增加率	所要資金 金額（千元）	所要資金 增加率	所要電力 電力 KW	所要電力 電力量 千KWH	所要電力 增加率	技術者 員數	技術者 增加率	勞働者 員數	勞働者 增加率	備考
煤（包括開灤）	千噸	30	20,966	100	10,231	100	5,300	100	1,250	100	2,030	100	28,116	*100	97,310	100	49,288	243,029	100	1,048	100	229,000	100	三十年所要鋼材中不包括開灤中英等部份.
	〃	31	25,900	124	12,706	124	6,500	123	1,300	104	2,030	100	55,328	197	124,385	128	62,440	101,272	133	1,295	123	281,200	123	
	〃	32	31,550	151	15,610	158	7,800	147	1,700	136	2,300	113	67,550	237	170,664	175	84,371	430,590	178	1,577	150	337,700	148	
	〃	33	37,590	180	18,910	185	9,350	176	2,000	160	2,600	128	83,492	296	194,864	200	106,324	542,400	223	1,878	179	397,700	174	
	〃	34	43,710	208	22,240	218	11,050	208	2,300	184	2,900	143	97,478	345	211,016	217	126,015	644,720	265	2,176	207	456,000	199	
	〃	35	50,550	244	25,211	247	13,000	247	2,600	208	3,200	159	117,381	417	241,918	248	156,150	800,150	330	2,527	244	516,000	225	
鐵鑛石	千噸	30	200	100	180	100	120	100					550	100	1,284	100	45	200	100	38	100	1,500	100	
	〃	31	370	185	300	167	170	141					1,640	298	4,765	371	247	1,082	541	86	226	2,900	193	
	〃	32	490	245	320	178	270	225					1,245	226	3,384	263	312	1,367	683	112	294	5,900	393	
	〃	33	620	310	350	194	370	308					1,070	195	4,806	374	432	1,888	944	137	360	6,900	460	
	〃	34	696	348	880	488	446	371					850	154	5,071	394	562	2,458	1,229	162	426	8,300	553	
	〃	35	700	350	1,440	800	450	375					1,000	181	3,327	259	682	2,978	1,489	162	426	9,300	620	
錳	噸	30	8,500	100	2,000	100	6,500	100					8.5	100	250	100	-	-	-	4	100	700	100	
	〃	31	12,200	144	3,000	150	9,200	141					18.5	216	330	132	-	-	-	6	150	1,000	142	
	〃	32	13,400	158	3,000	150	10,400	160					9.5	111	300	120	-	-	-	7	175	1,100	157	
	〃	33	13,400	158	3,000	150	10,400	160					5.0	58	250	100	-	-	-	7	175	1,100	157	
	〃	34	14,400	169	4,000	200	10,400	160					8.5	100	350	140	-	-	-	7	175	1,180	168	
	〃	35	14,400	169	4,000	200	10,400	160					5.0	58	350	140	-	-	-	7	175	1,180	168	
鎢（六0%WO3）	噸	30	300	100			300	100					375	100	1,900	100	-	-	-	15	100	700	100	電力增加率以三十一年度為100
	〃	31	552	184			552	184					750	200	3,500	184	695	2,050	100	25	166	1,420	202	
	〃	32	669	223			669	223					138	36	1,050	55	980	2,750	143	35	233	1,700	245	
	〃	33	938	313			938	313					750	200	3,500	184	1,080	3,300	100	45	300	1,340	191	
	〃	34	950	317			950	317					200	54	500	26	1,080	3,300	160	45	300	1,520	217	
	〃	35	950	317			950	317					200	54	500	26	1,000	3,300	160	45	300	1,520	217	
鋁		30																						對日輸出量為对日滿之輸出量.
		31											1,200	100	3,000	100				20	100			
		32											2,400	200	8,500	283				35	175	70	100	
		33											1,800	150	12,500	417				85	425	370		
	千噸	34	15				15						640	53	9,000	300	3,100	20,000		100	500	600		
	〃	35	35				35						80	7	2,000	67	6,200	40,000		100	500	600		
礬土頁岩	千噸	30	330	100	5	100	325	100	-		-	-	550	100	3,450	100	95	330	100	11	100	3,300	100	對滿輸出以三十一年度為100.
	〃	31	500	182	3.5	700	415	128	50	100	-	-	1,600	290	8,070	234	200	750	227	21	191	5,000	151	
	〃	32	700	212	4.0	800	610	188	50	100	-	-	400	272	6,660	193	400	1,400	424	27	245	7,000	212	
	〃	33	800	242	51.5	1,030	650	200	60	120	-	-	500	290	1,410	215	570	2,000	606	31	281	8,000	242	
	〃	34	950	288	121.5	2,430	760	234	80	160	-	-	650	168	9,285	240	730	2,550	772	34	309	9,500	287	
	〃	35	1,100	333	190.5	3,810	830	255	80	160	-	-	700	127	10,410	302	1,100	3,855	1,198	38	345	11,000	333	
石棉	噸	30	300	100	-	-	300	100	-	-	-	-	23.0	100	170	100	-	-	-	2	100	600	100	
	〃	31	500	167	-	-	500	167	-	-	-	-	14.0	61	430	252	-	-	-	7	350	1,000	166	
	〃	32	620	207	-	-	620	207	-	-	-	-	9.2	40	430	252	-	-	-	7	350	1,240	206	
	〃	33	770	257	-	-	770	257	-	-	-	-	11.0	48	470	276	-	-	-	7	350	1,540	256	
	〃	34	950	317	-	-	950	317	-	-	-	-	12.8	56	570	335	-	-	-	7	350	1,900	316	
	〃	35	1,200	400	-	-	1,200	400	-	-	-	-	17.0	74	670	394	-	-	-	7	350	2,400	400	
雲母	噸	30	300	100	-	-	300	100	-	-	-	-	17.0	100	240	100	30	87.6	100	4	100	525	100	
	〃	31	400	133	-	-	400	133	-	-	-	-	8.0	47	310	129	30	87.6	100	7	150	675	128	
	〃	32	550	183	-	-	450	183	-	-	-	-	11.0	65	360	150	30	87.6	100	7	175	700	171	
	〃	33	680	227	-	-	680	227	-	-	-	-	11.0	65	390	229	30	87.6	100	7	175	1,050	200	
	〃	34	780	250	-	-	750	250	-	-	-	-	11.0	65	390	229	30	87.6	100	7	175	1,200	228	
	〃	35	800	267	-	-	800	267	-	-	-	-	13.0	71	390	229	30	87.6	100	7	175	1,350	257	

華北產業開發第二次五年計劃總括表

（增加率以三十年度為100） (2)

品名	單位	年次	生產目標		需要額								所要資材(鋼材)		所要資金		所要電力			所要勞力				備考
			數量	增加率	國內需要		對日輸出		對滿輸出		對華中南輸出		數量(噸)	增加率	金額(千元)	增加率	電力 KW	電力量 千KWH	增加率	技術者		勞働者		
					數量	增加率	數量	增加率	數量	增加率	數量	增加率								員數	增加率	員數	增加率	
螢石	噸	30	12,700	100	850	100	11,850	100					14.0	100	300	100	300	941.0	100	6	100	650	100	
	〃	31	20,600	162	1.850	218	18,750	158					63.0	450	800	266	300	941.0	100	12	200	1.000	153	
	〃	32	23,300	184	1.900	224	21,400	180					15.0	107	600	200	300	941.0	100	14	233	1,150	176	
	〃	33	23,500	185	1.950	229	21,550	181					5.0	36	500	166	300	941.0	100	14	233	1.150	176	
	〃	34	23,800	187	2.250	265	21,550	181					11.0	79	420	140	300	941.0	100	14	233	1.300	200	
	〃	35	26,000	205	4.450	524	21.550	181					5.0	36	400	140	300	941.0	100	14	233	1.300	200	
火藥	噸	30	580	100	4,000	100									294.5	100	64.0	75,780	100			20	100	
	〃	31	2.155	372	4.800	120							409.6	100	1,555.5	528	174.0	234,528	344	6	100	230	1.150	
	〃	32	4,105	708	5.760	144							402.8	98	4,307.5	1.463	348.2	441,778	599	7	117	305	1.525	
	〃	33	6,055	1.044	6.912	173							433.6	106	5.264.5	1,787	492.6	629,023	853	7	117	305	1.525	
	〃	34	10,005	1.725	8,294	207					1,711		215.4	53	7,062.5	2,398	866.7	1,283,298	1.939	13	217	485	2,425	
	〃	35	11.935	2.058	9.953	249					1.982		189.4	46	7,397.5	2.512	1,015.8	1.802.158	2,443	3	50	415	2.075	
炭化鈣	千噸	30	1.1	100	6.0	100							699	100	2,222.84	100	1.400	4,849	100	4	100	90	100	
	〃	31	2.2	200	7.5	125							394	56	2,125.66	95	1,680	5,720	118	6	150	130	144	
	〃	32	10.4	945	9.4	157							562	80	900.00	4	6,880	41,768	863	6	150	170	189	
	〃	33	10.4	945	11.8	197							502	71	1,200.00	53	6,880	41,760	963	6	150	170	189	
	〃	34	14.8	1.345	14.8	247							355	50	700.00	31	15,280	57,760	1,193	9	225	200	222	
	〃	35	23.27	2,115	18.5	308							510	73	300.00	13	15,280	93,760	1,937	9	225	200	222	
塩	千噸	30	1.338	100	491.5	100	846.5	100					722.2	100	14,256	100	14	110,880	100	11	100		100	生產目標僅為頁鹽
	〃	31	1.535	115	565.0	115	970.0	115					366.6	51	13,085	92	19	150,480	136	12	109	14,500	54	國內需要數量包括除鹽
	〃	32	1.893	141	718.0	146	175.0	139					113.0	16	8.658	61	727	1,736,380	1.566	7	64	1.700	16	
	〃	33	2.173	142	808.0	164	1,365.0	161					133.5	18	9.908	69	729	1,752,220	1.580	8	73	1.700	16	
	〃	34	2.402	180	952.0	194	1,450.0	171					52.0	7	10,031	70	1.179	2,760,320	2,489	7	64	4.000	17	
	〃	35	2.530	189	980.0	199	1.550.0	183					25.0	3	7.804	55	1.179	2,760,320	2.489	6	55	1.700	16	
曹達灰	噸	30	34,675	100	35,000	10							510	100	1,400	100	650	4,507,750	100	-		-	-	34年度生產目標中33,762噸
	〃	31	40,150	116	40,000	114							450	90	850	60	750	5,219,500	116	12		120	100	35〃〃〃〃〃〃59,312〃 為由小工廠苛性曹達所製原料曹達灰
	〃	32	43,800	126	50,000	143							3,850	770	6.900	493	820	5,694,100	126	7	58	450	375	所要勞力包括長芦工作所部份
	〃	33	47.450	337	60,000	171							2,600	520	4.300	307	880	6,168,500	137	3	25	620	517	電力(KW)為曹達灰及苛性曹達之合計
	〃	34	120.450	347	75,000	214					11,688		1,600	320	4,500	321	2,980	20,768,500	461	-		160	133	
	〃	35	156.950	453	85,000	243					12,638		500	110	2,600	186	4,080	28,068,500	623	-		-		
苛性曹達	噸	30	4380	100	5,000	100							40	100	150	100	65	438,000	100	-		10	100	所要鋼材中為曹達灰及苛性曹達所需電力蒸氣之合計，苛性曹達之所要資材、資金、電力中並包括鹽酸晒粉所需部份
	〃	31	5,475	125	6,000	130							20	50	1.180	787	75	547,500	125	9		-		
	〃	32	5.475	125	6,500	130							2,220	5.550	9.180	6,120	75	547,500	125	5	56	360	3.600	
	〃	33	5.475	125	8.000	160							1.370	3,425	5,680	3,787	75	547,500	125	6	67	630	6.300	
	〃	34	31.025	708	15,000	300					16,025		680	1.700	4,180	2.787	4.725	32,120,500	7.338	-		120	1.200	
	〃	35	49,275	1.125	20,000	400					29,272		150	375	2.480	1.653	5,115	34,857,500	7.958	-		-		
塩化鎂	噸	30	3.800	100	1.500	100	2300	100																
	〃	31	16.850	443	1.500	100	15,350	667																
	〃	32	28,800	758	2,000	133	26.800	1.165																
	〃	33	45.500	1.197	2.500	167	43,000	1,870																
	〃	34	72300	1.903	3,000	200	69,300	3,013																
	〃	35	87.500	2.303	3,000	200	83.500	3,630																
臭素	噸	30	50.0	100	5.0	100	51.0	100					993	100	1,922	100	1,325	2,328	100	13	100	200	100	
	〃	31	247.0	441	10.0	200	237.0	465					1.180	119	3,308	172	1.043	7,470	321	19	146	320	160	
	〃	32	348.5	622	10.0	200	338.5	164					1,525	154	5,450	284	1.476	10,012	430	14	108	110	55	
	〃	33	470.0	840	10.0	200	460.5	903					1.960	197	5,750	299	1.735	12,528	538	7	54	230	115	
	〃	34	619.0	1.105	15.0	300	604.0	1,184					950	86	3,800	198	2,120	15,200	653	11	85	270	135	所要鋼材、所要資金及所要電力為臭素
	〃	35	685.0	1,223	21.0	[illegible]	665.0	1.304					450	45	500	26	2,522	10,094	777	4	30	130	65	及鹽化鎂所需之合計

華北產業開發第二次五年計劃總括表

（增加率以三十年度為100）　(3)

品名	單位	年次	生產目標 數量	生產目標 增加率	需要額 國內需要 數量	國內需要 增加率	對日輸出 數量	對日輸出 增加率	對滿輸出 數量	對滿輸出 增加率	對華中南輸出 數量	對華中南輸出 增加率	所要資材(鋼材) 數量(噸)	所要資材 增加率	所要資金 金額(千元)	所要資金 增加率	所要電力 電力KW	電力量 千K.W.H.	所要電力 增加率	所要勞力 技術者 員數	技術者 增加率	勞働者 員數	勞働者 增加率	備考
硫安	噸	30			10,500	100																		國內需要35年度部份，括弧內為增產計劃以外供給一般民需部份。
	〃	31			12,343	119							5,000	100	11,000	100	400	376	100	35	100	1,000	100	
	〃	32			35,655	334							10,000	200	26,000	286	600	1,752	200	50	143	2,000	200	
	〃	33			87,121	830							10,000	200	36,000	327	800	2,625	300	100	286	2,500	250	
	〃	34	100,000		160,388 (6,794)	1,572							2,800	56	17,500	159	18,000	117,000	12,215	100	286	3,000	300	
	〃	35	250,000		243,206	2,316							500	10	3,000	18	35,000	261,000	29,795	100	286	3,000	300	
燐礦石	噸	30	70,000	100			70,000	100	-	-	-	-	5.0	100	120	100	-	-	-	5	100	300	100	1. 所要電力增加率以27年度為100. 2. 31年度所需鋼材特多乃為計劃敷額30磅軌道40Km之用.
	〃	31	80,000	114			80,000	114	-	-	-	-	1,296.5	25,730	1,300	1,080	-	-	-	10	200	540	180	
	〃	30	110,000	157			110,000	157	-	-	-	-	14.0	280	450	375	50	14600	100	10	200	1,100	366	
	〃	33	125,000	179			125,000	179	-	-	-	-	10.0	200	500	476	100	29200	200	10	200	1,200	400	
	〃	34	125,000	179			125,000	179	-	-	-	-	5.0	100	450	375	100	292.0	200	10	200	1,200	400	
	〃	35	125,000	179			125,000	179	-	-	-	-	5.0	100	450	375	100	292.0	200	10	200	1,200	400	
洋灰	千噸	30	316	100	425	100	-						11,316	100	19,400	100	9,650	41080	100	100	100	3,100	100	
	〃	31	476	151	488	115	-						1,496	13	6,000	30	3,650	11,880	151	100	100	3,100	100	
	〃	32	556	176	561	132	-						6,596	58	8,600	49	13,650	72,280	176	100	100	3,800	123	
	〃	33	716	227	645	152	71						796	7	14,400	74	16,650	93,080	227	115	115	4,400	142	
	〃	34	796	252	741	174	55						796	8	11,600	60	20,650	103,480	252	115	115	4,600	148	
	〃	35	876	277	852	200	24						996	9	9,000	46	20,650	113,880	277	115	115	4,600	148	
米	石	30	500,000	100	987,000	100																		1. 生產量為運銷之數量 2. 石數為日石糙米 3. 不包括江蘇北部. 4. 鋼材為土地改良及水車之用. 5. 華人所需另行考慮. 6. 技術者為農事試驗場原種圃所用人員.
	〃	31	937,000	187	1,721,040	174							591	100	42,460	100				4	100			
	〃	32	1,550,000	310	2,476,560	250							1,109	138	34,230	80				12	300			
	〃	33	2,180,000	436	2,832,080	286							924	156	31,700	75				18	450			
	〃	34	2,780,000	556	2,987,600	302							167	28	13,710	9				18	450			
	〃	35	3,040,000	608	3,143,120	318							58	9	4,800	11				20	500			
小麥	千担	30	6,284	100	18,000	100														21	100			1. 生產量為運銷之數量. 2. 包括江蘇北部. 3. 鋼材為水車所用. 4. 資金為鑿井所需每眼500元. 5. 技術者為農事試驗場種圃所用.
	〃	31	6,982	111	18,000	100							87.6	100	875	100				48	229			
	〃	32	7,619	121	18,000	100							87.5	101	875	100				52	448			
	〃	33	9,872	157	18,000	100							125.0	144	1,250	143				52	448			
	〃	34	14,835	236	18,000	100							125.0	144	1,250	143				18	85			
	〃	35	21,495	342	18000	100							175.0	201	1,750	200				18	85			
粟	千担	30	70,000	100	71,145	100														-	-			1. 粟之灌溉設備一部份與小麥及棉合用. 2. 技術者為農事試驗場原種圃所用（雜穀原種圃）
	〃	31	70,219	100	71,145	100														6	100			
	〃	32	70,333	100	71,145	100														15	250			
	〃	33	70,452	101	71,145	100														60	1,000			
	〃	34	70,754	101	71,145	100														69	1,150			
	〃	35	71,145	101	71,145	100														16	267			
棉花	千担	30	2,500	100	1,600	100	900	100												75	100			1. 生產量為運銷之數量. 2. 華北一般民需每年平均約為900千担. 3. 江蘇北部之運銷每年預定150至200千担之數量. 4. 鋼材為水車及噴霧機所需. 5. 資金為井及噴霧机所需. 井一眼500元. 噴霧机一台130元.
	〃	31	2,612	104	1,620	101	1,001	111					268	100	894	100				90	120			
	〃	32	3,421	138	1,640	103	1,781	197					343	128	993	111				90	120			
	〃	33	4,775	191	1,660	104	3,115	346					416	155	974	109				95	127			
	〃	34	6,130	245	1,680	125	4,450	494					566	211	1,123	126				95	157			
	〃	35	7,542	302	1,700	106	5,842	649					616	230	1,174	131				95	127			
麻	噸	30	1,030	100	5,000	100	-						-							-				1. 生產量為運銷之數量. 2. 鋼材為水車所用. 3. 資金僅為鑿井費500元.
	〃	31	20,312	1,870	6,377	127	13,955	110					12.5	100	125	100				-				
	〃	32	20,800	2,019	6,449	129	14,351	103					37.5	300	375	300				6				
	〃	33	22,788	2,212	8,142	163	14,646	105					75.5	600	750	600				12				
	〃	34	21,514	2,574	11,248	225	15,266	109					75.5	600	750	600				18				
	〃	35	33,669	3,269	11,194	324	17,474	125					75.5	600	750	600				18				

華北產業開發第二次五年計劃總括表

（增加率以三十年度為100）　　(4)

品名	單位	年次	生產目標 數量	生產目標 增加率	需要額 國內需要 數量	國內需要 增加率	對日輸出 數量	對日輸出 增加率	對滿輸出 數量	對滿輸出 增加率	對華中南輸出 數量	對華中南輸出 增加率	所要資材(鋼材) 數量(噸)	所要資材 增加率	所要資金 金額(千元)	所要資金 增加率	所要電力 電力KW	所要電力 電力量千KWH	所要電力 增加率	所要勞力 技術者 員數	技術者 增加率	勞働者 員數	勞働者 增加率	備考
鋼材	噸	30			255,000	100											3,980	26,807	100	53	100	325	100	所要鋼材,資金,電力及勞力均為鋼材及銑鉄所用之合計 所要鋼材(五年) 212,327 噸 所要資金 325,197 千元 所要勞力{技術者 1,074人 勞働者 30,325人 以上為34年度以后之生產品及30至33年度之生產目標數量.
	〃	31	(30,000)	(100)	338,000	133							21,232.7	100	49,629	100	4,947	31,970	119	108	204	3,225	992	
	〃	32	(48,000)	(100)	416,000	163							42,465.4	200	64,839	131	6,097	41,090	153	112	211	5,950	185	
	〃	33	(48,000)	(160)	448,000	176							63,698.1	300	97,258	196	8,097	54,590	204	188	155	8,925	2,746	
	〃	34	(48,000) 100,000	(160) 333	441,000	173							63,698.1	300	81,053	163	14,691	101,590	379	283	534	8,925	2,746	
	〃	35	(48,000) 300,000	(160) 333	389,000	153							21,232.7	100	32,418	65	25,897	177,090	661	330	623	2,975	915	
銑鐵	噸	30	(76,600)	(100)	73,000	100	24,000	100			6,000	100												括弧內為石景山製鉄所及中山鋼業所之生產品. 30年度銑鉄國內需要量包括輸入銑.
	〃	31	(123,000)	(160)	95,000	130	22,000	92			6,000	100												
	〃	32	(134,000)	(175)	113,000	155	17,000	71			4,000	67												
	〃	33	(126,000)	(164)	120,000	164	5,000	21			1,000	17												
	〃	34	(134,000) 200,000	(175) 261	247,000	338	70,000	292			17,000	283												
	〃	35	(134,000) 400,000	(175) 522	472,000	647	50,000	208			12,000	200												
車輛(機車)	輛	30	0		100	100							900	100	6,500	100	435	1,260	100	15	100	277	100	生產目標除車輛外尚有鉄道用品其年度別生產預計如次(山海関工場部份) 品目 (30) 31 32 33 34 35 合計 鉄道橋梁 (3,500) 4,250 4,750 5,250 5,750 6,000 16,000 道岔 (300) 600 800 950 1,050 1,150 4,550 所要資材電力量及勞力包括山海関工場(橋梁道岔)所需.
	〃	31	20	100	135	135							1,300	144	9,310	143	1,130	2,070	164	48	320	1,387	501	
	〃	32	30	150	165	165							0	0	4,750	73	1,620	2,640	210	50	333	1,603	579	
	〃	33	40	200	175	175							1,950	217	3,170	49	2,300	3,480	276	52	347	1,775	641	
	〃	34	80	400	185	185							1,580	176	14,280	220	4,130	4,780	379	55	367	2,158	779	
	〃	35	130	650	190	190							0	0	9,580	147	6,080	7,480	594	70	467	2,555	922	
車輛(客車)	輛	30	16	100	200	100																		
	〃	31	50	313	220	110																		
	〃	32	50	313	240	120																		
	〃	33	75	469	260	130																		
	〃	34	125	781	285	143																		
	〃	35	175	1,094	300	150																		
車輛(貨車)	輛	30	515	100	1,000	100																		
	〃	31	1,000	194	1,650	165																		
	〃	32	1,500	291	2,350	235																		
	〃	33	1,900	369	2,600	260																		
	〃	34	2,600	505	2,800	280																		
	〃	35	3,500	680	2,850	285																		
鐵道	百万人噸 〃 粁	30	14,536	100									87,300	100	193,150	100	10,100	18,360	100	364	100	17,458	100	
		31	17,792	122									119,900	137	280,084	145	12,400	23,440	128	602	165	47,458	272	
		32	21,511	148									130,000	149	293,007	152	13,200	25,110	137	575	158	25,082	144	
		33	25,355	174									140,000	160	313,870	163	15,700	30,460	166	611	168	30,418	174	
	〃	34	29,323	202									155,000	178	325,053	168	19,500	32,900	179	608	167	24,524	140	
		35	33,433	230									175,000	200	308,839	170	19,000	32,440	179	624	171	22,960	132	
港灣	千噸	30	11,050	100									18,152	100	56,630	100	8,050	24,150	100	400	100	48,000	100	生產目標欄內為年度末各港灣主要物資吞吐能力之合計.
	〃	31	12,650	115									26,100	144	92,450	164	14,100	42,300	176	500	125	53,000	110	
	〃	32	15,850	144									25,200	139	84,500	149	17,100	51,300	213	550	137	59,000	123	
	〃	33	18,220	165									19,600	108	68,200	120	18,500	55,500	230	580	145	64,000	133	
	〃	34	21,070	191									10,400	57	54,400	96	21,000	63,000	261	600	150	70,000	146	
	〃	35	24,440	222									5,700	31	24,400	43	23,000	69,008	286	600	150	75,000	156	
電力	KW	30	204,572	100	125,140	100							10,437	100	33,313	100				397	100	4,260	100	
	〃	31	259,552	127	174,780	140							18,966	182	69,720	209				443	112	8,320	195	
	〃	32	320,222	157	222,750	178							24,307	232	68,436	205				474	119	6,210	146	
	〃	33	382,422	187	264,900	212							22,944	219	59,150	178				488	123	10,385	244	
	〃	34	507,422	248	327,390	260							16,389	157	53,204	160				499	126	8,715	204	
	〃	35	551,422	270	393,530	314							15,522	148	53,515	165				507	128	12,440	292	

第七節　勞工

第一項　淪陷期間華北勞動者生活

華北淪陷後，戰線延長，華北廣大区域之戰鬥，迄未停止。日人妄冀達其「以戰養戰」之目的，於農村中横徵暴斂，以維持其战力，更以低價收買食粮，以養都市，且兼連年大興土木，構築工事，於是農村急驟破產。他方面通貨膨脹，物價上提，天時失調，赤地千里，流民數目日增，勞工生活，日處於水深火熱之中。華北勞動者之生活，可於下列附表中得其梗概。

附表

(1) 食糧不足價格騰貴所引起民食之變化.

(2) 華北各煤礦勞工狀況一覽表.

(3) 天津工人生活費指數表.（見物價節）

(4) 北平勞動業者種别工資指數表（見物價節）

第二項　華北勞動者之移動.

華北勞動者之進入東北，原為多年之事實。九一八事變後，此風未減。偽滿實行入境登記，以資限制。華北淪陷後，偽滿成為日本主要供應基地，勞動力之需要激增，嘗以各種方法，誘導華北勞工之入境，同時華北之招工業者亦乘時蹶起，一時華北勞工之向偽滿移動，構成空前鉅額。同時偽蒙方面之需要亦形增大。「滿」「蒙」双方重要事業者為構成長期之募集地盤，嘗進行組織及調查工作。同時新民会亦辦理各区農民可能移動之調查，並設置機關，辦理入「蒙」勞工之身份證發給及募集斡旋等事宜。民國卅一年後，農村破產激化，流民數目日增，此類調查募集之工作，遂無必要，同時華北產業開發事業对於勞動力之需要日增，為保護華北之開發事業，对華北勞動力之向外移動不能熟視無睹，特指定特定地区，為对偽滿偽蒙勞工募集之禁止地区及抑制地区，以為消極之抵制。其後復痛感華北勞動資源有計劃地分配統制之必要。華北勞工協会乃於三十年末在平招開「華」「滿」「蒙」勞務連絡会議，以產生次年供出分配量之諒解。其後卅一年及卅二年均有同樣之分配計劃，是為華北勞動力之供出計劃。

附表

(1) 歷年入「滿」勞工消長表.

(2) 入「滿」勞工職業分類表.

(3) 入「滿」勞工出身省别表.

(4) 入「滿」勞工經由地别表.

(5) 歷年入「蒙」勞工消長表.

(6) 入「蒙」勞工職業别表

(7) 入「蒙」勞工出身道别表.

(8) 華北道别農家每100戶对「滿」供出勞工數表.

(9) 歷年对華中供出勞工產業别消長表.

(10) 对鮮供出勞工數額表.

(11) 華北勞力需要增加率推算表.

第三項　華北勞動之統制

華北流民日增而臨近地区勞力需要日增，華北本身需要亦日形重要，勞動力之統制，遂漸為人所注意。日本在華駐軍實為对勞動力始終統制之主体。雖隨事实之推移而增設若干勞動統制機關，而日本軍之最後决定權固毫未動搖也。

勞動問題一經發生，各地日本駐軍特務機關即各在其轄区内建立統制勞力組織而有認可權。惟偽滿及新民会之活動並未遏止。民國廿七年山東成立山東勞動公司河北亦設新民会勞動協会統制其事。日本興亜院華北連絡部鑒於事實之急需，遂籌設一元化之勞動統制機構。惟其具体化頗受現地機關之阻撓，直至民國廿九年十一月始公佈華北勞工協会暫行條例，迄三十年五月設立準備委員会同年七月遂成立華北勞工協会其業務主要如次：

（甲）華北勞動力对内对外分配調整.

計劃地分配統制招募取締要領之制定實施.

（乙）華北勞動力之保護

歸还勞動者及出國勞動者保護要領之制定.

山海關勞工醫院之設立.

（丙）華北產業開發勞務对策.

勞務管理之改善，能率週間，衛生週間，勞工市場.

（丁）華北勞務動員对策之準備——把頭及技術工之調查（以前僅為登記）

（戊）調查及統計之作成.

華北勞工協会之外偽实業總署設勞工局，為勞協之表面監督機關，其職制如次

第一科所管事項：

1. 關於勞工團体之監督事項.
2. 關於勞工生活之改良及保障事項.
3. 關於勞工之移殖及國外勞工保護事項.

4. 關於國際勞工事項.
5. 關於勞工統計事項.
6. 關於其他勞工一切事宜.

第二科所管事項

1. 工場鑛場衛生設備之指導監督及檢查事項.
2. 關於工人智識之增進事項.
3. 關於工人失業及傷害之救濟事項
4. 關於勞動保險事項.
5. 關於勞資平議事項.
6. 關於工作能率及服務狀況之考察.

以上所举勞働統制機關雖均條理分明,然其实際指導監督及執行者仍属於日本軍部及興亜院,華北勞協理事四名中,二名由日本方面任命(理事長由華人充任,由新民会副会長兼任但常不出席)至地方辦事處及分處之處長雖由地方行政機関委派,但实際之主宰則為主任,全部由日人充當。惟此處之日人主任,亦非握有統制之大權,蓋各地方特務機関在其轄区内仍為統制之主体。特務機関内設勞動統制委員会,凡五十名以上一千名以下之招募均需得地方勞動委員会之許可。至千名以上之招募則須由勞協辦事處或本處轉呈日本北支派遣軍總司令部得其許可。

(1)

歷年入滿勞工消長表

總數

年　月	入滿數 總計	勞動者 計	勞動者 個人	勞動者 團体	家族	歸還勞働者
民國29年	1700065	1.364.776	935.176	429.530	335.359	846.581
30	1.258.552	949.200	685.826	263.374	309.352	688.169
31	1.568.189	1.038.476	706.999	331.477	529.711	595.744
32	1.642.255	704.895	661.056	243.839	737.360	
31. 7	103.012	63.104	46.788	16.316	29.908	30.505
8	74.091	48.994	38.323	10.671	25.097	25.097
9	75.531	47.391	22.258	10.103	28.140	24.340
10	107.506	65.012	46.727	18.285	42.494	36.370
11	159.198	85.276	70.485	14.811	73.902	56.483
12	219.320	108.910	88.327	20.583	110.410	85.969
32. 1	205.829	95.582	83.503	12.079	110.247	57842
2	222.699	123378	89.438	33.940	99.321	15.227
3	395.510	242980	131.415	111.565	152.530	12.467
4	250.570	140.409	98.427	41.982	110.161	9.264
5	189.002	93.499	79.454	14.045	95.503	9.473
6	55.182	31.123	27.225	3.898	24.059	11.690
7	65.125	39.080	32.411	6.669	26.045	11.619
8	91.523	48.924	40.858	8.066	42.599	12.328
9	41.775	21.156	19.984	1.172	20.619	
10	—	—		—	—	
11	29.152	16.240	14.814	1.426	10.912	
12	97.888	52.524	43.527	8.997	45.364	

(2)

入滿勞工職業分類表（領有身份証明書之勞働者）

年　月	合計	農業	林業	漁業	鉱業	工業	商業	土木業	建築業	製造業	運交業	雜役
民國25年	364.149	57.218	291	846	9.580	—	23.888	42203	37.646	130.207	22.207	38.069
26	323.689	50.103	141	356	13.802	—	31.898	48.164	320.023	89.415	16.144	41.049
27	501.686	28.073	195	831	54.543	—	60.652	103.381	22.588	121.829	40.334	89.212
28	1.012.614	92.943	1.328	1.021	120.686	—	72.374	227.468	62.975	199.683	87.883	153.273
29	1.364.706	187.353	1.825	1.765	127.538	—	99.879	308.393	101.879	267421	88.908	177.745
30	949.200	103.357	1.421	1.050	126.958	—	19.508	121.720	105.606	251.211	2.293	137.076
31	1.038.476	137.196	2.166	1.507	172.932	—	35.721	140.340	103.480	234.621	81.668	128.843
32	904.895	305.474	597	1.331	95.866	26.022	3.473	210	455	126.142	43.705	81.840
31. 7	63104	7447	145	48	16.080	—	2.610	1421	6021	15.512	5.073	8.747
8	48.994	3.737	151	58	10.730	—	2206	1.080	5.108	13.905	4.212	8.007
9	47.391	7.414	142	53	9.430	—	2066	1.428	3.718	11.696	4.229	7.215
10	65.012	12.970	123	45	17.119	—	3.066	1.429	3.828	11.970	6.767	8.649
11	85.296	20.872	206	70	13.429	—	5.630	1.989	5.083	17.457	6.871	13.599
12	108.916	39.542	169	131	19.481	—	5.650	2.515	5.359	16112	7.263	14.690
32 1	95.582	43.597	29	121	12.358	—	3.617	3.263	5.094	11.835	5.254	10.364
2	123.378	32.645	115	148	22.452	—	2277	14101	9.504	21.865	7.191	13.080
3	242.980	58.372	148	113	8.995	—	1.856	86.973	16.820	41.895	10.220	17.588
4	140.409	50.708	99	44	7.331	—	1.026	30.490	10.108	21.450	5.331	11816
5	93.499	38.532	86	769	10.448	—	588	8.879	5.497	15.374	3.789	9.537
6	31.123	11206	51	15	4.318	—	350	1.860	1.764	5.837	1.505	4242
7	39.080	12.002	—	35	7.032	—	612	2.220	2.190	7880	1.949	5128
8	48.924	19.653	—	15	8.347	9.354	1.299	4.623		—	2621	3019
9	21.156	10.466	—	14	6.564	3.879	699	2.059		—	1119	1.516
10	—	—	—	—	—	—	—	—			—	—
11	16.240	6.231	—	10	1.613	3.935	482	1.084		—	1.015	1.890
12	52.524	22.061	—	47	9.475	8.854	760	2.936		—	3.711	3.680

(3)

入滿勞工出身省別表

単位人

（領有身份証明書之勞働者）

年　月	合計	河北省	山東省	山西省	河南省	江蘇省	浙江省	安徽省	湖北省	察哈爾省	其他各省
民國25	364.149	133.016	222870	2408	3.419	1.121	319	487	222	245	42
26	323.689	133192	181.165	2135	4445	1.358	381	326	349	297	43
27	501.686	249.024	236549	3429	9.959	786	192	69	49	1454	71
28	1.012.149	436269	522.204	10.448	28.222	7.106	1300	5.640	86	454	420
29	1.364.786	608.328	707.612	9.002	31.759	2.566	523	3180	150	452	66
30	949200	320.185	580.841	6.240	14447	12.167	352	2001	396	125	4.444
31	1.038.476	330.242	666.165	6.371	23.525	5.031	—	2655	—	—	4.482
32	904.895	329.625	536.128	3.347	33.333	786	—	388	—	—	1.310
31. 7	63104	18.279	43.033	233	1.117	155	—	74	—	—	213
8	48994	14.817	31.090	1.446	1.153	99	—	109	—	—	218
9	47391	11.898	22.811	239	2034	59	—	169	—	—	181
10	65.102	19.598	43.153	253	1622	171	—	71	—	—	144
11	85.296	27.049	54973	332	2.671	125	—	15	—	—	131
12	108910	36.074	67.322	316	4.822	129	—	77	—	—	190
32. 1	95.582	29.23	62.634	235	3.306	107	—	26	—	—	151
2	123.378	35.890	82.536	238	4023	225	—	58	—	—	308
3	242.980	93.694	158.998	707	9.099	133	—	243	—	—	106
4	140409	58.340	75.728	726	5469	64	—	27	—	—	55
5	93.499	37.312	52.777	306	2968	16	—	3	—	—	45
6	31.123	14.378	15.653	145	888	22	—	6	—	—	31
7	39.080	16.666	20.640	100	1.599	19	—	14	—	—	42
8	48924	23.677	23.419	144	2.615	45	—	2	—	—	21
9	21.156	8.528	12.914	44	632	25	—	2	—	—	6
10	—	—	—	—	—	—	—	—	—	—	—
11	16240	7.800	8.049	27	341	—	—	2	—	—	21
12	52.524	26.221	22.749	605	2393	30	—	2	—	—	524

(4)

入滿勞工經由地別表

年　月	合計	大連	營口	安東	山海関	古北口	喜峰口	冷口
民國27年	492.376	187.856	91872	13.493	209233	6396	2.043	1.483
28	985.669	347.998	107.151	16.884	491.112	18.579	1620	2.525
29	1.318907	426.458	45.024	15.297	811.145	18.032	1017	1.933
30	918.357	419.601	1.613	2.828	484.756	9.559	—	—
31	1013.819	459.830	—	—	573.425	5.773	—	—
32	904.805	203.042	—	—	692.749	9.104	—	—
31. 7	58.529	31.710	—	—	26479		—	—
8	51.000	30.451	—	—	20318	338	—	—
9	47.391	25.209	—	—	21.881	231	—	—
10	65.012	24.348	—	—	40.264	301	—	—
11	85.296	30.179	—	—	54.513	400	—	—
12	108.910	27.890	—	—	80.000	602 / 1.027	—	—
32. 1	95582	26.379	—	—	68.200	1.003	—	—
2	123.378	34.281	—	—	87.094	1.903	—	—
3	242.980	57492	—	—	182.405	3083	—	—
4	140.409	29.414	—	—	108.608	2.394	—	—
5	93.499	18.466	—	—	74.312	721	—	—
6	31.080	6.339	—	—	24.784	—	—	—
7	39.080	9.059	—	—	30.021	—	—	—
8	48.924	6.747	—	—	42.677	—	—	—
9	21.156	3.264	—	—	17.892	—	—	—
10	—	—	—	—	—	—	—	—
11	16.240	5.680	—	—	10.560	—	—	—
12	52.524	6.421	—	—	46.103	—	—	—

(5) 歷年入滿勞工消長表

年次	入滿實績		計
	團體	個人	
29	—	—	45,496
30	15,200	16,761	32,161
31	15,835	24,961	40,796

(6) 入滿勞工職業別表

年度 / 產業別	30	31（十月末止）
礦山	11,520	8,902
土建	4,382	2,885
合計	15,902	11,787

(7) 入滿勞工出身道別表

	年度 / 道別	29	30	31（十月末止團体勞動者）
河北省	燕京	10,099	6,039	4,591
	冀東	2,322	2,754	347
	津海	5,833	2,863	605
	渤海	5,090	2,681	744
	保定	4,352	2,732	1,800
	真定	3,466	1,589	58
	順德	646	403	14
	冀南	388	264	63
	計	32,096	19,317	8,222
	%	71.	76.	70.
山東省	青州	581	293	492
	兗濟	933	433	358
	武定	1,373	394	27
	濟南	1,395	497	482
	泰安	704	422	635
	東臨	1,514	635	122
	曹州	786	368	132
	沂州	76	249	29
	萊濰	1,690	843	363
	膠縣即墨	—	—	739
	登州	571	607	95
	計	9,623	4,741	3,473
	%	21.	18.	29.5
安徽省	淮北	2,456	641	24
	%	0.5	0.3	—
江蘇省	蘇北	1,321	806	38
	%	0.3	0.3	—
總計		45,496	25,505	11,757
	%	100.	100.	100.

(8) 華北道別農家每100户对滿供出勞工數表

（27—31年度）

冀東	22.9人	登州	23.3人	山西平均	0.6人
燕京	4.6	萊濰	10.2	河南平均	1.0
津海	12.7	青州	3.3	江蘇平均	0.3
渤海	14.3	沂州	3.6	安徽平均	0.4
保定	3.4	武定	5.7		
真定	3.2	濟南	4.5		
順德	1.9	泰安	6.2		
冀南	3.4	兗濟	3.8		
河北平均	8.3	東臨	5.7		
		曹州	5.0		
		山東平均	7.6		

(9) 歷年对華中供出勞工產業別消長表

年次	招募許可數			實績		
	鑛山	土建	計	鑛山	土建	計
30	10,000	—	10,000	不詳	不詳	不詳
31	22,000	5,000	27,000	6,617	23	6,640
32	21,500		21,500	—	—	—

(10) 对鮮供出勞工數額表

年別＼數目	募集許可數	實績
30	1,500	—
31（十月末）	—	1,177

(11) 華北勞力需要增加率推算表

與亞院調查（不包括軍需勞力）

業種別＼年別	30	31	32	33	34	35
煤	100	122	148	174	200	226
鐵鑛	100	200	350	400	450	500
其他鑛業	100	150	200	238	275	313
製鐵	100	250	400	550	600	750
塩	100	120	140	160	180	200
化学工業	100	140	180	220	240	260
交通	100	125	150	175	200	238
土木	100	150	200	250	275	300
一般工業	100	105	116	130	148	169
海運水運	100	101	110	120	130	140
商業及户内使用人	100	103	107	112	120	131
日傭及其他一般勞動	100	104	108	114	120	126
勞動者總數（万人）	400	435	480	530	585	650

（1）食粮不足價格騰貴所引起民食内容之变化　　三十二年一月劳協調查

地方别	变化狀况
北平	由麪粉而雜粮從前之飼料現充民食。
古北口	原食小米及白麪，現食小米粥内混豆腐渣或以玉米面混豆付渣，或多數以高粮為主食。
南口	原食大米現食玉米及小米，農民日食三次者減為二次，山間地帶農民多有日食一次者。
天津	由麪粉而玉米麪，由玉米麪而小米或文化米混以馬鈴薯，現当局計劃奬勵以文化米為主食。
滄縣	麪粉幾已絶跡小米、玉米、高粱等漸趨缺乏現以穀子（粟三分殻七分）為上食大半以玉米穰（玉米核為粉）為主食，由入滿勞工口傳一部地方以雜草及其實混食。
唐山	中流以上從來以麪粉為主食者，現漸々食小米、玉米及高粱。
塘沽	麪粉市間購買困難，玉米麪及精白高粱成為主食。又於冬閑期間收入減少以草根草葉之粉末為食者亦復不少，其價格約5一年前玉米面之價格相同。
山海關	麪粉以混入雜粮品質低劣，以高粱、玉米、[illegible]粟為食亦尚覚困難關内地有以雜草樹皮為食者。
濟南	下層階級之消費率三十年時為麪粉三成，小米二成，玉米三成，高粱二成之比例，三十一年為麪粉二成，小米二成，玉米二成，高粱二成甘藷二成之狀况至三十二年一月則為麪粉二成，小米一成，玉米一成高粱三成甘藷三成之消費率。
濟寧	麪粉購買困難價格騰貴，大部改食粟、高粱、大豆粕、甘藷及蘿蔔豆粕價格較三十一年漲四倍，蘿蔔之主食化價格漲至每斤一角二分現在住民階級別主食比例如次： 以小麥為主食之官吏商人　約20%。 以雜粮甘藷蘿蔔等混食之農民　50%。 甘藷大豆粕等為主食者——城内外車夫貧民　30%。
德縣	中層階級以上從前以白麪為主食現已極稀少一般民家多食窩頭最近每斤一元多混入豆付粕四分之一，其混入高粱粉者，尚為上品，最低級者多混入粮麩及棉實粉。
張店	前食白麪大米者，現食白麪小米玉米。前食小米玉米者現食小米、玉米、高粱。前食小米玉米高粱者，現食高粱，豆粕糠、野菜、蘿蔔。其最劣者為高粱粉之粥内混蘿蔔甘藷糟以充饑。
濰縣	從前食麪粉者改食小米及黄豆所製貼餅低級者改食高粱及黄豆之貼餅尚不能以此為食者則食小米或高粱綠豆等之粥至於食量則從前以一日半斤為食者，現改為一日一斤乃至0.75斤。
青島	市内居民大部以麪粉，背後地之農民以粟、玉米等雜粮為主食者，現改以統制及不足市内居民食雜粮者日增。 事变前每人每年五項食粮之消費量為小麥161瓩，高粱12.4瓩，玉米5瓩粟13.6瓩計194.3瓩。現在麪粉消費量定為每人每月三分之一袋，其不足之數以雜粮充之。背後地農村則由雜粮改食甘藷等最近改食花生粕大豆粕[illegible]類，價格較之去年漲達三倍。
芝罘	從前不供食用之花生粕及豆粕已供食用。 現在粕價每百市斤98元。
威海衛	從前以玉米小米甘藷等主食者現在漸改食甘藷、藷蔓、豆粕、花生粕，貧困民众多以稗、海藻、樹皮等為代食品。
徐州	本地区從來之消費率為小麥70%雜粮25%甘藷50%。 現在為小麥20%雜粮65%甘藷15%之比率。
海州	食麪粉者改為玉米，二日之量亦改食三日，背後地帶有以甘藷野草高粱糠為食以糊口者。
開封	開封市一般民众及低級勞動者每人一日份食粮之変化（單位[illegible]） 種别：三十一年一月（一般民众、低級勞動者）；三十二年一月（一般民众、低級勞動者） 小麥粉　375.0　300.0　112.5　56.3 小米　37.5　75.0　112.5　75.0 玉米　37.5　37.5　37.5　— 高粱　37.5　75.0　225.0　112.5 甘藷　37.5　—　37.5　112.5 其他　—　—　—　600.0 註：三十二年一月低級勞動者之其他食品，為麩皮112.5花生餅112.5豆付渣187.5麥苗187.5普通飼料均漸入用途化，量雖多尚不能充饑耳。
歸德	三十一年一月　　三十二年一月 中流　小麥米。　小麥粉，小米併用。 下流　高粱粉，小米。　高粱麪，花生餅，蘿蔔。 勞働者　仝上　仝上 農民　麪粉或雜粮。　殘餘之雜粮及麥之幹葉，樹皮樹根。 華中移民者　大米。　麪粉小米，高粱麪。 註：花生餅為花生油粕，一人一日所需量一斤半，每斤單價七角，蘿蔔一人一日所需量八斤每斤單價半分，聞普通每食四斤一二小時後又復腹中雷鳴矣。
邯鄲	種别　平年　現在（32年1月） 小麥及粉　0.5　0.2　單位斤一人一日量。 小米　0.8　0.2 玉米　0.3　0.2 高粱　0.3　0.3 其他　0.3　0.5 合計　2.2　1.4
保定	從前（1人1日）　　現在（1人1日） 中流以上　白麪大米小米一斤。　小米玉米麪麥麪1.5斤 下流　玉米麪小米白麪1.5斤。　玉米麪，甘藷，豆餅豆渣，高粱2斤。 註：内地農民存粮既少多以米糠棉子甘藷之莖葉等為食。